DuMont Dokumente:

Eine Sammlung von Originaltexten,
Dokumenten und grundsätzlichen Arbeiten
zur Kunstgeschichte, Archäologie,
Musikgeschichte und Geisteswissenschaft

In der vorderen Umschlagklappe: Übersichtskarte Nord- und Mittelitaliens

In der hinteren Umschlagklappe: Übersichtskarte Süditaliens und Siziliens

Günter Brucher

Die sakrale Baukunst Italiens im 11. und 12. Jahrhundert

DuMont Buchverlag Köln

Auf der Umschlagvorderseite: Cefalù, Dom, Blick zur Hauptapsis
Auf der vorderen Umschlagklappe: Pisa, Dom, Innenansicht des Querhauses
Auf der Umschlagrückseite: S. Pietro in Valle, Außenansicht von Südosten
Frontispiz: Tuscania, Dom, Fensterrose

Für Monika

Brucher, Günter:
Die sakarale Baukunst Italiens im 11. und 12.
Jahrhundert / Günter Brucher. – Köln : DuMont, 1987.
(DuMont-Dokumente)
ISBN 3-7701-1815-4

© 1987 DuMont Buchverlag, Köln
Alle Rechte vorbehalten
Satz und Druck: Rasch, Bramsche
Buchbinderische Verarbeitung: Bramscher Buchbinder Betriebe

Printed in Germany   ISBN 3-7701-1815-4

Inhalt

Einführung

Nichts wäre verfehlter, als die vielfältig ausgeprägte Sakralarchitektur Italiens im 11. und 12. Jahrhundert wie in anderen Ländern Europas generell mit der Epochenbezeichnung Romanik zu umreißen, wobei der notwendige Verzicht auf diesen so populären Stilbegriff zugunsten einer rein chronologischen Abgrenzung freilich mit dem Nachteil mangelnder Anschaulichkeit behaftet ist. Im Gegensatz zum beginnenden 13. Jahrhundert, das ein deutliches Aufkommen gotischer Stilfaktoren mit sich bringt, scheint die Jahrtausendwende – sofern man damit das erstmalige Auftreten neuer architektonischer Zielvorstellungen signalisieren möchte – als untere Zeitbegrenzung eher willkürlich gewählt, machen sich doch bis weit in das 11. Jahrhundert im Bauschaffen Italiens stilistische Strömungen bemerkbar, die sich auf das 10. Jahrhundert und auf noch ferner zurückliegende Epochen beziehen lassen. Eine an traditionsbedingten Phänomenen orientierte Kontinuität ist somit zu konstatieren, die, im Vergleich zu anderen europäischen Gebieten, erst mit beträchtlicher Verspätung und dann nur unter einschränkenden Gesichtspunkten die Verwendung des Stilbegriffs Romanik erlaubt. In Frankreich und Deutschland ist hingegen schon zu Beginn des Jahrtausends ein deutlicher Trend zu neuen architektonischen Zielsetzungen faßbar, der die Kunstgeschichte zu Recht veranlaßt hat, von einem spezifisch romanischen Stilverhalten zu sprechen. Ist einerseits das Interesse der bauschaffenden Kräfte in Frankreich auf die Wölbungsproblematik und zunehmend auf die Ausgestaltung des Chorbereichs gerichtet, so konzentriert man sich andererseits in Deutschland – teilweise unter Beachtung der aus der karolingischen Tradition hervorgegangenen Doppelchörigkeit – in immer größerem Maße auf die vom Vierungsquadrat ausgehende Systematisierung der Kirchengrundrisse (gebundenes System).

In Italien spielen Problemstellungen dieser Art bis Ende des 11. Jahrhunderts nur eine äußerst geringe Rolle. Geschichtliche und künstlerische Voraussetzungen gestalten sich hier ganz anders. Während in Deutschland die monolithe Hegemonialgewalt des für Stabilität bürgenden Kaisertums herrscht – eine der Voraussetzungen für die Entfaltung einer stilorientierten Baukunst –, stellen sich die nur in einzelnen Regionen vom Reich abhängigen politischen Verhältnisse in Italien vergleichsweise verworren, ja chaotisch dar. Die schmale, sich weit nach Süden erstreckende Halbinsel ist als Drehscheibe zwischen Orient und Okzident stets auswärtigen Einflüssen aufgeschlossen und angesichts ihrer strategischen Position auch fortwährend bedroht, zunächst vor allem von Byzantinern und Sarazenen. Hinzu treten innere Konflikte, die durch ein stets auch nach politischer Macht strebendes Papsttum

weiteren Zündstoff erhalten. Als Zentrum der westlichen Christenheit hat Rom auch überregionale Bedeutung, ein Faktum, das im Krisenfall zur Wahrung der Reichsinteressen
immer aufs neue die regulierende Gewalt des Kaisers auf den Plan ruft – oft genug unter dem
Vorwand kirchlicher Konfliktbereinigung. Daraus resultiert ein genaugenommen schon seit
dem Ende des weströmischen Reiches existierender Partikularismus, der auch auf dem
Bausektor seinen signifikanten Niederschlag findet. Nicht zuletzt dieses Fehlen einer Zen-
tralgewalt mag dazu geführt haben, daß Italiens Kirchen im Hohen Mittelalter sich in
stilistischer Hinsicht oft so extrem voneinander unterscheiden. Ein Stilpluralismus herrscht
hier vor, der in den anderen Regionen des christlichen Abendlandes auch nicht in annähernd
vergleichbarem Ausmaß zutage tritt, eine Tatsache, die die von den wertenden Kriterien
stilistischer Einheit ausgehende ältere Kunstgeschichte fast immer zu desavouierenden
Kommentaren verleitet hat. Allzusehr und allzulange stand man im Zeichen entwicklungsgeschichtlichen Denkens, welches lediglich das zu würdigen wußte, was sich in ›Fortschritt‹
verheißender, scheinbar logischer Sequenz zu stilistischer Einheit bzw. ›Reinheit‹ zusammenfügen ließ. Das jedoch ist für die italienische Architektur der ›romanischen‹ Epoche in
der Tat nur in Ausnahmefällen konstatierbar, was etwa Paul Frankl dazu veranlaßte, die
meisten innovativen Momente in der Baukunst Italiens als vom Norden inspiriert aufzufassen[1]; das Eigenschöpferische, zum Teil aus autochthonen Quellen Ableitbare, wurde dabei
fast zwangsläufig weitgehend nicht wahrgenommen.

Abgesehen davon, daß man heute durchaus bereit ist, diese eigenständigen Tendenzen
deutlicher herauszustellen, zeigt die Kunstgeschichte auch größere Bereitschaft, den für die
Baukunst des 11. und 12. Jahrhunderts in Italien charakteristischen Stilpluralismus als Ausdruck individuellen, überquellenden Ideenreichtums zu akzeptieren. Eine der Ursachen für
diesen Bewußtseinswandel lag wohl darin, daß man mittlerweile gelernt hatte, dieses so
wichtige Kapitel europäischer Architekturgeschichte in stärkerem Maße als bisher – bei aller
Anerkennung der in reicher Fülle von außen her eindringenden Anregungen – von imma-
nenten Voraussetzungen, oder besser, von lokaler Tradition ausgehend, zu erklären. Um
der reichen Palette architektonischer Formen und stilistisch oft weit divergierender Ergebnisse sakralen Bauens gerecht zu werden, empfiehlt es sich daher, von der in Überblicksdarstellungen nach wie vor gebräuchlichen Etikettierung ›Romanik in Italien‹ Abstand zu
nehmen, um mit der – zugegeben indifferenteren – Zeitumschreibung ›Baukunst des 11. und
12. Jahrhunderts in Italien‹ sicheren Boden zu gewinnen, was nun aber keineswegs zum
Anlaß genommen werden soll, das Vorhandensein romanischer Stilelemente – vor allem in
Oberitalien – gänzlich in Abrede zu stellen. Wie ernst andererseits die Warnung vor einem
undifferenzierten Gebrauch des Stilbegriffs zu nehmen ist, beweisen etwa die byzantinisch
geprägte Kirche von S. Marco in Venedig und die unter anderem islamisch beeinflußte
Cappella Palatina in Palermo, Bauwerke, die mit romanischen Stilströmungen nicht das
geringste gemeinsam haben. Schon allein diese beiden Beispiele, denen sich weitere in großer
Zahl hinzufügen ließen, machen deutlich, wie wenig für die stilistische Charakterisierung
zahlreicher hochmittelalterlicher Kirchen Italiens mit der Etikettierung ›romanisch‹ gewonnen wäre. Man könnte nun einwenden, daß auch an der Baukunst Frankreichs in dieser

Epoche ein ähnlich ausgeprägter Stilpluralismus feststellbar ist. In der Tat lassen die zahlreichen Kunstlandschaften des Landes im architektonischen Schaffen eine enorme Vielfalt von oft extrem voneinander abweichenden Bautypen erkennen, wofür beispielhaft nur auf den Unterschied zwischen den baulichen Zielsetzungen etwa des aquitanischen und normannischen Bereichs verwiesen werden soll. Dennoch wird hier, im Gegensatz zu Italien, weniger von einem stilistischen als vielmehr von einem modalen Pluralismus zu sprechen sein. Denn deutlich genug lassen sich diese Bauten – wieder im Unterschied zu Italien –, trotz ihrer typenmäßigen Vielfalt, ohne überzeugende Bedenken unter den Stilbegriff Romanik subsumieren.

Auch eine Gliederung in gesonderte Kunstlandschaften, wie sie sich für Frankreich in der Forschung überwiegend durchgesetzt hat, erweist sich für Italien als problematisch, lassen doch stilistische Elemente hier häufig die Tendenz erkennen, auf Nachbarprovinzen oder sogar auf weit entfernte Regionen überzugreifen. Trotz der berechtigten Bedenken gegenüber einer kunstgeographischen Aufgliederung soll im folgenden versucht werden, das bauliche Schaffen Italiens im 11. und 12. Jahrhundert in drei landschaftlich wie historisch bedingte Bereiche zu unterteilen. Am wenigsten dürfte diese Absicht im nördlichen Abschnitt der Halbinsel Widerstand hervorrufen. Verhältnismäßig klar liegen hier die topographischen Zäsuren; im Norden der Alpenbogen, im Süden die teilweise an den in nordwestlich-südöstlicher Richtung des Apenninen-Hauptkamms verlaufenden Grenzen der Emilia-Romagna. Auch in geschichtlicher Hinsicht mag diese Abgrenzung unter Hinweis auf den in den Einflußbereich des deutschen Kaisers gehörigen und ›Reichsitalien‹ genannten Raum berechtigt erscheinen, ein politischer Begriff, der zum Teil auch für Bereiche Mittelitaliens gültig ist. Als Mittelitalien kennzeichnen wir den Abschnitt des Landes, der im Süden an den Herrschaftsbereich der Normannen stößt. Diesen selbst bezeichnen wir als Unteritalien; geographisch erstreckt er sich südlich der Nordgrenzen der Provinzen Apulien und Kampanien.

Keinesfalls kann hier der Anspruch erhoben werden, eine lückenlose Bestandsaufnahme der vielen hundert Kirchen Italiens aus der Zeit des 11. und 12. Jahrhunderts zu bieten. Vielmehr soll sich das Interesse auf stilistisch wie qualitativ führende Bauten beschränken, wobei deren künstlerische Inneneinrichtung gänzlich außer acht gelassen wird und Elemente der Bauplastik nur dann berücksichtigt werden, wenn sie für die bauliche und stilistische Struktur des einzelnen Gebäudes konstitutiven Charakter besitzen.

1   MAILAND, S. Ambrogio, Außenansicht

Oberitalien

Historische Voraussetzungen

Im Jahre 476 versetzt der germanische Söldnerführer Odoaker dem Weströmischen Reich unter Kaiser Romulus Augustulus den Todesstreich. Nur 13 Jahre später unterliegt er selbst dem Ostgoten Theoderich bei Ravenna. Wenig mehr als ein halbes Jahrhundert dauert die ostgotische Herrschaft, und ebenfalls sehr kurzfristig ist der Traum des byzantinischen Kaisers, das römische Weltreich in seinen ursprünglichen Grenzen wiederherzustellen: 553 besiegt dessen Feldherr Narses die Ostgoten, das Exarchat Ravenna wird politisches Zentrum Italiens. Aufgrund des beim Volk begreiflicherweise unbeliebten byzantinischen Ausbeutungssytems gelingen dem Langobardenkönig Alboin ab 568 rasche Anfangserfolge. Neben dem Exarchat Ravenna bleibt nur Unteritalien mit Apulien, Kalabrien, Sizilien und Rom in oströmischer Hand, wobei Rom zusehends an Selbständigkeit gewinnt. Der langobardische Machtbereich, mit Pavia als Hauptstadt, vermittelt angesichts der vielen relativ selbständigen Herzogtümer (z. B. Cividale, Spoleto und Benevent) einen uneinheitlichen, ja zersplitterten Eindruck. Die Hegemonie der Krone vermag sich erst unter den Königen Authari, Agilulf, Rothari und Liutprand einigermaßen zu entfalten. Trotz der Bemühungen der byzantinischen Diplomatie, den Konflikt zwischen Langobarden und Franken auszunützen, erzielen sie weiterhin beträchtliche militärische Erfolge, die unter Liutprand (712–744) mit der Eroberung von Ravenna und dem allerdings vergeblichen Versuch, ganz Italien zu unterwerfen, kulminieren. Spannungen zwischen den Langobarden und Papst Stephan II. sind die unvermeidbare Folge, unausweichlich auch der Hilferuf des Pontifex an die Franken, von denen allein er die erfolgreiche Abwehr des langobardischen Totalitätsanspruchs erwarten durfte. Der Karolinger Pippin wird 754 in St-Denis von Stephan II. zum König gesalbt und garantiert dafür die fränkische Schirmherrschaft über das Papsttum, dem in der sogenannten Pippinschen Schenkung schließlich sogar territoriale Versprechungen gemacht werden. In zwei Schlachten gegen die Franken (754 und 756) erleidet der Langobardenkönig Aistulf schwere Niederlagen, und unter König Desiderius wird 774 mit dem Sieg Karls des Großen das Ende des Langobardenreichs in Oberitalien besiegelt. Karl nennt sich nun »Rex Francorum et Langobardorum«; unter seinem Sohn Lothar gewinnt der bis zu den Staufern aktuelle Begriff ›Reichsitalien‹ an Bedeutung. Stärker als die Langobarden, die ja erst unter Percdarit (672–688) vom Arianismus zum Katholizismus konvertiert waren, stützen sich die Karolinger auf die römische Kirche. Der Episkopat, fast durchweg aus Vertrauensleuten Karls bestehend, übernimmt in fast allen Bereichen die Führungspositionen.

Hatte die Pippinsche Schenkung dem Papsttum de facto zwar die Unabhängigkeit von Byzanz gebracht, so verfügte der Heilige Stuhl gleichsam im eigenen Hause doch kaum über weltliche Freiheiten; allzusehr war er in Konflikte mit dem Lokaladel verwickelt. Wie zuvor im Zeichen der Bedrohung durch die Langobarden sieht der Papst sich ein weiteres Mal genötigt, den Frankenherrscher um Hilfe zu bitten. Als Gegenleistung erfolgt die Kaiserkrönung Karls des Großen durch Leo III. in Rom im Jahre 800, für den Papst ein hoher Preis, der unter Lothar I. in die Constitutio Romana (Treuegelöbnis des Papstes vor dem Imperator Romanorum) mündet.

Hatten sich die Sarazenen seit 720 zunächst auf Raubzüge an den Küsten Siziliens, Sardiniens und Korsikas beschränkt, wurden sie ab 831 mit der Eroberung Palermos für Italien im allgemeinen und für das Papsttum im besonderen eine virulente Gefahr. 840 gelingt ihnen die Eroberung Baris, 846 überfallen sie Rom, brennen Montecassino nieder, bedrohen Mittelitalien und erreichen um 900 sogar die Riviera, deren Hauptfestung Fraxinetum (bei Cannes) sie einnehmen. Erst ein Bündnis von Papst Johannes X. mit Byzanz, heimischen Magnaten und dem Herzog von Spoleto führt zu einer erfolgreichen Abwehr der islamischen Usurpatoren; bezeichnenderweise schlägt man die Hilfe der Karolinger aus, deren Machtansprüchen man mittlerweile mit einiger Skepsis begegnet. Letzten Endes bleibt nur Sizilien, und das bis zur Eroberung durch die Normannen, in festem Besitz der Sarazenen. Apulien und Kalabrien geraten abermals unter byzantinische Herrschaft, bis auch hier die Normannen Fuß fassen.

Im Vertrag von Verdun 843 fällt Italien an Lothar I., dessen Sohn Ludwig II. hier als »Imperator Italiae« von 855 bis 875 selbständig regiert. Mit dem Tod des Kaisers stürzt dann Italien buchstäblich ins Chaos. Wie Andreas von Bergamo berichtet, »kam die große Heimsuchung über Italien«. Kaum hatte man Ludwig in S. Ambrogio zu Mailand beigesetzt, brachen Nachfolgestreitigkeiten aus, wobei sich die Markgrafen von Friaul, Ivrea, Toscana und Spoleto besonders hervortaten.

Reichlich beschönigend wird die Zeitspanne von 888 bis 962 als Zeit der ›italienischen Nationalkönige‹ bezeichnet, handelt es sich doch durchweg um Machthaber fränkischer Herkunft, die nicht selten gerade deswegen nominiert werden, weil man ihnen nur unzureichendes Durchsetzungsvermögen zutraut. Zu nennen wäre hier beispielsweise Markgraf Berengar von Friaul, den man 888 in Pavia zum König ausruft, um ihm dann gleich wieder die Macht streitig zu machen (Wido von Spoleto und Arnulf von Kärnten). Berengar setzt sich ein weiteres Mal durch, bemächtigt sich seines Rivalen Ludwig von Provence und wird 915 sogar zum Kaiser ausgerufen. Abermals erhebt sich die Opposition und entreißt ihm unter König Rudolf von Burgund 923 die Krone. Doch damit hört der innere Kampf noch nicht auf. Gegen Rudolf erhebt sich Hugo von Vienne, der seinen Sohn Lothar zum Mitregenten ernennt. Nach Lothars Tod empfängt Berengar II. die Paveser Königskrone. Gegen ihn erhebt sich die Witwe Lothars, Adelheid, die das unternimmt, was man bislang nur den Päpsten zugetraut hatte: Sie wendet sich an den deutschen König Otto I. um Hilfe, insofern gleich in wirksamster Form, als sie ihn 951 ehelicht. Er sieht sich dadurch um so nachhaltiger dazu aufgefordert, persönlich in Oberitalien nach dem Rechten zu sehen. Nur er scheint geeignet, das zerrissene Regnum Italiae zu befrieden und vor allem vor der stets drohenden Gefahr der Ungarneinfälle zu schützen. Schon 899 hatte das Land die räuberischen Horden der Ungarn kennengelernt, die 924 die alte Langobardenhauptstadt Pavia mit ihren 44 Kirchen bis auf die Grundmauern einäscherten. Erst 955 gelingt es Otto I., die Magyaren in der Schlacht auf dem Lechfeld endgültig in die Schranken zu weisen. Wegen der Ungarn- und Sarazenengefahr war es jedoch zuvor zu einschneidenden Bevölkerungsverschiebungen gekommen. Man strebt von den Tälern zu den Höhen, gründet Wehrsiedlungen, sogenannte Kastell-Orte, die zunehmend an städtischem Charakter gewinnen. Das Befestigungsrecht überträgt der König den Bischöfen, die sich charakteristischerweise »Episcopus et Comes« nennen. Gemeinsam mit der lokalen Oberschicht übernimmt der Episkopat, auf den sich die deutsche Herrschaft für mehr als 100 Jahre stützen kann, die volle Stadtherrschaft, wobei die Erzbischöfe von Mailand und Ravenna besonders eigenwillig hervortreten.

In Rom herrscht vor dem Auftreten Ottos I. womöglich noch größeres Chaos als in Oberitalien. Das völlig entmachtete Papsttum ist Spielball rivalisierender Adelsgruppen. Innerhalb von 32 Jahren stoßen einander, meist auf blutige Weise, 15 Päpste vom Stuhl Petri. Die Situation bessert sich erst unter dem »Dux et Consul« Theophylakt, dem es gelingt, 30 Jahre lang am Tiber für Ordnung zu sorgen. Sein Nachfolger wird Alberich, dessen Sohn als Johannes XII. die Papstwürde erlangt. Alsbald sieht er sich in einen Konflikt mit Berengar von Ivrea verwickelt, aus dem er sich nur noch mittels eines Hilfeappells an Otto I. zu befreien vermag. Mit seiner Krönung zum Kaiser im Jahre 962 in Rom tritt der Monarch faktisch in die Fußstapfen Karls des Großen, dessen Reichsidee er im Zeichen der »defensio romanae ecclesiae« erneuert. Der Nordteil Italiens zählt von nun an unter dem Namen ›Reichsitalien‹ für 300 Jahre zum kaiserlichen Herrschaftsbereich. Trotz des Sprachwandels vom Lateinischen zum Italienischen gibt es den sogenannten Italiener – ganz zu schweigen von einem italienischen Nationalgefühl – noch lange nicht. Eher das Gegenteil ist zutreffend: Der Adel ist stolz, wenn er auf seine germanische Abstammung verweisen kann. Aus der Sicht etwa Roms ist mit »in Franciam« unter anderem auch die Po-Ebene gemeint. Unter Otto I. gelangt das Land zu allmählicher Blüte. Wie erwähnt, stützt sich der Kaiser in Administrationsfragen hauptsächlich auf den Episkopat, dessen Diözesen überwiegend mit Angehörigen des örtlichen Adels besetzt werden. An diesem Grundsatz hält auch der bei seiner Krönung mit »Rex Romanorum« titulierte, von den Sarazenen besiegte und als einziger Kaiser in St. Peter in Rom beigesetzte Otto II. fest. Unter seinem Nachfolger Otto III., der Rom zur Hauptstadt erheben will, zeichnet sich dann eine Trendwende ab, die erst mit Heinrich II., dem letzten Sachsenkaiser, voll durchbricht. Dieser besetzt die Bistümer weitgehend mit deutschen Adeligen. Eine Ausnahme stellt nur Mailand dar, das als zukünftiges Sammelbecken nationaler Strömungen seine Erzbischöfe stets aus den Reihen der lombardischen Nobilität beruft.

Dem wirtschaftlichen Aufschwung folgt im Zeichen der cluniazensischen Reform des Benediktinerordens, gefördert auch durch die strenge Bußdisziplin der Eremitenbewegung, eine geistige und geistliche Erneuerung, von der sich die Amtskirche freilich wenig angesprochen fühlt. Als Zentrum dieser Erneuerung gelten unter anderem S. Ambrogio in

Mailand, S. Zeno in Verona, S. Giovanni Evangelista in Parma, S. Savino in Piacenza und S. Stefano in Genua. Mit der zunehmenden Bedeutung des Benediktinerordens, die auch baukünstlerisch ihren Niederschlag findet, erlebt auch die Bürgerschaft einen gewissen Aufstieg. Im übrigen jedoch steht die Ära im Zeichen sozialer und gesellschaftlicher Spannungen. Nicht zuletzt auf diesen Aspekt ist zu verweisen, um die wesentlich später einsetzenden Erfolge der päpstlichen Partei im Rahmen des Investiturstreites in ihrer ganzen Tragweite zu verstehen. Vor allem in der Po-Ebene bereichern sich landsässige Geschlechter häufig auf Kosten der Kirche, eine Entwicklung, welcher der auf den Episkopat setzende Kaiser nicht tatenlos zusehen darf. So beschließt Otto III. auf der Synode zu Pavia (998) eine Neuordnung des Pachtvertragswesens zugunsten der Kirche. Da der Monarch auf die Solidarität des hohen Adels (capitanei) schwerlich verzichten kann, geht dieser Trend fast automatisch zu Lasten des niederen Adels (valvassores). Daraus resultiert eine Spaltung der Nobilität, gleichsam ein sozioökonomisches Schisma, in dessen Sog bald auch das einfache Volk gerät. Zunächst werden die capitanei reicher und die valvassores ärmer. Soziale Spannungen gehen davon aus, die der mit dem niederen Adel verbündete Markgraf Arduin von Ivrea zur Erlangung der Königswürde auszunutzen trachtet. Sein Unternehmen scheitert allerdings am Bund Heinrichs II. mit den capitanei, aus deren Reihen sich ohnedies der Großteil des Episkopats rekrutiert. Heinrich II., 1002 in Pavia gekrönt, geht aus dieser Konfrontation gestärkt hervor und schließt sich mit dem Episkopat zu einer festen Allianz zusammen. Folge davon ist, daß Italien zu einem Nebenland der Krone herabsinkt.

Unter den ersten beiden Salierkaisern dominiert die imperiale Macht über das von stadtrömischen Parteikämpfen erschütterte Papsttum in noch größerem Maße als zuvor. Zweimal zieht der realistische und tatkräftige Konrad II. nach Italien, um die Reichsgewalt durchzusetzen bzw. zu festigen. In klarer Einschätzung der sozialen Konflikte und realpolitischen Verhältnisse setzt er auf die kleinen Vasallen, deren Lage er unter Mißachtung der Interessen des außerhalb der Städte dominierenden Hochadels durch eine Neuformulierung der Lehensgesetze (Erblichkeit) – allerdings vergeblich – zu entschärfen trachtet. Wie zuvor unter Konrad II. versagen auch unter dessen Nachfolger, Heinrich III., der die cluniazensische Kirchenreform fördert, alle Bestrebungen, kirchlich-religiöse Mißstände wie Ämterkauf und Priesterehe einzudämmen. Allzusehr war die für die kaiserliche Macht so wichtige Bischofsinvestitur mit diesen Negativfaktoren verquickt. Die Einflußnahme des Kaisers auf das Papsttum kulminiert in dieser Zeit mit der Durchsetzung von vier deutschen Kandidaten für das höchste kirchliche Amt. Nicht zuletzt dieser Umstand, vor allem aber unstillbarer Haß gegen Simonisten und Nikolaiten (verheiratete Priester) führt in Mailand zum Aufstand des niederen Volkes, der sogenannten Pataria (benannt nach dem Mailänder Trödlermarkt), gefördert wahrscheinlich durch das Wirken des Mönches Johannes Gualbertus, unter dem die Kirchenreform revolutionäre Gestalt annimmt. Es kommt zu einer Allianz zwischen dem hohen Adel und dem Kaiser auf der einen, Pataria, cluniazensischen Reformern und Kurie auf der anderen Seite. Nach dem Tod Heinrichs III. (1056) ist die Zeit reif für den Durchbruch der päpstlichen Zielvorstellungen. Gregor VII. gelingt die Entmachtung des römischen Adels. Er betreibt auch bereits eine eigene Unteritalienpolitik mit den Normannen und zwingt Heinrich IV., obgleich dieser bei den italienischen Bischöfen über starken Rückhalt verfügt, zu seinem historischen Gang nach Canossa. In diesem schicksalsschweren Konflikt steht die aus der Dynastie Lothringen-Canossa stammende Großgräfin von Toscana auf Seiten des Papstes. Sie verfügt über weitläufige Ländereien (Mathildische Güter), um deren Besitz – vor allem im Bereich der Emilia mit dem Zentrum Mantua/Modena – es nach ihrem Tod (1115) noch generationenlang zu heftigen Auseinandersetzungen zwischen Kaiserhof und Kurie kommen sollte. Zwar unterliegt Gregor letzten Endes seinem kaiserlichen Gegenspieler, doch erwächst diesem 1084 mit Urban II. ein neuer Kontrahent, der, in höherem Maß als sein Vorgänger realpolitisch begabt, das Ende der kaiserlichen Hegemonie auf kirchlichem Sektor herbeiführt. Damit verknüpft ist auch eine kaiserliche Machteinbuße im weltlichen Bereich. Denn durch das Ende der Simonie scheidet auch der Episkopat als bis dahin stets zuverlässige Stütze und als gleichsam verlängerter Arm der kaiserlichen Administration in Italien aus dem profanen Machtgefüge. Verlierer ist nicht nur das Reich, sondern auch die Mailänder Pataria: einmal mehr eine für die Zeit typische Lösung sozialer Konflikte, denn gewiß war die Pataria in ihrer revolutionären Haltung nicht ausschließlich von religiösen Beweggründen bestimmt. Die Erschütterung des Reichsitalien-Gedankens führt in der Folge, fast schon einer gewissen Eigendynamik folgend, in Oberitalien zum Aufstieg der Städte. Auch die Architektur gerät mit den nunmehr buchstäblich aus dem Boden schießenden Kathedralumbauten bzw. neukonzeptionen in den Sog dieser aufstrebenden Stadtkultur.

Einzige Gewinner des Investiturstreites (Wormser Konkordat, 1122) sind im reichsitalienischen Raum letzten Endes die Stadtrepubliken, die sogenannten Kommunen, die schon viel früher – etwa seit dem 1. Kreuzzug (1095) – im Gefolge eines intensivierten Levantehandels einen beträchtlichen Machtzuwachs verbuchen können. Ökonomische Veränderungen sind die Konsequenz. An die Stelle der Naturalienwirtschaft tritt die Geldwirtschaft (Pavia und Lucca sind die wichtigsten Münzstätten Reichsitaliens), deren Anforderungen geistliche und weltliche Potentaten oft nicht gewachsen sind. So überrascht es kaum, daß der Feudalismus an Bedeutung verliert. Die Bürger verstehen es, dem Stadtherrn (meist der Bischof) zahlreiche Feudalrechte abzuhandeln. Darüber hinaus nötigen finanzielle Probleme diesen, oft die besten Grundparzellen des städtischen Umfelds oder etwa Teile der Stadtmauer an die Bürgerschaft zu veräußern – er wird somit regelrecht ›ausgekauft‹.

In den meisten Fällen nimmt der Bischof als Oberhaupt der Stadtgemeinde nur noch eine rein repräsentative Stellung ein. Ein Kollegium von Konsulen, die ›consulta‹, ist nun für die städtischen Belange entscheidungsberechtigt. Ihre Beschlüsse darf der Bischof gerade noch bestätigen. Die Anzahl der Konsulen orientiert sich in der Regel an der Größe der Stadt, in Mailand etwa sind es 23. Aufschlußreich ist dabei die Zusammensetzung dieses Gremiums: Es besteht aus zehn capitanei, acht valvassores und fünf cives. Nicht wesentlich anders stellt sich die Sachlage in den anderen reichsitalienischen Kommunen dar. Im Grunde genommen ist also der Begriff ›Stadtrepubliken‹ zugunsten der Bezeichnung ›Oligarchien‹ zurückzustellen. Die Repräsentanten des sogenannten Bürgertums rekrutieren sich dabei hauptsächlich aus den Adelsfamilien, die die ›echten‹ Bürger, die cives, bei weitem majorisieren. Wie schon allein der populäre Begriffsgegensatz ›popolo grasso‹ und ›popolo minuto‹ beweist, muß, wie schon zuvor in den Zeiten der Mailänder Pataria, angesichts der protokapitalistischen Geldwirtschaft mit einem zunehmend verelendenden Stadtproletariat gerechnet werden. Zwischen städtischem Bürgertum und ansässigem Adel, der es mittlerweile verstanden hatte, sich im Rahmen der neuen ökonomischen Gegebenheiten vorteilhaft zu etablieren, besteht kein unüberwindbarer Gegensatz mehr. Die Magnaten ziehen in die Städte und erwerben das Bürgerrecht, das diesen unter anderem vorschreibt, sich neben den angestammten Landsitzen auch eine eigene Stadtwohnung einzurichten. Dieser Auflage wird auch unverzüglich Folge geleistet. Burgartige, mit sogenannten Geschlechtertürmen versehene Wohnsitze bestimmen seither das Erscheinungsbild etwa von Pavia, Bologna, S. Gimignano und anderen Städten.

Das Interesse der Kommunen richtet sich vor allem auf einen Punkt, nämlich auf die Okkupation eines möglichst weitläufigen ›contado‹, das heißt, auf den Erwerb eines möglichst ausgedehnten territorialen Umfelds. In der Tat kommt dieser Zielsetzung eine geradezu lebenswichtige Bedeutung zu, gilt es doch, sich militärisch gegenüber den benachbarten Kommunen zu behaupten – es kommt zur Errichtung kommunaler Außenfestungen und zur Gründung sogenannter ›borghi franchi‹ (Tochtergemeinden) – und die Ernährung der überproportional angewachsenen Stadtbevölkerung sicherzustellen. Die Städte der Po-Ebene erleben eine Bevölkerungsexplosion, mit der etwa deutsche Städte (z. B. Köln und Lübeck) kaum mehr Schritt halten können. Seither unterscheidet man zwischen dem wohlhabenden ›cittadino‹ (Städter) und dem unterprivilegierten ›contadino‹, dem Bauern, der hemmungslos ausgebeutet und zu allen möglichen Fronarbeiten, nicht zuletzt zum Bau der kolossalen Kathedralen, herangezogen wird.

Die Absicht, sich einen angemessenen Anteil am contado einzuverleiben, muß jedoch fast zwangsläufig mit den gleichgerichteten Interessen der Nachbarkommunen kollidieren. Wie kaum je zuvor brechen kriegerische Zeiten an, in denen Haß, Verschlagenheit, Treulosigkeit und Raubgier an der Tagesordnung sind. Mailand entwickelt dabei die ausgeprägtesten Hegemonialansprüche. Der Reihe nach werden die Nachbargemeinden in Süd, Ost und Nord ins Visier genommen. Zunächst wird 1061 die alte Langobardenhauptstadt Pavia in der Schlacht von Campomale besiegt, dann schlägt die Stunde von Lodi, das ein halbes Jahrhundert zuvor Mailand noch im Kampf gegen Pavia unterstützt hatte und nun durch Allianz mit Cremona verbunden ist. Lodi (das heutige Lodi Vecchio) wird 1111 dem Erdboden gleichgemacht und seine Bevölkerung vertrieben. Im Norden erregt Como den Neid und die Begierde Mailands. Die Stadt, anfänglich dem Patriarchat Aquileja zugehörig, verfügt über eine pulsierende Wirtschaft und beherrscht einen großen Teil der nördlichen Alpenregion mit ihren Hauptübergängen ins Reich. Neun Jahre (1118–1127) widersteht Como dem Ansturm Mailands, um schließlich doch zu unterliegen. In der Emilia kommt es zu ähnlichen Auseinandersetzungen: Borgo S. Donnino (heute Fidenza) beispielsweise wird 1152 Opfer der Parmeser Expansionsgelüste.

Diese Konflikte bergen kaum politische und schon gar nicht nationale Intentionen, vielmehr richtet sich das Streben der Stadtrepubliken auf größere kommunale Selbständigkeit und stärker noch auf soziale und wirtschaftliche Zielsetzungen. Um deren Gedeihen zu gewährleisten – Handelsbeziehungen und -verträge müssen ja abgesichert und womöglich auch eingehalten werden –, bedarf es einer funktionierenden Rechtsordnung. In diesem Zusammenhang erfolgt in Bologna 1119 die Gründung der ersten Universität Europas; Modena, Vicenza, Padua und Vercelli folgen diesem Beispiel. Die Dominanz der Jurisprudenz, die teilweise auf das Römische Recht rekurriert, ist dabei unbestritten. Die hochrangige Stellung dieser Wissenschaftsdisziplin findet ihren Niederschlag darin, daß sich als Folgeerscheinung in Norditalien – trotz aller kommunaler Rivalitäten – eine relativ einheitliche Rechtsordnung herauskristallisiert, die in den Kommunen das Prinzip rechtlicher Gleichheit etabliert. In den Genuß dieser Errungenschaft kommen freilich nur die Vollbürger, während die überwiegende Mehrheit der Bevölkerung ausgeschlossen bleibt und sich deren soziale Lage dadurch womöglich noch verschlechtert. Es handelt sich also lediglich um eine rechtliche Gleichstellung der Oberschicht, und selbst diese scheint in dem Moment gefährdet, als der Klerus erfolgreich beginnt, Sonderrechte, etwa das ›privilegium fori‹ (eigener Gerichtsstand für Geistliche), durchzusetzen, was zwangsläufig die laikale Opposition auf den Plan ruft. Nicht zuletzt aus dieser Tatsache ist das damals in Oberitalien überhandnehmende Ketzertum zu erklären, das zur Verbreitung seiner Glaubenssätze fruchtbaren Boden vorfindet.

Animiert durch Arnold von Brescia, den radikalen Kritiker der allzusehr in weltliche Belange verstrickten Kirche, erheben sich 1143 revolutionäre Kräfte gegen Papst Innozenz II., der dem Drängen der römischen Nobilität nach Zerstörung der lästigen Konkurrentin Tivoli – auch eine Art von contado-Politik – Widerstand leistet. Wie schon einige seiner Vorgänger findet auch Innozenz keine andere Möglichkeit, dieser Kritik entgegenzutreten, als den deutschen König, den Staufer Friedrich Barbarossa, um Hilfe zu ersuchen (1152). Dieser kommt dem Wunsch des Pontifex gern nach, bietet sich damit doch immerhin auch die Gelegenheit, die in Reichsitalien mittlerweile bis auf ein Minimum herabgesunkenen Hegemonialinteressen erneut zu konsolidieren. Für kurze Zeit besiegelt die Kaiserkrönung (1155) erneut den Pakt zwischen Kurie und Reich. Um eine Renovatio der Reichsrechte in Oberitalien herbeizuführen, gilt es nun, mächtige Verbündete zu gewinnen. Da sich der entmachtete Episkopat zu effizienter Partnerschaft nicht mehr eignet, muß in den Reihen der Kommunen Umschau gehalten werden. In der Tat treffen sich zu diesem Zeitpunkt kaiserliche und kommunale Interessen. Die Städte Pavia, Lodi, Como und Cremona selbst sind es, die, um sich des Führungsanspruchs Mailands zu erwehren, den Kaiser zu Hilfe rufen. Friedrich Barbarossa verhängt über Mailand die Reichsacht und läßt 1158 auf den Roncalischen Feldern (östlich von Pavia) den Reichstag zusammentreten, wogegen Mailand nachhaltig opponiert. Die Stadt wird 1162 zerstört, die Reichsrechte in Oberitalien scheinen damit wiederhergestellt. Da begeht Friedrich den folgenschweren Fehler, sich direkt in die Papstpolitik einzumischen. Während er zugunsten Viktors IV. Partei ergreift, wünschen die Italiener einhellig Alexander III. auf den Papstthron. Darauf formiert sich die italienische Opposition und schließt sich, unter Beteiligung fast aller oberitalienischen Städte, zum Lombardenbund zusammen. Denn nach der zunächst willkommenen Demütigung Mailands erkennen die Kommunen sehr rasch, daß ihre Interessen mit den kaiserlichen keineswegs identisch sind. Nach vorübergehender Beilegung der Krise bereitet die Niederlage des Kaisers bei Legnano (1176) allen Bestrebungen, die Sicherung der Reichsrechte in Oberitalien erfolgreich zum Abschluß zu bringen, ein jähes Ende. Im Vertrag von Venedig (1177) anerkennt Friedrich Papst Alexander III., und auch mit der Lombardischen Liga kommt es in der Folge zum Friedensschluß. Gestärkt gehen die Kommunen aus diesem Konflikt hervor, das Kaisertum wird von nun an in Oberitalien nur noch nominell anerkannt. Charakteristisch für das in nachantiker Zeit erstmals zumindest im Keim erwachende Nationalgefühl ist der Kommentar des Papstes, der nach Friedrichs Niederlage den Satz von der Freiheit Italiens (»pro libertate Italiae«) prägt.

Überblicken wir nochmals ein halbes Jahrtausend oberitalienischer Geschichte mit seinen ständig wechselnden Herrschaftsstrukturen und sozialen wie ökonomischen Umschichtungen, seinen stets im Wandel begriffenen Einflußbereichen auswärtiger Mächte, den zahlreichen hereinströmenden Invasoren, den vielschichtigen Konflikten zwischen Kaiser, Papst und Byzanz – um nur die wichtigsten Kontrahenten zu nennen –, so überrascht es kaum mehr, eine ähnliche Vielgestaltigkeit auch auf dem Sektor der Baukunst zu bemerken. Kein zweites Land Europas weist eine derart zerrissene politische Landschaft auf wie Italien. Goez hat überzeugend empfohlen, nicht von »verhinderter Einheit«, sondern von echter Vielfalt und Verschiedenheit zu sprechen. In unsere Auseinandersetzung mit der italienischen Architektur des 11. und 12. Jahrhunderts fügt sich seine resümierende Stellungnahme vortrefflich ein: »Pluralismus ist in der Geschichte oft gleichbedeutend für Schwäche. Es kann aber auch der Ausdruck überquellenden Reichtums sein.«[2]

Angesichts der Tatsache, daß der oberitalienische Raum – im Süden durch den nördlichen Abschnitt des Apennin begrenzt – im 11. und 12. Jahrhundert überwiegend den Bereich der Lombardei und der Mark Verona sowie Aquileja umfaßt, soll bei der Besprechung der einzelnen Bauwerke von einer geographischen Gliederung nach Provinzen, die sich erst wesentlich später herausgebildet haben – etwa Emilia, Piemont etc. – weitgehend Abstand genommen werden. Da die Lombardei das Kernland Reichsitaliens darstellt und diese Region auch über die meisten aus dem 11. Jahrhundert stammenden Baudenkmäler verfügt, muß jede Erörterung hochmittelalterlicher Architektur Oberitaliens von hier ausgehen. Der Verzicht auf eine nach geographischen Gesichtspunkten vorgenommene Aufteilung, wie sie bei kompilatorischen Überblicksdarstellungen meist üblich ist, verpflichtet fast zwangsläufig zu einer chronologischen und teilweise auch typologischen Vorgehensweise, die allein der Gefahr einer willkürlichen Objektauswahl wirksam begegnet. Dieser Provinzgrenzen überschreitende Ansatz birgt nicht zuletzt den Vorteil, den Longitudinalbau und den in Oberitalien weit zahlreicher als im übrigen Land auftretenden Zentralbau in gesonderten Kapiteln darzustellen.

Der Longitudinalbau

Anfänge

Da in der Baukunst Oberitaliens stilistische Elemente der Romanik im Vergleich zu Frankreich und Deutschland verhältnismäßig spät, genaugenommen erst in der zweiten Hälfte des 11. Jahrhunderts, Eingang fanden, müssen hier für die Zeit nach der Jahrtausendwende überwiegend autochthone, das heißt zumindest von der Architektur des Nordens und Westens zunächst unabhängige, das baukünstlerische Schaffen konstituierende Stilfaktoren angenommen werden. Daß die Zeit um 1000 – wiederum im Gegensatz etwa zu Frankreich und Deutschland – im Sinne einer neue Zielsetzungen vertretenden stilistischen Umbruchsphase dabei überhaupt keine Rolle spielt und somit willkürlich gewählt ist, wurde bereits erwähnt. Zwei Fragen treten deshalb in diesem Zusammenhang besonders hervor: Existierte eine Tradition, auf der die Baumeister dieser Zeit fußen konnten, und welche stilistischen Prioritäten bestimmten deren künstlerisches Schaffen? Sowohl von der Architektur der Langobarden, die sich eher mit der Bildhauerei und Goldschmiedekunst auseinandergesetzt hatten, als auch jener der Karolinger sind nur spärliche Zeugnisse (wie etwa S. Satiro in Mailand) erhalten geblieben. Zwar ist eine Berührung mit der ottonischen Kunst – vor allem im Gebiet um Como – nicht zu leugnen, doch läßt auch diese auf dem Sektor des Bauschaffens in Oberitalien zunächst eine nur marginale Bedeutung erkennen. Größeres Gewicht als diesen drei für die Geschichte Italiens vom 7. bis zum 10. Jahrhundert so entscheidenden Faktoren kommt den bodenständigen, traditionsbildenden Elementen der frühchristlichen und – weniger gravierend – der römisch-antiken Ära zu. Besonders nachhaltig tritt dabei der Traditionsrückgriff auf die ravennatische Architektur in Erscheinung.

Das byzantinische Exarchat von Ravenna vermochte sich dem Druck der Langobarden bis fast zu dem Zeitpunkt zu erwehren, als diese selbst unter König Desiderius dem Ansturm der Karolinger (774) erlagen. Schon im 5. und 6. Jahrhundert wurden hier die für einen beträchtlichen Teil Oberitaliens bis zum Beginn des 11. Jahrhunderts stilprägenden Kirchenbauten errichtet. Wie eng man sich – im Gegensatz zur rein byzantinisch anmutenden Fünfkuppel-Kreuzkirche des Dogen von Venedig (San Marco) – der frühchristlich-ravennatischen Tradition noch in den ersten Jahren des neuen Jahrtausends verpflichtet sah, beweist wohl kein Bau besser als der *Dom von Torcello*. 639 unter Kaiser Heraklius als Stiftung des ravennatischen Exarchen Isaak gegründet, erhielt er erst ab 1008 sein jetziges Aussehen, nachdem bereits nach 864 bauliche Veränderungen vorgenommen worden waren. Aus dem 7. und 9. Jahrhundert stammen mit Sicherheit die Hauptapsis mit der darunter befindlichen Ringkrypta und die Reste des im Westen der Kirche vorgelagerten, rund oder oktogonal rekonstruierbaren Baptisteriums.[3] Frühchristlichen Geist atmet auch das in klaren Umrissen begrenzte Langhaus (Abb. 2) mit seinem basilikalen Querschnitt, den von eng aneinandergereihten Säulen gestützten Arkaden, den einfach in die Wand geschnittenen Fenstern des Lichtgadens und dem offenen Dachstuhl; hinzu kommt der für Italien überwiegend typische Verzicht auf ein Querhaus. Das alles entspricht prinzipiell noch immer der ravennatischen Tradition, wie es etwa das Beispiel von S. Giovanni Evangelista in Ravenna (ab 424) beweist. In der Tat nimmt von diesem Bau eine Entwicklungslinie ihren Ausgang, die über Grado (S. Maria delle Grazie, 5./6. Jahrhundert) und Pomposa (Abteikirche, um 800) nach Torcello führt. Dieser entwicklungsgeschichtliche Aspekt fordert zunächst eine solide Definition des Entwicklungsbegriffs selbst. Ch. Töwe hat sie am prägnantesten formuliert: »Entwicklung ist Veränderung und betrifft die Abfolge verschiedener Zustände aufeinander. Etwas wird in einem bestimmten Augenblick anders, als es vorher war, und bleibt zugleich dasselbe. Die Spannung von Anderswerden und Dasselbebleiben ist ein Charakteristikum jeglicher Entwicklung.«[4] Daraus ergibt sich die Frage, was nun in Torcello ›anders‹ geworden ist? Da ist zunächst auf die gegen-

2 TORCELLO, Dom, Innenansicht, Blick von Westen

3 TORCELLO, Dom und S. Fosca, Ansicht von Westen

über der ravennatischen Ausgangssituation veränderte Proportion des Mittelschiffs zu verweisen, das nunmehr ungleich steiler in die Höhe ragt – eine Tendenz zur Vertikalisierung, die sich schon wesentlich früher in S. Maria delle Grazie in Grado angebahnt hatte. Dazu kommt eine Reduzierung der Fensterdimensionen des Obergadens und der ebenfalls zu Beginn des 11. Jahrhunderts erfolgte Zubau zweier die Seitenschiffe abschließender Nebenapsiden, die, von Lisenen und Rundbogenfries gegliedert, bereits über das Dekorationsrepertoire der Romanik verfügen. Stilistisch ähnlich einzuschätzen sind die den Seitenapsiden vorgelagerten, tonnengewölbten Joche, die wie der Zusammenschluß dreier Apsiden von einem Bruch mit ravennatischer Tradition Zeugnis geben. Nur kommt dieser Apsidenkonzeption keine mit dem romanischen Stilbegriff

junktimierbare Bedeutung zu. Sie besitzt nur teilweise innovativen Charakter (Kurvenjoche in den Seitenschiffen), da vergleichbare Lösungen bereits an S. Maria in Cosmedin in Rom (772/795) und an S. Vincenzo a Prato in Mailand (nach 833) in Erscheinung treten.

Einer genaueren Erörterung bedarf die Außengestaltung des Gebäudes (Abb. 3), dessen ungegliederte, an ravennatische Longitudinalkirchen erinnernde Längswände in extremem Gegensatz zur gänzlich in Blendbogen aufgelösten Westfassade basilikalen Querschnitts stehen. Eine Fassadengliederung dieser Art ist an den ravennatischen Bauten in der Tat nicht anzutreffen. Sie erscheint Hubala »ganz mittelalterlich und kaum aus Ravenna ableitbar«.[5] Ob sie nun als »mittelalterlich« oder gar »ottonisch«, wie der Autor weiter präzisiert, bezeichnet

21

werden kann, ist allerdings eine andere Frage. Ein Vergleich etwa mit der Fassade des Westwerks von St. Pantaleon in Köln macht augenblicklich klar, wie weitgehend die stärker rhythmisierte Gliederung (Lisenen und Rundbogenfriese) dieser ottonischen Fassade sich schon an der Schwelle der romanischen Epoche befindet. Torcellos Domfassade, der erst im 14. und 15. Jahrhundert eine Vorhalle hinzugefügt wurde, ist jedoch entgegen Hubalas Auffassung von ravennatischen Vorstufen abzuleiten. Erinnert sei nur an die ähnlich fortlaufende Blendbogenreihung am Zentralbau des Mausoleums der Galla Placidia (um 450), was einmal mehr beweist, wie lange das bodenständige Formengut in dieser Landschaft Oberitaliens lebendig geblieben war.

Besondere Beachtung verdient auch der Campanile von Torcello, der mit seiner kolossalen Höhe die Fernwirkung der Gesamtanlage wesentlich verstärkt und, dem Mast eines Schiffes vergleichbar, aus der Lagune emporzutauchen scheint. Der vom Kirchenbau abgerückte Typus des Campanile dominiert in Italien bei weitem über die Zahl der dem sakralen Bauwerk inhärenten Glockentürme (z. B. S. Abbondio in Como). Wenngleich seine Geschichte erst geschrieben werden muß, so wissen wir doch – ganz abgesehen von seiner orientalischen Herkunft –, daß sein Ursprungsort Ravenna heißt. C. Ricci hat aus funktionalen, liturgischen und baugeschichtlichen Gründen überzeugend dargelegt, daß er hier frühestens seit der zweiten Hälfte des 9. Jahrhunderts in Erscheinung tritt.[6] Dabei existieren von Anfang an zwei Typen nebeneinander, der eine auf rundem, der andere auf quadratischem Grundriß errichtet. Da die ravennatischen Glockentürme erst mit zeitlich gro-

ßer Verspätung den Kirchen hinzugefügt wurden, blieb gar keine andere Wahl, als sie in einer selbständigen Position hochzuführen. Auch als solche baugeschichtlichen Zwänge entfielen, hielt man in Italien überwiegend an diesem Campanile-Typus fest. Dem ältesten runden Turm, der in seinen acht Geschossen durch zunehmende Fenstergröße und -zahl eine Tendenz zu steigender Transparenz und horizontalisierender Prägung verrät, begegnen wir an S. Apollinare Nuovo. Ihm lassen sich in Ravenna eine ganze Reihe weiterer Beispiele hinzufügen, von denen lediglich der durch ähnliche Absichten geprägte Campanile von S. Apollinare in Classe aus dem Ende des 10. Jahrhunderts erwähnt sei. Aus dem Hinweis auf den ebenfalls runden Glockenturm von Caorle (zweite Hälfte 11. Jahrhundert) wird ersichtlich, wie langlebig sich dieser Typus erweist. Der älteste Vertreter des quadratischen Typus findet sich an der Basilika von S. Francesco (Ende des 9. Jahrhunderts). Von hier scheint ein direkter Weg nach Torcello zu führen, dessen allerdings beträchtlich höherer Campanile von ähnlichen formalen Kriterien bestimmt ist. Im Gegensatz zum runden Typus zeigt auch er einen erheblichen Drang zum Vertikalismus, der sich vor allem darin äußert, daß das Backsteinmauerwerk von durchlaufenden Lisenen überzogen ist und von einer Geschoßgliederung – abgesehen von den kleinen Lichtdurchlässen und mit Ausnahme des durch vier Arkaden gegliederten Schallfensters im obersten Abschnitt – weitgehend Abstand genommen wurde. Einen Trend zu horizontalisierender Geschoßgliederung zeigt erst der 1063 laut Inschrift von »Deusdedit« errichtete quadratische Glockenturm von Pomposa (Farbabb. 1), mit dem sich im

Bereich der Backsteinarchitektur der wohl qualitätvollste, am reichsten dekorierte Campanile Italiens aus dem Hohen Mittelalter erhalten hat.

Einen womöglich noch monumentaleren Eindruck als der Bau von Torcello vermittelt der *Dom von Aquileja* (Abb. 4), der mit der Tradition querhausloser, frühchristlich bestimmter Anlagen bricht und dessen Querschiff etwa mit jenen des alten Doms von Straßburg und der salischen Kirche von Hersfeld zu konkurrieren scheint. Eine nordische Note macht sich hier geltend, die nicht zuletzt mit der deutschen Herkunft des Patriarchen Poppo (1019–1042) zu erklären ist. Es würde zu weit führen, über die bis in die frühchristliche Zeit zurückreichende Geschichte der Kultbauten Aquilejas zu berichten. Soviel sei aber festgehalten, daß schon die Vorgangerbauten (zweite Hälfte des 5. Jahrhunderts und erste Hälfte des 9. Jahrhunderts) annähernd die Größe des heutigen Doms (65 × 29 m) erreichten. Eine durchgreifende Erneuerung brachte die Bautätigkeit Poppos, Graf von Traungau, der vor seiner Wahl zum Patriarchen als Hofkaplan im Dienst Kaiser Heinrichs II. stand und dem es gelang, Grado unter seine Kontrolle zu bringen und die alte Bedeutung Aquilejas wiederherzustellen. Seither beanspruchten die Patriarchen, die sich stets aus Mitgliedern des deutschen Hochadels rekrutierten, den ersten Rang nach dem Papst einzunehmen. Poppos Herkunft fand aber nicht allein in der unitalienisch anmutenden Errichtung eines Querhauses ihren Niederschlag. Auch aus der Tatsache, daß sich die Seitenschiffe der dreischiffigen Basilika mittels arkadentragender Säulen gegenüber dem Querhaus absondern und überdies Säulen in der Flucht der Außenmauern

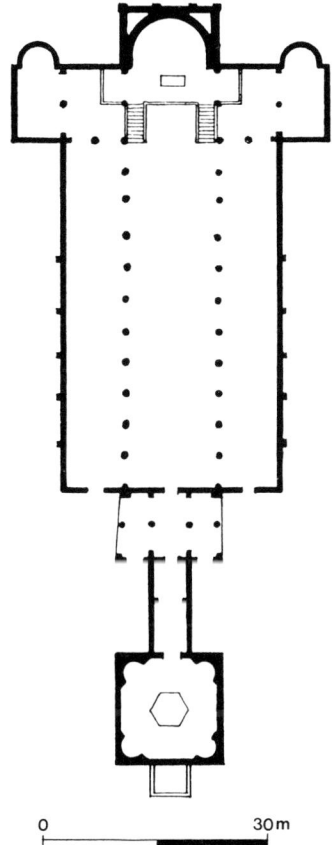

4 AQUILEJA, Dom, rekonstruierter Grundriß (nach Forlati)

des Langhauses die Querhausarme unterteilen, ergibt sich ein Konnex mit der deutschen Baukunst. Genaugenommen handelt es sich um ein Phänomen, das aus St. Michael in Hildesheim und dem Münster in Mittelzell stammt, zwei Bauten, die im gleichen Zeitraum wie der Dom von Aquileja entstanden sind.[7] Das ändert allerdings wenig daran, daß sich das Innere des Langhauses aufgrund des kleinteiligen Rhythmus der 13 schmalen Joche kaum von frühchristlichen

Kirchen unterscheidet. Dieser Eindruck verstärkt sich nur noch, wenn man die nach dem Erdbeben von 1348 errichteten Spitzbogen zugunsten der zuvor vorhandenen Rundbogenarkaden in Abzug bringt und im Mittelschiff mit einem ursprünglich das Querhaus unterteilenden, bis knapp an die Hauptapsis herangeführten Säulenpaar rechnet. Dieser letztgenannte Umstand läßt erkennen, daß man für den Einsatz einer an deutsche Bauten erinnernden, womöglich sogar ausgeschiedenen Vierung trotz des Querhauses kein Interesse aufbrachte. Ebenfalls im Gegensatz zu transalpinen Beispielen schließt die im unteren Teil vom Vorgängerbau stammende Apsis unmittelbar an das Querhaus, was als weiteres Indiz für einen Rekurs auf frühchristliche Traditionsmerkmale zu gelten hat. Wir stehen also vor einem Bauwerk, bei dessen Errichtung man sich zwar mehr als bei allen anderen Kirchen Italiens dieser Zeit dem Formengut des Nordens verpflichtet fühlte, aber insgesamt doch stärker an die bodenständige Tradition gebunden sah; von einem ausgleichenden Kompromiß kann demnach nur eingeschränkt die Rede sein.

Mit wachsender geographischer Entfernung vom ehemaligen Exarchat Ravenna verminderte sich im Bauschaffen um die Jahrtausendwende auch zusehends der Einfluß der ravennatisch-frühchristlichen Architektur. Auf dem Weg nach Westen wenden wir uns zunächst dem lombardischen Kernbereich, genauer, dem südlichen Randgebiet Comos zu. Seit dem Ende des 10. Jahrhunderts wurden hier *Kirche und Baptisterium von Galliano* (bei Cantù) errichtet, das als eine der seit dem 9. Jahrhundert sich herausbildenden Urpfarreien der Lombardei ein Zen-

trum sozialen und religiösen Lebens darstellte. In dieser Zeit kam es zur Verbesserung der kirchlichen Struktur und zur Neuordnung territorialer Einheiten, etwa Pfarrgemeinden, denen zahlreiche Landkirchen angeschlossen waren. Für die Kirche *S. Vincenzo* ist als Weihedatum das Jahr 1007 überliefert, ein Zeitpunkt, der den Abschluß der von Ariberto d'Intimiano (1018–1045 Bischof von Mailand) veranlaßten Bauarbeiten anzeigt. Wie aufgefundene Inschriften nahelegen, kann hier ein auf das 5. Jahrhundert zurückgehender Vorgängerbau vermutet werden. Die Kirche ist basilikal dreischiffig angelegt, verfügt über ein sehr kurzes Langhaus und wird im Osten von drei Apsiden abgeschlossen. Sie wurde 1801 zweckentfremdend in ein Bauernhaus umgewandelt, wobei der Abbruch des südlichen Seitenschiffs erfolgte. Als sich die Denkmalpflege 1932 um die Erneuerung des Gebäudes bemühte, verzichtete man auf die Rekonstruktion dieses Seitenschiffes. Das Mittelschiff (Abb. 5) ist extrem breit konzipiert – erinnert also an den Typus der frühchristlichen Aula –, wird von einem Sparrendach abgeschlossen und von breitgelagerten, auffallend niedrigen, auf quergestellten Pfeilern ruhenden Arkaden begrenzt. Zieht man die kleinen, einfach in die Wand geschnittenen Fenster des Obergadens noch zusätzlich in Betracht, so ist zu erkennen, wie weit sich das Bauwerk stilistisch von frühchristlichen Vorstufen entfernt hat. Dazu kommt eine über eine Krypta stark angehobene, deutlich eingezogene Apsis, deren korbbogenartig gedrückter Scheitel nur noch wenig mit den halbkreisförmigen, geometrisch klar konzipierten Apsiden etwa von Torcello und Aquileja gemeinsam hat. Weiters ist – neuerlich im

5 GALLIANO, S. Vincenzo, Innenansicht

Kontrast zu frühchristlichen Vorstellungen – zu bemerken, daß die Hauptapsis von S. Vincenzo zunächst von geraden, gleichsam tonnengewölbten Wandteilen flankiert wird, ehe sie sich zum Halbkreis schließt, eine stilistische, die Idee eines Chorvorjochs andeutende Komponente, die das Aufkommen romanischen Formenguts signalisiert, für Kubach alles Momente, die dem »Charakter des Vorromanischen« entsprechen.[8] Mit seiner Definition des Baus als »ottonisch«, die nicht näher begründet wird, scheint allerdings wenig gewonnen. Da überzeugt Chiericis Auffassung schon wesentlich mehr, der alle Elemente, die man »in romanischen Bauten [der Lombardei] wiederfindet, schon in der Mitte des 10.Jahrhunderts [also auch in Galliano] auf-

tauchen« sieht.[9] Auch dieser Kommentar ist jedoch in seinem verallgemeinernden Anspruch insofern einzuschränken, als er für die in manchen Bereichen der romanischen Baukunst Oberitaliens relevante Wölbungsproblematik nicht gültig sein kann.

Wenden wir uns dem Äußeren des Bauwerks zu, so beeindruckt zunächst wie im Inneren dessen Einfachheit, die vom roh behandelten, aus Kiesel, Mörtel und Bruchstein bestehenden Mauerwerk – auch ein Charakteristikum der Zeit vor 1000 – nur noch unterstrichen wird. Der Befund der Denkmalpfleger bestärkt den Verdacht, daß vor dem Abschluß der Bauarbeiten im Jahr 1007 die Wände des Langhauses bereits standen, ehe man an die Errichtung der Hauptapsis schritt. Gestützt wird diese An-

25

nahme durch die Tatsache, daß zwischen dem Material der Apsismauer und jenem der offensichtlich während des Bauvorgangs geschlossenen Seitenfenster des Langhauses eine gewisse Affinität besteht. In der Tat mutet die das nördliche Seitenschiff abschließende Apsis altertümlicher an als die des Mittelschiffs. Sie ist teilweise im Mauerwerk verborgen und außen nur als Viertelkreis sichtbar. Die Hauptapsis (Abb. 6) wird von enggereihten Blendbogen rhythmisiert, die etwa mit jenen an der Fassade von Torcello korrespondieren und, so gesehen, einen Traditionsrückgriff auf ravennatisch-frühchristliches Formengut (Mausoleum der Galla Placidia) verraten. Auch die Obergadenwand zeigt ein Dekorationsmotiv, das kaum als Vorbote romanischen Stilverhaltens zu deuten ist. Es handelt sich um steile, zwischen enggestellten Fenstern (jedes zweite später zugemauert) in die Wand vertiefte Rhomben, die nur aus islamischen Quellen stammen können. Dieser Hinweis ist nicht so abwegig wie es zunächst scheint, denn, wie schon erwähnt, waren sarazenische Truppen im 10. Jahrhundert sogar bis in oberitalienische Randbereiche vorgedrungen.

Anstelle einer vermutlich aus dem 6. Jahrhundert stammenden Kirche gründete der Mailänder Erzbischof Anspert um 890 in *Agliate*, unweit von Galliano, ein Kanonikerstift. Offenbar im Anschluß an dieses Gründungsdatum schlagen Kingsley-Porter und Thümmler für die ehemalige *Stiftskirche S. Pietro* das 9. Jahrhundert als Bauzeit vor. Um diese These zu stützen, stellt letzterer einen wenig überzeugenden Zusammenhang zwischen Agliate, Pomposa und S. Vincenzo a Prato in Mailand her.[10] Dabei übersieht er offenbar, daß sich die dreischif-

6 GALLIANO, S. Vincenzo, Hauptapsis

fig basilikale Anlage von Agliate in mehrfacher Hinsicht von den beiden Bauten des 9. Jahrhunderts unterscheidet: von Pomposa zunächst im gedrückten Bogenschlag der schwerfällig breitgelagerten Säulenabstände (Abb. 7), von S. Vincenzo in der unaxial angelegten Folge der klein dimensionierten Fenster des Obergadens. Weiter lastet in Agliate, im Gegensatz zu Pomposa, massives Mauerwerk auf zerbrechlich dünnen Säulenschäften, die, um den archaischen Eindruck des Gebäudes noch zu unterstreichen, rudimentäre, typenmäßig kaum benennbare Kapitelle aufweisen. Eine Affinität zu S. Vincenzo ergibt sich lediglich im Hinblick auf den dreifachen Apsidenschluß. Nur ist dabei zu bedenken, was Thümmler außer acht läßt, daß die Mailänder Apsidenanlage angesichts ihrer spezifischen Dekorationsformen wahrscheinlich erst ins 11.

7 AGLIATE, S. Pietro, Innenansicht

joch und Apsis klar sichtbar. An der Apsis sind in drei der sieben von Lisenen begrenzten Wandfelder, die zu den Seiten hin deutlich schmaler werden, relativ große Fenster eingelassen. Diese Rhythmisierung spiegelt sich auch in den unter der Dachtraufe befindlichen Rundbogennischen, die sich in den mittleren drei Wandfeldern in Dreier- und anschließend in Zweiergruppen zusammenschließen, während die letzten beiden, unmittelbar an die Vorchorwand heranreichenden Achsen nur noch über je eine Nischenbekrönung verfügen. Insgesamt ergibt sich optisch dennoch eine relativ gleichmäßige Reihung dieser Rundbogenöffnungen, die als typisch lombardisches Motiv und als Vorläufer der späteren Zwerchgalerie anzusprechen sind. An der Apsis der in Backstein

Jahrhundert zu datieren ist.[11] Der entscheidende Unterschied zu beiden Kirchen ist allerdings darin zu sehen, daß in Agliate den drei Apsiden jeweils ein Chorvorjoch vorgelagert ist (Abb. 8), wobei das mittlere tonnengewölbt ist und die seitlichen Kreuzgratgewölbe tragen, ein für die Romanik wegweisendes Charakteristikum, das in Galliano noch nicht in Erscheinung tritt. Auch die mit Galliano vergleichbare, dem Oratorientypus angehörende Krypta mit ihren von Gurten getrennten Kreuzgewölbejochen und den Wandpfeilern an den Seitenwänden macht deutlich, daß als Baubeginn der Kirche frühestens das Ende des 10. Jahrhunderts in Frage kommt.

Am Außenbau, der nur an der Hauptapsis (Abb. 9) Gliederungsformen zeigt, wird die innere Raumstruktur vor allem an der abgestuften Dachfolge von Langhaus, Chorvor-

8 AGLIATE, S. Pietro, Grundriß
(nach S. Chierici)

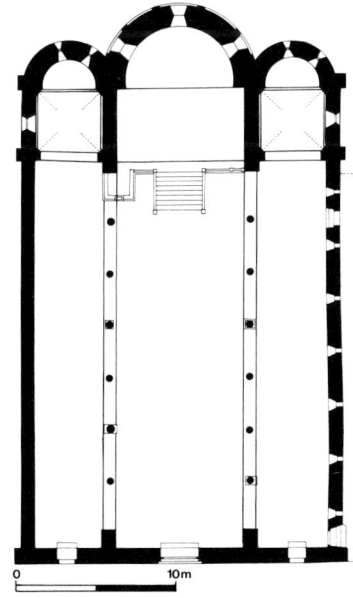

27

errichteten Kirche von S. Vincenzo in Mailand treten sie schon in kontinuierlicher Form auf. Auch befinden sie sich dort im unmittelbaren Konnex mit den horizontal über sie hinweg im Rundbogenfries weitergeführten Lisenen, alles Faktoren, die eine im Vergleich zu Agliate spätere Datierung nahelegen.

Dieser Prototypus hat offensichtlich in der Lombardei seinen Ausgang genommen und bis Katalonien – wahrscheinlich durch Vermittlung comaskischer Bauleute, die wegen ihrer technischen Begabung vielbegehrt waren – Verbreitung gefunden. Die an den südlichen Alpenausläufern wohnenden Werkleute von Como, die maestri comacini, waren Meister eines praktischen, verhältnismäßig raschen Bauverfahrens.[12] Im Umgang mit sperrigem Baumaterial gelangten sie zu erstaunlichen Ergebnissen. Meistens standen ihnen nur rohe Bruchsteine, die an Ort und Stelle gewonnen und mit dem Hammer bearbeitet wurden, zur Verfügung. Dazu kamen in entlegenen Gebirgsgegenden, wo Steinbrüche fehlten, Tuff oder Flußkiesel. Noch heute gibt das oberitalienische Seengebiet lebhaft Zeugnis von der comacinischen Bautätigkeit; hier begegnen wir dem dichtesten Denkmälerbestand des Hohen Mittelalters in Oberitalien. Wie erwähnt, gelangten die reisefreudigen Comaciner bis nach Katalonien, wo sie auf ähnliche Materialbedingungen wie in ihrer Heimat stießen. Nachweislich haben sie das architektonische Schaffen dieses Landes beeinflußt und darüber hinaus das bauliche Antlitz eines breiten, entlang des Mittelmeers von Nordspanien über Südfrankreich, Oberitalien bis Dalmatien führenden Länderstreifens mitbestimmt, wobei selbst in Gebieten nördlich des Alpenkammes noch Einflüsse

9 AGLIATE, S. Pietro, Apsiden

ihrer Tätigkeit spürbar sind. Puig i Cadafalch hat die Kirchenbauten der westlichen Zone (Katalonien, Aragonien, Roussillon, Languedoc und Provence) dieses Ländergürtels kartographisch erschlossen, doch muß man die Frage stellen, ob die dafür geprägte Stilbezeichnung »premier art roman« (10. und 11. Jahrhundert), auf den gesamten geographischen Raum erweitert, nicht doch die Gefahr bedenklicher Generalisierung in sich birgt.[13] Nur ein Beispiel: Während in Katalonien überwiegend der Hallentypus aufscheint, dominiert im comaskischen Kerngebiet das basilikale Schema, wobei man anläßlich bescheidenerer Bauaufträge auch dem Typus der einschiffigen Aula folgte. Deshalb erscheint es ratsamer, die landschaftsbezogene Vielfalt baukünstlerischer Ergebnisse anzuerkennen, als einem simplifizierenden Stilmonismus zu huldigen, wozu der unkritische Umgang mit dem Begriff des »premier art roman« verleiten könnte. Das sollte verstärkt dazu Anlaß geben, die Rolle der Comaciner eher auf dem technischen als auf dem stilbildenden Sektor zu würdigen. Gemeinsam sind den Kirchen dieses weitgestreckten geographischen Raumes lediglich die überwiegend einfach strukturierte Bauform, der häufige Verzicht auf ein Querhaus und eine komplexe Chorlösung sowie das auffallende Interesse an der Gestaltung von Apsiden. In der Tat könnte die Gliederung der Hauptapsis etwa von S. Vincente in Cardona (1029/1040) auf Anregungen Comaciner Bauleute zurückzuführen sein. Dieselbe Reihe von Rundbogennischen finden wir bereits mindestens ein viertel Jahrhundert zuvor in Agliate. Nur ist das Lisenennetz in S. Vincente insofern komplizierter gestaltet, als es nicht bis zur Dachtraufe führt, sondern sich über den Rundbogennischen zu doppelten Rundbogen zusammenschließt und somit gleichsam den Prototyp des Rundbogenfrieses herausbildet. Dieses Motiv war schon beträchtlich früher, und zwar in deutlich reiferer Form, in der ottonischen Architektur (St. Pantaleon in Köln, um 970) aufgetreten. Von dort dürfte es zunächst in den oberitalienischen Raum eingedrungen sein, um dann später in den katalonischen Bereich zu gelangen.

Schon einige Zeit vor S. Vincente in Cardona wurden die äußeren Langhauswände von *S. Pietro in Acqui* (Piemont, um 1015) mit in doppelte Rundbogen umbrechenden Lisenen geschmückt. Die Tatsache, daß hier schon seit dem 5. Jahrhundert ein Vorgängerbau stand, dürfte die ältere italienische Forschung bewogen haben, den heutigen Bau – viel zu früh – in das 8. Jahrhundert zu datieren.[14] Man hatte dabei offenbar übersehen, daß in Italien das Interesse am reicher dekorierten Äußeren der Kirchen erst zu Beginn des 11. Jahrhunderts einsetzte. Die Frühdatierung läßt sich lediglich für den Bereich der mit Sicherheit aus einer älteren Bauphase stammenden, polygonalen Seitenapsiden aufrecht erhalten; diese von Blendbogen gegliederte Apsidenform ist gewiß als Erbgut ravennatischer Bauformen anzusehen. Ein in den Bauverband einbezogener oktogonaler Glockenturm, den Thümmler voreilig in das 12. Jahrhundert datiert, akzentuiert das Gebäude.[15] Seinem Argument, polygonale Türme kämen in Italien erst in dieser Zeit auf, ist entgegenzuhalten, daß etwa S. Antonino in Piacenza bereits im 11. Jahrhundert über einen oktogonalen Turm verfügte.

Wie in der nur wenig älteren Kirche von S. Pietro in Agliate weitet sich vor der Apsis ein tonnengewölbtes Chorvorjoch. Im übrigen lassen die gegenüber Agliate im Umfang schon beträchtlich reduzierten Fensteröffnungen des Obergadens zu den Arkadenstellungen einen axialen Bezug vermissen. Neu ist die Stützenform – nachträglich gefaste Pfeiler –, die eine Abkehr von frühchristlicher Tradition, wie sie für Agliate noch maßgebend war, verrät. Dazu kommt eine im Vergleich zu Agliate (1 : 1,25) nachhaltig gesteigerte Vertikalisierung des Mittelschiffs (1 : 2), beides Momente, die sich als Vorboten neuer Stilprinzipien interpretieren lassen.

Neben einer langen Liste von stilistisch retardierenden Bauten, die sich dem Anspruch einer folgerichtig laufenden Entwicklung entziehen, nimmt die Kirche von *S. Maria Maggiore in Lomello* im Rahmen der romanischem Formengut verpflichteten lombardischen Baukunst eine Initialstellung ein. Als Laumellum schon in römischer Zeit ein wichtiger Stützpunkt an der Straße von Pavia nach Gallien, wurde Lomello von den Langobarden zu einer Festung ausgebaut, in der sich eine möglicherweise bis in das 5. Jahrhundert zurückreichende Kirche befand. Nach einer Legende erfolgte hier im Jahre 590 die Vermählung der Königin Theolinda mit Agilulf. Das südlich der Kirche befindliche Baptisterium – untrügliches Zeichen einer lombardischen Urpfarrei – stammt noch aus der Langobardenzeit (7./8. Jahrhundert). Im Konflikt um den Erwerb eines angemessenen contado war Lomello häufig Streitobjekt zwischen Mailand und Pavia, was zur mehrfachen Zerstörung des Ortes führte. In der Debatte um die Datierung der heutigen Kirche gehen die Meinungen ziemlich weit auseinander. Während Kingsley-Porter für die Zeit um 1025 plädiert – eine Datierung, die von Thümmler wie auch von der neueren Forschung durchweg akzeptiert wird –, setzt Frankl den Bau vor 1080 an.[16] Letztere Version ist lediglich historisch mit dem Hinweis auf den Sieg Mailands über Pavia, der vielleicht Anlaß zum Neubau von S. Maria Maggiore geboten hatte, vertretbar, stilistisch ist sie jedoch kaum zu begründen. Diesbezüglich ist Lomello in mehrfacher Hinsicht beachtenswert: Über den Seitenschiffen des basilikalen Baus erheben sich Kreuzgratgewölbe (Abb. 10), die dem letzten Stand der Wölbungstechnik entsprechen und durchaus etwa mit salischen Beispielen Schritt halten (z. B. Dom von Speyer und St. Maria im Kapitol in Köln). Zu erwähnen ist weiter die Auseinandersetzung mit dem Stützenproblem. Es handelt sich hier weder um Säulen noch um eindeutig strukturierte Pfeilergebilde, vielmehr um einen Kompromiß zwi-

10 LOMELLO, S. Maria Maggiore, Innenansicht

schen beiden Typen, sozusagen um eine oval in die Breite gestreckte Säule, der im Mittelschiff Lisenen vorgelegt sind. Ebenfalls als Abkehr von bodenständiger Tradition ist die Behandlung der Arkaden zu erklären: Den an den Ecken bestoßenen, würfelähnlichen Kapitellen entspringen abgestufte Unterzüge, die zu einer plastischen Belebung der Backsteinwand beitragen. Die bedeutendste Innovation besteht ohne Zweifel in der auf spätere Wölbungsprobleme hinweisenden Verwendung korbbogenartiger Schwibbogen. Diese entspringen jeder zweiten Lisene und geben Zeugnis für den Trend, die Jochfolge in quadratische Kompartimente zusammenzufassen, ohne allerdings diese Tendenz zum gebundenen

System, wie es etwa in Deutschland schon längere Zeit in reiferer Form auftrat, durch einen entsprechenden Stützenwechsel zu akzentuieren. Wie weit man in Lomello von Zielsetzungen dieser Art entfernt war, bezeugt das vollständige Fehlen einer ausgeschiedenen Vierung, ebenfalls ein Element, das als Voraussetzung für den berechtigten Einsatz des Stilbegriffs Romanik anzusehen ist. Insofern ist das Gebäude vom Entwicklungsstand etwa der niedersächsischen Baukunst noch weit entfernt. Darauf hat auch Thümmler hingewiesen, der hier sogar von einem »spätantiken Raumgefühl« spricht, für das charakteristisch ist, »daß man nicht von der Einheitlichkeit des Raumgefüges [z. B. gebundenes System] ausging, sondern die einzelnen Kompartimente als durchaus verschiedene, selbständige Raumeinheiten betrachtete«.[17] Trotzdem – und das schränkt die Bedeutung der stilistischen Einschätzung Thümmlers doch ein wenig ein – darf nicht übersehen werden, daß sich die Kirche von Lomello noch in einem weiteren Punkt von der autochthonen Ausgangssituation abhebt: Dem letzten Joch des Mittelschiffs, das sich von allen übrigen Jochen durch eine höhere Arkadenstellung unterscheidet, sind querhausähnlich zwei nach Osten von Apsiden geschlossene Seitenkompartimente angefügt, die allerdings nur wenig über die Langhausmauern hinausragen, wie das Presbyterium jedoch tonnengewölbt sind. Der Schwibbogen tritt im oberitalienisch-lombardischen Raum in Lomello erstmalig in Erscheinung, und zweifellos verwendet man dieses Motiv, worauf Thümmler verweist, gleichzeitig auch in der Normandie.[18] Weniger bekannt ist allerdings die Tatsache, daß es durchaus schon früher nachweisbar ist, etwa in St-Gertrude

in Nivelles (bald nach 1000) und im burgundischen St-Philibert in Tournus.

Betrachtet man das Äußere der Kirche von Lomello (Abb. 12), so besticht im Vergleich etwa zu Galliano und Agliate deren deutlich rhythmisiert abgestufte Gruppierung von Apsis, Apsisvorjoch, Langhaus und querhausähnlichen Armen (von Kubach als »Zellenquerhaus« bezeichnet[19]), die sich weit unter dem Dachbereich des Mittelschiffs zum Satteldach schließen. Insgesamt stellt das Gebäude »einen sehr wichtigen Einschnitt dar, weil es eine ganze Reihe von Elementen in sich vereint, die in großen Paveser Bauten ein wenig später eine organische Synthese finden werden«.[20] Auch mit seiner Wanddekoration steht Lomello an

11   Nonantola, S. Michele, Apsiden

12   LOMELLO, S. Maria Maggiore, Außenansicht (Querhaus, Chor und Baptisterium)

der Spitze der lombardischen Bauten der ersten Hälfte des 11. Jahrhunderts. Von S. Pietro in Acqui scheinen die in Rundbogen umbrechenden Lisenen zu stammen, und Agliate mag für die die Apsis umgürtenden Rundbogennischen Vorbild gewesen sein.

Das führt zur Frage der Apsisgestaltung, der die oberitalienische Architektur stets größtes Interesse entgegengebracht hatte. Blickt man auf Agliate zurück, so mag von hier – und nicht aus dem rheinischen Gebiet, wie häufig behauptet wird – die Entwicklung der Zwerchgalerie ihren Ausgang genommen haben. Obwohl sich dieses Motiv etwa am Dom von Trier (vor 1047 begonnen) oder in Speyer in der Tat schon früher und in reiferer Form entfaltet hatte, wurden die dafür wegweisenden Experimente ohne Zweifel in Oberitalien durchgeführt. Das

beweist unter anderem die Kirche *S. Michele in Nonantola* (Abb. 11), die, beim Ungarneinfall fast gänzlich zerstört, um 1000 neu errichtet wurde. Noch in die erste Hälfte des 11. Jahrhunderts führt uns hier die Gestaltung der Hauptapsis mit ihrem Bogennischenabschluß, der, über Agliate und Lomello hinausgehend, gleichsam eine Sonderform des die Zwerchgalerie ankündigenden Prototypus darstellt. Im Unterschied zur älteren Variante sind die Bogennischen schlanker und höher geworden. Darüber hinaus werden sie von Halbsäulen flankiert, denen Bogen in nischenübergreifender Funktion entspringen. Als weiteres ornamentales Novum tritt ein zwischen Rundbogenfries und Dachtraufe verlaufender Zahnfries hinzu, dessen italienische Herkunft von der Forschung durch den Terminus ›deutsches Band‹ häufig geleugnet wird. Von der Hauptapsis unterscheidet sich die südliche Seitenapsis durch eine noch vielfältigere Ornamentierung. Weitere Friesformen gesellen sich zu den schon erwähnten; sie hängen offenbar mit dem reichen Dekorationsrepertoire des Campanile von Pomposa zusammen: kleine, in den Backstein vertiefte Quadrate sowie kragsteinähnliche, unter der Dachtraufe befindliche Gebilde. Vom 1063 vollendeten Campanile in Pomposa ausgehend, kann somit für den Dekor der Nebenapsis von S. Michele in Nonantola als Entstehungszeit die zweite Hälfte des 11. Jahrhunderts angenommen werden.

In exponierter Lage, hoch über dem Lago d'Oggiono, befindet sich die Kirche von *Civate, S. Pietro al Monte*, ein Bau von äußerst eigenwilligem Charakter, der der Forschung – sowohl im Hinblick auf die stilistische Genese als auch die Datierungsfrage – schwer lösbare Rätsel aufgegeben hat. Obwohl das älteste Dokument erst aus der Mitte des 9. Jahrhunderts stammt – 35 Mönche werden darin aufgezählt –, dürfte die erste Kirche in die Langobardenzeit, genauer auf eine Gründung durch König Desiderius (772) zurückzuführen sein. Diesem Hinweis kommt insofern eine gewisse Bedeutung zu, als von der älteren italienischen Literatur als Entstehungszeit des heutigen Baus das 8./9. Jahrhundert angenommen wird. Vergleicht man die Ostchorlösung von Civate – drei, in die Umfassungsmauern integrierte Apsiden – etwa mit den drei Chorzellenräumen des Tempietto Langobardo in Cividale (Venezia Giulia; drittes Viertel des 8. Jahrhunderts), so erscheint diese Hypothese in der Tat nicht ganz abwegig. Nur haben bereits de Dartein und später Thümmler erkannt, daß verschiedene stilistische Elemente dieser Annahme klar widersprechen und somit als Baubeginn der heutigen Kirche ein Zeitpunkt vor der Mitte des 11. Jahrhunderts auszuschließen ist.[21]

Die Baugeschichte von S. Pietro al Monte gliedert sich in zwei Abschnitte. Zunächst wurde ein einschiffiges, aulaähnliches Gebäude mit Ostapsis und Krypta errichtet. Thümmler nahm – im Anschluß an de Dartein – an, daß die mit drei kreuzgratgewölbten Vorjochen in die Ostapsis eingefügten Apsiden noch aus der ersten Periode stammen (Abb. 13). Hier setzt auch seine Kritik gegenüber der erwähnten Frühdatierung an. Zutreffend weist er darauf hin, daß der die drei Apsiden übergreifende und gleichzeitig die Aula abschließende Bogen entwicklungsgeschichtlich nicht vor der Mitte des 11. Jahrhunderts entstanden sein kann. Diesem Datierungsargument ist ergänzend hinzuzufügen, daß auch das die Längswände

13 CIVATE, S. Pietro al Monte, Innenansicht, Blick nach Osten

des Außenbaus schmückende Lisenen-Rundbogensystem nicht früher anzusetzen ist. In der Frage der integrierten Apsiden blieb Thümmlers Auffassung nicht unwidersprochen. Seiner Interpretation tritt Chierici – basierend auf denkmalpflegerischen Erkenntnissen – mit dem Hinweis entgegen, daß der Einbau dieser Apsiden erst in der zweiten Bauphase erfolgt sei.[22] Da dafür keine stilistischen Argumente angegeben werden, sei zur Stützung dieser These darauf verwiesen, daß die mittlere der drei Apsiden – bezieht man sich kritisch auf Thümmlers Meinung – kleiner als die seitlichen konzipiert gewesen sein müßte, tatsächlich eine recht unwahrscheinliche Vorgehensweise. Mehr Glaubwürdigkeit besitzt die italienische Datierungsversion. Danach wurden erst in der zweiten Bauperiode zwei Seitenapsidiolen in die Ostapsis eingefügt, wobei sich deren mittlerer Bereich in einer Art Durchgangsfunktion zum ebenfalls erst später durchbrochenen Ostportal öffnete (Abb. 14). Dieser zweite Bauabschnitt steht offenbar in unmittelbarem Zusammenhang mit dem Tod des Mailänder Erzbischofs Arnolfo III. (1097), der sich Civate, wo er Zeiten des Gebets und der Meditation verbracht hatte, als Begräbnisstätte erwählte. Von diesem Zeitpunkt an dürfte S. Pietro al Monte wichtige bauliche Ergänzungen erfahren haben. Zunächst den Einbau der erwähnten Apsidiolen in die Ostapsis, der ein halbkreisförmiger, atriumähnlicher Vorbau in zwei Geschossen vorgelagert wurde. Dieser Baukörper, von dem eine der topographischen Situation des abschüssigen Geländes angepaßte Freitreppe zum annähernd axial auf ihn ausgerichteten Zentralbau des Oratorio di San Benedetto führt, nimmt in der hochmittelalterlichen Archi-

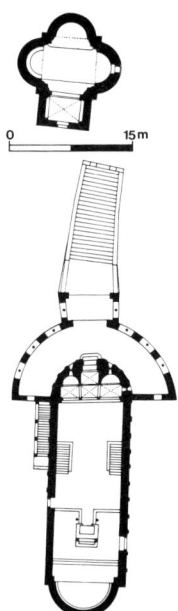

14 CIVATE, S. Pietro al Monte und Oratorio di S. Benedetto, Grundriß (nach S. Chierici)

tektur Italiens eine Sonderstellung ein. Gleichzeitig erhielt die Kirche auch im Westen einen apsidialen Abschluß, ein Zeichen dafür, daß man sich noch zu diesem Zeitpunkt der biapsidialen Anlagen karolingischer Provenienz (z. B. Dom von Fulda, St. Gallener Klosterplan usw.) besann, auch dies ein Indiz dafür, wie beharrlich man sich in Italien traditionellen Faktoren verpflichtet fühlte.

Die biapsidiale Anlage von S. Pietro al Monte ist in Oberitalien kein Einzelfall geblieben. Sie begegnet uns auch an der Pfarrkirche von *S. Giorgio di Valpolicella* (östlich des Gardasees, Ende des 11. Jahrhunderts). Wie in Civate existierte auch hier schon in der Langobardenzeit ein bedeutendes religiöses Zentrum. Aus einfachstem Bruchsteinmauerwerk bestehend, erweckt das

Bauwerk – nicht zuletzt wegen des radikalen Verzichts auf Dekorationsformen – einen geradezu spartanischen Eindruck. Während sich im Westen der basilikalen, in allen drei Schiffen holzgedeckten Anlage die Apsis etwa auf Mittelschiffbreite beschränkt, sind im Osten, im Gegensatz zu Civate, drei außen sichtbare Apsiden angeschlossen. Auch das Kircheninnere besticht durch seine extreme Einfachheit, wobei bedeutsam erscheint, daß von dem alten Typus der Säulenbasilika zum Teil zugunsten von Pfeilern Abstand genommen und auf jede Form von Kämpferbetonung verzichtet wurde. Den vier ersten, von Pfeilern begrenzten Jochen folgt nach Osten hin ein Stützensystem im Wechsel von Pfeiler und Säule. Möglicherweise sollte damit der Kanonikerchor gekennzeichnet werden. Mit Sicherheit jedoch ist darin ein neuerwachtes, zum Teil schon romanischen Stilprinzipien folgendes Interesse an einem variablen Stützensystem erkennbar.

Konsequenter als in S. Giorgio wurde dem Stützenwechsel in *S. Vittore in Arsago Seprio* (Varese) Rechnung getragen. Der Ort befindet sich in einem Gebiet, das sich durch seine besondere Dichte hochmittelalterlicher Bauzeugnisse auszeichnet, und liegt an der Straße, die einst Mailand mit dem Lago Maggiore verband. Zwei Phänomene mögen die lokale Forschung dazu veranlaßt haben, in S. Vittore einen Bau des 8. Jahrhunderts zu sehen: einmal die Tatsache, daß Arsago Seprio eine der ältesten Pfarren des Landes beherbergt, und dann der Umstand, daß sich der Kirche im Westen fast unmittelbar das später noch zu besprechende Baptisterium anschließt und somit – da Baptisterien im Hochmittelalter in der Regel seitlich des Gotteshauses errichtet wurden – auffal-

15 ARSAGO SEPRIO, S. Vittore, Innenansicht

lend dem Schema frühchristlicher oder frühchristlich beeinflußter Anlagen (z. B. Torcello) entspricht. Gleichwohl hat schon Kingsley-Porter für ein bedeutend späteres Datum (1130) plädiert. Denn allzu deutlich widerspricht das Äußere von Kirche und Campanile mit seinen reifen Blendbogen und Sägezahnfriesen der erwähnten Frühdatierung. Im Konnex mit der Pfarrkirche von S. Giorgio ist jedoch das Innere des Bauwerks von größerem Interesse (Abb. 15). Wie die Mehrzahl der italienischen Bauten verfügt auch S. Vittore nicht über ein Querhaus, und wie an den älteren Kirchen, etwa von Galliano und Agliate, ist auch hier der Verzicht auf einen Tambour ein für stilistische und bauchronologische Fragen aufschlußreiches Charakteristikum. Die drei Schiffe der basilikalen Anlage werden durch wechselnde Stützen (Pfeiler–Säule) voneinander getrennt, wobei das Mißverhältnis zwischen dünnen Säulen und klobig ungegliederten Pfeilern ohne Kämpferbetonung ins Auge sticht. Tatsächlich scheinen die Säulen, deren Kapitelle durchweg von älteren, teilweise römischen Bauten stammen, viel zu fragil, um – in optischer Hinsicht – dem Druck der mächtigen, nicht mit den Kämpferplatten der Säulen übereinstimmenden Mittelschiffmauern standzuhalten. Spricht dies für ein altertümliches Bauverhalten, dem eine frühere als die von Kingsley-Porter getroffene Datierung entsprechen würde, oder ist es als Indiz für eine verspätete provinziell-retardierende Auffassung von Architektur anzusehen? Chierici schätzt die Situation prinzipiell zutreffend ein und meint, das Thema des Stützenwechsels sei »typisch für Mailand, würde aber besser mit einer eingewölbten Decke harmonisieren. Hier wird aber noch wie für eine nach archaischem Geschmack gebaute Basilika ein Dachstuhl verwendet. Das Ergebnis ist ein seltsamer Rhythmus, der, anstatt zu erleichtern, die kompakte Masse der Wanddicke unterstreicht...«[23] Aus diesen Beobachtungen zieht der Autor – im Gegensatz zu den mehrheitlich für das 8. Jahrhundert plädierenden Lokalforschern – die richtigen Schlußfolgerungen und korrigiert die Datierung Kingsley-Porters um einige Jahrzehnte in die Zeit um 1100. Damit verliert aber auch die Version der Abhängigkeit des Stützenwechsels von der Mailänder Szene (S. Ambrogio usw.) an Bedeutung. Somit handelt es sich in Arsago Seprio, das als Pfarre einen hohen Rang besaß, eben nicht um einen provinziellen Ableger Mailänder Bauschaffens. Vielmehr soll nochmals auf die aus dem Ende des 11. Jahrhunderts

stammende Kirche von S. Giorgio di Valpolicella hingewiesen werden, deren nur partiell eingesetzter Stützenwechsel in S. Vittore in schon konsequenterem Rhythmus verwendet wurde. Nicht zuletzt in der strengen, völlig ungegliederten Pfeilerbildung und im totalen Verzicht auf abgestufte Arkadenbogen – Phänomene, die beide Bauten miteinander verbinden – wird evident, daß für eine Datierung von S. Vittore in die Zeit um 1100 ausreichende Argumente zur Verfügung stehen.

Das benediktinische Chorschema

Innerhalb einer Reihe von Faktoren, die für das künstlerische Schaffen des 11. Jahrhunderts in Oberitalien, insbesondere der Lombardei, bestimmend waren, hebt Chierici die Reform von Cluny besonders hervor.[24] Wenn auch dringend davor gewarnt werden muß, diesen Einfluß zu überschätzen, gibt es doch einige Bauten, die der von Cluny II (981 geweiht) ausgehenden Grundrißkonzeption benediktinischer Kirchen folgen. Als ältestes Beispiel ist hier der nach 1000 unter Bischof Primo begonnene und 1067 geweihte *Dom von Acqui* zu erwähnen. Zuvor hatte hier die bereits besprochene Kirche von S. Pietro die Funktion einer Kathedrale zu erfüllen. Beim heutigen Dom handelt es sich also um ein von Grund auf neu errichtetes, nicht von Traditionszwängen betroffenes Gebäude. Denn nur so ist es zu erklären, daß das vom Norden her eindringende Grundrißschema erstmalig am Dombau und nicht, wie eigentlich zu erwarten wäre, an den Benediktinerkirchen des Landes angewandt worden ist. Im Gegensatz zum radikal barockisierten Inneren ist die mittelalterliche Außenansicht des Doms weitgehend erhalten geblieben. Zu beklagen sind lediglich der Umbau der Westfassade und der teilweise Abbruch der östlich an die Querhausarme anschließenden Apsiden. Das benediktinische Schema der kreuzförmigen Basilika offenbart sich hier vor allem in der Grundrißdisposition mit ihren fünf gestaffelten Apsiden, von denen die mittleren drei über das Querhaus hinaus nach Osten vorgeschoben sind. Diese Lösung läßt sich nach Thümmler beispielhaft mit der ebenfalls cluniazensisch geprägten Abteikirche von Bernay in der Normandie (um 1015 begonnen) in Beziehung setzen.[25] Nur ist einschränkend zu bedenken, daß sich die gegenüber dem Mittelschiff beträchtlich niedrigeren Querhausarme von Acqui deutlich vom burgundischen bzw. normannischen Vorbild abheben. Demnach kann von einem ›echten‹ Querschiff nur bedingt gesprochen werden, denn eigentlich handelt es sich dabei, wie Kubach feststellt, um ein »Zellenquerhaus«, das aus der niederrheinisch-maasländischen Architektur (z. B. Stiftskirche von Nivelles) herzuleiten ist.[26] Der Dom von Acqui verfügt über eine weiträumige Krypta, in der sich das Chorsystem exakt widerspiegelt und die mit ihren 74 Säulen und zwei Pfeilern alle bis dahin in Oberitalien gebauten Krypten in den Schatten stellt. »Aus einem kleinen Sacellum unter der Apsis ist jetzt eine beinahe als selbständig zu bezeichnende, große Unterkirche geworden«, die für zukünftige Monumentalkrypten des Landes wegweisende Bedeutung erlangte.[27]

Vom heute piemontesischen Acqui führt uns der Weg in die Markgrafschaft Verona, wo sich in der Unterkirche von S. *Fermo*

Maggiore in Verona ein weiteres Mal das benediktinische Chorschema manifestiert. Zwar existiert hier eine Weiheinschrift von 1065, doch ist schwerlich anzunehmen, daß sich diese auf den Baubeginn der Anlage beziehen läßt. In stilistischer Hinsicht besitzt die durch Biancolini überlieferte Weihenachricht von 1139 für den Abschluß der Bauarbeiten wesentlich mehr Glaubwürdigkeit, so daß wir als Baubeginn mit Arslan das Ende des 11. Jahrhunderts annehmen dürfen.[28]

Obwohl die älteste historische Quelle zu diesem Bau erst aus dem Jahre 1019 stammt, muß davon ausgegangen werden, daß für die Heiligen Firmus und Rusticus, die in Verona den Martertod erlitten hatten, schon im späten 5. Jahrhundert eine Kirche errichtet worden war. Als man zum Neubau dieser frühchristlichen Anlage schritt, war deren Boden bereits weit unter das Niveau der Straße eingesunken. Da man den Hauptaltar, der die Reliquien der Märtyrer barg, an der ursprünglichen Stelle bewahrt wissen wollte, sah man sich gezwungen, auch das alte Paviment beizubehalten, was einerseits zur Errichtung einer Oberkirche Anlaß gab und andererseits der Unterkirche ein kryptenähnliches Aussehen verlieh. Von der Oberkirche ist wenig erhalten geblieben, da die Anlage, die sich ursprünglich in der Obhut der Benediktiner befunden hatte, später, als sie an die Franziskaner überging (1260), in eine für die Bettelorden charakteristische Saalkirche verwandelt wurde (seit 1314). Mit seiner gestaffelten Apsidengruppierung und der spezifischen Anordnung von Querhaus und Chor entspricht der Ostteil der Unterkirche, wie zuvor schon in Acqui, dem Grundrißschema des benediktinischen Chores. Neu ist demgegenüber hier aller-

dings der bis zum Chor führende Stützenwechsel (Kreuzpfeiler und quadratische
Pfeiler), der eine Abkehr von der regelmäßigen Stützenreihe in Bernay erkennen läßt.
Statt dessen erscheint ein Vergleich mit einer
anderen normannischen Kirche zielführender, der Abteikirche von Jumièges nämlich
(1040/67), die ebenfalls über einen bis zum
Choransatz reichenden, somit auch die Vierung einschließenden Stützenwechsel verfügt. Daß hier auch die Querhausarme wie
in S. Fermo zweischiffig angelegt sind, ist als
weiterer Hinweis dafür aufzufassen, aus
welchen Quellen der Grundriß der Veroneser Kirche herzuleiten ist.

Darüber hinaus läßt die Unterkirche mit
dem Einbau einer das Mittelschiff durchziehenden Stützenreihe (gleichmäßig fortlaufende quadratische Pfeiler, die auch das
Querhaus teilen) und mit der Applikation
eines dreifachen, auf Säulen sich erhebenden
Triumphbogenmotivs in der Hauptapsis
zwei für das benediktinische Schema ungewöhnliche architektonische Sonderregelun-
gen erkennen. Der Einbau der wesentlich
schlanker als die seitlichen Stützen ausgebildeten und mit einer Entasis versehenen Pfeiler ist im Hinblick auf die lastende Oberkirche eindeutig als statisch bedingter Behelf zu
definieren. Daraus resultiert die vierschiffi-
ge Konzeption des Langhauses mit ihren im
mittleren Abschnitt quadratischen und in
den Seitenschiffen querrechteckigen Jochen. Zur Datierungsfrage kursieren in der
Forschung widersprüchliche Auffassungen.
Während ein Teil der Autoren dazu neigt,
den Beginn des Neubaus mit dem Weihedatum von 1065 in Zusammenhang zu bringen, plädiert Frankl für die erste Hälfte des
12. Jahrhunderts.[29] Präziser geht Arslan
vor, der die Datierungsproblematik der

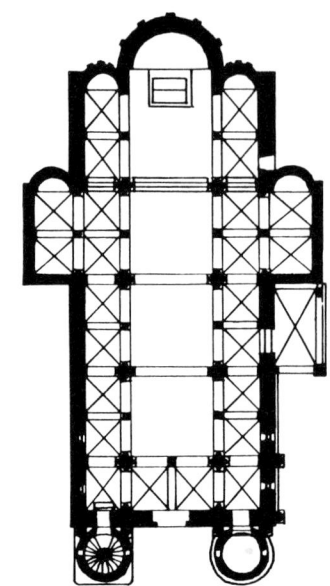

16 VERONA, S. Lorenzo, Grundriß

Veroneser Bauten von der Wandverkleidung bzw. der Verwendung unterschiedlichen Baumaterials ausgehend erörtert. Er
konstatiert eine erste, für das 11. Jahrhundert charakteristische Etappe, in der nur
Ziegel benutzt wurden; für eine zweite Phase von 1100 bis 1130 ist dann der Wechsel
von schmalen Tuffsteinlagen mit je einer
Ziegelschicht bezeichnend. Beide Verklei-
dungstypen kommen an der Unterkirche
von S. Fermo vor: Während außen der Einsatz von Backsteinmaterial dominiert, tritt
an den Innenwänden der Seitenschiffe ausschließlich der zweite Typus in Erscheinung. Sollte die von Arslan erstellte, insgesamt fünf Gattungen von Verkleidungsfor-
men umfassende Liste zur Klärung der Entstehungszeit Veroneser Bauten einen effi-
zienten Beitrag leisten, dann müßte für diese

Unterkirche als Baubeginn das Ende des 11. Jahrhunderts angenommen werden; keinesfalls jedoch kann die These, den Anfang der Bautätigkeit mit 1065 anzusetzen, aufrechterhalten werden.[30]

Wie S. Fermo folgt auch *S. Lorenzo in Verona* dem benediktinischen Grundrißschema (Abb. 16), wobei abermals eine fast wörtliche Übereinstimmung mit Jumièges festzustellen ist. Dabei bezieht sich diese Affinität auch auf einen Teilbereich des Wandaufrisses. Denn auch in S. Lorenzo setzt sich die Empore wie in Jumièges über die Querhausarme hinweg in den Chorabschnitt fort. Darüber hinaus folgt der Veroneser Bau auch mit seinem Stützenwechsel und Schwibbogensystem dem normannischen Vorbild (Abb. 17). Im Gegensatz zum basilikalen Schema von Jumièges entschied man sich jedoch für eine Emporenstufenhalle, wie sie für S. Ambrogio in Mailand charakteristisch ist. Auch die Emporenlösung von S. Lorenzo entspricht zumindest prinzipiell jener der Mailänder Kirche, wo sich ebenfalls pro Joch zwei große Arkaden öffnen. Daß in der Veroneser Kirche dennoch die Parallelen zu Jumièges dominieren, zeigt sich in der Wahl eines über extrem steilen Mittelschiffproportionen hochgeführten Sparrendachs.

Wie weitgehend sich das Raumkonzept S. Lorenzos von allen übrigen Ergebnissen der oberitalienischen Baukunst unterscheidet, beweist nicht zuletzt der Umstand, daß der Aufriß der Längsseiten des Mittelschiffs auch auf die Innenwand der Westfassade

17 VERONA, S. Lorenzo, Innenansicht

übergreift. Zwei Arkaden trennen hier den Eingang vom Mittelschiff, woraus der Eindruck eines nach innen verlegten Narthex resultiert. Darüber erhebt sich über einer Säule eine Bogenstellung, die an Größe jene der Längsemporen beträchtlich übertrifft. Insgesamt scheint hier ein entfernter Nachhall des nordischen Westwerkgedankens anzuklingen, ein Eindruck, der sich durch die beiden runden Treppentürme im Westen nur noch verstärkt. Unverwechselbar veronesisch ist der Kontrast zwischen dem reinen Backsteinmauerwerk im Arkadenbereich und dem überaus dekorativen Wechsel von schmalen Tuffsteinlagen und einfachen Ziegelschichten, eine Verkleidungsform, die die strukturelle Bedeutung der Pfeiler mit den dazugehörigen Halbsäulen und Vorlagen nachhaltig betont. In der Einschätzung dieses Verkleidungstypus bewährt sich einmal mehr das zur Datierungshilfe erstellte Schema Arslans. Danach ist für die Errichtung der Mittelschiffwände der Zeitraum zwischen 1100 und 1130 anzunehmen. Daß aber die Umfassungsmauern teilweise noch in das 11. Jahrhundert zu datieren sind, ist aus der Mauerstruktur der südlichen äußeren Längswand zu ersehen, die als einzige von den sonst eng an den Bau gedrängten Wohnhäusern unbehelligt bleibt. Neben den zugespitzten Strebepfeilern von untrüglich veronesischer Provenienz fällt hier ins Gewicht, daß die Wand bis in die Zone der kreuzgratgewölbten Seitenschiffdächer überwiegend mit in Opus-spicatum-Technik zusammengesetzten Backsteinen verkleidet ist. Erst weiter oben tritt der uns schon vom Inneren des Bauwerks vertraute Schichtwechsel in Erscheinung. Daraus geht zweierlei hervor: einmal, daß die Kirche im Gegensatz zu den oberita-

lienischen Großbauten nicht in vertikalem, sondern in horizontalem Verlauf errichtet wurde, weiter, daß die untere Hälfte der Umfassungsmauern, den Kategorien Arslans folgend, aus der Zeit vor 1100 stammt.[31] Von dieser Beobachtung ausgehend kann angenommen werden, daß die Mittelschiffwände erst nachträglich in die zum Teil schon bestehenden Außenmauern eingefügt wurden.

Doch kehren wir zurück nach Acqui, dem Ausgangspunkt unserer Erörterungen über die Auswirkungen der cluniazensischen Reform auf einen allerdings kleinen Bereich des Bauschaffens in Oberitalien. Da stellt sich die Frage nach der Affinität der Chorlösung des Doms zu jener der so weit entfernten normannischen Abteikirche von Bernay, zumal beide Kirchen fast im gleichen Zeitraum errichtet wurden. Als Ursache ist der überregionale Anspruch der Reform von Cluny hervorzuheben, die in ihrer Anfangsphase vom berühmten Abt Maiolus so entscheidend vorangetrieben worden war, in dessen Wirkungszeit die Weihe von Cluny II erfolgte (981). Unter anderem wissen wir, daß er zur Förderung seines Reformwerks den aus der Gegend von Novara gebürtigen Mönch Wilhelm zunächst zu sich nach Dijon berief, um ihn danach zur Gründung weiterer Klöster in die Normandie zu entsenden. So kann angenommen werden, daß man in Wilhelm dem Vermittler des in Italien so fremden Planschemas, das als erstes am Dom von Acqui Eingang gefunden hat, begegnet. Weiteres Zeugnis vom regen geistigen Austausch zwischen der Lombardei und der Normandie gibt Lanfrancus (1005 in Pavia geboren), der zum Vorsteher verschiedener normannischer Klöster ernannt wurde und als Erzbischof von Canterbury 1099 starb. Das Bild dieser quer durch Europa verlaufenden Beziehungen rundet sich noch ab, wenn man an die Affinität zwischen S. Lorenzo sowie S. Fermo in Verona und der Abteikirche Jumièges in der Normandie erinnert.

Ein wichtiges Beispiel des Eindringens cluniazensischer Impulse in die oberitalienische Architektur finden wir in der lombardischen Gebirgsregion, in *Capo di Ponte*. Im Unterschied zu den besprochenen Bauten orientierte man sich hier – neben der fortdauernden Berücksichtigung des Benediktinerschemas – nachhaltig am Beispiel von Cluny III, dessen Turmkonzeption für den oktogonalen Vierungsturm von *S. Salvatore* wegweisend war und dessen Vertikalisierung gleichfalls nicht ihren Eindruck verfehlte. Da das Kloster in dem anläßlich des Konzils von Piacenza von Abt Hugo von Cluny 1095 aufgestellten Verzeichnis der cluniazensischen Gründungen erscheint, kann angenommen werden, daß mit dem Bau von S. Salvatore schon am Ende des 11. Jahrhunderts begonnen worden war.[32]

Como

In der hochmittelalterlichen Architektur Oberitaliens nimmt *S. Abbondio in Como* eine Sonderstellung ein.[33] An seiner Stelle befand sich seit der Mitte des 5. Jahrhunderts ein Vorgängerbau, der, nachdem er zeitweise als Kathedrale gedient hatte, 1013 den Benediktinern übergeben wurde. Da der Orden 1015 mit Schenkungen und Privilegien Kaiser Heinrichs II. bedacht wurde, kann vielleicht schon ab diesem Zeitpunkt mit der Planung zum Neubau der Kirche

gerechnet werden. Weitere Stiftungen erfolgten 1027 und 1063, wobei der überwiegende Teil der Forschung erst in letzterem Datum den Beginn großangelegter Bauarbeiten vermutet.[34]

S. Abbondio ist eine fünfschiffige Basilika, deren Westfassade dem basilikalen Querschnitt der Anlage entspricht (Abb. 18). Während die Seitenschiffe, die in außen nicht sichtbaren, somit im Mauerverband eingebetteten Apsidiolen enden, von schlanken kleinen Säulen getrennt werden, erheben sich im Bereich des Mittelschiffs monumentale, arkadenstützende Rundpfeiler, die auf attische Basen gesetzt sind und würfelähnliche Kapitelle aufweisen. Es

18 Como, S. Abbondio, Grundriß (nach S. Chierici)

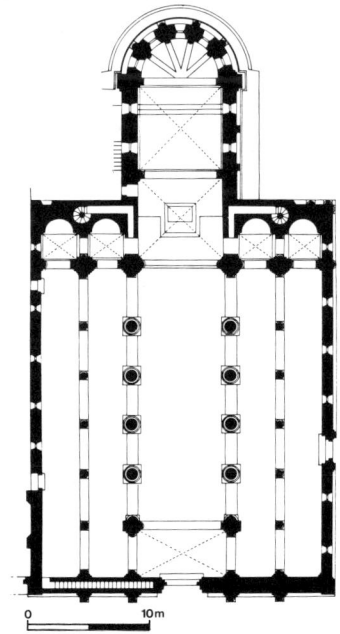

0   10m

kann angenommen werden, daß dieser Bauabschnitt zum Zeitpunkt der für 1095 überlieferten Weihe, die Papst Urban II. auf der Durchreise nach dem französischen Clermont vollzog, bereits hochgeführt war. Daß das beträchtlich nach Osten vorgeschobene Presbyterium erst später errichtet wurde, beweist – ganz abgesehen von der reifen Gestaltung des Äußeren – etwa dessen Apsis, die mit schlanken Diensten und Bandrippen gegliedert ist. Während über allen Schiffen des Langhauses ein Holzdach lagert, sind die durch komplexe Pfeilerbildungen vom Langhaus abgesonderten Vorjoche der Apsidiolen und die beiden Joche des Presbyteriums kreuzgratgewölbt. Thümmler hat versucht, die stilistische Herkunft S. Abbondios fast ausschließlich von Burgund her zu klären. Zitieren wir ihn dazu wörtlich: »Das Festhalten an dem einfachen Rundpfeiler als Stütze, der Verzicht auf die Krypta, die große Betonung der Chorpartie und vor allem die Errichtung von Osttürmen, das alles sind untrügliche Zeichen eines Einflusses von Seiten der cluniazensischen Reform. Dazu kommt die Fünfschiffigkeit des Langhauses, die gerade im Hinblick auf das Streben jener Reformatoren, die Pracht und Feierlichkeit der großen konstantinischen Basiliken wieder erstehen zu lassen, besonders charakteristisch ist.«[35] Diese Einschätzung ist teils zutreffend, teilweise auch irreführend, vor allem aber nicht vollständig. Der Hinweis auf die konstantinischen Basiliken ist zwar richtig, er kann jedoch nicht mit Cluny in Zusammenhang gebracht werden, da damit nur ein Regreß auf den fünfschiffigen Bau von Cluny III zielführend wäre. Cluny III wurde jedoch erst 1088 begonnen, während der Beginn der Bautätigkeit an S. Abbondio möglicherweise schon

19   COMO, S. Abbondio, Innenansicht

auf 1015, sicher aber spätestens auf 1063 zurückzuführen ist. Gewiß wollte man dem Bauwerk im Rückgriff etwa auf die fünfschiffige Basilika von Alt St. Peter in Rom – und in Analogie zum gleichzeitig errichteten Dom von Pisa – besondere Dignität verleihen. Nur ist dabei dessen deutlich von frühchristlichen Bauregeln abweichende Vertikalisierung (Mittelschiff: 1 : 2,2) zu beachten, die nicht nur die burgundische Baukunst, sondern auch die deutschen Bauten ab der Mitte des 11. Jahrhunderts charakterisiert. Von dieser Kongruenz ausgehend, beweist ein Blick auf die Pfeilerform von S. Abbondio, wie weitgehend sich in bestimmten Bereichen des Bauwerks eine Symbiose deutscher und burgundischer Elemente herausgebildet hat (Abb. 19). Während die extrem hohen Pfeiler deutlich an jene von St. Philibert in Tournus erinnern,

20 COMO, S. Abbondio, Außenansicht des
Chores

thedrale von Molfetta in Apulien eine Doppelturmanlage, die sich zumindest prinzipiell mit jener von S. Abbondio vergleichen
läßt.[37] Wie undifferenziert Thümmler auf
cluniazensische Anregungen hinweist, wird
klar, wenn wir die Choranlage als Ganzes in
Betracht ziehen. Mehrere Faktoren beweisen, daß man mit diesem Fragenkomplex
sorgfältiger umzugehen hat. Einmal handelt
es sich beim Presbyterium im Gegensatz
zum benediktinischen Chorschema um eine
einschiffige Anlage; dann ist zu bemerken,
daß die vier übrigen Apsiden teils den Türmen integriert und teils in den Mauerverband der rudimentären, nicht über die äußeren Begrenzungswände hinausreichenden
Querhauszellen einbezogen sind. Noch ein
weiteres, nicht nach Burgund, sondern eher
in den Norden weisendes Phänomen ist zu
berücksichtigen: Das erste Joch des Mittelschiffs ist zweigeschossig, in eine kreuzgratgewölbte Eingangshalle und eine hohe, von
einer Tonne geschlossene Empore unterteilt. Hier stellt sich die Frage, ob in diesem
Bauabschnitt der für Deutschland lange Zeit
relevante Westwerkgedanke wirksam geworden ist. Jedenfalls hat gerade dieses Detail mit cluniazensischen Vorstellungen
kaum etwas gemeinsam.

Werfen wir zuletzt einen Blick auf den
Außenbau von S. Abbondio, so fällt zunächst der enorme Kontrast zwischen der
spärlichen Rundbogenfriesdekoration der
Langhauswände und der reichen Ornamentierung des Presbyteriums ins Auge. Im Detail zeigt sich dieser Gegensatz einerseits in
den kleinen, einfach in die kahlen Langhauswände eingeschnittenen Fenstern, andererseits in dem der Apsis aufgelegten System
von Lisenen, Gesimsen, dienstähnlichen
Halbsäulen und im doppelt abgestuften

ist für deren Kapitellform ohne Zweifel das
Würfelkapitell sächsischer Provenienz maßgebend gewesen. Das alles hängt also nur
zum Teil mit der cluniazensischen Reform
zusammen. Völlig von der Hand zu weisen
ist allerdings ein solcher Einfluß, wenn es
um die Klärung der Genese des östlichen
Turmpaars geht (Abb. 20). Ob etwa am Beispiel von Speyer oder von Murbach (Elsaß)
dargelegt, in jedem Fall dürften hier rheinische Anregungen eine Rolle gespielt haben.

Häufig ist – durchaus zu Recht – auf die
unitalienische Note dieser Doppelturmanlage hingewiesen worden, was aber keineswegs zum Anlaß genommen werden darf,
deren bodenständige Tradition in Italien
überhaupt in Abrede zu stellen.[36] Während
in Oberitalien die Dome von Aosta und Ivrea (Piemont) im Westen über Turmpaare
verfügen, erhebt sich im Osten der alten Ka-

Rundbogenfries sowie abschließenden Zahnfries. Derselbe Kontrast ist für die Gestaltung des Innenraums charakteristisch: Während im Chor Lisenen und Dienste zu den jochtrennenden Gurten hochführen, sind die Wände der Langhausschiffe mit ihren unprofilierten Arkadenbogen völlig ungegliedert; metaphorisch gesehen, begegnen sich hier 11. und 12. Jahrhundert. Wenn Kubach bemerkt, mit S. Abbondio werde »in Oberitalien die reife Stufe der Romanik eingeleitet«, mag das für das Presbyterium wohl gelten.[38] Für das Langhaus jedoch trifft diese stilistische Einschätzung nicht zu, da die fortlaufende, noch immer an frühchristlichen Vorstellungen orientierte Reihung von Säulenarkaden sehr weit vom romanischen Stilempfinden entfernt ist. Wenn auch das Fehlen eines das gebundene System hervorrufenden Stützenwechsels für die Anwendung dieses Stilbegriffs nicht unbedingt eine conditio sine qua non darstellt, so verbietet doch der gänzliche Verzicht auf eine Vierung dessen Einsatz. Der »reifen Stufe der Romanik« steht eben nicht zuletzt die bewußte Abkehr von einer Vierung entgegen. Denn gerade dort, wo Presbyterium und Langhaus aneinanderstoßen und sich der ›ideale‹ Ort der Vierung befinden müßte, dringt das erste quadratische Joch des Chors in überschneidender Intention zur Hälfte in das Mittelschiff des Langhauses vor, das sich angesichts des Fehlens eines ›echten‹ Querschiffs bis an die Stelle der in die Wand vertieften Seitenschiffapsidiolen erstreckt.

Ohne Zweifel ist S. Abbondio, wie schon erwähnt, in der Architektur Oberitaliens eine Sonderstellung zuzusprechen. Sie resultiert aus der Tatsache, daß wir hier vor einem Bau stehen, in dem sich frühchristliche, bodenständig traditionelle (Verzicht auf ein ›echtes‹ Querhaus und abgestufte Westfassade) mit burgundischen und deutschen Formelementen zu einer unverwechselbaren Synthese vereinigen.

Wie S. Abbondio zeigt auch *S. Fedele in Como* ein Erscheinungsbild, das in der lombardischen Architektur keine Nachfolge gefunden hat. Ein Vorgängerbau, der hl. Eufemia geweiht, wird 865 erstmalig genannt, doch dürfte diese Kirche schon zur Zeit des Bischofs Agrippinio und der langobardischen Königin Theolinda (7. Jahrhundert) existiert haben; 914 wird der Bau als Kathedrale bezeichnet und in dieser Funktion 1013 von S. Maria Maggiore abgelöst. Als es im Jahre 964 anläßlich der Übertragung der Reliquien des hl. Fidelis nach Como zum Wechsel des Patrozinums kam, könnte auch der Beschluß zur Planung eines Kirchenneubaus gefaßt worden sein, wie heute die italienische Forschung annimmt.[39] Anders urteilt die außeritalienische Literatur, in der als Beginn der Bauarbeiten erst das frühe 12. Jahrhundert angegeben wird.[40] Wenn auch unbestritten ist, daß an S. Fedele bis nach 1200 gearbeitet wurde, gibt es doch, wie sich noch zeigen wird, mehrere Anzeichen, die es verbieten, die italienische Frühdatierung außer acht zu lassen. Die Kirche, deren Inneres im 17. und 18. Jahrhundert weitgehend barockisiert wurde und im 19. sowie zu Beginn des 20. Jahrhunderts mehrere Restaurierungen und Rekonstruktionen (Aufstockung des Vierungsturms, Campanile und Westfassade) über sich ergehen lassen mußte, besteht aus einem vierjochigen Langhaus, dem ein Querschiff mit Konchen, ein Vierungsturm und eine von Apsidiolen flankierte Ostapsis angeschlossen sind (Abb. 21). Zu beklagen ist lediglich der Verlust der südlichen Apsidiole, die im 18. Jahrhundert dem Einbau einer Sakristei weichen mußte.

Trotz verschiedener, hauptsächlich die Dekorationselemente betreffender Veränderungen steht dem Betrachter auch heute noch das architektonische Hauptthema der Anlage klar vor Augen: die Verbindung von Longitudinal- und Zentralbau. Dabei hat man in der Frage der stilistischen Herkunft der trikonchosähnlichen Konzeption (die Ostapsis ist kleiner als die Querhauskonchen) allzu voreilig auf Trikonchosbauten rheinischer Provenienz geschlossen. Mit dem vergleichenden Hinweis etwa auf St. Maria im Kapitol zu Köln (1045–1065) meinte man Überlegungen zu einer Frühdatierung (nach 964) von S. Fedele aus dem

Weg geräumt zu haben. Indessen ist eine nach Parallelen fahndende Gegenüberstellung der beiden Bauten nicht so ergiebig wie man zunächst annehmen möchte. Die Übereinstimmungen liegen lediglich im prinzipiellen Bereich, wie es etwa der die Seitenschiffe des Langhauses gleichsam fortsetzende Konchenumgang beweist. Bei näherer Betrachtung verliert diese Affinität allerdings an Bedeutung: St. Maria im Kapitol ist ungleich homogener gestaltet als S. Fedele. Abweichend vom comaskischen Bau, der nur über zwei ausgeprägte Konchen verfügt, präsentiert sich die Kölner Kirche bis in letzter Konsequenz als regelmäßig ausgebildeter Trikonchos. Während deren Konchen sowohl außen als auch innen halbkreisförmig ausgebildet sind, wurden jene von S. Fedele polygonal gestaltet. Während wei ter der Umgang in St. Maria im Kapitol den gesamten Trikonchos umfaßt, bricht er in Como vor der Ostapsis ab. Den größten Gegensatz bemerken wir jedoch am inneren Wandaufriß der Konchen und an der Wölbungsform des Umgangs (Abb. 22). Denn im Unterschied zum Kölner Bau lagert auf den Erdgeschoßarkaden von S. Fedele ein auffallend hohes Emporengeschoß. Für St. Maria im Kapitol ist schließlich charakteristisch, daß die vierteiligen, von Gurten getrennten Kreuzgratgewölbe des Umgangs einen hohen Reifegrad erkennen lassen, während das comaskische Bauwerk in diesem Bereich den Wechsel von vier- und dreistrahligen Gratgewölben aufweist, eine altertümliche Form, die durch den Verzicht auf Gurtzäsuren nur noch deutlicher auffällt. All diese Unterschiede bezeugen, daß einem Einfluß des rheinischen Bauwerks auf S. Fedele nur marginale Bedeutung beizumessen ist. Viel überzeugender ist es, dessen

21 COMO, S. Fedele, Grundriß (nach S. Chierici)

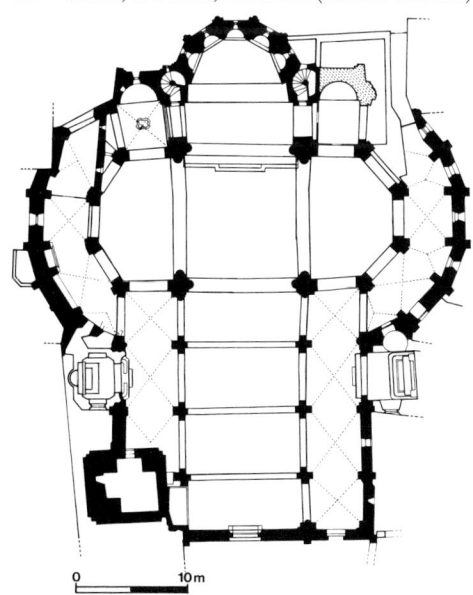

0   10 m

22 COMO, S. Fedele, Längsschnitt (nach Kingsley-Porter)

Konchengestaltung und Umgangswölbung von der Aachener Pfalzkapelle Karls des Großen herzuleiten.[41] So gleichen deren geknickte Pfeiler jenen von Como, und auch die überdimensionierten Arkaden des Obergeschosses sind als Vorwegnahme der Emporenlösung von S. Fedele aufzufassen. Dazu kommt die in beiden Bauten gleich ausgebildete Wölbungsform des Umgangs. Unter Berücksichtigung dieser für den Konchenbereich von S. Fedele so signifikanten Affinität mag es somit berechtigt erscheinen, die comaskische Kirche – zumindest in ihrer ersten Bauphase – in die zweite Hälfte des 10. Jahrhunderts zu datieren.

Abgesehen von dieser karolingischen Querverbindung ist allerdings daran zu erinnern, daß man sich in Como in der Auseinandersetzung mit der Konchenproblematik durchaus auch am Mailänder Zentralbau von S. Lorenzo Maggiore (4. Jahrhundert) orientieren konnte. Darüber hinaus steht außer Frage, daß neben der Pfalzkapelle von Aachen auch S. Vitale in Ravenna die Bauleute von S. Fedele beeinflußt haben könnte. Nicht zuletzt der Hinweis auf S. Lorenzo in Mailand verstärkt den Eindruck, daß bei der Grundkonzeption von S. Fedele nach extrem retardierenden Gesichtspunkten vorgegangen wurde. Trotz einer enorm langen Bauzeit blieb man offenbar auch bei der Errichtung des Langhauses (erste Hälfte des 12. Jahrhunderts) dem ursprünglichen Plan treu. Diese konservative Einstellung bestätigt sich vor allem darin, daß die äußerst niedrigen Seitenschiffe von Kreuzgratgewölben abgeschlossen sind, deren altertümliche Form sich im Verzicht auf jochtrennende Gurte äußert. Da solche Wölbungen in den Seitenschiffen italieni-

scher Bauten des 11. Jahrhunderts nicht vorkommen, wäre zu überlegen, ob nicht auch
die Erdgeschoßzone des Langhauses von
S. Fedele noch in das 10. Jahrhundert zu
datieren ist, zumal das Wandschema der inneren Konchen mit seinem niedrigen Erdgeschoß und der extrem hohen Emporenzone
gleichdimensioniert auf das Langhaus übergreift. Da man im 17. Jahrhundert das Mittelschiff mit einer Stichkappentonne überwölb-
te und mit barockem Dekor anreicherte, sind
einer Rekonstruktion seines ursprünglichen
Aussehens gewisse Grenzen gesetzt; lediglich die Erdgeschoßarkaden sind restaurativ
auf ihre mittelalterliche Erscheinungsform
zurückgeführt worden. Trotzdem läßt sich
das alte Konzept des Langhauses zumindest
in den Grundzügen herauskristallisieren: Es
handelt sich um eine regelmäßige Jochfolge
(nur die erste und vierte Arkadenachse sind
schlanker proportioniert) mit gleichbleibenden Kreuzpfeilern, von denen Pilaster bis
zum Gesims oberhalb der Emporenzone
führen. Darüber erhob sich vor dem Einbau
der barocken Tonne ein Obergaden mit
kleinen Fenstern, deren spätere Beseitigung
zusammen mit der Schließung der Emporenfenster eine deutlich verminderte Belichtung des Langhauses zur Folge hatte. Weiter
befand sich anstelle der Tonne wahrscheinlich eine Reihe von Schwibbogen, die den
Pfeilervorlagen entsprangen und ein Holzdach zu stützen hatten.

An die ausgeschiedene Vierung, auf der
sich ein oktogonaler Turm erhebt, schließt,
flankiert von den beiden Konchen des
Querhauses, im Osten die Apsis an, der ein
tonnengewölbtes, mit seitlichen Durchläs-
sen versehenes Joch vorgelagert ist (Abb.
23). Daß sich die Gestaltungsprinzipien der
Apsis von jenen der Konchen geradezu dia-

23 COMO, S. Fedele, Langhaus, Blick zum Chor

metral unterscheiden, ist mit dem Aufkommen einer gänzlich neuen Stilauffassung zu
erklären, die nicht vor dem Ende des
12. Jahrhunderts denkbar ist. Nicht zuletzt
die Tatsache, daß die Apsis außen wie innen
polygonal angelegt ist, läßt vermuten, daß es
sich hier im Rahmen der bedeutend älteren
Gesamtanlage um einen verspäteten Um-
bzw. Neubau handelt. Während sich im
Erdgeschoß fünf tief ausgenischte Blendarkaden befinden, an deren geknickten Pfeilern Halbsäulen lehnen, öffnet sich im zweiten Geschoß auf einem profilierten Sohlbankgesims eine Reihe zwerchgalerieähn-
lich ausgebildeter Säulenarkaden, in deren
Rückwand drei relativ große Rundbogenfenster einschneiden. Darauf folgt in der
letzten Zone ein Obergaden mit drei sehr
schmalen Fenstern. In der Plastizität der
stark ausgehöhlten Erdgeschoßzone sowie

der Zweischaligkeit des Wandsystems im Bereich der Arkadengalerie zeigt die Apsis eine signifikante Verwandtschaft mit der Konchengestaltung von St. Aposteln in Köln (begonnen 1192). Nicht zuletzt diese rheinische Parallele läßt für die Ostapsis von S. Fedele als Baubeginn frühestens das Ende des 12. Jahrhunderts annehmen.

Diese Datierungshypothese findet sich auch am Äußeren der Apsis bestätigt (Abb. 24). Ein reiches Formenrepertoire charakterisiert hier den mit exakt versetzten Hausteinblöcken hochgeführten Bau, der in drei Zonen gegliedert ist. In der unteren dominiert die dichte Masse des Mauerwerks, in die fünf kleine Rundfenster eingeschnitten sind. In der zweiten öffnen sich drei große Fenster zur Belichtung der im Apsisinneren befindlichen Säulengalerie, die in fast gleicher Form als nunmehr ›echte‹ Zwerchgalerie den Außenbau im Sinne eines Umkehreffekts nach oben abschließt. Die Reliefhaftigkeit des Inneren wiederholt sich am Äußeren der Apsis. An ihren Seitenbegrenzungen führt ein geschichtetes Lisenenpaar in die Höhe, wobei das untere die beiden ersten Geschosse umfaßt und unter der Sohlbank der Zwerchgalerie in einen Rundbogenfries umbricht, während das obere bis zum stark ornamentierten Abschlußbereich der dritten Zone führt. Um die Plastizität der Wand noch weiter zu steigern, passen sich den Ecken des Polygons geknickte Pilaster an, denen von Würfelkapitellen bekrönte Halbsäulen auf attischer Basis vorgelegt sind. Im übrigen stellt die polygonale Form der Apsis für die oberitalienische Baukunst des 12. Jahrhunderts einen Sonderfall dar. Da solche Polygonlösungen in Deutschland – etwa an den Domen von Worms und Bamberg – erst nach 1200 aufkommen, muß auch

24   COMO, S. Fedele, Außenansicht der Apsis

für den Abschluß der Bauarbeiten an S. Fedele das erste Viertel des 13. Jahrhunderts angenommen werden.

Zusammenfassend läßt sich feststellen, daß sich die beiden Kirchen von Como, S. Abbondio und S. Fedele, extrem voneinander unterscheiden, darüber hinaus aber auch als Sonderfälle der gesamten lombardischen Architektur anzusehen sind. Für beide Bauten ist kennzeichnend, daß sie sich nur in bestimmten Details unter dem Stilbegriff ›Romanik‹ subsumieren lassen, im übrigen aber ein stilistischer und modaler Pluralismus vorherrscht. Man stand in Como allen Anregungen offen gegenüber, sei es, daß man sich der inländischen, bis in die frühchristliche Zeit zurückreichenden Tradition (s. S. Lorenzo Maggiore in Mailand) verpflichtet fühlte oder sich etwa im stilistischen Rückgriff an der karolingischen Ära orientierte. Darüber hinaus folgte man einer Reihe anderer, aus dem transalpinen Raum eindringender Stilströmungen, unter denen eine deutsche Komponente zu dominieren scheint. Dafür lassen sich politische, kirchliche wie auch wirtschaftliche Ursachen namhaft machen. Jahrhundertelang hatte man sich hier – unter ängstlicher Wahrung der Selbständigkeit gegenüber dem machtlüsternen Mailand – am Reich orientiert. Dort bestand stets großes Interesse, sich in Como, das die transalpinen Verbindungswege (Maloja-, Splügen- und Gotthardpaß) kontrollierte, einen verläßlichen Verbündeten zu sichern. Daß die comaskischen Bischöfe als Suffragane Aquileja, dessen Patriarchen sich in der Regel aus deutschen Adelskreisen rekrutierten, unterstellt waren, mag als zusätzliche Sicherung dieser Nord-Süd-Interessengemeinschaft gegolten haben. Als dann der Salierkaiser Heinrich IV. im Gefolge des Investiturstreits einen beträchtlichen Machtverlust hinnehmen mußte, war für Mailand der Augenblick gekommen, sich seiner lästigen Rivalin Como zu bemächtigen. Der Krieg zwischen beiden Kommunen (1118–1127) endete bekanntlich mit der Zerstörung Comos; lediglich die Kirchen blieben von dieser Katastrophe verschont. Waren damals an S. Abbondio die Bauarbeiten mit Sicherheit bereits abgeschlossen, so dürfte die Ostapsis S. Fedeles erst als Provisorium existiert haben. Daß deren Schlußfassung noch so lange auf sich warten ließ, hängt gewiß mit der totalen Entmachtung und dem wirtschaftlichen Verfall Comos zusammen. Die Stadt erholte sich von dieser Katastrophe erst nach 1158, als Mailands Hegemonialansprüche von Friedrich Barbarossa vorübergehend eingedämmt wurden und der Kaiser den Wiederaufbau

Comos in die Wege leitete. Zu welchem Zeitpunkt genau die Ostapsis von S. Fedele fertiggestellt wurde, ist ungewiß. Möglicherweise ist deren zum Teil staufisches Erscheinungsbild als baulich-ideelle Reaktion auf die ehemalige Schutzmachtstellung Friedrichs I. aufzufassen.

Das Problem der Wölbung

Im Rahmen der hochmittelalterlichen Architektur der Lombardei steht *Mailand* zu Como in deutlicher Opposition. Weit nachhaltiger als in Como wird hier das Bauschaffen von romanischen Stilelementen bestimmt. Während die comaskischen Kirchen durchweg mit offenen Dachstühlen versehen sind und aus Hausteinmaterial bestehen, kennzeichnen den Mailänder Bereich die Backsteintechnik und ein ausgeprägtes Interesse an der Wölbungsproblematik. Im letzten Viertel des 4. Jahrhunderts war Mailands Stellung eng an die Persönlichkeit seines Bischofs Ambrosius (374–387) geknüpft, auf dessen Initiative auch der erste Bau der nach ihm benannten Kirche zurückzuführen ist. Nach frühchristlichem Typus wurde damals *S. Ambrogio* als dreischiffige Basilika mit Apsis errichtet, womit auch das Breitenmaß der späteren Kirche festgelegt war. Im Jahre 784 erfolgte durch Erzbischof Petrus die Gründung eines Benediktinerklosters. Bald darauf hatte der Orden die Verwaltung von S. Ambrogio mit Kanonikern zu teilen, die 791 von Karl dem Großen nach Mailand berufen worden waren.[42] Jahrhundertelange Zwistigkeiten zwischen diesen beiden geistlichen Gruppen waren die Folge, was, wie sich noch zeigen wird, sogar das Baugeschehen beeinflussen sollte. Zunächst wurde die Apsis der Kirche nach Osten verlängert und durch den Einbau einer Krypta das Presbyterium angehoben. Im 9. Jahrhundert (um 840) folgte auf Betreiben der Benediktiner im Südwesten der Kirche die Errichtung eines Campanile, des sogenannten ›torre dei monaci‹, womit für alle weiteren Baukonzepte das Längenmaß des Gebäudes fixiert war. Die nächste Bauphase führt uns bereits ins 11. Jahrhundert, als Erzbischof Ariberto d'Intimiano und seine Nachfolger ab 1018 die Säulenfolge des 4. Jahrhunderts durch einen Stützenwechsel ersetzten, was den Einbau von Kreuzgratgewölben in den Seitenschiffen nach sich zog. Obgleich das Mittelschiff zunächst noch mit einem offenen Dachstuhl gedeckt war, mag vielleicht schon damals auch für diesen Gebäudeteil eine Wölbungsabsicht bestanden haben. Wie eine Bauinschrift aus dem Jahre 1098 verrät, dürfte gleichzeitig das gewiß noch auf die frühchristliche Ära zurückgehende Atrium durch einen Neubau ersetzt worden sein. Offen bleibt dabei die Frage, inwieweit man anläßlich der Neukonzeption des Jahres 1174 noch Elemente des älteren Atriums beibehalten hat.

Von der unheiligen Allianz zwischen Benediktinern und Kanonikern wurde bereits berichtet. Ihre Konflikte haben in zahlreichen Prozeßakten ihren Niederschlag gefunden, in denen von strittigen Rechten die Rede ist, etwa bestimmte Altäre zu benützen oder die Glocken zu läuten. Um wenigstens das Läuterecht außer Streit zu stellen, beschloß man 1128 unter Erzbischof Anselmo V., auch den Kanonikern einen eigenen Glockenturm, den sogenannten ›torre dei canonici‹ zuzugestehen. Wie den Prozeßakten weiter zu entnehmen ist, stammen

Campanile und Kirche vom gleichen Architekten. Besonders an diesem Passus, der gewiß einer kritischen Interpretation bedarf, entzündete sich ein heftiger Gelehrtenstreit um die Datierung der Mittelschiffwölbung mit den Kreuzbandrippen oder genauer, ob diesbezüglich das Schenkungsdatum des Kanoniker-Campanile (1128) als terminus post, a quo oder ante quem zu gelten habe. Die jüngere Forschung plädiert überwiegend für einen terminus post, was jedoch einer neuerlichen Prüfung unterzogen werden muß.

Doch wenden wir uns zunächst dem Ostbau zu (Abb. 25): Die Außengestaltung der breiten Apsis – in ihren Dimensionen schon in der frühchristlichen Phase festgelegt – entspricht stilistisch dem zweiten Viertel des 11. Jahrhunderts, fällt also in die Zeit Ariberto d'Intimianos. Das beweist der für die Zwerchgalerie prototypische Kranz von tiefen Bogennischen, die von Lisenen in Dreiergruppen rhythmisiert sind und insofern fast wörtlich mit der Apsiskonzeption von S. Vincenzo a Prato in Mailand übereinstimmen; die großen, einfach in die Wand geschnittenen Fenster stehen dagegen noch ganz im Zeichen frühchristlicher Tradition. Der Apsis ist ein tonnengewölbtes Chorvorjoch mit schlanken Halbsäulen in den Ecken angefügt, woran nach Westen das im Vergleich zum Presbyterium beträchtlich höhere Joch des Oktogonaltambours anschließt. An dieser Stelle stoßen sichtlich zwei Bauphasen aneinander. Da von der Errichtung eines Querhauses Abstand genommen wurde, ist für den Tambour die Bezeichnung Vierungsturm unzutreffend. Vielmehr ist er, angesichts der Einbeziehung seines seitlichen inneren Wandaufrisses in das Stützenwechselsystem des Lang-

25 MAILAND, S. Ambrogio, Außenansicht der
Apsis

hauses, als integrierter Raumfaktor des Mittelschiffs aufzufassen. Abgesehen von den
beiden Erdgeschoß- und Emporenarkaden
ergibt jedoch eine eingehende Betrachtung,
daß die Einfügung des Tambourjochs in das
Mittelschiff nur teilweise gelungen ist. Einmal ist auf die an das Chorvorjoch gelehnte
Halbsäule zu verweisen, die jetzt funktionslos unter der Trompenkuppel steht und somit den Eindruck vermittelt, als ob an deren
Stelle ursprünglich die Errichtung eines
Kreuzgratgewölbes geplant gewesen wäre.
Zum anderen besitzt der Zwischenpfeiler im
Gegensatz zu den pilasterähnlichen Vorlagen der Langhausjoche eine Halbsäulenapplikation, Anzeichen für ein zögerndes Verhalten im gewiß langwierigen Bauprozeß,
wobei schon der Vorgängerbau über einen
Kuppeltambour verfügt haben dürfte. Als
man sich schließlich zugunsten einer Kreuz-

gratwölbung – wahrscheinlich auch im
Langhaus, in dessen angehobenem Dach der
Turmaufsatz optisch einzusinken drohte –
entschied, wurde der ›Vierungsturm‹ aufgestockt. Möglicherweise hat diese Vorgehensweise 1196 zum Einsturz desselben beigetragen; von einer Rekonstruktion der
Kreuzgewölbe wurde dann abgesehen.

Da in Anbetracht der übergroßen, durch
den älteren Chorbau bedingten Breite des
Mittelschiffs aus statischen Gründen auf
einen Fenstergaden verzichtet werden mußte, entschied man sich beim Bau des Langhauses für den Typus einer stark abgestuften
Emporenhalle, deren Stützenwechsel schon
a priori den Keim zur Wölbungsabsicht in
sich trug (Abb. 26, 27). In Beantwortung
der Frage, wie die Decke vor der Applikation der heutigen Bandrippen beschaffen
war, weist Frankl auf zwei Möglichkeiten
hin: entweder sei es zum Einbau der damals
in Italien schon weit verbreiteten Schwibbogen gekommen, die sich dem Stützenwechsel und dem gebundenen System ja ebenfalls
vortrefflich einfügen lassen, oder man habe
sich schon von Beginn an zugunsten des
Kreuzgratgewölbes entschieden; für letzteres spricht die ungewöhnliche Stärke der
Widerlager.[43] Die Datierung des Bandrip-
penplans blieb bis heute unbeantwortet und
damit auch die Klärung einer für die gesamte
europäische Architekturgeschichte relevanten Problemstellung. In dieser Frage stießen
schon am Ende der 20er Jahre die Auffassungen Frankls und Krautheimers aufeinander, wobei ersterer im Anschluß an die bau-
technische Analyse Stiehls von der Baugeschichte und Position des dem südlichen
›torre dei monaci‹ im Norden gegenüberste-
henden ›torre dei canonici‹ ausging.[44] Danach schneidet die südliche Seite des Kano-

51

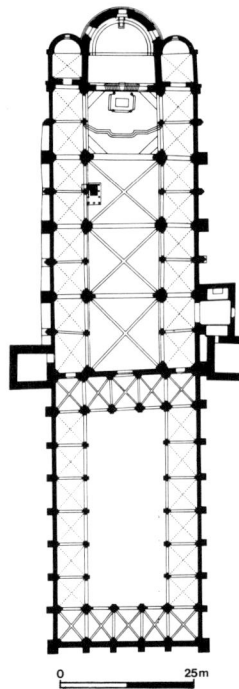

26 MAILAND, S. Ambrogio, Grundriß
(nach S. Chierici)

zweite Hälfte des 12. Jahrhunderts zu datieren, wenig wahrscheinlich. Für die Schlußweihe nennt er zwei mögliche Daten: Entweder erfolgte sie vor 1162, als Friedrich Barbarossa Mailand zerstörte, oder nach 1176, als die Lombardische Liga die Auseinandersetzung mit dem Kaiser in der Schlacht von Legnano zu ihren Gunsten entschied.

Im Gegensatz zu Frankl plädiert Krautheimer für eine Datierung der Kreuzbandrippenlösung um 1128 und schließt sogar einen Zeitpunkt davor nicht ganz aus. In der Tat klingen Frankls Ausführungen so, als hätte ein Langhaus zuvor gar nicht existiert oder als hätte man den Bau im Osten und Westen gleichzeitig in horizontaler Schichtung hochgeführt. Diese Theorie ist freilich unhaltbar, da man zur Neukonzeption der Wölbung lediglich die Zone vom Gewölbekämpfer (wie schon angedeutet, ist ursprünglich mit einem Kreuzgrat- oder Schwibbogenabschluß zu rechnen) aufwärts abbrechen mußte. Das entspricht auch der Auffassung Krautheimers, der darauf hinweist, daß der Langhausbau – im Gegensatz zu Frankls Theorie – bereits bis zum Campanile vorgerückt sein konnte.[45] Diese Beobachtung schließt tatsächlich jede beträchtlich nach 1128 angesetzte Datierung des Rippengewölbes aus. Eingehender als jeder andere Forscher hat sich Krautheimer mit der Wölbungsproblematik lombardischer Hallenkirchen auseinandergesetzt. Im Unterschied zu Frankl stellt er S. Ambrogio nicht vereinzelt zur Diskussion, sondern bindet den Bau in den Kontext anderer lombardischer Kirchen – wie etwa S. Sigismondo in Rivolta d'Adda und S. Pietro in Ciel d'oro in Pavia –, für die ebenfalls ein rastloses Suchen nach immer neuen Wölbungsformen charakteristisch ist. So nimmt er in

niker-Campanile in die Wand des nördlichen Seitenschiffs ein (die Baunähte sind deutlich zu erkennen), was Stiehl und Frankl zum Anlaß nehmen, das Langhauskonzept in die Zeit nach der Errichtung des Campanile (1128) zu datieren. Das Argument dazu lautet, man hätte aus statischen Gründen wohl kaum die Seitenschiffmauer geöffnet, um ihr nachträglich den Glockenturm einzupassen. Obgleich die Autoren mit diesem Befund den allzu frühen Datierungsvorschlag Kingsley-Porters, der die Kreuzbandrippenwölbung des Langhauses an das Ende des 11. Jahrhunderts verlegt, mit Recht zurückweisen, ist doch auch Frankls These, dieses Wölbungskonzept in die

27　MAILAND, S. Ambrogio, Innenansicht

Analogie zu diesen Bauten als Vorstufe des Bandrippengewölbes in S. Ambrogio ein tonnengewölbtes Langhaus an, eine Hypothese, der allerdings der entwickelte Stützenwechsel dieses Kirchenbaus widerspricht. Zieht man nämlich die den wandpfeilerähnlichen Vorlagen der Hauptstützen hinzugefügten Dienste näher in Betracht, so ist zu bemerken, daß deren Basen frontal und deren Kapitelle diagonal ausgerichtet sind. Dieser Wandel ist nur mit dem Austausch der alten Kreuzgratwölbung zugunsten der Bandrippenlösung zu erklären. Auf die abschließende Frage, ob es neben den formalen Kriterien auch ein historisches Argument gibt, das diese relativ frühe Datie-

rung der Schlußfassung von S. Ambrogio stützen könnte, ist dabei gewiß nicht zuletzt auf die frühe Blüte der Mailänder Konsularregierung im ersten Viertel des 12. Jahrhunderts zu verweisen, als ein neues plutokratisches Regime unter Beseitigung der alten erzbischöflichen Patronanz sich auch auf dem Bausektor zu profilieren trachtete. Nichts eignete sich dafür besser, als den Mailänder Repräsentationsbau von S. Ambrogio mit der damals modernsten Wölbungslösung auszustatten.

Keinesfalls konnte man in dieser Hinsicht normannische, von ganz anderen Konstruktionsbedingungen bestimmte Bauten, die schon früher über Kreuzrippen verfügten,

53

als Orientierungshilfe heranziehen. Während sich dort die Wölbung über einem schlank proportionierten steilen Mittelschiff erhebt, sah man sich hier durch die extreme Breitendimension des Presbyteriums in den Möglichkeiten eingeengt – der Einbau eines Gewölbes mußte schon a priori als technisches Wagnis erscheinen. Behelfen konnte man sich lediglich mit dem kuppelhaften Zuschnitt der quadratischen Doppeljoche, über denen sich die Rippen in halbkreisförmigem Bogenschlag erheben; die logische Konsequenz daraus war, die Gewölbekämpfer bis fast an die Sohlbank der Emporen herabzuführen. Damit gewinnt der Hinweis von Fillitz auf die kuppelhafte Jochkonzeption aquitanischer Kirchenbauten an Aktualität.[46] Dagegen ist Kubachs Versuch, die Genese des Emporenhallentypus von S. Ambrogio allein von Südwesteuropa her zu erklären, nur zum Teil überzeugend. Denn wie er selbst einschränkend bemerkt, sind die Emporenhallen Südwesteuropas in Mailand »ganz ins Breite und Schwere umgewandelt«.[47]

Die Westfassade von S. Ambrogio ist als völlig eigenständige Invention der lombardischen Architektur zu verstehen (Abb. 1). In der Wahl des Typus der sogenannten Schirmfassade erfolgte auch ein Bruch mit der eigenen Tradition, in deren Rahmen stets, wie etwa in S. Abbondio, darauf Bedacht genommen wurde, anhand einer abgestuften Fassade den Querschnitt des Inneren auch am Außenbau in Erscheinung treten zu lassen. Diesem ›Spiegeleffekt‹ entzieht sich die Mailänder Kirche mittels eines die Kontur der Schauseite vereinheitlichenden Giebelabschlusses. Die Fassade ist zweischichtig angelegt, so daß sich zwischen ihrer Außenhaut und der eigentlichen Wand im Erdgeschoß ein von fünf Arkaden durchbrochener Narthex und im Obergeschoß eine emporenähnliche Galerie einfügen. Damit wurde auch weitgehend dem zweizonigen Aufbau des Mittelschiffs entsprochen. Wie im Inneren des Bauwerks verläuft – gleichsam als Zitat – an der Fassade unter der Sohlbank der Obergeschoßarkaden ein Rundbogenfries, der auch die Dachlinie des Atriums ziert. Die eindrucksvolle Wirkung der Fassade resultiert nicht zuletzt aus dem farbigen Wechselspiel zwischen dem Backsteinmaterial der Wandfüllungen und den Hausteinelementen der skandierenden Vorlagen. Im Erdgeschoß sind dies den Arkadenpfeilern vorgesetzte Lisenen, im Obergeschoß dienstähnliche Halbsäulen, welche die fünf zur Mitte ansteigenden Arkadenbogen begrenzen. In tiefem Rücksprung öffnen sich dahinter drei große, für die Belichtung des Mittelschiffs notwendige Fenster, die der Höhenstaffelung der Außenarkaden folgen – für das Langhaus vor dem Tambourjoch die einzige Lichtquelle, da der spätere Einbau von Seitenkapellen die Schließung aller Fenster, einschließlich jener der Emporen, notwendig machte. Schließlich ist noch zu erwähnen, daß das ursprüngliche Atrium möglicherweise im Jahre 1174 einem aus 18 Pfeilerarkaden bestehenden Neubau weichen mußte. Nach Frankl spricht dafür der Umstand, daß die Satteldächer der zur Fassade führenden Atriumstrakte deren seitliche Obergeschoßarkaden zum Teil überschneiden, in der Tat eine sehr inhomogene Lösung, die nur durch die spätere Anhebung des Daches zusammen mit den die Höhe der drei Fassadenbogen überragenden Atriumsarkaden zu erklären ist. Jedenfalls ist die Bedeutung der Fassade von S. Ambrogio in entwicklungsgeschichtlicher Hinsicht gar nicht hoch genug einzuschätzen. Von hier gehen die Impulse aus, die in abgewandelter Form die Schirmfassaden etwa Paveser Bauten oder emilianischer Kathedralen mitgeprägt haben.

Östlich von Mailand befindet sich das Städtchen *Rivolta d'Adda*, das mit S. Sigismondo im Hinblick auf den Gewölbebau über eine der wichtigsten Kirchen der Lombardei verfügt. Im Contado-Streit zwischen Mailand und Cremona geriet Rivolta schon 1030 unter Mailänder Jurisdiktion. Um die Rivalin Cremona in die Knie zu zwingen, hatte Bischof Ariberto d'Intimiano seinem Neffen Gaiardo die Führung des Heeres übertragen. Die Nennung dieses tatkräftigen Bischofs, unter dessen Ägide der Bau von S. Ambrogio weitgehenden Veränderungen unterzogen worden war, erscheint gerechtfertigt, da der Neubau der urkundlich 1038 erstmalig genannten Kirche S. Sigismondo in einigen wichtigen Details deutliche Parallelen zur Kirche des hl. Ambrosius erkennen läßt. Als Papst Urban II. im Jahre 1095 auf seiner Reise über die Lombardei nach Frankreich unter anderem in Rivolta und Como Rast machte, nahmen beide Städte die Gelegenheit wahr, den Pontifex um die Einweihung ihrer Kirchen zu bitten. Während jedoch die Bauarbeiten an S. Abbondio in Como schon weit gediehen waren, hatte man in S. Sigismondo wahrscheinlich erst die Arkadenzone fertiggestellt. Für die Forschung bedeutet das ganz allgemein, daß für die Ermittlung der Baugeschichte einer bestimmten Kirche ein überliefertes Weihedatum allein noch kein ausreichendes Indiz im Hinblick auf den Abschluß der Bautätigkeit sein muß. Denn wie nicht zuletzt das Bei-

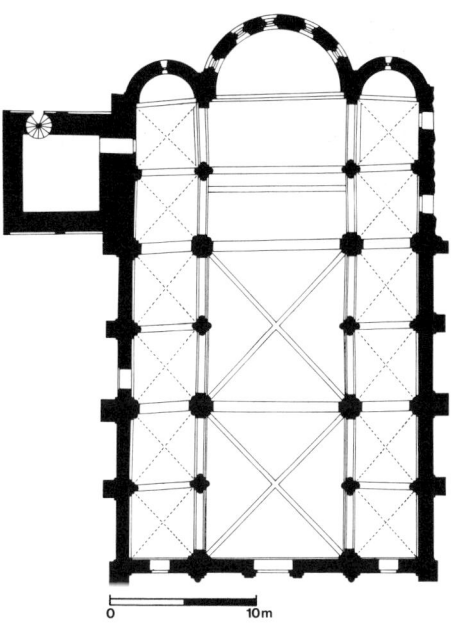

28   RIVOLTA D'ADDA, S. Sigismondo, Grundriß
(nach S. Chierici)

spiel der Kirche von Rivolta bestätigt, ergibt hier die Stilanalyse einen Befund, der zum Zeitpunkt der Weihe eine Auseinandersetzung mit der für das spätere Gebäude so bedeutsamen Wölbungsproblematik eindeutig ausschließt. Folglich mußte man sich hier trotz des päpstlichen Weiheaktes zunächst mit einem Provisorium begnügen.

Vor der Westfassade von S. Sigismondo befindet sich eine Vorhalle, die zu Beginn des 20. Jahrhunderts gänzlich erneuert wurde. Das Innere der dreischiffigen Anlage ist durch einen im gebundenen System konzipierten Stützenwechsel (Bündelpfeiler und mit jeweils vier Halbsäulen ausgestattete quadratische Pfeiler) entscheidend geprägt (Abb. 28, 29). Während die Seitenschiffe

29 RIVOLTA D'ADDA, S. Sigismondo,
Mittelschiff, Blick zum Chor

durchgehend kreuzgratgewölbt sind, werden die ersten beiden Doppeljoche des hier zunächst noch basilikal angelegten Langhauses von Kreuzbandrippen abgeschlossen. Es folgt dann nach Osten hin ein Tonnengewölbe mit einem trennenden Gurtbogen, der, unter dem Gesichtspunkt des Stützenwechsels betrachtet, den Ostabschnitt nur noch eingeschränkt als Doppeljoch interpretieren läßt. An dieser Stelle wechselt der basilikale Querschnitt des Langhauses in die Form einer abgestuften Halle, woran drei gleichfluchtende Apsiden anschließen. Daß die Kreuzbandrippenlösung wie in S. Ambrogio in Mailand einer späteren Planungsphase angehört und dieser ein Kreuzgratgewölbe vorausgegangen war, kann als gesichert gelten. Dafür sprechen nicht zuletzt die den Pilastern der Hauptpfeiler seitlich angefügten Dienste, deren frontal aus-

gerichtete Kapitelle ursprünglich in unmittelbarem Zusammenhang mit den Graten standen, wobei beim späteren Einbau der Bandrippen im Gegensatz zu Mailand nicht einmal der Versuch unternommen wurde, diese Kapitelle folgerichtig querzustellen. Die Unbeholfenheit der Rippenapplikation wird vor allem an der Diskrepanz zwischen dem breiten Rippenprofil und dem im Verhältnis dazu viel zu schmal dimensionierten Kapitellblock deutlich. Ist es einerseits erwiesen, daß für die Wahl der Rippenlösung das Vorbild S. Ambrogios entscheidend war, so ist andererseits zu betonen, daß sich S. Sigismondos Wandaufriß im Bereich der beiden westlichen Doppeljoche vom Mailänder Konzept doch deutlich unterscheidet. Denn im Gegensatz zu diesem wurde in Rivolta vom Einbau einer Empore Abstand genommen und statt dessen dem basilikalen Schema entsprochen. Schließlich überbot man hier noch den Intensitätsgrad der kuppelhaften Wölbungsabschnitte von S. Ambrogio, indem man die Kämpferzone des Gewölbes bis fast in Höhe der Arkadenbogen herabzog.

Schwerer lösbare Probleme stellen sich der Forschung im tonnengewölbten Ostbereich der Kirche. Obgleich in anderer Form als im westlichen Abschnitt, gibt es auch hier einen Stützenwechsel, der jedoch mit dem Tonnenabschluß nur wenig harmoniert. Krautheimers überzeugender Darstellung folgend, sind die den tonnengewölbten Bezirk begrenzenden und an die Hauptpfeiler gelehnten Dienste in der Tat nur im Hinblick auf eine Kreuzgratkonzeption verständlich. Da es diesen Eckdiensten somit an funktionellem Wert mangelt und sich die Tonne auch grundsätzlich nicht mit dem Stützenwechsel verträgt, gelangt der Autor mit Recht zu der Schlußfolgerung, daß man die Ostteile von S. Sigismondo zunächst als Basilika mit gratgewölbtem Mittelschiff angelegt hatte, ehe sich letztlich der auf das Hallenschema ausgerichtete Tonnenplan durchsetzte.[48] Der Umstand, daß man diesen bei der Weiterführung des Baus nach Westen wieder zugunsten der Kreuzgratwölbung fallenließ, ist einmal mehr ein Indiz dafür, wie uneinheitlich und experimentierfreudig man nach der Jahrhundertwende an die Wölbungsproblematik herangegangen ist. Wie sehr man damals, wenigstens kurzfristig, vom Typus der tonnengewölbten Halle fasziniert war, beweisen unter anderem das Chorvorjoch von S. Ambrogio und besonders der in der ursprünglichen Fassung nur noch fragmentarisch erhalten gebliebene Bau von S. Celso in Mailand, der wie in Rivolta eine sich über einem Stützenwechsel erhebende Tonnenwölbung zeigt. Besser als mit dem gebundenen System steht die Stützenreihung mit der Tonnenhalle in Einklang. Diesem Typus wurde in S. Babila in Mailand (erstmalig 1096 bezeugt) entsprochen, während man ihn in S. Pietro in Ciel d'oro zu Pavia – nach Krautheimer in einem dritten Planungsstadium, dem wie in Rivolta das Kreuzgratkonzept voranging – nur vorübergehend ins Auge faßte. Letzten Endes gelangte man aber auch dort zur Form der kreuzgratgewölbten Basilika, wobei man sich jedoch weiterhin zum Prinzip der Stützenreihung bekannte.

Krautheimer hat die Hallenproblematik in der Lombardei primär von S. Sigismondo und S. Pietro in Ciel d'oro aus zu erklären getrachtet. Im Zusammenhang mit Wölbungsfragen knüpft er daran die Besprechung aller übrigen Bauten. Dazu zählt auch S. Ambrogio, wobei er – im Zeichen des entwicklungsgeschichtlichen Denkens – den metropolitanen Rang der Mailänder Kirche übersieht, deren architektonische Erscheinung schwerlich auf der Basis bescheidenerer Bauten erörtert werden kann. So manifestiert sich der provinzielle Charakter S. Sigismondos nach dem Befund der italienischen Denkmalpflege nicht zuletzt in einer unbeholfenen, streckenweise sogar improvisierten Bauweise. Dazu ergänzend Chierici: »Verglichen mit S. Ambrogio, scheint eine gewisse Unsicherheit bei der technischen Beherrschung des Gewölbebaus erkennbar zu sein, die es unserer Meinung nach unwahrscheinlich macht, daß die Kirche von Mailänder Meistern gebaut wurde, wie Wissenschaftler dargelegt haben, außer einer Mitwirkung bei der ursprünglichen Planung. Die Ausführung aber scheint so gut wie sicher ein Werk örtlicher Bauleute zu sein.«[49] Falls man demnach der oben angeschnittenen Frage noch Aktualität zubilligt, dann muß die Einflußnahme in umgekehrter Richtung, also von S. Ambrogio nach S. Sigismondo, erfolgt sein. An das Mailänder Vorbild erinnert in Rivolta der Verzicht auf ein Querhaus, und auch der Tonnenabschnitt dürfte auf das gleichgewölbte Chorjoch von S. Ambrogio zurückzuführen sein. Schließlich könnte man den Verzicht auf ein Kuppeloktogon in S. Sigismondo als Ausdruck der Mailänder Vormachtstellung interpretieren.

Die Frage nach der Herkunft der lombardischen Tonnenhalle wird meist mit dem Hinweis auf westfranzösische Kirchen beantwortet. Nur ist dieser behaupteten Affinität die Tatsache entgegenzuhalten, daß die Bauten des Poitou (z. B. Notre Dame la Grande in Poitiers) über ungleich steilere Proportionen und, zieht man Rivolta zum

30   RIVOLTA D'ADDA, S. Sigismondo, Ansicht von Südosten

Vergleich heran, nur in seltenen Fällen über einen Stützenwechsel verfügen. Das erklärt, daß in der lombardischen Architektur die tonnengewölbte Halle nur als ephemeres Zwischenspiel aufscheint und die Bauleute sich im Bekenntnis zum Kreuzgratgewölbe bald wieder dem gebundenen System verpflichtet fühlten. Im ersten Planungsstadium war auch für den Ostteil von S. Sigismondo die Form der kreuzgratgewölbten Basilika vorgesehen, was der Umstand beweist, daß der über der Hauptapsis befindliche Giebelfirst mit der Höhe des westlichen Mittelschiffdachs übereinstimmt (Abb. 30). In diesen Giebel, hinter dem die Dachregion der Osthalle tief einsinkt, ist eine kreuzförmige Öffnung eingeschnitten, deren Existenz bzw. ursprüngliche Funktion nur im Sinne einer Entlüftung des basilikal, also er-

höht projektierten Dachstuhls interpretiert werden kann.

Für die Baugeschichte von S. Sigismondo ergibt dies zusammenfassend folgenden Befund: Als 1096 die Kirche geweiht wurde, dürften bereits die Arkaden und die Seitenschiffe vollendet gewesen sein, wobei als Indiz für den horizontalen Verlauf der Arbeiten die Tatsache anzuführen ist, daß das Stützensystem der Seitenschiffe im Gegensatz zum Mittelschiff über die gesamte Länge des Bauwerks hin ein einheitliches Erscheinungsbild zeigt. Die Suche nach Wölbungslösungen dürfte dann im Osten ihren Ausgang genommen haben, als man sich, nach Krautheimer, um 1105 im Konflikt zwischen basilikalem Kreuzgratgewölbe und tonnengewölbter Halle für die zweite Lösung entschied. Nur wenig später verdrängte die kreuzgewölbte Basilika das Tonnenkonzept im Westabschnitt. Zur Klärung der Frage, wann den Graten schließlich Bandrippen appliziert wurden, kann lediglich der Hinweis auf S. Ambrogio dienlich sein, wo vielleicht schon vor 1128 das Kreuzbandrippensystem eingedrungen war. Zu diesem Zeitpunkt dürfte auch die endgültige Außengestaltung der Hauptapsis von S. Sigismondo erfolgt sein. Sie verfügt bereits über eine entwickelte Form der Zwerchgalerie, deren Arkaden von Diensten in Dreier- und Zweiergruppen rhythmisiert werden. Es ist anzunehmen, daß sie noch vor 1130 entstanden ist, da die reife Fassung der durchlaufenden, also nicht von Diensten unterbrochenen Zwerchgalerie in Oberitalien nicht vor den 30er Jahren in Erscheinung tritt.

1107, elf Jahre nach S. Sigismondo, erfolgte in *Piacenza* die Weihe der ehemaligen *Klosterkirche S. Savino*, die, im Gegensatz zu den ersten experimentellen Bauschritten in Rivolta, analog zu S. Sigismondos beiden westlichen Doppeljochen, von vornherein als kreuzgratgewölbte, querhaus- und emporenlose Basilika konzipiert wurde. Im Gegensatz zu Rivolta ist hier das Mittelschiff gegenüber den in Apsiden endenden Seitenschiffen (die südliche wurde im Rahmen des später erfolgten Einbaus einer Sakristei beseitigt) um ein tonnengewölbtes und ebenfalls von einer Apsis abgeschlossenes Chorjoch nach Osten verlängert. Dazu kommt eine weiträumige, in acht Joche gegliederte Krypta, die sowohl in S. Ambrogio in Mailand als auch in Rivolta fehlt. Den Regeln des gebundenen Systems entsprechend, sind die fünf Pfeilerpaare, die das Mittelschiff – von den Wölbungsabschnitten aus betrachtet – in drei Doppeljoche un-

terteilen, im Stützenwechsel organisiert, für den, im Vergleich zur streng rhythmisierten Pfeilerfolge in S. Ambrogio und S. Sigismondo (a-b-a), der stark variierende Einsatz von Pfeilertypen charakteristisch ist. Insgesamt lassen sich fünf verschieden ausgeprägte Pfeilerkonglomerate ausmachen; für die Erörterung der Wölbungsproblematik sind jedoch nur die Hauptstützen von Bedeutung. Sie bestehen aus einem quadratischen Kern, an den zur Begrenzung der Seitenschiffe und der Arkadenleibung drei Halbsäulen herantreten. Eine vierte, von Diensten begleitete (im Wechsel von Rundstäben und Schichtpilastern), gliedert den Wandaufriß des Mittelschiffs und erhebt sich dort fast bis in Höhe der Sohlbank der Obergadenfenster, um an dieser von Kapitellen besetzten Stelle in die Bandrippen des Gewölbes auszustrahlen. Dagegen enden die ebenfalls dreifach gebündelten Wandvorlagen in S. Sigismondo bereits knapp oberhalb der Arkadenbogen, was eine gedrungenere, auf Breitenwirkung hinzielende Raumproportion und eine gesteigerte Kuppelwirkung der Wölbungsabschnitte zur Folge hat. Im übrigen gelten in S. Savino für den Werdegang des Wölbungskonzepts dieselben Voraussetzungen wie in Rivolta. In beiden Fällen sind die Abdeckplatten der Dienstkapitelle nicht, wie etwa in S. Ambrogio, schräggestellt, sondern wandflächenparallel angeordnet. Dies beweist zweierlei: einmal, daß in Rivolta und Piacenza die für das schmale Kapitellfragment ohnedies zu breiten Bandrippen erst nachträglich den Graten des Kreuzgewölbes aufgesetzt wurden, und schließlich, daß in S. Ambrogio – angesichts der erwähnten Diagonalposition der Dienstkapitelle und der exakt dazu passenden Gurtprofile – schon in einem früheren

Baustadium mit der Applikation von Bandrippen gerechnet wurde.

Deutlicher noch als in S. Sigismondo
manifestiert sich der Planwechsel des Wölbungskonzepts in S. Savino, denn hier erhebt sich über dem westlichen Doppeljoch,
der ursprünglichen Zielsetzung folgend, ein
reines Kreuzgratgewölbe. Die Auffassung
Salvinis, das Fehlen der Bandrippen sei hier
mit den Barockisierungsmaßnahmen des
17. Jahrhunderts zu begründen, entbehrt jeder Grundlage. Richtig erscheint indessen
sein vor allem auf Kapitellstudien basieren-
der Datierungsvorschlag, wonach »zwischen Mailand und Piacenza Rivolta eine
Mittelstellung einnimmt«.[50] Die These, den
Abschluß der Bauarbeiten an S. Savino bald
nach der Fertigstellung von S. Sigismondo,
somit an das Ende der 20er Jahre des
12. Jahrhunderts zu datieren, läßt sich zusammenfassend – über die Argumentation
Salvinis hinausführend – in mehrfacher Hinsicht verifizieren: Zunächst mit dem gravierenden Hinweis auf die hier, auch gegenüber S. Ambrogio, ungleich steileren Proportionen des Raumgefüges, dann im Hinblick auf die im Vergleich zu den beiden
lombardischen Kirchen bedeutend schlankeren Pfeilergebilde sowie auf die nicht un-
erheblich verminderte Krümmungsintensi-
tät der Gewölbeabschnitte.

Gleichsam als Gegenpol zu S. Sigismondo in
Rivolta, wo man von Anfang an den Stützenwechsel favorisiert hatte, präsentiert sich
die *Paveser Kirche S. Pietro in Ciel d'oro* mit
ihrer auf eine queroblonge Jochfolge angelegten Stützenreihung. Das 1132 von Papst
Innozenz II. geweihte Gebäude charakterisiert womöglich noch deutlicher als S. Sigismondo die im Rahmen der lombardischen

Architektur von den 90er Jahren des
11. Jahrhunderts bis in das erste Drittel des
12. Jahrhunderts herrschende Hektik, die
sich in der Suche nach immer neuen Bauformen und Wölbungslösungen äußerte. Mit
dieser Problematik hat sich Krautheimer
eingehend befaßt und für S. Pietro vier Bauphasen nachgewiesen: Am Anfang wurde
das Konzept einer Halle mit queroblongen,
gratgewölbten Mittelschiffjochen ins Auge
gefaßt. An seine Stelle trat dann ein Basili-
kenplan mit kreuzförmigen Pfeilern und
Eckdiensten. Auf ihn folgte als Drittes der
Übergang zur Halle mit Tonnenwölbung im
Mittelschiff, wovon nur noch die Tonnen
der Querhausarme und des Westjochs im
Langhaus Zeugnis geben. Im letzten Stadium kehrte man schließlich wieder zur
kreuzgewölbten Basilika zurück, die heute
zusammen mit dem in derselben Phase errichteten Vierungsturm und den erst 1487
applizierten Kreuzrippen das Erscheinungsbild des Langhauses entscheidend prägt.
Charakteristisch für diese außerhalb Italiens
beispiellose Suche nach einer geeigneten
Endfassung ist, daß sie sich lediglich auf etwa vier Jahrzehnte erstreckte. Daß dabei die
Konkurrenz der italienischen Städte untereinander eine nicht unbedeutende Rolle gespielt haben mag, beweisen etwa die Kirchen von S. Babila in Mailand und S. Pietro
in Pavia, deren hastiger Projektwandel fast
schon an einen sich steigernden Ideenwett-
bewerb erinnert. Wie Krautheimer nach-
weist, ging man beim Bau beider Kirchen
nach ähnlich abgestuften Planungskriterien
vor. Während man jedoch in S. Pietro erst
im vierten Anlauf das Endziel zu erreichen
glaubte, wurde in Mailand beschlossen, den
Bau von S. Babila nach den Kriterien des
dritten Projekts (tonnengewölbte Halle) ab-

zuschließen und sich somit zu westfranzösischen Vorbildern zu bekennen. Die von Mailand 1061 in der Schlacht von Campomale gedemütigte Stadt Pavia mag sich darum bemüht haben, wenigstens in diesem künstlerischen Wettstreit das letzte Wort zu behalten. Man entschied sich also in S. Pietro letztlich für den Typus der fortlaufenden Travée, das heißt für die Form queroblonger Kreuzgewölbe, was zwar von einigen Paveser Kirchen (z. B. S. Teodoro und S. Maria in Betlemme) nachgeahmt wurde, bei den künftigen Großbauten der Romanik in Oberitalien aber kaum einen entsprechenden Nachhall fand.

Auch die bedeutendste romanische Kirche von *Pavia, S. Michele,* entzog sich mit der Wahl des Stützenwechsels im gebundenen System diesem Vorbild, obgleich sie über ein Querhaus verfügt, das mit seinem Tonnengewölbe Zusammenhänge mit der dritten Bauphase von S. Pietro erkennen läßt. S. Michele war als Krönungskirche der Langobarden für lange Zeit das geistliche Zentrum Oberitaliens gewesen. Als die Ungarn Pavia 942 zerstörten, fiel auch der bereits vor 642 gegründete Bau dieser weite Teile Oberitaliens verheerenden Invasion zum Opfer. Da am gleichen Ort jedoch schon bald darauf neuerlich Krönungen stattfanden (z. B. Adalbert II.), kann angenommen werden, daß der Wiederaufbau der Kirche rasch in die Wege geleitet wurde. Auch weiterhin genoß S. Michele große Wertschätzung, was die hier vollzogenen Krönungen Kaiser Heinrichs II. (1004) und Friedrich Barbarossas (1155) beweisen. Inwieweit das Bauwerk von dem 1004 in Pavia wütenden Brand betroffen war, wissen wir nicht. Fest steht jedoch, daß es gegen Ende des 11. Jahrhunderts, wie Stilvergleiche et-

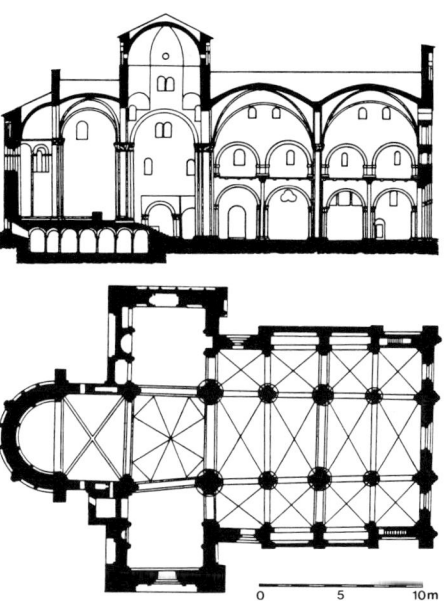

31 PAVIA, S. Michele, Längsschnitt und Grundriß (nach de Dartein)

wa mit S. Pietro ergeben, ein zweites Mal zum Neubau der Kirche kam. Ob diese dann im Jahre 1117 anläßlich des großen Erdbebens Schaden erlitt, ist nicht nachzuweisen. Ihre Fertigstellung könnte 1155 erfolgt sein, da in ihr damals die Krönung Friedrich Barbarossas stattfand.

Die Grundkonzeption von S. Michele entspricht dem Schema des lateinischen Kreuzes (Abb. 31). An das dreischiffige Langhaus schließt ein Querschiff mit einer ausgeschiedenen Vierung, auf der sich ein oktogonaler Tambour erhebt. Es folgt ein durch den Einbau einer Krypta stark angehobenes Chorjoch, das von einem vierteiligen Wulstrippengewölbe abgeschlossen wird. Daran fügt sich eine Apsis, die mit ihren fünf Blendarkaden an jene von Speyer erinnert. Besondere Beachtung verdient das

Querhaus, das, im Gegensatz zu S. Pietro, deutlich über die Langhauswände hinausragt und an der Ostwand eine Wiederaufnahme der die Apsis gliedernden Blendbogen zeigt. Die dem Mauerverband integrierten Apsidiolen bezeugen erneut eine Affinität zu Speyer. Nicht zuletzt die Rivalität mit Mailand und das Bewußtsein, einst Zentrum des Langobardenreichs gewesen zu sein, mögen für Pavia den Ausschlag gegeben haben, dem Bau von S. Ambrogio eine nordisch geprägte, genauer rheinische Alternative gegenüberzustellen. Besonders nachhaltig tritt diese Attitüde im Querhaus in Erscheinung, das angesichts seiner beachtlichen Dimension schon fast an einen selbständigen Kirchenbau erinnert und demgemäß auch über eigene, anspruchsvoll gestaltete Fassaden verfügt. Lediglich der Dom von Parma vermag mit dieser klar auf die Vierung ausgerichteten Querhauslösung Schritt zu halten.

Wie in S. Pietro sind auch die Querhausarme von S. Michele tonnengewölbt, wobei in beiden Fällen ursprünglich mit einer Kreuzgratwölbung gerechnet werden kann. Nur so sind die in den Ecken der Querhausarme funktionslos aufsteigenden Dienste erklärbar. Dieselbe Aufgabe, nämlich den Druck des Kreuzgratgewölbes aufzufangen und weiterzuleiten, hätten in einer ersten Bauphase auch die in den Ecken der Vierung befindlichen Dienste zu erfüllen gehabt. Nachdem jedoch die Entscheidung zugunsten eines offenen Vierungsturms getroffen worden war, blieb auch diesen Diensten nur mehr eine rein dekorative Rolle. Wie in S. Pietro dürfte, nach Krautheimer, auch in S. Michele das Kreuzgratprojekt im Querhaus um 1105 dem Tonnenplan gewichen sein (Abb. 32).[51] Die Ursache für diese Plan-

32 PAVIA, S. Michele, Innenansicht, Blick nach Westen

veränderung, die das eingangs für ein Kreuzgratgewölbe vorgesehene Stützensystem überflüssig machte, sieht der Autor im plötzlichen Eindringen burgundischer Einflüsse. In diesem Zusammenhang verweist er auf die Kirche La Charité sur Loire (1087–1107), deren tonnengewölbtes und arkadengegliedertes Querhaus den Projektwandel der beiden Paveser Kirchen verursacht haben mag. Das bedeutet, daß in S. Michele neben der Beachtung einer rheinischen Komponente auch Anregungen aus Burgund aufgenommen wurden.

Unterscheidet sich S. Michele, abgesehen vom Oktogonaltambour, mit seinem Chorund Querhauskonzept einerseits in geradezu extremer Form von S. Ambrogio in Mailand, so existieren andererseits im Bereich des Langhauses doch Merkmale, die eine gewisse Verwandtschaft zwischen den beiden

Konkurrenzbauten verraten. Charakteristisch für beide Kirchen sind zunächst ein ähnlich pointierter Stützenwechsel und kreuzgratgewölbte, nach den Gesichtspunkten des gebundenen Systems strukturierte Seitenschiffe, dann die auf den Hauptpfeilern lagernde Wölbung des Mittelschiffs und schließlich die weiten, an normannische Vorbilder (Caen, St-Etienne) erinnernden Emporenöffnungen. Freilich verfügt S. Michele im Unterschied zu S. Ambrogio über ein weniger breit dimensioniertes Mittelschiff und folglich konnte in Pavia – im Gegensatz zur Mailänder Stufenhalle – dem Schema des basilikalen Querschnitts entsprochen werden. Da in S. Michele erst in den Jahren von 1488 bis 1491 die Wölbungsabschnitte mit dem Einbau von queroblongen Kreuzrippen erneuert bzw. verdoppelt wurden – in S. Ambrogio war man schon um 1128 zum Einsatz von Kreuzbandrippen gelangt –, ergibt sich heute ein verfälschtes Bild der seinerzeitigen Wölbungskonzeption. Aufgrund des Umbaus nämlich mußten die Fenster des Obergadens weichen, woraus der heute irreführende Eindruck einer Stufenhalle resultiert. Um schließlich die neu hinzugekommenen Gurtbogen abzustützen, erwies es sich als notwendig, von der Sohlbank der Emporen neue Pilaster hochzuführen. Wie schon erwähnt – und dafür geben die seitlich den Hauptpfeilern hinzugefügten und mit frontal ausgerichteten Kapitellen ausgestatteten Dienste beredtes Zeugnis –, erhoben sich ursprünglich über dem Mittelschiff lediglich zwei dem gebundenen System folgende Kreuzgratgewölbe von extrem kuppeligem Zuschnitt, so daß auch ein Fenstergaden Platz finden konnte (die ursprüngliche Situatiton ist im Dachstuhl erkennbar). Gegen die Annahme, daß diese Wölbungsform von Anfang an vorgesehen war, spricht nun jedoch ein Detail an der Außenansicht des Vierungsturms. Hier fällt auf, daß die an der Basis des Tambours aufscheinenden Zwillingsbogen vom Satteldach des Mittelschiffs störend überschnitten werden, was Anlaß dazu gibt, hier ursprünglich einen niedrigeren Dachabschluß zu vermuten. Da eine Tonnenwölbung, wie auch Krautheimer betont, im Gegensatz zu S. Pietro auszuschließen ist, kann diese ästhetisch wenig befriedigende Lösung am Tambour nur mit einer älteren, weniger hohen Sparrendachkonzeption erklärt werden. Davon ausgehend mag das Kircheninnere zunächst über eine Reihe von Schwibbogen verfügt haben, ein Bogensystem, das anfänglich vielleicht auch für S. Ambrogio vorgesehen war.

Die Westfassade von S. Michele widersetzt sich dem basilikalen Querschnitt des Langhauses (Abb. 33). Sie entspricht dem Typus der Schirmfassade, der von S. Ambrogio seinen Ausgang genommen hatte. Im übrigen unterscheidet sie sich – abgesehen von der nur prinzipiellen Ähnlichkeit im einheitlichen Umriß – von jener in Mailand in fast allen Belangen. Das zeigt sich schon in der unterschiedlichen Verwendung des zur Verkleidung der Fassaden herangezogenen Materials. Während an S. Ambrogio der Backstein eindeutig dominiert, wurde der gesamte Außenbau von S. Michele fast lückenlos mit Sandsteinplatten verkleidet. Präsentiert sich die Mailänder Fassade infolge ihrer radikal geöffneten Bogenstellungen als zweischalig angelegte Wand, so überwiegt in Pavia die Konsistenz des Mauerwerks. Darüber hinaus läßt S. Michele eine von S. Ambrogio deutlich abweichende Vertikalisierung des Wandsystems erkennen. Die-

33 PAVIA, S. Michele,
Westfassade

ser Höhendrang äußert sich vor allem in den vom Boden bis zum Giebelabschluß durchlaufend hochgeführten, siebenfach gebündelten Halbsäulen, Diensten und Lisenen, die die Fassade in drei Achsen gliedern, womit der Dreischiffigkeit des Langhauses auch nach außen hin Rechnung getragen wurde. Hinzu kommen an den seitlichen Begrenzungen Pfeilergebilde, die den Zusammenhalt des Ganzen sichern. Im Vergleich dazu dominiert an S. Ambrogio das Prinzip der horizontalen Reihung, deren fünf Achsen sich kontroversiell zur dreischiffigen Raumstruktur verhalten. Auch die abgestuft gruppierten Fensteröffnungen von S. Michele scheinen sich an der Förderung der Vertikaltendenzen zu beteiligen: Während in den Seitenachsen lediglich je ein Zwillingsfenster einschneidet, befinden sich im dreigeschossigen Zentrum Fenster, die sich zu Dreiergruppen zusammenschließen. In der ersten Zone handelt es sich um Biforen, in der zweiten um Rundbogenfenster, und in der dritten folgen schließlich Rundfenster, die eine Kreuzöffnung in die Mitte nehmen. Diese Rhythmisierung vermittelt einen bildhaften Eindruck, für den sich – ausgehend von den Zwillingsfenstern der Seitenachsen und endend im Kreuzfenster – das Kompositionsschema eines Dreiecks ergibt. Daraus resultiert eine nach oben zielende Dynamik, die in einer aufsteigenden Zwerchgalerie unter dem Giebelgesims ihren Abschluß findet. Bestimmt an S. Ambrogio der rote Backstein die Farbigkeit der Fassade, so herrscht an S. Michele das Okker des Sandsteinmaterials vor, eine Farbfolie, von der sich das bunte Kolorit der ehemals in größerer Fülle als heute die Wand akzentuierenden Majolikaschalen (bacini) wirksam abhob. Es ist bemerkenswert, daß nicht der Typus der Schirmfassade von S. Ambrogio, sondern jener von S. Michele für zahlreiche Kirchen, vor allem in der Emilia, richtungweisend wurde. Zunächst aber fand er in Pavia selbst, an S. Pietro in Ciel d'oro, unmittelbare Nachfolge. Da jedoch für das Erdgeschoß der Fassade von S. Pietro eine Vorhalle geplant war – dies rückt den Bau näher an S. Ambrogio heran –, beschränkt sich die Affinität zu S. Michele auf das Obergeschoß. Erst in der zweiten Hälfte des 12. Jahrhunderts übernahm man hier bis in das kleinste Detail die Fensterkonzeption der Mittelachse von S. Michele.

Im Gegensatz zu S. Ambrogio, dessen Apsisgestaltung noch ins 11. Jahrhundert zurückweist, verfügt die Apsis von S. Michele bereits über einen reiferen Zwerchgalerieabschluß, an dem sich die Baumeister späterer Kirchen Oberitaliens orientieren konnten, ohne allerdings darauf zu verzichten, ihre Konzepte im Sinne größerer Einheitlichkeit zu modifizieren und weiterzuentwickeln (Abb. 34). Nicht zuletzt im Lichte dieser späteren Apsisgestaltungen (z. B. am Dom von Piacenza) wird evident, daß der Chorschluß von S. Michele noch aus dem ersten Drittel des 12. Jahrhunderts stammen muß. Zunächst besticht die Tatsache, daß die gebündelten Dienste der West-

fassade auch hier Verwendung gefunden haben. Sie unterteilen die Apsis in drei große Abschnitte, innerhalb derer sich durch den Einsatz einfacher Dienste jeweils drei weitere Achsen herausbilden. Dabei entdeckt man im südöstlichen Teil eine gewisse Unstimmigkeit, da hier der linke Dienst an der Sohlbank des mit tiefer Leibung ausgestatteten Fensters unvermittelt abbricht. Das könnte bedeuten, daß ursprünglich – in Parallele zu S. Pietro – nur für die mittlere Achse ein Fenster vorgesehen war. Die signifikante Vielgliedrigkeit der Apsis kommt an der Zwerchgalerie besonders nachhaltig zum Ausdruck. Bemerkenswert ist hier der im Rhythmus Säule-Pfeiler-Säule verlaufende Stützenwechsel, der noch durch die von unten aufsteigenden und über die Pfeiler bis zum Kranzgesims reichenden Dienste bzw. Dienstbundel verstärkt wird, ein solitäres Ergebnis, das keine Nachfolge gefunden

34 PAVIA, S. Michele, Außenansicht der Apsis

hat. Die späteren Apsiskonzeptionen zeigen stets eine kontinuierlich durchlaufende Zwerchgalerie, an deren Sohlbank Dienste oder Lisenen entweder abbrechen (z. B. Dom von Piacenza) oder sich zu Blendbogen (z. B. Bergamo, S. Maria Maggiore) zusammenschließen.

Wie S. Michele in Pavia entspricht auch die Westansicht des *Doms von Parma* dem Typus der Schirmfassade (Abb. 35). Die Analogie zu S. Michele beschränkt sich allerdings auf Grundsätzliches: auf den Gesamtumriß, das mit Sandsteinplatten gänzlich verkleidete Backsteinmauerwerk sowie auf die unter dem Giebel ansteigende Zwerchgalerie. Im übrigen unterscheidet sich die Domfassade von der extrem vertikalisierten Schauwand von S. Michele durch eine ausgeprägte Horizontalisierung der strukturellen Elemente, die einerseits aus dem Verzicht auf achsenbildende Lisenen oder Dienste und andererseits aus dem über zwei Geschossen in Dreiergruppen rhythmisierten Säulenarkadengalerien resultiert. In ihrer spezifischen Position könnte diese Arkatur auf die ebenfalls zweigeschossigen Galerien der Westfront des Trierer Doms (Mitte des 11. Jahrhunderts) zurückführen sein, ein Hinweis, der zur Klärung der Frage nach den genetischen Wurzeln des Parmeser Doms erheblich beizutragen vermag. Wie nachhaltig die Domfassade von Parma auf eine horizontale Schichtung und eine Harmonisierung der Proportionen ausgerichtet ist, geht nicht zuletzt aus einer Rekonstruktion ihres ursprünglichen Zustands hervor. Demnach war sie, ehe sie im Zuge der Einwölbung des Mittelschiffs und der dadurch erforderlichen Neukonzeption des Daches um einen Meter erhöht werden mußte, in

ein Quadrat von 28 m Seitenlänge einschreibbar. Weiters ist zu bemerken, daß die rechteckige Wandfläche mit einer imaginären Giebelbasis als oberer Begrenzung durch die Sohlbankzone des unteren Galeriegeschosses exakt halbiert wird, eine Zäsur, die ursprünglich, ehe eine bedenkliche Restaurierung die mittlere der fünf Drillingsarkaden schloß und durch einen Baldachinportalaufsatz überschattete, noch weit wirksamer zum Tragen gekommen ist. Zusammen mit dem 1281 vom Campionesen Giambono da Bissone neugeschaffenen Hauptportal (signiert und datiert) war mit dem Baldachinaufsatz und dem daran anschließenden großen Rundbogenfenster – Quintavalle nimmt für den originären Bestand ein zentrierendes Rundfenster an – ein vertikaler Vektor in die Mittelachse eingedrungen, der der ursprünglichen Fassade völlig fremd war.[52] Rekonstruktiv gesehen unterscheidet sich somit der Parmeser Fassadenprospekt als statisch-horizontal in sich ruhendes Wandkonglomerat geradezu diametral von der durch vertikale Kraftströme bestimmten Schaufront von S. Michele.

Allgemein wird in der Forschung angenommen, daß der Dom von Parma auf den Spuren dreier Vorgängerbauten während der Amtszeit des Bischofs Cadalus (1045–1072) neu errichtet wurde. Nur Quintavalle und sein Adept Stocchi hegen Zweifel an diesem Gründungszeitraum und wollen ihn durch das Jahr 1090 ersetzt und präzisiert sehen. An dem von Papst Paschalis II. 1106 geweihten Neubau wäre bis um 1130, unbeeinträchtigt durch das Erdbeben von 1117, gebaut worden, er sei demnach, »da sich keine Baunaht [findet], die auf einen vor und einen nach dem Erdbeben gebauten Abschnitt schließen ließe«, weitge-

35　Parma, Dom, Westfassade

hend mit dem heutigen Gebäude identisch.[53] Wie noch näher zu erläutern sein
wird, widersetzen sich dieser These die für
einen Zeitraum um 1100 völlig undenkbare
spezifische Ausformung der im Stützenwechsel organisierten Pfeiler sowie das auf
eine Wölbung angelegte Wandaufrißsy-
stem. Dessen ungeachtet ist freilich anzunehmen, daß nicht nur die Fundamente des
wahrscheinlich doch schon während der Regierungszeit Cadalus' begonnenen vierten
Doms die Erdbebenkatastrophe überdauert
haben. Darüber hinaus ist wohl auch mit

dem Fortbestand der Umfassungsmauern
zu rechnen, was allerdings keinesfalls eine
durchgreifende, erst in die Zeit nach dem
Erdbeben fallende Neukonzeption der Anlage ausschließt. Folgerichtig müßte man
demnach von einer fünften Version des
Dombaus sprechen, der in dieser Bauphase
– angesichts der späteren, das äußere Erscheinungsbild wesentlich beeinträchtigen-
den Ergänzungsbauten an der Nord-, Süd-
und Ostseite des Gebäudes – jedoch noch
lange nicht seine endgültige Form erhalten
hatte.

Für die stilistische Einschätzung des letzten Neubaus scheint die unter Cadalus kulminierende, bis ins 12. Jahrhundert weiterwirkende, am Reich orientierte Politik Parmas einen wichtigen Stellenwert zu besitzen. Bischof Cadalus, von dessen sozialer Einstellung, politischem Durchsetzungsvermögen und Förderung von Klosterbauten historische Quellen berichten, stand in engstem Kontakt zu Kaiser Heinrich III., der ihm auch die weltliche Herrschaft über den Kirchensprengel von Parma übertrug. Das Bischofsamt erschien dem tatkräftigen und ehrgeizigen Cadalus nur als die vorletzte Stufe auf der Leiter kirchlicher Hierarchie: Er strebte nach der höchsten Kirchenwürde, dem Papsttum. Dieses Ziel erreichte er, wenn auch nur vorübergehend, im Jahre 1061, als ihn die lombardischen und deutschen Bischöfe in Basel als Honorius II. zum Papst erhoben. Für vorliegende Thematik ist es nur von untergeordneter Bedeutung, daß er schließlich dem schon zuvor vom Kardinalskollegium in Rom rechtmäßig gewählten Papst Alexander II. weichen mußte.

Parma stand auch 100 Jahre später im kaiserlichen Lager, als es die Absicht Friedrich Barbarossas unterstützte, die imperiale Hegemonialgewalt in Reichsitalien erneut zu festigen. Friedrich wußte diese Gefolgschaft durchaus zu schätzen und beteiligte sich mit finanziellen Zuschüssen an der Fertigstellung des Dombaus. So gesehen ist es verständlich, daß die architektonische Struktur des Bauwerks neben autochthonen Merkmalen auch deutlich in den Norden weisende Elemente in sich birgt. Darüber hinaus erinnert der monumentale Charakter des Doms, der an Größe alle bisher besprochenen Bauten übertrifft, symbolisch an die

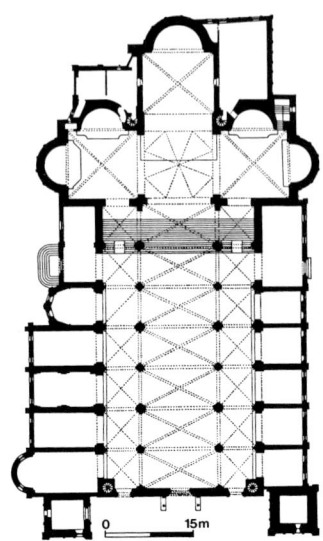

36 PARMA, Dom, Grundriß (nach S. Stocchi)

Zeiten, da Bischof Cadalus von Parma aus nach der Papstkrone strebte.

Obgleich Wagner-Riegers Bemerkung, der Dom stehe »außerhalb der allgemeinen Entwicklung der oberitalienischen Architektur«, einen zu hohen Ausschließlichkeitsanspruch verrät, bestätigt sich darin im Sinne eines architektonischen Symbols der kaiserlich gesinnten Stadt doch die stilistische Nähe des Bauwerks zur transalpinen Architektur.[54] Wie S. Michele in Pavia besitzt auch der auf dem Grundriß eines lateinischen Kreuzes errichtete Dom von Parma eine ausgeschiedene Vierung, deren quadratische Form sich in den beiden Querhausarmen und im Chor wiederholt, ein Sachverhalt, der an eine spezifisch nordische Baugesinnung denken läßt (Abb. 36). Diesen Zusammenhang hat wohl auch Conant im Auge, wenn er bei Betrachtung der dem Grundriß des Oberbaus entsprechenden

Krypta auf jene des Doms von Speyer hinweist.[55] Obwohl der Nordturm erst in den Jahren von 1284 bis 1294 errichtet wurde und man beim Bau des älteren Südturms nicht über die Sockelzone hinauskam, kann doch davon ausgegangen werden, daß von Anfang an eine an nordische Prinzipien anknüpfende Doppelturmanlage vorgesehen war. Freilich ist dabei zu bedenken, daß die Türme, entsprechend dem italienischen Campaniletypus, nicht unmittelbar Bestandteil der Schirmfassade sind; diesbezüglich mag das Vorbild von S. Ambrogio eine gewisse Rolle gespielt haben. Besondere Beachtung verdienen die auf extrem hochgestelltem Paviment sich erhebenden Bereiche von Chor und Querhausarmen, die sich fast schon zu einem selbständigen Zentralbau zusammenschließen. Gefördert wird dieser Eindruck durch die in ihren Dimensionen der Chorapsis angeglichenen vier Apsiden der Querhausarme. Während zwei davon nach Osten weisen und damit im Kontext mit der Chorapsis an die gestaffelten Anlagen cluniazensischer Provenienz erinnern, begrenzen zwei das Querschiff im Norden und Süden. Daraus resultiert ein fast kleeblattförmiges Gefüge, das cum grano salis an den rheinischen Trikonchostypus erinnert. Einzuschränken ist diese Beobachtung allerdings insofern, als die an die nördlichen und südlichen Querhausenden schließenden Apsiden offensichtlich italienisch determiniert sind: Schon am Dom von Pisa treten sie als Wegbereiter der Parmeser Lösung zutage.

Der Stützenwechsel im Langhaus zeigt nur prinzipielle Parallelen zu jenem von S. Ambrogio und S. Michele (Farbabb. 7). Im übrigen ist in mehrfacher Hinsicht auf beträchtliche Unterschiede hinzuweisen:

Einmal folgt auf den letzten Hauptpfeiler sogleich der Vierungspfeiler, was innerhalb dieses Halbjochs auf einen an cluniazensischen Vorbildern orientierten chorus minor schließen läßt, eine Abgrenzung, die beide genannten Vergleichsbeispiele vermissen lassen. Dann ist zu bemerken, daß, neben den dreifachen Vorlagen an den Hauptpfeilern, auch von den Zwischenpfeilern Dienste bis zum Kämpfer der Wölbung hochführen. In den erwähnten Kirchen von Mailand und Pavia enden diese Dienste dagegen schon an der Sohlbank der Emporen, woraus ersichtlich wird, daß in Parma von Beginn an ein sechsteiliges Gewölbe geplant war. Der Durchführung desselben stellten sich wahrscheinlich statische Probleme entgegen – man denke nur an die enorme Spannweite des Gewölbes –, so daß das Mittelschiff zunächst gewiß mit einem auf Querbogen lagernden Sparrendach versehen wurde, während die Seitenschiffe (nach Frankl der Entwicklungsstufe von 1140 angehörend) Kreuzgratgewölbe erhielten.[56] Hier ist neuerlich auf die These Quintavalles hinzuweisen, der das gesamte Bauwerk in die Zeit von ca. 1090 bis 1130 – unabhängig von möglichen Auswirkungen des Erdbebens – datiert. Ohne nun prüfen zu können, inwieweit Parma von der Naturkatastrophe tatsächlich betroffen war, ist Quintavalle auf stilanalytischer Ebene entgegenzuhalten, daß das komplizierte Wandsystem des Doms mit seinem reich differenzierten, auf Wölbung angelegten Stützenwechsel keinesfalls vor den Zeitpunkt des Erdbebens zu datieren ist. Vom stilistischen Befund der schlank dimensionierten und sensibel variierten Pfeiler ausgehend – dagegen ist für S. Ambrogio und S. Michele sowie etwa für den Dom von Modena eine breitausladende, gedrungene Stützenfolge charakteristisch –, zeigt der Dom von Parma bereits einen Entwicklungsstand, der über jenen der genannten Vergleichsbeispiele deutlich hinausführt. Von daher kommt für die Neukonzeption der Parmeser Wandstruktur sogar eher ein Zeitraum nach 1130 in Frage, ein Datum, das Quintavalle, wie schon erwähnt, als letztmöglichen Termin für den Abschluß der Bauarbeiten ins Auge faßt.

Die Frage, wann man sich schließlich vom ursprünglich vorgesehenen sechsteiligen Wölbungskonzept zugunsten einer vierteiligen Kreuzbandrippenlösung distanzierte, könnte mit dem Hinweis auf die von Friedrich Barbarossa im Jahre 1161 für den Parmeser Dom geleisteten Geldzuschüsse beantwortet werden. Mit der Wahl eines auf queroblonge Joche ausgerichteten Gewölbes setzte man sich jedenfalls über die dem gebundenen System inhärenten Richtlinien hinweg, was zu einer recht unbeholfenen Lösung des damit verbundenen technischen und gestalterischen Problems beitrug. Im Grunde genommen war dieses Wölbungsergebnis durch das schon a priori festgelegte queroblonge Ostjoch des Langhauses determiniert. Es erschien somit offenbar erstrebenswert, diesen einmal eingeschlagenen Weg mittels eines kontinuierlich verlaufenden, vierteiligen Wölbungssystems über jeweils rechteckigem Jochgrundriß konsequent fortzusetzen.

Zuletzt sei die für Oberitalien neuartige Emporenform erwähnt, die mit ihren vier Arkaden die gesamte Breite eines Halbjochs füllt und somit die Tendenz erkennen läßt, sich kontinuierlich über die gesamte Länge des Langhauses auszudehnen. Dem wurde mittels eines die einzelnen Arkadengruppen zusammenfassenden Blendbogens entge-

gengewirkt, wobei zu bedauern ist, daß diese übergreifenden Bogen anläßlich der Freskierung des Doms im Cinquecento beseitigt worden sind. Lediglich im Ostjoch ist die ursprüngliche Form dieses für die Romanik so typischen Blendbogens erhalten geblieben. Eine in dieses Joch eingestellte Orgel hatte die Freskierung des Wandabschnitts verhindert. Als die Orgel einige Jahrhunderte später entfernt wurde, kam das ursprüngliche Mauerwerk zutage. Auf der Suche nach profilierter Eigenständigkeit fand man in Parma einen Emporentypus, der sich von jenem der erwähnten Kirchen in Mailand und Pavia in extremer Weise unterscheidet.[57] Dort war man von der raumerschließenden Intention ausgegangen, die Emporen im Verzicht auf eingestellte Arkaturen und in Übereinstimmung mit den Erdgeschoßarkaden in nur einem Bogen zu öffnen.

Nachfolge fand der Parmeser Emporentypus im *Dom von Borgo San Donnino* (heute Fidenza). Das ist insofern überraschend, als die Stadt 1152 den Expansionsbestrebungen Parmas unterlegen und vollständig vernichtet worden war. Erst beträchtlich später, wahrscheinlich um 1180, als die Stadt die Translatio der Reliquien des hl. Donninos veranlaßte, erfolgte der Neubau der Kirche. Hier zeigt sich einmal mehr, daß sich die politische Dominanz einer Nachbarstadt auch in der Übernahme der von dieser entwickelten Architekturkonzeptionen widerspiegeln kann. Denn übernommen wurde in Borgo San Donnino nicht nur die Emporenform des Parmeser Doms, sondern auch dessen gesamter Mittelschiffaufriß. Lediglich vom Einsatz der in Parma auch von den Nebenpfeilern aufsteigenden Vorlagen wurde Abstand genommen, da man, in Anbetracht der späteren Bauzeit und der in Parma mittlerweile gewonnenen Erfahrungen, die Decke nach den Gesetzen des gebundenen Systems über quadratischem Grundriß mit vierteiligen Kreuzrippengewölben schloß. In Parma hingegen stand man noch unter dem Eindruck des ursprünglich geplanten sechsteiligen Wölbungssystems, ehe sich hier letzten Endes das queroblonge Bandrippenkonzept durchsetzte.

Als Benedetto Antelami 1178 im Dom von Parma den Lettner zu Ende führte, dürften die Bauarbeiten bereits abgeschlossen gewesen sein. In die letzte Bauphase fällt der Ostteil der Anlage, der durch verschiedene Zubauten und die im 16. Jahrhundert aufgestockte Dachregion in seinem Erscheinungsbild tiefgreifende Veränderungen hinnehmen mußte. Schließlich ist noch das im Südwesten der Kirche befindliche Baptisterium hervorzuheben, das im Zusammenspiel mit dem Dom und dem bischöflichen Palast als eine der größten Leistungen mittelalterlicher Urbanistik in Italien anzusprechen ist. Da die oktogonale Taufkirche, die gewiß hauptsächlich auf Ideen Antelamis basiert, erst ab 1196 errichtet wurde, ist sie nicht mehr Gegenstand vorliegender Ausführungen. Zwar dominiert am Außenbau noch die Formensprache der Romanik, wobei die weitgehende Auflösung der Wand in über vier Geschosse führende Kolonnadengalerien als solitäre Leistung der oberitalienischen Architektur hervorzuheben ist; im Inneren hingegen überwiegen bereits – vor allem im spitzbogigen Kuppelabschluß – Gestaltungsprinzipien der Gotik.

Die zwischen Parma und Piacenza herrschende Rivalität, die ab 1171 in schweren kriegerischen Auseinandersetzungen eskalierte, fand auch auf dem baukünstlerischen Sektor ihren Niederschlag. Beide Städte waren bemüht, einander in der Errichtung monumentaler Dombauten zu überbieten. Suchte Parma stets den Schutz und die Förderung des Kaisertums, so gehörte Piacenza immer der Gefolgschaft des römischen Papstes an. Zweimal, zunächst unter Urban II. (1095) und dann unter Innozenz IV. (1132), wurden hier päpstliche Konzile abgehalten. Als besondere Auszeichnung mag man es empfunden haben, daß der Vorfriede der Lombardischen Liga mit Friedrich Barbarossa, der zuvor 1176 bei Legnano durch die unter der geistigen Führung des Papstes stehenden Ligatruppen eine empfindliche Niederlage erlitten hatte, 1183 in Piacenza geschlossen wurde. Die Stadt sicherte den wichtigsten Po-Übergang und galt schon seit der Antike als bedeutendster Verkehrsknotenpunkt Oberitaliens, in den auch heute noch die von Rimini ausgehende Via Emilia mündet. Besonders aufgeschlossen erwies man sich dem französischen Warenverkehr, der, um weiter in den Süden zu gelangen, in jedem Fall die Route über Piacenza zu wählen hatte. Vieles spricht dafür, daß im Gefolge dieser Handelsbeziehungen auch Strömungen französischer Architektur das Baugeschehen des Doms mitbestimmt haben.

An das dreischiffig basilikale Langhaus des *Doms von Piacenza* schließt ein ebenfalls dreischiffiges Querhaus, das zusammen mit dem weit nach Osten ausladenden Presbyterium an den Typus des benediktinischen Chorschemas erinnert (Abb. 37). Wie bei den meisten emilianischen Kirchen begann man auch in Piacenza bald nach dem Erdbebenjahr 1117 – laut Inschrift im Jahre

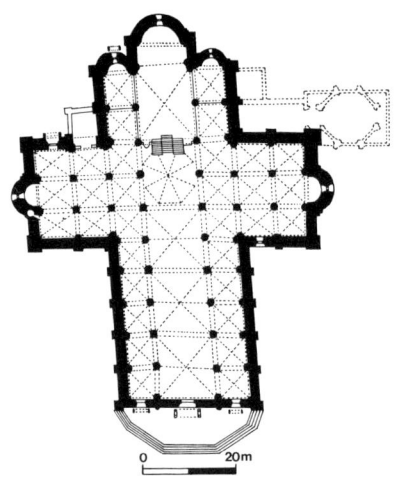

37 PIACENZA, Dom, Grundriß (nach S. Stocchi)

1122 – mit dem Neubau des aus dem 9. Jahrhundert stammenden Doms. A. M. Romanini hat sich eingehend mit dessen komplizierter Baugeschichte auseinandergesetzt und in der Zeit zwischen 1122 und 1235 drei Bauphasen aufgedeckt.[58] In der ersten, von 1122 bis um 1150, entstanden der Chor, der überwiegende Teil der Westfassade, das nördliche Seitenschiff mit dem Glockenturm bis zum ersten Gesims, die Pfeiler des Langhauses sowie die beiden ersten Westjoche des südlichen Seitenschiffs. Jedem zweiten Rundpfeiler wurde ein Dienst vorgesetzt, so daß angesichts dieses Stützenwechsels ein ursprünglich geplantes sechsteiliges Rippengewölbe angenommen werden kann, das allerdings nur im Chor unmittelbar zur Ausführung gelangte; später wurde die Decke des Chorjochs in ein vierteiliges Kreuzrippengewölbe umgewandelt. In die nördliche Wand des Mittelschiffs wurden Scheinemporen eingelassen, die zum Dachstuhl des Seitenschiffs führten. Weiter

nimmt Romanini an, daß damals bereits der Ansatz eines Querhauses existierte, das in Übereinstimmung mit einem projektierten Vierungsturm zwei Joche des nördlichen Seitenschiffs umfaßte und demnach nicht über die Außenwände des Langhauses hinausreichte.

Im zweiten Bauabschnitt, während des dritten Viertels des 12. Jahrhunderts, wurden die herausragenden Arme des Querhauses errichtet, das man auf drei Schiffe erweiterte; ferner wurde das nördliche Seitenschiff vollendet und die Wände des Mittelschiffs, für das damals eine Holzdecke vorgesehen war, von den Scheinemporen aufwärts hochgeführt. Von der ursprünglich projektierten Wölbung hatte man sich also zunächst distanziert. Erst in der dritten Bauphase, zwischen 1202/15 bis vor 1235, besann man sich auf das ursprüngliche Gewölbeprojekt und führte es, nunmehr bereits nach den Gesichtspunkten der französischen Gotik, mit einem sechsteiligen Rippensystem zu Ende. Demgemäß wurden die schwachen Strebepfeiler durch Strebebogen verstärkt und die Scheinemporen in ein vom Dachstuhl durch eine Mauer abgetrenntes Triforium umgewandelt. Den Prinzipien der neuen Stilepoche folgend, wurden schließlich die Fenster des Obergadens und die übergreifenden Bogen der Triforien spitzbogig abgeschlossen. Darüber hinaus baute man den Nordturm bis zum Glockenstuhl aus (erst 1333 vollendet) und stellte den Vierungsturm fertig. Zuletzt fügte man den Querhausarmen, jetzt im Wechsel vom hallenförmigen zum basilikalen Querschnitt, ein weiteres Joch an. In Anbetracht dieser komplizierten und langen Baugeschichte überrascht es dann keineswegs mehr, daß sich die Kathedrale dem Besucher als Konglomerat unterschiedlicher, von der Romanik bis zur Gotik reichender Stilströmungen zeigt.

Die Westfassade stammt überwiegend aus der ersten Bauphase, sieht man von der im 13. Jahrhundert eingesetzten Fensterrose ab (Abb. 38). Dafür sprechen das Nord- und Mittelportal, deren Dekoration und Skulpturenschmuck mit der Schule des vorwiegend am Dom von Modena (Anfang des 12. Jahrhunderts) tätigen Wiligelmus in Zusammenhang stehen; das Südportal hingegen läßt die Handschrift des Meisters Nicolo aus Ferrara erkennen. Während die drei zweigeschossigen Baldachinportale deutlich an den am Dom von Modena kreierten Por-

38 PIACENZA, Dom, Fassade

taltypus erinnern, geht der Typus der Schirmfassade grundsätzlich auf S. Michele in Pavia zurück. Die Affinität bezieht sich auf die die Fassade flankierenden pfeilerähnlichen Gebilde, auf die Dreiteilung der Wand durch wuchtige zylindrische Dienste und schließlich auf die abgestufte Zwerchgalerie, von deren Erscheinungsform ausgehend man sich die ursprüngliche Zwerchgalerie am Dom von Parma vorzustellen hat; im übrigen ist beiden Fassaden die in halber Höhe über die Seitenachsen verlaufende Arkadengalerie gemeinsam. Wie in Parma war auch in Piacenza eine Doppelturmanlage vorgesehen; in beiden Fällen konnte jedoch lediglich ein Glockenturm hochgeführt werden. Allerdings ist dabei ein wesentlicher Unterschied zu beachten: Während in Parma der Südturm fast als selbständiger Campanile an den Dom tritt, ist der Nordturm von Piacenza unmittelbar in das Mauerwerk des ersten Jochs im nördlichen Seitenschiff integriert. Versucht man nun, sich den zweiten, unausgeführt gebliebenen Turm vorzustellen, so könnte diese Anlage in der Tat an nordische Doppelturmkonzeptionen erinnern; zum Vergleich mag das Turmpaar von S. Andrea in Vercelli (Piemont; in den ersten Dezennien des 13. Jahrhunderts errichtet) den sich daraus ergebenden Bezug zur transalpinen Baukunst verdeutlichen. Es gilt jedoch zu beachten, daß der Glockenturm von Piacenza eindeutig hinter die Schirmfassade tritt, dieselbe also in ihrer italienischen Eigenart unangetastet bleibt und unter diesem Aspekt der von Romanini allzu eng hergestellte Zusammenhang mit normannischen Fassadenlösungen relativiert werden muß.

Im Inneren der Kirche, für das die wuchtigen Pfeiler und hohen Seitenschiffe cha-

39   PIACENZA, Dom, Innenansicht, Blick zum Chor

rakteristisch sind, dominiert hingegen eindeutig der anglonormannische Einfluß
(Abb. 39). Schon Rivoira hat auf die frap-
pante Ähnlichkeit der Pfeiler von Piacenza
mit jenen der Kirchen von Gloucester und
Tewkesbury hingewiesen.[59] Dazu kommen
noch die ursprünglichen Scheinemporen,
die in dieser Form auch in der Normandie
(z. B. Bernay, Mont-Saint-Michel, Lessay
usw.) vertreten sind. Zusammenhänge dieser Art überraschen keineswegs, wenn man
an die äußerst lebhaften Beziehungen zwischen Piacenza und Frankreich im Mittelalter denkt. Die normannische Komponente
kann gar nicht hoch genug eingeschätzt werden, überlegt man etwa, daß sechsteilige
Gewölbe, wie sie in der Normandie bald

nach 1100 (z. B. Caen, St-Etienne und
St-Trinité) ausgeführt worden waren, im
Dom von Piacenza schon in der ersten Bauphase projektiert wurden. Daß diese dann,
nunmehr bereits nach frühgotischen Vorbildern aus der Ile de France (Noyon, Senlis,
Laon, Nantes usw.), erst im dritten Bauabschnitt nach dem Schema sechsteiliger Rippengewölbe geschaffen wurden, unterstreicht nur um so mehr die Tatsache, wie
konsequent man sich in Piacenza auch weiterhin der französischen Architektur verbunden fühlte. Dabei hüteten sich die italienischen Bauleute doch stets vor der Gefahr,
ihre Kathedrale gleichsam als französischen
Ableger erscheinen zu lassen. Nicht sklavi-
sche Nachahmung war ihr Ziel, vielmehr

trachteten sie danach, die von ihnen aus dem Ausland aufgenommenen Anregungen stets neu zu verarbeiten und letzten Endes, wie schon die Westfassade gezeigt hat, in eine neue Form umzugießen. Daß man sich auch der bodenständigen Bauauffassung verpflichtet sah, wird evident, wenn man das Verhältnis von Querhaus und Mittelschiff prüft. Da stellt sich zweierlei heraus: einmal das Mißverhältnis zwischen dem zweijochigen, kuppelbekrönten Vierungsquadrat und dem dreischiffigen, in drei Arkaden sich zum Mittelschiff hin öffnenden Querhaus – eine sich der ausgeschiedenen Vierung (s. dagegen Dom von Parma) widersetzende Lösung –, dann, eine typisch italienische Konzeption, die optische Abgrenzung des Querhauses vom Mittelschiff, die lediglich durch drei im Vergleich zu den Langhausarkaden höhere Bogenstellungen gemildert wird. Im Prinzip handelt es sich um einen Querhaustypus, der uns – nur in einer konsequenter ausgebildeten Form – bereits im Dom von Pisa begegnet; darüber hinaus verfügt der Pisaner Dom an den Querhausenden über Apsiden, die in dieser Lage auch an den Kathedralen von Piacenza und Parma auftreten. Zur Herausbildung des spezifischen Querhaustypus in Piacenza bedurfte es allerdings kaum einer Anleihe aus Pisa oder gar aus dem Norden. Vielmehr handelt es sich hier nach Romanini »höchstwahrscheinlich mehr um die Wiederaufnahme des romanischen Lokalmotivs des geräumigen, dreischiffigen Querhauses von S. Antonino zu Piacenza [11. Jahrhundert]«.[60]

Zum Kreis der großen oberitalienischen Kommunen zählt auch die Stadt Cremona, der es bereits 1080 gelungen war, die bischöfliche Vormachtstellung zu brechen.

Wie Pavia vermochte sich *Cremona* im 10. Jahrhundert nicht der Ungarninvasion zu erwehren, von der auch der seit 841 bezeugte *Dom* in Mitleidenschaft gezogen wurde. Der ab 1107 in Gang gesetzte Neubau der Kathedrale wurde dann vom großen Erdbeben im Jahre 1117 unterbrochen und erst 1129 fortgesetzt. Dasselbe Schicksal hatten auch die Kathedralen von Piacenza und Parma erlitten, deren Wiederaufbau ungefähr zum selben Zeitpunkt begann. Ein künstlerischer Wettstreit bahnte sich unter diesen drei Städten an, die alles daran setzten, ihre Konkurrentinnen in der Größe des Doms zu übertreffen. Dabei hat es den Anschein, daß die Werkleute von Cremona – zumindest was die Innenraumkonzeption betrifft – es nicht als unter ihrer Würde stehend betrachteten, bei den Konkurrenzbauten gestalterische Anleihen für ihren Kathedralbau zu machen. Offensichtlich stellt dessen Mittelschiffkonzeption eine Art Kompromiß zwischen den Wandaufrissen der Dome von Parma und Piacenza dar. Dazu kommt ein Stützenwechsel, dessen kreuzförmige Hauptpfeiler an jene von Parma erinnern, während die als Rundpfeiler konzipierten, im Barock nur leicht veränderten Nebenstützen einen deutlichen Zusammenhang mit Piacenza zeigen. Schließlich stimmen die drei Bauten darin überein, daß sie – angesichts der bis über die Emporenzone hochgeführten Vorlagen – im ersten Planungsstadium auf ein sechsteiliges Gewölbe hin angelegt waren, sich jedoch zunächst mit einer Holzdecke zu begnügen hatten. Zuletzt trug aber in allen Fällen die ursprüngliche Wölbungsabsicht den Sieg davon, wozu in Cremona 1175 ein das Dach der Kathedrale vernichtender Blitzschlag den Anlaß gab. Als man sich nach einem

40 CREMONA, Dom, Fassade

passenden Wölbungskonzept umsah, orientierte man sich mit der Wahl vierteiliger, über queroblongem Grundriß aufsteigender Kreuzrippengewölbe neuerlich am Parmeser Vorbild. Im Unterschied jedoch zu Parma und Piacenza sind die bis zur Chorapsis gleichmäßig fortlaufenden Arkaden durch keine Vierung unterbrochen. Es dominiert also das Prinzip der kontinuierlich rhythmisierten Reihung, deren Tiefenzug noch durch die Zwillingsarkaden der Emporen, denen das zentrierende Motiv des übergreifenden Bogens fehlt, unterstützt wird. Obwohl sich diese Konzeption schon a priori dem Einbau eines Querschiffs widersetzte, vermochte man sich auf Dauer doch nicht des Einflusses der Kathedrale von Piacenza zu entziehen, deren monumentale Erscheinungsform nicht zuletzt auf der Existenz eines ausladenden Querhauses beruht. In der zweiten Hälfte des 13. Jahrhunderts reifte auch in Cremona der Entschluß, dem Dom Querhausarme hinzuzufügen (1288–1342). Diese übertreffen zwar jene von Piacenza an Länge (insgesamt 77 m), sind jedoch dermaßen radikal vom Langhaus abgegrenzt, daß sie sich einem integralen Raumerlebnis gänzlich entziehen.

Während das Hauptportal – angesichts der stilistischen Nähe zu der in Modena herangebildeten Schule des Wiligelmus – noch in die erste Bauphase (nach 1107) fällt, stammt die Gliederung der sich darüber erhebenden Wand überwiegend erst aus dem letzten Viertel des 12. Jahrhunderts (Abb. 40). Um sich ein Bild von der ursprünglichen Erscheinungsform dieser Schirmfassade zu machen, ist es erforderlich, sie optisch von später hinzugefügten, teilweise recht störenden Bauelementen zu befreien: zunächst vom zweigeschossigen, erst Anfang des 14. Jahrhunderts hinzugefügten Baldachinvorbau, der an die 1274 eingeschnittene Fensterrose stößt, dann vom Erdgeschoßportikus und schließlich vom volutenbegrenzten Giebelaufsatz – beides Zutaten der Renaissance. Darüber hinaus präsentierte sich die Fassade ehemals als reine Backsteinmauer, die erst ab 1491 mit Marmorplatten verkleidet wurde. Übrig bleibt demnach eine Schauwand, deren zweigeschossig angelegte Arkadengalerien gleichsam als Synthese der in Parma und Piacenza ähnlich strukturierten Galerien in Erscheinung treten. Zu beachten sind weiter die schlanken, als Fassadenbegrenzung eingesetzten Rundtürme, die ursprünglich wesentlich tiefer, genauer, bis in die Zone der oberhalb der Galerien eingesetzten Zwillingsfenster herabreichten; an der Rückseite der Fassade ist diese Zäsur genau zu erkennen. An einer italienischen Schirmfassade wirken diese Rundtürme wie Fremdkörper; sie kommen in Italien in dieser Größe auch kein zweites Mal vor. Dabei kann man sich des Eindrucks nicht erwehren, daß diese einzigartige Turmlösung mit der ghibellinischen Parteinahme Cremonas zusammenhängt. Denn als Friedrich Barbarossa 1162 Mailand vernichtete, stand ihm die mit Mailand rivalisierende Stadt hilfreich zur Seite. Es ist denkbar, daß diese politische Komponente am Turmpaar des Cremoneser Doms auch ihren baukünstlerischen Niederschlag ge-

41 CASALE MONFERRATO, Dom, Blick in das Gewölbe der Vorhalle

funden hat. Denn nur so ist der stilistische Rückgriff auf die etwa 200 Jahre zurückliegende Epoche der ottonischen Architektur zu verstehen, in deren Rahmen solche Turmlösungen als gleichsam unverwechselbares Markenzeichen häufig auftreten. In der Tat wirken die in den beiden oberen Geschossen runden Treppentürme von St. Pantaleon in Köln (980 geweiht) wie eine Vorwegnahme der Cremoneser Türme, deren wenig organisch in die Schirmfassade eingebundene Position dadurch nur um so mehr Zitatcharakter gewinnt.

Allen Kirchen, die in diesem Kapitel besprochen wurden, ist gemeinsam, daß sie ein ausgeprägtes Interesse an der Lösung von Wölbungsproblemen und, wie der wechselhafte Charakter der Ergebnisse beweist, eine stets nach außen hin (unter anderem nach Frankreich) offene Grundhaltung verraten. Als eine der originellsten Leistungen hochmittelalterlicher Architektur in Oberitalien ist dabei die Wölbung der Vorhalle am *Dom von Casale Monferrato* (ca. 1160/80; Piemont) hervorzuheben, wo man den abendländischen Versionen des Gewölbebaus eine orientalische Alternative gegenüberstellte (Abb. 41). Der drei mal drei Joche umfassende Mittelraum wird von einem einheitlichen Gewölbe überspannt, in dessen Raster aus doppelt gekreuzten Gurt-Schwibbogen sich tonnenartige Kappen um ein zentrales Rippengewölbe verspannen. Die Frage nach dessen stilistischer Genese wird in der Forschung generell mit dem Hinweis auf »islamische Sternrippengewölbe« beantwortet.[61] In der Tat könnten für das Wölbungskonzept der Domvorhalle unter anderem die zahlreichen Bandrippenmuster der Großen Moschee in Cordoba maßgebend gewesen sein.

Flachdachlösungen

Wenn auch die Gewölbebauten Oberitaliens aus dem 12. Jahrhundert – nicht zuletzt in repräsentativer Absicht – das architektonische Antlitz des Landes wesentlich bestimmen, ist doch nicht zu übersehen, daß sie sich im Vergleich zu den flach gedeckten Kirchen in der Minderheit befinden. Obgleich Holzdachkonzeptionen vor allem das Erscheinungsbild der kleineren Kirchen prägen, existiert daneben gleichwohl eine erhebliche Anzahl von Großbauten, die diesem Typus verpflichtet sind, allen voran der *Dom von Modena*, den unter »allen oberitalienischen Kirchenbauten die größte Einheitlichkeit« auszeichnet.[62] Diese qualitative Sonderstellung hängt wohl auch damit zusammen, daß sich hier der Wille einer einzelnen Künstlerpersönlichkeit mehr als in den übrigen kollektiv geführten Bauhüttenbetrieben durchzusetzen vermochte. Es handelt sich um den Lombarden Lanfrancus, der in einer an der Außenseite der Hauptapsis befindlichen Inschrift panegyrisch als »doctus et aptus« bezeichnet wird. Nachdem die Grundsteinlegung des Domneubaus, laut Inschrift am Hauptportal, am 9. Juni 1099 vollzogen worden war, erfolgte schon bald darauf, im Jahre 1106, in Anwesenheit von Papst Paschalis II. und der Markgräfin Mathilde von Tuscien die Translatio der Reliquien des Titelheiligen Geminianus. Von besonderer Bedeutung war wohl die Teilnahme der Markgräfin, die, wie an vielen Kirchen zwischen Mantua und Modena, gewiß auch die Bauarbeiten am Modeneser Dom nachhaltig gefördert hat. Sie stand stets auf seiten der päpstlichen Partei und bot Gregor VII. auf ihrer Stammburg Canossa Schutz vor den kriegerischen

Absichten Heinrichs IV. Im Konflikt zwischen Kaiser und Papst übernahm sie gemeinsam mit Abt Hugo von Cluny eine wichtige Vermittlerrolle. Nach ihrem Tod im Jahre 1115, der auch das Ende der Dynastie Lothringen-Canossa bedeutete, entbrannte zwischen Kurie und Kaiserhof ein generationenlanger Streit um die verwaisten Mathildischen Güter. Modena befreite sich damals von der bischöflichen Vorherrschaft und entfaltete sich mit der Einsetzung einer Konsulatsregierung zu einer freien Kommune. In der Auseinandersetzung mit Friedrich Barbarossa verbündete sich die Stadt zunächst zwar mit der Lombardischen Liga, stellte sich aber bald darauf im Konflikt zwischen Guelfen und Ghibellinen auf die Seite der kaiserlichen Partei.

Wie in anderen Fällen besagt auch die frühe Altarweihe im Dom von Modena (1106) wenig über den Fortschritt der Bauarbeiten. Einen besseren Anhaltspunkt bietet in dieser Hinsicht der in das dritte Viertel des 12. Jahrhunderts datierbare Lettner (s. Dom von Parma), womit sich eine Bauzeit ergibt, die sich durch die von Papst Lucius III. im Jahre 1184 vollzogene Schlußweihe noch präzisieren läßt. Zur Reihenfolge der Bauschritte hat schon Kluckhohn vor nunmehr fast einem halben Jahrhundert aufschlußreich Stellung genommen. Danach »bedeuten die Kapitelle der Langseiten und der Emporen des Inneren eine langsame Fortentwicklung der Fassadenkapitelle. Nur die der Apsiden sind älter und vielleicht noch vor der Fassade anzusetzen. Hier ergibt sich also die gleiche Baufolge wie in S. Ambrogio und in den Domen von Ferrara und Verona: Zunächst wird der Chorraum, dann die Fassade errichtet, und schließlich wird der Bau von Westen nach Osten zu vollendet«.[63]

42 MODENA, Dom, Fassade

Kluckhohns These läßt sich durch den Hinweis auf die vorletzte Blendarkade unter dem später eingesetzten Querhausarm (um 1200) der südlichen Längsfront noch zusätzlich stützen: Da diese im Vergleich zu den angrenzenden, Zwerchgalerien überfangenden Blendbogen beträchtlich schmaler ausgebildet und demnach als Baunaht zu interpretieren ist, kommt ihr eine für die Erhellung der Baugeschichte wichtige Rolle zu.

Mit der Wahl einer abgestuften Fassade, die den basilikalen Querschnitt der dreischiffigen Kirche auch nach außen hin verdeutlicht, ließ sich Meister Lanfrancus, im Gegensatz zum Schirmfassadentypus der oben besprochenen Bauten, von der älteren Fassadentradition des Landes leiten (Abb. 42). Es ist nicht leicht – vor allem im oberen Abschnitt der Mittelachse, wo die Fensterrose des 13. Jahrhunderts einschneidet –, das ursprüngliche Aussehen der Fassade zu rekonstruieren.[64] Wie die von campionesischen Bauleuten eingesetzten Seitenpforten ist wahrscheinlich auch das Obergeschoß des Baldachinportals erst eine Ergänzung des 13. Jahrhunderts. Mit der Applikation dieses Baldachinaufsatzes wurde die Kontinuität der in halber Höhe der Fassade plazierten, emporenähnlichen Galerie unterbrochen. Sie setzt sich aus sechs Drillingsarkaden zusammen, die von übergreifenden, in den Seitenachsen auf schlanken Halbsäulen ruhenden Bogen umspannt werden. Dieses Motiv – vielleicht der wichtigste Beitrag des Meisters Lanfrancus zur hochmittelalterlichen Architektur Oberitaliens – findet an den Längswänden und den drei gleichfluchtenden Apsiden seine Fortsetzung. Als eigenwillige Ausformung der Zwerchgalerie beherrscht es das äußere Erscheinungsbild des Doms. Dazu der Kommentar von Fillitz: »Zum ersten Mal tritt in Oberitalien die Zwerchgalerie am Dom von Modena auf [...], eine reife Form, die der etwa gleichzeitigen Verwendung der Zwerchgalerie am Dom von Speyer überlegen ist. Vielleicht kann das doch in dem Sinne interpretiert werden, daß die Zwerchgalerie eine oberitalienische Neuerung ist, die von den lombardischen Bauleuten an den Rhein übertragen wurde.«[65] Bei grundsätzlicher Anerkennung dieses Süd-Nord-Verhältnisses ist jedoch zu bedenken, daß der dem Prinzip der fortlaufenden Reihung folgende Zwerchgalerietypus von Speyer nur wenig mit dem auf rhythmisierende Konzentration ausgerichteten von Modena gemeinsam hat. Steht zwar auch dieser in einer sich seit dem Anfang des 11. Jahrhunderts in Oberitalien anbahnenden Entwicklung, so ist doch nicht zu leugnen, daß er den bis dahin im übrigen Italien erzielten Ergebnissen überlegen ist, oder besser, einen ausgereifteren Entwicklungsgrad verrät. Dessen ungeachtet steht Speyer mit seiner spezifischen Zwerchgalerieform nicht als Einzelfall da, da auch der Ostchor des Mainzer Doms (um 1100) früher als italienische Bauten über dieses Motiv – eine oberhalb von Blendbogen verlaufende Arkadenreihe – verfügt; in Oberitalien tritt dieser Typus (Bergamo, Parma usw.) nicht vor 1130 in Erscheinung. Die Modeneser Lösung griff gelegentlich sogar auf den Sakralbau nördlich der Alpen über (Klosterneuburg bei Wien), prägte aber vor allem die Wandgliederung des Doms von Ferrara (1135 begonnen; Inneres in der Barockzeit völlig umgestaltet).

Neben den erwähnten Veränderungen an der Westfassade sind zur Verdeutlichung des ursprünglichen Baubestands noch weitere spätere Ergänzungen zu berücksichtigen: zunächst die nach 1200 in die Südfront eingesetzte Porta Regia, die bereits der Formensprache der späten Romanik folgt und sich somit deutlich von der viel älteren, ebenso dem Typus des zweigeschossigen Baldachinportals entsprechenden Porta dei Principi (m. E. das erste Auftreten dieses Portaltypus in Oberitalien) unterscheidet; dann das wahrscheinlich gleichfalls erst um 1200 eingebaute Querhaus, dessen Arme nicht über die Längsfronten der Kirche hinausreichen – gleichsam ein in den Norden weisendes Architektursymbol, das von der politischen Einstellung der damals auf ghibellinischer Seite stehenden Stadt beredtes Zeugnis gibt. Unter der päpstlich gesinnten Markgräfin Mathilde war eine Querhauslösung jedenfalls noch nicht vorgesehen gewesen.

43 Modena, Dom, Innenansicht

Mit einer von Schwibbogen gestützten Flachdachkonzeption, die erst im 15. Jahrhundert einem vierteiligen Kreuzrippengewölbe weichen mußte, knüpfte man auch im Inneren an die alte italienische Bautradition an (Abb. 43). In diesem Zusammenhang verweist Conant auch auf eine toskanische Komponente, die sich aus der politischen Schlüsselfunktion der Gräfin Mathilde von Tuscien erklären läßt.[66] In der Tat ist eine gewisse Analogie der den Boden des Chors stark anhebenden Krypta zu jener von S. Miniato al Monte in Florenz nicht zu leugnen. Schon weniger überzeugend sind die Parallelen im Bereich des Stützenwechsels. Hier dominiert in Modena eindeutig der normannische Einfluß, der sich darüber hinaus auf den gesamten Wandaufriß der Kathedrale erstreckt. Das beweist vor allem die ebenfalls auf eine Flachdachlösung angelegte Abteikirche von Jumièges (1037/66),

die bis fast ins kleinste Detail die Modeneser Wanddisposition mit ihren den Kreuzpfeilern angeschlossenen Vorlagen, den in Drillingsarkaden unter übergreifendem Bogen geöffneten Emporen und dem extrem hochgerückten Obergaden vorwegzunehmen scheint. Nur einen wesentlichen Unterschied zu Jumièges gilt es zu beachten: Während es sich dort um echte Emporen handelt, entschloß man sich in Modena, die Geschlossenheit der Mittelschiffwand mit Scheinemporen aufzulockern, ein äußerst seltenes Vorgehen, das uns wieder nach Frankreich, diesmal in das Marne-Gebiet zur Kirche in Vignory (ca. 1050) führt, wo Scheinemporen dieselbe schiffverbindende Funktion erfüllen.

Nach Conant, der den unmittelbaren Kontext zwischen Modena und der Normandie nicht erwähnt, ist die normannische Bauweise auf dem Umweg über Apulien nach Oberitalien gelangt.[67] In der Tat existierten solche Zusammenhänge, ist doch etwa in Betracht zu ziehen, daß der in Modena wirkende Meister Wiligelmus auch den Bischofsthron von Bari geschaffen hat. Besonders aufschlußreich, wenngleich auf bestimmte Aspekte eingeschränkt, ist die Affinität des oberitalienischen Doms mit der Bareser Kathedrale: An beiden Bauten treten die Motive der Scheinempore und des unter dem Dach verlaufenden Rundbogenfrieses auf. Nur ist dabei zu beachten, daß die Kathedrale von Bari um mehr als ein halbes Jahrhundert jünger ist als der Dom von Modena, weshalb im Problembereich der Scheinempore ein von Norden nach Süden weisender Einfluß angenommen werden muß. Obgleich Conant nicht die Kathedrale in Bari, sondern die am selben Ort befindliche Kirche S. Nicola als anregenden Aus-

gangspunkt für die Modeneser Emporen-
öffnung nennt, ist seine Schlußfolgerung
zugunsten einer Süd-Nord-Strömung zu revidieren, zumal beide Kirchen – der Dom
von Modena und S. Nicola – annähernd
gleichzeitig errichtet wurden; in beiden Fällen muß deshalb mit einem von der Normandie ausgehenden Impuls gerechnet
werden.

Obgleich sich die Kirchen von *Verona* in
Anbetracht ihrer spezifischen Mauer- und
Wandverkleidungstechnik als eigenständige
Gruppe zusammenfassen lassen, erinnert
der Bau von *S. Zeno* doch in mehrfacher
Hinsicht an den Modeneser Dom. Zunächst
mit seiner dem basilikalen Schema angepaßten Stufenfassade, in die lediglich ein Portal
eingefügt ist (wie erwähnt, wurden in Modena die Seitenportale erst später eingesetzt). Weiter ist für S. Zeno, wie auch ursprünglich für den Dom von Modena, der
Verzicht auf ein Querhaus charakteristisch.
Und schließlich verbindet die beiden Bauten
ein ähnlicher, zur Aufnahme eines Schwib-
bogensystems mit abschließendem Sparrendach angelegter Stützenwechsel. Von Modena unterscheidet sich S. Zeno jedoch vor
allem in seiner Wandkonzeption, die das
Emporenmotiv vermissen läßt und demnach
den Eindruck von erheblich steileren Proportionen vermittelt.
   Der Überlieferung folgend, dürfte S. Zeno vom Erdbeben des Jahres 1117 in höherem Maße als der Modeneser Dom betroffen
gewesen sein. Die Frage, wann mit dem
Neubau der Kirche begonnen wurde,
scheint eine am Campanile angebrachte Inschrift zu beantworten. Diese trägt die auf
die Fertigstellung des Turms bezugnehmen-
de Jahreszahl 1178 und besagt auch, daß die

Kirche 40 Jahre zuvor erneuert worden sei.
Die Nachricht führt uns also in die 30er Jahre und somit in die Zeit, als auch die Bauarbeiten am Dom zu Ferrara einsetzten. Diese
zeitliche Übereinstimmung scheint sich darin zu bestätigen, daß die laut Inschrift vom
Meister Guillelmus stammenden Reliefplat-
ten seitlich des Portals von S. Zeno einen
deutlichen stilistischen Zusammenhang mit
dem Werk des am Dom zu Ferrara (1135)
tätigen Meisters Nicolo verraten; allem Anschein nach ist Guillelmus aus der Werkstatt
dieses Meisters hervorgegangen. Daß die
von der Campanile-Inschrift ableitbare Datierung des Baubeginns von S. Zeno in die
30er Jahre nicht unbedingt als zuverlässig
gelten muß, bezeugt das Baldachinportal,
dessen mit flachem Gewände ausgestattete
Toröffnung sich von jener dem Säulenpor-
taltypus angehörenden in Ferrara deutlich
abhebt. Das bedeutet, daß S. Zeno zeitlich
näher an den Dom von Modena heranzu-
rücken ist, womit als Baubeginn der Veroneser Kirche ein Zeitpunkt bald nach dem
Erdbeben in Frage kommt. Auf eine weitere, ebenfalls im Sinne einer Frühdatierung
interpretierbare Affinität zu Modena hat
Frankl hingewiesen: »Dadurch, daß die Reliefs noch neben die Portalgewände [von S.
Zeno] verlegt sind, gehört die Komposition
auf die Stufe des Modeneser Portals, erst in
Piacenza und Ferrara findet sich das Säulenportal mit der in seinen inneren Zusammenhang einbezogenen Plastik.«[68] Im übrigen
stellt die Fassade von S. Zeno mit ihren
strukturellen Elementen einen völlig eigenständigen Typus spezifisch Veroneser Prägung dar, von dem sich die Modeneser Fassade diametral unterscheidet (Abb. 44). Zu
beachten sind zunächst die vertikalen Strukturen: Ein dichtes Netz von Lisenen, den

44 VERONA, S. Zeno, Außenansicht

Saiten einer Harfe vergleichbar, überzieht die Wand, wobei die Grenzen der Mittelachse durch übereck gestellte Riesenpilaster scharfgratig betont sind, Motive, die an mehreren Kirchen Veronas auftreten. Dann besticht die individuelle Form der zwerchgalerieähnlichen Reihe von Blendbiforen, die als horizontale Komponente dem vertikalisierenden System der im raschen Rhythmus einander folgenden Lisenen mildernd gegenübertritt. Früher als in Modena wurde in die Fassade von S. Zeno ein riesiges Radfenster (um 1200), wahrscheinlich das älteste in Italien, eingesetzt und die Wand mit ockergelblich warm getönten Steinplatten verkleidet. Der Einbau dieses Radfensters bedingte einerseits die Erhöhung der Mittelachse durch einen Giebelaufsatz, der die

Fassade noch steiler erscheinen läßt, und anderseits die Überschneidung des oberhalb des Portalbaldachins verlaufenden Rundbogenfrieses.

Im späten 14. Jahrhundert wurde die Chorkapelle gotisch umgebaut und im Mittelschiff nach venezianischem Muster eine kielförmige Holzdecke eingezogen; im Zusammenhang damit wurden auch die Schwibbogen beseitigt (Abb. 45, 46). Daß auch die Krypta nicht der ersten Bauphase, also dem 12. Jahrhundert, zuzurechnen ist, beweisen nach Arslan die basislosen, den Boden des nachträglich angehobenen Presbyteriums durchstoßenden Säulen und Pfeiler.[69] Im Widerspruch zur Auffassung der meisten Forscher nimmt Arslan an, daß das Langhaus in der ersten Hälfte des 12. Jahr-

83

hunderts im Bereich des ersten Hauptpfei-
lerpaars zum Abschluß gebracht und dann
erst gegen Ende des Jahrhunderts nach Westen verlängert wurde. Diese These versucht
er mit zwei Argumenten zu stützen. Zum
einen verweist er darauf, daß an der südlichen Längsfassade an dieser Stelle ein Wechsel der Verkleidungsform zu bemerken ist.
Auf die in Backstein und Haustein geschichte Wand folgt ein in Übereinstimmung mit
der Westfassade konsequent von Steinplatten verkleideter Abschnitt, in den eine
Blendbogengalerie eingesetzt ist; diese
bricht vor der erwähnten Baunaht unvermittelt ab. Daneben führt er Unstimmigkei-
ten am Portal an, das nach seiner Auffassung

noch von der alten, weiter östlich gelegenen
Fassade aus der ersten Hälfte des 12. Jahrhunderts stammt und nachträglich in die neu
errichtete Fassade eingebaut wurde. In der
Tat sind die auffallend ungeschickt zusammengesetzten Bestandteile des Baldachinportals ein sprechendes Indiz für die Stich-
haltigkeit dieser These. Die am Außenbau
deutliche Baunaht ist im Innern der Kirche
im Mauerwerk nur mit Mühe zu eruieren.
Sie läßt sich aber insofern lokalisieren, als an
dieser Stelle die Kontinuität des Stützenwechsels (Säule – Pfeiler) jäh abbricht. Vom
letzten, kreuzförmig organisierten Hauptpfeiler führen dann drei auf zwei Säulen lagernde Arkaden nach Westen, wo eine im

46   Verona, S. Zeno, Innenansicht, Blick zum Chor ▷

45   Verona, S. Zeno, Längsschnitt (nach van Sacken)

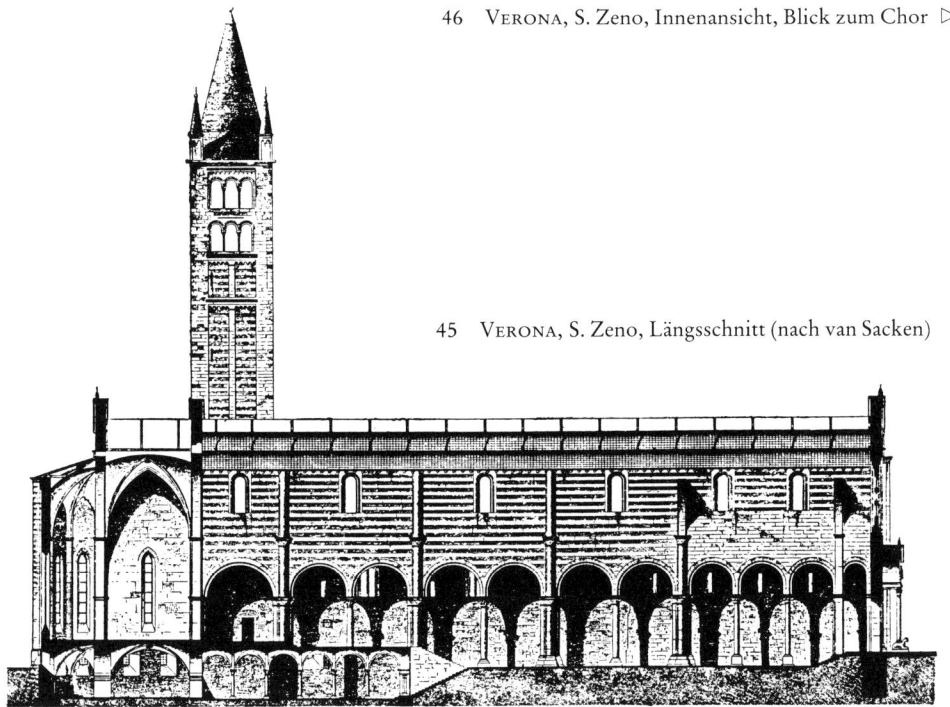

Achsenabstand reduzierte Arkade zusammen mit hochsteigenden Treppen an die Fassadeninnenwand stößt. Die Kritik an Arslans These ließ nicht lange auf sich warten. Schon Kluckhohn erschien die Baunaht im Hinblick auf ihre baugeschichtliche Auswertung bedenklich, da sich die geschlossene Steinplattenverkleidung auf die Außenwand des Seitenschiffs beschränkt, während sich an der Wand des Obergadens der farbige Schichtwechsel des östlichen Bauabschnitts fortsetzt.[70] Dieses Argument allein reicht allerdings noch nicht aus, den von Arslan angenommenen Ablauf der Baugeschichte in Frage zu stellen. Um dessen Theorie entgegenzutreten, ist es erfolgversprechender, sich seiner eigenen baugeschichtlichen Kategorien zu bedienen. Für die Chronologie der Veroneser Bauten bietet er vom Standpunkt der Mauer- und Verkleidungstechnik eine fünfstufige Folge an: 1. nur Ziegel: 11. Jahrhundert; 2. Wechsel von schmalen Tuffsteinlagen mit je einer Ziegelschicht: etwa 1100 bis 1130; 3. nur Tuff (oder Marmor): etwa 1130 bis 1150 oder 1160; 4. Wechsel von Tuffsteinlagen mit mehreren Ziegelschichten (meist drei bis vier): zweite Hälfte des 12. Jahrhunderts; 5. nur Ziegel: vom 13. Jahrhundert an. In der Tat ist dieses Schema auch für die Klärung der Baugeschichte von S. Zeno sehr aufschlußreich. Und da zeigt es sich, daß Arslan seine eigenen Beobachtungen nicht exakt ausgewertet hat. Denn der Schichtwechsel entspricht hier nicht der zweiten Stufe, sondern erst der vierten, er folgt somit zeitlich dem der dritten Stufe zugehörigen, mit Steinplatten verkleideten Westabschnitt, wobei dessen Obergadenwand (vierte Stufe) ebenso wie der östlich anschließende Bereich in die zweite Hälfte des 12. Jahrhunderts fällt. Danach ist – entgegen der These Arslans – die Schlußfolgerung naheliegend, den Verlauf der Bauarbeiten, trotz der nach wie vor offene Fragen aufwerfenden Portalsituation, als von Westen nach Osten fortgehend anzunehmen. Von denselben Kategorien ausgehend, ist der an einem Teil des Presbyteriums und an der nach benediktinischem Chorschema deutlich von der Hauptapsis nach Westen zurückversetzten Südapsis auftretende Backsteinverband entweder der ersten oder der fünften Stufe zuzurechnen. Manches spricht für die erste Version, ist doch anzunehmen, daß man beim Neubau der dann im Schichtwechsel verkleideten Kirche die kärglichen, vom Erdbeben

verschonten Überreste des Vorgängerbaus in den Mauerverband einbezogen hat.

Werfen wir zuletzt noch einen Blick auf den Campanile von S. Zeno, dem bestgegliederten Glockenturm der oberitalienischen Architektur des 12. Jahrhunderts. Wie das inschriftlich festgehaltene Datum 1178 bezeugt, bewährt sich hier abermals das für Datierungsfragen erstellte Schema Arslans. Während die Sockelzone und die Kanten des extrem hohen Campanile von weißen, rosa schimmernden Quadern besetzt sind, ist der überwiegende Teil der Turmwände im Schichtwechsel gemauert, wobei sich der dunkelrote Backstein von den hellen Steinlagen effektvoll abhebt. Rundbogenfriese unterteilen den Bau in vier Zonen, worüber sich in zwei Geschossen Schallfenster öffnen, die durch jeweils drei Arkaden gegliedert sind. Den Abschluß bildet ein von vier kleinen Türmchen flankiertes Kegeldach, eine für zahlreiche Turmbauten Oberitaliens charakteristische Dachform.

Erstaunlich ist, daß nicht die ehemals den Benediktinern unterstellte Kirche von S. Zeno, sondern jene von S. Lorenzo dem cluniazensischen Grundrißschema entspricht. Die Benediktinerabtei, deren Gastfreundschaft die deutschen Kaiser des öfteren in Anspruch genommen hatten, sah offenbar keinen Anlaß, sich an französischen Vorbildern zu orientieren. Vielmehr war man dem Wunsch nach größerer, durchaus lokal gefärbter Eigenständigkeit gefolgt. Das bezeugt nicht zuletzt das offensichtlich bestehende Konkurrenzverhältnis des Ordens zur Veroneser Kathedrale, deren Bau ungefähr zur gleichen Zeit vorangetrieben wurde und die, wie etliche Parallelen beweisen, einen regen architektonischen Gedankenaustausch mit dem Baubetrieb von S. Zeno verrät.

Vom 1139 begonnenen *Dom (S. Maria Matricolare)* ist lediglich die Apsis im ursprünglichen Zustand erhalten geblieben. An ihrer mit gelblichen Tuffquadern verkleideten Außenwand sind in dichter Folge Pilaster aneinandergereiht (Farbabb. 5), straff gespannten Bändern vergleichbar. Zwischen ihren korinthisierenden Kapitellen vermittelt ein Rankenfries, in den Fabeltiere eingeflochten sind. Im Gebälk entfaltet sich ein ganzes Kompendium von teilweise an klassischen Vorbildern orientierten Ornamentstreifen, die der Domapsis im Rahmen der oberitalienischen Architektur eine beispiellose Stellung sichern. Um sich vom ursprünglichen Zustand der in der Gotik veränderten Hauptapsis von S. Zeno eine Vorstellung zu bilden, wird man wahrscheinlich vom Erscheinungsbild der Domapsis auszugehen haben. Dafür spricht nicht zuletzt die Westfassade von S. Zeno, deren dichtes Lisenennetz an die Apsisgliederung der Kathedrale erinnert.

Als das Langhaus ab 1444 ein völlig neues Raumkonzept erhielt und in diesem Zusammenhang beträchtlich erhöht wurde, führte dies auch an der Westfassade zu beträchtlichen Veränderungen. Lediglich die Mittelachse mit ihrem riesigen, zweigeschossigen und auf Löwen postierten Baldachinportal hat ihr ursprüngliches Aussehen – abgesehen vom Giebelaufsatz – bewahrt. In Übereinstimmung mit S. Zeno waren die Seitenachsen ehemals vom Zentrum deutlich abgestuft, und wie dort ist der ursprüngliche Bereich der Stufenfassade mit Quadern verkleidet, während die südliche Außenwand im Schichtwechsel der vierten Stufe des Arslanschen Schemas gestaltet ist, womit in

Analogie zur Abteikirche auch der zeitliche Ablauf der Bauarbeiten geklärt ist. Als Papst Lucius III. im Jahre 1184 ein Konzil im Dom abhielt, mag dieser im wesentlichen bereits vollendet gewesen sein. Im Gegensatz zu S. Zeno entspricht die Pforte des Baldachinportals bereits dem Typus des vertieften Säulenportals. Daraus wird schlüssig, daß das flach gestaltete Gewände des Portals von S. Zeno und damit wohl auch dessen gesamte Fassade zeitlich beträchtlich vor dem Baubeginn des Doms, also bald nach dem Erdbeben einzustufen ist.

Unter den kleineren Kirchen Veronas sei der schon im 8. Jahrhundert erwähnte Bau von *S. Giovanni in Valle* genannt, dessen Neubau 1164 geweiht wurde.[71] Mit den besprochenen Großbauten verbinden ihn der offene Dachstuhl, der Verzicht auf ein Querhaus und der Einbau einer Stufenfolge, die den Besucher vom Hauptportal in das tiefer gelegene Langhaus führt. Den bescheidenen Dimensionen der Kirche angepaßt, wurde von einem Schwibbogensystem Abstand genommen und, daraus resultierend, der Stützenwechsel in einfacherer Form als etwa in S. Zeno durchgeführt. Das Fehlen von Vorlagen mildert ein wenig die steilen Proportionen des Mittelschiffs und fördert den geschlossenen Eindruck der Wand.

Die gleichfluchtende Apsidengruppe vermittelt am Außenbau den nachhaltigsten Eindruck. Während die mittlere und südliche Apsis ausschließlich in Tuffsteinquadern gemauert sind, ist die nördliche, die durch Halbsäulen und Pilaster gegliedert ist, im Schichtwechsel von Tuff- und Backstein verkleidet. Bemerkenswert ist an der Hauptapsis der Rankenfries, ein Element, das an die Domapsis erinnert. Zu beachten ist schließlich die geräumige Krypta, deren ältere Teile noch vom Vorgängerbau stammen und die möglicherweise den Baubetrieb von S. Zeno dazu angeregt hat, zu einem späteren Zeitpunkt ebenfalls eine Krypta einzubauen.

Veneto

In der Baukunst des Umfelds von Venedig nimmt *S. Sofia in Padua* eine besondere Stellung ein. Die erste, von der Forschung mehrheitlich in das 9. Jahrhundert datierte Kirche fiel schon 1004 einem Erdbeben zum Opfer, und auch der anschließende Neubau erlitt im Jahre 1117 das gleiche Schicksal. Das aus dem 11. Jahrhundert stammende, dreischiffig basilikale Langhaus wurde 1123 wiederhergestellt und erst am Ende des 13. Jahrhunderts mit einem Kreuzrippengewölbe ausgestattet. Besondere Beachtung verdient der Chor, dessen monumentale Apsis der Breite des Langhauses entspricht und dieses U-förmig abschließt (Abb. 47). Der Außenbau der Apsis ist in drei Geschosse gegliedert. Während das erste Geschoß von einer fortlaufenden Reihe doppelt abgestufter und von Halbsäulen flankierter Blendarkaden umgürtet ist, folgen im zweiten – von einem Sohlbankgesims nach unten abgegrenzt – bedeutend tiefer in die Backsteinwand eingelassene hohe Zwillingsblendbogen, denen in alternierendem Rhythmus kleinere Rundbogenfenster zur Seite gestellt sind. Schließlich öffnet sich im dritten Geschoß eine tiefe Pfeilerarkadengalerie, die Frankl wenig differenziert als Zwerchgalerie bezeichnet hat.[72] In der Tat widersetzt sich die Galerie diesem Terminus schon angesichts ihrer riesenhaften Dimen-

47   PADUA, S. Sofia, Außenansicht des Chores

solche Anregung zum Beispiel vom Amphitheater in Verona ausgegangen sein. Wie Restaurierungsarbeiten in den Jahren 1959/60 bestätigt haben – damals fand man hier Fundamente eines römischen Heiligtums –, steht S. Sofia ja auch auf antikem Boden. Die merkwürdige Form des sich im Halbkreisbogen ausbreitenden Chorschlusses hat in der Forschung zu interessanten, aber gewagten Thesen geführt: So nimmt etwa Arslan an, daß der Bau des 9. Jahrhunderts zunächst als kreisförmige Zentralanlage geplant war.[73] Diese könnte im 11. Jahrhundert, als das Langhaus hinzugefügt wurde, ihre heutige Form angenommen haben, wobei fraglich bleibt, ob die Blendarkatur der unteren Apsiszone, wie vermutet wird, noch vom Erstlingsbau stammt.

Vollends gibt das Apsisinnere entwicklungsgeschichtlich und genetisch schwer lösbare Rätsel auf. Während das im östlichen Bereich ausschließlich von Pfeilerarkaden begleitete Mittelschiff in die innere Rundung der Apsis, die man im Traditionsbruch zu allen übrigen Bauten Italiens über abwärts führende Treppen erreicht, mündet, finden die Seitenschiffe in einem Chorumgang ihre Fortsetzung. Dabei ist zu beachten, daß dieser nicht zur Gänze um das Chorhaupt geführt ist, sondern vor der in die mittlere der fünf Arkaden des Chorhaupts tief eingebetteten Kapelle jäh abbricht. In die Wände des partiellen Chorumgangs sind Blendbogennischen eingelassen, die nicht bis zum Boden herabreichen und ein Nahverhältnis zum veneto-byzantinischen Stil des 11. Jahrhunderts verraten. Zieht man noch deren Verwandtschaft mit den unteren Blendarkaden der Apsisaußenansicht in Betracht und läßt man deren Datierung in das 9. Jahrhundert gelten, so mag

sionen. Im einzelnen handelt es sich um Pfeiler, die in Strebebogen umbrechen und den Druck der Apsiskalotte ableiten. Die Pfeiler werden von Kämpfergesimsen abgeschlossen, auf denen dreifach abgestufte Bogen mit ausnehmend tiefer Leibung lagern. An den Gewänden der Fenster im zweiten Geschoß bemerkt man, daß offensichtlich – wenigstens in Detailbereichen – an eine Verkleidung in Form des Veroneser Schichtwechsels gedacht war; über Anfangsversuche kam man allerdings nicht hinaus.

Die Apsis von S. Sofia steht in der mittelalterlichen Architektur Italiens als Einzelfall da und erinnert an die meist dreigeschossige Arkadengestaltung der Außenmauern antiker Theaterbauten; tatsächlich könnte eine auch die Gestaltung der Umgangswand noch vom ersten Bau stammen. Diese gewiß gewagte Hypothese könnte wenigstens teilweise mit dem Hinweis auf die in ravennatisch-byzantinischer Manier à jour gearbeiteten Kapitelle der Chorhauptsäulen verifiziert werden.

Die veneto-byzantinische Stilkomponente tritt zum Teil auch an der Westfassade von S. Sofia zutage, und zwar einerseits an den Seitenteilen der Stufenfassade, deren auffallend hohe Blendbogen deutlich an jene der Westfront des Doms von Torcello erinnern, und andererseits am unteren Abschnitt der Fassadenhauptachse; hier begegnen wir abermals den im ›Chorumgang‹ gereihten Blendbogennischen (Abb. 48). Während diese Fassadenelemente gewiß noch aus der Zeit nach dem Erdbeben von 1004 stammen, läßt der obere Bereich des Fassadenzentrums (nach 1117) mit seinen bis zum doppelt abgestuften Rundbogenfries hochführenden Rundstäben schon deutlich die Formensprache der Romanik des 12. Jahrhunderts erkennen.

Die Chorlösung der ehemaligen Kathedrale von *Murano, SS. Maria e Donato,* ist mit S. Sofia zwar nicht unmittelbar zu vergleichen – allzugroß sind die allein schon zeitlich bedingten Stilunterschiede –, dennoch bestehen zumindest in der Gestaltungstendenz gewisse Parallelen. Denn prinzipiell ist die Blendnischenarkatur des Erdgeschosses an der Apsis von Murano durchaus als Weiterentwicklung der in der untersten Zone des Chorrunds von S. Sofia befindlichen Blendbogenreihe aufzufassen. Darüber hinaus weisen beide Bauten auch eine gewisse Affinität im Bereich der Galerie auf, die in SS. Maria e Donato nicht ohne weiteres, wie in der Literatur häufig be-

48   PADUA, S. Sofia, Fassade

hauptet, als Zwerchgalerie zu bezeichnen ist. Die 999 der Gottesmutter geweihte Kirche, deren Anfänge ins 7. Jahrhundert zurückreichen, wurde ab 1125 – anläßlich der Translatio der Reliquien des heiligen Donatus – zum Großteil durch einen Neubau ersetzt; um 1140 dürfte dieser vollendet gewesen sein. Er besteht aus einem mit Säulenarkaden ausgestatteten, dreischiffig basilikalen Langhaus, dem ein Querhaus mit Chorjoch und Apsis angeschlossen ist, so daß sich insgesamt der Eindruck einer zentralbauähnlichen Anlage ergibt. Unser Interesse gilt jedoch vor allem der nach alter ravennatischer Tradition polygonal gebrochenen Apsis, deren Gestaltungselemente auf die flachen Seitenschiffenden übergrei-

49   MURANO, Dom SS. Maria e Donato, Ostansicht

fen (Abb. 49). Im Untergeschoß reihen sich Blendbogennischen aneinander, die von gekuppelten, die Apsiskanten flankierenden Säulen begrenzt sind. Jede Nische wird so von einer eigenen Säulenstellung gerahmt. An den Seitenschiffenden folgen zwei schmalere Nischen, die einen höheren, gestelzten Blendbogen in die Mitte nehmen, ein unverwechselbar venezianisches Motiv. Dieser Bogen schneidet in die Zone des doppelten, die beiden Geschosse voneinander trennenden und den gesamten Ostprospekt horizontal zusammenbindenden Friesbandes, das mit eingekerbten, wahrscheinlich aus byzantinischen Quellen stammenden Dreiecken geschmückt ist und aus Terrakotta besteht. Das Obergeschoß wird von einer Arkadengalerie gegliedert, die unter dem schrägen Dach der Seitenschiffwände sukzessiv an Höhe und Breite verliert. In ihrer Dominanz über die Nischenfolge der unteren Zone erinnert sie an jene des dritten Geschosses von S. Sofia und läßt darüber hinaus an einen Transfer der byzantinisch geprägten Arkadenwand venezianischer Palastfassaden auf den ›romanischen‹ Kirchenbau denken. Grundsätzlich venezianisch ist das aus der raumplastischen Aufschließung des Baus gewonnene Wechselspiel von Licht und Schatten.

Zum stilistischen Umfeld von S. Sofia und SS. Maria e Donato zählt auch die polygonal gebrochene Hauptapsis von *S. Fosca in Torcello* (Abb. 50). Mit SS. Maria e Donato verbindet diese die Doppelsäulenstellung der Blendarkaturen im Erdgeschoß und der Dreieckfries unter der Dachzone. Davon abgesehen, überwiegt an S. Fosca die stilistische Verwandtschaft zu S. Sofia. Das zeigt sich zunächst in der einfachen Abtreppung der Bogen, die sich in Murano bereits in vervielfältigter Form präsentiert, dann im Sohlbankgesims der im Obergeschoß befindlichen Blendbogenreihe, die mit ihren die Erdgeschoßarkatur klar übertreffenden Dimensionen wie eine flächenhafte Abbreviatur der Galerie von S. Sofia anmutet. Zeitlich und demgemäß auch stilistisch steht die Hauptapsis von S. Fosca zwischen S. Sofia und SS. Maria e Donato und fällt somit, worauf schon Rivoira hingewiesen hat, in die letzten Jahre des 11. Jahrhunderts,

50 TORCELLO, S. Fosca, Außenansicht des Chores

spätestens jedoch in den Beginn des 12. Jahrhunderts.[74]

Stilistisch hängen diese Bauten des Veneto eng mit dem Bau von *S. Marco in Venedig* zusammen, an dem »gerade das Nischenmotiv wahre Triumphe gefeiert hat«.[75] Nur ist zu beachten, daß S. Marco im Laufe der Zeit beträchtlichen Veränderungen unterzogen wurde, die es dem Betrachter schwer machen, sich vom ursprünglichen Zustand der Hauskirche des Dogen eine Vorstellung zu bilden. Bereits in den Jahren 828/829, nachdem die Reliquien des hl. Markus auf abenteuerlichem Weg von Alexandria nach Venedig überführt worden waren, kam es zum Bau einer ersten Kirche. Diese wurde 976 im Zuge eines gegen den Dogen Orseolo I. entfesselten Volksaufstandes offenbar so sehr beschädigt, daß sich ein weitgehender Neubau als notwendig erwies. Unter dem Dogen Domenico Contarini (1043–1071) wurde dann mit dem Bau einer dritten Kirche begonnen, wobei sich während der Grabungen in den Jahren 1952–1955 herausstellte, daß schon die beiden Vorgängerbauten – entgegen älterer Annahmen, es hätte sich dabei um basilikale Anlagen gehandelt – dem Typus der fünfkuppeligen Kreuzkirche entsprochen hatten.[76] Dieser Typus war an der Apostelkirche (527–565) in Byzanz während der Regierungszeit Kaiser Justinians entwickelt worden. Ihm folgte auch der Bau der Johanneskirche in Ephesos (550–564), wo er um eine sechste Kuppel erweitert wurde. Sein Transfer nach Venedig im 11. Jahrhundert gibt beredtes Zeugnis von den engen Beziehungen, die die Stadt damals auf politischem und wirtschaftlichem Sektor mit Byzanz unterhielt. Wann genau mit dem Contarini-Bau begonnen wurde, wissen wir nicht. Da jedoch eine

51 VENEDIG, S. Marco, Innenansicht

Weihe aus dem Jahre 1071 überliefert ist und das Gebäude 1094, als die Apparitio der Markusreliquien erfolgte, sicher bereits vollendet war, muß der weitverbreiteten Auffassung, den Anfang der Bauarbeiten mit 1063 zu datieren, kritisch begegnet werden. In der Tat erscheint es berechtigter, dieses Datum in die Anfangsphase des Contarini-Dogats (vor 1050) zu revidieren.

Sieht man davon ab, daß einst zahlreiche, später überwiegend beseitigte Fenster eine im Vergleich zur heutigen Situation viel stärkere Ausleuchtung des Inneren von S. Marco bewirkten, entspricht die bauliche Struktur noch immer weitgehend dem ursprünglich byzantinisch geprägten Aussehen (Abb. 51). Die Kreuzarme werden von den Kuppeln beherrscht, in deren Diagonalachsen sich mächtige Pfeiler befinden, die im unteren Bereich von zellenförmigen Räumen ausgehöhlt sind; in ihnen wiederholt sich im kleinen Maßstab der kreuzförmige Grundriß der Gesamtanlage.[77] Säulenarkaden im Erdgeschoß trennen die Seitenschiffe von den dominierenden Kuppelräumen. Auf diesen Arkaden erhoben sich ehemals, der Hagia Eirene in Konstantinopel (um 550) vergleichbar, Emporen, deren Fußböden abgebrochen wurden, so daß nur schmale Stege übrig blieben. Die Entfernung dieser Pavimente war wahrscheinlich notwendig geworden, als die Beseitigung der Fenster zu einer fast schon bedrohlichen Verdunkelung der Erdgeschoßzone führte. Die Vermauerung der in die 13 Schildbogen der Abseiten eingeschnittenen Fenster war vorgenommen worden, als man ab 1159 dazu überging, die Wände mit farbenreichen Marmorinkrustationen und Mosaiken auszugestalten. Diese in übersteigerter Repräsentationsabsicht vorgenommenen Dekorationsarbeiten nahmen 1177 ihren Fortgang, als es dem Dogen Sebastiano Ziani gelang, die Versöhnung zwischen Friedrich Barbarossa und Papst Alexander III. herbeizuführen und hier in S. Marco mit allem liturgischen Pomp zu besiegeln. 1204 erreichte die Macht der Republik ihren Höhepunkt, nachdem es ihr schon zuvor gelungen war, die byzantinische Hegemonie abzuschütteln. Damals, anläßlich des 4. Kreuzzuges, vermochte der greise Doge Enrico Dandolo mit viel diplomatischem Geschick das Interesse der Kreuzfahrer auf das unermeßlich reiche Byzanz zu lenken. Die Stadt wurde erobert und der Großteil des Beuteguts fiel an Venedig. Man kann in diesem Zusammenhang wohl vom bis dahin größten Kunstraub der Geschichte sprechen, woran die zahlreichen aus Byzanz stammenden, in und an S. Marco applizierten Marmorsäulen, Reliefs und andere Kunstgegenstände erinnern. Die Folge war eine totale Verschalung der ursprünglich zur Gänze sichtbaren Backsteinwände der Kirche, die beweisen, wie weitgehend der Bau, abgesehen vom rein byzantinischen Raumkonzept, einst der Tradition oberitalienischer Mauertechnik verpflichtet war. Wenn man schließlich die hinter den Marmorplatten verborgene Wandstruktur prüft, kommt man zum Ergebnis, daß diese ursprünglich über ein reiches, raumplastisches Gliederungssystem

verfügte: Sie war mit einem dichten Netz von Rundnischen, wie sie heute nur noch in den Apsiden und im Westnarthex aufscheinen, von eckigen Nischen sowie Blendfenstern, Lisenen und Rundbogenfriesen überzogen, was deutlich macht, daß – neben byzantinischer Dominanz – teilweise auch abendländisch-romanischen Stilelementen Rechnung getragen wurde. In genau die gleiche Richtung – also unabhängig von Ostrom – zielte der Einbau einer Krypta lateinischer Herkunft. Diese Fusion östlicher und westlicher Elemente hat Hubala zutreffend und anschaulich gewürdigt: »Die Contarini-Kirche muß deshalb als eine für die venezianische Baukunst paradigmatische Vereinigung byzantinischer Baugedanken mit oberitalienischen Bautraditionen auf romanischer Stilgrundlage aufgefaßt werden, wohl von griechischen Architekten entworfen, aber von oberitalienischen Werkleuten ausgeführt.«[78]

Wie erwähnt, erreichten die genaugenommen bis ins 19. Jahrhundert andauernden Dekorationsarbeiten nach dem 4. Kreuzzug ihren ersten Höhepunkt. Damals wurde eine Unmenge von Säulen in oft völlig untektonischer Weise dem Bauwerk hinzugefügt. Diese beherrschen vor allem die Portalzone der Hauptfassade und den westlichen Narthex. Otto Demus hat angesichts dieser Säulendominanz den Stilbegriff der »venezianischen Protorenaissance« geprägt.[79] Die letzte Ausbaustufe war aber noch keineswegs erreicht. Ab 1231 wurde die nördliche Vorhalle und knapp 100 Jahre später im Süden das Baptisterium errichtet, womit der Westabschnitt des Baus einen zusätzlichen Mauermantel erhielt und, von außen gesehen, in diesem Bereich seine kreuzförmige Erscheinung einbüßte. Als man

über den fünf inneren Kuppeln steile Au-
ßenkuppeln hochführte, entfernte sich
S. Marco auch an dieser Stelle beträchtlich
von seinen byzantinischen Quellen. Tiefgreifend waren weiter die Veränderungen
aus der Zeit nach 1385. Damals wurde die
obere Zone der Fassaden mit dem reichen
Formenrepertoire der Spätgotik (Kielbogen, Fialen usw.) ausgestaltet und somit
deutlich an die abendländische Hemisphäre
der Baukunst herangeführt. Den ursprünglichen Zustand der Westfassade gibt das
Mosaik in der Lünette des Nordportals (Ar-
co di S. Alippio, 1264) wider.

Als Kreuzkuppelkirche steht S. Marco –
in völliger Abkehr von romanischen Stilprinzipien – mehr als jeder andere Bau
Oberitaliens im Einflußbereich von Byzanz. Ein geradezu verwirrendes Stilge-
misch zeigt die Außenansicht der Kirche,
weshalb es nicht überrascht, daß sie in ästhe-
tischer Hinsicht im Laufe der Zeit die unterschiedlichsten Reaktionen ausgelöst hat. So
ist bekannt, daß etwa Goethe bei ihrem An-
blick nicht gerade in euphorische Stimmung
verfiel. Auch Mark Twain vermerkte ein
wenig ironisch, daß der Bau ihn an einen
»riesigen, warzenbedeckten Käfer [erinne-
re], der sich auf einem besinnlichen Spazier-
gang befindet«.[80] Günstiger fiel das Urteil
erst im 20. Jahrhundert aus, als man, unter
dem Eindruck des Expressionismus, nicht
zuletzt die verblüffende Stilvielfalt des Außenbaus und dessen pittoreske, fast schon
exotisch anmutende Erscheinungsform
schätzen lernte.

Der Zentralbau

In Italien fand der Zentralbau des 11. und
12. Jahrhunderts im Bereich nördlich des
Apennin seine größte Verbreitung. Daneben nimmt Oberitalien auf diesem architektonischen Sektor jedoch auch in qualitativer
Hinsicht eine führende Stellung ein. Das
zeigt sich in der enormen, stets neue Ergebnisse erzielenden Ideenvielfalt, mit der auch
andere Gebiete des Abendlandes nur vereinzelt zu konkurrieren vermochten. In der
Forschung wird in diesem Zusammenhang
darauf hingewiesen, daß es die Kreuzzüge
waren, die zu einer dermaßen intensiven
Auseinandersetzung mit dem Zentralbaugedanken angeregt hatten.[81] Das ist insofern
verständlich, als sich die Kreuzfahrer in Jerusalem wohl kaum dem erhebenden Eindruck der Grabrotunde entziehen konnten.
In der Tat ist in Oberitalien nach 1100 auf
dem Sektor des Zentralbaus, und hier vor
allem im Baptisterienbereich, eine gesteigerte Bautätigkeit zu registrieren, die gewiß
nicht zuletzt im Zeichen der Symbolik des
Heiligen Grabes stand. Nur ist zu beachten,

daß es in formaler Hinsicht dieses ostkirch-
lichen Impulses nur zum Teil bedurfte.
Denn schon seit der Antike gab es in Italien
auch auf dem Gebiet des Zentralbaus eine
Tradition, die selbst in den Wirren der Völ-
kerwanderungszeit nie ganz abgebrochen
war. Als man in der frühchristlichen Ära für
den Taufkult und die Märtyrerverehrung
nach geeigneten baulichen Lösungen Ausschau hielt, war es deshalb naheliegend, sich
der voll entwickelten Zentralbautypen der
Antike zu bedienen. Schon allein von der
Funktionsanalogie her gesehen eignete sich
die formale Übertragung etwa des Caldari-
ums antiker Thermenanlagen auf das Baptisterium vortrefflich. Noch enger gestaltete
sich der Zusammenschluß zwischen dem
christlichen Memorialbau und dem antiken
Mausoleum, das noch über Jahrhunderte
hinaus, sei es in seiner kreisförmigen oder
oktogonalen Grundrißdisposition, auch bei
der Errichtung von Taufkirchen brauchbare
Anregungen vermittelte.

frühchristliche Zeit zurückführt und die es
gleichzeitig verbietet, mit der Jahrtausendwende eine stilistische Zäsur von größerer
Tragweite zu setzen.

Südlich der Kirche von *S. Maria Maggiore
in Lomello,* die an der Stelle eines aus dem
5./6. Jahrhundert stammenden Vorgängerbaus errichtet wurde, befindet sich ein Baptisterium, das nach Auffassung italienischer
Restauratoren in die Zeit der Langobarden
(7./8. Jahrhundert) zu datieren ist (Abb.
52).[82] Dafür gibt es drei Anhaltspunkte:
einmal die Tatsache, daß das Paviment des
Baptisteriums um 1,56 m tiefer liegt als das
Bodenniveau der Kirche, dann die relativ
großflächige, an die frühchristliche Tradition anschließende Dimension der Tam-
bourfenster und eine fast archaisch anmutende Schmucklosigkeit der Anlage. Während
sich an der Ostseite des im Kern oktogonalen
Bauwerks ein quadratischer Chorraum öffnet, entspringen den übrigen Seiten in alternierendem Rhythmus rechteckige und halb-

Das Baptisterium

Unter den zahlreichen Zentralbauten
Oberitaliens nehmen die Baptisterien auch
in quantitativer Hinsicht eine führende Stellung ein. Da sich auf diesem Sektor aus der
Zeit vor der Jahrtausendwende ungleich
mehr Beispiele als auf dem Gebiet des Longitudinalbaus erhalten haben, besteht kein
Anlaß, sich durch den vorliegenden Zeitrahmen gebunden zu fühlen. Dazu kommt eine
entwicklungsgeschichtliche Kontinuität,
die, evidenter als im Langhausbau, bis in die

52 Lomello, Baptisterium, Grundriß
(nach S. Chierici)

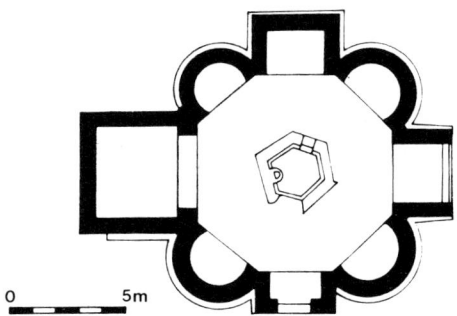

rund geschlossene Nischen, die der Außenansicht des Baptisteriums den Eindruck eines äußerst lebhaften Wechsels kubischer Bauelemente verleihen. Aus diesem Nischenkranz erhebt sich der achtseitige Tambour, dessen Fenster von jeweils zwei nach oben hin keilförmig abgeschlossenen Blendfeldern flankiert werden und dessen Zeltdach eine zweigeschossige Laterne krönt. Im Unterschied zum übrigen Bau verfügt diese bereits über das Dekorationsrepertoire der Romanik (Lisenen und Rundbogenfriese), woraus hervorgeht, daß sie erst später, gemeinsam mit der Kuppelwölbung und der Errichtung der Kirche, konzipiert wurde.

Wie weitgehend das Innere des Baptisteriums von Lomello in der Tradition des antiken und frühchristlichen Oktogonalbaus steht, beweisen die im Piemont befindlichen Taufkirchen von Albenga (um 420) und Novara (5. Jahrhundert), die ihrerseits wiederum dem Typus des Diokletian-Mausoleums in Split (um 300) folgen. Wie für Lomello ist auch für diese früheren Bauten der rhythmische Wechsel von apsidialen und rechteckigen Nischen charakteristisch. Nur ist für den Langobardenbau kennzeichnend, daß er nicht mehr über den vor die Mauerzungen tretenden Säulenkranz der genannten Musterbauten verfügt. Hier scheint eine direkte Brücke zu S. Lorenzo Maggiore in Mailand zu führen, wo zwei Kapellenbauten von ähnlichem Typus (um 400) diesen Säulenkranz ebenfalls vermissen lassen. Von allen diesen erwähnten Zentralbauten unterscheidet sich das Baptisterium von Lomello jedoch in einem wesentlichen Punkt: Es entspricht nicht mehr dem nach außen hin oktogonal geschlossen auftretenden, aus der Antike herrührenden Typus des Füllnischenzentralbaus, sondern läßt seine Ni-

schen als selbständige Zubauten über die scharf gezogenen Grenzen des Oktogons hinaustreten; in dieser Hinsicht brach man mit der vom Diokletian-Mausoleum ausgehenden Tradition. Um das mittlerweile als zu starr empfundene Schema des Füllnischenzentralbaus zu durchbrechen, hielt man nach weiterführenden Anregungen Ausschau, wobei offenbar eine ravennatische Komponente zielführend wurde. Bestätigt findet sich diese These am Baptisterium der Orthodoxen in Ravenna (erste Hälfte des 5. Jahrhunderts), wo an vier Seiten apsidiale Nischen die Grenzen eines Oktogons durchstoßen und somit wie in Lomello auch nach außen hin sichtbar werden. Stellt man schließlich noch den kreuzförmigen Grundriß des Mausoleums der Galla Placidia (um 440) in Rechnung, so ergibt sich der Eindruck, als hätte dieses Grundrißschema in Verbindung mit jenem des Orthodoxen-Baptisteriums in Lomello Eingang gefunden. Denn nur so ist das Phänomen zu interpretieren, daß hier Kreuzarme (allerdings unterschiedlicher Ausdehnung) den regelmäßigen Wellenschlag der vier apsisähnlichen Nischen akzentuierend unterbrechen. Ist diese Symbiose ravennatischer Baugedanken zwar für das Äußere des Baptisteriums in Lomello kennzeichnend, so ändert das doch wenig an der Tatsache, daß sein Inneres weitgehend dem Typus des auf antiken Quellen fußenden Füllnischenzentralbaus lombardischer Prägung entspricht.[83]

Auch nach der Jahrtausendwende fand das Oktogon neben der Berücksichtigung anderer Grundrißtypen beim Bau von Baptisterien weiterhin häufig Verwendung. Unter den Taufkirchen, die bereits frühe Anklänge romanischer Stilmerkmale erkennen lassen, ist jene von *Agliate* wahrscheinlich die älteste. Das archaische Erscheinungsbild dieses Baptisteriums wird vor allem durch sein kleinteiliges Bruchsteinmauerwerk bestimmt, das für viele, vor allem aus dem 11. Jahrhundert stammende Bauten der nördlichen Lombardei charakteristisch ist und von dem sich die durchweg in Backsteintechnik errichteten Gebäude der Po-Ebene merklich unterscheiden. Im Gegensatz zum Baptisterium von Lomello, dessen Wände im unteren Abschnitt – im Sinne des Fortwirkens frühchristlicher Tradition – gänzlich ungegliedert sind, läßt jenes von Agliate, wenigstens in Ansätzen, das Aufkommen dekorativer Elemente erkennen. So öffnen sich hier wie an der Apsis der Basilika unter der Dachtraufe Rundbogennischen, die gemeinsam mit dem darunter befindlichen, ebenfalls sehr unregelmäßig, fast schon primitiv geformten Rundbogenfries Zeugnis von den architektonischen Gestaltungsprinzipien des beginnenden 11. Jahrhunderts geben; um so unverständlicher muß von daher Kingsley-Porters Versuch ausfallen, das Bauwerk in das 12. Jahrhundert zu datieren.[84] Wie weitgehend das Baptisterium von Agliate noch der Frühromanik angehört, geht nicht zuletzt aus der Wahl der Fensterform hervor. Denn im Unterschied zu den großen Fensteröffnungen in Lomello handelt es sich hier um ausnehmend schmale, in tiefe Leibungen eingesetzte Fenster. Im Inneren dominiert eine in acht Zwickel hochsteigende Kuppel, und ein achtseitiges Taufbecken wiederholt die Grundrißform des Gebäudes, dessen strenge Geschlossenheit lediglich im Osten von einer kleinen Apsis durchbrochen wird.

Die stringente, von auflockernden Nischen unberührte Oktogonalform fand auch an anderen Baptisterien der nördlichen Lombardei Nachfolge. Im Gegensatz jedoch zur älteren Taufkirche von Agliate verfügen jene von *Oggiono* und *Lenno* (Abb. 53) bereits über Dekorationsformen der reiferen Romanik, die auch in der Verwendung vertikaler Strukturelemente zum Ausdruck kommen. Daß die Forschung, die beide Bauten in die Zeit um 1100 datiert, bei deren Analyse undifferenziert vorgegangen ist, beweist der von ihr vernachlässigte Umstand, daß das beide Fassaden gliedernde Lisenennetz nach merklich unterschiedlichen Gesichtspunkten konzipiert wurde. Zunächst ist für beide Baptisterien der gediegene Gebrauch kleinteiligen Quaderwerks charakteristisch, der sich vom farblich lebhaft oszillierenden Bruchsteinmauerwerk in Agliate deutlich unterscheidet. In beiden Fällen ist weiter zu bemerken, daß die Portalfassade im Vergleich zu den übrigen Seiten des Oktogons mit vielfältigeren Strukturelementen ausgestattet ist. Während sie in Oggiono von zwei bis zum Rundbogenfries hochführenden Rundstäben in drei Achsen gegliedert ist, wird sie in Lenno lediglich von einem Dienst durchzogen; im Unterschied zu Oggiono taucht diese Unterteilung hier allerdings an allen Seiten des Oktogons auf. Noch relevanter für unsere Analyse ist jedoch der Umstand, daß in Oggiono die achsenbegrenzenden Lisenen nicht wie in Lenno übereck gestellt sind, sondern sich jeweils auf eine Achse beschränken. In Lenno bieten die den Kanten des Oktogons angepaßten, geknickten Lisenen also den Vorteil, daß sie auch den jeweils anschließenden Achsen eine seitliche Rahmenform geben, gewiß ein Zeichen gereiften baukünstlerischen Verhaltens, mit dem die uneinheitlichere Lösung von Oggiono nicht Schritt zu halten vermag. Sofern wir dieser formalen Differenz keine zu große Bedeutung beimessen, mag es berechtigt sein, das Baptisterium von Oggiono zeitlich jenem von Lenno voranzusetzen, demnach in die Zeit des endenden 11. Jahrhunderts zu datieren. Im übrigen zeigt Lenno auch in der Gestaltung der Portalregion einen Trend zu plastisch gesteigerter Ausformung, die man ebenso als Indiz einer stilistisch gereifteren oder zumindest architektonisch anspruchsvolleren Auffassung interpretieren könnte: Auf zwei Halbsäulen erhebt sich eine das Portal begrenzende Blendarkade, die von zwei schmaleren Blendbogen flankiert wird. Zentrierende Rhythmik lautet hier die Devise, die einem bereits deutlich entwickelten romanischen Stilprinzip Rechnung trägt.

In diesem Zusammenhang ist die in der baulichen Form des Oktogons latente Zahlensymbolik des Taufmysteriums zu erörtern. In der Tat galt die Zahl 8 als Sinnbild der geistigen Wiedergeburt und als zentrales Symbol der Auferstehung. Heißt es doch, Christus sei am 8. Tag – nach jüdischer Wochenrechnung – auferstanden und am 8. Tag nach Ostern seinen Jüngern erschienen. Zur genaueren Interpretation des symbolischen Sachverhalts ist es aufschlußreich, diese Zahl in die Addition 7 + 1 aufzulösen. Und hier ist im Sinne der Genesis daran zu erinnern, daß Gott am 7. Tag nach der Schöpfung geruht hat, wonach die Deutung der 7 als symbolische Zahl der Ruhe – erklärbar auch als Zahl der Grabesruhe – naheliegt. Zum weiterführenden Verständnis ist jedoch auch die 7 zu zerlegen, und zwar in ihre Summanden 3 und 4. Im einzelnen bedeutet diese Konstellation die Verbindung von Seele und Leib oder, genauer, die Symbiose des Trinitätsgedankens mit der durch

53 Lenno, Baptisterium, Außenansicht

die Zahl 4 symbolisierten Schöpfung. Vom christlichen Grundgedanken ausgehend, wonach der gläubige Mensch erst über die Schwelle des Todes getreten sein muß, ehe er neues, ewiges Leben erlangt, hat sich symbolisch die 7 (Grabesruhe) mit der 1 zu verbinden. Die Dignität der letztgenannten Zahl ist unbestritten: ausgehend von der Tatsache, daß sie als Anfang und Ursprung aller Zahlen anzusehen ist, kam ihr angesichts des einstigen Fehlens der Null eine geradezu metaphysische Stellung zu. Umgesetzt auf das christliche Heilsgeschehen, kristallisiert sich in der Zahl 8 das Wunder

der Transsubstantiation. In dieser findet die transzendente Vereinigung von Schöpfer und Schöpfung ihre metaphorische Ausdeutung. Beachtet man schließlich, daß dem Oktogon eines romanischen Baptisteriums fast immer eine Apsis entspringt, mit anderen Worten, sich das Oktogon aus sieben flachen und einer halbrunden Seite zusammensetzt, so bestätigt sich darin die Gültigkeit der oben aufgeschlüsselten Zahlensymbolik auch in baulicher Hinsicht.[85]

Naheliegend erscheint es, die Genese der achtseitigen Taufkirchen mit dem ehemaligen Choroktogon der Geburtskirche in Bethlehem (333) und mit oktogonalen Mausoleen der Antike (s. Split) in Verbindung zu bringen. Dabei ist auch die von der Antike ererbte Form des oktogonalen Martyrions – ebenfalls im Kontext mit der besprochenen Zahlensymbolik – zu berücksichtigen. Zwischen einem Baptisterium und einem Martyrion besteht grundsätzlich nur ein funktioneller Unterschied. Denn auch im mystischen Prozeß der Taufe stirbt der alte, heidnische Mensch und erwacht zu neuem, christlichem Leben. Um schließlich zum ewigen Leben zu gelangen, bedarf es des im Martyrion oder Mausoleum baulich versinnbildlichten physischen Todes.

Daß in der Lombardei beim Bau von Baptisterien – vor allem in der frühchristlichen Ära – die Wahl vorzugsweise zugunsten einer oktogonalen, ausgenischten Grundrißkonzeption getroffen worden war, ist nicht zuletzt dem ordnenden Geist eines auch in Fragen der christlichen Liturgie tonangebenden Mentors zuzuschreiben. Das beweist der wie eine Anleitung zu sachgerechtem Bauen anmutende Text des in der zweiten Hälfte des 4. Jahrhunderts wirkenden Mailänder Bischofs Ambrosius:

»Mit acht Nischen erhebt sich der Tempel zum heiligen Brauch. Oktogonal ist der Brunnen gefaßt, würdig der [heiligen] Gabe. In der heiligen Achtzahl mußte das Haus der heiligen Taufe entstehen...«[86]

Obgleich beim Bau von Baptisterien offensichtlich die Form des Oktogons favorisiert wurde, darf doch nicht übersehen werden, daß man daneben auch eine Reihe von Taufkirchen errichtete, die einen vierpaßförmigen Grundriß zeigen. Als ältestes Beispiel dafür ist das vermutlich als Ersatz einer frühchristlichen Anlage konzipierte *Baptisterium* der südöstlich von Como gelegenen Pfarre *von Galliano* anzuführen (Abb. 54, 55). Wieder ist es wie in Agliate nicht zuletzt das kleinteilige Bruchsteinmauerwerk, das

54 GALLIANO, Baptisterium, Grundriß (nach S. Chierici)

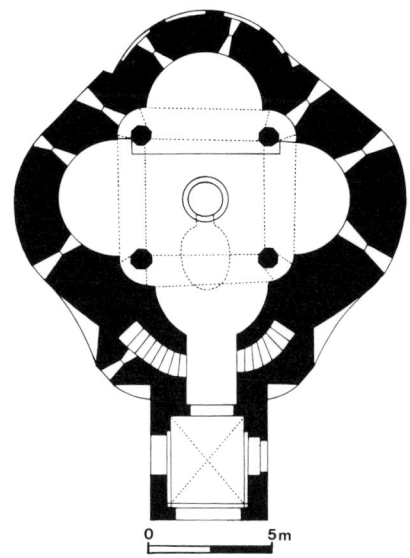

55 GALLIANO,
Baptisterium,
Außenansicht

zu einer Datierung des Bauwerks an den Beginn des 11. Jahrhunderts veranlaßt, zumal
alle vergleichbaren späteren Gebäude eine
geordnetere Schichtung des Baumaterials
erkennen lassen. Eine archaische Auffassung signalisiert vor allem das fast schmucklose Äußere des Baptisteriums: Hier sind die
vier Konchen in ihren Nahtstellen verschlif-
fen und somit in eine ondulierende Form
umgesetzt. Nur nischenähnliche Entlastungsbogen zeigen im unteren Abschnitt
an, wo die eine Konche beginnt und die andere endet.[87] Erst im Inneren tritt der Vierkonchos deutlich in Erscheinung. Vor seinen leicht ausgehöhlten Nahtstellen befinden sich polygonale Pfeiler, die an die Position der frei vor die Mauerzungen des Oktogons frühchristlicher Baptisterien (z. B. Albenga und Novara) tretenden Säulen erinnern. Darauf folgt eine sich zum Quadrat

schließende Emporenzone, von der Trompen zum achtseitigen, kuppelgewölbten
Tambour vermitteln. Wie die acht in tiefer
Mauerleibung geöffneten Rundbogen der
Empore beweisen, orientierte man sich auch
hier deutlich an der frühchristlichen Tradition. Denn diesem Emporentypus begegnet
man bereits in der achtseitigen Kapelle von
S. Aquilino an S. Lorenzo Maggiore in Mailand. Wie tiefgreifend dieser Baukomplex
die lombardische Architektur auch noch ein
halbes Jahrtausend später beeinflußt hat,
wurde schon des öfteren dargelegt, ist letztlich doch jeder vierpaßförmige Bau des Landes auf den prototypischen Vierkonchos
von S. Lorenzo zurückzuführen.

Gewiß hat eine Reihe weiterer Vierpaß-
bauten entwicklungsgeschichtlich von Galliano ihren Ausgang genommen. In chrono-
logischer Folge ist zunächst das *Baptiste-*

56 Bergamo,
S. Croce,
Außenansicht

rium von Biella (um 1040; Piemont) zu nennen. Mit Galliano verbindet den ebenfalls von einem oktogonalen Tambour bekrönten Bau nicht zuletzt dessen primitive Mauertechnik. Im übrigen zeigt diese Taufkirche in zweierlei Hinsicht eine von Galliano abweichende Erscheinungsform: Einmal sind die Konchen außen durch wuchtige Strebepfeiler optisch klar voneinander getrennt; dann ist im Sinne einer reiferen Entwicklungsstufe – und hier könnte das Baptisterium von Agliate wegweisend gewesen sein – anzuführen, daß sowohl die Konchen als auch der Tambour von einem Rundbogennischenkranz abgeschlossen werden. Wenngleich auf drei Konchen eingeschränkt, ist auch der Zentralbau des *Oratorio di S. Benedetto* (zweite Hälfte des 11. Jahrhunderts) *von Civate* in diese Bautenfolge einzugliedern. Nur ist anzumer-

ken, daß das Bruchsteinmaterial hier regelmäßiger geschichtet ist und die Konchen unter der Dachtraufe mit ihrem an Agliate erinnernden Rundbogenfries, dem Sägezahnmotiv und den flankierenden Lisenen bereits einen Bezug zum Dekorationsrepertoire der frühen Romanik verraten.

Ebensowenig wie S. Benedetto hatte auch *S. Croce in Bergamo*, das erst 1885 südwestlich vor die Kirche S. Maria Maggiore versetzt worden ist, jemals die Funktion einer Taufkirche zu erfüllen (Abb. 56). Gleichwohl zeigt dieser vierpaßförmige Zentralbau das größte Nahverhältnis zum Baptisterium von Galliano. In signifikanter Weise kommt diese Affinität in der analog gewellten Form der gleichsam ineinanderfließenden Konchen, aus denen ein ebenfalls oktogonaler Kuppeltambour entspringt, zum Ausdruck. Findet sich der Hinweis auf diese

Analogie in der italienischen Forschung zwar durchaus bestätigt, so ist doch kritisch anzumerken, daß etwa Tettamanzi den Bau – typisch für den in Italien grassierenden ›campanilismo‹ – viel zu früh, in die erste Hälfte des 11. Jahrhunderts, datiert.[88] Dagegen spricht eindeutig das über den Vierpaß gezogene Lisenennetz und der zwischen den Lisenen gleichmäßig in Dreiergruppen rhythmisierte Rundbogenfries. Weiter ist zu beachten, daß die an den Konchennähten geknickt aufgesetzten Lisenen die spezifische Form des Vierpasses betonen – die gewellte Wandstruktur wird dadurch allerdings nicht beeinträchtigt. Das alles sind Gestaltungsprinzipien, wie sie in Oberitalien kaum vor dem letztem Viertel des 11. Jahrhunderts denkbar sind.

Anzuführen ist auch das *Baptisterium von Mariano Comense* (Anfang 12. Jahrhundert), mit dem sich der Kreis der von Galliano ausgehenden Zentralbauten schließt. Während die Außenansicht Dekorationselemente aufweist, die an S. Croce in Bergamo erinnern, und die vier Konchen ähnlich unvermittelt wie in Biella aneinandertreffen, sind im Inneren des Baptisteriums vor den Konchennähten – analog zu Galliano – Säulen postiert.

Wenden wir uns abschließend dem unter den oberitalienischen Baptisterien wahrscheinlich eindrucksvollsten, gewiß aber am vielfältigsten strukturierten Bau von *Arsago Seprio* (Provinz Varese) zu (Abb. 57, 58). Er steht unmittelbar vor der Westfassade der Pfarrkirche S. Vittore und weicht in dieser Position deutlich von jener anderer Baptisterien des Hohen Mittelalters ab, die sich stets an der Kirchenlängsseite befinden. Daß man in dieser Hinsicht den Anschluß an die

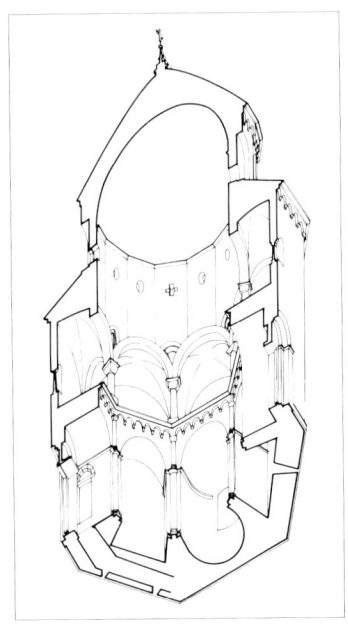

57 ARSAGO SEPRIO, Baptisterium, Isometrie (nach H. E. Kubach)

frühchristliche Tradition suchte (s. Torcello), ist offenkundig. Daß jedoch auch das Bauwerk selbst Elemente in sich birgt, die als Ausdruck eines bewußten Traditionsrückgriffs aufzufassen sind, wird erst bei genauerer Betrachtung evident. In der Tat ist seine Grundrißstruktur von den bereits erwähnten Bauten des 5. Jahrhunderts in Albenga, Novara und Mailand (S. Aquilino an S. Lorenzo Maggiore) herzuleiten. Freilich handelt es sich dabei nicht um eine direkte Übernahme des frühchristlichen Taufkirchenkonzepts, da die tief in das Mauerwerk eingelassenen Nischen nicht dessen in rechteckigen und halbrunden Nischenformen alternierenden Rhythmus erkennen lassen. Im Gegensatz dazu verfügt das Baptisterium von Arsago Seprio lediglich über einen apsi-

58 Arsago Seprio, S. Vittore und Baptisterium, Außenansicht

dialen, den Altar bergenden Raum, an den sich sieben unterschiedlich dimensionierte, trapezoide Nischenkompartimente anschließen; dem frühchristlichen Bestreben, den Bau tendenziell mit zwei griechischen Kreuzen zu durchdringen, wird hier somit nicht mehr entsprochen. Besonderes Interesse verdient der Umstand, wie man in Arsago Seprio mit den in Albenga und Novara vor die Nischenmauerzungen tretenden Freisäulen verfuhr: Indem man sie zu Halbsäulen reduzierte und somit als Bestandteil der Mauer interpretierte, entfernte man sich von antiken Prämissen und wählte als zeitadäquates Ausdrucksmittel die romanische Formensprache. In ihrem Zeichen stehen sowohl der Wandaufriß als auch die von frühchristlicher Auffassung klar distanzier-

te Lichtführung. Während das Erdgeschoß und die Emporenzone weitgehend im Dunkeln belassen sind, öffnen sich an den 16 Seiten des Tambours kleine Fenster, die den Bau mit einer Lichtkrone abschließen und diesen gleichsam transzendent erscheinen lassen. Die Gliederung des Wandaufrisses zeigt ein deutliches Nahverhältnis zu Mailand, unter dessen Jurisdiktion sich Arsago Seprio befand. Denn wie in S. Ambrogio führen vom Kämpfer der Erdgeschoßarkaden schlanke Halbsäulen bis zum Rundbogenfries der Emporensohlbank.

In einem Punkt jedoch weicht das Bauwerk besonders nachhaltig von allen frühchristlichen Vorläufern ab, im Einbau einer Empore nämlich, die nur von der Funktion her gesehen mit jener von Galliano zu vergleichen ist. Während sie in Arsago Seprio, nicht zuletzt wegen der fehlenden Brüstung, in raumerweiternder Intention verwendet wird, verstärkt sie in Galliano die Konsistenz der Mauermassen. Als genetischer Ausgangspunkt für den Emporenkranz in Arsago Seprio ist gewiß jener von S. Vitale in Ravenna anzusehen. In stilistisch größerer Nähe zum lombardischen Bau stehen jedoch die Emporenlösungen von S. Lorenzo in Mantua und S. Tomaso in Limine (Almenno S. Bartolomeo). Wie sehr das Baptisterium von Arsago Seprio stilistisch auch dem transalpinen Raum verbunden ist, zeigt sich sowohl in den würfelähnlichen Kapitellformen der Emporensäulen als auch in der dem Oktogon aufgesetzten, 16teiligen Tambourkuppel.

Bemerkenswert ist auch das Äußere des Baptisteriums, dessen verhältnismäßig große Quadersteine sich deutlich vom kleinteiliger versetzten Mauerwerk der aus dem ersten Viertel des 12. Jahrhunderts stammenden Pfarrkirche unterscheiden. Neben den stilistischen Merkmalen dient somit auch die spezifische Wahl des Baumaterials als Richtlinie, das Gebäude in die Mitte des 12. Jahrhunderts zu datieren. Ruft man sich die komplexe Raumgestaltung des Inneren in Erinnerung, so überrascht die monumentale Geschlossenheit der Außenwände, in die lediglich zwei einfache Portale und drei kleine Doppelfenster eingelassen sind. Zieht man schließlich die in 16 tiefe Blendbogen aufgelöste Tambourzone, die mit den ungegliederten Wänden des Oktogons kontrastiert, in Betracht, ist auch die Außenansicht des Bauwerks als Ausdruck spannungsvoller Ambivalenz zu interpretieren.

Nur wenige Kilometer westlich von Arsago Seprio befindet sich in *Agrate Conturbia* (Piemont) ein weiteres Baptisterium, dessen exzeptionelles Aussehen beweist, welch unterschiedliche Lösungen in Oberitalien auf diesem Bausektor möglich waren. Während die untere Zone der Taufkirche dem Typus der Rundkirche folgt (vgl. S. Lorenzo in Mantua, Duomo Vecchio in Brescia usw.), ist ihr Tambour, der nur wenig von der Wand des Unterbaus abgestuft ist, oktogonal gestaltet. Im Inneren flankieren Wandpfeiler acht rundbogige Nischen, die – trotz geringer Raumtiefe – eine stilistische Affinität zum Baptisterium von Arsago Seprio verraten.

Rundkirchen

Von den überwiegend oktogonal oder vierpaßförmig gestalteten Baptisterien unterscheidet sich der Typus der Rundkirche vor allem darin, daß innerhalb seiner Umfassungsmauer ein Kranz von Säulen oder Pfeilern konzentrisch eingesetzt ist. Daraus resultiert ein Umgang, der zusammen mit dem Tambour dem Gebäude einen basilikalen Querschnitt verleiht. Zutreffend bringt die Forschung diesen Zentralbautypus mit der Rotunde der Grabeskirche in Jerusalem (nach 335) in Zusammenhang. In der Tat hatte die Rückkehr der Kreuzfahrer vom 1. Kreuzzug gleich zu Beginn des 12. Jahrhunderts eine verstärkte architektonische Auseinandersetzung mit der Bauikonologie des Heiligen Grabes zur Folge. Nur muß betont werden, daß zur genetischen Klärung dieses Bautyps damit erst eine von zwei Quellen genannt ist. Denn in Italien selbst existiert mit dem aus der frühchristlichen Ära stammenden Mausoleum von

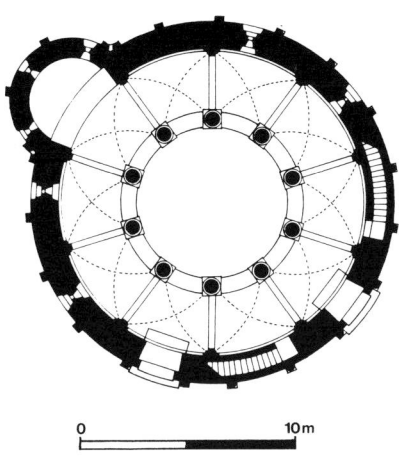

59 MANTUA, S. Lorenzo, Grundriß
(nach S. Chierici)

S. Costanza in Rom (um 345), das zeitlich annähernd mit der Grabrotunde in Jerusalem übereinstimmt, ein Bauwerk, das mit seinem konzentrischen Säulenkranz gewiß auch die Konzeption hochmittelalterlicher Rundkirchen beeinflußt hat. Diesem römischen Gebäude kommt insofern eine besondere Stellung zu, als es den an *S. Lorenzo in Mantua* (Abb. 59) beschäftigten Bauleuten geographisch näher lag als das Heilige Land, was freilich nicht bedeuten muß, daß Nachrichten und Kenntnisse über die Grabeskirche von Jerusalem zu diesem Zeitpunkt noch nicht verfügbar waren.

Will man der Überlieferung Glauben schenken, so wurde der Bau von S. Lorenzo ab 1082 von Mathilde von Canossa finanziert.[89] Eine allerdings erst aus dem 15. Jahrhundert stammende Inschrift, die als Gründungsdatum das Jahr 1083 angibt, scheint die Glaubwürdigkeit dieser Nachricht zu bestätigen. Die wissenschaftliche Auseinandersetzung mit dem Bauwerk ist jedoch insofern problematisch, als es 1579 für den Kult gesperrt, seines Daches beraubt und in der Folge völlig in Wohnbauten integriert wurde. Erst 1908 wurde die Kirche wiederentdeckt und vor allem im Tambourbereich nach dem Vorbild von S. Tomaso in Limine rekonstruiert. Einer authentischen Beschreibung des ursprünglichen Zustandes stellen sich also große Schwierigkeiten entgegen, so daß sich eine Analyse auf die Schilderung weniger, für ein umfassendes Verständnis des Rundkirchentypus um so bedeutenderer Details einzuschränken hat.

Das Äußere des kreisförmigen Backsteinbaus, dessen Konsistenz nur im Osten von einer Apsis durchbrochen wird, ist durch 16 Halbsäulen gegliedert, die keinen unmittelbaren Bezug zur Innenraumstruktur aufweisen. Über ihnen umspannt ein Rundbogenfries das gesamte Gebäude; ein darauf folgender Sägezahnfries leitet über zur Traufe des ringförmigen Pultdachs, aus dessen Mitte der Tambour aufwächst, alles Motive, die in dieser ausgereiften Form eher dem 12. als dem 11. Jahrhundert angehören. Im Inneren besticht zunächst das mystische Halbdunkel, das vor allem im Kern des Bauwerks vorherrscht, wohin das durch äußerst kleine Fenster einfallende Licht, das durch die Umgänge im Erd- und im Emporengeschoß noch gefiltert wird, nur zögernd einzudringen vermag. Im Zentrum erhebt sich ein Kranz von zehn wuchtigen Rundpfeilern, auf denen gestelzte Rundbogen lagern. Die in der Reihe vergleichbarer Zentralbauten Italiens einen Einzelfall darstellende Zahl 10 verdient besonderes Interesse, da sie indirekt mit der Zahlensymbolik des Heiligen Grabes in Jerusalem in Verbindung zu stehen scheint, wo der Kern der Rotunde von 20 Säulen umstellt ist. Die Zahl 20, die an sich keinen zahlensymbolischen Wert darstellt, birgt die Zahl 10 in sich – nur eben mit 2 multipliziert, was die Dignität der vielleicht bedeutendsten christlichen Kultstätte nur noch unterstreicht. In der Tat gilt die als Summe der ersten vier Zahlen sich ergebende 10 als »allvollendete Zahl«, deren Bedeutung sich auch in S. Lorenzo niederschlägt, wo allein schon die bescheidenere Dimension des Baus eine wörtliche Wiederholung der 20 Säulen der konstantinischen Anastasis ausschloß.[90] Diese Deutung im Sinne einer auf das Heilige Grab verweisenden Symbolik wird gestützt durch das Martyrion S. Stefano Rotondo in Rom, das dem Vorbild der Jerusalemer Rotunde sowohl hinsichtlich der Gesamtbaugestalt als auch der Säulensymbolik lange vor S. Lorenzo Rechnung trägt.[91] Der charakteristische, aus 20 Säulen bestehende Kern dieser Kirche ist trotz erheblicher Restaurierungen bis heute erhalten geblieben.

Für den Wandaufriß von S. Lorenzo ist kennzeichnend, daß sich die Rundpfeilerarkaden des Erdgeschosses in klarer horizontaler Schichtung unter Verzicht auf vertikale Verbindungselemente in der Emporenzone wiederholen. Diese Konzeption etwa mit den Zentralbauten von S. Vitale in Ravenna oder der Pfalzkapelle in Aachen in genetische Verbindung zu bringen, ist wenig sinnvoll, da beide Kirchen eine vertikalisierende Tendenz und polygonale Brechung zeigen. Vielmehr kann die Wandaufrißlösung von S. Lorenzo als oberitalienische Initialleistung gelten, die in S. Tomaso in Limine und Arsago Seprio – vor allem in bezug auf die Emporen – ihre entwicklungsgeschichtlich reifere Fortsetzung gefunden hat. Im übrigen ist nicht auszuschließen, daß dieses

Wandschema mit jenem der lediglich durch Zeichnungen überlieferten Rotunde von St-Bénigne in Dijon (ab 1001) zusammenhängt. Auch dort wiederholt sich die Arkadenstellung des Erdgeschosses, horizontal ebenso deutlich abgesetzt, in der Emporenzone.

Abschließend sei betont, daß die wuchtigen, mit überwiegend würfelähnlichen Kapitellen ausgestatteten Rundpfeiler von S. Lorenzo nichts mit den schlanken Säulen der frühchristlichen Epoche gemeinsam haben, vielmehr als Ausdruck der auf Massigkeit hinzielenden Romanik aufzufassen sind. Aufschlußreich ist in diesem Zusammenhang der Vergleich mit dem etwa ein halbes Jahrhundert später entstandenen Rundbau im piemontesischen Asti (S. Pietro, um 1160; seit 1280 Taufkapelle). Wie S. Lorenzo verfügt auch dieses Gebäude über einen Umgang, der allerdings nur von acht Rundpfeilern begrenzt ist. Noch pronA cierter begegnen wir hier der Würfelkapitellform, woraus ersichtlich wird, wie weitgehend die Baukunst der nachmaligen Region Piemont transalpine Anregungen verarbeitet hat. Das beweist unter anderem die Analogie zwischen S. Pietro in Asti und der viel älteren Friedhofskapelle St. Michael in Fulda (822 begonnen).

Ähnlich wie für S. Lorenzo sind auch für die Rundkirche von *S. Tomaso in Limine (Almenno San Bartolomeo)*, im Volksmund S. Tomè genannt, keine baugeschichtlichen Nachrichten überliefert. Um ihre Entstehungszeit einzugrenzen, sind wir demnach ausschließlich auf die Methode der Stilkritik angewiesen, wobei S. Lorenzo – ausgehend von der vorgeschlagenen Datierung des Gebäudes in das letzte Viertel des 11. Jahrhunderts – als argumentative Ausgangsposition

60 ALMENNO SAN BARTOLOMEO,
S. Tomaso in Limine, Außenansicht

dienen kann. Wie Grabungen ergeben haben, existierte an der Stelle der heutigen Kirche bereits ein runder Vorgängerbau; das beweisen die zahlreichen, zum Teil bis ins 7./8. Jahrhundert zurückweisenden Spolien (Säulenschäfte, Basen und Kapitelle) im Inneren des Bauwerks. Wer in dieser einsamen bergamaskischen Landschaft erwartet, einer der zahlreichen, ländlich-bescheidenen Kirchen zu begegnen, wird überrascht sein, ein überaus anspruchsvoll gegliedertes, harmonisch durchgestaltetes Gebäude vorzufinden, das entwicklungsgeschichtlich als direkter Nachkomme von S. Lorenzo zu bezeichnen ist. Nur ist zu beachten, daß die breit angelegte Konzeption des Mantovaner Vorbilds in S. Tomè einer deutlich vertikalisierten und in dekorativer Hinsicht reicheren Struktur gewichen ist. Vor allem beein-

druckt das helle, aus gut behauenen Steinquadern zusammengesetzte Mauerwerk, das sich vom dunklen Backstein in Mantua extrem unterscheidet.

S. Tomè besteht aus drei nach innen gestaffelten Zylindern (Abb. 60). Der hohe zweigeschossige Unterbau zeigt mit seinen schlanken Halbsäulen, die unterschiedliche Achsabstände aufweisen, und seinem abschließenden Rundbogenfries eine mit S. Lorenzo zum Teil übereinstimmende Fassadengestaltung. Daß es sich hier jedoch um einen bedeutend jüngeren Bau handelt, beweisen Fenster und Portale, deren Leibungen ungleich stärker profiliert sind als jene von S. Lorenzo. Besonders fällt dabei das Nordfenster auf, das von einer dreifachen Blendarkatur umgeben ist; am Baptisterium in Lenno hatte dieses Motiv schon früher in portalgliedernder Funktion Verwendung gefunden. Am Tambour ist der Dekorationsreichtum bereits deutlich reduziert: Anstelle von Halbsäulen treten hier nur noch Lisenen in Erscheinung, und an der für das individuelle Erscheinungsbild des Baus entscheidenden Laterne ist, abgesehen von den vier vorzüglich proportionierten Doppelfenstern, vollends jede ornamentale Gestaltung unterblieben.

Da S. Tomè mit seinen drei gestuften Zylindern sowohl in der hochmittelalterlichen Architektur Italiens als auch jener des übrigen Abendlandes als Einzelfall dasteht, ist der Frage nach der Herkunft dieses Bautypus mit besonderer Sorgfalt nachzugehen. Erneut ist dabei hervorzuheben, daß es seit dem 1. Kreuzzug zu einem gesteigerten Transfer baulicher Ideen aus dem Orient nach Europa gekommen war. Das beweist etwa die Palastkirche von Zwarth'notz (641–661) in Armenien, in der wir dem architektonischen Vorläufer von S. Tomè begegnen. Seit den Forschungen J. Strzygowskis verfügt die Kunstgeschichte über genauere Kenntnisse der Architektur Armeniens. Dort hatte sich schon im 7. Jahrhundert ein Zentrum hervorragender Bautätigkeiten herauskristallisiert.[92] Von Byzanz ausgehend stand hier die Auseinandersetzung mit dem Zentralbau, dem man die vielfältigsten Lösungen abzugewinnen vermochte, im Vordergrund des Interesses. In diesem Zusammenhang hat es den Anschein, daß das armenische Zwarth'notz schon vor S. Tomè in der karolingischen Baukunst ein entsprechendes Echo hervorgerufen hat. Denn nur so ist die exzeptionelle Form der aus vier Zylindern bestehenden Türme (über Vierung und Westwerk) der Abteikirche von Centula in St-Riquier (Nordfrankreich) zu verstehen. Solche scheinbar weither geholten Parallelen verlieren den Charakter des Zufälligen, wenn man Affinitäten dieser Art auch in anderen künstlerischen Disziplinen, etwa in der Buchmalerei, aufzudecken vermag. So findet sich in der fast gleichzeitig mit S. Tomè entstandenen Walterbibel (salzburgisch) eine Darstellung der Bundeslade, die in ihrer dreizylindrischen Form ebenso wie der erwähnte Rundbau beredtes Zeugnis von der engen Affinität zum armenischen Zentralbau ablegt.

Im Osten wird die Geschlossenheit des Rundbaus von S. Tomè von einem quadratischen Chorjoch mit abschließender Apsis unterbrochen. Daß dieser Chorarm erst im letzten Viertel des 12. Jahrhunderts hinzugefügt wurde, beweisen die hier unter der Dachtraufe in größerer Fülle als am Hauptbau angebrachten Friesstreifen, wobei die sich überkreuzenden Rundbogen als Hauptindiz für die vorgeschlagene Datie-

61 ALMENNO SAN BARTOLOMEO,
S. Tomaso in Limine, Innenansicht

rung dieses Abschnitts anzusehen sind. Im Süden, wo das Chorquadrat dem Rundbau entspringt, öffnet sich eine kleine Pforte, durch die die Nonnen des ehemals benachbarten Klosters die Kirche betreten und zu den Emporen gelangen konnten. Das Innere (Abb. 61) beeindruckt durch die Steilheit der Proportionen und das Bestreben, an sich Gegensätzliches zu harmonischer Einheit zu verschmelzen, was in der differenzierten Verwendung des Arkadenmotivs seinen Niederschlag fand. Während im Erdgeschoß gestelzte Bogen auf verhältnismäßig massiven Säulen lagern, sind die Arkaden der Emporenzone korbbogenähnlich gedrückt. Schlankere Säulen signalisieren hier den Willen der Bauleute, den Kirchenraum nach oben zu leichter, gleichsam schwebender erscheinen zu lassen, ein Gestaltungsmittel, das die breitgelagerte, gewisserma-

62 BOLOGNA, S. Sepolcro, Innenansicht

ßen materieller anmutende Kirche von S. Lorenzo vermissen läßt. Dort stimmt der Durchmesser der Emporenpfeiler mit jenem der Erdgeschoßstützen genau überein, auch das ein Gesichtspunkt, der die wesentlich spätere Datierung von S. Tomè zu stützen vermag. Am ehesten sind dessen Emporen mit jenen des fast gleichzeitig entstandenen Baptisteriums von Arsago Seprio zu vergleichen. Schlägt dort jedoch das Oktogon der Empore in einen 16teiligen Kuppelabschluß um, so bleibt hier die Einheitlichkeit des Rundbaus auch in der halbkugeligen Form der Kuppel gewahrt.

Inmitten des weitverzweigten, sich aus fünf Kirchen und zwei Kreuzgängen zusammensetzenden Baukomplexes von S. Stefano in *Bologna* erhebt sich das im Grundriß unregelmäßig angelegte Oktogon von *S. Sepolcro,* dessen noch aus dem 6. Jahrhundert stammender, zunächst als Baptisterium dienender und dem hl. Stephanus geweihter Vorgängerbau 903 von den ungarischen Invasoren schwer beschädigt wurde. Schließlich machte das Erdbeben von 1117 den Neubau der Anlage – nach Kingsley-Porter um 1160 – erforderlich, die dann nicht mehr als Baptisterium, sondern als Hl.-Grab-Kirche genutzt wurde.[93] Damit vollzog sich ein ikonologischer Wandel, den der sich im Osten des Zentralbaus anschließende, an zwei Seiten von Portiken umgebene Pilatushof im Sinne der Passion Christi anschaulich kommentiert. Während das Äußere von S. Sepolcro dem Typus des von einem Tambour überhöhten Oktogonalbaus entspricht, schließen sich im Inneren (Abb. 62) des Backsteingebäudes zwölf mächtige Rundpfeiler – acht davon mit den Marmorsäulen des ehemaligen byzantinischen Baptisteriums verbunden – zu einem Polygon, das auf den Betrachter fast schon wie ein Kreis wirkt.[94] Dieses Zentrum, in dem sich die Zelle mit den Reliquien des Bologneser Stadtheiligen Petronius erhebt, wird von einem Umgang mit stets wechselnden Joch- und Wölbungsformen umschlossen. Über den Arkaden des Untergeschosses öffnet sich die Emporenzone in zwölf Zwillingsbogen. Diese werden von Rundstäben flankiert, die von den Arkadenkämpfern bis zum Kuppelfußgesims aufsteigen, wo ein Frieskranz von sich überschneidenden Rundbogen das Emporengeschoß abschließt. Wie S. Lorenzo in Mantua zeigt auch S. Sepolcro eine dem Hl.-Grab-Kult inhärente Zahlensymbolik. Während jedoch der innere Kern von S. Lorenzo aus zehn Rundpfeilern besteht, wird das Zentrum der Bologneser Kirche von zwölf Stützen begrenzt, wobei diese Zahl, freilich in

anderer Hinsicht als die 10, ebenfalls in der
Symbolik des Hl. Grabes integriert ist. Gewiß war beabsichtigt, mit den 12 Pfeilern die
Schar der Apostel zu symbolisieren, die,
metaphorisch gesehen, sich hier als ›Stützen‹
der Christenheit um das Grab Christi ver-
sammeln. In diesem Zusammenhang ist weiter daran zu erinnern, daß die Zahl 12 in
gleicher symbolischer Intention schon ca.
800 Jahre vor S. Sepolcro auch in das Stützensystem des Mausoleums der S. Costanza
in Rom (zwölf gekuppelte Säulen) inkorporiert worden war. Da S. Sepolcro auch die
Funktion eines monumentalen Reliquienschreins zu erfüllen hat, verknüpft sich hier
in faszinierender Form die Bausymbolik des
Hl. Grabes mit jener des Mausoleums zu
ideeller Ambivalenz.[95]

Da S. Sepolcro im Norden an die Kirche
SS. Vitale e Agricola und im Süden an die
Chiesa del Crocefisso stößt, treten vom Außenbau nur die drei westlichen und die beiden östlichen Seiten des Oktogons sichtbar
zutage. Während die untere Zone der horizontal zweigeteilten Westseite in Blendarkaden aufgelöst und im Schichtwechsel
(Backstein und Hausteinquader) inkrustiert
ist, sind in das Backsteinmauerwerk der beiden Ostseiten mit großem Phantasieauf-
wand vielfältig intarsierte Ornamente eingesetzt. Einem orientalischen Teppich
vergleichbar, wechseln hier geschlossene
Backsteinflächen mit Rauten- und Schach-
brettmustern, die teils in Friesstreifen, teils
in rhomboide Rahmen eingepaßt sind. Dazu
kommen stets neu abgewandelte Sternmoti-
ve, die zusammen mit dem hier nur lücken-
haft geschilderten Dekorationsrepertoire,
dem an dieser Stelle zum Pilatushof ausgerichteten Bau ein nahezu islamisches Aussehen verleihen. Das alles sichert S. Sepolcro

in der oberitalienischen Backsteinarchitektur des 12. Jahrhunderts eine solitäre Stellung, wobei der Intention eines prachtvoll
geschmückten Reliquienschreins und der
Idee des Hl. Grabes im Sinne eines Neuen
Jerusalem gleichermaßen Rechnung getragen wurde.

Die größte der hochmittelalterlichen
Rundkirchen Obertaliens befindet sich in
Brescia. Die beachtlichen Dimensionen des
als ›Rotonda‹ bezeichneten *Duomo Vecchio*
(Höhe: 25,70 m; Gesamtdurchmesser: ca.
38 m) haben ihre Ursache wohl darin, daß
der Bau bis ins 17. Jahrhundert die Funktion
einer Kathedrale zu erfüllen hatte. Daher
überrascht es nicht, daß der Rotunde einst
im Westen, in den Umgang integriert, ein
Turm vorgelagert war (1708 eingestürzt).
Da historische Dokumente fehlen, steht
auch hier zur Aufdeckung der Baugeschichte lediglich die bewährte Methode der Stilkritik zur Verfügung, es sei denn, man mißt

dem Stadtbrand von 1095 eine gewisse Bedeutung zu. Fraglos könnte dieses Ereignis, das zeitlich mit dem 1. Kreuzzug zusammenfällt, der Anlaß zum Neubau der aus dem 6. Jahrhundert stammenden Kathedrale gewesen sein. Der Wandel des Baukonzepts vom Typus einer frühchristlichen Basilika zugunsten einer Rundkirche ist hier angesichts zufälliger Koinzidenz von Stadtbrand und Kreuzzug deutlicher als andernorts als Ergebnis einer unmittelbaren Auseinandersetzung mit der Jerusalemer Grabrotunde aufzufassen.

Die in kleinteiligem Hausteinmaterial errichtete ›Rotonda‹ besteht aus zwei konzentrischen Zylindern, wobei die optisch verminderte Höhe des Umgangs aus dem mittlerweile beträchtlich angehobenen Straßenniveau zu erklären ist (Abb. 64). Blicken wir auf das Äußere des Tambours, so fällt zunächst dessen horizontale Zweiteilung ins Auge. Im unteren Abschnitt beeindruckt

die Geschlossenheit des Mauerwerks, in das in weiten Abständen völlig unprofilierte Fenster eingelassen sind. Die obere Zone unterscheidet sich von der unteren in mehrfacher Hinsicht: einmal in der verminderten Quadergröße des Mauerwerks, was zum Anlaß genommen werden kann, die zwischen den beiden Zonen befindliche Zäsur als Baunaht zu interpretieren; dann in dem leichten Rücksprung der Wand, der 20 Lisenen aufgesetzt sind, womit neuerlich die für die Grabrotunde in Jerusalem charakteristische Zahlensymbolik anklingt. Dabei hat es den Anschein, daß die Rezeption dieser Symbolik erst in einer späteren Bauphase – vielleicht erst in der Mitte des 12. Jahrhunderts – erfolgt ist. Dafür spricht allein schon die Tatsache, daß die von den Lisenen flankierten Travéen einen axialen Bezug zu den Fenstern der unteren Zone vermissen lassen und der unter der Dachtraufe verlaufende Rundbogenfries in seiner Entwicklungsstufe keinesfalls noch in die erste Hälfte des 12. Jahrhunderts zu datieren ist, worauf schon Frankl verwiesen hat.[96] Erstaunlich retardierend ist hingegen die Form der darunter befindlichen Rundbogennischen, an deren Stelle man eher eine kontinuierlich verlaufende Zwerchgalerie erwarten würde.

Da das Fehlen eines axialen Bezugs zwischen der ursprünglichen Pforte und dem gotischen Chor offenbar als störender Faktor empfunden wurde, beschloß man 1571, einen repräsentativen Zugang vom Turm aus zu schaffen; da dadurch dessen Basis geschwächt wurde, stürzte er 1708 ein. Durch dieses Portal betritt man das Gebäude auf dem Niveau der hochgelegenen Westempore, von wo das ganze Ambiente mit einem Blick überschaubar ist (Abb. 65). Von hier aus gelangt man durch einen Korridor und über Treppen zum Umgang, dessen Bodenniveau deutlich höher ist als jenes des von acht Pfeilerarkaden umstellten Zentrums.

65   BRESCIA, Alter Dom, Innenansicht

An beiden Seiten der sich zum Chor öffnenden Ostarkade führen Treppen vom emporenähnlichen, an dieser Stelle abbrechenden Umgang zum Kern des Gebäudes hinab. Nicht zuletzt dieser dreifache Wechsel des Bodenniveaus kennzeichnet das exzeptionelle Erscheinungsbild des Rotundenraums, der keinerlei plastischen oder ornamentalen Schmuck aufweist und dessen architektonische Wirkung ausschließlich aus seinen klaren geometrischen Formen (Kreis, Zylinder und Halbkugel) resultiert. Möchte sich der Besucher ein authentisches Bild vom ursprünglichen Aussehen der Anlage verschaffen, so darf er sich freilich nicht von der wahrscheinlich im 19. Jahrhundert restaurativ herbeigeführten Steinsichtigkeit – ein heute auch für andere Bauten der Zeit geltendes Charakteristikum – des Mauerwerks

täuschen lassen. Denn gewiß waren die Wände, wie Freskofragmente des 12. Jahrhunderts in der aus dem 8./9. Jahrhundert stammenden Krypta nahelegen, einst mit Malereien geschmückt.

Die majestätische Weite des Mittelraums (Durchmesser: 19,80 m) schloß schon a priori den Einsatz von Säulenarkaden aus. An deren Stelle treten massive, aus mächtigen Quadern zusammengesetzte und lediglich von einem schmalen Kämpfergesims akzentuierte Pfeiler, deren beachtliche Achsenabstände einen Arkadenabschluß in der gedrückten Form halbovaler Bogen erforderlich machten. In Anbetracht der monumentalen Raumdimensionen und der ausnehmend breit gelagerten Pfeilerform war es auch nicht leicht, mit den baulichen Problemen des Umgangs fertig zu werden. Eine einheitlich trapezoide Jochfolge, etwa nach dem Muster von S. Lorenzo in Mantua, zu schaffen, war von vornherein undenkbar (Abb. 66). Statt dessen gestaltete man den Umgang – etwa nach dem Vorbild der Aachener Pfalzkapelle – im Wechsel von rechteckigen und dreieckigen Jochen, die durch eine im Vergleich zum karolingischen Bau unbeholfene Wölbungstechnik gekennzeichnet sind: Während die rechteckigen kreuzgratgewölbt sind, zeigen die dreieckigen einen tonnenförmigen Deckenabschluß. Die dadurch verursachte unterschiedliche Höhe der Scheitellinie der Wölbung verleiht dem Umgang ein äußerst unruhiges Erscheinungsbild.

Angesichts seiner breit gelagerten Gesamtproportion und seines ansehnlichen Ausmaßes erinnert der Duomo Vecchio von Brescia deutlicher als alle bisher genannten Zentralbauten an die Jerusalemer Grabrotunde und das Martyrion von S. Stefano in Rom. Ebensowenig dürfte der damals größte Rotundenbau der Christenheit, Agios Georgios in Saloniki (um 400), seinen Eindruck auf die Bauleute in Brescia verfehlt haben.

S. Maria del Tiglio in Gravedona, eine Sonderform des Zentralbaus

Den seltsamsten, in der oberitalienischen Architektur völlig vereinzelt dastehenden Zentralbau finden wird am nördlichen Ende des Comer Sees in *Gravedona*. Dabei ist am Außenbau von *S. Maria del Tiglio* zunächst gar nicht ersichtlich, daß es sich hier um einen Zentralbau handelt. Vielmehr läßt der dem Gebäude im Westen vorgelagerte Turm, der eine optische Verlängerung der West-Ost-Achse der Kirche bewirkt, vorerst eher an einen Longitudinalbau denken. Da zudem die Westmauer die enorme Stärke von ca. 4,5 m aufweist und damit alle übrigen Wandbegrenzungen um mehr als das Doppelte übertrifft, wird erst im Kircheninneren evident, daß hier ein Zentralbau – allerdings von äußerst eigenwilliger Prägung – vorliegt: Seine Wände schließen sich zum Quadrat, das an drei Seiten von Konchen durchbrochen wird. Wichtig ist die Klärung der Frage, welche Funktion das Bauwerk zu erfüllen hatte, wobei die italienische Forschung mittlerweile davon abgekommen ist, in ihm ein Baptisterium zu vermuten.[97] Tatsächlich besitzt diese Fragestellung eine gewisse Relevanz, da die Kirche in einem Dokument aus dem Jahre 1154 noch die für ein

66 BRESCIA, Alter Dom, Grundriß (nach S. Chierici)

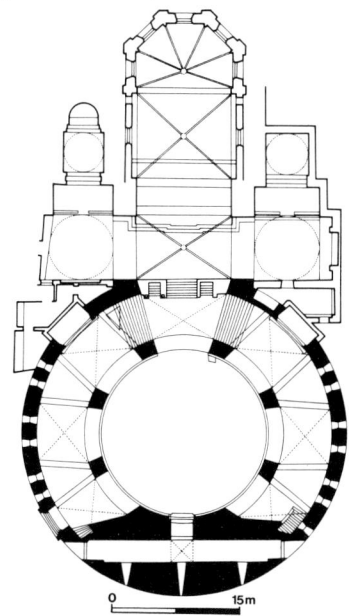

113

67　GRAVEDONA, S. Maria del Tiglio,
Außenansicht

Am Außenbau beeindruckt vor allem der mit dem westlichen Mauerwerk der Kirche verbundene Turm, der in dieser Position seine Herkunft aus der transalpinen Architektur kaum zu leugnen vermag (Abb. 67). Bis zum giebelähnlichen Abschluß der Kirchenfront erhebt er sich über quadratischem Grundriß, um dann in ein Oktogon überzugehen. Die untere der drei Turmzonen wird von einem einfachen Stufenportal eingenommen, die zwei darüber folgenden sind an den Ecken durch Lisenen begrenzt, werden in der Vertikalen von einer dritten, sehr schmalen Lisene halbiert und finden ihren oberen Abschluß in Rundbogen- und Sägezahnfriesen. Noch reicher ist der oktogonale Aufsatz gegliedert, dessen Geschosse sich in drei nach oben zu immer größer werdenden Zwillings- und Drillingsfenstern öffnen. Signifikant für das gesamte Äußere des Bauwerks ist der in großen Quadern gefügte, zweifarbige Schichtwechsel, der sich bis zum Giebelansatz der Westfront in bindender Funktion auch auf den Turm erstreckt. An drei Seiten der Kirche wölben sich, wie schon erwähnt, Konchen nach außen, deren gliedernde Elemente, wie auf Lisenen lagernde Halbsäulen, doppelt abgestufter Rundbogenfries usw., als Zeugen der Baukunst des endenden 12. Jahrhunderts auftreten; hinzu kommen an der auf dem Comer See ausgerichteten Ostkonche drei in ihrer Leibung profilierte Fenster.

Das Innere von S. Maria del Tiglio zeichnet ein extrem hohes Maß an raumplastischer Durchgestaltung aus (Abb. 68, 69). Der quadratische, von einem offenen Sparrendach abgeschlossene Raum ist zweigeschossig angelegt. Im Untergeschoß wird die Wand an drei Seiten des Quaders von Konchen, Apsiden, Blendbogen und Bo-

Baptisterium charakteristische Bezeichnung S. Giovanni trägt. Tettamanzi nimmt dies zum Anlaß, die Entstehungszeit des Kirchenbaus mit diesem Datum zu verbinden.[98] In Wirklichkeit bezieht sich das Datum auf den Vorgängerbau, der dem in der Folge als S. Maria del Tiglio bezeichneten Neubau weichen mußte. Wie das gesamte, im einzelnen noch zu schildernde Formenrepertoire der Kirche beweist, kann diese wohl kaum vor dem Ende des 12. Jahrhunderts errichtet worden sein.

gennischen ausgehöhlt. Die streng flächenhafte Begrenzung der Westwand läßt die Plastizität der übrigen drei nur um so wirksamer hervortreten. An der Nord- und Südseite kommt die Doppelschaligkeit der Wand besonders nachhaltig zum Ausdruck. Während im Untergeschoß der Wand eine zweite Mauerschicht vorgelagert ist, die, von den Kämpfern der die Konchen flankierenden Säulen ausgehend, diese in weitem Bogen überspannt, tritt im Obergeschoß die Wand raumerweiternd zurück, so daß zur Aufnahme einer zwerchgalerieähnlichen Säulenarkatur genügend Platz zur Verfügung steht. Dieses Motiv fehlt an der Ost- und Westwand; übrig bleibt hier eine Art Laufsteg, wodurch die nach außen gerückte Raumbegrenzung noch deutlicher sichtbar

wird. Eine weitere Steigerung erfährt die Tendenz zu radikaler Wandaushöhlung in der unteren Zone der Ostseite. Die Konchenöffnung ist hier zunächst enger begrenzt. Sie führt zum hufeisenförmig geweiteten Altarraum, dessen unterer Wandabschnitt durch drei Rundbogennischen gegliedert ist. Neben dem Sanktuarium dringen zwei halbkreisförmige Apsiden in das Mauerwerk, ohne jedoch nach außen sichtbar hervorzutreten.

Mit dem Zentralbau von Gravedona präsentiert Oberitalien dem von Norden einreisenden Besucher gleichsam die erste bauliche Visitenkarte von höchstem künstlerischen Anspruch. Obgleich die Konzeption der Kirche von großer Eigenständigkeit ist, lassen sich in einigen Details doch Parallelen

68 GRAVEDONA, S. Maria del Tiglio, Innenansicht

69 GRAVEDONA, S. Maria del Tiglio, Grundriß (nach S. Chierici)

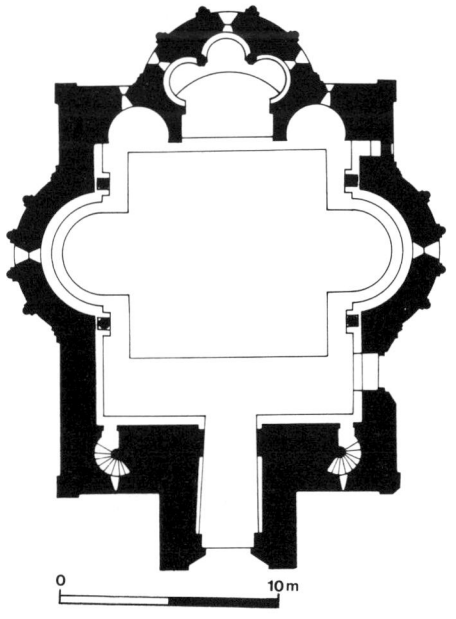

0   10 m

zu S. Fedele in Como herstellen. Das gilt weniger für den Trikonchos, der sich in Como zur Form des Kleebattes schließt, während er in Gravedona diese Konsistenz vermissen läßt. Deutlicher tritt die Affinität in der zwerchgalerieähnlichen Arkatur zutage, die über der Ostapsis von S. Fedele verläuft. Der hier im Erdgeschoß befindlichen Blendbogenarkatur begegnen wir in gleicher gestalterischer Intention auch im Altarraum von Gravedona, der wie in Como von Apsiden flankiert wird, die nach außen hin unsichtbar bleiben. Erinnern wir uns an die für die Ostapsis von S. Fedele mit »um 1200« vorgeschlagene Datierung, so kann – im Gleichklang der stilistischen Qualität – für den Zentralbau von Gravedona derselbe Entstehungszeitraum angenommen werden. Wie schon erwähnt, ist der Terminus

Trikonchos für dieses Gebäude genaugenommen nicht verwendbar. Allzu breit sind die Wandpartien, die die einzelnen Konchen trennen. Auch Ricci hat sich mit diesem Phänomen auseinandergesetzt, wobei er auf der Suche nach Vergleichsbeispielen auf die mit Gravedona teilweise identische Grundrißdisposition der in den Marken befindlichen Kirche von S. Claudio al Chienti (um 1100) stieß.[99] Wie noch nachzuweisen sein wird, steht die Baukunst der Marken zu einem beträchtlichen Anteil im Ausstrahlungsbereich von Byzanz und – im Hinblick auf die hier angesprochene Grundrißproblematik – unter dem Einfluß Armeniens. Dabei hat es den Anschein, daß architektonische Strömungen aus Kleinasien auf diesem Weg sogar bis in den äußersten Norden Italiens gelangt sind.

Mittelitalien

Läßt sich der oberitalienische Raum sowohl in geographischer und politischer als auch in baukünstlerischer Hinsicht relativ leicht umreißen, so stößt man in der Abgrenzung Mittelitaliens auf ungleich größere Schwierigkeiten. Im 11. und 12. Jahrhundert verfügten lediglich die Markgrafschaft Tuscien mit ihrer zumindest formalen Bindung an das Kaiserreich und das Kernland des Patrimonium Petri über eine langwährende Stabilität. Im Gegensatz dazu gestaltete sich der geschichtliche Ablauf in den östlichen Regionen, der bis an die Etsch heranreichenden Romagna, der Pentapolis (später Mark Ancona) und dem langobardischen Herzogtum Spoleto, äußerst fluktuierend. Während sich die Romagna und der Raum von Ancona überwiegend im Einflußbereich des Kirchenstaats befanden, geriet ein Großteil des Herzogtums von Spoleto, dessen südliche Grenze mit jener des Königreichs Italien identisch war, seit 1144 in normannischen Besitz. Da sich der Bereich Unteritalien mit dem Hinweis auf die langobardischen Fürstentümer Benevent und Capua und die bis in die Mitte des 11. Jahrhunderts vorherrschende byzantinische Präsenz, der dann die normannische Expansion und Staatenbildung folgte, relativ problemlos definieren läßt, ist damit auch die südliche Abgrenzung Mittelitaliens geklärt. So vielschichtig sich die politische Situation in diesem geographischen Abschnitt darstellt, so pluralistisch gestaltet sich hier im 11. und 12. Jahrhundert das architektonische Schaffen, wobei die Verwendung des Stilbegriffs ›Romanik‹ nur zu einem Bruchteil Erfolg verspricht. Denn neben einer orientalischen Stilkomponente im weitläufigen Einflußbereich von Pisa, einer klassischen in Florenz, einer byzantinischen im Umfeld der Pentapolis und einer frühchristlich retardierenden im Patrimonium Petri ist der romanischen, überwiegend lombardisch bestimmten Architektur nur eine untergeordnete Bedeutung beizumessen. Beansprucht in Oberitalien die lombardische Baukunst trotz verschiedener lokaler Sonderlösungen eine integrative Führungsrolle, so dominieren in Mittelitalien lokal abgegrenzte Architekturströmungen. Um solcher Vielfalt gerecht zu werden, erscheint es deshalb ratsam – teilweise im Widerspruch zu den historischen Gegebenheiten –, sich des Schemas der sich erst viel später herauskristallisierenden Regionalgrenzen Italiens zu bedienen. Eine führende Rolle kommt dabei der Toscana zu, die im Vergleich zu Umbrien, den Marken, Latium und den Abruzzen über die größere Baudichte und über die stilistisch unterschiedlicheren Ergebnisse baulichen Schaffens verfügt.

Toscana

Historische Voraussetzungen

Nach dem Zerfall des weströmischen Reichs trat die Toscana – von der Goten-Invasion kaum berührt – erst unter den Langobarden, die das Land 568 kampflos eingenommen hatten, wieder in das Licht der Geschichte. Nur relativ kurze Zeit dauerte die Einheit des Langobardenreichs in Italien. Schon nach dem Tod des Königs Kleph (573) zerfiel es in unabhängige Herzogtümer, wobei Lucca Hauptstadt der Toscana wurde; der Stellvertreter des Herzogs residierte in Pisa. Lucca als Stützpunkt zwischen Pavia und Rom und das am Meer gelegene Pisa blieben für lange Zeit die wichtigsten Städte der Region, bedeutender etwa als Florenz, das erst im 12. Jahrhundert eine Führungsposition einzunehmen begann. Mit dem Sieg Karls des Großen über die Langobarden (774) wurde auch die Toscana als Markgrafschaft Tuscien fränkische Provinz, wobei Recht und Verwaltung der Langobarden in Geltung blieben und die Grenzen der karolingischen Grafschaften mit jenen der Diözesen, die wiederum in die spätrömische Kaiserzeit zurückreichen, weitgehend übereinstimmten. Eine Feudalstruktur entfaltete sich, in deren Rahmen die Bischöfe und Grafen die dominierende Rolle spielten. So bestand eine der Hauptfunktionen der Bischöfe darin, für die Überwachung und Instandhaltung der Straßen – unter anderem der wichtigen, den Norden mit Rom verbindenden via francigena – Sorge zu tragen. Die Gerichtsbarkeit wurde jedoch auch von den Grafen beansprucht, was wenig ins Gewicht fiel, da die Bischöfe (z. B. in Volterra, Arezzo und Fiesole) ohnedies fast immer dem Grafenstand angehörten. Ein dichtes Netz von Kastellen, aus denen später die zahlreichen, hochgelegenen toskanischen Ortschaften hervorgingen, wurde errichtet, wobei die Burgherren zunächst aus Franken, Bayern und Schwaben stammten. Über den größten Grundbesitz verfügten die geistlichen Feudalherren, wie etwa um S. Salvatore am Monte Amiata oder um die Abtei von Sant'Antimo. Bewegung in dieses statische Feudalsystem kam erst im 10. Jahrhundert, als sich allmählich städtisches Leben und Handel entfalteten. Mit der Belebung der Landwirtschaft – aus Leibeigenen und Halbfreien wurden Halbpächter (mezzadri) – entsteht um 1000 ein gewisser Wohlstand, auch wenn die Macht im Norden bis ins 11. und im Süden sogar bis ins 12. Jahrhundert weiterhin in der Hand der Grafen oder des mit Grafenrechten ausgestatteten Bischofs lag.

Dieses Joch abzuschütteln, war erklärtes Ziel der Städte, ein Bestreben, das vor allem unter der Markgräfin Mathilde von Canossa (gest. 1115) gefördert wurde. Wie die oberitalienischen Städte erlangten damals auch die toskanischen ein hohes Maß an Autonomie. Am frühesten erwirkten Pisa und Lucca die Einrichtung einer Konsularregierung (1080); ihrem Beispiel folgten bald Arezzo (1096) und Pistoia (1105). Intensivierte Landwirtschaft und gesteigerter Warenaustausch führten auch auf dem Lande zu Versuchen – allerdings mit weniger Erfolg als in der Stadt –, sich von weltlicher oder geistlicher Herrschaft zu befreien. Teilweise existierten bereits freie Landkommunen, die in ihrem Kampf gegen die Feudalherren in den Städten häufig eine wirksame Stütze fanden. Freilich sind städtische Solidaritätsbekundungen dieser Art nicht allein als uneigennützige Handlungen zu verstehen. Verständlich werden sie erst aus dem seit dem beginnenden 12. Jahrhundert auch in der Toscana unter den Städten ausbrechenden Contado-Streit. Seit dem 11. bis in die erste Hälfte des 12. Jahrhunderts war Pisa die mächtigste Stadt der Toscana und spätestens seit dem Seesieg über die Sarazenen (1063) für lange Zeit führende Seemacht im westlichen Mittelmeer. Auch die binnenländischen Städte wie Lucca mit seiner renommierten Tuchindustrie, Pistoia, Florenz und Siena als florierende Handelszentren erlebten einen großartigen wirtschaftlichen Aufschwung, der nicht zuletzt mit dem militärisch gegen Sarazenen und byzantinische Störunternehmen gut gesicherten Hauptverkehrsweg des Landes, der via francigena – als Pilgerstraße auch Via Sancti Petri genannt – zusammenhängt. Die wirtschaftlichen Beziehungen zum Norden, vor allem nach Flandern und Frankreich, erwiesen sich als dermaßen gewinnbringend, daß sich die toskanischen Städte als unersetzbare Geldgeber für Papst, Kaiser und den König von Frankreich zu profilieren vermochten. Gefördert wurde diese Entwicklung vor allem durch die effizient waltenden Konsularregierungen. Besonders glücklich erwies sich dabei die Wahl des Stadtoberhaupts, des podestà, der als oberstes Exekutivorgan, als Anführer des Heeres und oberster Richter zur Vermeidung innerstädtischer Rivalitäten stets von auswärts berufen wurde; meistens stammte er aus oberitalienischen Adelsgeschlechtern.

Der Partikularismus erzeugte einen enorm leistungssteigernden Konkurrenzdruck, der allerdings nicht allein zu wirtschaftlicher Prosperität und kaum mehr überbietbarer Bautätigkeit führte, sondern mit der conquista del contado – dem Kampf um das geographische Umland – auch langwierige, blutige Fehden unter den Städten hervorrief. Als Beispiel sei nur auf den Konflikt zwischen den beiden Bischofssitzen Florenz und Fiesole verwiesen. Mit der Zerstörung von Fiesole konnte Florenz den Streit 1125 für sich entscheiden. Die Okkupation dieses größten und fruchtbarsten contado war eine der Voraussetzungen für die spätere Vormachtstellung der Stadt. Angesichts der Rivalität innerhalb der toskanischen Stadtstaaten überrascht es dann keineswegs, daß diese sehr bald in die Machtkämpfe zwischen Kaiser und Papst verwickelt wurden. Wie es den sicherheitspolitischen und diplomatischen Gepflogenheiten seit jeher entsprach, fanden sich benachbarte Städte immer im jeweils gegnerischen Lager. Während sich also Pisa, Pistoia und Siena als kaiserlich gesinnt, somit ghibellinisch bekannten, schlugen sich Florenz, Lucca und S. Gimignano auf die Seite der päpstlichen Partei. Man kann festhalten, daß diese partikularistischen Bestrebungen und die Kämpfe um die Hegemonialgewalt enorme Anstrengungen auf dem sakralen Bausektor – und nicht allein nach dem Grundsatz des ad majorem gloriam Dei – nach sich zogen. Denn nichts schien geeigneter als die Architektur, das eigene Machtpotential auch in optisch-propagandistischer Form vorzuführen. Wenn in diesem Zusammenhang die Pisaner Architektur in der Toscana die nachhaltigste Wirkung zeitigte, der sich auch Lucca, Pistoia und

Prato mit der Übernahme spezifisch pisanischer Bauformen nicht zu entziehen vermochten, dann scheint sich darin in der Tat Pisas führende Rolle im erfolgreichen Streben nach Hegemonie widerzuspiegeln. Es dürfte demnach kein Zufall sein, daß Florenz, dessen Vormachtstellung, wie schon erwähnt, sich erst ab der Mitte des 12. Jahrhunderts zu entfalten begann, mit seiner klassisch gesinnten Baukunst im geographischen Umfeld nur geringe Nachahmung fand.

Grundzüge und Schwerpunkte der toskanischen Sakralarchitektur im 11. und 12. Jahrhundert

In der toskanischen Baukunst haben die Jahre vor 1000 nur geringe Spuren hinterlassen. Nach der Jahrtausendwende scheinen sich an den Kirchen der Region eine Zeitlang stilistische Elemente lombardischer Architektur festzusetzen. Einflüsse dieser Art kommen in den Städten jedoch spätestens seit der Mitte des 11. Jahrhunderts fast gänzlich zum Erliegen. Dagegen verschaffen sie sich im ländlichen Raum auch später noch gelegentlich Geltung in Form von »lombardischen Verunreinigungen«, wie es M. Salmi bezeichnet hat.[100] Mit dem Dombau des Buscheto tritt Pisa (ab 1063) schlagartig in das Rampenlicht der Architekturgeschichte. Bauströmungen unterschiedlichster Art, die beredtes Zeugnis von den internationalen Beziehungen der Stadt geben (etwa zur islamischen Welt und zum christlichen Osten), werden in eine neue Form gegossen, der sich auch rivalisierende Städte wie etwa Lucca nicht zu entziehen vermögen und die in den Diözesen von Volterra und Massa Marittima rege Nachahmung finden (z. B. Dom von Massa Marittima). Daneben erübrigt es sich fast festzustellen, daß auch eine ganze Reihe von Land- und Pfarrkirchen in der Nachbarschaft Pisas den von Buscheto inaugurierten Baukriterien, wie etwa Zweifarbigkeit, Blendbogen, abgestufte Rhomben, keramische Schalen, gleichförmig verlaufende Säulenreihen, Flachdecken usw., Folge leistet. Versuche, den stilistischen Phänomenen der Pisaner Architektur mit dem Begriff ›Romanik‹ beizukommen, sind dabei wenig zielführend. Daran ändert sich auch nichts, wenn – gleichsam als Alibireaktion – von ›umgeformter Romanik‹ oder ›Pisaner Romanik‹ gesprochen wird. Romanische Phänomene, wie etwa gebundenes System, Stützenwechsel, stereometrische Regelmäßigkeit oder Wölbung, treten nur äußerst selten in Erscheinung.

Nachdem sich Luccas Bauschaffen mit einem strengen, dekorationsfeindlichen Klassizismus und einem Rückgriff auf antike Basiliken (Sant'Alessandro) zunächst ein gewisses Maß an Eigenständigkeit bewahrt hatte, gerät es im 12. Jahrhundert, trotz permanenter Rivalität zu Pisa, überwiegend in den Sog der Buscheto-Architektur. Das beweisen nicht zuletzt die dem Pisaner Vorbild folgenden Fassaden des Doms und von S. Michele. Einen noch spürbareren Widerhall findet die Pisaner Architektur in Pistoia, das sich in Allianz mit der Schwesterstadt verbunden weiß. Beispielhaft tritt diese Affinität etwa an den Fassaden von S. Andrea, S. Bartolomeo in Pantano und S. Pietro Maggiore in Erscheinung. Wie jedoch die

Fassade von S. Giovanni Fuorcivitas beweist, wird auch hier wie in Lucca im 12. Jahrhundert einer geradezu exzessiven Dekorationslust gehuldigt, die sich vor allem in einer gänzlich atektonischen Inkrustationsweise niederschlägt. Schließlich greifen pisanische Motive sogar auf Arezzo über, dessen Pfarrkirche eine völlig in Säulengalerien aufgelöste Fassade zeigt.

Lediglich Florenz verschließt sich dem pisanischen Einfluß. Die beiden wichtigsten hochmittelalterlichen Sakralbauten der Stadt, S. Miniato al Monte und das Baptisterium, sind vor allem in ihrer Fassadengestaltung deutlich an die römisch-antike Tradition gebunden. In klassischer Ausgewogenheit präsentieren sich die beiden Gebäude im Inkrustationskleid einer beispiellosen geometrischen Klarheit und Rationalität, für die sich seit J. Burckhardt der anschauliche Stilbegriff Protorenaissance herausgebildet hat. Damit ist freilich noch kein Anspruch auf stilistische Ausschließlichkeit gegeben. Denn wie das Innere von S. Miniato beweist, erfolgt hier mit der Wahl des Stützenwechsels und mit dem Einbau von Querbogen eine Übernahme spezifisch lombardischer Formen. Da sich beide Elemente dem gebundenen System entziehen und somit nicht in einer strukturellen Funktion Verwendung finden, ist jedoch auch hier der romanische Stilbegriff zu vermeiden. Im Gegensatz zu Pisa, dessen bauliche Intentionen in hohem Maß überregionale Wirkung zeitigen, findet die Florentiner Architektur außerhalb des städtischen Bereichs nur geringe Verbreitung. Lediglich die Fassaden der Pfarrkirche von Empoli und der Klosterkirche von Fiesole zeigen ein an S. Miniato orientiertes Inkrustationskonzept. Die übrigen Pfarrkirchen des Florentiner contado nehmen eine betont konservative Haltung ein. Während sich ihr Grundriß von der frühchristlichen Basilika ableitet, sind die sonst üblichen Säulen fast immer durch Pfeiler ersetzt, worin sich doch zumindest ein gewisses Maß ›romanischer‹ Monumentalität manifestiert. Im allgemeinen hat es den Anschein, daß man in der Architektur der Toscana romanischen Stilelementen – meist freilich nur in akzidenteller Form – hauptsächlich im ländlichen Raum begegnet. Dabei ist neben dem ephemeren Auftreten französischer Stilkomponenten eine Dominanz lombardischer Einzelformen zu beobachten, die man in vielen Pfarrkirchen der Region finden kann.

Während in den Städten das sich ständig ausweitende Handelsvolumen und der unbändige Expansionsdrang den Wettstreit um den Bau der größten und prächtigsten Kirchen hervorrufen, sind auf dem Lande die kirchliche Reformbewegung und die durch die sukzessive Zurückdrängung des Feudalismus bewirkte Ertragssteigerung der Landwirtschaft die Hauptursachen für eine stark zunehmende Bautätigkeit. Erstaunlich ist in diesem Zusammenhang, daß dabei das große Reformwerk von Cluny, das in Westeuropa schon im 10. Jahrhundert zu zahlreichen Klostergründungen geführt hatte, in der Toscana nur wenig Auswirkungen zeitigt. Denn im ländlichen Bereich befinden sich nur drei Klöster, Sant'Antimo, Isola im oberen Elsatal und S. Salvatore am Monte Amiata, im Besitz der Benediktiner. Von größerer Bedeutung sind die benediktinischen Reformorden der Vallombrosaner und Kamaldulenser, die nach den Prinzipien von Armut, Gebet und Buße eine wörtliche Befolgung der Regeln des hl. Benedikt fordern. Beharrlich bekämpft Johannes Gualbertus, der Begründer der Vallombrosaner, kirchliche Mißstände, wie Korruption, Simonie und Konkubinat der Bischöfe. Verbreitung finden diese neuen Kongregationen in der zweiten Hälfte des 11. Jahrhunderts vor allem im nördlichen Teil der Toscana, in den Diözesen von Florenz, Fiesole und Arezzo, während ihnen im Süden anfänglich weniger Erfolg beschieden ist; zu groß erweist sich hier die zunächst noch ungebrochene Macht der Feudalherren. Die Architektur der beiden Reformorden zeichnet sich unter Zurückdrängung ornamentaler und plastischer Formen durch große Nüchternheit und Einfachheit aus, Zielsetzungen, die auch bei der Errichtung zahlreicher Pfarrkirchen geltend gemacht werden. Während sich der vallombrosanische Kirchentypus aus einer rechteckigen Aula mit Querschiff (T-förmiger Grundriß) und häufig auftretender Vierungskuppel zusammensetzt, besteht jener der Kamaldulenser meist nur aus einer viereckigen Aula mit Apsis, ist also von noch größerer Sparsamkeit gekennzeichnet. Der überwiegende Teil der Sakralbauten in der Toscana untersteht jedoch unmittelbar den Diözesen. Wesentliche Impulse verdankt die Architektur hier auch den reformierten Kanonikern und Hospitalitern.

Wie schon erwähnt, ist dem lombardischen Anteil in der toskanischen Baukunst ein bedeutender Stellenwert beizumessen. So existiert im Val d'Elsa eine Gruppe von Backsteinbauten, deren raffinierte Dekorationskunst – vorspringende Portale, Dekor-Ziegelsteine, verflochtene Bogenfriese usw. – lombardischen Ursprungs ist. Auch in der Diözese Arezzo haben lombardische, aus der Emilia eingereiste Bauleute sichtlich Spuren hinterlassen, wie etwa die Zwerchgalerie an der Apsis der Pfarrkirche von Gropina beweist. Ein weit größeres Einzugsgebiet findet der lombardische Einfluß in der Umgebung von Siena – in Siena selbst haben sich aus dem 11. und 12. Jahrhundert keine Kirchen erhalten – und in der gesamten südlichen Toscana. Eine der Ursachen dafür ist in der vor allem zu Beginn des 12. Jahrhunderts erfolgten Zuwanderung von Bergleuten, Steinmetzen und Maurern aus dem Gebiet nördlich des Apennin in die toskanischen Bergwerke zu sehen. Lombardische Baumerkmale bestimmen auf diesem Weg und oft über Vermittlung durch die Klosterarchitektur den Bau von Pfarrkirchen. Zu erwähnen sind dabei etwa die Tambourkuppeln über der Vierung, Portale mit Leibung, Glockentürme mit gerahmten Öffnungen, Bogenfriese usw. Auch kann es vorkommen, daß der Kirchenraum, wie z. B. im oberen Elsatal und Arbiatal (Pfarrkirchen von Ponte allo Spino, Corsano, Casole usw.), durch den Wechsel von Säulen und Kreuzpfeilern bestimmt wird.

Schließlich ist festzuhalten, daß in der Südtoscana neben dem lombardischen Anteil und den hier schon beträchtlich weniger wirksamen Anregungen aus Pisa auch ein transalpiner, zumal französisch-auvergnatischer Einfluß zu registrieren ist, dessen zentrale Schaltstelle offensichtlich mit der Abteikirche der Benediktiner von Sant'Antimo auszumachen ist. Als Ursache für die Verbreitung solcher künstlerischer Formen ist in erster Linie die Frankreich mit Rom verbindende Pilgerstraße zu nennen. An dieser befinden sich neben der Abtei von Sant'Antimo auch andere Kloster- und Pfarrkirchen, die eine Synthese von französischen und lombardischen Stilelementen erkennen lassen. Es überrascht also kaum, hier gelegentlich auch auf Wölbungsversuche wie in S. Pietro in Villore, in S. Rapano und im Dom von Sovana zu stoßen. Im übrigen dominieren wie auch sonst in der Toscana Sparrendächer, die ein geringeres handwerkliches Können voraussetzen. Das Zusammenspiel dieser unterschiedlichen Stilphänomene haben Moretti und Stopani treffend charakterisiert, wonach hier »Elemente dekorativ verwendet [wurden], die anderswo eine genau konstruktive Funktion hatten«.[101] Auch dieser Kommentar verdeutlicht die eingeschränkte Verwendungsfähigkeit des romanischen Stilbegriffs selbst im ländlichen Gebiet der Toscana.

Zur Geschichte Pisas

Seit Beginn des 9. Jahrhunderts trat Pisa als zunehmend dominierender Faktor in das politische Kräftespiel des Mittelmeerraumes, zu einem Zeitpunkt, als der Expansionsdrang des Islam bereits bedrohliche Züge annahm. Diese Gefahr abzuwenden und auf längere Sicht den gesamten westlichen Mittelmeerbereich von den mohammedanischen Invasoren freizukämpfen, war vordringliches Ziel der mit einer zunächst noch kleinen Flotte operierenden Pisaner. Als die Sarazenen 1003 Rom bedrohten, kamen die Pisaner Papst Silvester III. zu Hilfe und gelangten auf ihrem Feldzug sogar bis nach Kalabrien. Gleichzeitig aber gerieten sie selbst in größte Gefahr, da die Mohammedaner zu einer militärischen Zangenbewegung ansetzten, die mit der Zerstörung Pisas endete. Dennoch gelang es, diese auch das übrige Italien gefährdende Invasion abzuwehren. In der Folge war es erklärtes Ziel der Stadt, das Tyrrhenische Meer uneingeschränkt zur eigenen Domäne zu machen. Pisanische Truppen erschienen 1015 in Reggio di Calabria und 1030 sogar in Karthago. 1051 eroberten sie Elba und Korsika und okkupierten 1065 Sardinien, nachdem sie bei Palermo 1063 die Sarazenen zur See vernichtend geschlagen hatten; an der Seite der Normannen erlebten sie mit der Einnahme dieser wichtigsten sizilischen Stadt ihren bis dahin größten Triumph, was für Gesellschaft, Wirtschaft und Kunst der Stadt die größten Auswirkungen zeitigte.

Mit den Seesiegen erlebte auch der Handel einen enormen Aufschwung. Wie so oft in der Geschichte, folgten den Soldaten die Kaufleute, die den Orient erschlossen und Kontore in Griechenland, Ägypten, Kleinasien, Konstantinopel, Antiochia und Tyrus einrichteten. 1075 wurde für alle Pisaner Stützpunkte im Mittelmeer ein gemeinsames Handels- und Seegesetz beschlossen, das auch durch Papst Gregor VII. und Kaiser Heinrich IV. Anerkennung fand. Als Seemacht nahm die Stadt in Italien einen führenden Rang ein. Als weitere Folge des militärischen Erfolgs von 1063 ist die nicht zuletzt durch die Markgräfin Mathilde von Canossa geförderte Einsetzung einer Konsularregierung (1080) anzusehen, die vom Kaiser bestätigt wurde. Dem gesteigerten Selbstbewußtsein nach außen entsprach ein für die Zeit beachtliches Maß an sozialer Fürsorge im Inneren. Das fand seinen Niederschlag etwa in der 1053 gegründeten Casa di Misericordia, die sich besonders der Betreuung von Waisen und Witwen annahm.

Der Siegeszug gegen den Islam nahm 1088 mit der Eroberung von Tunis und der Befreiung der dort gefangenen Christen seinen Fortgang; zum Dank erhob Papst Urban II. 1091 Pisa zum Erzbistum. Dem Papst blieb die Seemacht zunächst auch weiterhin verbunden, indem sie dessen Pläne zur Verwirklichung des 1. Kreuzzuges entscheidend unterstützte. Legendenhaften Ausdruck findet diese Allianz darin, daß angeblich zwei Pisaner als erste die

Mauern von Jerusalem überstiegen hätten. Das anläßlich der Vertreibung der Mauren von den Balearen (1114) aufgebrachte Beutegut wurde teilweise dem Weiterbau des Doms zugeführt, dessen Errichtung man 1063 nach dem Triumph über die Sarazenen in die Wege geleitet hatte. Mit der Pracht des Pisaner Doms konnte damals auf dem sakralen Bausektor lediglich S. Marco in Venedig konkurrieren. Die größte Blüte erlebte Pisa in der ersten Hälfte des 12. Jahrhunderts. Sie fällt also zeitlich in die Anfänge des staufischen Kaisertums, dem sich die Seemacht an der Seite der Ghibellinenpartei verpflichtet fühlte. Friedrich Barbarossa wußte diese Parteinahme zu schätzen und sprach der Stadt ein weit ausgedehntes Territorium zu, das von Portovenere im Norden bis nach Civitavecchia im Süden reichte. Der Besitz Pisas umfaßte so einen breiten Landstreifen zwischen Ligurien und Latium, den die Seemacht mit 554 Kastellen und Festungstürmen sicherte.

Der allmähliche Niedergang Pisas zeichnete sich in der zweiten Hälfte des 12. Jahrhunderts ab, als die Stadt mit den Parteigängern der Guelfen, Lucca und Florenz, in Zwistigkeiten geriet. Als noch gefährlicher erwies sich Genua, das die Insel Korsika für sich in Anspruch nahm. Pisa suchte sich dieser drohenden Aggression zu erwehren und fand auch in Venedig einen Bundesgenossen, dessen treulose Haltung in entscheidender Stunde jedoch den Untergang Pisas herbeiführte. 1284 wurde die pisanische Flotte in der Seeschlacht bei der Insel Meloria von den Genuesen vernichtend geschlagen. Fortan verlor die Stadt zusehends an militärischer und bald auch wirtschaftlicher Bedeutung.[102]

Pisas führende Stellung in der hochmittelalterlichen Baukunst der Toscana

Ehe in Pisa und dessen geographischem Umfeld sowie in weiten Bereichen der Toscana mit dem Dombau der Stadt im letzten Drittel des 11. Jahrhunderts eine für das Bauschaffen entscheidende Trendwende einsetzte, stand die Sakralarchitektur des Landes überwiegend im Zeichen stilistisch retardierender Tendenzen. In eine nahezu ungebrochen weiterwirkende frühchristliche Tradition mengten sich seit der Jahrtausendwende gelegentlich lombardische Stilelemente. Ein hochrangiges Beispiel dafür bietet die auf halbem Weg zwischen Pisa und dem Meer gelegene Kirche von *S. Piero a Grado*, die der Forschung nach wie vor eine ganze Reihe offener Fragen stellt. Der Ort befand sich in antiker Zeit unmittelbar an der Mündung des Arno in das Tyrrhenische Meer. An der Stelle, wo sich die Kirche erhebt, soll, wie die Legende berichtet, der Apostel Petrus in der Mitte des 1. Jahrhunderts seinen Fuß erstmals auf italienischen Boden gesetzt haben. Wie Ausgrabungen Sanpaolesis im Jahre 1958 ergeben haben, wurde hier im Gedenken an dieses Ereignis schon im 4. Jahrhundert eine Kultstätte – eine einfache Aula mit Apsis – errichtet. Grabungen förderten auch die Fundamente eines aus der Langobardenzeit (6./7. Jahrhundert) stammenden Nachfolgebaus zutage, der eine Erweiterung auf drei Apsiden erkennen läßt. Wann dieses Gebäude

70 S. Piero a Grado, Außenansicht von Südosten

schließlich der heutigen Kirche weichen mußte, läßt sich mit Sicherheit nicht bestimmen. Während sie von Sanpaolesi in das 10. Jahrhundert datiert wird, plädiert M. Salmi vorsichtiger für einen Entstehungszeitraum vor der Errichtung des Pisaner Doms, also für die erste Hälfte des 11. Jahrhunderts. Da zu S. Piero a Grado archivalische Quellen gänzlich fehlen, stützt sich die Forschung auf die oberhalb der Arkadenreihe des Mittelschiffs um 1300 al fresco abgebildeten Päpste. Dabei kristallisieren sich zwei voneinander divergierende Auffassungen heraus. Während Sanpaolesi im letzten der mit Petrus beginnenden langen Reihe von dargestellten Päpsten Johannes XIII. vermutet, plädieren andere Forscher für Johannes XVII. Daraus resultieren zwei Datierungshypothesen, wobei das Todesjahr des jewei-

ligen Papstes als terminus post quem angenommen wird. So gesehen stehen mit 965 und 1009 zwei Anhaltspunkte zur Verfügung. Wie der stilistische Befund ergibt, ist dabei der zweiten Datierungsversion, wie problematisch das ›päpstliche Beweisverfahren‹ auch immer sein mag, der Vorrang einzuräumen.[103]

Zunächst ist festzuhalten, daß das Innere von S. Piero a Grado, einer dreischiffigen Basilika, überwiegend dem frühchristlich-ravennatischen Typus folgt. Im Gegensatz dazu stößt man bei einer stilistischen und zeitlichen Einschätzung des Äußeren auf ungleich größere Schwierigkeiten (Abb. 70). Die Längsseiten sowie die mit drei Apsiden versehene Ostansicht wurden mit einem durchlaufenden Rundbogenfries und einem skandierenden Netz von Lisenen fas-

125

sadiert, Elementen, deren stilistische Herkunft in der Lombardei zu vermuten ist. Diese Komponente hat schon Salmi aufgedeckt, ohne allerdings die für eine nähere Erörterung der Baugeschichte nötigen Konsequenzen zu ziehen. Vor diesem Hintergrund wird seine den Gesamtbau betreffende undifferenzierte Datierungsthese (vor dem Pisaner Dom) kaum aufrechtzuerhalten sein. Dagegen spricht etwa die Tatsache, daß der Rundbogenfries doppelt abgestuft ist und die Lisenen keinen homogenen Zusammenhalt mit diesem aufweisen. Lombardische Bauten aus der ersten Hälfte des 11. Jahrhunderts, wie etwa S. Maria Maggiore in Lomello, zeigen nicht annähernd diesen Entwicklungsstand. Einfache Rundbogen sind hier durch unmittelbar einschneidende Lisenen paarweise gruppiert. Stellt man für S. Piero noch zusätzlich in Rechnung, daß die Leibungen der Apsidenfenster dreifach gestuft sind – eine in der lombardischen Baukunst des 11. Jahrhunderts noch völlig ungebräuchliche Lösung –, so kommt man nicht umhin, diese Apsisgestaltung kaum vor dem 12. Jahrhundert zu datieren. Von diesen Beobachtungen ausgehend, sind die in den Rundbogenfries alternierend eingesetzten Rhomben und die in runde Vertiefungen eingesetzten Majolikaschalen stilistisch vom Pisaner Dom abzuleiten. Ohne Zweifel handelt es sich dabei um Dekorationsformen, die, wie noch näher zu erläutern sein wird, als orientalisches Importgut zu betrachten sind. Der entwicklungsgeschichtlich älteren, also einfach profilierten Form des Rundbogenfrieses begegnet man in S. Piero am basilikal abgetreppten Querschnitt im Osten und am Obergaden des Gebäudes. Bei näherer Betrachtung stellt sich hier heraus, daß der Fries in be-

trächtlichem Abstand (etwa 2 m) von der Dachtraufe entfernt verläuft, ein ungewöhnlicher Umstand, der nur im Sinne einer späteren Aufstockung des Gebäudes zu deuten ist. Zusätzliches Gewicht bekommt diese These durch den zwischen Rundbogenfries und Dachtraufe befindlichen Mauerverband, der sich in seiner Struktur und Farbtönung deutlich vom unteren Wandabschnitt unterscheidet. Die Frage schließlich, wann diese Aufstockung erfolgte, läßt sich vielleicht mit dem Hinweis auf die Überschwemmungskatastrophe des Jahres 1180 beantworten. Damals trat der Arno über seine Ufer und unterspülte den Bau dermaßen, daß im Westen vier Joche der Kirche abgetragen werden mußten; Mauerreste sind hier heute noch zu sehen. Man beschloß, an dieser Stelle einen Cam-

71 S. Piero a Grado, Grundriß
(nach Moretti/Stopani)

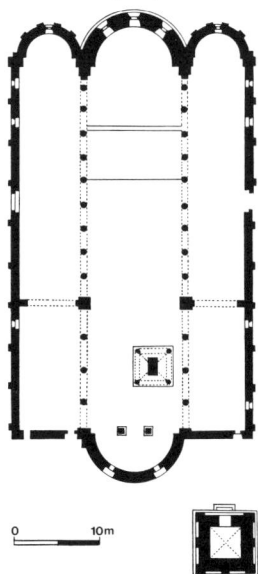

panile zu errichten (1944 durch Kriegsein-
wirkung weitgehend zerstört) und die Westfassade, nunmehr mit apsidialem Schluß,
nach Osten zurückzusetzen. Die Folge war
eine biapsidiale Anlage, die wie etwa in
S. Giorgio in Valpolicella als nordische Anregung erklärbar ist. Vielleicht kann dieses
von der ursprünglichen Kirche abweichende
Konzept mit dem Hinweis auf Pisas damalige Zugehörigkeit zum ghibellinischen Lager
auch als politisch bestimmte Präferenz interpretiert werden.

Trotz der am Ende des 12. Jahrhunderts
erfolgten Verkürzung präsentiert sich die
Kirche immer noch in erstaunlicher Weiträumigkeit (Abb. 71, 72). Mit ursprünglich
fast 85 m Länge stand sie nicht viel hinter
dem späteren Pisaner Dom (100 m) zurück.
Mit den enggereihten Säulenarkaden, unge-

72 S. Piero a Grado,
    Innenansicht

gliederten Seitenwänden sowie dem hoch-
ansetzenden Fenstergaden und offenem
Sparrendach erinnert das Mittelschiff deutlich an ravennatisch-frühchristliche Bauten.
Bei näherer Betrachtung sind jedoch Gestaltungselemente zu bemerken, die S. Piero als
ein nach der Jahrtausendwende errichtetes
Bauwerk charakterisieren. Zu erwähnen
sind etwa die Fenster, die – ganz im Gegensatz zu frühchristlichen Vorstellungen – keinen axialen Bezug zur Arkadenreihe besitzen, dann die Ostapsiden, die von doppelt
abgestuften Bogen gerahmt sind, in denen
sich bereits die spätere, in Italien zuerst in
der Lombardei auftretende Form des Chorvorjochs ankündigt. Wichtig erscheint auch
die Tatsache, daß die Kontinuität der Säulenreihen nach dem 9. Joch von Pfeilern unterbrochen wird, eine in ravennatischen
Kirchen undenkbare Zäsur. Daß diesen
Pfeilern von den einst in S. Piero ansässigen
Kanonikern eine liturgisch-funktionelle Bedeutung beigemessen wurde, kann zumindest vermutet werden. In Erwägung zu ziehen ist hier ein Lettner, der den ursprünglich viel längeren Raum in zwei annähernd
gleich große Teile gegliedert hat. Bestärkt
sieht man sich in dieser Annahme insofern,
als sich an dieser Stelle in den Seitenschiffen
Querbogen wölben. Die Möglichkeit, daß
ursprünglich auch das Mittelschiff durch
einen Querbogen geteilt war, ist nicht auszuschließen, da der südliche Pfeiler beträchtlich aus der Mittelschiffwand heraus-
tritt und mit seinem vorragenden Kämpfer
einem Querbogen als Widerlager hätte dienen können. Der nördliche Pfeiler hingegen
stimmt mit der Wandebene des Mittelschiffs
exakt überein. Das hier fehlende Kämpfer-
stück wurde vielleicht beseitigt, als Adeoda-
to Orlandi um 1300 den großartigen Fres-

73 PORTO TORRES, S. Gavino, Außenansicht

kenzyklus schuf, dessen Kontinuität ein Querbogen empfindlich gestört hätte. Verifizierbar erscheint diese Querbogenthese mit einem Hinweis auf die mit S. Piero weitgehend analoge Wandstruktur von *S. Gavino in Porto Torres* auf der Insel Sardinien, die 1065 in pisanischen Besitz geriet (Abb. 73).[104] Auch hier wird die Regelmäßigkeit der Mittelschiffarkaden von Pfeilern unterbrochen, unter denen einer noch ganz deutlich den Querbogenansatz erkennen läßt. S. Gavino ist mit seiner inneren und zum Teil auch seiner äußeren Erscheinungsform (biapsidial) ein typisches Beispiel für das Übergreifen des querhauslosen Baumodells von S. Piero a Grado auf die pisanisch besetzte Insel. Allerdings steht die Blendbogenarkatur der Apsis der Kirche von Porto Torres bereits unter dem Einfluß des Pisaner Doms, weshalb als Baubeginn der sardinischen Basilika das ausgehende 11. Jahrhundert anzunehmen ist. Deutlichere Parallelen

zur Außenbaugliederung von S. Piero zeigt die in der zweiten Hälfte des 12. Jahrhunderts entstandene Kirche von Uta (ebenfalls Sardinien) mit ihrer Rundbogenfries-Lisenen-Fassade.

Kehren wir nach S. Piero zurück, so fällt auf, daß die westlich des raumunterteilenden Pfeilerpaars befindlichen Arkaden bei gleichbleibenden Details – im farbigen Schichtwechsel (rot, weiß) errichtete Bogen und durchweg ältere, größtenteils aus der Antike stammende Säulenschäfte und Kapitelle – sich von jenen der östlichen durch größere Interkolumnien und Bogenhöhe unterscheiden. Deutlich ist hier also ein Planwechsel erkennbar, mit dem vielleicht dem Wunsch nach zusätzlicher optischer Abtrennung des Gemeinderaums von dem den Kanonikern vorbehaltenen Bereich entsprochen werden sollte. Daß die bereits am Außenbau festgestellte Aufstockung des Gebäudes sich schließlich auch im Inneren nachweisen läßt, geht aus dem den östlichen Apsisbogen horizontal begrenzenden Mauerverband hervor, über dem sich, beträchtlich höher gelagert, der Sparrendachansatz befindet.

Auch in *Pisa* existiert mit *S. Sisto* ein Kirchengebäude, das sich, wenngleich erst ab 1073 errichtet, stilistisch in die dem Dom vorangehende Architekturphase einordnen läßt. Wie in S. Piero a Grado handelt es sich um einen querhauslosen, von Säulen durchzogenen dreischiffigen Basilikabau, der angesichts seines relativ steilen Mittelschiffs nicht mehr im gleichen Maße wie S. Piero der ravennatisch-frühchristlichen Tradition folgt. Deutlicher jedoch als dessen Außenansicht zeigt jene von S. Sisto mit ihrer sparsamen, sich auf einen einfachen Rundbogenfries beschränkenden und auf Lisenen verzichtenden Dekoration die Handschrift lombardischer Bauleute. Nicht zuletzt daraus geht hervor, daß S. Pieros Fassadierung später als jene von S. Sisto erfolgt sein muß.[105]

Der Dom von Pisa

Mit Recht zählt Kubach den Pisaner Dom »unter die ganz großen und außergewöhnlichen Bauwerke« des Abendlandes.[106] Der Dom ist das Kernstück eines in der Architektur des Hohen Mittelalters beispiellosen, am Ende des 13. Jahrhunderts abgeschlossenen Ensembles, dessen Gebäude sich zu vollendeter Harmonie zusammenschließen. Wohl niemand hat sich je dem vom Hauch des Orients berührten Zauber dieser auch städtebaulich einmaligen Anlage, dem ›prato dei miracoli‹, entziehen können. Mit dem

Sieg über die Sarazenen im Jahre 1063, der unermeßliche Beute einbrachte und gewiß auch eine Intensivierung des Orienthandels nach sich zog, waren die finanziellen Voraussetzungen für den Dombau sichergestellt. Kennzeichnend für Pisas kosmopolitische Einstellung und künstlerischen Weitblick ist, daß Bischof Guido von Pavia zur Errichtung des Gebäudes den aus dem byzantinischen Kulturraum stammenden Architekten Buscheto berief, dessen baukünstlerische Leistung eine an der Westfassade des Doms angebrachte Inschrifttafel mit panegyrischen Worten rühmt.[107] In der Tat erkannten schon die Zeitgenossen Buschetos die Bedeutung des in fast allen Belangen mit der abendländischen Tradition brechenden Baukonzepts. Man bewunderte ein Gebäude von »weißem Marmor, dem kein anderes Beispiel an die Seite gestellt werden kann«.[108] Auch in urbanistischer Hinsicht distanzierte sich Buscheto von den Gewohnheiten der mittelalterlichen Architektur. Anstatt den Dom in das städtische Zentrum zu setzen, entschied er sich zugunsten eines an der Peripherie der Stadt gelegenen Bauplatzes, wo sich der Dom zusammen mit dem ihn umgebenden Gebäudeensemble, dem dicht verbauten Stadtkern entzogen, optisch frei entfalten sollte (Abb. 74, 75). Beabsichtigt war wohl eine Polarisierung zwischen der bürgerlich-kommunalen Sphäre (Piazza dei Cavalieri) und der sich nunmehr auch räumlich davon abhebenden Position episkopaler Macht. Folgten die in der ersten Hälfte des 11. Jahrhunderts in der Toscana tätigen Bauleute mit ihrer zurückhaltenden Gestaltung der Kirchenfassaden noch überwiegend der frühchristlichen Tradition, so richtete sich das Bestreben Buschetos – gleichsam als Bekenntnis zu seiner

74　Pisa, Domplatz mit Baptisterium, Dom und Campanile

östlichen Heimat – auf eine der Pracht des Kircheninneren adäquaten Fassadengliederung. Damit war im Rahmen der westlichen Architektur ein Traditionsbruch erfolgt, dessen Tragweite schon J. Burckhardt in seinem »Cicerone« zu würdigen wußte: »Zum ersten Mal wieder seit der römischen Zeit sucht die Kunst den Außenbau lebendig und zugleich mit dem Inneren harmonisch zu gliedern.«[109] In der Tat sind, wie H. G. Franz festhält, »mit dem Dom in Pisa sprunghaft die Vorstufen des oberitalienischen Kirchenbaus des 11. Jahrhunderts überwunden, der in seiner langsamen und zähen Entwicklung kaum über die Stufe der frühchristlichen und ravennatischen Basilika hinausgekommen war«.[110]

Zur Klärung der langwierigen Baugeschichte des Pisaner Doms stehen nur wenig

gesicherte Daten zur Verfügung, weshalb es nicht überrascht, daß die zahlreichen Forschungsmeinungen bis in die Gegenwart einen einheitlichen Konsens vermissen lassen. Nach der Grundsteinlegung im Jahre 1063 verstrich mehr als ein halbes Jahrhundert, ehe der Dom 1118 seine erste Hauptweihe erfuhr, womit das ganz im Zeichen der Kunst Buschetos stehende Bauwerk zunächst in den Grundzügen festgelegt war. Daß damals die Bauarbeiten jedoch noch lange nicht abgeschlossen waren, geht sowohl aus dem bautechnischen und stilistischen Befund als auch aus der Tatsache hervor, daß 1121 mehrere Altäre geweiht wurden. Ungesichert ist schließlich die These von Moretti und Stopani, wonach die Kirche anläßlich des 1136 in Pisa abgehaltenen Konzils bereits weitgehend vollendet gewesen sei.[111] Dagegen steht für die Mehrheit der Forscher, unter anderem R. Salvini, außer Frage, daß die westlichen zweieinhalb Joche des Langhauses, die Gestaltung der Hauptapsis und der Obergadendekor mit dem erst in der zweiten Hälfte des 12. Jahrhunderts auftretenden, wie Buscheto ebenfalls an der Westfassade inschriftlich genannten Architekten Rainaldus in Zusammenhang zu bringen sind.[112] Somit muß – abgesehen von geringfügigen Veränderungen und Ergänzungen im 14. Jahrhundert und am Ende des 16. Jahrhunderts – mit einer mehr als 100jährigen Baugeschichte gerechnet werden. Das Festhalten am Grundkonzept Buschetos scheint man dabei allerdings stets als bindende Verpflichtung empfunden zu haben.

Der Dom besteht aus einem fünfschiffigen Langhaus, einem dreischiffigen, mit Apsiden ausgestatteten Querhaus und einem weit nach Osten vordringenden, von einer mächtigen Apsis abgeschlossenen Presbyterium. Damit folgte Buscheto dem im Osten beheimateten Typus der Kreuzkirche, die er mit einer ovalen Kuppel bekrönte. Es ist charakteristisch, zu welch gravierenden Fehleinschätzungen die ältere Forschung bei der irrigerweise vom Aspekt der romanischen Architektur ausgehenden Analyse des Bauwerks gelangt ist. So erscheint es etwa G. Dehio völlig unglaubwürdig, daß das Langhaus ursprünglich fünfschiffig konzipiert war. Da dieses in der Tat recht inhomogen in das dreischiffige Querhaus einschneidet und damit der ›romanischen Forderung‹ nach einer etwa dem gebundenen System folgenden Regelmäßigkeit deutlich widerspricht, ist für diesen Forscher lediglich ein dreischiffiges Lang-

75 Pisa, Domplatz, Grundriß (nach Braunfels)

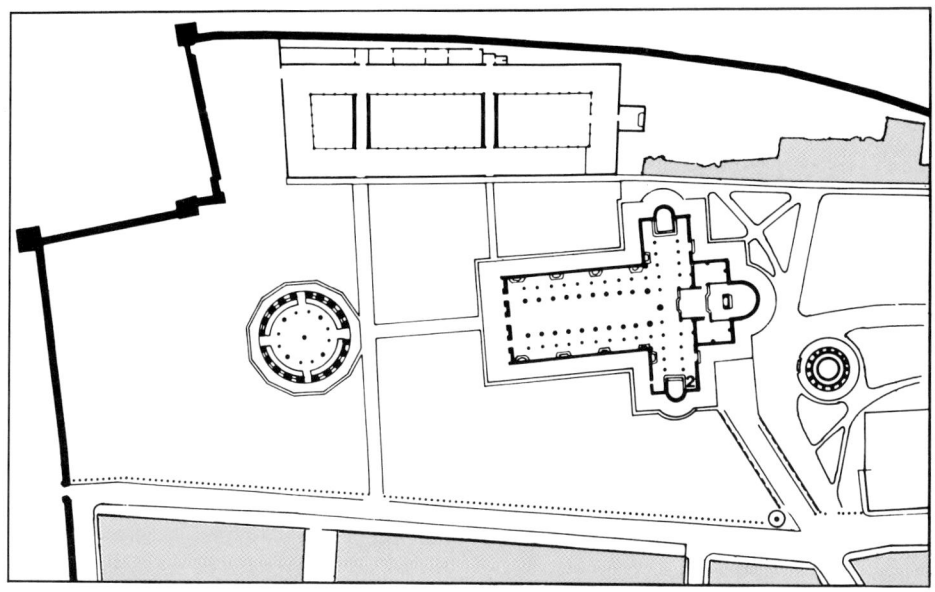

hauskonzept vorstellbar. Frankl hingegen erhebt an der schon ursprünglich vorgesehenen Fünfschiffigkeit des Langhauses keinen Zweifel und versucht, zur Rekonstruktion des Buscheto-Plans die Emporenproblematik – allerdings wenig überzeugend – zu klären. Danach seien die Emporen erst viel später von den inneren Seitenschiffen auf die äußeren erweitert worden. Frankl denkt also an ein Fassadenschema, das, doppelt abgestuft in den Seitenachsen, der Fünfschiffigkeit des Langhauses entsprochen hätte. Zu einer weiteren Fehldiagnose gelangt der Autor, wenn er nachzuweisen versucht, daß im Buscheto-Projekt Langhaus und Querhaus gleich hoch gewesen seien; erst nachträglich hätte man das Langhaus beträchtlich aufgestockt. Schließlich bezweifelt er – und darin folgt ihm auch Guyer – sogar die ursprüngliche Existenz der Kuppel; deren ovale Erscheinungsform sei zusammen mit den zugespitzten Kuppelpfeilern im Inneren der Kirche nicht vor dem 14. Jahrhundert denkbar. Auch die die Querarme vom Langhaus trennenden Emporenbrücken könnten nur als nachträglich eingefügte, der statischen Absicherung der Kuppel dienende Elemente verstanden werden.[113] Gegen diese, der vermeintlichen Rekonstruktion des Buscheto-Plans dienenden Thesen haben Thümmler und zum Teil auch Guyer, überzeugende Argumente geliefert und die Begründungen der älteren Forschung, die vom romanischen Wunschdenken nordischer Provenienz erfüllt war, als haltlos zurückgewiesen.

In der Tat könnte man von der Darstellung eines mittlerweile längst überholten Forschungsstandes absehen, bestünde nicht bis in die Gegenwart die Gefahr, ausgehend von der falschen Prämisse der überwiegend dem Vierungsgedanken huldigenden Sakralarchitektur des Nordens, den Pisaner Dom voreilig mit dem Stiletikett ›romanisch‹ zu versehen. Erkennt man hingegen die individuelle und oft auch eklektizistische Eigenart der hochmittelalterlichen Architektur Italiens, so wird man gerade etwa am Pisaner Dom in der Beachtung der unterschiedlichen Höhen von Langhaus und Querhaus mit Thümmler zu richtigen Schlußfolgerungen gelangen, wonach nicht zuletzt »die verschiedene Bewertung dieser beiden Raumtrakte ja gerade eine Eigenschaft ist, die wir als eminent italienisch nennen müssen«.[114] Tatsächlich gibt es in der Baukunst des 11. Jahrhunderts in Italien nur selten (z. B. Dom von Aquileja und einige Kirchen in Unteritalien) eine Gleichrangigkeit von Langhaus und Querhaus. Wie beispielsweise der Dom von Acqui und S. Maria Maggiore in Lomello beweisen, wurde dem Prinzip der reduzierten Querhauslösung in Oberitalien bereits um die Jahrtausendwende Rechnung getragen – beträchtlich vor dem Pisaner Dom. Es ist das Verdienst Thümmlers, sowohl Frankls extreme Spätdatierung der Kuppel als auch Guyers Annahme, diese sei im ursprünglichen Projekt nicht vorhanden gewesen, aus dem Weg geräumt zu haben. Thümmlers Vorschlag, die Kuppel mitsamt der Blendarkadenmanschette (der gotische Arkadenkranz stammt erst vom Ende des 14. Jahrhunderts) und das Querhaus in den Anfang des 12. Jahrhunderts zu datieren, ist von keiner Seite der neueren Forschung widersprochen worden. Auch können Zweifel an der bereits im Buscheto-Plan vorgesehenen Ovalkuppel mit dem Hinweis auf byzantinische (Hagia Eirene in Byzanz) und armenische Vorstufen zerstreut werden. Für die ausschließlich auf die nordische Baukunst fixierte Forschung war es freilich nur schwer denkbar, daß die ovale Form einer Kuppel im Rahmen der europäischen Architektur ausgerechnet in Italien, einem Land, dem man im Bereich der mittelalterlichen Baukunst vorweg keinen entwicklungsgeschichtlichen Führungsanspruch zugetraut hatte, zum ersten Mal in Erscheinung getreten sein soll. Daß für die extrem gestreckte Ovalform letzten Endes doch kein unmittelbares Vorbild zur Verfügung stand, bestärkt nur um so mehr die Ansicht, daß es sich hier um eine ureigenste Schöpfung Buschetos handelt. Bleibt noch zu klären, wie Frankls Zweifel an der schon von vornherein geplanten Emporenlösung auszuräumen sind; denn tatsächlich sind für die doppelten Langhausemporen in der Architektur des Abendlands keine Vorstufen zu nennen. Abermals bewährt sich hier der Weitblick Thümmlers, der mit dem Hinweis auf die Demetriuskirche in Thessaloniki (5.–7. Jahrhundert) eine bemerkenswerte Parallele zum byzantinischen Bereich aufdeckt: Mit der fünfschiffigen Anlage ihres Langhauses und den dreischiffigen Querarmen, »in ganz besonderer Weise aber mit den über allen Nebenschiffen sich hinziehenden Emporen [ist die Demetriuskirche] eine dem Pisaner Dom sehr verwandte Anlage«.[115] Wie verdienstvoll diese Information auch sein mag – immerhin zeigt sich hier einmal mehr, welch intensive Kontakte zwischen Pisa und der östlichen Hemisphäre bestanden –, so birgt der Hinweis auf die Demetriuskirche doch nur einen erhellenden Aspekt der Emporenproblematik. Darüber hinaus bedarf auch das Erscheinungsbild der sich zum Langhaus öffnenden, im Wechsel von Säulen und Kreuzpfeilern rhythmisierten Emporenarkatur einer

klärenden Antwort. Hier erscheint es ausgeschlossen, ein weiteres Mal, wie es Guyer versucht hat, die byzantinische Komponente ins Spiel zu bringen. Nach dessen Auffassung ist die Emporenarkatur Pisas »auf Anregungen der byzantinisierenden kirchlichen Architektur Apuliens« zurückzuführen. Dazu bemerkt er weiter: »Denn dort waren solche Emporen, wie die Dome von Bari, Trani und Barletta beweisen, durch die Griechen eingeführt worden.«[116] In dieser Aussage stecken gleich zwei Fehler: Einerseits gehen die Emporenöffnungen der apulischen Kirchen auf normannische Wurzeln zurück, andererseits unterscheidet sich die Pisaner Emporenlösung von der in Apulien gebräuchlichen in fast jeder Hinsicht. Für ihren Stützenwechsel (a-b-a-b) findet sich in ganz Italien keine überzeugende Parallele. Möglicherweise stand Buscheto auch auf diesem Sektor unter dem Einfluß der Demetriuskirche. Nur ist zu bedenken, daß der Stützenwechsel hier in einem anderen Rhythmus formuliert wurde und darüber hinaus die in Pisa die Arkaden paarweise übergreifenden Blendbogen gänzlich fehlen. Nicht völlig auszuschließen ist daher, daß sich der sonst doch so sehr an der östlichen Architektur orientierende Buscheto für die Lösung dieser Problemstellung seine Anregungen vielleicht aus dem transalpinen Bereich geholt hat. Dabei ist kaum zu klären, auf welchen Umwegen dieser rheinisch rhythmisierte Stützenwechsel in das Pisaner Domprojekt Eingang gefunden hat. Jedenfalls besitzt er einen für Pisa wegweisenderen Modellcharakter als jener der Demetriuskirche in Thessaloniki.

Mit seinem kreuzförmigen Grundriß nimmt der Dom von Pisa, dessen Langhaus erst von Rainaldus um zweieinhalb Joche verlängert wurde, von Buscheto zunächst also erheblich kürzer konzipiert war, in der abendländischen Baukunst des 11. Jahrhunderts eine signifikante Stellung ein. Dieser Grundrißtypus hat weder mit den frühchristlich-römischen Kirchen oder der Demetriuskirche in Thessaloniki noch mit den justinianischen Bauten, etwa der fünfkuppeligen Apostelkirche in Konstantinopel, etwas gemein. Schon Dehio brachte den Pisaner Dom mit der syrisch-frühchristlichen Kreuzkirche von Qalaat Seman, einem sich aus vier basilikalen Armen zusammensetzenden Bau, in Verbindung.[117] Diese kleinasiatische Komponente dann näher bestimmt und lokalisiert zu haben, ist das Verdienst Guyers. Neben dem Hinweis auf die Johanneskirche I von Ephesos und die Kirche von Salona (Mitte 6. Jahrhundert) stellt er eine Liste von Kreuzkirchen zusammen, die unter anderem in den Hinterländern Antiochiens und in Kappadokien (s. Panagia Tomarza) zu finden sind. Besonderes Interesse verdient dabei die literarisch überlieferte Ecclesia quadrifida in Sichem, deren vierarmige Anlage eine prinzipielle Analogie zu Qalaat Seman erkennen läßt. Schon weniger überzeugend sind die Querverbindungen zwischen der Pisaner Lösung und dem Kirchenbau von Binbir Kilise (zweite Hälfte 5. Jahrhundert) sowie dem von Gregorios von Nyssa projektierten Martyrion (Ende des 4. Jahrhunderts), da in beiden Fällen die Kreuzarme einem oktogonalen Zentrum entspringen.[118] Daß Buscheto mit seinem östlich orientierten Kreuzkirchenkonzept in Pisa Zustimmung fand, ist nicht weiter überraschend, bestanden doch im kleinasiatischen Raum, unter anderem auch in Antiochia, zahlreiche pisanische Handelsniederlassungen. Mit dem Nachweis solcher in den Bereich der Ostkirche führender Spuren wird freilich wieder nur ein Aspekt der Pisaner Grundrißlösung angeschnitten. Denn das fünfschiffige Langhaus des Doms kann nur unter dem Blickwinkel des ebenfalls fünfschiffigen Langhauses von Alt-St.-Peter in Rom betrachtet werden, ein weiteres Indiz für die eklektizistische Grundhaltung Buschetos.

Mit der gleichmäßig das Langhaus durchziehenden Säulenarkatur legte der Architekt ein Bekenntnis zur frühchristlichen Tradition ab, ohne es jedoch zu verabsäumen, dieser Kontinuität die im Stützenwechsel rhythmisierten Emporenöffnungen entgegenzustellen (Farbabb. 6). Während Buscheto seine sieben aus Granit bestehenden Säulenschäfte mit Kompositkapitellen ausgestattet hatte, entschied sich Rainaldus, als er das Langhaus nach Westen zu erweiterte, für die korinthische Ordnung. Darüber hinaus verminderte er die Säulenhöhe; die Folge war eine gestelzte Bogenstellung. Beträchtlich niedriger als die Säulen des Mittelschiffs sind diejenigen, die die Seitenschiffe unterteilen. Auf diesen lagern gestelzte Spitzbogen, deren in zweifarbigem Schichtwechsel versetztes Steinmaterial sowohl an byzantinische (z. B. Demetriuskirche in Thessaloniki) als auch an islamische Vorbilder erinnert. Erst nach dem Dachstuhlbrand von 1595 wurden in den Seitenschiffen die ursprünglichen Flachdecken durch Kreuzgratgewölbe ersetzt. Schon für M. Salmi stand außer Frage, daß die Spitzbogenform, die sowohl in den Seitenschiffen als auch über den Kuppelpfeilern auftritt, aus der sizilisch-arabischen Baukunst herzuleiten ist.[119] Frankl hingegen meinte, in der spitzbogigen Form der die ovale Kuppel begrenzenden Triumphbogen über ein zusätzliches, an der Gotik orientiertes Argument zur Spätdatierung der Kuppel zu verfügen.

Die im Langhaus vorherrschende Kontinuität wird im Kuppelraum jäh unterbrochen. Hier überbrücken die Emporen auf einem nunmehr höher gelagerten Sohlbankniveau die dadurch optisch weitgehend verstellten Querhausarme, die sich somit der Dominanz des Langhauses unterordnen. Während im Untergeschoß zwei schmale Arkaden einen weitgespannten Bogen flankieren und damit beim Betrachter den Eindruck einer dreifachen Triumphbogenanlage hervorrufen, begleiten im Emporengeschoß zwei Doppelarkaden, von Kreuzpfeilern begrenzt, eine vierfache Bogenstellung. Daraus resultiert, daß die Querhausarme vom Langhaus-Kuppel-Bezirk durch eine Gitterwand getrennt werden, die Thümmler prinzipiell schon in der Hagia Sophia in Konstantinopel vorgebildet sieht. »Auch dort ist der Kuppelraum an den Langseiten von einer doppelgeschossigen Arkadenwand begrenzt. Diese Verwandtschaft läßt sich sogar verdichten. Die die Kuppel tragende Gitterwand ist in Konstantinopel gleichsam in zwei Schalen aufgeteilt, bei der die hintere ein eigenes und andersartiges Stützensystem aufweist als die vordere. In Pisa ist es ebenfalls nicht eine, sondern es sind zwei Gitterwände, zwischen denen hier nur ein selbständiger Raumtrakt liegt.«[120] So gesehen scheinen die Querhausarme fast schon die Funktion selbständiger Kirchenräume zu erfüllen.

Ganz im Gegensatz zu den Grundtendenzen der alt-byzantinischen und auch zum Teil der abendländischen Baukunst ist für die Außenansicht des Doms ein geradezu überquellender Reichtum architektonischer und ornamentaler Elemente charakteristisch

(Abb. 76). Daß die Ursache dafür in der Herkunft Buschetos und den weit über die Einflußgrenzen von Byzanz hinausreichenden Beziehungen Pisas zu sehen ist, wurde schon betont. Wie die frühchristlichen Kirchen Syriens und im Unterschied zu Byzanz verfügt der Dom nicht über ein Atrium. Außerdem ist dieser von allen Seiten frei sichtbar, ein Faktum, das – wie teilweise auch der Kreuzkirchentypus selbst – hauptsächlich aus syrischen Quellen ableitbar ist. Beginnen wir mit der Betrachtung der südlichen Längsfassade, so ist zunächst die das Buscheto-Projekt vom Erweiterungsbau des Rainaldus trennende Baunaht zu beachten, die mit dem, vom Westen her gesehen, fünften Pilaster identisch ist. Diese Stelle, an der im Untergeschoß zwei verschiedene Baumaterialien (Tuffstein und Marmor) aneinanderstoßen, zeigt den ursprünglichen Abschluß des Langhauses an. Mit Ausnahme der erst in der zweiten Hälfte des 12. Jahrhunderts entstandenen Westfassade, sind Langhaus, Querhaus und Presbyterium im Erdgeschoß durch eine lange Reihe von Blendarkaden, die von Pilastern begrenzt werden, zusammengefaßt. Unterbrochen wurde diese Kontinuität lediglich an den drei Apsiden, wo anstelle von Pilastern Vollsäulen auftreten, deren Applikation von Guyer in die Zeit nach 1118 datiert wird. Diese Datierung kann jedoch nicht für die Säulen der Hauptapsis aufrechterhalten werden, da die hier doppelgeschossig aufgesetzten Zwerchgalerien – wenn man deren Entwicklungsstand in Oberitalien in Betracht zieht – nicht vor der zweiten Hälfte des 12. Jahrhunderts entstanden sein können. Man hat also davon auszugehen, daß sowohl die im zweiten Geschoß aus Arkaden und im dritten Geschoß aus Kolonnaden bestehenden Zwerchgalerien als auch die Säulenapplikation im Erdgeschoß auf Rainaldus zurückgehen. Weiter ist diesem Architekten nicht nur der westliche Erweiterungsbau mit der Hauptfassade, sondern auch die Gliederung des Langhausobergadens zuzuschreiben. Im Gegensatz zu Buschetos Pilasterblendarkaden im Erdgeschoß entschied sich Rainaldus hier zugunsten des plastischen Elements der Säulenblendarkatur, wobei er auf einen axialen Bezug zu den Untergeschossen verzichtete. Als sein ganz persönlicher künstlerischer Beitrag ist gleichfalls die Fassadierung der Westansicht anzusehen, auch wenn dies von Moretti und Stopani, die auch dieses Konzept auf den Buscheto-Plan zurückführen, bestritten wird.[121] Hier dominieren ausschließlich Vollsäulen, denen im Erdgeschoß zur Steigerung der Plastizität zusätzlich Pilaster hinterlegt wurden. Zu beachten ist weiter die vielleicht ebenfalls von Rainaldus konzipierte Form der Portale, die – als typisch pisanische Komponente – von der in Oberitalien gebräuchlichen Stufenportallösung extrem abweicht. Es handelt sich dabei um rechteckige, flächenhaft eingelassene Pforten, auf deren Sturz in trennender Absicht die Tympanonbogen gesetzt sind.

Nach dieser keineswegs vollständigen Schilderung des Außenbaus ist noch zu klären, welche kunsthistorisch relevanten Fragestellungen sich daraus ergeben. In der Tat hat sich die Kunstforschung schon seit langem um den Quellennachweis der für das Fassadenkonzept des Doms wichtigsten Motive, wie der mit Rhomben und Medaillons dekorierten Blendarkatur, der Säulenapplikation und der Inkrustation, bemüht. Obwohl sich schon J. Burckhardt in der Frage der Blendarkatur für den Orient als

Ursprungsbereich ausgesprochen hat, versucht selbst noch die neueste italienische Forschung diesen Problemkreis mit ravennatischen Quellen in Verbindung zu bringen.[122] Dabei wird übersehen, daß die Lisenenblendarkatur, etwa am Mausoleum der Galla Placidia, nicht das geringste mit den äußerst schlanken und von Pilastern begrenzten Blendarkaden Buschetos gemeinsam hat. Was von Burckhardt nur ganz allgemein angedeutet wurde, hat Strzygowski mit dem Hinweis auf die armenische Baukunst als Ausgangspunkt für die Verbreitung dieses Fassadenmotivs präzisiert. Während Frankl der armenischen Komponente zustimmte, stieß diese Ableitungstheorie bei Guyer auf ablehnende Haltung. Mehr, als daß Armenien geographisch zu entlegen sei und außerdem dort keine pisanische Handelsniederlassung bestanden hätte, hat Guyer zur Stützung seiner kritischen Argumentation allerdings nicht anzuführen.[123] Daß Buschetos Konzept hauptsächlich von Armenien her erklärt werden kann, wird schon aus der dortigen großen Verbreitung dieses Motivs ersichtlich. Denn wie etwa die Zentralkirche von Zwarth'notz (641) und die Große Kirche in Thalin beweisen, gibt es dort umlaufende Blendarkaden bereits im 7. Jahrhundert. Einen enormen Aufschwung erlebte diese Fassadenkunst dann um die Jahrhundertwende, wobei die Kathedrale von Ani (989–1001), der alten Hauptstadt Armeniens, vielleicht als zentrale Schaltstelle für die zunehmende Verbreitung des schlank proportionierten Blendarkadenschemas anzusehen ist; als weiteres Beispiel aus dem 10. Jahrhundert sei noch die Klosterkirche von Sanahin genannt. Wie langlebig sich dieses Fassadenelement in Armenien erwies, zeigen etwa die Kirche des

76 PISA, Campanile und Dom von Osten

hl. Gregor in Goshavank (Ende 12. Jahrhundert) und die Gregorkirche des Tigranes Honetz in Ani (1215). Auch das geographische Umfeld, etwa Georgien, konnte sich der Faszination der Blendarkatur nicht entziehen. Unter einer Reihe von georgischen Kirchen seien in dieser Hinsicht nur die fast gleichzeitig mit der Kathedrale von Ani entstandenen Kirchen von Kutaissi (vollendet 1003) und Samtawissi (vollendet 1030) hervorgehoben. Mit der geradezu überpointierten Verwendung der Blendarkatur hatte die armenische Architektur ohne Zweifel das Erbe sassanidischen Kunstwollens angetreten. In der Tat lassen sich die frühesten Quellen im mesopotamischen Raum ausma-

chen, wo die Fassade des Palasts von Ktesiphon (zwischen 540 und 560 entstanden) in fünf Geschossen durch Blendarkaden gegliedert ist.

Den Forschungsansatz Strzygowskis neu aktualisiert zu haben, ist das Verdienst von H. G. Franz, der anläßlich der Erörterung des Medaillons »als architektonisches Schmuckmotiv in der italienischen Romanik« die armenische Komponente durch eine islamische ergänzt hat.[124] Wie an der Kathedrale von Tróia (1093–1127) in Apulien scheint das Medaillon im Wechsel mit dem Rautenmotiv auch am Pisaner Dom auf. Die Frage nach seiner Herkunft beantwortet Franz mit dem Hinweis auf die Tore

137

des fatimidischen Mauerrings in Kairo (Bab an-Nasr, Bab al-Futuh und Bab Zuwayla) aus dem späten 11. Jahrhundert; wie an beiden italienischen Kathedralen sind auch hier die Medaillons in die Bogenfelder der Blendarkaden eingesetzt. Darüber hinaus stellt der Autor fest, daß das Motiv zunächst aus dem sassanidischen Bereich (Iran) ins benachbarte Armenien eingedrungen ist, dann von der islamisch-fatimidischen Kunst Ägyptens aufgenommen wurde, um schließlich auf italienischem Boden Fuß zu fassen. Dieser über eine so weite Distanz verlaufende Motivtransfer läßt sich sehr gut begründen: Zunächst ist auf den aus Armenien stammenden Wezir Badr al-Gamali hinzuweisen, der sich zur Errichtung der Stadtmauer armenische Bauleute nach Kairo geholt hatte; damals wurde auch die bis dahin in Ägypten gebräuchliche Backsteinarchitektur durch die Hausteintechnik ersetzt. Dann kann man – ausgehend vom gemeinsamen Kampf der Normannen und Pisaner gegen die Sarazenen in Sizilien – ein Übergreifen armenisch-fatimidischen Formenguts auf Unteritalien und Pisa feststellen, wobei nicht auszuschließen ist, daß Buscheto seine Erfahrungen unmittelbar in Armenien gewonnen hat. Wichtiger als etwa die für Guyer so entscheidende Frage, wie weit die Handelsbeziehungen Pisas konkret reichten, bzw. ob ein direkter Kontakt mit Armenien möglich war, ist der Umstand, daß die Stadt allen nur denkbaren Einflüssen des Orients offenstand. Nichts beweist dies anschaulicher als ein Kommentar des Buscheto-Zeitgenossen Donizone (1076), der einen Nekrolog auf die Mutter der Mathilde von Tuscien, Beatrix, verfaßt hat. Darin drückt er sein Bedauern aus, daß die edle Fürstin in Pisa beigesetzt sei, einer von

»Heiden, Türken, Afrikanern, Persern und Chaldäern« bevölkerten Stadt. Dabei könnte sich Donizones Klage auch unmittelbar auf den Dombau beziehen. Denn offensichtlich reichte das christliche Sendungsbewußtsein des Bauherrn nicht dafür aus, die Anbringung einer arabischen Inschrift auf einem Kapitell des Querhauses zu verhindern, in der von einem Bildhauer namens Fath die Rede ist.[125]

Ob auch das Rautenmotiv auf fatimidischen Ursprung zurückzuführen ist, wie es E. Kühnel mit dem Hinweis auf die Al-Hakim-Moschee in Kairo (997–1003) versucht hat, kann nicht so eindeutig entschieden werden. Denn hier ist nicht zu übersehen, daß sich die in flächenhafter Tendenz mit typisch islamischen Ornamenten gefüllten und in schlanken Blendarkaden eingesetzten Rhomben von jenen in Pisa und Tróia doch nachhaltig unterscheiden. In diesem Zusammenhang ist an Salmis Auffassung zu erinnern, der neben islamischen Elementen auch eine römisch-antike Komponente in Rechnung stellt. Tatsächlich entsprechen die dreifach vertieften Rhomben Buschetos jenen, die in die Apsiskalotte des ehemaligen Tempels der Venus und Roma (Rom) eingelassen sind.

Von Pisa und Tróia abgesehen, begegnet man dem Rautenmotiv auch an anderen Kirchen Unteritaliens, etwa an den Kirchen S. Maria Maggiore in Monte S. Angelo (1170) und S. Maria di Siponto (Ende 12. Jahrhundert), wobei an letzterer die Position der Rauten auffallend an jene in den Blendarkaden der Al-Hakim-Moschee in Kairo erinnert; wie in Kairo sind sie in Siponto im unteren Abschnitt der Blendarkaden eingesetzt. Weiter zeigen sie ebenfalls eine flächige Erscheinungsform und lassen mit ihrer spezifischen Ornamentfüllung durchaus an islamische Quellen denken.

Als weiteres Indiz für die eklektizistische Haltung Buschetos ist die Gestaltung der wahrscheinlich erst zu Beginn des 12. Jahrhunderts ausgeführten Querhausapsiden anzuführen. Mit der Verwendung des der Wand vorgeblendeten Säulenmotivs beweist der Baumeister hier Sinn für Tektonik und Variabilität, worin er sich von der in der armenischen Fassadenarkatur gebräuchlichen Tendenz, stets ein und denselben Blendarkadentypus zu wählen, auffallend unterscheidet. In diesem Fall bewährt sich Guyers These, dieses in klassischer Manier verwendete Motiv mit der syrisch-frühchristlichen Baukunst des 5. und 6. Jahrhunderts in Verbindung zu bringen; zutreffend verweist er auf die Kirchen von Resafa, Qalaat Seman und Qalb Lhose.[126] Für den Pisaner Dom verdienen die beiden letztgenannten Bauten besonderes Interesse, da hier wie dort die Säulen an den Apsiden auftreten, jedoch nicht im Arkadenverband, sondern in kolonnadenhafter Form der Wand appliziert sind. Neuerlich also verstand es Buscheto, aus dem Orient stammende Motive in seine eigene Formensprache umzusetzen.

Auch die Inkrustation, die sich in so verdichteter Form erstmalig in Italien seit der Antike in Pisa durchgesetzt hat, wirft die Frage nach ihrer stilistischen Herkunft auf: Sieht man einmal davon ab, daß der Prototypus der pisanischen Streifeninkrustation bereits an der theodosianischen Stadtmauer von Konstantinopel (5. Jahrhundert) nachweisbar ist, kann die byzantinische Sakralarchitektur mit ihrer eher sparsamen Außenbaugliederung Buscheto nur wenig Anregungen geboten haben. Hier ist abermals mit islamischen Impulsen zu rechnen. Sowohl Salmi als auch Guyer, der auf die Sidi Oqba-Moschee in Kairuan hinweist, haben die Pisaner Streifeninkrustation mit der arabischen Baukunst in Beziehung gebracht.[127] Diese Analogie bleibt allerdings auf Grundsätzliches beschränkt, denn wie Guyer bemerkt, besitzt die Pisaner Inkrustation insofern einen eigenen Stellenwert, als sie nicht teppichartig wie die islamische Kunst gegliedert ist, sondern sich der »Struktur des baulichen Organismus« in durchaus tektonischer Absicht unterordnet.[128]

Resümierend sei festgehalten, daß der Dom von Pisa eigentlich nur sehr wenig – als Ausnahme sind lediglich die Hauptapsis mit ihren Zwerchgalerien und die im Stützenwechsel rhythmisierten Emporen zu nennen – mit romanischer Architektur gemeinsam hat. Vielmehr setzt sich der Bau aus frühchristlich-römischen, frühchristlich-syrischen, byzantinischen, armenischen und islamischen Stilkomponenten zusammen. »Die Souveränität [jedoch] mit der Buscheto die vielseitigen, fremdländischen Anregungen verarbeitete, sind ein Zeichen seiner künstlerischen Größe. Sie befähigte ihn, aus dem reichen Formenschatz des Ostens schließlich doch ein abendländisches und zugleich einmaliges Meisterwerk zu schaffen.«[129]

Wie schon erwähnt, nimmt der Pisaner Domplatz in der abendländischen Urbanistik des Hohen Mittelalters eine Sonderstellung ein (Abb. 75). In ihr entscheidendes Stadium trat die Gestaltung des ›prato dei miracoli‹ erst in der Mitte des 12. Jahrhunderts, als Rainaldus das Langhaus des Doms nach Westen hin erweiterte und Diotisalvi 1152 den Auftrag erhielt, das Baptisterium zu errichten. Dabei wurde offenbar dem Baptisterium die Maß-gebende Schlüsselrolle zugewiesen: Einerseits verfügt der Zentralbau unter allen Gebäuden der Platzanlage über das größte unbebaute Umfeld, andererseits nimmt er eine Position ein, zu der sich Dom, Campo Santo und Hospital in Äquidistanz befinden. Ausgangspunkt für dieses klassisch ausgewogene Konzept war die vom Abstand her überlegt berechnete Beziehung zwischen der Domhauptfassade und dem axial dazu ausgerichteten Baptisterium. Während dessen Durchmesser mit der Langhausbreite des Doms übereinstimmt, entspricht seine Distanz zur Hauptfassade annähernd der Länge des Langhauses. Damit war ein Proportionsschema gewonnen, in das schließlich auch der sich südöstlich der Kirche erhebende Campanile integriert wurde. So entspricht seine Entfernung vom Langhausende derjenigen zwischen Domwestfassade und Baptisterium.

Bei der künstlerischen Ausgestaltung der runden Taufkirche sah sich Diotisalvi (inschriftlich auf dem linken Pfeiler des Haupteingangs genannt) an das auf Buscheto zurückreichende Fassadenkonzept des Doms gebunden. In Übereinstimmung mit der Westfassade des Doms, also in Koordination mit der Bautätigkeit des Rainaldus, ist dem von einer Streifeninkrustation überzogenen Erdgeschoß ein Kranz von Säulenarkaden appliziert (Abb. 77). Über diesen 20 Blendarkaden, an denen einmal mehr – wie schon an der Rotonda in Brescia – die Zahlensymbolik des Hl. Grabes von Jerusalem anklingt, erhebt sich eine Säulengalerie, die gleichfalls einen Zusammenhang mit der Domwestfassade erkennen läßt. Da der obere Fassadenabschnitt mit seinen gotischen Wimpergen und Fialen erst aus der Zeit stammt, als Nicolo Pisano (ab 1260) und Giovanni Pisano (bis 1293) die Bauleitung

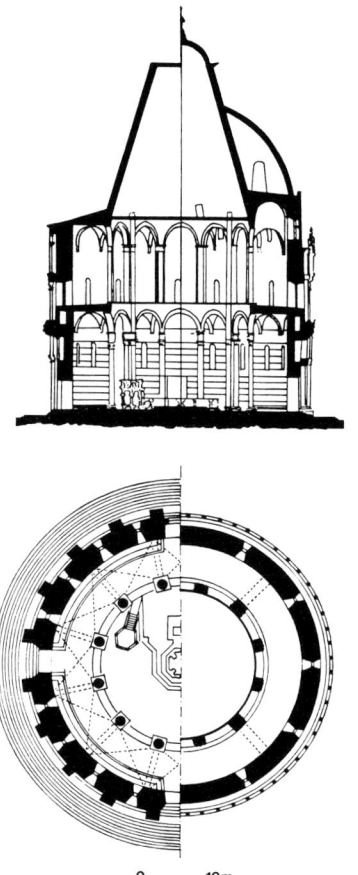

77 PISA, Baptisterium, Grundriß und Aufriß (nach Moretti/Stopani)

übertragen wurde, ist zur Erläuterung des ursprünglichen Diotisalvi-Projekts ein Rekonstruktionsversuch erforderlich. Danach ist, wie Rohaut de Fleury vorschlägt, ursprünglich mit einer weiteren »Säulenloggia« zu rechnen.[130] Darauf erhob sich ein von einem Ringpultdach umgebener, steil aufgerichteter und konisch zugespitzter

Kuppelabschluß mit einem Opäum, das an einen bewußt herbeigeführten Kontext mit dem antiken Pantheon in Rom denken läßt; im Inneren ist die konische Kuppelform noch genau zu erkennen. Wie sehr sich darin die höchst individuelle Handschrift Diotisalvis manifestiert, geht aus dem Bau von S. Sepolcro in Pisa (1153) hervor, dessen oktogonaler Grundriß den Baumeister allerdings zu einer pyramidalen, den kegelförmigen Abschluß des Baptisteriums modifizierenden Dachlösung veranlaßte. Darüber hinaus dürfte auch die pyramidale Dachkonstruktion der an S. Paolo a Ripa d'Arno anschließenden, oktogonalen Cappella di S. Agata auf ein Konzept Diotisalvis zurückgehen. Daß spätere Generationen im eigenwilligen Dachkonzept des Baptisteriums keine endgültig befriedigende Lösung mehr zu sehen vermochten, beweist das in der zweiten Hälfte des 14. Jahrhunderts gegenüber dem ursprünglichen Plan völlig veränderte Aussehen der Dachregion. Im Jahre 1358 ersetzte man das Ringpultdach durch ein von Wimpergen und Fialen bekröntes Attikageschoß und begann das mittlerweile als inhomogen empfundene Kegeldach mit einer äußeren Kuppelschale zu ummanteln, wobei ein Stück des Kegelstumpfes sichtbar blieb und dessen Opäum 1394 durch eine weitere Kuppel geschlossen wurde; mit dieser erreicht das Gebäude eine Höhe von fast 55 m.

Nachdem Säulenschäfte sogar aus Elba und Sardinien herbeigeschafft worden waren und selbst die Normannenkönige Roger II. und Wilhelm I. den Fortgang der Bauarbeiten gefördert hatten, konnte der konzentrisch in das Gebäude eingesetzte und einen Umgang bildende Stützenkranz bereits 1164 vollendet werden. Dieser umreißt ein Zwölfeck, das sich im Stützen-

wechsel (a-a-b) aus acht Säulen und vier Pfeilern zusammensetzt, deren ausnehmend hohe Dimensionen durch gestelzte Rundbogen noch gesteigert werden. Fortgesetzt wurde der Innenbau erst 1278, als man die Empore mit ihren ebenfalls auffallend hohen Pfeilerarkaden errichtete.

Mit dem Bau des Campanile, des weltberühmten ›torre pendente‹, wurde 1174 Bonanno beauftragt (Abb. 76). Wie zuvor schon Diotisalvi am Baptisterium trachtete auch er danach, in Dekorationsfragen – Säulenblendarkatur im Erdgeschoß und Säulengalerien in den weiteren Geschossen – dem Vorbild des Doms zu folgen. In Übereinstimmung mit dem Erscheinungsbild des Baptisteriums wurde auch der Grundriß des Turms kreisförmig angelegt, wobei man sich, wie Salmi bemerkt, prinzipiell auch an ravennatischen Campanile-Bauten orientiert haben mag. Der Turm ruht auf einem Fundament von 18 m Durchmesser, verfügt im Erdgeschoß über 4 m starke Mauern und erreicht mit seinen acht Geschossen eine Höhe von 55 m. Da er sich schon wenige Jahre nach der Grundsteinlegung zu neigen begann, mußten die Bauarbeiten 1185, noch ehe man das dritte Geschoß vollendet hatte, unterbrochen werden. 90 Jahre später, 1275, wagte man es, die Bautätigkeit wieder aufzunehmen. Giovanni di Simone fügte dem Campanile dreieinhalb weitere Stockwerke hinzu, vermochte jedoch ebensowenig wie sein Vorgänger, der zunehmenden Schräglage des Gebäudes Einhalt zu gebieten, was eine abermalige Unterbrechung des Baufortgangs nach sich zog. Vollendet wurde der Turm erst nach 1350 unter der Leitung Tomaso Pisanos, der den Fußboden des siebten Geschosses in eine horizontale Lage brachte und das achte Geschoß im

Durchmesser beträchtlich reduzierte. Damals betrug die Neigung des Bauwerks 1,43 m. Bis zum Beginn des 19. Jahrhunderts blieben die statischen Bedingungen unverändert. Von 1838 an, als Erdarbeiten in der Umgebung des Domplatzes eine tiefgreifende Veränderung des Grundwasserspiegels verursachten, schien der Einsturz des Turms jedoch nur noch eine Frage der Zeit zu sein. Als dessen Neigung zu Beginn des 20. Jahrhunderts geradezu dramatische Formen annahm – mittlerweile betrug die Abweichung von der Basis bereits über 5 m –, beschloß man in den 30er Jahren das Fundament zu zementieren und den Campanile in eine Betonwanne zu stellen. Der Eingriff erwies sich als geglückt. Da die Zunahme der Neigung heute nur noch einen Millimeter pro Jahr beträgt, erscheint nach Auffassung der Statiker der Bestand des Wahrzeichens von Pisa bis auf weiteres nicht gefährdet.

Pisa und Umgebung

Neben dem Dombau verdient in *Pisa* vor allem die Kirche *S. Paolo a Ripa d'Arno* besondere Beachtung. Wie Salmi feststellt, vereinigen sich in ihr die »wichtigsten Stilelemente des Doms«.[131] Darüber hinaus zeigt sie jedoch eine ganze Reihe von baulichen Merkmalen, die, unabhängig von der Kunst Buschetos, teilweise als eigenständige Invention, teilweise als stilistisches Importgut interpretierbar sind. Die von den Vallombrosanern gegründete Kirche überrascht durch ihre erhebliche Prachtentfaltung und widerspricht damit der sonst in der Toscana geltenden, am Maßstab strenger Einfachheit orientierten Bauordnung des

Ordens. Obgleich mit 1148 bereits ein Weihedatum überliefert ist, kann die Fertigstellung der Klosterkirche erst gegen Ende des 12. Jahrhunderts erfolgt sein. Zur Stützung dieser Spätdatierung genügt ein Blick auf die Westfassade, wo die beiden rechten Blendarkaden und das Tympanon des rechten Seitenportals bereits einen spitzbogigen Abschluß zeigen (Abb. 78). Im übrigen herrscht am Außenbau der Einfluß der Buscheto-Schule vor, der sowohl in tektonischer als auch ornamentaler Hinsicht seinen Niederschlag fand. Die größte Affinität zur Kathedrale manifestiert sich an der Westfassade, wo sich in drei Geschossen Säulengalerien über der mit Medaillons und Rhomben geschmückten Blendarkatur des Erdgeschosses erheben. Daß die Bauarbeiten hier um 1200 noch in vollem Gange waren, beweist die mittlere der drei Säulengalerien mit ihren ornamental stark angereicherten Säulen, deren Schäfte zum Teil spiralförmig ausgeformt sind. Dieser Trend zu einer dekorationsbewußten Attitüde scheint auf Parallelen mit der grundsätzlich ebenfalls am Pisaner Dom orientierten Fassadenkunst Luccas hinzuweisen, deren Ergebnisse auch in die Zeit um 1200 fallen. Noch konsequenter als die Westfassade folgt die Nordansicht von S. Paolo dem Dekorationskonzept der Kathedrale. Zu beachten ist freilich, daß man im finanziellen Aufwand mit dem Dombau nicht Schritt zu halten vermochte. So errichtete man die gesamte Wand des südlichen Langhauses und den südlichen Querhausarm in Backstein. Anspruchsvolleres Material, wie in polychromer Streifeninkrustation umgesetzter Marmor- und Tuffstein, blieben der Westfassade und der in repräsentativer Absicht auf den Arno ausgerichteten Nordansicht vorbehalten.

78 Pisa, S. Paolo a Ripa d'Arno, Fassade

Wie der Dom verfügt auch S. Paolo über ein Querhaus, dessen Höhe gegenüber jener des Langhauses deutlich vermindert ist. Darüber erhebt sich eine in der Toscana äußerst selten auftretende Pendentifkuppel, die sich jedoch im Gegensatz zur Tambourkuppel des Doms optisch nur schwer durchzusetzen vermag, ja in das Gebäude geradezu einzusinken droht. Gänzlich andere Wege als am Dombau beschritt man in der Grundrißfrage und der Ausgestaltung des von Sparrendächern abgeschlossenen Innenraums. Das basilikale Langhaus wird von zweimal fünf Säulen und einem Pfeilerpaar in drei Schiffe unterteilt, wobei den Säulen Spitzbogen aufgesetzt sind, während sich im letzten Joch vor dem Querhaus Rundbogen zwischen den Pfeilern und Vie-

rungspfeilern spannen; daraus wird schlüssig, daß man das Bauwerk offensichtlich von Osten nach Westen fortschreitend errichtete. An das Langhaus schließt ein einschiffiges Querhaus mit ausgeschiedener Vierung, der unvermittelt die Apsis entspringt. So ergibt sich ein T-förmiges Grundrißschema, das vom Kreuzkirchentypus des Doms gänzlich abweicht und deutlich mit der Raumorganisation einiger Kirchen in Lucca korrespondiert.

In unmittelbarer Reaktion auf das Buscheto-Projekt wurde in den Jahren 1135 bis 1150 die 1610 zu einem Viertel veränderte Südansicht der am Arno gelegenen Kirche von *S. Matteo* gestaltet.[132] Wie am Dom ist das Erdgeschoß der dreischiffigen Basilika durch fortlaufende Blendpilasterarkaden

79 PISA, S. Frediano, Fassade

gegliedert und im Wechsel von Fensteröffnungen und Rautendekor rhythmisiert. In
völliger Abweichung von der Achsenfüh-
rung im Erdgeschoß – und somit ebenfalls in
Analogie zum Dom – ist dem Obergaden
eine Blendsäulenarkatur appliziert, die im
Wechsel von Tuff und Marmor von einer
Streifeninkrustation hinterfangen wird.

In leicht modifizierter Form begegnen
wir dem Fassadendekor der Kathedrale an
zwei weiteren Pisaner Kirchen. Ohne Zweifel ist dabei qualitativ der Fassade von *S. Pierino in Vinculis* (gegründet 1072; Fassade
1118–1122) gegenüber jener von S. Frediano
(gegründet 1077; Fassade zweites Viertel des
12. Jahrhunderts) der Vorrang einzuräu-

men. Der untere Abschnitt der nach basilikalem Querschnitt zweigeschossig konzipierten Westfront von S. Pierino gliedert
sich in fünf Blendpilasterarkaden, wobei mit
den drei Rechteckportalen, die in unmittelbarer Verbindung mit den sich darüber öffnenden Doppelarkadenfenstern stehen, eine
vom Dom unabhängige Note ins Spiel gebracht wurde. Im Vergleich dazu verrät das
Fassadenuntergeschoß von *S. Frediano* eine
künstlerisch deutlich unsicherere Handschrift (Abb. 79). Anstelle der fünf Blendarkaden von S. Pierino versuchte man hier sieben unterzubringen, geriet dabei jedoch mit
den Seitenportalen in Konflikt, da sich deren Breite der Säulenapplikation in den Weg

144

80 Settimo, S. Cassiano, Fassade

stellte. Damit ergab sich die Notwendigkeit, sich auf zwei Säulen zu beschränken und damit von einer kontinuierlichen Arkadenreihe Abstand zu nehmen. Da aber nur an zwei Stellen ein Zusammenschluß der Säulen und Blendbogen möglich war, scheinen die übrigen Blendbogen gleichsam in der Luft zu hängen. Die Frage, um welche Gestaltungsversion – um eine fragmentarische Blendarkatur oder einen bruchstückhaften Rundbogenfries – es sich dabei handelt, ist terminologisch nicht eindeutig zu beantworten. Zusammenfassend kann festgestellt werden, daß beide Fassaden, obgleich an ihnen etwa mit der Verwendung von Rauten unverkennbar Gestaltungselemente Bus-

chetos auftreten, die klassische Ausgewogenheit der Domfassade vermissen lassen.

Im ländlichen Bereich der Toscana und vor allem im geographischen Umfeld Pisas gibt es zahlreiche Kirchen, deren Außenansichten, mehr oder minder abgewandelt, dem Reglement der Pisaner Baukunst folgen. Besonders hervorzuheben sind dabei die Pfarrkirchen von Settimo (San Cassiano), Cascina, Vicopisano und Calci. Salvini bezeichnet das Ergebnis der Fassadengliederung von *San Cassiano a Settimo* als eine der »schönsten Nachahmungen des Pisaner Doms«, verweist aber gleichzeitig auf Parallelen mit S. Paolo a Ripa d'Arno, dessen Ap-

145

sisgestaltung mit hohen, bis zur Dachtraufe reichenden Blendarkaden auch für S. Cassiano wegweisend geworden war.[133] Daneben wird das Bauwerk an allen vier Seiten durch Blendpilasterarkaden von stringenter Regelmäßigkeit umgürtet. Den Gepflogenheiten der Sakralarchitektur entsprechend, richtete sich das Hauptaugenmerk des unbekannten Baumeisters auf die Westfassade (Abb. 80), in deren Bogenfeldern man neben den Motiven der Raute und des Medaillons auch zwei vierpaßförmigen Öffnungen begegnet, deren Provenienz auf S. Paolo a Ripa d'Arno verweist. Zur Beantwortung der Datierungsfrage kann die auf dem Türsturz des mittleren Portals befindliche Inschrift dienen, in der die Jahreszahl 1180 und der Name des mit dem Türsturzrelief befaßten Bildhauers Biduinus vermerkt ist. Aufgrund finanzieller Schwierigkeiten konnte der Ausbau des Obergadens nur im Ansatz vollzogen werden, weshalb sich auch das Obergeschoß der Westfassade als Fragment präsentiert.

Nach mit S. Cassiano vergleichbaren Kriterien wurden auch die Westfassade und die Apsis der *Pfarrkirche von Cascina* (erste Hälfte des 12. Jahrhunderts) gegliedert, wobei hier allerdings der Dekor der Längsseiten auf die Verwendung von Rundbogenfriesen beschränkt blieb. Im Gegensatz jedoch zu S. Cassiano konnten in Cascina der Obergaden und das zweite Fassadengeschoß der Pfarrkirche vollendet werden; etwa nach diesem Muster ließe sich wohl das fragmentarische Obergeschoß jener Fassade rekonstruieren. Obgleich man sich im pisanischen contado bei der Fassadierung der Pfarrkirchen stets am Formenrepertoire der hauptstädtischen Architektur orientierte, war das Bestreben doch immer darauf aus-

gerichtet, neue strukturelle Elemente einfließen zu lassen. Das beweist unter anderem auch die Fassade der *Pfarrkirche von Vicopisano*, deren Hauptgeschoß im Anschluß an S. Frediano in Pisa von einem überdimensionalen Rundbogenfries abgeschlossen wird. Obgleich zwei schlanke, das Hauptgeschoß in drei Achsen teilende Halbsäulen in die Bogenreihe eingreifen, erscheint hier ohne Zweifel die für S. Frediano so charakteristische Ambivalenz zwischen Rundbogenfries und Blendarkatur im Sinne eines klaren Bekenntnisses zur Friesform überwunden. Auch in der Konzeption des geschoßtrennenden Gesimses beschritt man in Vicopisano einen neuen Weg: Anstatt wie an S. Frediano das Kordongesims in klassisch bewährter Manier in Höhe des Dachansatzes der Seitenschiffe verlaufen zu lassen, hob man es bis zur Obergadenbasis an, womit das abschließende Fassadengeschoß zwar an Höhe verlor, dem von Rauten und vertieften Tondi (ehemals mit Majolikaschalen ausgefüllt) begleiteten Rundbogenfries jedoch eine größere Entfaltungsmöglichkeit geboten wurde.

Während die relativ aufwendig gestalteten Außenansichten der drei genannten Pfarrkirchen bei aller Variationsbereitschaft doch überwiegend das Instrumentarium der Buscheto-Architektur erkennen lassen, wurde deren Raumorganisation – durchaus im Bewußtsein frühchristlicher Tradition – nach Kriterien strenger Einfachheit konzipiert. Es handelt sich durchweg – und das bezieht sich auch auf zahlreiche andere Kirchen der Region – um flachgedeckte, querhauslose Basilikalbauten, die lediglich mit einer Apsis ausgestattet sind und deren Mittelschiff von Säulenarkaden begrenzt ist. Nur an einer Stelle wird in jedem der drei Bauwerke die fortlaufende Reihe der sich meist aus Spolien zusammensetzenden Säulen unterbrochen, und zwar nach dem von der Apsis aus dritten Joch, wo ein Pfeilerpaar eine merkliche Zäsur des Arkadenkontinuums bewirkt. Sieht man von der Verwendung des Hausteinmaterials ab, so ist darin die einzige, von den rigorosen Regeln der frühchristlichen Sakralarchitektur abweichende Maßnahme zu erkennen.

Lucca

Nach der Eroberung weiter Teile Italiens durch die Langobarden im Jahre 568 nahm Lucca als Sitz des Langobardenherzogs unter den Siedlungen der Toscana die bedeutendste Stellung ein. Diesen Führungsanspruch verdankte die noch in römischer Zeit gegründete Stadt in erster Linie ihrer geographisch günstigen Lage. Denn von Lucca aus erreichte man über den Cisa-Paß auf schnellstem Wege Pavia, die Metropole des Langobardenreichs. Auch unter der Herrschaft der Karolinger residierten die Markgrafen häufiger in Lucca als in den übrigen Städten Tusciens, denn die hier vorbeiführende Frankenstraße förderte die Entwicklung des Handels in hohem Maße. Die Tatsache, daß sich in dieser Stadt die einzige königliche Münzstätte Italiens befand, mag dazu beigetragen haben, daß die industrielle Tätigkeit hauptsächlich auf die Produktion von Luxusgütern, unter anderem Blattgold, Seiden- und Brokatstoffen, ausgerichtet war. Ihre Vorrangstellung vermochte die Stadt bis zur Jahrtausendwende zu behaupten, als sich Pisas Bestreben, führende Seemacht im westlichen Mittelmeer zu werden,

abzuzeichnen begann. Fast gleichzeitig wie in Pisa wurde auch in Lucca, gefördert vor allem durch Mathilde von Tuscien, der bischöfliche Feudalismus durch die Einsetzung einer Konsulatsregierung (1080) verdrängt. Im Unterschied jedoch zu Pisa, dessen Selbständigkeit Kaiser Heinrich IV. schon 1081 bestätigt hatte, wurde die Souveränität des guelfisch gesinnten Lucca erst viel später unter Kaiser Friedrich I. anerkannt. Wie die anderen Städte der Toscana war auch Lucca, das sich in Allianz mit Florenz verbunden wußte, an der Okkupation eines möglichst großen contado interessiert, doch setzte Pisa dadurch, daß es der Stadt den Zugang zum Meer verwehrte, diesem Bestreben gewisse Grenzen. Nach einer eher stagnierenden Zwischenphase im 11. Jahrhundert erlebte Lucca im 12. Jahrhundert auf dem Gebiet von Handel und Wirtschaft schließlich einen bis ins 13. Jahrhundert dauernden Aufschwung, von dem die zahlreichen, in dieser Zeit errichteten Kirchen der Stadt beredtes Zeugnis geben.

Während des 11. Jahrhunderts stand die lucchesische Sakralarchitektur, im Gegensatz zur pisanischen, noch ganz im Zeichen bescheidener Zielsetzungen, denen gleichwohl ein gewisses Maß an Eigenständigkeit zu bescheinigen ist. Das zeigt sich am deutlichsten an der Fassade von *S. Alessandro*, einer Kirche, die unter Bischof Anselmo, dem späteren Papst Alexander II., in der ersten Hälfte des 11. Jahrhunderts begonnen worden ist.[134] In geradezu archaischer Schmucklosigkeit ist das Erdgeschoß der Fassade, die dem basilikalen Querschnitt des dreischiffigen Gebäudes Rechnung trägt, durch großflächige weiße Marmorplatten verkleidet. Auffallend ist dabei, daß das quadratische, von Lisenen begrenzte

81 LUCCA, S. Frediano, Fassade

Aufsatzgeschoß tief in das Untergeschoß einschneidet – ein weiteres Kennzeichen der lucchesischen Baukunst des 11. Jahrhunderts. Zu beachten ist freilich, daß das heutige, ebenfalls weitgehend schmucklose Aussehen des oberen Geschosses nicht unbedingt dem ursprünglichen Erscheinungsbild entsprechen muß. Denn die auf dem Kordongesims aufsitzenden Säulenbasen lassen den Schluß zu, daß sich hier einst eine Säulenreihe erhob oder zumindest geplant war. Jedenfalls ist nicht auszuschließen, daß die später an den Fassaden etwa von S. Frediano in Lucca oder der Pfarrkirche von Villa Basilica eingesetzten Säulenstellungen mit abschließendem Architrav hier erstmals in Erscheinung getreten sind. Gewiß handelt es sich dabei um ein typisch lucchesisches Motiv, das auch am Pisaner Dom Verwendung gefunden hat. Dort begegnet es uns in der Funktion einer die Hauptapsis krönenden Zwerchgalerie. Während das Mittelschiff der querhauslosen und von einer Apsis abgeschlossenen Anlage im Westabschnitt von fünf Säulenpaaren begrenzt ist, wird deren Kontinuität im östlichen Bereich durch zwei Pfeilerpaare unterbrochen, die, von jeweils zwei Säulen getrennt, eine Tendenz zum Stützenwechsel (a-b-b-a) verraten – ein für die toskanische Baukunst des 11. Jahrhunderts überraschendes Phänomen. Der Umstand, daß die Arkadenbogen der vier östlichen Joche jene der westlichen beträchtlich an Höhe übertreffen, erinnert an die ursprüngliche Existenz einer Krypta (im 16. Jahrhundert zugeschüttet), über der sich ein ehemals höher gelagertes Chorpaviment befand. Einen inhomogenen Eindruck vermittelt das Kreuzgratgewölbe, das im 16. Jahrhundert an die Stelle des ursprünglichen Flachdaches getreten ist.

Schon im 7. Jahrhundert existierte in Lucca eine im folgenden Jahrhundert dem hl. *Frediano* geweihte Kirche, die im Jahre 1042 den Benediktinern übergeben wurde. Nachdem Papst Paschalis II. zu Beginn des 12. Jahrhunderts eine neue Kongregation von Regularkanonikern eingesetzt hatte, kam es ab 1112 zum durchgreifenden Neubau der 1147 durch Papst Eugen III. konsekrierten Kirche. Im Gegensatz zur traditionsgemäß geosteten Anlage des Vorgängerbaus beschloß man nunmehr, die Apsis

82 LUCCA, S. Frediano, Apsis und Campanile

wegen der in geringem Abstand dazu geführten Stadtmauer nach Westen auszurichten. Die Fassade, wie sie sich heute dem Betrachter präsentiert (Abb. 81), ist zum Teil auf Ergänzungen späterer Bauphasen zurückzuführen. Während die mittlere Achse zur Anbringung eines Mosaiks zu Beginn des 13. Jahrhunderts um 3,30 m erhöht wurde, fügte man am Ende des 14. Jahrhunderts – im Zusammenhang mit der Errichtung von Seitenkapellen – dem ursprünglich nur dreiachsigen Fassadenprospekt zwei weitere Kompartimente hinzu. Trotz dieser tiefgreifenden Veränderungen läßt die Fassade immer noch deutlich genug den Bezug zur lucchesischen Tradition erkennen. Zu beachten sind dabei vor allem der auf S. Alessandro rekurrierende sparsame Dekor und die strenge Behandlung des Mauerwerks, das über keinerlei Inkrustationsakzente verfügt. Lediglich das wie in S. Alessandro tief in den unteren Abschnitt der Fassade einsinkende Aufsatzgeschoß zeigt mit seiner Kolonnadengalerie eine fühlbare Tendenz zur Aufnahme dekorativer Elemente. Zu klären bliebe noch, wie der obere Teil des Aufsatzgeschosses vor dem Einsatz des großflächigen Mosaiks gegliedert war. Die Beantwortung dieser Frage erleichtert ein Verweis auf die allerdings erst um 1200 errichtete Fassade der Pfarrkirche von Villa Basilica (Provinz Lucca). In Analogie zu S. Frediano ist auch hier der untere Teil des Aufsatzgeschosses durch eine Kolonnadenreihe aufgelöst. Darauf folgt eine Säulenblendarkatur, die die Schlußfolgerung nahelegt, daß auch S. Frediano ursprünglich über eine derartige Fassadenbekrönung verfügte.

Wenden wir uns schließlich der auffallend hohen, von einer Kolonnaden-Zwerchgalerie bekrönten Apsis zu (Abb. 82). Es kann

149

83 LUCCA, S. Maria
Forisportam,
Fassade

angenommen werden, daß diese, nicht zuletzt wegen ihrer von der Ostfassade völlig abweichenden Wandverkleidung (weiße Marmorstreifen im Wechsel mit rotbraunen Steinplatten), erst zu einem Zeitpunkt errichtet wurde, nachdem man das Gebäude beträchtlich erhöht hatte. Besondere Aufmerksamkeit verdient der wahrscheinlich in der zweiten Hälfte des 12. Jahrhunderts auf rechteckigem Grundriß errichtete und in gewaltigen Dimensionen hochgeführte Campanile, dem auch die Funktion einer Wehranlage zugedacht war. Bezeichnend für diesen von Lisenen flankierten und zwei Rundbogenfriesen umgürteten Glockenturm ist, daß die Zahl der Fensteröffnungen von Geschoß zu Geschoß stetig zunimmt, ein Charakteristikum, das in der Tradition der oberitalienischen Campanile-Baukunst wurzelt. Einmal mehr bestätigt sich darin die Nachricht von der Teilnahme lombardischer Bauleute am lucchesischen Architekturgeschehen. Das Innere des querhauslo-

sen und flachgedeckten Gebäudes folgt in strenger Konsequenz dem Vorbild frühchristlicher Säulenbasiliken, eine ursprünglich stärker ausgeprägte Zielsetzung, die anläßlich der zu Beginn des 13. Jahrhunderts erfolgten Aufstockung im Sinne einer gesteigerten Vertikalisierung der Proportionen erheblich verfälscht wurde. Nachhaltig bestätigt sich dieser Eindruck an der zweigeschossigen, über Gebühr gestreckten Apsis, deren unteres, nunmehr funktionsloses Gesims möglicherweise die ursprünglich deutlich geringere Höhe der Anlage signalisiert.

Ungefähr in der Mitte des 12. Jahrhunderts vollzog sich mit dem Neubau der aus dem 8. Jahrhundert stammenden Kirche von *S. Maria Forisportam* in der Entwicklung der lucchesischen Sakralarchitektur eine auch für die nachfolgenden Kirchenbauten der Stadt entscheidende Wende. Wie die Fassadengestaltung des Bauwerks beweist, drangen hier erstmals pisanische Formenelemente in das Bauschaffen Luccas ein

(Abb. 83). Das siebenachsig gegliederte Erdgeschoß, auf dem sich eine zweigeschossige Säulengalerie erhebt, folgt mit seinen Säulenblendarkaden, den im Bogenbereich eingesetzten Rhomben und der Ausformung seiner drei Portale weitgehend dem Vorbild des Pisaner Doms, wobei sich die typisch pisanische Blendarkatur auch an den Flanken, dem Querhaus und der mit einer Kolonnaden-Zwerchgalerie ausgestatteten Apsis des Gebäudes fortsetzt. Im Gegensatz zum Vorbild ist jedoch der immer noch gültige, spezifisch lucchesische Verzicht auf Intarsiendekor und Inkrustation hervorzuheben. Da S. Maria Forisportam im 16. Jahrhundert mit Backsteinmaterial beträchtlich aufgestockt wurde, hat auch das Innere des Gebäudes zum Teil einschneidende Veränderungen erfahren: Die ursprünglichen Fenster des Obergadens wurden zugemauert und durch große, weiter nach oben versetzte Rundfenster ersetzt. Gleichzeitig wurde die ehemalige Flachdachkonzeption durch ein das mittelalterliche Aussehen der Kirche beeinträchtigendes Kreuzgratgewölbe ersetzt, und wie in S. Frediano erhöhte man auch hier die Apsis. Im übrigen besitzt die Kirche in Analogie zu S. Paolo a Ripa d'Arno in Pisa ein einschiffiges Querhaus und erhebt sich somit über T-förmigem Grundriß.

Fast gleichzeitig mit S. Maria Forisportam wurde der Neubau der an der Stelle des ehemaligen römischen Forum befindlichen Kirche von *S. Michele in Foro* in die Wege geleitet. Der 795 zum ersten Mal erwähnte Vorgängerbau wurde 1027 Kanonikern übergeben und über 100 Jahre später von Benediktinern in Besitz genommen. Diese veranlaßten gemeinsam mit der Bürgerschaft von Lucca, die mit dem Dom und, so

gesehen, mit der bischöflichen Macht zu konkurrieren trachtete, im Jahre 1143 den Neubau der Kirche, deren Grundriß jenem von S. Maria Forisportam weitgehend entspricht. Wie der Dom von Pisa erhebt sich auch S. Michele auf einem Stufenunterbau (Abb. 84). Mit großem architektonischen Aufwand gliederte man die Kirchenaußenansicht, deren strukturelle Elemente ebenfalls an das Pisaner Modell erinnern. In den Details hingegen fühlte man sich dem berühmten Vorbild nicht so sehr verpflichtet. Das zeigt sich einerseits in der der Lokaltradition folgenden Monochromie der Wandverkleidung des Erdgeschosses, andererseits in den wesentlich schlanker proportionierten Säulenblendarkaden. Mit den über vier Stockwerke sich ausbreitenden Säulengalerien der Westfassade verfolgte man zwar dieselben Gestaltungsziele wie in Pisa, transponierte jedoch die gesamte Front in einen extrem vertikalisierten Umriß. Daß diesem Höhenzug keinerlei Funktionszwang zugrunde lag, beweisen die beiden oberen, erst knapp nach 1200 errichteten Geschosse, die sich in kulissenhafter Manier frei über das Mittelschiff der Kirche erheben. Diese sich als Selbstzweck offenbarende Maßnahme deutet bereits auf neue stilistische Intentionen hin, die Salmi im Sinne eines aufkommenden »gotischen Bewußtseins« interpretiert.[135]

Im übrigen schlug man an den erst gegen Ende des 12. Jahrhunderts konzipierten Galerien in Fragen der Bauplastik und Ornamentik eine im Vergleich zu Pisa und im Gegensatz zur eigenen Tradition völlig neue Richtung ein. So kennzeichnet die Säulen, die teils skulptiert und spiralenförmig torsiert, teils intarsiert sind, ein extremes Maß an Variationsfreudigkeit, die dem Pisaner

84   Lucca, S. Michele in Foro,
Fassade und Campanile

Dom in dieser Intensität fremd ist. Auch die sich zwischen den Bogenzwickeln und Kordongesimsen ausbreitende Tierornamentik unterscheidet sich nachhaltig von der polychromen, mit abstrakt-geometrischen Motiven angereicherten Intarsienkunst der Domwestfassade in Pisa. Die weißen, graufoliierten Tiermotive von S. Michele erinnern einerseits an die damals in Lucca blühende, orientalisch beeinflußte Textilkunst, sie lassen jedoch andererseits durchaus auch an eine gewisse Affinität zu Pavimentintarsien zahlreicher italienischer Kirchen denken. Darüber hinaus ist auch die Inkrusta-

tion der Säulenschäfte nicht als spezifisch lucchesische Neuschöpfung anzusehen: Aus der islamischen Kunst war diese Dekorationsweise zunächst in das normannische Sizilien eingedrungen. Erstaunlich ist dabei der Umstand, daß man den im Kreuzgang von Monreale (1174–1189) befindlichen, mit Zackenfriesen intarsierten Säulenschäften – eine typisch normannische Dekorationsform – in geradezu verblüffend ähnlicher Weise auch hier begegnet. Fassen wir zusammen, so ist übereinstimmend mit G. Kaufmann festzustellen, daß die »Inkrustation in Lucca aus der dienenden Rolle her-

85 Lucca, Dom,
Fassade und
Campanile

austritt und ein selbständiger Faktor
wird«.[136] Im Gegensatz dazu tritt in Pisa an
keiner Stelle des Doms die tektonische
Struktur zugunsten der Inkrustation zurück.

In fast wörtlicher Übereinstimmung mit
der Schaufront von S. Michele wurden auch
die über drei Stockwerke geführten Säulengalerien der Westfassade des Doms von
Lucca (1204) ausgeschmückt (Abb. 85). Da
hier nachweislich Guidetto da Como als Inventor am Werk war, kann angenommen
werden, daß derselbe Künstler auch für das
Dekorationskonzept von S. Michele verant-

wortlich war.[137] Mit dem in das 6. Jahrhundert zurückführenden Bau von S. Martino
verfügt Lucca über eine der ältesten Kathedralen (seit dem 8. Jahrhundert Bischofssitz) Italiens. Das Gebäude wurde mehrfach
renoviert und ab 1204 einer durchgreifenden
Veränderung unterzogen. Für die ›romanische‹ Epoche ist jedoch nur die Westfassade
mit dem Campanile (1233 vollendet) von Interesse, da das Innere seit 1372 in gotischer
Formensprache umgestaltet wurde. Von
S. Michele völlig abweichend, öffnen sich
im Erdgeschoß der breiten Schaufront drei
Pfeilerarkaden, durch die man in eine nar-

153

thexähnliche Vorhalle gelangt. Wie schon Salmi bemerkte, kann der Prototypus dieser Arkadenlösung im lombardischen Raum, genauer an der Fassade von S. Ambrogio in Mailand, lokalisiert werden. Im übrigen begegnet man in Italien dieser Konzeption äußerst selten. Zu verweisen ist etwa auf die Erdgeschoßarkatur an der Fassade von S. Clemente a Casauria (zweite Hälfte des 12. Jahrhunderts) in den Abruzzen, deren Pfeiler ähnlich gebündelt sind wie jene von S. Martino. Eine weitere oberitalienische Komponente setzte sich auch bei der Errichtung des die Domwestfassade zum Teil anschneidenden Campanile durch, dessen Gestaltungselemente überwiegend dem Vorbild des Glockenturms von S. Frediano folgen. In Übereinstimmung mit S. Michele wurde auch an der Kathedrale die Rückwand der Säulengalerien architektonisch gestaltet. Zu beachten sind vor allem die in die oberen Geschosse eingelassenen Doppelarkadenfenster, deren tief abgestufte Leibungen und Archivolten – zusammen mit den Bündelpfeilern des Erdgeschosses und dem Campanile – der spätromanischen Stilstufe entsprechen, wobei zu betonen ist, daß sich die übrigen Elemente der lucchesischen Baukunst nur selten unter diesen Stilbegriff subsumieren lassen. Schließlich ist noch zu bemerken, daß nach pistoiesischem Muster – und im Gegensatz zum Pisaner Dom – die Bogenstellungen der Säulengalerien von S. Michele und S. Martino durch den Schichtwechsel von dunkelgrünem Serpentin und weißem Marmor akzentuiert sind (Farbabb. 2, 3).

Neben den erwähnten Großbauten bereichern auch einige weniger aufwendig gestaltete, überwiegend aus der zweiten Hälfte des 12. Jahrhunderts stammende Kirchen das Erscheinungsbild des mittelalterlichen Lucca. Bemerkenswert ist ihre Fassadengestaltung, an der sich die Ambivalenz zwischen pisanischen und aus der lokalen Tradition herrührenden Dekorations- und Bauformen besonders deutlich ablesen läßt. So zeigt etwa die Fassade von *S. Giusto* (Ende des 12. Jahrhunderts; Hauptportal 13. Jahrhundert) im unteren Abschnitt eine monochrome Behandlung des Mauerwerks, dem im oberen Bereich in regelmäßigen Abständen weiß inkrustierte, mit dunkelbraunen Steinplatten wechselnde Marmorstreifen folgen, Gestaltungskriterien, die von pisanischen Regeln abweichen. Aus dem Formenrepertoire Pisas schöpfte man hingegen bei der Strukturierung der drei Portale und der doppelten Säulengalerie des Aufsatzgeschosses. Nach ähnlichen Kriterien wurde um 1200 die der Kirche von *S. Pietro Somaldi* (Ende des 12. Jahrhunderts) vorgeblendete Fassade errichtet. Nur wählte man anstelle des dunkelbraunen Quaderwerks grünlich graues Material, mit dem ein weiterer Aspekt farblicher Variationsfreudigkeit in die lucchesische Baukunst einfloß. Noch konsequenter als an S. Giusto wurden hier die gestelzten Portalbogen im Schichtwechsel (weißer Marmor und grüner Serpentin) um die Tympana geführt, ein typisch pistoiesisches Gestaltungselement, das fast gleichzeitig auch an den Bogenstellungen der Säulengalerien von S. Michele und des Doms (S. Martino) zum Einsatz gelangt war. Im Gegensatz zu den großen Repräsentationsbauten der Stadt durchziehen zwei Reihen von Rechteckpfeilern das Innere der beiden dreischiffig basilikal gegliederten Kirchen. Dabei hat es den Anschein, daß dieses Pfeilerkonzept in Lucca zum ersten Mal in der mit einer Fassade pisanischen Typus ausgestatteten Kirche *S. Cristoforo* (12. Jahrhundert) Verwendung gefunden hat. Angesichts der Pfeilerhöhe sind die Bogenstellungen hier viel näher als in den Säulenbasiliken an den Fenstergaden herangeführt, woraus eine merkliche Vertikalisierung des Mittelschiffs resultiert. Im Unterschied zu den traditionell enger gereihten Säulenarkaden verfügen die Pfeilerstellungen, wie es etwa das Beispiel der Pfarrkirche von Camaiore (zweite Hälfte des 12. Jahrhunderts) zeigt, zumeist über ausnehmend große Achsabstände, die beinahe schon ein quadratisches Jochsystem zur Folge haben. Für viele Pfarrkirchen – nicht allein für jene der Diözese Lucca – ist dieser Pfeilertypus wegweisend geworden, der ein gewisses Nahverhältnis zu romanischen Stilprinzipien signalisiert. Daß solche Tendenzen auch mit der geographischen Nähe zu Oberitalien zusammenhängen, wurde schon anläßlich der Besprechung der lombardisch geprägten Glockentürme von S. Frediano und S. Martino erörtert. Campanile-Bauten dieser Art sind im ländlichen Raum der Diözese Lucca in großer Zahl zu finden. Erwähnt seien nur jene in Diecimo (Farbabb. 9), Brancoli und Altopascio, die alle letztlich auf den Typus des Campanile von S. Frediano zurückzuführen sind. Wie Salvini darlegt, vollzog sich dieser Formentransfer vor allem entlang der die Po-Ebene mit der Toscana verbindenden Frankenstraße, die Altopascio unmittelbar berührt und von der aus man das nach Santiago de Compostella führende Pilgerstraßennetz erreichen konnte.[138] Vor diesem Hintergrund überrascht es keineswegs, den lombardischen Campanile-Typus gelegentlich sogar im Gebiet der Pyrenäen (St-Michel de Cuxa, Roussillon) anzutreffen.

Pistoia

Wie Lucca ist auch Pistoia eine römische Gründung des zweiten nachchristlichen Jahrhunderts. Zunächst von den Langobarden in den Rang einer Königsstadt erhoben, vermochte sie sich im Vergleich zu Pisa und Lucca relativ spät vom Joch des bischöflichen Feudalismus zu befreien. Erst nach dem Tod der Markgräfin Mathilde (1115) kam es zur Etablierung einer selbständigen Kommunalverwaltung, was auf dem Gebiet von Industrie, Handel und Landwirtschaft eine mehr als 100 Jahre dauernde Blüte nach sich zog. Im Gefolge dieser Wirtschaftsentwicklung entfaltete sich wie in den Nachbarstädten eine ungemein reiche Bautätigkeit, die erst zu Ende ging, als die ghibellinische Stadt nach leidvollen und lang andauernden Kämpfen gegen Florenz und Lucca das äußerst ungünstige Friedensdiktat (1254) der Guelfen-Partei akzeptieren mußte.

Im Gegensatz zu Lucca, wo sich zumindest in der Anfangsphase eine durchaus eigenständige Baukunst abzeichnete, stand die kirchliche Fassadenkunst Pistoias schon von Beginn an, genauer, seit der Mitte des 12. Jahrhunderts, im Sog der pisanischen Buscheto-Architektur, die man in Fragen des Dekors gleichwohl signifikant abzuwandeln verstand. Besonders nachhaltig tritt die Affinität zum Pisaner Dom an den bald nach der Jahrhundertmitte fast gleichzeitig errichteten Fassaden von *S. Andrea* (Hauptportal 1166 datiert) und *S. Bartolomeo in Pantano* (Neubau ab 1159; Abb. 86) zutage. In beiden Fällen wurde das Erdgeschoß mit fünf Säulenblendarkaden gegliedert und mit drei Portalen ausgestattet, während das Aufsatzgeschoß im Rohbau

86 PISTOIA, S. Bartolomeo in Pantano, Teilansicht der Fassade

steckenblieb. Abgesehen von der an Pisa orientierten tektonischen Struktur ist die Inkrustationsornamentik als spezifisch pistoiesische Komponente anzuführen, wobei S. Andrea über das aufwendiger gestaltete Ornamentprogramm verfügt. Vom pisanischen Modell völlig abweichend, sind hier alle Bogen der Blendarkatur – jene der Portale inbegriffen – von einem dichromatischen Schichtwechsel (weiß-türkisgrün) gekennzeichnet. Dazu kommt im oberen Viertel der Blendarkatur eine ebenfalls zweifarbige, horizontal angelegte Streifeninkrustation, in die pisanisch geprägte Rhomben eingelassen sind. Nur ist zu beachten, daß die dreifach abgestuften Rhomben, in deutlicher Abkehr vom Vorbild, ihrer Profilierung entsprechend in ebenfalls

farblich alternierendem Rhythmus gerahmt sind, worin sich ein weiterer Trend zur ornamentalen Auflösung von an sich schon dekorativen Elementen abzeichnet. Dieser typisch pistoiesischen Distanzierung von tektonischen Strukturen, die, wie erwähnt, gegen Ende des 12. Jahrhunderts auch auf die Baukunst Luccas übergriff, entspricht der im schmalen Bereich zwischen den Bogenschlägen und dem abschließenden Gebälk sich ausbreitende Intarsienschmuck. In kleinteiliger, fast schon mosaizierender Manier reihen sich hier zahllose Rautenornamente aneinander, deren dichromatischer Hell-Dunkel-Effekt diesem Fassadenabschnitt ein irisierendes, gleichsam entmaterialisiertes Aussehen verleiht. Diesem an S. Andrea und S. Bartolomeo in Pantano

87 PISTOIA, S. Giovanni Fuorcivitas, Längsfassade

konzipierten Dekorationsmodell folgt selbst noch die späteste unter den ›romanischen‹ Kirchen Pistoias, *S. Pietro Maggiore* (am Hauptportal mit 1263 bezeichnet), mit geradezu minutiöser Treue.

Ein distanziertes Verhältnis zu tektonischen Prinzipien kennzeichnet auch das Innere der dreischiffig basilikal und querhauslos gestalteten Bauten von S. Andrea und S. Bartolomeo. Im Gegensatz zu den breiter gelagerten Kirchen Luccas ist deren von Säulenarkaden begrenztes und von einem Sparrendach abgeschlossenes Mittelschiff extrem steil proportioniert (1 : 2,8). Daraus resultiert ein fast schon gotisierender Vertikalismus, der durch das Fehlen eines für die meisten lucchesischen Kirchen charakteristischen, den Wandaufriß unterteilenden Gesimses noch gefördert wird. In der Tat scheint nicht zuletzt dieser Höhendrang, mit dem sich in ungewohnter Weise die nach klassischer Tradition kontinuierlich gereihten Säulenstellungen verbinden, beim Betrachter Unsicherheit zu erzeugen, wenn es darum geht, Grenzen, Proportionen und Volumen des Ambientes in Erfahrung zu bringen. Diesen Eindruck räumlicher Unbestimmtheit hat Marchini folgendermaßen geschildert: »Die Säulenreihe und die darüber stehenden Wände erscheinen wie Kulissen auf der Oberfläche, die nicht in der Lage sind, ein Volumen zu beschreiben oder es zu umschließen. Sie erzeugen im Inneren einen Effekt von wahrnehmbarer dekorativer Graphik, durch die dem Raum der Körper, das Volumen, die Geometrie verloren geht und in der Enge, in der sich die Raummotive befinden, seine Begrenzung verliert.«[139]

Mit dem Neubau von *S. Giovanni Fuorcivitas* (Mitte des 12. Jahrhunderts bis Anfang des 13. Jahrhunderts) – ursprünglich eine langobardische Gründung des 8. Jahrhunderts – erreichte die pistoiesische Dekorationsarchitektur ihren qualitativen Höhepunkt. Die Kirche, die dem Rat der Bürgerschaft auch als Versammlungsort gedient hat, entspricht dem Typus der einschiffigen Aula. Sie war ursprünglich mit einer Apsis abgeschlossen, ehe man den Chor 1322 bis 1344 nach Osten verlängerte und dessen Wand begradigte. Entgegen der gewohnten Vorgehensweise, die Westfassade – sie blieb Fragment – als repräsentative Schaufront auszugestalten, richtete man das Hauptaugenmerk auf die Fassadierung der dem Hauptstraßenzug zugekehrten Nordflanke des Gebäudes (Abb. 87). Nach dem Konzept der Langhausfassaden des Pisaner Doms ist diese in drei Geschosse unterteilt, wobei das durch 14 Pilasterblendarkaden gegliederte Erdgeschoß fast zwei Drittel der Gesamthöhe umfaßt. In motivlicher Übereinstimmung mit dem Obergaden des Pisaner Doms folgen die beiden, in 26 und 38 Säulenblendarkaden aufgelösten Obergeschosse. Schon allein eine Gegenüberstellung dieser Zahlen, die keinerlei proportionale Bezugsmomente erkennen lassen, macht deutlich, mit welcher Unbekümmertheit man sich von tektonischen Grundregeln, etwa der axialen Korrelation, abwandte und sich zugunsten einer rein dekorativen Gestaltung entschied. In nicht mehr überbietbarer Dichte wurde die gesamte Schaufront von einem zweifarbigen Inkrustationsnetz überzogen, das sich aus regelmäßig angeordneten Schichten weißen Mamors und dunkelgrünen, fast schon schwarzen Serpentins zusammensetzt. Dieses dichte Inkrustationslineament – beinahe könnte man von einem Zebrastreifeneffekt sprechen – erfaßt auch die hohen Pilaster des Erdgeschosses, deren vertikal strukturierende Funktion somit in Frage gestellt wird. Die Pilaster werden regelrecht ›ausgestrichen‹ und der horizontalisierenden Dominanz des Liniensystems untergeordnet. Obgleich die zahllosen, mit Medaillons gefüllten und in den Bogenbereich der Blendarkatur eingesetzten Rhomben aus dem Repertoire der Buscheto-Ornamentik stammen, verrät die Inkrustationsweise eine von Pisa völlig unabhängige, eben typisch pistoiesische Ausformung. Im Vergleich zu S. Giovanni Fuorcivitas kennzeichnet die Verkleidung des Pisaner Doms ein deutlich verminderter Hell-Dunkel-Kontrast. Daneben bleibt hier das strukturelle Gerüst der Pilaster von den Inkrustationsstreifen, denen die geomtrische Schärfe der pistoiesischen Version überdies fremd ist, völlig unangetastet. Als Schöpfer des Fassadenkonzepts von S. Giovanni Fuorcivitas zieht die italienische Forschung Gruamonte in Betracht, dessen Name am Portal der Nordflanke inschriftlich festgehalten ist.[140] Da auch die Fassaden von S. Andrea und S. Bartolomeo in Pantano Gruamonte zugeschrieben werden, ist in diesem Künstler der Inventor der typisch pistoiesischen Ornamentik und Inkrustationstechnik zu vermuten.

Gruamontes Dekorationsarchitektur bestimmt nicht nur das bauliche Erscheinungsbild der Kirchen Pistoias. Vielmehr tritt sie auch im provinziellen Umfeld der Stadt in Erscheinung, akzentuiert, wie schon erwähnt, gelegentlich auch lucchesi-

88 ALTOPASCIO, Pfarrkirche, Fassade

Während die beiden unteren Drittel der Schaufront monochrom gehalten sind und keinerlei ornamentale oder architektonische Gliederung erkennen lassen, somit also auf lucchesische Wurzeln zurückführen, ist der im Tympanon von Säulen durchzogene Dreieckgiebel pisanischen Ursprungs. Gleichsam als Abbreviatur von Altopascio wurde die erst zu Beginn des 13. Jahrhunderts errichtete Fassade der *Pfarrkirche von Uzzano* gestaltet. Abermals begegnen wir hier der pisanischen Giebelkonzeption, und nach pistoiesischen Prinzipien sind die Rahmen des Rundfensters und des sichelbogigen Portaltympanons in extrem hell-dunkel kontrastierendem Schichtwechsel inkrustiert.

Diese für den ländlich-provinziellen Raum der Toscana im allgemeinen vorherrschende eklektizistische Attitüde ist auch für die Baukunst Sardiniens charakteristisch, wo man neben der primären Beachtung pisanischer Stilformen gelegentlich auch pistoiesischer Inkrustationsgestaltung offenstand. In geradezu exemplarischer Weise kommt diese Rezeption an der bei Codrongiánus gelegenen, an den Beginn des 13. Jahrhunderts zu datierenden *Abteikirche SS. Trinità di Saccárgia* zum Ausdruck, deren Campanile und Fassade gänzlich im ›Zebrastreifen‹-Muster Pistoias inkrustiert wurden. Der gleiche dichromatische Schichtwechsel bestimmt auch die Pfeilerarkaden, Pilaster und Gurtbogen der kreuzgratgewölbten Basilika von *S. Pietro di Sórres in Borutta* (erste Hälfte des 13. Jahrhunderts), deren in Blendarkaden aufgelöste Fassade hingegen dem Vorbild des Pisaner Doms folgte, so daß sich hier eine Synthese pistoiesischer und pisanischer Stilmerkmale vollzog.

sche Bauten und findet selbst noch im fernen pisanisch besetzten Sardinien nicht selten Anklang. Beispielhaft äußert sich die Formensprache Gruamontes etwa an der Fassade der *Pfarrkirche von Altopascio* (zweite Hälfte des 12. Jahrhunderts), wo eine über dem Portal befindliche, zwerchgalerieähnliche Säulenblendarkatur nach dem Vorbild von S. Giovanni Fuorcivitas von ›Zebrastreifen‹ hinterfangen wird (Abb. 88). Da Altopascio im Grenzbereich des lucchesischen und pistoiesischen contado liegt, überrascht es nicht weiter, daß in die Fassade der Pfarrkirche auch pisanische und lucchesische Stilelemente integriert sind.

159

Florenz und die Protorenaissance

Die von Julius Caesar 59 v. Chr. gegründete Veteranenkolonie Florentia erfreute sich bis zum Zerfall des Weströmischen Reiches eines regen urbanen Lebens, dessen Niedergang durch die zwischen Ostgoten und Byzantinern um den Besitz der Stadt geführten Kämpfe beschleunigt wurde. Für fast ein halbes Jahrtausend mußte Florenz seinen Führungsanspruch unter den toskanischen Städten an Lucca und Pisa abtreten, die von den langobardischen Herzögen bzw. deren Stellvertretern als Residenzen ausersehen wurden. Nicht zuletzt die neue, weit an Florenz vorbeiführende Frankenstraße, verzögerte den Aufstieg der Stadt, deren ökonomische und gesellschaftliche Konsolidierung sich erst zur Zeit der Karolingerherrschaft abzuzeichnen begann. Eine erste kulturelle Blütezeit erlebte Florenz dann in der zweiten Hälfte des 11. Jahrhunderts, als der Markgraf von Tuscien, Gottfried von Lothringen, seine Residenz vor den Mauern der Stadt errichtete (um 1050). Der cluniazensischen Reform offenstehend und extrem papstfreundlich eingestellt, genoß Florenz die besondere Förderung der Markgräfin Mathilde. Nach deren Tod befreite sich die Stadt – im gleichen Jahr wie Pistoia (1115) – durch die Einsetzung einer Konsulatsregierung von der Hegemonie des Feudalismus. Im Contado-Streit mit Fiesole (1125), das gänzlich zerstört wurde und zur völligen Bedeutungslosigkeit herabsank, erzielte Florenz einen enormen Landgewinn, der einen fortwährenden wirtschaftlichen Aufschwung der Stadt zur Folge hatte und ihr unter den übrigen Städten der Toscana eine sich zunehmend festigende Vormachtstellung sicherte.

Obgleich die vielleicht älteste unter den Florentiner Kirchen des 11. Jahrhunderts, *SS. Apostoli* (1075 erstmals erwähnt), noch nichts von der für die lokale Bauschule der Folgezeit so charakteristischen Inkrustationstechnik ahnen läßt, gibt die aus grünem Marmor (Verde di Prato) errichteten Säulenarkadenstellung des Mittelschiffs – im Kontrast zum Backstein der Wandpartien – doch schon beredtes Zeugnis von dem an der Verwendung wertvoller Baumaterialien interessierten Kunstwollen der Stadt (Abb. 89). Im Anschluß an die frühchristliche Tradition führen die Säulenreihen unmittelbar an die Apsis der querhauslosen und von

89 FLORENZ, SS. Apostoli, Innenansicht

einem Sparrendach abgeschlossenen Anlage. Daneben kennzeichnet die Säulenarkaden eine der Antike nachempfundene Harmonie der Maße, die auch Brunelleschi zu schätzen wußte. Vollends beeindruckt die Qualität der exakt verfugten Säulenschäfte, Kapitelle und Arkadenbogen, die noch bei Vasari große Bewunderung hervorrief. Den Gegensatz zwischen dem dekorationsabweisenden, vor allem das Erscheinungsbild des Außenbaus bestimmenden Backstein und dem einen Überraschungseffekt auslösenden, technisch meisterhaft bearbeiteten Serpentinmaterial im Inneren des Gebäudes hat M. Salmi treffend so charakterisiert, daß sich hier »in städtischer Veredelung die strenge Rauhheit der Landkirchen offenbart«.[141]

In zeitlicher Übereinstimmung mit der wachsenden wirtschaftlichen Prosperität vollzog sich in der Florentiner Architektur erst gegen Ende des 11. Jahrhunderts ein durchgreifender Wandel von einer auf Sichtbarkeit angelegten Verwendung des Backsteins zu einer in motivlicher und struktureller Hinsicht völlig neuen Inkrustationskunst. Ohne jeden lokal-traditionellen Hintergrund gelangte diese Strömung am Baptisterium und an der Kirche von S. Miniato al Monte unvermittelt zum Durchbruch, Bauwerken, die Brunelleschi angesichts ihrer ausgewogenen Proportionen irrtümlich auf die Antike zurückführte.

An der Frage, ob das *Baptisterium S. Giovanni* als Umbau eines frühchristlichen Gebäudes oder als vollständiger Neubau des 11. Jahrhunderts betrachtet werden soll, entzündete sich ein langwieriger Gelehrtenstreit, der mittlerweile zugunsten der zweiten Version entschieden worden ist.[142] Ferner wird vermutet, daß anstelle des heutigen Gebäudes schon in der Langobardenzeit (erste Hälfte des 7. Jahrhunderts) ein Vorgängerbau existiert habe, was allerdings erst ein Dokument aus dem Jahre 897 bestätigt. Mit der 1059 durch Papst Nikolaus II. vollzogenen Weihe kann aufgrund des stilistischen Befunds lediglich der Zeitraum der Grundsteinlegung im Sinne eines terminus ante quem bestimmt werden. Generell ist zu beklagen, daß zur Klärung der Baugeschichte nur wenige Daten überliefert sind, so das Jahr 1113, als hier Bischof Ranieri beigesetzt wurde und das Bauwerk noch als Kathedrale diente. Zur Klärung des zeitlichen Fortgangs der Bauarbeiten vermag auch das Datum 1117 beizutragen: Damals schenkte Pisa der Stadt Florenz zwei Porphyrsäulen, doch unterließ man es, sie im Baptisterium aufzustellen; die Verwirklichung des Bauprojekts muß sich also schon in einem sehr fortgeschrittenen Stadium befunden haben. Schließlich bestätigt Villani im Jahre 1150, als die Laterne aufgerichtet wurde, daß das Gebäude der Arte di Calimala anvertraut wurde. Damit ist auch das Datum der Fertigstellung der Kuppel festgelegt, wobei deren pyramidale Verkleidung zusammen mit der Attikazone noch lange, genauer, bis zum Beginn des 13. Jahrhunderts auf sich warten ließ. Weiter wurde die Rundapsis der nach dem Vorbild frühchristlicher Taufkirchen oktogonal konzipierten Anlage durch einen rechteckigen Chor, die sogenannte ›scarsella‹ (Geldtasche), ersetzt.

Zur Aufschlüsselung der Fassadenbaugeschichte gibt es nicht die geringsten Hinweise, so daß zur Klärung dieses Problembereichs in erster Linie das heuristische Mittel der Stilanalyse herangezogen werden muß. Spätestens seit den Überlegungen Horns besteht in der Forschung Konsens darüber,

161

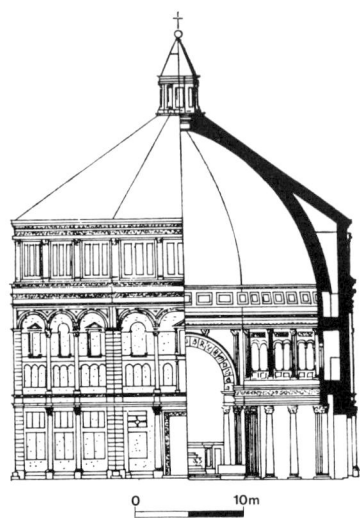

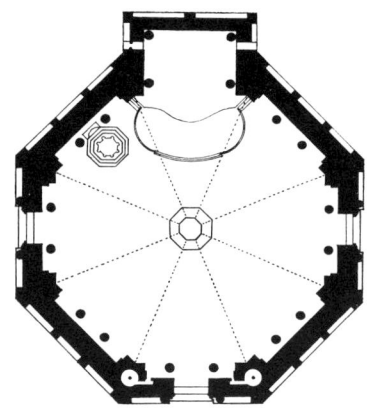

90   FLORENZ, Baptisterium, Außenansicht
91   FLORENZ, Baptisterium, Grundriß und   ▷
     Aufriß (nach Moretti/Stopani)

daß die Inkrustation und architektonische Instrumentation des unteres Geschosses noch aus dem 11. Jahrhundert stammen.[143] Als Vergleichsbasis steht dafür allerdings lediglich die nach Florentiner Muster inkrustierte und mit der Jahreszahl 1093 versehene Fassade der Kollegiatskirche von Empoli zur Verfügung. An drei Seiten des Oktogons führen von Halbsäulen flankierte Portale in das Innere des Baptisteriums (Abb. 90, 91). Die übrigen Seiten werden im Erdgeschoß durch jeweils zwei in antikisierender Manier kannelierte Pilaster aus grünem Serpentin in drei Achsen unterteilt. Mit diesen kontrastieren die mit weißem Carrara-Marmor ausgelegten Travéen, in denen in geometrisch bestechender Regelmäßigkeit Serpentinstreifen rechteckige und quadratische Felder rahmen. Allein daraus wird ersichtlich, wie weitgehend sich die Florentiner Inkrustationstechnik von jener in Pisa unterscheidet. Setzt sich die Mauerverkleidung des Pisaner Doms aus massiven Blöcken zusammen, so besteht jene in Florenz aus lediglich vier bis fünf Zentimeter starken Platten. Darüber hinaus ist dem durchweg dichromatisch gestalteten Baptisterium jeder für das Pisaner Gebäude so charakteri-

162

stische Buntheitsakzent fremd. Geometrisch rationale Klarheit lautet die Devise, zu der die häufig unregelmäßig verlaufende Inkrustation Pisaner Provenienz in diametralem Gegensatz steht.

Auf dem über den Pilastern der unteren Zone verkröpften Gebälk erhebt sich das Hauptgeschoß (um die Mitte des 12. Jahrhunderts verkleidet), das an jeder Seite des Oktogons von zwei schlanken Säulen in drei Blendarkaden unterteilt wird. Inkrustationslinien gliedern diesen Fassadenabschnitt in zwei Zonen: Während sich in der unteren eine an das lombardische Motiv der Zwerchgalerie erinnernde stilisierte Blendbogengalerie erstreckt, öffnen sich in der oberen drei Fenster, die durch horizontal geführte Inkrustationsstreifen in tektonischer Absicht zusammengebunden sind. Dem mittleren, rundbogig geschlossenen Fenster treten zwei rechteckig gefaßte, von Dreieckgiebeln bekrönte Ädikulenfenster zur Seite, eine Konzeption, die an den drei Portalseiten des Oktogons in rhythmisierender Intention abgewandelt wird: Dort ist auch das mittlere Fenster mit einer Giebelverdachung versehen. Darüber hinaus sind die die Bogen stützenden Säulen an vier Seiten des Baptisteriums durch markant hervortretende Pilaster ersetzt. Eine die Struktur beeinträchtigende Veränderung erfuhr die Taufkirche im Jahre 1296, als Arnolfo di Cambio die Eckpfeiler im Schichtwechsel pistoiesischer Manier neu inkrustierte. Die Nachteile dieses Eingriffs schildern Moretti und Stopani folgendermaßen: »Die Leichtigkeit des dekorativen Äußeren trat stärker hervor, bevor man die Kanten durch die unglücklichen kräftigen Eckpilaster verstärkte. Deren zweifarbige Horizontale steht sowohl zum Lauf der Säulen, die Bogen tra-

gen, wie auch zu der Funktion der Kanten selbst im Gegensatz.«[144]

Wie schon erwähnt, wurde das Attikageschoß erst zu Beginn des 13. Jahrhunderts dem Bau hinzugefügt. Jede Seite des Oktogons ist hier durch vier kannelierte Pilaster gegliedert, auf denen ein profilierter Architrav ruht, der an den Kantenbegrenzungen in Abweichung von antiker Gesetzmäßigkeit vertikal umbricht und dem Ganzen eine zusätzliche Rahmenwirkung sichert. Brunelleschi hat dieses zum Kanon der antiken Baukunst kontroversielle Motiv beim Bau des Florentiner Findelhauses am Beginn der Renaissance neuerlich verwendet. Zusammenfassend bezeichnet Thümmler die Benutzung des geraden Architravs, der kannelierten Pilaster und der Giebelverdachungen über den Fenstern als »die äußerlich stärksten Angleichungen an den antiken Apparat«.[145] Im Gegensatz zu Frankl, der den Bau noch zur Hochromanik zählt, hat J. Burckhardt schon lange davor architektonische Erscheinungsformen dieser Art zutreffend mit dem Stilbegriff der ›Protorenaissance‹ zu umreißen versucht.[146] Dem hält Salvini einschränkend entgegen: »Man kann sich [jedoch] fragen, ob es sich wirklich um eine Renaissance, um das Wiederaufblühen eines antiken Geistes handelt, oder nicht eher um den Höhepunkt einer ununterbrochen mit der Spätantike und der frühchristlichen Kunst verbundenen Tradition.«[147] Da die Inkrustationskunst in Italien spätestens seit der ravennatischen Epoche für fast ein halbes Jahrtausend zum Stillstand gelangt war und Tradition, definiert im Sinne nahtloser Kontinuität, auf diesem Kunstsektor eigentlich überhaupt nicht mehr vorhanden war, müssen die von Salvini dem Protorenaissance-Begriff gegenüber geäußerten Be-

92 FLORENZ, Baptisterium, Innenansicht

denken zurückgewiesen werden. In geistesgeschichtlicher Hinsicht hat G. C. Argan die rationale Klarheit der Florentiner Baukunst mit den spirituellen Prinzipien des Benediktinerordens, dem in Florenz Kloster und Kirche von S. Miniato al Monte gehörten, erhellend in Verbindung gebracht: Danach hält sich der kulturelle Raum von Florenz im 11. Jahrhundert an die benediktinische These, derzufolge jede logische Argumentation über die »Wahrheit geistig in sich selbst beruhe und deren Beweis in der Einfachheit und Klarheit inbegriffen sei, mit der sich die Form äußert«.[148]

Im Inneren der Taufkirche sind die Wände zweigeschossig und doppelschalig konzipiert (Abb. 92). Zur Erläuterung des Wandaufrisses sei eine der vier portallosen Seiten des Oktogons herausgegriffen: In der unteren Zone treten von Pilastern geschmückte sowie die Kanten des Oktogons flankierende Wandpfeiler und ein dazwischen befindliches Säulenpaar vor die Wand. Ein Gebälk, das zusammen mit den erwähnten Stützen den Eindruck einer Blendkolonnadenstellung erweckt, umschließt das gesamte Raumgehäuse. Im Obergeschoß öffnen sich drei von kannelierten Pilastern begleitete Doppelarkaden, hinter denen durch die Fenster der Außenwand, bedingt durch die triforienartige Vergitterung der Innenwand, gleichsam gefiltertes Licht in das Innere

164

des Baptisteriums strömt. Auf einer in quadratische Felder aufgelösten Attika erhebt sich die aus acht Klostergewölbeabschnitten gebildete Kuppel, deren in byzantinischer Manier verfertigter Mosaikenschmuck venezianischen Künstlern zuzuschreiben ist. Diese Mosaikverkleidung bestimmt zusammen mit dem Marmorfußboden, der nach den illusionistischen Prinzipien des antiken opus tesselatum und opus sectile ornamentiert ist, einen wesentlichen Teil der räumlichen Qualität. Überhaupt scheint der Wandorganisation eine Auseinandersetzung mit der römisch-antiken Baukunst vorangegangen zu sein. Dafür spricht eine in manchen Bereichen geradezu überraschende Analogie mit dem Pantheon in Rom. In der Tat ist die ›Blendkolonnadenstellung‹ im unteren Geschoß ausschließlich von der weitgehend ähnlich gestalteten Wand des römischen Tempels herzuleiten. Dazu kommt, daß in beiden Bauten das Verhältnis des unteren zum oberen Geschoß nach dem Proportionsgesetz des Goldenen Schnitts festgelegt wurde, eine Affinität, die heute nur insofern beeinträchtigt ist, als der Boden des Baptisteriums schon im 13. Jahrhundert um 30 cm angehoben wurde. Neben dem Goldenen Schnitt begegnet man in der Taufkirche dem antiken Proportionskanon noch ein weiteres Mal: So sind Breite und Höhe der einzelnen Wandkompartimente – wieder unter Beachtung des ursprünglich tieferen Bodenniveaus und gemessen bis zum Abschlußgebälk – in einem Verhältnis von 1:2 angelegt. Angesichts dieses sowohl in baugeschichtlicher als auch proportionaler Hinsicht nachweisbaren Nahverhältnisses zur Antike dürfte es nicht mehr schwerfallen, die um die Florentiner Baukunst des 11. und 12. Jahrhunderts geführte Stildebatte

zugunsten des Begriffs Protorenaissance zu entscheiden. Soviel scheint jedenfalls festzustehen, daß mit der kompromißbereiten, in der Literatur häufig auftretenden Formulierung ›Florentiner Sonderromanik‹ für die Erhellung der stilistischen Qualitäten etwa des Baptisteriums, der Kirche von S. Miniato al Monte und anderer dem Einfluß der Florentiner Architektur offenstehenden Bauten nur wenig gewonnen ist.

S. Miniato al Monte ist eine der ältesten Benediktinerabteien der Toscana. Wahrscheinlich existierte hier bereits in vorkarolingischer Zeit eine Kirche, die 813 einem von Kaiser Heinrich II. geförderten Neubau (Weihe 1018) weichen mußte. Nur wenige Dezennien später, um 1062, wird das Kloster in einem Akt Kaiser Heinrichs IV. als »anständiger Bau« bezeichnet, »ehrenhaft restauriert, wie es notwendig war«.[149] Freilich ist in diesem Zusammenhang ›Restaurierung‹ nicht im modernen Wortsinn zu interpretieren, vielmehr steht für die Forschung außer Streit, daß damit nur eine weitgehende, um 1062 beginnende Neuerrichtung des Klostergebäudes gemeint sein kann. Es wird angenommen, daß die Bauarbeiten zunächst im Osten (Rohbau des Chorteils und Krypta) einsetzten und dann an der Westfassade ihren Fortgang nahmen.[150] Annähernd gleichzeitig mit dem Baptisterium hat auch die architektonische Instrumentation und Inkrustation der Fassade von S. Miniato (Abb. 93) einen mehr als 100jährigen Zeitraum beansprucht, und wie am Baptisterium dürfte auch hier die Gestaltung des in fünf Halbsäulenblendarkaden gleichen Abstands unterteilten Erdgeschosses noch in das 11. Jahrhundert zurückreichen. In noch konsequenterer Form als am Baptisterium wird die tektonische Struktur der Blendarkatur (Säulenschäfte und Bogen-schläge) wie zuvor schon an den Säulenarka-den von SS. Apostoli durch den grünen, aus der Gegend um Prato stammenden Serpen-tin unterstrichen, mit dem der weiße Carra-ra-Marmor der Wand wirksam kontrastiert. Besonders hervorzuheben sind die drei gleich großen, in die mittlere und die beiden Außenachsen eingesetzten Portale, deren architravierte Gewändeformen sowohl den Sturz als auch die Schwelle der Türöffnung umfassen. Dieser antikisierenden Portal-form ist auch die Gestaltung der inneren Sei-tenachsen angeglichen, wo dieselben Ge-wändeprofile in raumplastischer Absicht weitere Pforten vortäuschen, ein illusioni-stischer Effekt, der durch doppelte, von grünen Inkrustationsstreifen gerahmte Rechteckfelder verstärkt wird und den Be-trachter unwillkürlich an die Existenz von Türflügeln erinnert. In ähnlich geometrisie-render Manier füllen Inkrustationselemente

die Bogenfelder der Blendarkatur. Nach der Vollendung des Erdgeschosses scheint die weitere Ausschmückung der Fassade ins Stocken geraten zu sein. Fortgesetzt wurden die Arbeiten anscheinend erst in der zweiten Hälfte des 12. Jahrhunderts, als die Konsuln der Arte di Calimala die Finanzierung der noch ausstehenden Fassadierung des Ober-geschosses übernahmen. Dieser dreigeteilte Abschnitt wird von vier kannelierten Pila-stern gegliedert, wobei sich in der Mittel-achse ein von einem Dreieckgiebel bekrön-tes Ädikulenfenster öffnet; darüber scheint ein Mosaik des 13. Jahrhunderts mit dem segnenden Christus zwischen Maria und dem hl. Miniatus auf. Der stilistische Ab-stand zur Inkrustation des Erdgeschosses tritt vor allem in den kleinteilig ornamental intarsierten Rahmenbändern der Seitenach-sen zutage. Trotzdem bleibt auch hier die rationale Klarheit der Proportionen ge-wahrt: So tritt die Höhe des unteren Inkru-

93 Florenz,
   S. Miniato al Monte,
   Fassade

schmückte Intarsienfelder, die stilistisch weitgehend der ornamentalen, wahrscheinlich an orientalischen Vorbildern orientierten Struktur des mit 1207 datierten Paviments im Inneren des Bauwerks entsprechen.

Die dreischiffige Basilika stellt einen einmaligen Kompromiß zwischen zwei weit voneinander abweichenden Bautraditionen dar (Abb. 94, 95). Einerseits basiert die querhauslose Anlage mit ihren Sparrendächern und dem unmittelbaren Zusammenschluß von Mittelschiff und Apsis noch durchaus auf frühchristlichen Quellen vor allem ravennatischer Provenienz, andererseits ist für sie ein deutlicher Konnex mit der oberitalienischen Architektur geltend zu machen. Wie etwa die Kirchen S. Maria Maggiore in Lomello und S. Zeno in Verona sowie der Dom von Modena beweisen, können die beiden auf Halbsäulen ruhenden und das Hauptschiff durchkreuzenden

94 FLORENZ, S. Miniato al Monte, Innenansicht, Langhaus nach Osten

stationskompartiments zu jener des oberen in eine Beziehung, die dem Teilungsverhältnis des Goldenen Schnitts entspricht. Der Trend zu geometrischer Genauigkeit bestimmt aber auch das rautenbildende Inkrustationslineament in den die Pultdachquerschnitte markierenden Dreieckfeldern: Alle Lisenen sind hier im Winkel von 45 Grad vernetzt. In die letzte Bauphase führt uns die Intarsierung des vom Zunftzeichen der Arte di Calimala, dem Adler, bekrönten Aufsatzgiebels. Hier verläuft in der Basiszone eine inkrustierte Blendbogengalerie, die an jene der Florentiner Taufkirchenfassade erinnert. Darüber folgen quadratische, mit Medaillons und figuralen Elementen ausge-

95 FLORENZ, S. Miniato al Monte, Grundriß (nach Moretti/Stopani)

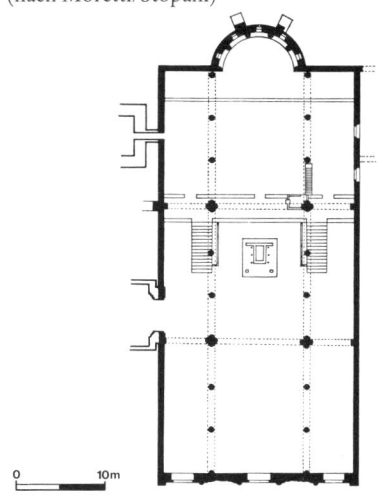

Querbogen in der Tat nur mit der Baukunst Oberitaliens in Verbindung stehen. Hingegen ist der mit dem Einsatz von Querbogen verknüpfte Stützenwechsel von S. Miniato nur eingeschränkt mit den genannten Vergleichsbeispielen in Beziehung zu setzen. Denn im Gegensatz zum Rhythmus des dem gebundenen System romanischer Architektur angenäherten Stützenwechsels (a-b-a) zeigt das Florentiner Bauwerk eine die Kontinuität der Arkatur weniger störende Pfeiler-Säule-Kombination (a-b-b-a). Ein weiterer Unterschied, etwa zu S. Zeno, besteht darin, daß in S. Miniato die vier den Pfeiler bildenden Halbsäulen kleeblattförmig zusammengebunden sind und solcherart ein optisches Hervortreten des Pfeilerkerns fast gänzlich vermieden wird. Im Gegensatz zu den Säulenbildungen oberitalienischer Kirchen, die den sichtbaren Pfeilerkernen stets untergeordnet sind, bleibt hier die raumbestimmende Wirkung der Halbsäule weitgehend unangetastet. Darüber hinaus dominiert in den Kirchen von Modena und Verona ein Vertikalismus, der S. Miniato völlig fremd ist. Wie im Baptisterium wird auch hier das Raumganze von einer geometrisch-mathematischen Ordnung bestimmt: So gleicht der Pfeilerabstand der Höhe der Querbogen, und Breite und Höhe des Mittelschiffs entsprechen dem Verhältnis 2:3, ein Intervall, das auch die Beziehung zwischen der Gesamtbreite der Kirche und den Querbogenabständen regelt. Sollte die Forschung die Krypta von S. Miniato baugeschichtlich richtig eingeschätzt haben (zweite Hälfte des 11. Jahrhunderts), kann in diesem Punkt tatsächlich auch eine Beeinflussung der oberitalienischen Bauszene durch die Florentiner Kirche angenommen werden. Demnach ist die von der Krypta beträchtlich hochgehobene Choranlage im Dom zu Modena überwiegend von S. Miniato aus erklärbar.

Eine Beschreibung des Inneren von S. Miniato wäre unvollständig, wollte man nicht, wie schon an der Westfassade, auch den farbigen Eindruck des Raumgefüges in Betracht ziehen. Neben dem dichromatischen Inkrustationsschema des Wandaufrisses verraten auch Pfeiler und Säulen – ganz im Gegensatz zur Baukunst Oberitaliens – ein architektonisches Denken in Farben: Mit den aus grünem Serpentin bestehenden Halbsäulenschäften der Pfeiler kontrastiert der hell opalisierende Marmor der Säulen. Erst nach dem Hinweis auf die klassische Ausgewogenheit der Proportionen und der Erläuterung des farblich strukturierten Ambientes von S. Miniato wird der aphoristische Satz von Argan verständlich: »Der Raum, der in der Lombardei eine technische Konstruktion darstellt, wird in Florenz zur Philosophie.«[151]

Wenn Wagner-Rieger feststellt, daß »der Innenraum von S. Miniato in sich die einfache, leichte Struktur frühchristlicher Basiliken und die Kraft romanischer Baukunst vereinigt«, dann ist damit noch keineswegs die gesamte stilistische Erscheinungsform des Kirchenraums umrissen.[152] Denn wie die von kannelierten Pilastern flankierte und durch fünf Säulenblendarkaden gegliederte Apsis beweist, ist darüber hinaus auch der Stilbegriff Protorenaissance in Rechnung zu stellen. Damit wurde auch im Inneren des Gebäudes der Blendarkatur der Fassade, gleichsam als Echoform, entsprochen. Nur ist dabei abschließend zu beachten, daß die Apsis mit reich variierten und feingliedrigen Ornamenten intarsiert ist, die zusammen mit der tektonischen Struktur der Anlage kaum vor der zweiten Hälfte des 12. Jahrhunderts zu datieren sind.

Um im Rahmen der Florentiner Baukunst des 11. und 12. Jahrhunderts jeden Zweifel an der berechtigten Verwendung der Stilbezeichnung Protorenaissance auszuräumen, ist es unerläßlich, auch auf die hier in spezifischer Form ausgeprägte Kapitellkunst zu verweisen. Thümmler hat das so ausgedrückt: »In ganz neuer, bisher unvorstellbarer Weise sind die Kapitelle in SS. Apostoli wie auch im Baptisterium der klassisch antiken Form verwandt. Ein ganz neues Interesse für die Antike und ein intensives Studium ihrer Formensprache muß in dieser Zeit eingesetzt haben, und was dabei das merkwürdigste ist, es blieb beinahe ganz auf Florenz beschrankt.«[153] In der Tat hat auch die für Florenz so charakteristische geometrisierende Inkrustationskunst, von der sich jene in Pisa durch ihre kleinteiligere Rhythmisierung deutlich unterscheidet, kaum Verbreitung gefunden. Zu erwähnen sind lediglich die Fassaden der *Kollegiatskirche in Empoli* und der Badia von Fiesole. Während das Erdgeschoß der Kollegiatskirche mit 1093 bezeichnet ist, somit aus der Ursprungszeit stammt, ist deren Inkrustation in den oberen Fassadenpartien eine Imitation des 18. Jahrhunderts (Abb. 96). Wie in S. Miniato ist das dichromatisch inkrustierte Erdgeschoß in fünf Blendarkaden aufgelöst. Äußerst problematisch ist in diesem Zusammenhang die stilistische Schlußfolgerung Salmis, der die Blendarkatur von Empoli im Vergleich zu S. Miniato als »ältere und in gewissem Sinne organischere« Lösung ansieht.[154] Gerade das Gegenteil trifft zu: Die untere Fassadenzone der Kollegiatskirche stellt eine Abbreviatur des Konzepts von S. Miniato dar. Das zeigt sich in mehreren

96 EMPOLI, Kollegiatskirche, Fassade

Details: einmal in der Beschränkung auf lediglich ein Portal, dann in der reduzierten Intensität der Inkrustation, die gleichwohl von S. Miniato übernommene Elemente, wie etwa das Medaillonmotiv in den Bogenfeldern der Arkatur, erkennen läßt. Charakteristisch ist auch der von S. Miniato abweichende Einsatz von Pilastern an den Flanken des Bauwerks. Vollends ist die Fassade in Empoli als provinziell abgekürzte Fassung zu interpretieren, wenn man an die zwischen den Halbsäulen sparsamer inkrustierten Wandfelder denkt, die das für die inneren Seitenachsen von S. Miniato so signifikante Motiv der illusionistisch in die Wand eingelassenen Portalgewändeform vermissen lassen. Von diesen Beobachtungen ausgehend, ist die von Salmi festgelegte Chronologie durchaus in Zweifel zu ziehen, mit anderen Worten: Die im Hinblick auf die Kollegiatskirche von Empoli bestehende Vorläuferrolle der Fassade von S. Miniato sollte außer Streit gestellt werden.

Als die Benediktiner die *Badia von Fiesole* ab 1459 grundlegend erneuerten, achteten sie darauf, daß die Schauseite des aus dem 12. Jahrhundert stammenden Vorgängerbaus erhalten blieb; gleichsam als historisches Zitat wurde diese in die neue, im Rohbau steckengebliebene Fassade eingefügt (Abb. 97).[155] Vom Fassadenschema in S. Miniato unabhängiger und somit künstlerisch eigenständiger als die Schaufront in Empoli, gibt sie ein anschauliches Beispiel dafür, welche Abwandlungsmöglichkeiten in der Florentiner Inkrustationskunst der Protorenaissance latent vorhanden waren. Wie an S. Miniato und der Kollegiatskirche in Empoli ist der Fassade in Fiesole eine Freitreppe – auch ein Charakteristikum der Protorenaissance – vorgelagert. Von S. Miniato deutlich abweichend, ist das untere Geschoß der Anlage durch drei Blendarkaden gegliedert, wobei die mittlere, von Säulen begrenzte und das Portal aufnehmende Achse merklich schlanker proportioniert ist als die beiden seitlichen Travéen. Im Gegensatz zur Florentiner Kirche fällt auf – und das ist durchaus im Sinne einer intensiven Auseinandersetzung mit den Bauregeln der Antike zu verstehen –, daß hier zwischen den Kapitellen und den Bogenansätzen vollständig ausgebildete Gebälkstücke eingefügt sind. Nach bereits bewährtem Muster bestehen die strukturbildenden Elemente wie Säulen und Bogenschläge aus Serpentin, der sich vom weiß dominierten Fassadengrund wirksam abhebt. Für die Beantwortung der Datierungsfrage sind die in den seitlichen Travéen intarsierten Ornamente

97 FIESOLE, Badia, Fassade

von größter Bedeutung. In ihrer variantenreichen Ausbildung erinnern sie an die in die Apsisarkatur von S. Miniato eingesetzten, aus der zweiten Hälfte des 12. Jahrhunderts stammenden Dekorationsformen. Die Fassade wird von einem Attikageschoß abgeschlossen, in das drei Fenster ohne axialen Bezug auf die Blendarkatur des Ergeschoses eingelassen sind. Sie sind von Dreieckgiebeln bekrönt und entsprechen mit ihren architravierten Gewändeformen deutlich jenen der Portale von S. Miniato. Darauf folgen zahlreiche, in unterschiedlichsten Formen und verwirrender Dichromatik eingesetzte Ornamentstreifen, die die strukturelle Klarheit des Abschlußgebälks gefährden. So gesehen läßt sich die überquellende Ornamentik der Badia in Fiesole auch als Ausdruck der in ihre Spätphase tretenden Protorenaissance interpretieren.

Klosterkirchen im ländlichen Raum

Im ländlichen Raum der Toscana ist die kirchliche Architektur oft von einer tiefgreifenden stilistischen Polarität zum Bauschaffen der städtischen Zentren gekennzeichnet. Wie Salvini feststellt, unterhielt man hier zur europäischen Romanik oft engere Beziehungen als in den Städten, eine kommunikative Einstellung, zu der die an Cluny orientierten Benediktiner, die auch in den Städten über Abteien verfügten (z. B. S. Miniato in Florenz, S. Zeno in Pisa und S. Bartolomeo in Pantano in Pistoia), wesentlich beitrugen.[156] Dagegen vertrat noch Frankl die Meinung, daß der Apennin als »unübersteigbares Hindernis« das Eindringen von Einflussen aus dem Norden verhindert habe.[157] Zwar sind Benediktinerabteien im Vergleich zu den Niederlassungen der Reformorden (Vallombrosaner und Kamaldulenser) in der Toscana nicht sehr zahlreich vertreten, hinsichtlich der Qualität und Vielfalt der Bauformen wurden sie aber durchaus maßgebend. Für Moretti und Stopani stellt sich die Situation folgendermaßen dar: »Die benediktinischen Klöster [...] spiegeln durch ihre Großartigkeit und den Reichtum ihrer weitläufigen Architektur nicht nur die Macht und Entwicklung dieser Gründungen wieder, sondern auch die [von den Reformorden] unterschiedliche Auffassung vom ›Gott dienen‹«.[158] Dem lag nach dem Grundsatz des »ad majorem gloriam Dei« eine »Spiritualität des Reichtums« zugrunde, die in der Spendenfreudigkeit der großen Feudalfamilien ihre Basis hatte. Zum näheren Verständnis dieser Sachlage ist an die zeitgenössische Einstellung zu Reichtum und Geld zu erinnern: »Man war darin nicht nur duldsam (gemäß einer Ethik, die auf der Dreiheit beruhte: entäußern – schenken – heiligen), sondern sah darin auch ein Mittel zur Verwirklichung der Werke der Caritas.«[159]

Die *Abtei Sant'Antimo*, nicht weit von Montalcino in der Diözese Chiusi gelegen, ist als eine der größten und mächtigsten Klostergründungen der Benediktiner in der Toscana anzusehen.[160] Von ihr behaupten die Zeitgenossen: »In ganz Italien gibt es keine vortrefflichere Abtei der römischen Kirche und des Heiligen Stuhls.« Der Legende zufolge, soll sie bereits unter Karl dem Großen gegründet worden sein. Jedenfalls wird schon in einer Urkunde Ludwigs des Frommen (813) der ausgedehnte Besitzstand der Abtei bestätigt; darin ist von territorialen Zuwendungen die Rede, die auch in einem Dokument Kaiser Heinrichs III. (1051) verankert sind. Sant'Antimo, dessen Abt sich ›Graf und Ratsherr (comes et consiliarius) des Heiligen Römischen Reiches‹ nennen durfte, war damit eine der größten Feudalherrschaften im Gebiet von Siena. Die wirtschaftliche Entwicklung der Abtei, von weiteren kaiserlichen Dokumenten und päpstlichen Bullen kommentiert, erreichte schließlich im 12. Jahrhundert ihren Kulminationspunkt. Aus dieser Zeit ist lediglich die Kirche erhalten geblieben, während die Klostertrakte schon seit dem 13. Jahrhundert, als sich eine Verschlechterung der Verhältnisse anbahnte, zusehends dem Verfall preisgegeben waren.

Initiator des Kirchenneubaus war Abt Azzone dei Porcari, an den eine Inschrift am Westportal erinnert: »Verehrt wurde der Schöpfer dieser Aula, der willig die Last des Werks trug.« Wie eine mit der Jahreszahl 1118 versehene und in die Altarstufen eingesetzte Schenkungsinschrift verrät, dürften

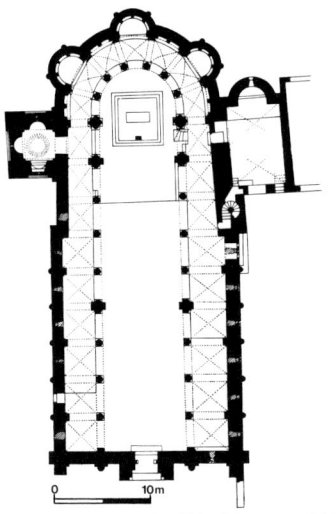

die Bauarbeiten kurz vor diesem Zeitpunkt begonnen haben. Vom Ursprungsbau ist lediglich die an den südlichen Chorabschnitt herantretende ›Karolingische Kapelle‹ (ursprünglich eine flachgedeckte Kirche, heute gewölbte Sakristei) unversehrt geblieben; ihre aus derselben Zeit stammende, biapsidiale Krypta gilt nach Salmi als die älteste in der Toscana. Die dreischiffige, im Mittelschiff von einem Sparrendach abgeschlossene und in den Seitenschiffen kreuzgratgewölbte Basilika ist nach französischem Muster mit einem Chorumgang und drei anschließenden Radialkapellen ausgestattet (Abb. 98, 99), ein Chortypus, der in Italien nur sehr selten auftritt (z. B. Neue Abteikir-

98 SANT' ANTIMO, Abteikirche, Grundriß
    (nach Moretti/Stopani)
99 SANT' ANTIMO, Abteikirche, Außenansicht

100 SANT' ANTIMO, Abteikirche, Innenansicht, Langhaus nach Osten

che in Venosa, Kathedralen von Acerenza und Aversa, S. Maria a Pie' di Chienti). Das Ambiente der Basilika überrascht durch die enorme Höhe des Mittelschiffs, das doppelt so breit ist wie die Seitenschiffe. Für die Struktur des Wandaufrisses ist ein durchaus eigenwilliger Stützenwechsel bestimmend: Während vor dem Chorhaupt ein Pfeilerpaar den Altarbezirk begrenzt, führen vier Säulenarkaden nach Westen zu einer weiteren Pfeilerzäsur, von der abermals vier Säulenarkaden zur Westwand vermitteln (Abb. 100). Über der Arkadenstellung der Nordwand erhebt sich die Emporenzone, die sich im östlichen Bereich des Langhauses mit vier von übergreifenden Bogen zusammengefaßten Doppelarkaden zum Mittelschiff öffnet. Westlich des das Mittelschiff halbierenden Pfeilers folgen zwei an Größe bereits

beträchtlich reduzierte Biforen, denen sich zwei ausnehmend kleine Emporenfenster anschließen (Abb. 101).[161] Besonderes Interesse verdienen die den Pfeilern im Mittelschiff vorgelagerten Lisenen, die bis knapp über die Emporen reichen. Auf diesen lagerte ein Gesims, das später entfernt wurde. Nach Krönig und Salvini gibt dieses Gesims Zeugnis von einer in der Anfangsphase des Baus geplanten Tonnenwölbung, von der man wahrscheinlich aus finanziellen und statischen Gründen schließlich doch Abstand genommen hat. Der Einbau einer Tonne hätte sowohl eine Verstärkung der Außenwand und eine Vermehrung der Pfeiler als auch eine Wölbung der Emporenräume erforderlich gemacht.[162] Wie Krönig bemerkt, hat sich schließlich das italienische Formgefühl mit dem den Wandaufriß basilikal ergänzenden Obergaden und dem technisch risikolosen Einsatz eines Holzdachs wieder durchgesetzt. Die von Westen nach Osten zunehmend reichere Ausformung der Emporenöffnungen könnte auf den ersten Blick für eine in dieser Richtung verlaufende Baufolge sprechen. Dieser auf einem nicht immer verläßlichen Entwicklungsdenken

101 SANT' ANTIMO, Abteikirche, Längsschnitt (nach Moretti/Stopani)

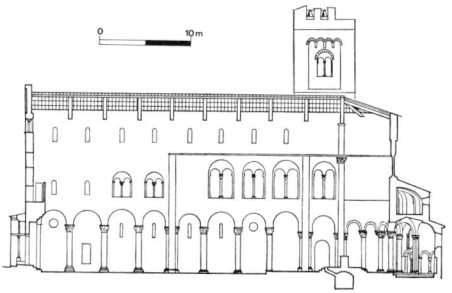

basierenden Argumentation hat sich Salvini mit guten Gründen widersetzt: Da die Schenkungsinschrift mit der Jahreszahl 1118, wie schon erwähnt, in eine der dem Chorhaupt vorgelagerten Altarstufen eingelassen ist und das Hauptportal stilistisch gesehen erst nach 1150 entstanden sein kann, muß ein von Osten nach Westen zielender Baufortgang angenommen werden. Dazu der ergänzende Kommentar des Autors: »Dieses alles, im Zusammenhang mit dem Verzicht auf die geplanten Querbogen (oberhalb der Lisenen) und auf die Apsishalbkugel, läßt sich eher mit einem eiligen und mit dürftigen Mitteln ausgeführten Abschluß erklären als umgekehrt mit einem ungewissen, (im Westen ansetzenden) tastenden Baubeginn.«[163]

Wie weit Abt Azzone dei Porcari die budgetären Möglichkeiten mit seinem zunächst großzügig angelegten Entwurf überschätzt hatte, zeigt vor allem die unvollendet gebliebene Westfassade. Nach den vier Bogenansätzen und den Halbsäulenvorlagen zu schließen, war zunächst eine mit einem Doppelportal ausgestattete Vorhalle geplant. Ausgeführt wurde davon lediglich ein Portal, während das zweite an die Pfarrkirche von Quirico d'Orcia regelrecht verkauft werden mußte. Wie die auf den Halbsäulen ansetzenden Mauerreste und die in der Mitte der Fassade befindliche und später zugemauerte Öffnung verraten, war ursprünglich beabsichtigt, der Vorhalle ein westwerkähnliches Obergeschoß aufzusetzen, eine an den Fassadenvorbau der Abteikirche S. Clemente a Casauria (zweite Hälfte des 12. Jahrhunderts) in den Abruzzen erinnernde Lösung. Abgesehen davon, daß man dem Doppelportal im Raum von Siena mehrfach begegnet (z. B. S. Pietro in Magio-

ne und Abteikirche Isola), ist dieser Typus grundsätzlich auf französische Vorbilder (z. B. St-Sernin in Toulouse; Portal um 1160) zurückzuführen. Da an Sant'Antimo die via francigena vorbeiführt, ist auch ein Zusammenhang mit dem Doppelportal der spanischen Pilgerkirche von Santiago de Compostela (Puerta de las Platerias, ab 1100) nicht auszuschließen. In unmittelbarer Korrespondenz mit dem ursprünglich geplanten Aufsatzgeschoß der Portalvorhalle steht der an der Innenfassade entlangführende, balkonähnliche Gang, der die beiden Emporen miteinander verbindet, nach Salvini ein »zweckmäßiger Ersatz für den Endonarthex mit Empore, dem man so oft in der Auvergne begegnet«.[164] Grundsätzlich hat Salvini auf eine Dominanz auvergnatischer Einflüsse hingewiesen und diese vor allem an der Kapitellplastik (Schachbrettmuster usw.) des Langhauses verifiziert; dazu treten im Chorumgang Kapitelle lombardischer Prägung (vgl. S. Michele in Pavia). Demnach waren in Sant'Antimo »gewiß lombardische, in Pavia geschulte Steinmetze [tätig], welche aber längere Wanderjahre in der Auvergne hinter sich hatten«.[165] Hauptsächlich in die Auvergne führt uns auch die Frage nach der stilistischen Herkunft des mit Radialkapellen versehenen Chorumgangs (Abb. 102) und des Stützensystems, das cum grano salis auch eine Einwirkung der lombardischen Tradition verrät. Wieder bietet sich eine französische Pilgerkirche zur Lösung der genetischen Problematik von Sant'Antimo an: Nach dem Muster von Ste-Foy in Conques (ca. 1050–1130) sind die Emporen der Seitenschiffe im oberen Geschoß des Chorumgangs durch einen halbtonnengewölbten Korridor zusammengeschlossen. Auch am Äußeren des Chors oberitalienischen Pfeilertypen (kreuzförmiger Pfeilerkern), z. B. in S. Zeno in Verona oder im Dom von Modena, zu tun hat. Da in Orcival der Stützenwechsel von jenem in Sant'Antimo gänzlich abweicht, ist zur Ergänzung auf eine andere auvergnatische Kirche hinzuweisen: Im Verzicht auf einen Stützenwechsel wird das Langhaus von St-Nectaire (erste Hälfte des 12. Jahrhunderts) von zwei mal vier Säulenarkaden durchmessen. Diese Arkadenanzahl wurde in Sant'Antimo – allerdings von einem Pfeilerpaar unterbrochen – verdoppelt. Gegen den stilistischen Konnex mit der auvergnatischen Architektur spricht lediglich die Tatsache, daß der toskanische Bau über kein Querhaus verfügt.

102 SANT' ANTIMO, Abteikirche, Innenansicht, Chorumgang

103 ISOLA, Abteikirche, Innenansicht nach Osten

treten in die gleiche Richtung weisende Parallelen in Erscheinung. Wie in Conques sind alle Dachtraufen mit Kragsteinen besetzt und die zur Gliederung der Radialkapellen dienenden Halbsäulen auf ausnehmend hohe Sockel gestellt. Geht man davon aus, daß im ersten Planungsstadium von Sant'Antimo eine tonnengewölbte Emporenhalle vorgesehen war, so verstärkt sich der Eindruck, daß auch für die Raumkonzeption der toskanischen Benediktinerkirche Anregungen aus der Auvergne maßgebend waren. Charakteristisch dafür ist die spezifische Ausbildung der Pfeiler, die sich aus einem querrechteckigen Kern und zwei Halbsäulen zusammensetzen, eine Pfeilerform, wie man ihr in nur leicht abgewandelter Form etwa in der einem Benediktinerpriorat zugehörigen Kirche Notre-Dame in Orcival (1125–1175) begegnet und die jedenfalls nur wenig mit

Wahrscheinlich wurde mit der Errichtung des unvollendet gebliebenen Campanile schon zu Beginn des 12. Jahrhunderts, also noch vor dem Bau der Kirche, begonnen. Während die Gestaltung der drei oberen Geschosse deutlich an den lombardischen Formenkanon erinnert, zeigt das Erdgeschoß eine davon merklich abweichende Konzeption. Hier sind in den Ecken Säulen eingestellt, die Salmi von französischen Wurzeln herleitet, ein Motiv, wie er weiter bemerkt, das »bei gleichem Einfluß in der Campania und in Sizilien erscheint«.[166] Zwar ist dem Hinweis des Autors auf Unteritalien durchaus zuzustimmen, dem von Frankreich ausgehenden Ableitungsversuch muß aber widersprochen werden. Vielmehr ist hier mit einer islamischen Komponente zu rechnen, die schon in der omayyadischen (Khirbat al-Mafjar, Badesaal, erste Hälfte des 8. Jahrhunderts) und abbassidischen Zeit (Ibn Tulun-Moschee in Kairo, letztes Drittel des 9. Jahrhunderts) ihren Ausgang genommen und später auch auf die süditalienische Baukunst übergegriffen hatte. Zusammenfassend ist für Sant'Antimo, aber auch für viele andere Bauten im ländlichen Raum der Toscana bezeichnend, daß es sich hier um eine ›offene‹, auch dem Norden zugewandte Architektur handelt, die nicht zuletzt aus dem Zusammenwirken der Benediktiner mit unabhängigen lokalen Feudalherren zu erklären ist. Dagegen waren die Kommunen stets daran interessiert, die stadtspezifische Sonderstellung einer mehr oder minder in sich abgekapselten Baukunst zu dokumentieren.

Die Kirche der 1101 gegründeten *Benediktinerabtei von Isola* (bei Monteriggioni) wurde in der zweiten Hälfte des 12. Jahrhun-

derts durchgreifend erneuert. Wie in Sant' Antimo war auch hier ursprünglich eine Doppelportalanlage geplant, ehe man sich schließlich doch zugunsten einer einfachen Lösung entschied; Reste dieses Doppelportals konnten 1958 freigelegt werden.[167] Da die linke Portalöffnung vom Fragment einer mächtigen Halbsäule flankiert wird, kann darüber hinaus in weiterer Übereinstimmung mit Sant'Antimo ein unausgeführt gebliebenes Projekt einer Portalvorhalle angenommen werden. Im übrigen zeigt die dem basilikalen Querschnitt des Baus entsprechende Fassade eine Synthese pisanisch-lucchesischer (Portal und zwei Biforen) und lombardischer Formenelemente. Letztere manifestieren sich deutlich in der oberen Zone der Fassadenseitenachsen, die, von schlanken, dienstähnlichen Halbsäulen durchzogen, in einem Rundbogenfries enden. Das Innere der flachgedeckten, querhauslosen Basilika ist von einem Säule-Pfeiler-Stützenwechsel gekennzeichnet, wobei auffällt, daß die beiden Pfeilerpaare unterschiedlich gebildet sind (Abb. 103). Während für die westlichen Pfeiler – im Kern querrechteckig und von zwei Halbsäulen flankiert – der Verzicht auf eine zum Mittelschiff weisende Vorlage charakteristisch ist, setzt sich das etwa in der Mitte des Langhauses aufsteigende Stützenpaar aus quadratischen Pfeilerkernen mit dreifacher Halbsäulenapplikation und ehemals gewiß über die gesamte Wandaufrißhöhe des Mittelschiffs verlaufenden Halbsäulenvorlagen zusammen. Alles deutet darauf hin, daß hier ursprünglich ein Querbogen ansetzte oder ein solcher zumindest geplant war. Offenbar

1 POMPOSA, *Abteikirche, Campanile* ▷

2 PISA, *Dom, Detail der Westfassade*

3 LUCCA, *Dom, Detail der Fassade*

4 SALERNO, *Dom, Detail des Atriums*

5 VERONA, *Dom, Detail der Apsis*

7 PARMA, *Dom, Innenansicht des Langhauses*

◁ 6 PISA, *Dom, Innenansicht, Langhaus nach Osten*

9 DIECIMO, *Pfarrkirche, Campanile*

◁ 8 S. MARIA A CONEO, *ehem. Abteikirche, Außenansicht des Chores*

10 S. MARIA DI PORTONOVO, *Außenansicht*

11   S. Leo, *Dom, Innenansicht nach Westen*

12   Tarquinia, *S. Maria di Castello, Innenansicht, Mittelschiff* ▷

14 S. Maria la Roccella, *ehem. Abteikirche, Außenansicht des Chores*

◁ 13 Molfetta, *Dom, Ansicht vom Hafen*

15 Cefalù, *Dom, Außenansicht von Osten* ▷

16 STILO, *La Cattolica, Außenansicht der Kuppeln*

18 TRÓIA, *Dom, Apsisaußenansicht* ▷

17 MONTE S. ANGELO, *Fassade von S. Maria Maggiore und Apsis von S. Pietro*

war damit eine Zäsur beabsichtigt, die eine optisch wirksame Trennung von chorus minor und Gemeinderaum ermöglichte. Der Stützenwechsel gelangt im Osten mit einem Pfeilerpaar, auf dessen Halbsäulenvorlagen sich ein Triumphbogen erhebt, zum Abschluß. Der Bogen erreicht etwa das Sohlbankniveau des Fenstergadens, ist also so tief herabgezogen, daß auf ihm eine bis zum Sparrendachansatz reichende, das Langhaus vom Chorbereich abschirmende Trennmauer Platz findet. Wie schon die in Sant'Antimo vorgeprägte Pfeilerform läßt auch diese Triumphbogenversion an auvergnatische Vorbilder denken. Der – bedingt durch die Existenz einer Krypta – über eine steile Stufenfolge erreichbare und von einer Apsis abgeschlossene Chorbereich nimmt die Position einer Tribüne ein, die sich als quadratisches Joch von den querrechteckigen des Langhauses unterscheidet und somit fast schon der Form einer Vierung nähert.

Neben Sant'Antimo stellt S. Salvatore am Monte Amiata die wohl wichtigste Gründung der Benediktiner in der Toscana dar. Welche Bedeutung dieser Ordensniederlassung beigemessen wurde, geht schon allein daraus hervor, daß an der 1036 vollzogenen Weihe der Abteikirche 18 Bischöfe und Kardinäle, darunter auch Patriarch Poppo von Aquileja, teilnahmen. Obgleich die Kirche nur eingeschränkt ihren ursprünglichen Charakter bewahrt hat, lohnt es sich doch, auf ihre wichtigsten strukturellen Elemente hinzuweisen, zumal mit ihr ein vollkommen neuer Grundrißaspekt in die Baukunst der Toscana Eingang gefunden hat. Das Gebäu-

de besteht aus einem einschiffigen Langhaus, dem nach Osten ein niedrigeres und schmaleres Querhaus – daraus resultiert eine querrechteckige Vierung – sowie eine mit einem tonnengewölbten Vorjoch (vgl. Agliate in der Lombardei) ausgestattete Apsis folgen. Bemerkenswert ist auch, daß die Kirche eine Doppelturmfassade besitzt, deren in den Norden weisende Erscheinungsform Thümmler auf eine mögliche Vermittlerrolle des Patriarchen Poppo zurückgeführt hat.[168] Von S. Salvatore aus hat dann das mit einer Aula verbundene, T-förmige Grundrißschema noch im 11. Jahrhundert auf S. Pietro in Valle in Umbrien übergegriffen und, was noch wichtiger ist, in unmittelbarer Folge zumindest in den Grundelementen den Kirchentypus der Vallombrosaner und Kamaldulenser inauguriert. Erinnert sei in diesem Zusammenhang daran, daß der Vallombrosanerorden von Johannes Gualbertus im Jahre 1036, also gleichzeitig mit der Weihe von S. Salvatore, gegründet wurde.

Im Gegensatz zum Oberbau hat die Krypta überwiegend ihr ursprüngliches Erscheinungsbild bewahrt (Abb. 104). In ihren Ausmaßen entspricht sie genau dem Querhaus mit dem angeschlossenen Chor und erstreckt sich fünfschiffig sogar tief in den Bereich des Langhauses. Nach Thümmler ist sie in Italien »die erste Krypta von einer so großen Ausdehnung und auch die erste, die nach dem Grundrißschema des griechischen Kreuzes angelegt ist [...]. Sie bildet somit das wichtige Anfangsglied einer großen Kette verwandter Nachfolgebauten.«[169] Überraschend für die Zeit vor 1036 ist die auffallend fortschrittliche Raumgestaltung, die in den ausnehmend hohen und schlanken Säulen der mit Trenngurten aus-

104   S. Salvatore al Monte Amiata, Krypta

gestatteten und kreuzgratgewölbten drei-schiffigen Anlage ihren Ausdruck findet. Charakteristisch ist weiter, daß auf den Ein-satz von Spolien verzichtet wurde und die Ausbildung der Säulenschäfte (unterschied-liche Kanneluren) nur gelegentlich eine Erinnerung an antike Formen aufkommen läßt. Vollends verschaffte sich die eigenstän-dige Haltung der Steinmetzen in der plasti-schen Gestaltung der Kapitelle Geltung, de-ren teils abstrakt-vegetabile, teils figurale Ausformung ihr Pendant am ehesten im ähnlich ausgeprägten Phantasiereichtum der oberitalienischen Bauplastik findet. Es ist erstaunlich, daß dem in S. Salvatore erstmals konzipierten Krypta-Typus, und zwar in auffallender Analogie, im sonst byzanti-nisch bestimmten Bau von S. Marco in Ve-nedig entsprochen wurde, ehe dann im 12. Jahrhundert die monumentalen Krypten

der Dome in Piacenza und Parma diesem Beispiel folgten.

Ungefähr 25 km westlich von Florenz ge-legen und in den die pistoiesische Ebene im Süden begrenzenden Gebirgszug eingebet-tet, befindet sich die zu Beginn des 12. Jahr-hunderts gegründete ehemalige Benedikti-nerabtei von *S. Giusto am Monte Albano.* Es erstaunt anfangs, daß das Raumgefüge der Abteikirche weder von der florentinischen noch von der pistoiesischen Architektur Anregungen aufgenommen hat. Auf dem Grundriß eines lateinischen Kreuzes errich-tet, folgt das Gebäude prinzipiell dem Raumtypus der etwa um 100 Jahre älteren Kirche von S. Salvatore am Monte Amiata. Freilich darf nicht vergessen werden, daß das steile einschiffige Langhaus von S. Giu-sto (Abb. 105) auch nicht das geringste mit der breit gelagerten Aula von S. Salvatore gemeinsam hat und eher an das Modell val-lombrosanischer Bauten anknüpft. Das vierjochige Langhaus wird von Wandvorla-gen begrenzt, die, dem Prinzip des Stützen-wechsels entsprechend, im Rhythmus a-b-a unterschiedlich ausgeformt sind: Einem von Rundstäben flankierten Pilaster folgt eine von Lisenen begleitete Halbsäule. Abge-schlossen wird das Ganze von einem Ge-sims, auf dem eine ehemals das gesamte Schiff durchziehende Tonne lagert. Im heu-tigen Zustand beschränkt sie sich nur mehr auf das östliche Joch, während sich über den drei anschließenden infolge eines restaurati-ven Eingriffs ein Holzdach erhebt. Über eine steile Treppenanlage erreicht man die von einer Krypta angehobene Chortribüne, die, ebenfalls tonnengewölbt, von niedrige-ren Querhausarmen begleitet wird. Diese sind mit Quertonnen gedeckt, die durch Gurtbogen vom vierungsähnlichen Chorraum getrennt sind. Dies ergibt ein Transept, dem drei fast gleichfluchtende Apsiden entspringen. Nach Salvini besteht zwischen dieser Anlage und den drei Apsiden von *S. Veriano (bei Arezzo)*, einer kamaldulensischen Stiftung des 11. Jahrhunderts, eine stilistische Verwandtschaft. Während jedoch die Apsiden von S. Giusto deutlich voneinander getrennt sind, fügen sich jene von S. Veriano eng zusammen. Daraus ergibt sich eine formale Differenz, die Salvini mit den Stilbegriffen ›Vorromanik‹ und ›Romanik‹ zu fassen versucht.[170] Diese Unterscheidung ist insofern zutreffend, als der Apsidentypus von S. Veriano schon während der karolingischen Epoche in Graubünden (Müstair, Mistail, Disentis) und im angrenzenden Vintschgau vorgeprägt worden war. Darüber hinaus verdient S. Veriano auch mit seinem runden, nur noch im Fundament er-

kennbaren Campanile besonderes Interesse, zumal dieser Typus in der Toscana, etwa an der Pfarrkirche von Corsignano (11. Jahrhundert), nur selten in Erscheinung tritt; ravennatische Vorbilder könnten hier wegweisend gewesen sein.

Relevant für S. Giusto ist die Frage nach der Herkunft des in der Region selten auftretenden Tonnengewölbes. Sie ist – entgegen der Auffassung Salvinis – gewiß nicht allein mit dem Hinweis auf französische Vorbilder zu beantworten. Denn wenn man sich diesbezüglich in Westeuropa umsieht, sollte auch der katalanische Raum berücksichtigt werden, dessen Wölbetechnik teilweise auf bereits im 8. Jahrhundert gewonnenen Erfahrungen der westgotischen Architektur basiert. Daß über Südfrankreich und die Frankenstraße gelegentlich auch spanische Einflüsse die Toscana erreicht ha-

105 S. Giusto al Monte Albano,
ehem. Abteikirche, Innenansicht des
Langhauses

ben, ist wohl nicht zu bestreiten. Gefördert wurde dieser über die Alpen führende Ideentransfer bekanntlich durch die maestri comacini, die als überall begehrte Bauleute ständig auf Wanderschaft waren, nachweislich in Südfrankreich wirkten und gelegentlich auch nach Katalonien gelangten. Neben diesen transalpinen Anregungen gilt es jedoch ebenso, auf die baukünstlerisch unter anderem dem byzantinischen Reich zugewandte Region der Marken hinzuweisen, die an der Tonnenwölbung gleichfalls großen Gefallen fand. Wegen der geringen geographischen Distanz zur Toskana ist es naheliegend, daß man sich in S. Giusto Anregungen eher in den Marken als im außeritalienischen Bereich geholt hat. Auf die bei Ancona gelegene tonnengewölbte Kirche von S. Maria di Portonovo (1050 vollendet) wird auch in diesem Zusammenhang noch näher einzugehen sein.

Was in S. Giusto als extrem vertikalisiertes Ambiente angelegt ist, begegnet uns in *S. Salvatore in Agna (Montale bei Pistoia)* in einer breiter konzipierten, freilich viel älteren Variante. Ohne daß Näheres über die Bauchronologie bekannt wäre, können hier Anregungen vermutet werden, die – allerdings in vereinfachter Form – aus S. Salvatore am Monte Amiata und der Architektur der Reformorden stammen. Das bezieht sich sowohl auf die flachgedeckte Aula des Langhauses als auch auf die dem hochgelagerten Chor angeschlossenen, wesentlich niedrigeren und wie in S. Giusto tonnengewölbten Querhausarme, denen im Osten Apsiden entspringen. Es handelt sich also neuerlich um eine über T-förmigem Grundriß errichtete Anlage, von der mit Sicherheit die Krypta und wahrscheinlich auch der Chorteil auf die Zeit um 1030 zurückzufüh-

106 GAMBASSI, S. Maria a Chianni, Innenansicht des Langhauses

ren sind.[171] Wie andernorts im ländlichen Raum der Toskana erfolgte hier die Außengestaltung der drei Apsiden mit ihrer Lisenen- und Rundbogenfriesstruktur gleichfalls nach lombardischen Kriterien. Ob die Tonnenwölbung in den Querhausarmen zeitlich jener in S. Giusto vorangeht, ist allerdings nicht eindeutig zu beantworten.

Wie andere bereits erwähnte Kirchen befindet sich auch die 1124 geweihte Abteikirche von *S. Maria a Coneo*, eine vallombrosanische Gründung, im Ausstrahlungsbereich der via francigena (Farbabb. 8). In prinzipieller Analogie zu S. Salvatore am Monte Amiata erhebt sich das Gebäude, das sich aus einem flachgedeckten, einschiffigen Langhaus und einem dreiapsidialen Querhaus zusammensetzt, auf T-förmigem Grundriß; die Seitenarme des Querhauses sind wie in S. Giusto und S. Salvatore in Agna tonnengewölbt. In zwei wesentlichen Punkten unterscheidet sich die Abteikirche allerdings von allen toskanischen Vergleichsbeispielen: einmal im oktogonalen Vierungsturm, dem an vier Seiten sporenähnliche Zubauten entspringen, dann in den beiden Seitenapsiden, die, quaderförmig ummauert, außen nicht wahrnehmbar sind. Der sporenbesetzte Vierungsturm – er begegnet uns gelegentlich auch in der Baukunst der Marken (S. Maria in Portonovo) – hat seine Wurzeln offenkundig in der oberitalienischen Baukunst (z. B. S. Pietro in Ciel d'Oro, Pavia), wo er sich gewiß auf frühchristlichen Ursprung zurückführen läßt; als Prototypus ist etwa das im oberitalienischen Seenbereich befindliche oktogonale Baptisterium S. Vitale in Riva (um 500) zu erwähnen. Ohne auf diese spezifische Quellenlage näher einzugehen, stellt Salvini für die Abteikirche in Coneo »deutliche Einwirkungen einer von der Lombardei beeinflußten auvergnatischen Strömung« fest, wobei er die französische Komponente im Hinweis auf die bescheidenen Tonnengewölbe der Querhausarme zu überschätzen scheint.[172] Im übrigen beeindruckt der Ostteil des Bauwerks durch das reich variierte Höhen- und Proportionsspiel runder, kubischer und polyedrischer Massen, deren struktureller Reichtum deutlich mit dem fast völlig ungegliederten, die Strenge der Reformorden reflektierenden Langhaus kontrastiert.

Dem T-förmigen Grundrißschema folgt auch die um 1184 bis 1209 neu errichtete *Pfarrkirche S. Maria a Chianni bei Gambassi* im unteren Elsatal (Abb. 106). Im Gegensatz allerdings zum Aulatypus der Reformorden wurde hier das flachgedeckte, basilikale Langhaus dreischiffig angelegt; daran schließt sich ein mächtiges Querhaus, das beinahe die Höhe des Mittelschiffs erreicht. In der Gesamtanlage entspricht die Pfarrkirche somit deutlich den Kirchen S. Michele und S. Maria in Forisportam in Lucca, eine Affinität, die aus dem nachweislichen Eindringen lucchesischer Bauleute ins Val d'Elsa am Ende des 12. Jahrhunderts leicht zu erklären ist.[173] Diese Analogie, die auch auf das Fassadenaufsatzgeschoß mit seiner zweizonigen Säulenblendarkatur zutrifft, bleibt allerdings nur auf Grundsätzliches beschränkt; erwähnenswert ist auch das Portal, das mit seinen Blendbogen an den Flanken deutlich dem Portaltypus von S. Maria a Coneo folgt. Darüber hinaus drangen in S. Maria a Chianni ›ultramontane‹ Strömungen ein, die nach Salmi »auf den sienesischen Geschmack abgestimmt« wurden. Während nämlich die Kapitelle der lucchesischen Kirchen durchweg auf klassische Vorbilder zurückgehen, zeugt die Kapitellplastik in Gambassi von der Tätigkeit einer Meistergruppe, die »unter lombardisch-auvergnatischer Einwirkung mehrere Landkirchen im Casentino (Pfarrkirche von Romena) und anderswo in der Toscana gebaut und geschmückt hat«.[174] Nicht ausreichend geklärt ist die im Rahmen der toskanischen Baukunst merkwürdige Gestaltung des Querhauses, dessen Mittelapsis im 16. Jahrhundert einem Chorquadrat weichen mußte: Vier hohe und schlanke Seitenapsiden sind in die Mauermasse eingebunden. Diese könnten an einen Bezug zu den Seitenapsiden der Abteikirche von Coneo denken lassen. Dem widerspricht allerdings der Umstand, daß die Apsiden von S. Maria a

Chianni im Vergleich ungleich steiler proportioniert sind, ein der toskanischen Architektur widersprechendes Charakteristikum, das, zusammen mit den Würfelkapitellen der den Triumphbogen des Mittelschiffs stützenden Säulen, an transalpine Zusammenhänge denken läßt. Dieser Gedankengang gewinnt an Bedeutung, wenn man etwa an die von außen ebensowenig wahrnehmbaren, in die Ostwand der Querhausarme eingesetzten Apsiden des Speyrer Doms erinnert.

Wenn Salvini zwischen S. Maria a Chianni und der Lombardei ein stilistisches Nahverhältnis zu entdecken vermeint, dann kann zur Stützung dieser These sein Hinweis auf lombardische Analogien im Bereich der Kapitellplastik allein keineswegs als ausreichendes Argument gelten. Ungleich wichtiger erscheint die Vermutung, daß für das Querhaus in einem ersten Planungsstadium anstelle eines Flachdachs ein Tonnengewölbe vorgesehen war. Dafür sprechen die in der Endfassung des Bauvorgangs funktionslos gewordenen Halbsäulen zwischen den Seitenapsiden, die zusammen mit ihren Pendants an der Querhauswestwand – etwa nach dem Muster von S. Michele in Pavia – in der Tat einem projektierten Gewölbe als Stütze hätten dienen können. Daß Pläne dieser Art weder hier noch sonst irgendwo in der Toscana in großem Maßstab zur Ausführung gelangten, ist nicht nur als Beweis eines in technischen Fragen zögernden Verhaltens, sondern auch als Indiz für die in stilistischer Hinsicht betont eigenständige Haltung der toskanischen Bautradition – nicht zuletzt auch gegenüber Oberitalien – zu betrachten.

Die schon im 8. Jahrhundert erwähnte und seit der Mitte des 12. Jahrhunderts neu errichtete Kirche von *S. Pietro in Gropina* war mit ihren 30 Suffragankirchen im Mittelalter eine der reichsten Pfarrkirchen der Diözese Arezzo.[175] Im oberen Arnotal gelegen, zählt sie, zusammen mit der Pfarrkirche von Romena im benachbarten Casentino gewiß zu den künstlerisch am reichsten ausgestatteten und, vom kunsthistorischen Standpunkt gesehen, zu den problematischsten Landkirchen der Toscana. Das querhauslose, dreischiffige Gebäude verfügt lediglich über eine Apsis und wird von einem einheitlich durchgezogenen Sparrendach abgeschlossen; nur die östlichen Joche der Seitenschiffe sind mit einer Kreuzrippenwölbung ausgestattet (Abb. 107). Die Kontinuität der das Mittelschiff flankierenden Säulenreihe wird lediglich zwischen dem fünften und sechsten Joch von einem als Chorbegrenzung eingesetzten Pfeilerpaar unterbrochen. Beachtenswert ist die auf-

107 GROPINA, S. Pietro, Innenansicht des Langhauses

108 GROPINA, S. Pietro, Außenansicht der Apsis

berufen, um im Dom das Werk Lanfrancos zu vollenden. Da Gropina bis 1191 unter der Jurisdiktion der bei Modena gelegenen Abtei von Nonantola stand, kann im Hinblick auf die Neuerrichtung der Pfarrkirche auch unter diesem Aspekt ein Mitwirken campionesischer Künstler angenommen werden. Die Innenwand der Apsis ist über zwei Geschosse in Säulenarkaden aufgelöst, wobei die im Obergeschoß den Fenstern vorgelagerte Arkatur in engem stilistischen Kontext zur zwerchgalerieähnlichen Anlage der Ostkonche von S. Fedele in Como steht. Noch überzeugender ist der Hinweis Salvinis, der den stilistischen Ursprung der beiden Galerien in provenzalischen, von gallo-römischen Reminiszenzen durchdrungenen Vorbildern (z. B. die Ruine von Notre-Dame in Le-Val-des-Nymphes, 12. Jahrhundert) vermutet.[176] Zu ergänzen ist diese Querverbindung durch den Verweis auf die ebenfalls klassischer Tradition verpflichtete Apsis der Burgkapelle von Loarre in Aragon (Innenwand, Erdgeschoß), die aus der Zeit um 1095 stammt.

wendige und stilistisch unterschiedliche Kapitellplastik auf den mit auffallender Entasis versehenen Säulenschäften. Während die Kapitelle der linken Säulenreihe als Leistung campionesischer Steinmetzen anzusehen sind, dürften jene der rechten auf die Mitwirkung einer aus dem Casentino stammenden Meistergruppe zurückzuführen sein, die eine stärker figural betonte Ausformung bevorzugte. Wie die vielgliedrig gestaltete Apsis beweist, zeichneten für das Baugeschehen in Gropina vor allem die campionesischen Meister verantwortlich. Es handelt sich dabei um eine aus Campione am Luganersee stammende, in der Provence geschulte Gemeinschaft von Baumeistern und Bildhauern, die häufig auch mit den maestri comacini identifiziert werden. Diese wurden unter anderem um 1170 nach Modena

Ganz im Zeichen der oberitalienischen Architektur steht die Apsisaußengestaltung der Pfarrkirche von Gropina (Abb. 108). Auf extrem schlanken Blendlisenenarkaden erhebt sich eine Zwerchgalerie, in deren Zentrum zwei Säulen in campionesischer Manier zusammengeknotet sind, ein Motiv, das uns auch am Säulenpaar der Kanzel im Inneren des Bauwerks begegnet. Es tritt mehrfach etwa am Dom von Trient (12. Jahrhundert bis Anfang 13. Jahrhundert), mit dessen Errichtung fünf deutsche Fürstbischöfe comaskische Bauleute beauftragt hatten, und am Portal des Doms von Ferrara in Erscheinung. All das ist als Ausdruck romanischen Stilempfindens zu be-

109 ARTIMINO, S. Leonardo, Außenansicht der Apsiden

zeichnen, einer im ländlichen Raum der Toscana gelegentlich auftretenden Attitüde, die der Architektur in den städtischen Zentren und deren geographischem Umfeld weitgehend fremd geblieben war. Für eine Reihe von Pfarrkirchen des oberen Arnotales und des Casentino ist nach Salvini mit Erstaunen zu registrieren, »daß in einer nur 25 bis 50 km von Florenz entfernten Gegend keine Einwirkung der großartigen Denkmäler der Florentiner Protorenaissance zu spüren ist. Die Erklärung finden wir in der Tatsache, daß es damals verhältnismäßig bequeme Straßenverbindungen über den Apennin nach der Romagna, nach Oberitalien und darüber hinaus nach Frankreich gab, während nach Florenz nur eine schlechte Straße führte.«[177]

In enger stilistischer Verbindung mit Gropina steht die *Pfarrkirche S. Pietro a Romena* (Pratovecchio), deren Errichtung

nach Abbruch eines Vorgängerbaus aus dem 8./9. Jahrhundert – laut Inschrift – Pfarrer Albericus um 1152 veranlaßt hatte. Da die dreischiffige, flachgedeckte Basilika 1678 im Westen um zwei Joche verkürzt wurde, muß der Bau ursprünglich den großen Dimensionen der Pfarrkirche von Gropina entsprochen haben, zu der darüber hinaus weitreichende Analogien bestehen: So verfügt die querhauslose Anlage von Romena ebenfalls nur über eine Apsis, deren Innengestaltung beträchtliche Parallelen zu Gropina aufweist. Dazu kommt eine verblüffende Affinität der Raumgestaltung, die in den mit ähnlich starker Entasis ausgebildeten Säulenreihen signifikant zum Ausdruck kommt. Grundsätzlich übereinstimmend ist auch die Kapitellplastik, die mit jener der rechten Säulenstellung von Gropina korrespondiert. Beachtenswert ist weiter der Umstand, daß die östlichen Seitenschiffjoche mit Tonnen versehen sind, eine Lösung, die in Gropina, wahrscheinlich um einiges später, mit dem Einsatz eines Kreuzrippensystems ihre reifere Ausformung gefunden hat. Zu einem leicht abweichenden Gestaltungsmodus fand man in Romena in der Apsisgliederung, deren Erdgeschoß in Analogie zu S. Fedele in Como, aber auch zum Dom in Speyer, mit Bogennischen besetzt ist; dafür gibt es in der Blendsäulenarkatur des Obergeschosses wiederum eine enge Beziehung zu Gropina. Außen sind die Apsis wie die beiden flach abschließenden Seitenschiffe über zwei Geschosse durch Säulenblendarkaden unterteilt, eine Konzeption, die einen Reflex rheinischer Vorbilder verrät. Zu erwähnen ist dabei etwa die Ostapsis von Maria Laach (ab 1093) oder die allerdings noch durch eine Zwerchgalerie angereicherte Ostansicht des Bonner Doms

(1166 geweiht). Resümierend kann somit für Romena Salvinis Hinweis auf die auvergnatische Einflußsphäre noch durch eine rheinische Komponente ergänzt werden.

Daß die den transalpinen Raum mit der Toscana verbindende Brückenfunktion der Lombardei gelegentlich auch im Kernland von Florenz Spuren hinterlassen hat, beweist etwa die dreifache Apsidenanlage der schon in einer Urkunde Kaiser Ottos III. 989 genannten *Pfarrkirche S. Leonardo in Artimino* (Abb. 109). So erinnert hier die von Lisenen durchzogene und von einer Nischengalerie abgeschlossene Mittelapsis deutlich an die ähnlich gestaltete, den Typus der Zwerchgalerie vorwegnehmende Bogenreihe der Apsis von S. Ambrogio in Mailand (erste Hälfte des 11. Jahrhunderts), ein

Zusammenhang, der zu einer Datierung der Apsidenanlage in die Mitte oder die zweite Hälfte des 11. Jahrhunderts berechtigt.

Nur äußerst selten wurde in der toskanischen Baukunst dem oberitalienischen Typus des vielfach abgestuften Baldachinportals Rechnung getragen. Das vollkommenste Beispiel dafür befindet sich im Sieneser Gebiet an der Westfassade der bezeichnenderweise an der Frankenstraße gelegenen *Pfarrkirche von S. Quirico d'Orcia* (Abb. 110). Nach dem Muster etwa des Domportals von Ferrara (Abb. 111) sind zu beiden Seiten der Pforte jeweils vier auf Löwen lagernde und in campionesischer Manier zusammengeknotete Säulen postiert. Zwei mal fünf schlanke Säulen mit anschließenden konzentrischen Bogen füllen die tiefe Lei

110   S. Quirico d'Orcia, Pfarrkirche, Portal

111   Ferrara, Dom, Portal

112 S. Galgano am Monte Siepi, Innenansicht
nach Osten

bung des Portals, auf dessen Sturz und
Kämpfergesims monströse Fabeltiere kau-
ern. Zur Plastik dieser in die 80er Jahre des
12. Jahrhunderts datierbaren Portalanlage
bemerkt Salmi, »daß sie wie keine andere in
der Toscana die furchterregende Welt der
Symbole der romanischen Zeit« enthalte
und daß man in ihr »die größte ornamentale
Leistung von Siena am Ende des 12. Jahrhunderts« sehen müsse.[178]

Im Gegensatz zu Oberitalien sind im
ländlichen Gebiet der Toscana auffallend
wenig Zentralbauten erhalten geblieben.
Einen solitären Rang nimmt dabei die
Rundkirche von S. Galgano auf dem Monte
Siepi bei Chiusdino ein. Das Gebäude wurde um 1185 im Auftrag des Bischofs von
Volterra, Ugo dei Saladini, als Grabstätte
für den jung verstorbenen Einsiedler Galga-

no Guidotti errichtet. Dem zylindrischen,
mit einer Apsis versehenen Bau sind eine
Eingangshalle und eine erst aus der Zeit nach
1340 stammende rechteckige Kapelle vorgelagert. Besonders eindrucksvoll ist der variantenreiche Einsatz des Baumaterials, das
sich im unteren Viertel der Fassade bis zur
Sohlbank des mit tiefer Leibung ausgestalteten Fensters aus genau verfugten Travertin-
platten zusammensetzt. Darauf folgen über
zwei weitere Viertel der Gesamthöhe dreifach geschichtete Ziegellagen, die mit den
jeweils dazwischen geschobenen Travertin-
bändern einen heftigen dichromatischen
Kontrast hervorrufen. Abgeschlossen wird
dieser Schichtwechsel, dem man sowohl im
südöstlichen Teil der Diözese Volterra als
auch in der veronesischen Baukunst begegnet, von vier Lagen übereck gestellter Ziegel, eine Dekorationsform, die im Umfeld
von Siena weit verbreitet ist. Das letzte Viertel des Außenbaus ist als Backsteinzylinder
gebildet, der dem Mausoleum erst in der
Mitte des 14. Jahrhunderts, also zusammen
mit der Errichtung der von Ambrogio Lo-
renzetti freskierten Rechteckkapelle, aufgesetzt wurde. Ursprünglich trat an dieser
Stelle – im Anschluß an den im Schichtwechsel dekorierten Gebäudeteil – die Kup-
pelkalotte sichtbar in Erscheinung. Das Innere des Bauwerks (Abb. 112) wird durch
eine vom Apsiskämpfer bis zum Kulminationspunkt der Kuppel reichende konzen-
trische Streifeninkrustation geprägt, die in
ihrer überpointierten Erscheinungsform
unwillkürlich an pistoiesische Gestaltungsprinzipien denken läßt. Mit fast schon poe-
tischer Ausdruckskraft hat Bianchi den daraus resultierenden Effekt geschildert: »Die
konzentrischen grauweißen und roten Reifen scheinen sich in Schatten- und Lichtwel-

len auszudehnen und den kreisförmigen Rhythmus des Gebäudes ins Unendliche zu übertragen.«[179] Während Salmi in Fragen der Kuppeltechnik auf archetypische Zusammenhänge mit etruskischen Gräbern hinweist, sieht Salvini die genetische Problematik von S. Galgano in der bewußten Aufnahme eines antiken Grabmaltypus verankert. Dazu seine Erläuterung: »Der Farbenwechsel [...] erhält in der hemisphärischen, sich nach antikem Brauch aus einer Reihe aufeinanderliegender Ringe zusammensetzenden Kuppel seine prägnanteste Wirkung; denn hier, in der steten Abwechslung von Stein und Ziegel, fällt der Rhythmus des Farbenschmucks mit der strukturellen Schichtung zusammen.«[180] Diese Aussage läßt sich insofern präzisieren, als man in den römischen Grabdenkmälern – etwa im Mausoleum an der Via Praenestina (sog. Tor de'Schiavi, Anfang des 4. Jahrhunderts n. Chr.) oder im Grabmal der Caecilia Metella – die baukünstlerischen Vorfahren der Rotunde von S. Galgano eruieren kann. Der in der Architektur der Toscana sich latent abzeichnende Bezug zur Tradition der römischen Antike kommt damit einmal mehr signifikant zum Ausdruck, eine künstlerische Grundhaltung, die freilich durch zahlreiche, aus anderen Bereichen stammende stilistische Begleitaspekte angereichert wird.

Marken

Unter der Herrschaft der Langobarden war das östliche Mittelitalien in zwei Bereiche gegliedert. Während sich im südlichen Abschnitt um die Zentren Spoleto und Fermo die Hegemonialgewalt langobardischer Herzöge durchsetzte, schlossen sich im Norden die Seestädte Ancona, Fano, Pesaro, Senigallia und Rimini zur Pentapolis zusammen. Wie dem westlich anschließenden binnenländischen Städtebund (Urbino, Jesi, Gubbio, Cagli, Fossombrone und Ósimo) gelang es dieser trotz formeller Abhängigkeit vom byzantinischen Exarchat Ravenna, ihre Unabhängigkeit weitgehend zu bewahren. Nimmt man die hier vor allem im 11. und 12. Jahrhundert in Blüte stehende Architektur in Augenschein, die zu einem wesentlichen Anteil östliche Anregungen aufgenommen hat, so wird deutlich, wie nachhaltig dieses an Ostrom orientierte Schutzbündnis noch nach Jahrhunderten in baukünstlerischer Hinsicht Spuren hinterlassen hat. Wenngleich die Pippinsche Schenkung des Jahres 752 die Pentapolis de jure dem päpstlichen Stuhl unterstellt hatte, so änderte dies faktisch wenig an ihrer weiterbestehenden Souveränität. Der heute übliche Name der Region ›Marken‹ geht auf territoriale Neubildungen des Hochmittelalters zurück. Unter kaiserlichem Einfluß waren neben der karolingischen Mark Camerino zwei neue Markgrafschaften mit den Zentren Fermo und Ancona entstanden, wobei sich die Mark Ancona im Zusammenspiel mit normannischen Expansionsbewegungen, die zu einem tiefgreifenden Gebietsverlust des Herzogtums Spoleto führten, im 12. Jahrhundert beträchtlich nach Süden auszuweiten vermochte. Die Stadt Ancona, die im Widerstand gegen feudale Machtansprüche gegen Ende des 11. Jahrhunderts für sich eine selbständige Kommunalverwaltung durchsetzte, zählte damals zu den wichtigsten Seerepubliken Italiens. Ihre Handelsinteressen waren überwiegend auf den Vorderen Orient ausgerichtet, wo sie unter anderem am Schwarzen Meer und in Syrien über Kontorstützpunkte verfügte. Beziehungen dieser Art hatten durchaus wechselseitigen Charakter und konnten für Ancona gelegentlich auch unerfreuliche Formen annehmen: So war die Stadt in den Jahren 1151 bis 1167 von Byzanz besetzt, das sich von seinem Wunsch nach der Wiedererlangung alter Größe nie ganz gelöst hatte. Ancona wurde dann 1167 von Friedrich Barbarossa und schließlich 1173 von der venezianischen Flotte belagert, wußte aber diese Gefahren erfolgreich abzuwehren. Selbst der Papst sah sich außerstande, sein verbrieftes Besitzrecht über die Marken in Anspruch zu nehmen. Roms Versuchen der Verwirklichung seiner territorialen Optionen war erst seit dem 14. Jahrhundert – im Sinne einer Politik der kleinen Schritte – ein gewisser Erfolg beschieden. Ihren Abschluß fanden die Expansionsbestrebungen des Kirchenstaats mit der Eroberung der Stadt Ancona im Jahre 1532.

Im südlichen Bereich der Marken – damals Bestandteil des Herzogtums Spoleto –

113   S. Maria a Pie' di Chienti, Innenansicht, Langhaus nach Osten

befindet sich die Kirche *S. Maria a Pie'di Chienti,* die mit ihrer Choranlage (Umgang mit Radialkapellen) wie das benediktinische Sant'Antimo auf französische Vorbilder zurückgeht und die einzige Querverbindung zwischen der märkischen und toskanischen Baukunst darstellt. Die ältesten Nachrichten über die von der Benediktinerabtei Farfa (bei Rieti) abhängige Kirche stammen aus dem Jahr 936. Farfa ist eine Gründung des 6. Jahrhunderts, war seit Karl dem Großen reichsunmittelbar und erlebte im Anschluß an die cluniazensische Reform vom 11. bis 12. Jahrhundert seine größte Blüte. Wie aus dem »Chronikon« Gregors (Anfang des 12. Jahrhunderts) zu entnehmen ist, befanden sich 18 Städte, ca. 130 Kastelle sowie über

680 Kirchen und Klöster (vor allem cluniazensische Gründungen) im Besitz der Abtei. Aus einer Inschrift des Jahres 1125 geht hervor, daß Abt Adenolfo aus Farfa den Neubau von S. Maria a Pie'di Chienti veranlaßte. Bei der Beantwortung der Frage, ob dieses Datum die Grundsteinlegung anzeigt oder als Indikator für die Endphase der Bauarbeiten zu interpretieren ist, kommt der zweiten Version größere Glaubhaftigkeit zu, verrät doch die seit 1118 errichtete Abteikirche von Sant'Antimo einen im Vergleich deutlich reiferen Entwicklungsstand.

Die von einem Sparrendach abgeschlossene Kirche ist dreischiffig basilikal angelegt (Abb. 113). Abgesehen von ihrem dreizonigen Wandaufriß, zeigt sie in allen übrigen Details des Langhauses eine von Sant'Antimo abweichende Formensprache. Anstelle eines Stützenwechsels wurde einer durchlaufenden Pfeilerarkatur der Vorzug gegeben. Im einzelnen handelt es sich um quadratische, an den Ecken abgeschrägte Pfeiler, von deren Kämpfergesims breite Lisenen bis zum Dachansatz, oder genauer, bis zu einem abschließenden Rundbogenfries hochführen. Die Emporen öffnen sich in Bogenstellungen, die mit der Arkadenbreite des Erdgeschosses übereinstimmen und zusammen mit dem die Sohlbank markierenden Motiv des Rundbogenfrieses prinzipiell an das Wandkonzept von S. Ambrogio in Mailand erinnern. Die Abweichungen vom lombardischen Bau, der über einen Stützenwechsel und eine bedeutend differenziertere Struktur verfügt, resultieren nicht zuletzt daraus, daß in S. Maria nicht nur die Wände, sondern auch alle sie strukturierenden Formelemente wie Pfeiler, Lisenen etc. aus dem skulptural wenig geeigneten Material Backstein errichtet wurden. Die zu Beginn des 15. Jahrhunderts in den östlichen vier Jochen für die Mönche errichtete Oberkirche verursachte eine tiefgreifende Störung der ursprünglichen Weite und Kontinuität des Ambiente. Darunter erstreckt sich heute ein dunkler, grottenartiger Raum, dessen Stützenreihe das Mittelschiff in zwei weitere Schiffe unterteilt.

Wie schon erwähnt, führte der vom cluniazensischen Farfa ausgehende Einfluß zu einer französischen Chorlösung mit Umgang und drei Radialkapellen. Auch hier bewirkte der ausschließliche Einsatz von Backsteinmaterial eine von Sant'Antimo radikal unterschiedliche Formensprache, die sich in einer schwerfälligen, dekorationsfeindlichen, ja geradezu archaisierenden Attitüde äußert. Dennoch gibt es zur toskanischen Abteikirche weitreichende Parallelen: so etwa im brückenähnlichen Korridor, der an der inneren Westwand die Emporen miteinander verbindet, eine Kommunikation, die sich im Obergeschoß des Chorhaupts in Form eines zweiten Umgangs wiederholt. Im Gegensatz zu Sant'Antimo ist die Außenansicht des Chors mit einem Netz von Lisenen, Rundbogenfriesen und einem Zahnfries überzogen, worin sich, wie im Inneren des Gebäudes, eine Übernahme lombardischer Stilmerkmale manifestiert. Darüber hinaus ist auf die von Sant'Antimo völlig abweichende Polygonalform des Chorhaupts und Umgangsgeschosses hinzuweisen. Dieses den polygonalen Apsiden Ravennas nachempfundene Motiv weist – im Sinne eines kunstgeographischen Identifikationsmittels – als einziges am gesamten Bauwerk in den Raum des östlichen Mittelitalien.

Westlich und südlich von Ancona gibt es eine Reihe von Sakralbauten, die, obwohl erst im 11. und 12. Jahrhundert errichtet, angesichts ihrer stilistischen Nähe zur Baukunst des oströmischen Großraums immer noch den historischen Bezug der Mark Ancona zur byzantinisch geprägten territorialen Vorstufe der Pentapolis erkennen lassen. Die Bautengruppe unterscheidet sich von der Architektur der westlich angrenzenden Regionen Toscana und Umbrien dermaßen, daß sie – in Anbetracht ihrer regionalen Konzentration und zur Integration neigenden Erscheinungsform – den begrifflichen Einsatz einer in sich geschlossenen Kunstlandschaft erlaubt. Südlich von Ancona, zu Füßen des Monte Conero unmittelbar am Meer gelegen, befindet sich die ehemalige *Benediktiner-Abteikirche von S. Maria di Portonovo*. Die noch von Krönig bezweifelte frühe Bauzeit der Kirche (1034–1050) konnte von der neueren Forschung eindeutig bestätigt werden.[181] Das Gebäude entspricht mit seinem jeweils dreischiffigen und zweijochigen Lang- und Querhaus dem Grundrißschema des griechischen Kreuzes (Abb. 114, 115). Neben dieser dominierenden Zentralbautendenz ist jedoch auch eine Longitudinalkomponente zu beachten, die ihren Ausdruck darin findet, daß allein das Mittelschiff des Langhauses – nur vom Kuppelraum des Vierungsturms unterbrochen – von einer Tonne überwölbt ist, während alle übrigen, beträchtlich niedrigeren Schiffe kreuzgratgewölbt sind. Dennoch ist das Bauwerk im ganzen dem Typus der Kreuzkuppelkirche zuzurechnen. Von dieser grundsätzlich an östliche Vorbilder anknüpfenden Konzeption weicht lediglich der Ostteil ab, der mit seinen Querhausapsiden und der davon um zwei Joche des Chors abgesetzten Hauptapsis dem Schema des Benediktinerchors entspricht.

Im Mittelpunkt der kunsthistorischen Betrachtung steht das Tonnengewölbe, das sich – skandiert von Gurtbändern – auf schlanken Rundpfeilern und den quadratischen Pfeilern der Vierung über dem Mittelschiff erhebt. Die Frage nach der Herkunft dieser Wölbungslösung wurde von der italienischen Forschung mit dem Hinweis auf französische und katalonische Vorstufen wenig exakt und vor allem unvollständig beantwortet.[182] Während von der französischen Komponente angesichts der frühen Bauzeit der Kirche abgesehen werden kann – die frühesten tonnengewölbten Mittelschiffe in Frankreich stammen erst aus der zweiten Hälfte des 11. Jahrhunderts –,[183] ist eine mögliche Querverbindung nach Katalonien durchaus denkbar. Mit Ausnahme der tonnengewölbten Kirche von S. Pedro de Roda (1022 vollendet, allerdings ohne Kuppel) sind hier alle übrigen vergleichba-

114 S. Maria di Portonovo, Grundriß (nach G. M. Claudi)

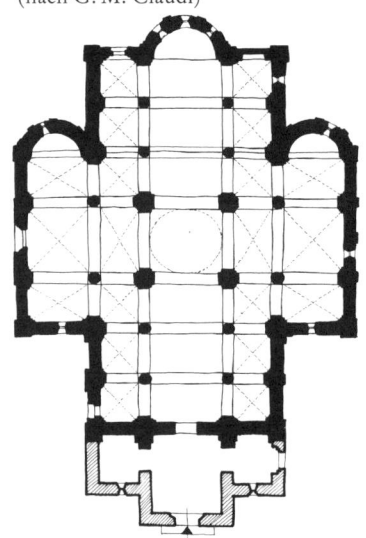

115 S. Maria di Portonovo, Innenansicht
nach Osten

These eines Kontakts mit Katalonien jedoch nur von sekundärer Bedeutung. Weit relevanter erscheint dafür der Hinweis auf die seit den Zeiten der Pentapolis historisch gewachsenen Beziehungen des nördlichen Teils der Marken zu Byzanz und auf die auch später noch florierenden Handelsverbindungen Anconas zum vorderasiatischen Großraum. Wie etwa die dreischiffige, mit Tonnengewölben versehene Kreuzkuppelanlage der Panhagia Katapoliani (ca. 550) auf der Insel Paros beweist, hat die Diskussion über die stilgeschichtlichen Wurzeln von S. Maria di Portonovo ohne Zweifel von der byzantinischen Baukunst auszugehen. Seit dem 7. Jahrhundert wurde die Tonnenwölbung neben dem Kuppelbau eines der Hauptthemen der armenischen Baukunst. Aus einer langen Reihe von Beispielen sei nach Strzygowski nur auf die tonnengewölbte Burgkirche von Ani (622) oder den

116 Ascoli Piceno, Baptisterium,
Außenansicht

ren Kirchen jedoch später als S. Maria di Portonovo entstanden. Übergeht man diese zeitliche Differenz, so eröffnen sich in der Tat bemerkenswerte Analogien, die sich vor allem an der dem Kreuzkuppeltypus angenäherten Klosterkirche von Sant Llorenç del Munt (1064 vollendet) ablesen lassen: Neben der mit Portonovo verwandten Tonnenlösung ist hier die Verwendung kleinteiligen Hausteinmaterials zu erwähnen. Neuerlich ist dabei an die zwischen Katalonien und Italien pendelnden maestri comacini zu erinnern, deren vermittelnde Tätigkeit auch in den Marken in Erwägung gezogen werden muß.[184]

Zur genetischen Klärung des Tonnengewölbes und des Kreuzkuppeltypus ist die

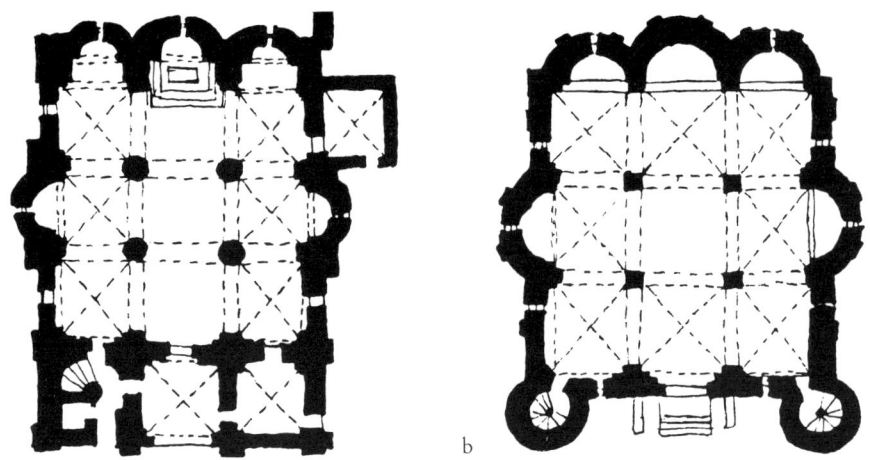

a   b

117   Vier Grundrisse (nach G. M. Claudi): a) S. Maria delle Moje; b) S. Claudio al Chienti; c) S. Croce; d) S. Vittore delle Chiuse

Kreuzkuppelbau der Gajane-Kirche (630) aus Etschmiadsin hingewiesen.[185] Wie Pisa dürfte auch Ancona wirtschaftliche und kulturelle Beziehungen zum fernen Armenien gepflegt haben. Als Beweis dafür könnte etwa die Kathedrale von Kutaissi (1003 begonnen) dienen: Wesentliche Elemente ihrer Grundrißdisposition haben etwa ein Vierteljahrhundert später am Bau von S. Maria di Portonovo Eingang gefunden.[186] Wie in Portonovo zeigt die armenische Kathedrale eine Synthese des Zentral- und Longitudinalbautypus; analog zu Portonovo auch der dreigeteilte Eingangstrakt und die schlanken Stützen des tonnengewölbten, von einer Vierungskuppel akzentuierten Langhauses. Dazu kommen außen rechteckig geschlossene und innen mit Apsiden versehene Querschiffarme. Wenngleich S. Maria di Portonovo mit seiner Querhausgestaltung von der auf der Nord-Südachse situierten Apsidenkonzeption in Kutaissi deutlich abweicht, ist dieser armenischen

Querhauslösung doch insofern eine gewisse Bedeutung beizumessen, als in der weiteren Umgebung von Ancona eine Kirchengruppe ebenfalls über die gleichen, in die Längsseiten eingesetzten Apsisakzente verfügt.

Das Äußere der Kirche von Portonovo wird durch eine Ambivalenz byzantinischer und lombardischer Stilelemente bestimmt (Farbabb. 10). Während das stufenweise Komponieren mit einzelnen Baublöcken – die Querhäuser sind z. B. durch eigene Satteldächer merklich vom Langhaus getrennt – einen auffallend byzantinischen Eindruck vermittelt, erfolgte die Instrumentation der Wände mit Lisenen, Rundbogenfriesen und Zwerchgalerien (an der Hauptapsis und am oktogonalen Aufsatz des Vierungsturms) eindeutig nach lombardischen Regeln. Besondere Beachtung verdient der eine Querovalkuppel ummantelnde Vierungsturm, der im unteren Abschnitt rechteckig und in der oberen Zone oktonogal ausgebildet ist. Grundsätzlich ist dieser

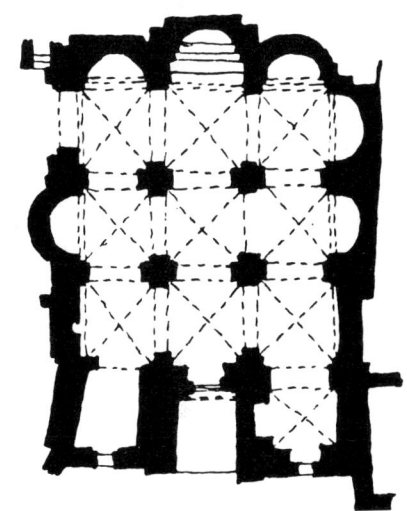

c

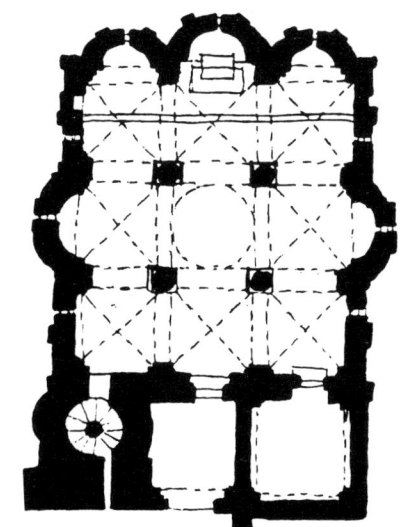

d

Typus, wie schon am Beispiel von S. Maria a Coneo in der Toscana erläutert, von der frühchristlichen Baptisterienarchitektur (s. Riva) abzuleiten, er tritt aber auch in der armenischen Baukunst häufig in Erscheinung. Nach 1100 begegnet er uns, wie in Portonovo durch eine Zwerchgalerie betont, gelegentlich auch in der Lombardei (z. B. S. Pietro in Ciel d'Oro, Pavia), und fast als Replik von S. Maria in Portonovo fand er auch in den südlichen Marken, gleichsam auf den Boden gestellt, am Bau des Baptisteriums von Ascoli Piceno (12. Jahrhundert) Verwendung (Abb. 116).

Wie schon angedeutet, gibt es im mittleren Bereich der Marken vier Kirchen, die sich hinsichtlich ihrer Grundrisse zu einer einheitlichen Bautengruppe zusammenschließen. Eindeutiger als die Kirche von S. Maria di Portonovo, zu der sich vereinzelt Analogien feststellen lassen, entsprechen sie dem Idealtypus des Zentralbaus. Allen gemeinsam ist ein quadratischer, von

einem griechischen Kreuz durchdrungener Grundriß. An drei Seiten der dreischiffigen Gebäude, deren von vier Stützen begrenztes Zentrum von acht Jochquadraten umgeben wird, treten Apsiden hervor (Abb. 117).

Die älteste dieser Kirchen, *S. Vittore delle Chiuse bei Genga,* wurde am Ende des 11. Jahrhunderts errichtet. Auf vier ausnehmend hohen, mit würfelähnlichen Kapitellen versehenen Rundpfeilern erhebt sich wie in S. Maria di Portonovo eine Trompenkuppel (Abb. 117d, 118). Umschlossen wird die Vierung von acht quadratischen, kreuzgratgewölbten Jochen, die – durch Gurtbogen voneinander abgesetzt – nach dem Schema einer Hallenkirche konzipiert sind. Wie schon erwähnt, öffnet sich die Ostwand in drei gleich hohe Apsiden; dieselbe Höhe erreichen diejenigen der Nord- und Südwand. Für die Grundrißdisposition von S. Vittore läßt sich in der mittelalterlichen Architektur des Abendlandes nur ein einziges Vergleichsbeispiel namhaft machen, nämlich

118 S. Vittore delle Chiuse, Blick in die Kuppel

die aus karolingischer Zeit stammende Kirche von Germigny-des-Prés (806 geweiht) in Frankreich. Errichtet unter dem aus Spanien gebürtigen Bischof Theodulf von Orléans und bekrönt von einem Vierungsturm, entspricht das Gebäude weitgehend dem geschilderten Grundrißschema, woraus ersichtlich wird, daß der Bauherr sowohl von der byzantinischen als auch der armenischen Architektur Kenntnis besaß. In der Tat ist auch die Grundrißform von S. Vittore – die Kuppel inbegriffen – hauptsächlich aus Armenien herzuleiten. Die Entwicklung dieses Typus begann mit dem Bau der Kathedrale von Etschmiadsin (480; Wölbung seit dem 7. Jahrhundert) schon im 5. Jahrhundert und fand im 7. Jahrhundert an zahlreichen Bauten des Landes, unter denen nur die Kathedrale von Bagaran (624) erwähnt sei, ihre Fortsetzung.[187] Von diesen signifikanten

Parallelen im Grundrißbereich abgesehen, weicht das Ambiente von S. Vittore jedoch in zwei Punkten von den Quellen der östlichen Architektur ab: Einerseits unterscheidet sich nach Krönig »die hohe hallenartige Form des Innenraums von allen Kreuzkuppelkirchen des byzantinischen Reiches«, die durchweg basilikal konzipiert sind, andererseits sind die hohen Rundpfeiler als typisch nordisches Element zu deuten.[188] Als stilistischer Ausgangspunkt ist dafür zunächst die im burgundischen St-Philibert in Tournus getroffene Pfeilerlösung zu nennen, die später auch für S. Abbondio in Como als raumprägendes Element bestimmend wurde; wie die Pfeiler der comaskischen Kirche verfügen auch jene von S. Vittore über Würfelkapitelle.

Diese Symbiose abendländischer und orientalischer Architekturmerkmale wandelt sich an der Außenansicht von S. Vittore zugunsten der erstgenannten Komponente (Abb. 119). Wie in S. Maria di Portonovo bestimmen auch hier lombardische Elemente (Rundbogenfriese und Lisenen) die Fassadendekoration des Bauwerks. Besonders auffallend sind die extrem steil proportionierten Apsiden, die sich an der Ostwand nahtlos zu einer Dreiergruppe zusammenfügen. Davon unterscheiden sich die niedrigeren, zumeist polygonal ausgebildeten Apsiden der armenischen Bauten etwa des 7. Jahrhunderts in geradezu extremer Weise. Wie jedoch das Beispiel der Kathedrale von Tiflis (Georgien) beweist, tritt die integrative Apsidenlösung dann im 11. Jahrhundert gelegentlich auch in der Baukunst Armeniens in Erscheinung, um in der Folge auf die russische Sakralarchitektur überzugreifen (z. B. Nowgorod, Jurjew-Kloster, Georgs-Kathedrale, 1119). Erinnert sei daran, daß dieser Apsidentypus auch für S. Veriano in der Toskana charakteristisch ist. Ohne die in diesem Zusammenhang genannten karolingischen Vorstufen (Graubünden) in ihrer Folgewirkung bezweifeln zu wollen, stellt sich hier doch mit gleichem Recht die Frage nach möglichen Einflüssen aus der östlichen Hemisphäre. Ein Indiz dafür ist etwa der Rundbau von S. Donat in Zadar an der dalmatinischen Küste, der wie die Kirche von S. Vittore drei gleich hohe, eng aneinander

119 S. Vittore delle Chiuse, Außenansicht

211

gereihte Apsiden aufweist. Da S. Donat zu Beginn des 9. Jahrhunderts errichtet wurde und Zadar (ehem. Zara) damals noch dem oströmischen Reich angehörte, könnten auch auf diesem Umweg byzantinische Anregungen S. Vittore erreicht haben. Abschließend ist noch auf die der märkischen Kirche vorgelagerte Doppelturmanlage zu verweisen, deren runder Nordturm (Südturm quadratisch) an ravennatische Campanile-Bauten erinnert und damit Zeugnis von der ehemaligen Abhängigkeit der Pentapolis vom byzantinischen Exarchat gibt.

Während für die Konzeption der Doppelturmfront von S. Vittore eine eher unentschlossene Haltung maßgebend war, setzte sich diesbezüglich in *S. Claudio al Chienti* (Ende des 11. Jahrhunderts) eine auf Einheitlichkeit ausgerichtete Zielsetzung durch: Hier wird die Westfassade von zwei gleich geformten Rundtürmen flankiert (Abb. 117b, 120). Nur wenig später hat dieser Turmtypus auch in Oberitalien, und zwar an der Westfassade von S. Lorenzo in Verona, ebenfalls von der ravennatischen Campanile-Architektur angeregt, Anklang gefunden. Wenngleich S. Claudio zweigeschossig angelegt ist – das Gebäude besteht somit aus einer Ober- und Unterkirche – und sich darin diametral von S. Vittore unterscheidet, verbindet beide Bauten gleichwohl dieselbe Grundrißstruktur, eine Analogie, die sich auch auf die der Nord-, Süd- und Ostwand eingesetzten Apsiden bezieht. Im übrigen weicht die gedrungene Raumform der Unterkirche gänzlich vom steil proportionierten Ambiente in S. Vittore ab. Anstelle von schlanken Rundpfeilern stützen hier massive quadratische Pfeiler, die der nur fragmentarisch erhalten gebliebenen Oberkirche als Substruktion dienen, die

120   S. CLAUDIO AL CHIENTI, Eingangsfassade

Kreuzgratgewölbe der insgesamt neun, dem quadratischen Zentralbau eingesetzten Joche.

Noch stärker als in S. Claudio al Chienti fühlte man sich bei der Errichtung der in der Nähe von *Sassoferrato* gelegenen Kirche von S. Croce (Anfang des 12. Jahrhunderts) dem Baukonzept von S. Vittore delle Chiuse verpflichtet (Abb. 117c, 121). Diese Verbindung äußert sich nicht nur im Grundrißsystem, sie läßt sich auch am ähnlich steil proportionierten Ambiente ablesen. Wenngleich man auf die Errichtung eines Vierungsturms verzichtete, ist die Tendenz, das Zentraljoch mit seinem Kreuzgratgewölbe (später durch Kreuzrippen ergänzt) über die übrigen acht, fast flachkuppelig abgeschlossenen Joche emporzuheben, zumindest

121 SASSOFERRATO, S. Croce, Innenansicht

122 S. MARIA DELLE MOJE, Innenansicht

prinzipiell mit der Kuppelbekrönung von S. Vittore in Zusammenhang zu bringen. In der Longitudinaltendenz jedoch weicht S. Croce von der fast richtungslosen Zentralbauform seines Vorbildes entschieden ab: Anstelle der schlanken Rundpfeiler finden wir hier vier ebenso hohe quadratische Pfeiler, denen in der West-Ost-Achse jeweils zwei Halbsäulen aus dunkelgrünem Marmor appliziert sind. Daraus resultiert eine merkliche Gerichtetheit des Innenraums, die vom tiefen, tonnengewölbten Portalvorraum ihren Ausgang nimmt und in die mittlere Apsis der Ostwand mündet.

Ungefähr 30 km westlich von Ancona befindet sich die erst am Ende des 12. Jahrhunderts errichtete Kirche *S. Maria delle Moje* (›Le Moie‹), die nur noch hinsichtlich ihres Grundrisses in die geschilderte Bautengruppe einzuordnen ist (Abb. 117a, 122). Im Aufriß hingegen, der durch eine die niedrigen kreuzgratgewölbten Seitenschiffe deutlich überragende, leicht zugespitzte Mittelschifftonne gekennzeichnet ist, kehrte man wieder zum pseudobasilikalen Schema von S. Maria di Portonovo zurück. Die Analogie zu dieser Abteikirche bleibt allerdings auf Grundsätzliches beschränkt: Anstatt auf Rundpfeilern ruht die ebenfalls von Gurtbogen unterteilte Tonne auf gedrungenen Kreuzpfeilern mit breiten, pilasterähnlichen Wandvorlagen. Da weiter auf einen Vierungskuppelakzent verzichtet wurde, kann sich der Querarm des das Grundrißquadrat durchdringenden griechischen Kreuzes trotz der über die südlichen und nördlichen

213

Umfassungsmauern hinaustretenden Apsiden räumlich kaum entfalten. Somit läßt sich feststellen, daß hier die in S. Croce sich erst anbahnende Longitudinaltendenz – im Widerspruch zum Grundrißkonzept – deutlich an Wirkung gewonnen hat.

Im nördlichen Grenzbereich der Marken, unweit von San Marino, liegt auf einem Hügel die kleine Stadt *San Leo* mit ihrer Pfarrkirche aus dem 9. Jahrhundert und dem im letzten Viertel des 12. Jahrhunderts bis zu Beginn des 13. Jahrhunderts errichteten *Dom.* Dieser scheint mit seinem goldgelben Gestein unmittelbar aus dem felsigen Terrain hochzuwachsen. Während die Westwand sowie die nördliche Flanke der Kirche wenig Gestaltungselemente erkennen lassen, ist die südliche, dem Straßenverlauf zugekehrte Ansicht als eigentliche Schauseite architektonisch mit größerem Aufwand durchkomponiert. Es handelt sich um eine pseudobasilikale Anlage (kleine Fenster an der Mittelschiffwand), die von einem an Höhe mit dem Mittelschiff übereinstimmenden Querhaus durchdrungen wird, das nicht über die Seitenschiffe hinaustritt. Aus der Ostwand wölben sich drei Apsiden hervor, die wie jene der erwähnten Bautengruppe im mittleren Bereich der Marken und der Pfarrkirche von S. Leo nahtlos ineinander übergehen.

Das architektonische Hauptthema des Doms ist die das Mittelschiff überwölbende, von Gurtbändern skandierte Tonne, deren kontinuierlicher Verlauf durch die Flachkuppelwölbung der Vierung kaum unterbrochen wird (Farbabb. 11). Das dreischiffige Langhaus – die Seitenschiffe sind ebenfalls durch Längstonnen gewölbt – ist in vier Joche unterteilt, wobei das zwischen dem zweiten und dritten Joch befindliche Säulenpaar das Motiv des Stützenwechsels anklingen läßt. Die übrigen Stützen bestehen aus quadratischen Pfeilern, denen vier Halbsäulen vorgelagert sind. Während jeweils ein Säulenpaar den Unterzug der zugespitzten Arkadenbogen abfängt, führt die dem Mittelschiff zugekehrte schlanke, dienstähnliche Halbsäule bis zum Kämpfer der Tonne, wo die Gurtbänder ansetzen. Nach Krönig entbehrt dieser an sich schon inkonsequent durchgeführte Stützenwechsel, »zumal im Zusammenhang mit der Tonnenwölbung, [jeder] konstruktiven Logik«. Dazu der Autor weiter: »Offensichtlich handelt es sich hier um die Freude an dem Reichtum und Wechsel der Formen, die zu einer freieren Anwendung des bei den französischen Vorbildern sinnvoll gebundenen Systems führte. Diese Freiheit gegenüber den französischen Vorbildern, zu der noch die landschaftlich gebundene Form des Grundrisses kommt, zeigt, daß [...] unmittelbare Vorbilder kaum genannt werden können. Immerhin ist doch die Herkunft des Tonnensystems mit dem Verzicht auf die eigene Beleuchtung des Mittelschiffs aus der südfranzösischen Baukunst deutlich.«[189] Obgleich diese französische Einflußkomponente gewiß nicht unterschätzt werden soll, ist doch daran zu erinnern, daß im Problembereich des Tonnengewölbes die märkische Architektur mit der Kirche von S. Maria di Portonovo – schon lange vor vergleichbaren französischen Bauten – eigenständig traditionsbildende Impulse hervorgebracht hat. An das Langhaus des Doms schließt ein mit Quertonnen gewölbtes Transept, dem der von einer Krypta hochgehobene, tribünenartige Chor mit zwei Jochen folgt. Deutlich unterscheiden sich hier die rundbogigen Arkaden von den zugespitzten des Langhauses. Von dieser stilistischen Differenz ausgehend, kann angenommen werden, daß man im Osten mit den Bauarbeiten begonnen hat. Unabhängig davon, daß Serra die an einem Pfeiler befindliche Jahreszahl 1173 als nachträglich hinzugefügt bezeichnet, erscheint es berechtigt, dieses Datum hinsichtlich des Baubeginns als terminus post quem zu interpretieren. Das schließt freilich nicht aus, daß sich die bauliche Tätigkeit bis in die ersten Jahre des 13. Jahrhunderts hinzog.[190] Deutlich überschätzt hat Krönig »die nahe Verwandtschaft [des Doms] mit den umbrischen Kirchen«.[191] In der Tat gibt es in der Nachbarregion Umbrien zwar eine Reihe tonnengewölbter Bauten (z. B. San Felice di Giano, 12. Jahrhundert), aber die Tonnen

sind hier in der Regel, und im Gegensatz zu S. Leo, S. Maria di Portonovo und Le Moie, durch den Verzicht auf jochteilende Gurtbänder und durch ihre auffallend geringe Spannweite gekennzeichnet.

Wahrscheinlich von der märkischen Architektur angeregt, hat auch die Baukunst der Abruzzen auf dem Gebiet des Tonnengewölbes mit der Errichtung der Pfarrkirche von *S. Maria delle Grazie in Civitaquana* einen wichtigen Beitrag geleistet (Abb. 123). Die dreischiffige, querhauslose Kirche ist durch eine an Le Moie erinnernde Spitzbogentonne gewölbt. Im Gegensatz jedoch zu allen genannten Bauten der Marken sind die acht Joche der Anlage – ausgenommen die beiden östlichen, den dreifach apsidial abgeschlossenen Chorraum markierenden –

123 CIVITAQUANA (ABRUZZEN), S. Maria delle Grazie, Innenansicht

215

durch einen Stützenwechsel (einem zylindrischen Pfeiler folgt jeweils ein quadratischer) rhythmisiert, wobei jedem quadratischen Pfeiler abwechselnd eine Halbsäule und eine Lisene vorgelagert ist, die wie in Le Moie im Gurtbogen des Tonnengewölbes ihre Fortsetzung findet. Ist die Herkunft der Tonne im Bereich der Marken zu lokalisieren, so läßt sich der konsequent durchgeführte Stützenwechsel gewiß von der oberitalienischen Architektur herleiten; beiden Phänomenen ist gemeinsam, daß sie in der Baukunst der Abruzzen eine Sonderstellung einnehmen.

Als gleichsam kunstlandschaftlicher Fremdkörper erweist sich auch die Westfassade der Pfarrkirche, deren Konzeption eine Synthese aus lombardischen und pisanisch-lucchesischen Gestaltungselementen zeigt. Mit ihrer basilikalen Abstufung steht sie in deutlichem Widerspruch zum Innenraum, dessen Mittelschiff über keinen Fenstergaden verfügt. Offenbar hat die italienische Forschung das massiv gemauerte und in seiner gedrungenen Proportion an den Boden geklammerte Stützensystem zum Anlaß genommen, das Gebäude in das beginnende 12. Jahrhundert zu datieren.[192] Dagegen sei nochmals auf das spitzbogige Tonnengewölbe hingewiesen, dessen stilistische Affinität mit Le Moie eine spätere Datierung der Pfarrkirche von Civitaquana in die zweite Hälfte des 12. Jahrhunderts nahelegt.

Doch kehren wir nach diesem Abstecher in die Abruzzen zurück in die Marken und deren historisches Zentrum, die Stadt *Ancona*. Hoch auf dem Monte Guasco erhebt sich die Kathedrale von *S. Ciriaco*, dominierend gleichsam über Stadt, Land und Meer (Abb. 124). Wegen des Mangels an gesicherten Daten sieht man sich in der Darstellung der Baugeschichte dieses Denkmals, das wahrscheinlich erst seit dem Ende des 11. Jahrhunderts der Grundrißform eines griechischen Kreuzes folgt, erheblich behindert. Auf den Ruinen eines antiken, von den Ostgoten verwüsteten Venustempels wurde, vermutlich bereits im 6. Jahrhundert, eine dem hl. Laurentius geweihte Kirche errichtet. Diesen Vorgängerbau – in seiner Position mit dem heutigen Querhaus des Doms identisch – legten dann im Jahre 840 die sarazenischen Eroberer in Trümmer. Nach seiner Wiederherstellung wurde er in S. Ciriaco umbenannt; die Reliquien des Heiligen setzte man in der linken Krypta des späteren Querhauses bei.[193] Wie erwähnt, dürfte dann ab dem Ende des 11. Jahrhunderts, in genauer Übereinstimmung mit den drei Schiffen der alten, in der Folge als Querhaus dienenden Kirche, das heutige Langhaus errichtet worden sein, zu einem Zeitpunkt also, als Ancona anläßlich der Einsetzung einer autarken Kommunalverwaltung danach trachtete, seinem neuerwachten Selbstbewußtsein auch architektonisch Ausdruck zu verleihen. Vielleicht stand damals die Absicht im Vordergrund, mit der zu einer Kreuzkirche erweiterten Kathedrale zum ebenfalls kreuzförmigen Buscheto-Dom der mächtigen Seerepublik Pisa in Konkurrenz zu treten. Dabei sollte man die Parallelen zur Anlage Buschetos keineswegs überschätzen. In der Tat überwiegen die Unterschiede, da S. Ciriaco deutlicher als der Pisaner Dom an den auf strenge Symmetrie hinzielenden Kreuzkirchen syrischer Provenienz orientiert ist. So sind Langhaus und Querhaus in Ancona gleich lang (40 m) und gleich hoch sowie jeweils in drei Schiffe unterteilt, wobei die Mittelschiffe der vier Arme des griechischen

124 ANCONA, Dom S. Ciriaco, Außenansicht

Kreuzes von je zwei mal drei Säulenarkaden begrenzt werden (Abb. 125). Auf einen Fenstergaden wurde gänzlich verzichtet; die relativ gleichmäßige Belichtung des Raums erfolgt mittels dreier, über dem Hauptportal und den Querhausenden eingelassener Rundfenster. In all diesen Details unterscheidet sich der Pisaner Dom von S. Ciriaco in geradezu diametraler Weise. Weit konsequenter suchte man in Ancona – freilich auch mit weniger Bedacht auf Eigenständigkeit als in Pisa – den Anschluß an syrische Kreuzkirchen, etwa an Qalaat Seman aus dem 5. Jahrhundert. Eine Vermittlerfunktion könnte dabei die im Grundriß verblüffend ähnliche, kreuzförmige Bischofskirche von Salona (6. Jahrhundert; 1903 in den Fundamenten freigelegt) ausgeübt haben.[194]

Salona, einst Hauptstadt der römischen Provinz Dalmatien, befindet sich gegenüber von Ancona, in der Nähe von Split, am östlichen Ufer der Adria. Obwohl die Stadt von den Awaren 614 mitsamt den Kirchen zerstört und in der Folge nicht mehr aufgebaut wurde, ist nicht auszuschließen, daß die Anconitaner Bauhütte Kenntnis von dieser Bischofskirche hatte.

Mit der Errichtung des Longitudinaltrakts dürfte während des 12. Jahrhunderts auch die Fassadierung von S. Ciriaco, und zwar nach lombardischem Muster (Rundbogenfriese, Lisenen und Zahnfries), erfolgt sein. Nach dem Vorbild des Pisaner Doms wurde damals der alten Apsis im Nordwesten des nachmaligen Querhauses eine neue Apsis im Südosten gegenübergestellt. Auf-

217

125 ANCONA, Dom S. Ciriaco, Innenansicht, Querhaus

fallend eigenständig ist deren Gliederung: Ihr oberes Viertel wird von zwei Rundbogenfriesen begrenzt, eine Konzeption, der man gelegentlich auch in den Abruzzen begegnet. Mit der Errichtung des Hauptportals nimmt die Baugeschichte von S. Ciriaco um 1200 ihren Fortgang. Erst aus der zweiten Hälfte des 13. Jahrhunderts stammt die in gotisierender Manier von zwölf Säulen

und Rippen gestützte Kuppel. Schließlich mußten um 1400 die ehemaligen Sparrendächer der Anlage kielbogigen Holzdächern venezianischer Herkunft weichen, und an die Stelle der Langhausapsis traten drei rechteckige, den Bau verlängernde Chorkapellen.

Besondere Aufmerksamkeit gebührt dem reich gegliederten, ornamentierten und spitzbogig abgeschlossenen Trichterportal. Diesem ist ein auf ein hohes Treppenpodest gesetzter Baldachin vorgelagert, dessen weitgestreckter Bogen von zwei auf Löwen postierten Pfeilern gestützt wird. Da das Portal hinter dem Baldachin von einem rechteckig schließenden und aus der Fassadenwand hervortretenden Mauerverband gerahmt wird, kann die noch von Kingsley-Porter geäußerte These, wonach es erst im Anschluß an die Errichtung des Vorbaus ausgestaltet worden sei, als unbegründet zurückgewiesen werden.[195] In der Architektur Mittelitaliens nimmt dieses Baldachinportal eine solitäre Stellung ein. Zusammen mit der Fassadenkonzeption des Doms steht es im Zeichen oberitalienischen, insbesondere lombardischen Formwillens. Mit diesem kontrastiert der nach frühchristlichen und oströmisch-syrischen Kriterien gestaltete Innenraum, einmal mehr ein Signal dafür, wie weitgehend sich die Baukunst der Marken als Sammelbecken orientalischer und abendländischer Einflüsse verstand.

Abruzzen

Keine andere Region Italiens – ausgenommen vielleicht Kalabrien – ist in ihrer geographischen Struktur mit dem zerklüfteten Bergland der Abruzzen, wo der Apennin mit dem Gran Sasso und der Maiella-Gruppe seine höchsten Erhebungen erreicht, zu vergleichen.[196] Nicht zuletzt diese nur schwer zugängliche Landschaft trug wesentlich dazu bei, daß jede Fremdherrschaft bis über das Mittelalter hinaus sich mehr oder minder auf ihre titulären Ansprüche zu beschränken hatte. Nach der Besetzung durch ostgotische Stammesteile, von deren reger Siedlungstätigkeit der byzantinische Historiker Procopius berichtet, gelangte die Region unter Kaiser Justinian kurzfristig in den Besitz von Byzanz. Unter den Langobarden wurde das Territorium, dessen Bezeichnung ›Aprutium‹ oder ›Comitatus Aprutinus‹ erst in die Karolingerzeit datiert, unter die Herzogtümer Spoleto und Benevent aufgeteilt. Karl der Große schaltete dann den Einfluß Benevents völlig aus und übertrug die Administration zur Gänze dem Herzogtum Spoleto, unter dessen nomineller Oberhoheit sich der contado von Marsia (ab 843) und später die Grafschaft Teate (Ende des 9. Jahrhunderts) in relativer Autonomie entfalteten. Abgesehen von Verwüstungen durch Sarazenen und Ungarn im 9. und 10. Jahrhundert, sind für die folgenden Jahrhunderte nur wenige historisch gesicherte Ereignisse für diesen Teil Italiens überliefert. Historisch festeren Boden betreten wir erst mit dem Erscheinen des Nor-

mannen Roger II., dessen Expansionsbestrebungen ein Großteil des Herzogtums Spoleto in der Mitte des 12. Jahrhunderts (ab 1144) zum Opfer fiel; von diesem Zeitpunkt an waren die Abruzzen Bestandteil des normannischen Reiches.

Wie in den anderen Regionen und Provinzen Italiens stellt sich auch für die hochmittelalterliche Architektur der Abruzzen die Frage, ob sich hier Kirchenbauten finden lassen, denen eine bodenständige, eben typisch abruzzische Stilkomponente gemeinsam ist oder die sich unter dem Eindruck auswärtiger Einflüsse zu spezifischen Gruppen zusammenschließen. Letzteres trifft etwa für die Region der Marken zu, wo eine Reihe von Kirchen mit Blickrichtung auf den byzantinischen Großraum konzipiert worden war. Im Gegensatz dazu verrät die abruzzische Baukunst nur wenig Analogien zum Orient, eine Tatsache, die sich nicht zuletzt aus dem Mangel einer leistungsfähigen, Handel und Kulturaustausch garantierenden Hafenstadt erklärt. Darüber hinaus ist auch sonst keine auffallende Favorisierung bestimmter, von außen eindringender Stilmerkmale zu bemerken. Zieht man die wichtigsten Kirchen des Landes in Betracht, so ist festzustellen, daß auswärtigen Anregungen in stets wechselnder Intensität, gelegentlich zitatähnlich und manchmal, wie schon am Beispiel der tonnengewölbten Pfarrkirche von Civitaquana aufgezeigt, nur vereinzelt entsprochen wurde. Soweit wir den Denkmälerbestand der Abruzzen überblicken, hat sich in dieser Landschaft – vielleicht von der Tendenz zu variationsfreudiger Ausgestaltung von Kirchenapsiden abgesehen – in nur geringem Maße eine autochthone, unverwechselbare Weise des Bauens herauskristallisiert; vielmehr hat es den Anschein, daß man eigenschöpferische Intentionen zugunsten überwiegend eklektizistischer Lösungen zurückstellte. Im übrigen hat das Land, dessen wirtschaftliche und gesellschaftliche Entwicklung weit hinter jener anderer Regionen Italiens zurückgeblieben war, nur wenige überregional bedeutsame Kirchenbauten hervorgebracht. Wenn H. Decker die Kunst der Abruzzen »alles andere als ›provinziell‹« nennt, so scheint er damit wohl eher die Kirchenausstattung als die rein architektonische Konzeption im Auge zu haben.[197] In der Tat verfügt keine Landschaft Italiens – mit Ausnahme Kampaniens und Apuliens – über ein so reiches Repertoire an Kanzeln und Altarziborien wie die Abruzzen. Signifikant dabei ist, daß diese in der Regel von einheimischen Künstlerdynastien hervorgebrachten Schöpfungen fast ausnahmslos aus der normannischen Besatzungszeit, also erst aus der zweiten Hälfte des 12. Jahrhunderts stammen.

Unter den wenigen Großbauten des Landes ist zunächst die während des 11. Jahrhunderts errichtete *Abteikirche von San Liberatore a Maiella bei Serramonacesca* (1019 begonnen) hervorzuheben (Abb. 126). Die heute noch als Ruine bewundernswerte Anlage dürfte unter Abt Desiderius von Montecassino gegen 1080 ihre entscheidende Prägung erfahren haben. Für die stilistische Nähe zum Desiderius-Bau des benediktinischen Mutterklosters spricht die dreischiffig basilikale Form des Gebäudes mit seinen

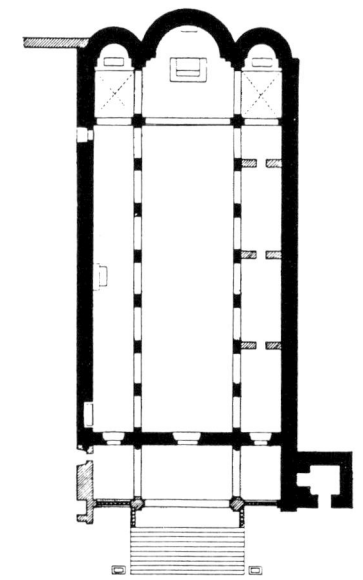

126　Serramonacesca, S. Liberatore a Maiella, Grundriß (nach J. Gavini)

drei gleichfluchtenden Apsiden, der architektonischen Abgrenzung des Chorraums und dem Narthex.[198]

Über den Ruinen des antiken Corfinium entstand frühzeitig der (neben Téramo) bedeutendste Bischofssitz des Landes, dessen Kathedrale, die dem hl. Pelinus geweihte *Basilica Valvense,* zu den wichtigsten Beispielen der abruzzischen Baukunst des Hohen Mittelalters zählt. (1927 wurde die Stadt Pentima in *Corfinio* umbenannt.) Nachdem der frühchristliche Vorgängerbau (Ende des 5. Jahrhunderts) von Sarazenen (831) und Magyaren (937) schwer in Mitleidenschaft gezogen worden war, veranlaßte Abt Gualterio (1104–1124) zu Beginn des 12. Jahrhunderts eine durchgreifende Erneuerung des Gebäudes. Schon ein Vierteljahrhundert zuvor hatte man mit dem Bau eines Oratoriums (S. Alessandro, 1075 bis 1102) begonnen, das als querrechteckiger, mit einer Apsis ausgestatteter Block an die rechte Flanke der späteren Kathedrale herantritt (Abb. 127). Nach Bertaux dürfte dieses Oratorium zunächst als Transept eines

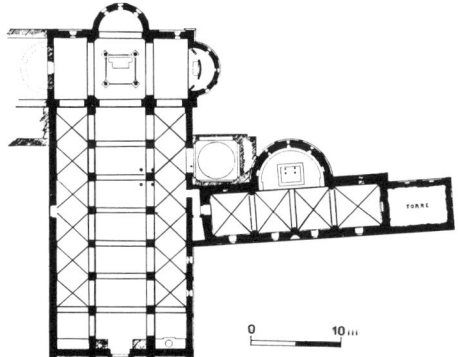

127 CORFINIO, Basilica Valvense oder S. Pelino, Grundriß (nach J. Gavini)

unausgeführt gebliebenen Langhauses geplant worden sein, ein Konzept, das bei Abt Gualterio möglicherweise auf Ablehnung stieß.[199] Mit der Errichtung von S. Pelino verfolgte der Bauherr stilistische Zielsetzungen, die offensichtlich mit der Abteikirche von Montecassino zusammenhingen.[200] Dafür sprechen das projektierte Atrium (vielleicht auch nur als Vorhalle geplant) und die wie in S. Liberatore ausgeführten Pfeilerarkaden der in beachtlichen Dimensionen erbauten Kathedrale. Dem steil proportionierten Langhaus, dessen Fenstergaden, Sparrendach und weitgehend einheitliche Stützenfolge – die quadratischen Pfeiler werden lediglich durch zwei oktogonale Stützen unterbrochen – noch immer den Hauch frühchristlicher Architektur verspüren lassen, tritt ein mit den Flankenmauern

des Langhauses gleichfluchtendes Querhaus gegenüber (Abb. 128). Die von Quertonnen überwölbten Querhausarme sondern sich mittels tief herabgezogener Schwibbogen deutlich von der ausgeschiedenen, kreuzgratgewölbten Vierung ab, an die eine Apsis schließt, die mit der Höhe des das Langhaus begrenzenden Triumphbogens übereinstimmt. All das entspricht merklich romanischen Stilprinzipien und erinnert deutlich an auvergnatische Lösungen. Überraschend ist weiter der Umstand, daß den Querhausenden Apsiden entspringen, die zusammen mit der Hauptapsis – zumindest hinsichtlich des Grundrisses – beinahe den Eindruck eines Trikonchos hervorrufen. Daran knüpft sich die Vermutung, daß die Bauhütte von S. Pelino über Kenntnisse der transalpinen oder, genauer, der oberitalienischen

128 CORFINIO, Basilica Valvense oder S. Pelino, Innenansicht, Langhaus nach Westen

Architektur (z. B. Dom von Parma) verfügte. Ob dieses Querhaus-Chor-Konzept, das
sich stilistisch so nachhaltig vom Erscheinungsbild des Langhauses abhebt, noch in
die mit Abt Gualterio in Verbindung stehende Bauperiode (erstes Viertel des
12. Jahrhunderts) fällt, ist umstritten. Da
gesicherte Daten fehlen und die Kathedrale
häufig von Erdbeben heimgesucht wurde,
stößt eine genauere Entschlüsselung der
Baugeschichte auf große Schwierigkeiten.
Folgt man jedoch dem stilistischen Befund,
so dürfte der Chorbereich kaum vor der
Jahrhundertmitte entstanden sein. Keinesfalls jedoch kann die Spitzbogenarkatur des
Langhauses zeitlich mit der im Jahre 1124
erfolgten Translatio der Gebeine des hl. Pelinus in Zusammenhang gebracht werden;
vermutlich zog erst die Brandkatastrophe
des Jahres 1229 die Beseitigung der Rundbogenform nach sich.

Besonders eindrucksvoll ist das von groß-
flächigem, exakt verfugtem Hausteinmaterial bestimmte Äußere der Kathedrale, dessen Lisenen und Rundbogenfriese dem Repertoire lombardischer Dekorationskunst
entnommen sind, eine Rezeption, die an der
Querhausapsis mit der Hinzunahme des
Zahnfrieses geradezu modellhaften Charakter aufweist. Um so erstaunlicher ist es, daß
die vierzonige Hauptapsis mit ihrer polygonalen Form und ihrer ungewöhnlich reichen
Ausgestaltung vom streng geregelten Dekorationsschema lombardischer Apsiden
gänzlich abweicht (Abb. 129). Während die
unterste Zone im Verzicht auf jede bauornamentale Gliederung allein durch ihre kristal-
lin-polygonale Brechung und das goldock-
rige Material beeindruckt, zeigen die beiden
folgenden Geschosse einen überraschenden
Reichtum an ornamentalen und architekto-

nischen Motiven. Zunächst öffnen sich über
einem Sohlbankgesims drei Rundbogenfenster, die jeweils von zwei schlanken Säulen
flankiert werden. Über einer Zwischenzone, die in rechteckige Felder aufgeteilt ist, in
denen quergestellte Rhomben florale Reliefs
einschließen, folgt eine zwerchgalerieähnliche Arkadenloggia, deren Säulen alternierend auf Stier- und Löwenköpfen postiert
sind. Ein Attikageschoß, das von einem
Rundbogenfries nach oben hin begrenzt
wird, bildet den Abschluß. Zusammenfassend ist zu bemerken, daß hier – im Gegensatz zu allen übrigen, lombardisch beeinflußten Fassadenansichten von S. Pelino –
ein ornamental-skulpturaler Tenor vorherrscht. Das erinnert eher an Bildhauer-
kunst als an Architektur und könnte – unter

129 CORFINIO, Basilica Valvense, Ostapsis

ergänzender Beachtung der zahlreichen, künstlerisch erstrangigen Kanzeln und Ziborien des Landes – ohne Anspruch auf Stileinheitlichkeit als typisch abruzzisches Element bezeichnet werden, das sich gelegentlich an Fassaden, häufig jedoch an Apsiden manifestiert.

Für die detailfreudige und vielschichtig horizontalisierte Erscheinungsform der Hauptapsis von S. Pelino finden sich weder innerhalb der Region noch außerhalb ihrer Grenzen überzeugende Parallelen. Lediglich die Apsis von *S. Maria in Valle Porclaneta (bei Rosciolo dei Marsi)* bietet in ihrer prinzipiellen Gestaltungstendenz Vergleichsmöglichkeiten. Eine unmittelbare Analogie findet sich in der polygonalen Brechung der Apsis, deren dreigeschossige,

durch Gesimsbänder unterteilte und skulptural angereicherte Konzeption prinzipiell an jene der Basilica Valvense erinnert. Als eigenständig erweist sich die Apsis von S. Maria in Valle Porclaneta, einer nach einfachsten Richtlinien gebauten Pfeilerbasilika (begonnen schon vor 1080 und berühmt wegen ihres vollständig erhalten gebliebenen Inventars), hinsichtlich der in jedem Geschoß den Kanten des Polygons applizierten Säulen. Daraus resultiert der Eindruck eines Säulenrasters, der, wie etwa an S. Giusta in Bazzano (1238), auch zur flächenaufteilenden Organisation einer in drei Zonen gegliederten Tafelfassade dienen konnte.

Im übrigen verfügen zahlreiche abruzzische Kirchen über Apsiden, deren bauornamentale Gliederung – häufig über Vermittlung auswärtiger Zwischenstufen – auf lombardische Quellen zurückzuführen ist. Ein signifikantes Beispiel dafür ist die Hauptapsis von *S. Angelo in Pianella* (zweite Hälfte des 12. Jahrhunderts; Abb. 130). Zwar verrät diese eine genaue Kenntnis des lombardischen Dekorationsrepertoires (Rundbogen- und Zahnfries sowie Rundlisenen), in ihrer Flächenaufteilung folgt sie jedoch genau den Querhausapsiden von S. Ciriaco in Ancona: Sie gliedert sich in ein etwa drei Viertel der Gesamthöhe umfassendes, von einem Rundbogenfries abgeschlossenes Hauptgeschoß, dem eine attikaähnliche, neuerlich von einem Rundbogenfries begrenzte Zone folgt. Wie die drei Apsiden der Kathedrale von Sulmona (begonnen 1075) zeigen, erwies sich auch ein proportionaler Umkehreffekt in der Größenordnung der rundbogenfriesbegrenzten Geschosse zugunsten des oberen Fassadenabschnitts (vgl. auch Kathedralen von Todi und Assisi in Um-

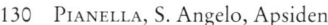
130   PIANELLA, S. Angelo, Apsiden

brien) als praktikable Variante des anconitanischen Schemas. Besitzt die Apsiskonzeption dieser beiden Kirchen einen deutlich dem Norden (Lombardei und Ancona) zugewandten Bezug, so öffnete man sich anläßlich der ornamentalen Ausgestaltung von Apsiden im Süden der Abruzzen gelegentlich auch dem siculo-normannischen Einfluß. Deutlich fand diese orientalisch geprägte Komponente an den drei Apsiden der Zisterzienser-Abteikirche S. *Giovanni in Venere (bei Fossacesia;* 1165 begonnen) ihren Niederschlag. Wie schon viel früher am Langhaus des Buscheto-Doms ist hier die untere Zone der Apsiden von einem Netz enggestellter Lisenenblendarkaden überzogen. Dazu kommen – neuerlich wie in Pisa und auch in Apulien – in den Zwickeln der Bogenschläge fein intarsierte Medaillons, deren orientalische Herkunft schon im Kapitel über die pisanische Baukunst aufgezeigt wurde. Im übrigen steht das Innere des Bauwerks – vor allem im Bereich des Langhaus-Wandaufrisses (linke Pfeilerarkadenreihe spitzbogig ausgebildet; Wandvorlagen für eine geplante Wölbung) – überwiegend im Zeichen der Zisterzienser-Architektur. Mit den zum Teil schon frühgotischen Bauformen des Langhauses (nach 1200 entworfen) konkurriert das stilistisch-genetisch ganz anders geartete Apsiskonzept, einmal mehr ein Hinweis auf den eklektizistischen Charakter der zitatfreudigen Baukunst in den Abruzzen.[201]

Hoch in den Bergen zwischen Aquila und Sulmona befinden sich auf einem steilen Felsmassiv die Ruinen des 1093 gegründeten und einst der Basilica Valvense unterstellten Benediktinerklosters von *Bominaco,* zu seinen Füßen S. Pellegrino (1263) und die *Abteikirche S. Maria Assunta* (begonnen am

Anfang des 12. Jahrhunderts). Wie so oft in der Kirchenbaukunst der Region wird auch in S. Maria Assunta das künstlerische Erscheinungsbild vor allem von der Inneneinrichtung (Kanzel und Altarziborium) und nicht zuletzt von der eigenständigen Ausformung der Apsiden bestimmt. Auf einem auffallend hohen Sockel, der unmittelbar aus dem felsigen Terrain zu wachsen scheint, erheben sich schlanke Dienste bis zum Rundbogenfries unter die Dachtraufe der die beiden Seitenapsiden deutlich überragenden Hauptapsis. Wie die von breiten Ornamentbändern gerahmten Fenster beweisen, setzte sich auch hier die typisch abruzzische Tendenz zu dekorativer Gestaltung durch. Ohne nun eine direkte Abhängigkeit annehmen zu wollen, ist doch auffallend, welch signifikante Ähnlichkeit hier mit den ebenfalls rundbogig schließenden Ornamentrahmen der Chorfenster von S. Abbondio in Como besteht. Im Detail sind allerdings tiefgreifende stilistische Unterschiede zu beachten: Wurde die Ornamentik in Como (Flechtbandwerk usw.) primär durch nordisch-langobardische Quellen angeregt, so zeigen die im Rankenwerk eingesetzten floralen Motive in Bominaco ein deutlich orientalisierendes Gepräge. Der schon erwähnte Zitatcharakter der abruzzischen Baukunst kommt auch am Fenster der basilikal abgestuften Fassade der Abteikirche zum Ausdruck: Das rundbogige, von einem Adler bekrönte Fenster wird am Kämpfer wie an der Sohlbank von Löwenpaaren begrenzt, ein Motiv, das als apulisches Importgut anzusehen ist.

Im Gegensatz zu den meisten kleineren Kirchen des Landes, deren Langhaus nach den Regeln der frühchristlichen Architektur unvermittelt an die Apsis heranführt (z. B.

S. Pietro ad Oratorio bei Capestrano, im 8. Jahrhundert gegründet, um 1100 erneuert), zeigt der Chorbereich von S. Maria Assunta eine vom Langhaus abgesonderte Gestaltung (Abb. 131). Angeregt durch S. Liberatore a Maiella, endet das Langhaus vor einem Pfeilerpaar, dem die Widerlager des Triumphbogens appliziert sind. Dahinter erhebt sich der über drei Stufen erreichbare Chorbezirk, der aus einem vierungsähnlichen, kreuzbandgewölbten Joch besteht und dem auch die beiden letzten, wie in S. Liberatore kreuzgratgewölbten Joche der Seitenschiffe hinzuzuzählen sind. Darin manifestieren sich Anklänge an romanische Stilprinzipien, zu denen das teilweise noch

131 BOMINACO, S. Maria Assunta,
     Innenansicht, Langhaus

von der frühchristlichen Tradition bestimmte Ambiente des Langhauses mit seinen Säulenarkaden deutlich in Konkurrenz tritt.

Unter den wenigen, mit dem romanischen Stilbegriff allein nur ungenügend charakterisierbaren Großbauten nimmt *S. Clemente a Casauria* eine besondere Stellung ein. Als Reichsabtei im Jahre 871 vom Karolinger Ludwig II. gegründet, wurde S. Clemente in der Folge mehrfach zerstört – zunächst von den Sarazenen 920, dann zwischen 1076 und 1097 vom Normannen Ugo Malmozetto. Die 1105 wiederhergestellte Abteikirche wurde schließlich, wie die Klosterchronik berichtet, unter Abt Leonatus ab 1176 von Grund auf erneuert.[202] Nach Wagner-Rieger geschah dies in drei Bauetappen. In der ersten wurde die Vorhalle mit dem darüber befindlichen Oratorium errichtet. In einer zweiten Phase folgte nach dem Tod des Leonatus (1182) unter Abt Johel die Ostpartie, zum Teil auf den Fundamenten der alten Krypta. Zuletzt und wahrscheinlich erst zu Beginn des 13. Jahrhunderts schritt man zum Bau des Langhauses.[203] Dem Gebäude ist eine dreigeteilte, kreuzrippengewölbte Vorhalle (der mittlere Bogen rund, die beiden seitlichen spitzbogig abgeschlossen) vorgelagert, von der drei reich ausgestaltete Portale in das flachgedeckte basilikale Langhaus führen. Dieses gliedert sich in acht Joche und wird von einem Pfeilerpaar, auf dem sich ein Schwibbogen erhebt, in zwei Abschnitte geteilt (Abb. 132, 133). Während der westliche sein ursprüngliches Erscheinungsbild bewahrt hat, wurde der östliche infolge des schweren Erdbebens von 1348 nach Wiederherstellungsarbeiten im Quattrocento wie das Querhaus in seiner Höhe beträchtlich redu-

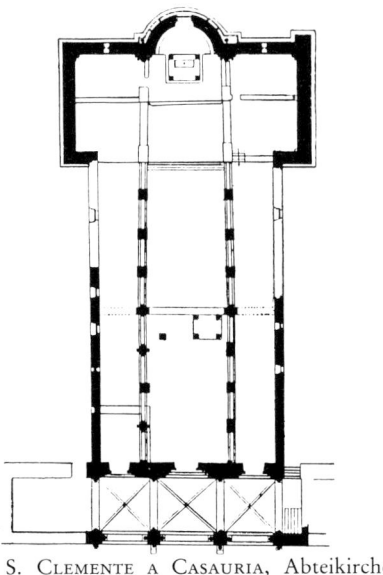

132 S. Clemente a Casauria, Abteikirche,
Grundriß (nach J. Gavini)

133 S. Clemente a Casauria, Abteikirche,
Westabschnitt des Langhauses

ziert; ein tief unter den ursprünglichen Fenstergaden herabgezogenes Sparrendach verleiht diesem Bereich ein dunkles und ge-
drungenes Aussehen. Die das Mittelschiff
von den Seitenschiffen trennenden Arkaden
setzen sich aus mächtigen Pfeilern mit von
Unterzügen versehenen Spitzbogen zusammen, woraus hervorgeht, daß S. Clemente
in der Übergangszeit von der Romanik zur
Zisterziensergotik – wahrscheinlich auch
durch S. Giovanni in Venere angeregt – errichtet wurde. Wie der in der nördlichen Arkadenreihe des westlichen Langhauses auftretende Stützenwechsel (im Kern Rundpfeiler mit rechteckigen Vorlagen an vier
Seiten – dazwischen ein quadratischer Pfeiler) nahelegt, plante man kurzfristig wahrscheinlich sogar eine Wölbung des Langhauses, wie sie vor dem Erdbeben im Quer-

haus in Kreuzrippenform existiert hatte; seit
dem restaurativen Eingriff des 15. Jahrhunderts zeigt sich das dreijochige Querhaus in
wenig vorteilhafter Form als nach oben hin
abgekappter Raum. Im Gegensatz zur beträchtlich älteren Basilica Valvense (S. Pelino) tritt das Querhaus deutlich über die Seitenwände des Langhauses hinaus. Auch hat
es den Anschein, daß die Querhausarme
ehemals mit der Höhe des Vierungsjochs
übereinstimmten. Dafür sprechen die die
Apsis flankierenden Bündelpfeiler, deren
Einzelelemente (Halbsäulen mit jeweils vier
Diensten) ursprünglich zu einer in allen drei
Querhausjochen niveaugleichen Kreuzrippenwölbung überleiteten; ist diese These
zutreffend, dann kommt dem Querhaus von
S. Clemente im Rahmen der abruzzischen
Architektur eine Sonderstellung zu. Den-

noch wurde auch hier den stilistischen Anforderungen romanischer Raumorganisation nicht bis in letzter Konsequenz entsprochen. Denn wie in S. Pelino tritt die Apsis nach den Regeln des frühchristlichen Schemas nahtlos, also ohne Vorjoch, an das Transept heran, und ebenso erheben sich die drei Joche auf jeweils längsrechteckigem Grundriß. Als typisch abruzzisch ist die in voraussetzungslos freier Manier konzipierte Apsisaußenansicht zu bezeichnen. Getragen von der Absicht zu einer skulptural-dekorativen Gestaltungsweise, führen hier zahlreiche enggestellte Halbsäulen – den Saiten einer Harfe vergleichbar – vom Abschlußgesims einer hohen Sockelzone zu einem die Apsis nach oben begrenzenden Rundbogentries.

Doch kehren wir abschließend zur portikusähnlichen Eingangshalle zurück, die sich in drei Pfeilerarkaden öffnet (Abb. 134).

Zusammen mit dem Aufsatzgeschoß des Oratoriums, das mit drei spitzbogigen Fenstern zum Langhaus vermittelt, erweckt die Anlage den Eindruck eines Westwerks, das Reminiszenzen an die karolingische Ära und den damaligen Status von S. Clemente als Reichsabtei wachruft. Nach Venturi ist die Vorhalle mit jenen der Kathedrale von Autun und St-Philibert in Dijon in Verbindung zu bringen.[204] Dieser These hält Gavini, basierend auf mangelhaftem Datenmaterial, mit dem Hinweis auf die Kathedrale von Sessa Aurunca in Kampanien irrigerweise eine lokal bestimmte Ableitungsversion entgegen.[205] In der Tat wurde die Vorhalle dieser Kathedrale aber erst nach jener von S. Clemente – im ersten Viertel des 13. Jahrhunderts – errichtet. Der Auffassung Venturis vermag sich auch Wagner-Rieger nicht anzuschließen. Ihre Bedenken sind jedoch zu zerstreuen, wenn man die Vorhalle

134 S. Clemente a Casauria, Abteikirche, Fassade der Eingangshalle

in Verbindung mit dem darüber befindlichen Oratorium sieht. Dann nämlich sind die ideellen Quellen mit dem Hinweis auf die Kirchen von Vézelay und Autun durchaus in Frankreich zu lokalisieren. Eingeschränkt auf das Konzept der Vorhalle, ist hingegen dem Rekurs der Autorin auf italienisch bodenständige Wurzeln, etwa Montecassino und S. Liberatore a Maiella, zuzustimmen. Schon lange vor der Errichtung der genannten französischen Bauten war hier eine Auseinandersetzung mit dieser architektonischen Problemstellung erfolgt. Wie jedoch einzelne, bereits gotische Details (Spitzbogen, Rippenprofile) an der Vorhalle von S. Clemente beweisen, muß

hier neben der Beachtung des benediktinischen Ausgangspunkts auch eine modifizierende Komponente durch die frühgotische Zisterzienserarchitektur – von Oberitalien ausgehend und etwa auf die Vorhalle der Abteikirche von Fiastra in den Marken übergreifend – in Rechnung gestellt werden.

Zusammenfassend läßt sich feststellen, daß die Abteikirche, so sehr sie im einzelnen der eklektizistischen, fallweise auch aus eigenen Ressourcen schöpfenden Manier der abruzzischen Baukunst entspricht, mehr als alle anderen Kirchen der Region im stilistischen Übergang zur Gotik vereinzelt Elemente der Architektur des Nordens in sich aufgenommen hat.

Umbrien

Von Ostgoten und Byzantinern heftig umkämpft, nahm die Stadt Spoleto – nicht zuletzt wegen ihrer strategisch bedeutsamen Lage an der Rom mit dem Nordosten Italiens verbindenden via flaminia – schon früh eine wichtige Stellung in Umbrien ein. Unter dem Langobarden Faroaldo I. (569) wurde Spoleto für mehr als 200 Jahre Hauptstadt eines mächtigen Herzogtums, das die Einheit des oströmischen Herrschaftsbereiches durchbrach und dessen Territorium, weit über die Grenzen des heutigen Umbrien hinaus, den südlichen Teil der Marken und die spätere Region der Abruzzen umfaßte. Nach der Eroberung des Langobar-

denreichs durch Karl den Großen (773), der sich fortan bezeichnenderweise »Rex Francorum et Langobardorum« nannte, verloren die Herzöge von Spoleto ihre politische Unabhängigkeit. Formalrechtlich dem Papst unterstellt, hatte sich das Herzogtum, das überdies namhafte Gebietsverluste an der Adria hinnehmen mußte, als südlicher Grenzbereich Reichsitaliens für lange Zeit mit der Rolle eines kaiserlichen Satelliten zu begnügen. Nur kurzfristig schien während der Ära der italienischen Nationalkönige die Restauration alter Macht und Größe in greifbarer Nähe: Es war eine Zeit des Verfalls des päpstlichen Regiments und der Destabilisierung des Kaisertums (Ungarninvasion). In dieses Machtvakuum stießen die Herrscher von Spoleto, die sich als legitime Erben des Langobardenreichs betrachteten: 891 und 892 ließen sich Guido III. (Wido) und dessen Sohn Lambert vom völlig entmachteten Papst zum Kaiser krönen. Dieses imperiale Zwischenspiel dauerte indessen nicht sehr lange, und mit dem Tod der beiden unverhofft zu kaiserlichen Ehren gelangten Herzöge war auch der vollständige Zusammenbruch des Herzogtums von Spoleto besiegelt, das von diesem Augenblick an für fast 300 Jahre Objekt der Rivalität zwischen Kaiser und Papst wurde. Im übrigen nahm dieser Konflikt bis in die Mitte des 12. Jahrhunderts wenig Einfluß auf die Entwicklung des Landes. Wie etwa in den benachbarten Marken oder im südlichen Abschnitt der Toscana stand der vor allem im ländlichen und gebirgigen Bereich wirksamen Feudalgewalt eine städtische Autonomie gegenüber, die um die Wende zum 12. Jahrhundert mit der Zunahme territorialer Expansionsbestrebungen – etwa in Gubbio, Foligno und vor allem in Spoleto – zusehends an Bedeutung gewann. Mit dem ersten Italienzug Friedrich Barbarossas wurde jedoch diese Entwicklung kommunaler Selbständigkeit im Jahre 1155 jäh unterbrochen. Die Operationen des kaiserlichen Heeres endeten mit der fast vollständigen Zerstörung der Stadt Spoleto, die nach der Schwächung der kaiserlichen Macht in Italien und der darauf folgenden Festigung des Papsttums im Jahre 1198 zunächst nominell und schließlich 1247 definitiv dem Kirchenstaat einverleibt wurde.

Wie in den anderen Regionen Italiens stellt sich auch für Umbrien die Frage nach einer spezifisch umbrischen, vielleicht sogar

umbrisch-romanischen Baukunst. Dabei ist vorweg zu bemerken, daß sich die kirchliche Architektur des Landes von jener in der Toscana, der z. B. das Problem des Wölbungsbaus fast völlig fremd war, und von der überwiegend byzantinisch-armenisch bestimmten Sakralbaukunst der Marken, die aus den historischen Voraussetzungen der Pentapolis schöpfte, merklich unterscheidet. Einzuschränken ist dieser Hinweis auf stilistische Äquidistanz nur insofern, als das signifikante Interesse Umbriens an der Tonnenwölbung wenigstens zum Teil von der Benediktiner-Abteikirche S. Maria di Portonovo in den Marken herzuleiten ist. In der Tat waren es auch in Umbrien die Benediktiner, die diese architektonische Problemstellung erstmals aufgriffen (S. Pietro in Valle bei Ferentillo, Mitte des 11. Jahrhunderts) und – deutlicher als in den Marken durch französische Impulse angeregt – im 12. Jahrhundert weiterentwickelten (z. B. S. Felice di Giano und S. Pietro in Bovara). Als typisch umbrisches Charakteristikum ist in diesem Zusammenhang die extrem hohe und schlanke Proportionierung der Schiffe zu bezeichnen, der auch bei den mehrheitlich flach gedeckten Kirchen der Region Rechnung getragen wurde. Dazu kommen als weiteres lokales Kennzeichen, die von Krypten extrem hochgehobenen Choranlagen, die, im Gegensatz etwa zu lombardischen und toskanischen Kirchen, vom Mittelschiff aus über eine extrem steile Treppe erreichbar sind. Dabei fällt ins Gewicht, in welchem Gegensatz die in den Maßen eher bescheidenen Oberbauten zu den weiträumigen Krypten stehen.

Die größte Eigenständigkeit erzielte die hochmittelalterliche Baukunst Umbriens auf dem Gebiet der Fassaden- und Portalgestaltung. Wie nachhaltig man hier der bodenständigen Tradition folgte, beweisen die zahlreichen, in antiker Manier mit geradem Sturz abgeschlossenen und von Rautenwerk- und Akanthusornamentik gerahmten Portale sowie die im strengen ›Geist der Geometrie‹ hochrechteckig oder quadratisch umrissenen und zumeist von Dreieckgiebeln bekrönten Tafelfassaden. Klassische, bis ins 13. Jahrhundert reichende Tendenzen wurden hier wirksam, die mit dem spätantiken Clitumnustempel bei Trevi (5. Jahrhundert?) und mit der zum Teil aus dem 5. Jahrhundert stammenden Kirche von S. Salvatore in Spoleto zusammenhängen dürften.[206]

Wie in anderen Regionen Italiens ist auch in Umbrien mit der Zurückdrängung feudaler Strukturen und dem Erstarken kommunaler Autonomie ab etwa 1100 vor allem in den Städten eine verstärkte Bautätigkeit zu bemerken, allen voran Spoleto, dessen Sakralarchitektur, trotz tiefgreifender Zerstörungen durch Friedrich Barbarossa im Jahre 1155, sich ungehemmt und in vielleicht sogar gesteigertem Maße in der zweiten Hälfte des 12. Jahrhunderts zu entfalten vermochte. In diesem Zeitraum entstanden nicht nur in der Stadt, sondern auch in ihrem Umkreis zahlreiche Kirchen. Sie bezeugen die gefestigten Beziehungen zum Papsttum und die damit verbundene Erweiterung der Diözese von Spoleto auf die Territorien von Nursia, Bevagna, Spello, Trevi und Terni.[207]

Unter den umbrischen Benediktinerklöstern, die schon seit dem Ende des 6. Jahrhunderts wesentlich zur ökonomischen und administrativen Entwicklung des Landes beigetragen hatten, verdient *S. Pietro in Valle (bei Ferentillo)* sowohl in historischer als

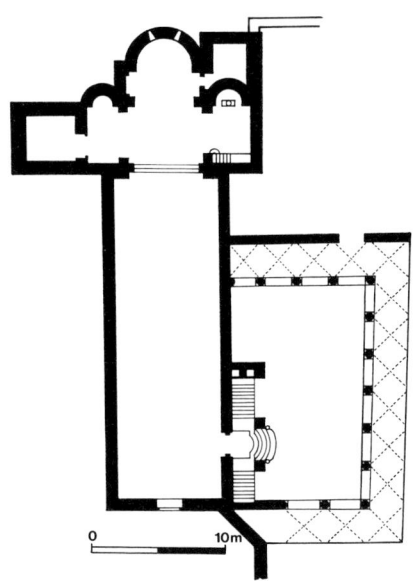

135   S. Pietro in Valle, Abteikirche, Grundriß (nach A. Prandi)

auch baukünstlerischer Hinsicht größtes Interesse. Die Abtei wurde von Faroaldo II. (gest. 728) gegründet und diente nach neueren Hypothesen den Langobardenherzögen der Folgezeit als Mausoleum.[208] Dem Kloster war ein wechselhaftes Schicksal beschieden: Von den Sarazenen am Ende des 9. Jahrhunderts zerstört und unter Kaiser Otto III. wiederhergestellt, wurde es auf Wunsch Kaiser Heinrichs II. seit 1016 durch einen Neubau ersetzt. Die Kirche besteht aus einem einschiffigen Langhaus, einem Querhaus mit Apsiden und einem Chorjoch mit anschließender Hauptapsis (Abb. 135). Im ganzen ergibt sich der Grundriß eines lateinischen Kreuzes, das, wie Tamanti bemerkt, in der Geschichte der umbrischen Architektur des 11. Jahrhunderts ein Unikum darstellt. Darüber hinaus ist der Versuch der Autorin, diese Grundrißform im Zusammenhang mit der cluniazensischen Reform von Cluny II herzuleiten, problematisch. Denn nur eine abstrakte Betrachtung vermag Parallelen zur cluniazensischen Staffelchorlösung aufzudecken; darin erschöpft sich aber bereits die Analogie zu Cluny II. In völliger Loslösung vom französischen Vorbild wandte man sich bei der Gestaltung der Querhaus-Chor-Anlage vor allem der auch in Zukunft die umbrische Architekturentwicklung mitbestimmenden Wölbungsfrage zu. Durch einen Triumphbogen vom holzgedeckten Langhaus getrennt, folgt diesem ein annähernd quadratischer, von mächtigen Doppelpfeilern mar-

136 S. PIETRO IN VALLE, Abteikirche,
    Innenansicht des Chores

kierter Vierungsraum, der durch Bogenstellungen an allen Seiten von den anschließenden Raumeinheiten begrenzt wird (Abb. 136). Daraus ist zu schließen, daß hier – selten in der Architektur Mittelitaliens – die wichtigsten Bedingungen für eine ausgeschiedene Vierung vorliegen. Darüber erhebt sich ein hoher Turmschacht, den ein Kreuzgratgewölbe abschließt. Von einem zweiten Triumphbogen abgegrenzt, folgt der Vierung ein rechteckiges, tonnengewölbtes Chorjoch mit einer eingezogenen Apsis. Die architekturhistorisch hochrangige Bedeutung der Abteikirche manifestiert sich vor allem in der Querhauskonzeption. Früher als in der Auvergne tritt hier die für diese französische Kunstlandschaft so relevante Zellenlösung in den quertonnengewölbten Querhausarmen zutage (frühestes Beispiel in der Auvergne: St-Nectaire, um 1080); hervorgerufen wird dieser Eindruck durch die tief herabgezogenen, den Vierungsbereich von den Querhausarmen scharf trennenden Schwibbogen. Am besten ist diese abgestufte Raumorganisation am Außenbau abzulesen, der als nach der Mitte hin gestaffelter Baukörper konzipiert ist. Ausgehend von den Apsiden, über die mit Dreieckgiebeln akzentuierten Kompartimente des Chorjochs und des rechten Querhausarms, gipfelt die aus geometrischen Blöcken sich zusammensetzende Anlage zunächst im turmartigen Vierungsaufsatz; ein an den linken Querhausarm herantretender, fünfgeschossiger Campanile setzt den dominierenden Höhenakzent. Diese reich abgestufte Gruppierung einzelner Bauelemente hat Thümmler »als einen weiteren Schritt zum ›Romanischwerden‹ der italienischen Baukunst des Mittelalters« bezeichnet, ohne dabei jedoch die Ausnahmestellung der Ab-

231

teikirche zu bedenken, die in vermindertem Format in Umbrien nur einmal, und zwar an S. Maria di Ponte in Borgo Cerreto (Ende des 12. Jahrhunderts) Nachfolge gefunden hat.[209]

Insgesamt bietet sich der Architekturgeschichte hier ein breitgefächerter Problemkatalog, in dem die Datierungsfrage eine besondere Stellung einnimmt. Während ein Teil der italienischen Kunsthistoriker immer noch für eine frühe Datierung, und zwar in die Zeit des Abteigründers Faroaldo II. (8. Jahrhundert), eintritt, werden auch in der einheimischen Forschung zunehmend Stimmen laut – zum Teil auf den Erkenntnissen von Thümmler und Krönig basierend –, die eine stilistisch realistischere Einschätzung der Kirche von S. Pietro in Valle fordern und als Baubeginn den Zeitraum des beginnenden 11. Jahrhunderts annehmen.[210] Nach wie vor haben jedoch die Ergebnisse der beiden deutschen Forscher, die als Datierung der Anlage die Mitte des 11. Jahrhunderts vorschlagen, nichts an Aktualität eingebüßt. Als Ausgangsposition dient Thümmler die toskanische Benediktinerabtei von S. Salvatore am Monte Amiata, deren 1036 geweihte Kirche die einer Aula hinzugefügte Querhauslösung von S. Pietro in Valle vorwegzunehmen scheint. Zieht man zusätzlich das reifere Vierungskonzept und die experimentellen Wölbungslösungen des umbrischen Bauwerks – die Gewölbeabschnitte von S. Salvatore stammen erst aus dem 12. Jahrhundert – in Betracht, so erscheinen alle Zweifel an dieser Datierungskorrektur ausgeräumt.[211] Gestützt wird diese These noch durch einen Hinweis auf den Campanile, der, laut Krönig und Thümmler, gleichzeitig mit dem Kirchenbau errichtet worden ist.[212] Dagegen steht die Auffas-

sung Tamantis, die den Glockenturm in das endende 11. Jahrhundert datiert. Für die erste Version sprechen die Rundbogenfriese und Backsteinornamente, die nicht der Betonung der Geschoßgliederung dienen, sondern in rein dekorativer Absicht dem Turm beigegeben sind. Dazu Thümmler: »Wenn man sich bei ihm auch an die römischen Campanile des 12. Jahrhunderts erinnert fühlt, so ist er doch gerade in der Abgrenzung der einzelnen Stockwerke noch viel unklarer und zaghafter als jene.«[213] Resümierend ist zu betonen, daß S. Pietro in Valle weniger in der Grund- und Aufrißorganisation als vielmehr in der Frage der Tonnenwölbung für die umbrische Architektur des 12. Jahrhunderts, gleichsam als stimulierender Vorläufer, wegweisend geworden ist.

In der Tat gibt es in Umbrien eine Reihe tonnengewölbter Kirchenräume, die, abgesehen von der Initialleistung in S. Pietro in Valle, vor allem der märkischen (z. B. S. Maria in Portonovo) und der französischen Baukunst Anregungen zu verdanken haben. Doch hören wir vorerst die grundsätzliche Äußerung eines italienischen Forschers zur Situation der hochmittelalterlichen Architektur in Umbrien: »Man muß eingestehen, daß die romanische Architektur in Umbrien keine größeren Kunstwerke hervorgebracht hat, deshalb gab es keine Veranlassung, deutlich sichtbare Kategorien von Typen herauszustellen...«[214] Kann man die erste Bemerkung des Autors als schlichte Untertreibung zurückweisen, so ist auch dessen zweite Feststellung – neben der der generalisierenden Verwendung des romanischen Stilbegriffs – mehr als problematisch. Dazu Prandi weiter: »Gewiß wäre es zwecklos, im Gesamtschema der [umbrischen] Kirchen Originalität zu suchen. Sie

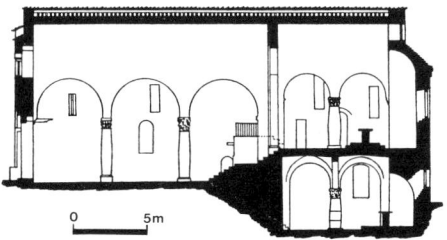

137 BEVAGNA, S. Silvestro, Längsschnitt
(nach A. Prandi)

wiederholen gewöhnlich frühchristliche Beispiele aus Rom.«[215] Ist diese auf die Gesamterscheinung der Bauwerke hinzielende Beobachtung zwar nicht zu bestreiten, so ist doch – auf Einzelmotive bezogen – berichtigend entgegenzuhalten, daß die umbrischen Kirchen durchaus über eine beachtliche Palette eigenständiger Kategorien verfügen, so unter anderem auf dem Sektor der Tonnenwölbung.

Hervorzuheben sind die beiden Kirchen in *Bevagna*, der Dom S. Michele und S. Silvestro, die zusammen mit dem Rathaus einen unregelmäßigen Platz begrenzen – ein unvergleichlich schönes Paradigma mittelalterlicher Platzgestaltung. Das kleinere der beiden Bauwerke, *S. Silvestro*, ist das besterhaltene Beispiel einer völlig gewölbten, querschifflosen Hallenkirche in Umbrien (Abb. 137, 138). Neben dem schlichten Portal ist eine Inschrift eingemauert, die Binellus als Baumeister nennt und, was von besonderem Interesse ist, auf Kaiser Heinrich VI. hinweist; weiter ist auch die Jahreszahl 1195 festgehalten, mit der möglicherweise der Zeitpunkt der Fertigstellung des Bauwerks angezeigt wird. Während das Mittelschiff mit einer Tonne abgeschlossen ist, zeigen die Seitenschiffe eine Halbtonnenwölbung, ein charakteristisches Merkmal,

138 BEVAGNA, S. Silvestro, Innenansicht

das einen deutlichen Bezug zur Architektur der Auvergne verrät, wo an den kleineren, emporenlosen Kirchen in der Regel die gleiche Wölbungsstruktur auftritt. Kennzeichnend für S. Silvestro, aber auch für die übrigen dreischiffigen Kirchen Umbriens, sind die ausnehmend schlank dimensionierten Proportionen der Schiffe. Dem stehen im dreijochigen Langhaus die auffallend breiten Interkolumnien der rundpfeilerähnlichen Säulen mit ihren gestelzten Rundbogenstellungen gegenüber. Dieses Stützen- und Wölbungssystem setzt sich im zweijochigen Presbyterium, das von einer Krypta steil angehoben wird und zu dem aus dem Mittelschiff eine Treppenkaskade führt, in vermindertem Maßstab fort. Darin und in der Tatsache, daß sich das Presbyterium durch ein stark gegliedertes Pfeilerpaar und durch tief herabgezogene Schwibbogen in allen drei Schiffen deutlich vom Langhaus abhebt, zeigt sich ein typisch umbrischer Wesenszug, der sich auch in anderen Kirchen der Region manifestiert.

Dem Raumschema von S. Silvestro wurde auch beim Bau des um 1200 errichteten Doms *S. Michele* weitgehend entsprochen. Auch hier ist der Name des Meisters Binellus an der Fassade verewigt, und wahrscheinlich ist der dem Skulpturenrepertoire der Fassade angehörende gekrönte Kopf als Kaiser Heinrich VI. zu identifizieren. In beträchtlich größeren Dimensionen als S. Silvestro angelegt, besteht S. Michele aus einem achtjochigen Langhaus und einem dreijochigen Chor, der sich, in Analogie zur Nachbarkirche, auf einer Krypta erhebt und, vom Langhaus durch einen Schwibbogen getrennt, über eine steile Treppenanlage erreichbar ist. Dem Vorbild folgend mündet das Mittelschiff des Gebäudes in eine Apsis, während die Seitenschiffe flach schließen. Wie die drei Tonnen des Chors beweisen, stand neuerlich die Wölbung im Vordergrund des baukünstlerischen Interesses, wobei man in variierender Absicht von den Halbtonnen der Seitenschiffe in S. Silvestro Abstand nahm. In der Beantwortung der Frage, ob das heutige Holzdach des basilikalen Langhauses der ursprünglichen Dekkenlösung entspricht, hat Chierici zu Recht Zweifel an der Gültigkeit der 1951 begonnenen Restaurierungsarbeiten erhoben und damit gleichzeitig die Auffassung Krönigs von einer ursprünglich vorhandenen Langhaustonne bestätigt.[216] Demnach ist die Anhebung der Wände des Mittelschiffs sowie seine Ausstattung mit einem Fenstergaden und einem Sparrendach baugeschichtlich wenig fundiert. Wie in S. Silvestro ist auch hier mit einem ehemals fensterlosen Hallenquerschnitt zu rechnen, der die stilistische

139 S. FELICE DI GIANO, Abteikirche, Innenansicht, Langhaus

Verwandtschaft der beiden Bauten noch deutlicher erscheinen läßt. Von dieser fast zwingenden Affinität abgesehen, ist zuletzt doch ein gravierender Unterschied zu beachten: Während in S. Silvestro die mit ausgeprägter Entasis ausgebildeten Rundpfeiler weit auseinanderstreben, sind in S. Michele schlanke Säulen eng aneinandergereiht. Eine rasche Stützenfolge durchzieht den Raum, die, weit entfernt von romanischen Gestaltungsprinzipien, Prandis Beobachtung in Erinnerung ruft, wonach die meisten Kirchen Umbriens der frühchristlichen Stützenkontinuität entsprechen.

Bedeutend früher als die beiden Kirchen von Bevagna, wahrscheinlich in den ersten Dezennien des 12. Jahrhunderts, dürfte die

140 BOVARA, S. Pietro, Innenansicht, Langhaus

141 LUGNANO IN TEVERINA, S. Maria Assunta, Innenansicht, Langhaus

Benediktiner-*Abteikirche von S. Felice di Giano (bei Giano dell'Umbria)* errichtet worden sein (Abb. 139). Nach Martelli ist S. Felice »der Ausdruck für die erste Vollendung eines reifen und organischen Baumodells, das in Bevagna mit Binellus und Rudolfus Ende desselben Jahrhunderts sein Ende finden wird«. Mit dem extrem schlank und hoch proportionierten Ambiente, der Tonnenwölbung im Mittelschiff und dem über einer Krypta gleichsam auf ein hohes Podest gelagerten Presbyterium setzt hier eine fast ein Jahrhundert umfassende umbrische Typologie ein, die, wie Martelli weiter bemerkt, der Tätigkeit örtlicher Meister lombardischer und, öfter, benediktinischer Herkunft zu verdanken ist.[217] Relevant ist

dabei vor allem die benediktinische Komponente, da der Orden in Bovara ein weiteres Bauwerk desselben Typus errichtet hat und, wie erwähnt, die erste Auseinandersetzung mit Wölbungsproblemen im benediktinischen S. Pietro in Valle erfolgt war. Wie später in S. Silvestro in Bevagna wurde S. Felice nach dem Schema einer Halle mit einem steilen, von schlanken Rundpfeilern durchzogenen Mittelschiff konzipiert. Anstelle der Halbtonnenlösung in den Seitenschiffen entschied man sich hier jedoch für die konventionellere Kreuzgratwölbung, außerdem auch für den Einsatz dreier Apsiden. Eine Besonderheit von S. Felice ist der illusionistische Versuch, mit Hilfe sukzessiv enger gereihter Arkadenstellungen im Presbyte-

rium den Tiefenzug der Kirche zu intensi-
vieren, ein Eindruck, der sich durch die extrem hohe, zwischen Langhaus und Chor
vermittelnde Treppenanlage nachhaltig verstärkt. Dem umbrischen Typus entsprechend wird diese Raumzäsur von Vierpaß-
pfeilern flankiert, auf denen sich der tief unter die Tonne herabgezogene Triumphbogen erhebt. Dieser wird von einem Zwillingsfenster durchbrochen, ein Motiv, das in
der ehemaligen Benediktiner-*Abteikirche
von Bovara (S. Pietro)* um einen weiteren
Bogen ergänzt wurde (Abb. 140). Die Herkunft dieses Bogens, des Drillingsfensters
und des Tonnengewölbes ist in Frankreich
zu lokalisieren. Dort hatte dieser Typus in
der auvergnatischen Schule (St-Nectaire,
Clermont-Ferrand, Issoire und Orcival)
weite Verbreitung gefunden.[218] S. Pietro in
Bovara ist mit seinen Rundpfeilern, der
Tonne im Mittelschiff und dem Kreuzgratgewölbe in den Seitenschiffen als Pendant
von S. Felice di Giano anzusehen. Leider ist
von S. Pietro, dessen Fenstergaden – im Gegensatz zu S. Silvestro und S. Felice – ein
Zurücklenken auf die basilikale Raumgestaltung erkennen läßt, nur das Langhaus erhalten; der Chor wurde nach Einsturz des
Turms barock erneuert. Im Rekurs auf S. Felice ist sein ursprüngliches Erscheinungsbild
jedoch problemlos zu rekonstruieren, womit sich ein weiteres Glied in die Kette der
umbrischen Wölbungsbauten reiht.

Signifikante Verwandtschaft zu Bovara
zeigt die *Kollegiatskirche S. Maria Assunta
in Lugnano in Teverina* (zweite Hälfte des
12. Jahrhunderts bis Anfang 13. Jahrhundert). Die Analogie bezieht sich auf das
tonnengewölbte, basilikale Langhaus, die
hohen Rundpfeilerarkaden und die mit
Kreuzgraten geschlossenen Seitenschiffe

(Abb. 141). Selbst die erst vom Beginn des
13. Jahrhunderts stammende Vorhalle – mit
einer von wulstartigen Gurten akzentuierten Halbtonne ausgestattet – macht deutlich, welches Interesse die Wölbungsproblematik auch in den entlegensten Gebieten
Umbriens hervorgerufen hat. Eine weitgehende Übereinstimmung mit der geschilderten Bautengruppe besteht auch im tonnengewölbten, durch einen Schwibbogen vom
Langhaus getrennten Chor, nur mit dem
Unterschied, daß dieser über Treppen von
den Seitenschiffen erreichbar ist und als ein-
jochiges Raumgebilde nicht mehr über die
Tiefe der übrigen demselben Typus angehörenden Kirchen verfügt.

Auch in *Orvieto* setzte man sich mit den
Problemen der Tonnenwölbung auseinander. Wie jedoch *S. Giovenale* beweist, zeigt
dieser Versuch einen zögernd experimentellen Charakter, der sich der Dominanz einer
wölbungslosen Bautradition unterzuordnen
scheint; letzteres läßt sich am flach gedeckten Mittelschiff des basilikalen Langhauses
deutlich ablesen, wo lediglich das Chorvorjoch eine Spitztonnenwölbung zeigt. Während sich eine Halbtonne über die gesamte
Länge des linken Seitenschiffs erhebt, tritt
im rechten Seitenschiff ab dem dritten Joch
das Kreuzgewölbe an die Stelle der Halbtonne. Wie Krönig dazu bemerkt, »verrät
die Anwendung der Halbtonne in einem basilikalen System mit Flachdecke im Mittelschiff Mangel an konstruktivem Sinn und
zugleich Mangel an Gewöhnung in der Anwendung der Wölbung«.[219]

Obgleich der *Dom von Assisi, S. Rufino,*
nach 1567 im Inneren von Galeazzo Alessi
völlig umgestaltet wurde, lehrt ein Blick in
den Dachstuhl, daß das Mittelschiff des
querhauslosen Gebäudes ursprünglich mit

142 Assisi, Dom S. Rufino,
Fassade

einer Tonne versehen war; ob auch die Seitenschiffe gewölbt waren, läßt sich dagegen
nicht mit Sicherheit beantworten. Vom ursprünglichen Bau sind lediglich die Fassade
und die horizontal zweigeteilte Apsis erhalten geblieben. Wie eine Inschrift darlegt,
hatte Bischof Clarissimo im Jahre 1140 Giovanni da Gubbio mit der Planung und Errichtung des Doms beauftragt. Auch ohne
Kenntnis der beiden Weihedaten 1228 und
1253 ist leicht zu bemerken, daß die drei
Zonen der Fassade verschiedenen, bis weit
in das 13. Jahrhundert reichenden Bauphasen zuzurechnen sind (Abb. 142). Während
das Fensterrosengeschoß und der mächtige
Giebelaufsatz zeitlich schon der Gotik angehören, stammt das Untergeschoß noch
aus der zweiten Hälfte des 12. Jahrhunderts.
Für das Grundverständnis eines Teils der
umbrischen Kirchenfassaden ist dies von
größter Bedeutung. Von breiten Lisenen in
drei Achsen aufgeteilt, ist es – durch die
Breite der drei Portale mitbedingt – mit
einem Netz quadratischer und rechteckiger
Paneele überzogen. Dabei fällt auf, daß die
von kantigen, stark profilierten Gesimsen
gerahmten und vierzonig gestaffelten Felder
nach oben zu sukzessiv eine hochrechteckige Form annehmen. Diese ›Vertäfelung‹ und
gewissenhafte Wahrung axialer Symmetrie
innerhalb der einzelnen Travéen hat Prandi
als eine »Huldigung jener Liebe für eine ›rei-

237

ne Geometrie‹ [bezeichnet], die eine Eigentümlichkeit der umbrischen Architekten ist«.[220]

Dem wahrscheinlich an S. Rufino erstmalig eingesetzten Paneelsystem kann man gelegentlich auch in den Marken und den Abruzzen (S. Giusta) begegnen. Am konsequentesten wurde diesem Schema an SS. *Vincenzo e Anastasio in Ascoli Piceno* (12. Jahrhundert) entsprochen: Der dreigeteilten Fassade ist ein Raster von 64 quadratischen Paneelen appliziert, woraus ein statisches Schachbrettmuster resultiert, das mit der auf dynamischen Formatwechsel hinzielenden ›Vertäfelung‹ von S. Rufino deutlich kontrastiert (Abb. 143). Ein klar organisiertes Paneelsystem bestimmt auch die Schaufront der teilweise schon dem 13. Jahrhundert angehörenden Kirche von *S. Pietro in Spoleto,* wo querrechteckige, mit figuralen Reliefs gefüllte Felder die Mittelachse in strenger Regelmäßigkeit rahmen.

Am augenfälligsten tritt dieser ›Geist der Geometrie‹ am Tafelfassadentypus in Erscheinung, einem weiteren spezifischen Merkmal umbrischer Baukunst. Als schönstes Beispiel dafür ist wohl die Fassade von *S. Felice di Narco* (Ende des 12. Jahrhunderts, Castel San Felice) zu nennen (Abb. 144). Die hochrechteckige, exakt in zwei Geschosse halbierte Schaufront wird von einem Dreieckgiebel bekrönt, dessen Tympanon von kragsteinähnlichen Volutenkonsolen in antikisierender Manier eingefaßt wird. Darin manifestiert sich eine stilistische Haltung, die wahrscheinlich an den Giebelaufsätzen des Clitumnustempels (bei Trevi) und der Kirche von S. Salvatore in Spoleto (ursprünglich ebenfalls mit einem Dreieckgiebel ausgestattet) ihren Ausgang genommen hat. Das Interesse an klassischen

Prinzipien bekundet sich jedoch nicht allein in der Rezeption von Einzelformen, wie etwa an den das Fassadenobergeschoß flankierenden Pilastern, sondern verschafft sich auch in der geometrisierenden Ausgewogenheit des Gesamtkonzepts Geltung. Auszugehen ist dabei vom Kreis der genau in den Mittelpunkt des rechteckigen Obergeschosses eingesetzten Fensterrose, die von einem quadratischen, mit Rosetten dekorierten Rahmen umschrieben wird. Gerahmt sind auch die beiden seitlichen Zwillingsfenster und das unterhalb der Fensterrose befindliche Querrechteck, in dem ein Relief Szenen aus dem Leben des Titelheiligen wiedergibt. Daraus resultiert eine streng kalkulierte Fassadenstruktur, die vor allem in der ausgewogenen Korrelation mannigfacher Flächenelemente, wie Kreis, Quadrat, Hoch- und Querrechteck sowie Dreieck, ihren Ausdruck findet. S. Felice di Narco ist ein beredtes Beispiel dafür, wie sich in der umbrischen Fassadenkunst des Mittelalters auf der Basis klassischer Tendenzen ein bild-

143   Ascoli Piceno, SS. Vincenzo e Anastasio, Fassade

haftes Kompositionsdenken eigenständiger Prägung herauskristallisiert hat. Anschaulich hat Prandi diesen Mutationsprozeß beschrieben: »Darüber hinaus belebt der geometrische Kern die ganze Fassade, um zu bestätigen, wie das von der Klassik Gelernte zu einer zweifellos neuen Sprache entwickelt wurde.«[221] Einer in den Proportionen leicht veränderten und im Umfang geringfügig verminderten Replik der Fassade von S. Felice di Narco begegnet man an *S. Ponziano in Spoleto*(12. Jahrhundert). Dreieckgiebel, Pilaster, Rundfenster und von rechteckigen Rahmen eingefaßte Zwillingsfenster sind auch hier die beherrschenden Motive, die sich in ein streng geometrisches Schema einfügen.

Neben der hochrechteckigen Tafelfassade – ergänzend sei noch auf die Querhausfront des Doms von Foligno hingewiesen – ist auch ein dem Quadrat angenäherter Typus zu beachten. Unter seinen zahlreichen Varianten – etwa den Domen von Assisi, Spoleto und Todi sowie S. Nicolo in S. Gemini – ist vor allem die Fassade von *S. Michele in Bevagna* hervorzuheben (Abb. 145). Wie schon allein ihr exakt quadratischer Umriß beweist, liegt hier neuerlich ein geometrisches Schema von bestechender Klarheit vor. Während sich das Erd- und die beiden oberen Geschosse in der Proportion des Goldenen Schnitts begegnen, wird der obere Abschnitt der Fassade durch ein von einem Rundbogenfries markiertes Gesims im Verhältnis 1 : 2 unterteilt. Durch zwei bis zum Abschlußgesims reichende Lisenen in drei Achsen unterteilt, reihen sich in der mittleren Zone, in deren Seitenachsen Drillingsfenster eingesetzt sind, drei quergestellte Rechteckfelder aneinander. Darauf folgen zwei hochrechteckige Kompartimen-

144   S. Felice di Narco, Fassade

te, die das quadratisch gerahmte Rundfenster flankieren. Das alles vermittelt bewußt einen abstrakt-flächenhaft geometrisierenden Eindruck, dem lediglich der nur mühsam integrierte Glockenturm zu widerstreben scheint. In der Tat nimmt dieser in der umbrischen Baukunst eine solitäre Stellung ein, zumal für S. Michele wahrscheinlich ein zweiter Turm und somit eine Doppelturmfassade nordischen Charakters geplant war. Das überraschende Auftreten dieses Typus zu begründen, fällt schwer, es sei denn, man mißt dem inschriftlich an der gegenüberliegenden Kirche S. Silvestro nachweisbaren Interesse Kaiser Heinrichs VI. nicht nur am

239

145 BEVAGNA, Dom S. Michele, Fassade

sich deutlich von den tieferen, säulenbegrenzten und raumplastischen Trichterportalen der Lombardei unterscheidet, zeigt der zweite eine streng flächenhafte, rechteckige Rahmung, die mit Rankenwerk, Akanthuslaub oder anderen antikisierenden Dekorationsformen ornamentiert ist. Der schönsten und reichsten Ausformung des ersten Typus begegnen wir am Querhausportal des *Doms von Foligno,* 1201 entstanden und inschriftlich, wie dasjenige an S. Michele in Bevagna, als Werk der Meister Rudolfus und Binellus bezeichnet (Abb. 146). Den inneren Pfosten des tympanonlosen Portals treten auf Löwen postierte Halbsäulen zur Seite, die sich jedoch nur mühsam im flächenhaften Duktus der Leibung zu entfalten vermögen. Wie die äußersten, die Leibung begrenzenden Pilaster bestehen sie aus rosafarbenem Marmor, der mit dem hellen Stein der übrigen Pilaster in alternierendem Rhythmus kontrastiert. Da der Kämpfer des Portalbogenkonglomerats nur durch relikthafte Kapitelle markiert wird, scheinen die vertikalen Elemente der Leibung kontinuierlich in die Archivoltenzone zu münden. Abgeschlossen wird das Ganze von einem fünften Bogenschlag, der jedoch schon an der Kämpferzone des Portals endet und somit einer vertikalen Fortsetzung entbehrt. In dieser ›untektonischen‹ Haltung äußert sich ein weiterer umbrischer Wesenszug, dessen bildhafte Erscheinungsform durch ein auf farbig glitzerndem Mosaikgrund (cosmatischer Prägung) verlaufendes Zopfbandornament noch unterstrichen wird. Nach Prandi ist das Portal damit »nicht mehr unabhängig und selbständig von der Steinwand eingefaßt, sondern gehört zu einem architektonischen Thema, das sich mit der Wand nicht durch plastische Werte,

Zustandekommen, sondern auch an der architektonischen Ausformung der beiden Kirchen eine gewisse Bedeutung bei. Diese These ist nicht ganz von der Hand zu weisen, da ja auch für S. Silvestro, wie die fragmentarischen Turmansätze beweisen, eine Doppelturmanlage vorgesehen war.

Der flächenhaften Erscheinungsform der geometrisch organisierten Fassade entsprechen Portale, an deren spezifischer Strukturierung ein weiteres Merkmal umbrischer Eigenständigkeit des architektonischen Gestaltens hervortritt. Aus einer Vielzahl von Beispielen lassen sich grundsätzlich zwei Typen herauslösen: Während der erste rundbogig schließt und mit seiner zumeist nur aus pfeilerhaften Pfosten zusammengesetzten und nur wenig abgestuften Leibung sondern durch die Kraft ihrer Farbigkeit« verbindet, die noch durch variationsreich reliefierte Ornamentstreifen ergänzt wird.[222] Im Vergleich zum geradezu luxuriös ausgestalteten Portal von Foligno kann das Hauptportal von S. Michele in Bevagna als sparsamere Kurzfassung bezeichnet werden. Von diesem Typus sondert sich ein ebenfalls dem flächenhaften Prinzip folgender Seitenzweig ab, für den, wie etwa an S. Eufemia in Spoleto oder S. Felice di Giano, der völlige Verzicht auf ornamentale Elemente bei gleichbleibender Bogenstruktur charakteristisch ist.

Ihren deutlichsten Niederschlag hat die klassische Attitüde im zweiten umbrischen Portaltypus gefunden. Exakt in die Fläche des angrenzenden Mauerwerks integriert, signalisieren die rechteckig schließenden Türpfosten eine rege, mutationsfreudige Auseinandersetzung mit der antiken Ornamentik. Von Akanthuslaub, Traubenblatt oder verschiedenen Blütenformen besetzt und häufig vom antiken Kyma (Blattwelle) oder Astragal (Perlstab) begrenzt, windet sich Rankenwerk über die Pfosten. Für diesen Rankentypus lassen sich die benutzten Vorlagen sogar einwandfrei nachweisen, unter anderem in der Bauskulptur der Salvatorkirche in Spoleto und im Giebelschmuck des Clitumnustempels.[223] Portalen dieser Art sind meistens schattende Eingangshallen, wie etwa an den Kathedralen von Narni, Terni und Spoleto (Abb. 147) vorgelagert. Treten sie unmittelbar an der Fassade in Erscheinung, so ist ihnen auf dem Türsturz, wie z. B. an S. Pietro in Spoleto (Abb. 148) oder S. Nicolo in S. Gemini gelegentlich ein Hufeisenbogen aufgesetzt. Besonderes Interesse verdienen dabei die drei Pforten von S. Maria in Pensole in Narni (um 1175), da hier wie am Hauptportal des

146 FOLIGNO, Dom, Querhausportal

147 SPOLETO, Dom, Portal

148 SPOLETO, S. Pietro, Portal (Detail)

Doms in Spoleto über dem Türsturz flache Entlastungsbogen sichtbar hervortreten. Diese erfüllten schon in der Antike die Aufgabe, das Gewicht des Mauerwerks zu erleichtern, sie blieben damals jedoch stets hinter der Marmorverkleidung verborgen, hatten somit eine rein technische Funktion zu erfüllen. In der ›romanischen‹ Architektur Umbriens hingegen bildeten sie die Ausgangsposition für die Entfaltung einer künstlerisch eigenständigen Bogenform, die auf der Säulenstellung der Eingangshalle von S. Maria in Pensole offen zutage tritt (Abb. 149). »Ein technisches Hilfsmittel wurde [somit] zum formalen Merkmal erhoben.«[224] An der Vorhalle von S. Maria Assunta in Lugnano in Teverina (Anfang des 13. Jahrhunderts) ist den Säulen und gedrückten Bogenschlägen ein Architrav zwischengeschaltet, worin sich eine Rückbesinnung auf den antiken Formenkanon manifestiert. Im Mittelschiff des Doms von Narni (Weihe 1145) wurde der ›umbrische‹ Bogen sogar das beherrschende Motiv des Wandaufrisses.

Die Liste der Hauptmerkmale umbrischer Architektur wäre nicht vollständig ohne den Hinweis auf die im Verhältnis zur Baudichte der Region in auffallend großer Zahl verbreiteten Krypten. Ausgehend von liturgischen und formalen Funktionen hat Prandi versucht, einen spezifisch umbrischen Kryptentypus herauszukristallisieren, der sich durch seine variationsreiche Gestaltung auszeichnet und den Eindruck eines fast schon selbständigen Kirchenraums vermittelt. Dazu der Autor genauer: »Man verwendet nicht das Schachbrett aus

242

gleichförmigen und in sich selbst vollende-ten Jochen. Die Säulen sind, anstatt in stren-ger, gleichförmiger Regelmäßigkeit und zahlenmäßig begrenzt zu sein, derart pla-ziert, daß die ganze Räumlichkeit einer Kir-che ähnlicher wird als einer traditionellen Krypta [...]. Die Apsis wird in das Ganze einbezogen, man könnte sagen – in sehr un-nachsichtiger Art – als formaler Wert im ar-chitektonischen Ganzen.«[225] Oder anders ausgedrückt, die Säulenstellungen und Schiffe sind so geführt, daß eine »organische Verbindung mit der Apsis« unterbleibt. Am einzelnen Beispiel ausgeführt, zeigt sich das sehr anschaulich etwa an der vierschiffigen Krypta von *S. Michele in Bevagna,* wo die mittlere Säulenreihe in teilender Absicht auf den Mittelpunkt der Apsis hinzielt, diese demnach ihre beherrschende Funktion als Blickfang einbüßt. Anders in der fünfschif-figen Krypta von *S. Felice di Giano* (Abb. 150, 151): Hier sind die Säulen der drei mitt-leren Schiffe – in neun rechteckige, kreuz-gratgewölbte Joche aufgeteilt – so auf die Krypta ausgerichtet, als wollten sie in diese eindringen. Dazu kommen Seitenapsiden, die sich den herantretenden Seitenschiffen (quadratische Jochfolge) in voller Breite – also unbeeinträchtigt durch optisch verstel-lende Säulenreihen – öffnen. Eine interes-

149 NARNI, S. Maria in Pensole, Außenansicht der Vorhalle

sante Variante zeigt die ähnlich organisierte Krypta von S. *Ponziano in Spoleto,* die nicht nur durch ihre exzeptionellen Stützenformen (keulenförmige Säulenschäfte), sondern auch durch die Sonderform ihrer in drei apsidiale Nischen unterteilten Hauptapsis beeindruckt. Schließlich sei noch die in ihrer Gesamtkonzeption deutlich S. Felice di Giano angenäherte Krypta von S. Gregorio Maggiore in Spoleto genannt.

Die dreischiffige, durch drei Apsiden abgeschlossene Kirche von S. *Gregorio Maggiore in Spoleto* (1079 begonnen und 1146 geweiht) kann in fast allen Details als Gegenstück zu S. Felice di Giano bezeichnet werden. Analog ist der vom Mittelschiff über zehn Stufen erreichbare Chor mit seinen drei sukzessiv reduzierten Arkadeninterkolumnien, gleichgestaltet sind auch die hohen Rundpfeiler, die zum vierpaßförmigen Pfeilerpaar mit dem tief herabreichenden Triumphbogen führen. Mitsamt den kreuzgratgewölbten Seitenschiffen entspricht das alles S. Felice di Giano und letztlich auch dem bereits geschilderten Tonnen-

151   S. FELICE DI GIANO, Krypta

gewölbetypus umbrischer Prägung. Nur scheint dem in S. Gregorio Maggiore das Sparrendach zu widersprechen. Wie jedoch die ungewöhnlich hohen Wände über der Apsis und dem Triumphbogen sowie die erst in der Gotik eingesetzten Fenster des Mittelschiffs nahelegen, muß ursprünglich auch hier mit einem zumindest geplanten Tonnengewölbe gerechnet werden.

Wie schon erwähnt, entfaltete sich in *Spoleto* in der Anfangszeit kommunaler Selbstverwaltung am Beginn des 12. Jahrhunderts eine reiche Bautätigkeit, die nach der Zerstörung der Stadt durch Friedrich Barbarossa noch an Intensität gewann. Aus dieser Periode, in der die Stadt eine Steigerung ihrer Bedeutung als Zentrum einer sich nachhaltig ausweitenden Diözese erfuhr, stammt der bis in das erste Viertel des 13. Jahrhunderts reichende Neubau der *Kathedrale* (Weihe 1198), die, im Inneren später vollständig umgewandelt, mit ihrer Schaufront dem umbrischen Typus der Tafelfassade folgt (Abb. 152). Waagerecht wie senkrecht drei-

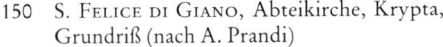

150   S. FELICE DI GIANO, Abteikirche, Krypta, Grundriß (nach A. Prandi)

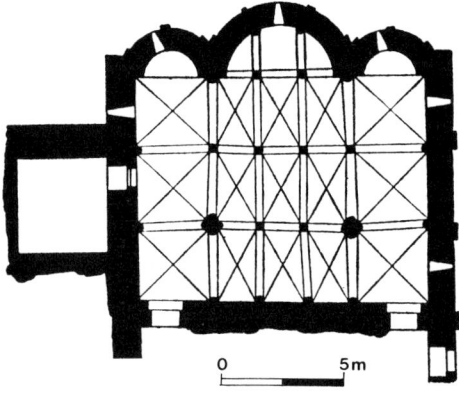

0   5m

geteilt – der Renaissance-Portikus wurde ab 1491 errichtet –, wird sie durch einen nach unten offenen Dreieckgiebel bekrönt. In einem gleichsam zeichnerisch organisierten Gliederungssystem bildet das Motiv der Fensterrose, achtmal vervielfältigt, den dekorativen Schwerpunkt der Schaufront, mit dem sich jedoch auch eine funktionelle Absicht verbindet, denn wie so oft an umbrischen Kirchen leisten auch hier die Rundfenster den Hauptbeitrag zur Erhellung des Innenraums.

Nicht nur in *Spoleto*, sondern in der Architektur ganz Mittelitaliens nimmt *S. Eufemia* eine Sonderstellung ein. Wie noch zu erörtern sein wird, handelt es sich dabei um eine in den Grundzügen weitgehend S. Lo-

renzo in Verona folgende Anlage. Die Kirche erhebt sich innerhalb der Umfriedung des Bischofspalastes, in dem früher die Residenz der langobardischen Herzöge stand. Ob die ehemalige Benediktinerinnen-Abtei tatsächlich schon im 7. Jahrhundert gegründet wurde, wie manche Forscher behaupten, muß als wenig gesicherte Hypothese betrachtet werden. Fest steht, daß man das Kloster in der Zeit Ottos II. »ab imo fundatum«, also grundlegend neu errichtet hatte, wobei nur offenbleibt, ob mit dieser Nachricht eine Klosterneugründung oder ein Wiederaufbau auf den Fundamenten eines früheren Gebäudes bekundet wird.[226] Manches spricht dafür, daß mit dem Bau der heutigen Kirche in der Mitte des 12. Jahrhunderts begonnen wurde – gewiß im Zusammenhang mit der Umwandlung des alten Herzogssitzes in den bischöflichen Palast und wahrscheinlich im Zuge des Wiederaufbaus der Stadt nach den Zerstörungen durch das Heer Friedrich Barbarossas.

Die Fassade von S. Eufemia ist zwar basilikal abgestuft, läßt aber, wenn auch in vereinfachter Form, bereits Anklänge an den Typus der umbrischen Tafelfassade der Folgezeit erkennen. Dazu kommt ein aus abgestuft geschichteten Bogen bestehendes Portal, das sich, wie schon erwähnt, in reduzierter Ausformung in die Reihe der gegen Ende des 12. Jahrhunderts zusehends anspruchsvoller gestalteten umbrischen Portale des ersten Typus einordnet. Das Innere der dreischiffig-basilikalen, querhauslosen und mit drei Apsiden ausgestatteten Kirche beeindruckt durch seinen extremen Vertikalismus, den in dieser Form in Umbrien völlig vereinzelt auftretenden Stützenwechsel (Rechteckpfeiler mit Halbsäulenvorlagen und Säulen) und durch die in der Breite mit

152   SPOLETO, Dom, Fassade

153 SPOLETO, S. Eufemia, Innenansicht

jedoch wieder deutlicher zutage, wenn man die hier ebenfalls existierende Vorhalle mit Emporengeschoß in Betracht zieht. Im übrigen steht das Gebäude im Zeichen einer sparsamen Grundhaltung, die sich vor allem darin ausdrückt, daß fast alle Nebenstützen mitsamt den Kapitellen aus Spolien zusammengesetzt sind. Dabei fällt vor allem das als Stütze zwischen dem zweiten und dritten Joch gegen das rechte Seitenschiff hin postierte Pfeilerelement ins Gewicht, das aus der Zeit um 800 stammt und wahrscheinlich dem Vorgängerbau als Bestandteil einer Chorschranke gedient hat. Das wirft nochmals die Frage nach den Emporen auf, die – will man Sydow folgen – als eine Art traditioneller Nachhall einer zweigeschossigen,

154 SPOLETO, S. Eufemia, Grundriß
(nach A. Prandi)

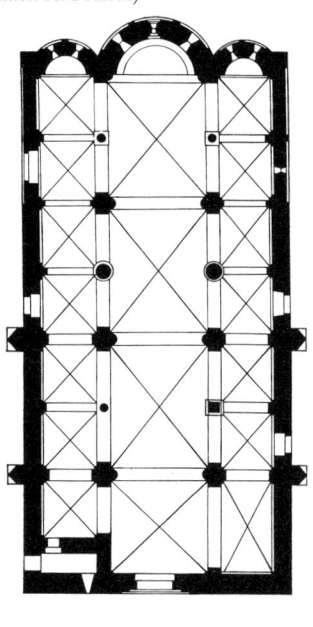

den Arkaden des Erdgeschosses übereinstimmenden Emporenöffnungen (Abb. 153, 154). Beachtenswert ist auch, daß alle Räume – das Mittelschiff inbegriffen – kreuzgratgewölbt sind, wobei den drei Hauptjochen des Mittelschiffs jeweils zwei mal zwei Joche in den Seitenschiffen entsprechen. Aus diesen Elementen, vor allem aus der sonst nirgends in Umbrien auftretenden Emporenanlage, geht deutlich hervor, daß es offenbar lombardische Bauleute waren, die das Konzept von S. Lorenzo in Verona, wenngleich in leicht abgewandelter Form, nach S. Eufemia in Spoleto übertragen haben.[227] S. Lorenzo unterscheidet sich lediglich in der dekorationsfreudigeren Ausgestaltung und durch den benediktinischen Chorgrundriß, wobei die Existenz eines Querhauses aus der Sicht des Mittelschiffs, wie schon erwähnt, verborgen bleibt. Der Konnex mit S. Lorenzo tritt in S. Eufemia

246

ehemals dem Herzogshof angeschlossenen Palastkapelle, gleichsam als bauhistorisches Zitat, zu betrachten sind.[228]

Mit dem Emporensystem von S. Eufemia, das sich wie in S. Lorenzo aus normannischen Wurzeln erklären läßt, hat sich auch Krönig auseinandergesetzt. Wenngleich seine Einschätzung des Seltenheitswerts von Emporen in Mittelitalien korrekturbedürftig ist – als einzige Ausnahme nennt er den Dom von Pisa und vergißt etwa auf die Abteikirchen von Sant'Antimo und S. Maria a Pie' di Chienti hinzuweisen –, so betont er doch mit Recht die große Verbreitung, die dieses Motiv vor allem in Oberitalien und in Apulien gefunden hat. Demnach können in der Emporenfrage an der geographischen Vermittlerrolle von S. Eufemia wohl kaum Zweifel erhoben werden. Unter ähnlichem Aspekt ist auch die Problematik des Tonnengewölbes zu betrachten: So ist etwa die Halbtonne, wie wir ihr z. B. in S. Silvestro in Bevagna begegnen, auch in Apulien häufig anzutreffen. Wie Krönig dazu weiter bemerkt, kann man »in fast allen Landschaften entlang der Ostküste der Halbinsel von einer Anwendung der Tonnenwölbung sprechen [...]. Die westlichen Landschaften hingegen, Toscana und Latium mit Rom, bleiben (von ganz wenigen Ausnahmen abgesehen) so gut wie unberührt von diesen Tendenzen.«[229] Damit ergibt sich als Hilfsmittel zur stilistischen Differenzierung der mittelitalienischen Baukunst ein Koordinatenkreuz. Mit anderen Worten: Den geographisch üblichen Horizontalbegrenzungen Mittelitaliens sollte – kunsthistorisch gesehen – eine Trennlinie gegenübertreten, die zwischen der Toscana und Umbrien einsetzt und bis Süditalien reicht.

Latium

Offenbar unter der Prämisse romanischer Stilprinzipien wurde Latium von Thümmler als die »am wenigsten fortschrittliche Landschaft« Italiens bezeichnet.[230] Abgesehen vom voreilig gesetzten Maßstab, der ein einseitig positivistisches Entwicklungsdenken verrät und mit dem man die extrem pluralistisch geprägten Erscheinungsformen der Baukunst des 11. und 12. Jahrhunderts in Mittelitalien ohnedies nur ungenügend zu erfassen vermag, ist dieses Urteil kaum in so genereller Form aufrecht zu erhalten. Denn keineswegs gültig ist es für den nördlichen Bereich der Region, der im Osten von Umbrien und im Norden von der Toscana begrenzt wird. In der Tat gibt es hier Kirchen, die eine rege Kontaktnahme sowohl mit der Baukunst der Nachbarprovinzen als auch mit jener der Lombardei erkennen lassen. Für den übrigen Kirchenstaat hingegen gilt cum grano salis das, was A. E. Brinckmann – in der Tendenz mit der Auffassung Thümmlers übereinstimmend – über das Kunstschaffen Roms, vielleicht ein wenig zu

155   ROM, S. Giorgio in
      Velabro, Campanile
      und Vorhalle

drastisch, zum Ausdruck gebracht hat: »Die romanische Epoche schuf hier so gut wie nichts, entwickelte nicht einen einzigen schöpferischen Gedanken«.[231] Hinsichtlich des starren Festhaltens am konstantinisch-frühchristlichen Kirchenschema, dem in konservativer Rückschau nicht nur in Rom, sondern selbst noch außerhalb der Grenzen des Kirchenstaats gehuldigt wurde, kann dem Autor durchaus zugestimmt werden. Dazu kommt, daß in Rom innovativ baukünstlerischen Bestrebungen, wie sie sich im 11. Jahrhundert in fast allen Teilen Italiens ankündigten, eine äußerst restriktive Bautätigkeit entgegenstand. Die stilistische Stagnation ist demnach nicht nur mit einer konservativen Grundeinstellung zu erklären, sie wurde wahrscheinlich sogar überwiegend durch äußere Faktoren, wie den seit etwa 822 einsetzenden und in der weitgehenden Zerstörung Roms durch die Normannen im Jahre 1084 kulminierenden Verfall des Papsttums verursacht. Der für die kaiserliche Hegemonie negative Ausgang des Investiturstreits bewirkte schließlich eine allmähliche Konsolidierung der kirchlichen Macht und damit auch das Einsetzen eines verstärkten Kunstschaffens in Rom.

Obgleich im 12. Jahrhundert nach wie vor die Errichtung stilistisch neuartiger Kirchenanlagen unterblieb, wurden doch zahlreichen, bereits bestehenden Sakralbauten Glockentürme, Vorhallen und Kreuzgänge (z. B. S. Paolo fuori le mura in Rom; ab 1193) hinzugefügt. Gewiß nur ein Detailaspekt baukünstlerischer Tätigkeit, der jedoch beweist, wie dringend das negative Urteil Brinckmanns über die römische Baukunst dieser Zeit einer Teilrevision bedarf.

Das schönste Beispiel eines Campanile findet sich nordöstlich von Rom in *Palombara Sabina* an der ehemaligen *Benediktinerabteikirche S. Giovanni in Argentella* (zweites Viertel des 12. Jahrhunderts). Während in die beiden unteren Geschosse schlichte Rundfensterpaare eingesetzt sind, öffnen sich die Wände der zwei oberen Stockwerke in dreifachen Säulenarkaden, worin sich deutlich eine lombardische Komponente zu erkennen gibt. Wichtiger jedoch ist ein vergleichender Hinweis auf den noch aus dem 11. Jahrhundert stammenden Campanile der umbrischen Benediktinerabtei S. Pietro in Valle, dessen von Kragsteinen besetzte Kordongesimse noch mehr als ein halbes Jahrhundert später – im Verzicht auf den lombardischen Rundbogenfries – die dekorative Ausformung der Geschoßzäsuren des latinischen Glockenturms mitbestimmt haben. Diesem Typus folgte man auch bei der Errichtung der Türme von *S. Giorgio in Velabro* und *S. Maria in Cosmedin in Rom*, wobei der erstgenannten Kirche, die man im 9. Jahrhundert durch einen gänzlich dem frühchristlichen Schema entsprechenden Neubau ersetzt hatte, eine Eingangshalle (vgl. Umbrien) vorgelagert wurde (Abb. 155). An dieser beeindruckt vor allem die von einem Architrav abgeschlosse-

ne Säulenstellung ionischer Ordnung. Daraus resultiert ein Portikus von geradezu klassisch-antikem Gepräge, dem man am *Dom von Civita Castellana* (1210) in größerem Maßstab begegnet. Die Mittelachse des Portikus wird hier vom römisch-antiken Motiv des eintorigen, im oberen Abschnitt von Pilastern flankierten Triumphbogens überhöht. Darin zeigt sich ein auf die antike Tradition ausgerichtetes Kunstwollen, das dem Architekturhistoriker die Verwendung der Stilbezeichnung Protorenaissance nahelegt, auch wenn diese sonst nur zur Charakterisierung der Florentiner Baukunst herangezogen wird.

Wie schon erwähnt, hat der Norden Latiums auf dem Sektor der Sakralarchitektur die signifikantesten Leistungen hervorgebracht. Hier nimmt das seit den Etruskern im 7. Jahrhundert vor Christus kontinuierlich bewohnte Städtchen *Tuscania* mit seinen beiden Kirchen eine besondere Stellung ein. In unmittelbarer Nachbarschaft der Siedlung erhebt sich auf einem Hügel, vermutlich auf dem Gelände der etruskischen Akropolis, der *Dom S. Pietro*, dem am Fuß der Anhöhe die Kirche S. Maria Maggiore, einer Bastion vergleichbar, vorgelagert ist. Da die ersten dokumentarischen Erwähnungen von Bischöfen aus Tuscania aus dem Jahre 595 stammen, ist anzunehmen, daß sich auf dem Gipfel des Bergs schon in frühchristlicher Zeit eine Kirche befand. Eine Urkunde von 739, in der lediglich von einem Güterverkauf die Rede ist, wurde von der italienischen Forschung seit Rivoira bis in die jüngste Vergangenheit zum Anlaß genommen, die heutige Kirche S. Pietro, abzüglich der beiden westlichen Joche, in das 8. Jahrhundert zu datieren.[232] Zur Stützung dieser These ging man in unzulässiger Weise

156 TUSCANIA, Dom S. Pietro, Innenansicht, Langhaus nach Osten

von Detailaspekten, wie dem Hinweis auf die Applikation von Dekorationselementen des 8. Jahrhunderts, aus, eine von der Faszination der Altersaura bestimmte Auffassung, der sich Moretti und andere Fachleute heute nicht mehr so bedingungslos anschließen.[233] Schon Thümmler hat dieser Frühdatierung mit gesamtarchitektonischen Argumenten überzeugend widersprochen. Um die Datierung von S. Pietro in das 8. Jahrhundert zurückzuweisen, genügt ein Vergleich mit der aus der Zeit um 800 stammenden Kirche von Pomposa. Während diese mit ihren enggestellten Säulenarkaden und dem übergangslos in Chor und Apsis mündenden Mittelschiff noch eindeutig dem frühchristlichen Schema folgt, wird das

Ambiente von S. Pietro durch viel steilere Proportionen und eine Streckung des Arkadenrhythmus, durch »große Schritte und feste Zäsuren«, bestimmt (Abb. 156).[234] Geradezu unvorstellbar für die Zeit vor der Jahrtausendwende sind die hier sich abzeichnenden Bemühungen um die Vierungs- und Querhausproblematik, zumal Bestrebungen dieser Art sogar in Oberitalien (z. B. Lomello) erst zu Beginn des 11. Jahrhunderts einsetzten. Wie in S. Maria Maggiore in Lomello ist in S. Pietro die Höhe der Querhausarme geringer als jene des Mittelschiffs; vergleichbar mit dem lombardischen Bauwerk sind auch die im Verhältnis zum Triumphbogen beträchtlich niedrigeren Längsgurte des Vierungsraums. In beiden

Fällen findet in diesem Bereich der basilikale Wandaufriß (Fenstergaden) des Langhauses seine Fortsetzung. Was jedoch eine Datierung von S. Pietro vor die Jahrtausendwende schon grundsätzlich ausschließt, ist die hier angewandte Mauertechnik: Anstelle des sogar noch im 11. Jahrhundert gelegentlich auftretenden Feldsteinmauerwerks (vom Backstein abgesehen) begegnen wir am Dom von Tuscania einem zwar kleinteiligen, aber in gleich hohen Lagen geschichteten und rechtwinklig verfugten Hausteinverband. Selbst wenn die am Altarziborium inschriftlich festgehaltene Jahreszahl 1093, die für den Zeitraum der Errichtung des Baus als terminus ante quem anzusehen ist, nicht bekannt wäre, käme für S. Pietro – nicht zuletzt von der Mauertechnik her gesehen – nur eine Datierung in die zweite Hälfte des 11. Jahrhunderts in Frage. Oberitalienischen Ursprungs ist auch die Bauplastik der Apsisaußenansicht, die angesichts der terrainbedingt frei sichtbaren Kryptenzone zweigeschossig ist (Abb. 157). Als Gliederung dient ein Netz von Rundstäben und Bogenfriesen, das im Obergeschoß von einem Fries keilförmig überkanteter, sich zu Rhomben schließender Steinplatten durchkreuzt wird. Nach den Ausführungen Thümmlers treten diese Motive erstmalig am Campanile von Pomposa auf, dessen Errichtungsdatum 1063 somit auch Schlußfolgerungen über die zeitliche Einordnung von S. Pietro erlaubt. In diesem Zusammenhang ist daran zu erinnern, daß die Gliederung durch Flachlisenen, wie z. B. in Lomello, bis etwa zur Jahrhundertmitte die Regel war. Das Dekorationsrepertoire der Apsis beinhaltet mit zwei Reihen kleiner Rechtecknischen noch ein weiteres Motiv, das, wie etwa die mit der gleichen Friesform ausgestattete Südapsis von S. Michele in Non-

157 TUSCANIA, Dom S. Pietro, Außenansicht, Apsis

158 TUSCANIA, Dom S. Pietro, Grundriß (nach H. Thümmler)

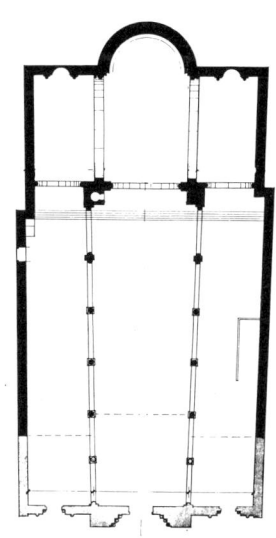

antola (um 1100) beweist, ebenfalls mit Oberitalien zusammenhängt.[235]

Doch kehren wir zurück in das Innere von S. Pietro, dessen Chor durch eine Krypta – mit ihren neun Schiffen übrigens eine der schönsten in Latium – leicht angehoben ist (Abb. 158). Für die Erörterung der Baugeschichte verdienen die dem Triumphbogen vorgelagerten und damit in das Langhaus hinausgerückten Wände besondere Beachtung. Infolge einer Planänderung, die durch eine Verbreiterung des Mittelschiffs notwendig geworden war, ist diesen wandpfeilerähnlichen Gebilden (vgl. S. Pietro in Valle und Dom von Ótranto) die Funktion zugedacht, dem Druck der weitgespannten Vierungsbogen entgegenzuwirken. Analog zum Mittelschiff wurden auch die Seitenschiffwände des Langhauses der Breite des ›Wandpfeilers‹ entsprechend nach außen gedrängt, so daß sie über die Flucht der Querhauswände hinaustreten; damit verlor das Querhaus zusätzlich an Bedeutung. Für die Arkadenreihe des Mittelschiffs ist bemerkenswert, daß deren Säulenkontinuum im östlichen Stützenpaar vor dem Triumphbogen zugunsten von Pfeilern abbricht. Diese setzen sich aus einem kämpferlosen Kern und zwei Halbsäulen zusammen, ein Motiv, das an die Stützenform in Lomello erinnert. Ursprünglich umfaßte das Langhaus, dessen westliche Begrenzung etwa mit jener des von Cosmaten intarsierten Paviments übereinstimmt, lediglich vier Joche, ehe man es im Westen gegen Ende des 12. Jahrhunderts um zwei weitere verlängerte.

Bei der Betrachtung des Wandaufrisses sind als Unikate der italienischen Baukunst des Mittelalters zwei Gestaltungselemente hervorzuheben: einmal die kragsteinähnlichen Gebilde an den Unterzügen der Arka-

denbogen, dann die in der Zone des Fenstergadens sich über die gesamte Länge des Langhauses erstreckende Blendbogenreihe, die den Anschein erweckt, als hätte man sie am Außenbau des Pisaner Doms entdeckt und in das Innere von S. Pietro transferiert. Wie sehr man, neben der Beachtung der in der Toscana generell favorisierten Flachdecke, unter dem Eindruck dieses Pisaner Motivs stand, wird insofern evident, als man es auch der Außenansicht des Obergadens in kontinuierlicher Form applizierte. Weiter ist bemerkenswert, daß man das Dekorationssystem der Apsis – Lisenen, Rundbogenfries und doppelte Kragsteinreihe unter der Dachtraufe – zum Teil auch auf die Außenwände der Seitenschiffe übertrug, und zwar bis zu der Stelle, wo der Erweiterungsbau des endenden 12. Jahrhunderts ansetzt: Hier wird das Lisenennetz von vier Säulenblendarkaden abgelöst.

Auch für die Seitenteile der Hauptfassade bleiben – von den Portalen abgesehen – pisanische Gliederungsformen maßgebend. So werden die jeweils vier friesartig angeordneten Blendbogen – nach dem Muster etwa von S. Frediano in Pisa oder der Pfarrkirche von Vicopisano – intermittierend von lediglich zwei dienstähnlichen Halbsäulen gestützt. Aus der Flucht der die Seitenschiffe abschließenden Wände tritt das erst zu Beginn des 13. Jahrhunderts errichtete Fassadenzentrum als Risalit hervor. Ohne nun auf den überreichen Dekor des Fassadenobergeschosses näher einzugehen, ist doch zu erwähnen, daß hier Elemente umbrischer Fassadenkunst Eingang gefunden haben. Dabei genügt es, auf die quadratisch gerahmte Fensterrose und die seitlich hinzugefügten, rechteckig eingefaßten Doppelfenster hinzuweisen, um Erinnerungen an die

159 Tuscania, S. Maria Maggiore, Innenansicht, Langhaus

Fassade von S. Felice di Narco wachzurufen. Kommen wir zu einem Resümee, so ist festzuhalten, daß beim Bau des in mehreren Etappen errichteten Doms von Tuscania vielfache stilistische Strömungen (Oberitalien, Toscana, Umbrien) integriert worden sind, ein Charakteristikum, das für alle bedeutenden Kirchenbauten des nördlichen Latium geltend gemacht werden kann.

Dem Trend zu individuellen, äußeren Einflüssen stets offenstehenden Leistungen ist es auch zuzuschreiben, daß keiner der bedeutenderen Kirchenbauten dieser Region – etwa im Sinne der Entwicklung einer latinischen Schule – breitere Nachfolge gefunden hat. Eine Ausnahme davon bildet lediglich die am Fuß der Dom-Akropolis befindliche Kirche *S. Maria Maggiore*, deren erste Gründung in das 8. Jahrhundert zu-

rückreicht. Wie in S. Pietro kam es auch hier am Ende des 11. Jahrhunderts zum Neubau der Anlage, die – zunächst einschiffig konzipiert – in der zweiten Hälfte des 12. Jahrhunderts mit dem Zubau zweier Seitenschiffe und eines Querhauses ihr heutiges basilikales Aussehen gewann, womit dem Vorbild von S. Pietro grundsätzlich Folge geleistet wurde; analog dazu sind auch die Sparrendachlösung in allen Schiffen und die außen nicht sichtbaren Seitenapsiden zu verstehen. Von diesen eher prinzipiellen Parallelen abgesehen, verfügt S. Maria Maggiore doch über mehrere bauliche Momente, die dem Gebäude einen eigenständigen Charakter verleihen. So wurde – gewiß nicht zuletzt im Sinne des fortgeschrittenen 12. Jahrhunderts – anstelle der monolithen Vierungspfeiler von S. Pietro einem reich gegliederter

253

ten Stützenpaar, das sich aus Kreuzpfeilern und jeweils vier Halbsäulen zusammensetzt, der Vorzug gegeben (Abb. 159). Weiter fällt auf, daß ein geplanter Triumphbogen nicht zur Ausführung gelangte. Diesem Verzicht auf einen für das Ambiente etwa von S. Pietro so entscheidenden Akzent liegt gewiß weniger eine Scheu vor technisch riskanter Problemstellung als vielmehr ein auf neue Zielsetzungen ausgerichteter Formwille zugrunde. Mit dieser Projektänderung (die zur Stützung eines Triumphbogens vorgesehenen Wandpfeiler enden in halber Höhe der Wand) konnte eine größere Weiträumigkeit des Mittelschiffs erzielt werden. Auch ist im Vergleich zu S. Pietro eine Verminderung der Vertikalstruktur zu bemerken, die durch ein über die gesamte Länge der Wand bis zum Querhaus verlaufendes Gesims bewirkt wird. Dazu kommt ein zwischen den Bogenstellungen und dem Fenstergaden verminderter Abstand, den vor allem die im Unterschied zu S. Pietro schlankeren und höheren Säulen verursachen. Darin offenbart sich eine für die meisten Kirchen Latiums typische Rückbesinnung auf die Raumgesetzlichkeit der frühchristlichen Basilika.

160 TUSCANIA, S. Maria Maggiore, Fassade

Eine beträchtliche Affinität zwischen S. Pietro und S. Maria Maggiore zeigt sich vor allem in der Gestaltung der Hauptfassade, deren Mittelachse durch eine Säulengalerie in zwei Geschosse unterteilt ist (Abb. 160). Während jedoch an S. Pietro die gesamte Mittelachse als Risalit hervortritt, ist das Obergeschoß von S. Maria Maggiore in die Wandflucht der Seitenachsen zurückversetzt, woraus man im Zusammenhang mit der weniger fein ziselierten Fensterrose – also auch stilistisch gesehen – für diese Zone eine im Vergleich zu S. Pietros Fassadenzen-

trum frühere Entstehung (zweite Hälfte des 12. Jahrhunderts) annehmen kann. Viel aufwendiger als in S. Pietro erfolgte die Ausgestaltung der drei Portale, wobei das mittlere, durch weißen Marmor hervorgehoben und an den Türpfosten von großen Relieffiguren (Petrus und Paulus) flankiert, nach Moretti an die Trichterpforten emilianischer Basiliken erinnert;[236] möglicherweise waren hier lombardische Wanderkünstler am Werk. Wie an S. Pietro tritt am nördlichen Seitenportal das normannische Zackenornament in Erscheinung. Dagegen beginnt sich an der südlichen Pforte – neben größtenteils klassischen Blattornamenten – bereits das Knospenkapitell zu entfalten, was eine Datierung der gesamten Portalzone in das beginnende 13. Jahrhundert nahelegt.

Erstaunlich ist, daß in der Baukunst *Viterbos* Zielsetzungen verfolgt wurden, die von jenen der Nachbarstadt Tuscania deutlich abweichen. Besonders erwähnenswert ist die Kirche *S. Maria Nuova*, die der Ratsversammlung der Stadt auch als Tagungsort zu dienen hatte. Ceniti hat die mit 1080 datierte Stiftungsurkunde – gestützt auf vermeintliche Parallelen zu den beiden tuscanischen Kirchen – zum Anlaß genommen, den gesamten Kirchenbau in die zweite Hälfte des 11. Jahrhunderts zu datieren. In der Tat zeigt sich jedoch eine Analogie zu den Kirchen jener Stadt lediglich im Sparrendachabschluß und in der Verwendung von Säulenarkaden. Daneben verschafft sich ein unterschiedlicher Aspekt Geltung, der sich angesichts des Verzichts auf ein Querhaus als Rückgriff auf die frühchristliche Tradition – weit überzeugender als etwa in S. Maria Maggiore – interpretieren läßt. Darüber hinaus ist das Mittelschiff viel zu steil proportioniert, um einen Vergleich mit den Bauwerken Tuscanias sinnvoll erscheinen zu lassen. Zielführender ist es, auf die ebenfalls extrem vertikalisierten und mit auffallend hoher Apsis versehenen Mittelschiffe der pistoiesischen Kirchen S. Bartolomeo in Pantano und S. Andrea hinzuweisen. Da beide querhauslosen Bauten wie in S. Maria Nuova mit ausnehmend hohen und schlanken Säulen ausgestattet sind und erst in der zweiten Hälfte des 12. Jahrhunderts errichtet wurden, fehlt eigentlich jedes stilistische Argument, um die Kirche in Viterbo gleich um 100 Jahre früher zu datieren.[237]

Die im Zweiten Weltkrieg weitgehend zerstörte und dann rekonstruierte Kirche *S. Sisto in Viterbo* verdankt ihr ungewöhnliches Erscheinungsbild dem zwischen Langhaus und Chor bestehenden Kontrast. Während das im 12. Jahrhundert errichtete, flachgedeckt basilikale Langhaus annähernd dem Typus von S. Maria Nuova entspricht, stammt der über 17 Stufen erreichbare, dem ansteigenden Terrain angepaßte Hallenchor erst aus dem zweiten Viertel des 13. Jahrhunderts (Abb. 161).[238] Er verrät, wenn auch mit deutlicher Verspätung, eine sehr eigenwillige Auseinandersetzung mit der Problematik des umbrischen Tonnengewölbes und ist in drei, die Breitenmaße des Langhauses einhaltende Schiffe und durch

161 VITERBO, S. Sisto, Innenansicht

ein mächtiges Rundpfeilerpaar, dessen stilistische Herkunft im Dom von Piacenza zu lokalisieren ist, in zwei Joche unterteilt. Wie die jeweils zweijochigen Seitenschiffe wird auch das Quadrat des östlichen Mittelschiffjochs durch eine Längstonne abgeschlossen. Dem quadratischen Joch ist im Westen ein rechteckiges vorgelagert, dessen Quertonne sich dem Tiefenzug der übrigen Gewölbe in zentralisierender Absicht entgegenstellt. Daß die umbrischen Wölbungsformen von auvergnatischen Anregungen mitgeprägt sind, wurde bereits erwähnt. Neu hingegen ist die Quertonnenlösung, die in einem Mittelschiff nur im burgundischen St-Philibert in Tournus aufscheint. Fassen wir zusammen, so hat ein phantasievoll schöpferischer Geist aus dem Zusammenspiel umbrischer und französischer Strömungen – letzteres ist auch an den frühgotischen Blattkapitellen der Pfeiler ablesbar – in S. Sisto eine Choranlage zustande gebracht, der man auch außerhalb der Grenzen Italiens kein zweites Mal begegnet.

Am südlichen Ufer des Bolsena-Sees erhebt sich auf einer Anhöhe die Stadt *Montefiascone*, deren Kirche *S. Flaviano* in der Baukunst Italiens eine Ausnahmestellung einnimmt. Mit ihrer doppelgeschossigen, auf dem Gelände eines Vorgängerbaus des 6. Jahrhunderts größtenteils im 12. Jahrhundert errichteten Anlage (laut Inschrift um 1032 begonnen) gibt sie Zeugnis von der Begegnung mit dem vor allem in der deutschen Architektur verbreiteten Burgkapellentypus.[239] In der Tat ist dem Typus der Doppelkirche im 12. Jahrhundert nirgends in Italien in gleicher Konsequenz und Weiträumigkeit entsprochen worden (Abb. 162). Für den Zeitraum des hier vorliegenden Themas ist vor allem der Ostabschnitt der Unterkirche (im Westen ab 1302 erweitert) von Bedeutung. Während sich hier das im Stützenwechsel von unregelmäßigen Pfeilergebilden und Säulen begrenzte Mittelschiff zur Oberkirche öffnet, sind die Seitenschiffe mit Kreuzbandrippen gewölbt. Bemerkenswert ist, daß die Kapitelle, Pfeilerform und nicht

162 MONTEFIASCONE,
S. Flaviano,
Innenansicht,
Unterkirche

163 CHIARAVALLE
    DELLA COLOMBA,
    Abteikirche,
    Innenansicht,
    Mittelschiff des
    Langhauses

zuletzt der Stützenwechsel Anklänge an die lombardische Architektur, vor allem an S. Michele in Pavia, erkennen lassen, womit die Datierung dieses Bauabschnitts in die zweite Hälfte des 12. Jahrhunderts gesichert erscheint. Die Tatsache schließlich, daß die Seitenschiffe um das Mittelschiff in der Art eines einfachen, durch drei radial angeordnete Apsiden erweiterten Chorumgangs herumgeführt sind, verrät eine, wenngleich freie Auseinandersetzung mit französischen Bauideen, wobei mit dem Chorumgang der Kathedrale von Aversa (Kampanien, nach 1145) dafür auch eine lokal erprobte Einflußkomponente maßgebend gewesen sein kann.

Ausschließlich im Zeichen der Auseinandersetzung mit der lombardischen Architektur steht die Kirche von *S. Maria di Castello in Tarquinia.* Da mehrere Daten gesichert sind, ist die lange Baugeschichte des Gotteshauses relativ problemlos zu rekonstruieren. Nach dem Beginn der Arbeiten im Jahre 1121 schuf der Cosmate Pietro di Ranuccio 1143 das Hauptportal, woraus sich folgern läßt, daß zu diesem Zeitpunkt nicht nur die Fassadendisposition bereits festgelegt, sondern auch das Innere des Gebäudes mindestens zu halber Höhe gediehen war. Mit 1168 ist das Ziborium datiert, dessen Aufstellung die Vollendung der Ostpartie voraussetzt; die Schlußweihe erfolgte erst 1207. S. Maria di Castello ist dreischiffig angelegt, mit drei Apsiden ausgestattet und besitzt kein Querhaus. Das Mittelschiff wird durch einen Stützenwechsel – Rechteckpfeilern sind in alternierendem Rhythmus dreifach gebündelte Vorlagen (wandpfeilerähnliche Pilaster und schlanke Halbsäulen) und Halbsäulen vorgelagert – in fünf annähernd quadratische Doppeljoche unterteilt (Farbabb. 11). Von großer entwicklungsgeschichtlicher Bedeutung sind die vierteiligen Rippengewölbe – Zeugnisse der modernsten Wölbungsart, die die italienische Architektur damals kannte. Während sich über dem dritten Doppeljoch, also genau in der Mitte des Longitudinalbaus, eine Hängekuppel erhebt, sind die übrigen vier Doppeljoche im rhythmischen Wechsel von Band- und Wulstrippen kreuzgewölbt. Für die Seitenschiffe war offenbar a priori eine Kreuzbandrippenwölbung projektiert, hingegen hatte man für das Mittelschiff in einer ersten Planungsphase eine Hallenlösung (also ohne Fenstergaden) mit Tonnenwölbung vorgesehen. Dafür spricht der Umstand, daß die Halbsäulen der Nebenstützen in Höhe der Arkadenbogen unter den im zweiten Planungsstadium eingesetzten Fenstern des Obergadens funktionslos abbrechen. Krautheimer hat dieses ursprüngliche, im Stützenwechsel organisierte Hallentonnenprojekt überzeugend mit den lombardischen Bauten S. Sigismondo in Rivolta d'Adda und S. Celso in Mailand in Zusammenhang gebracht.[240] Um ein Vierteljahrhundert älter als S. Maria di Castello, vereinigt S. Sigismondo in sichtbarer Form das, was man sich in der Kirche in Tarquinia erst mühsam rekonstruieren muß: Den zwei nach dem Schema einer Tonnenhalle vor 1110 errichteten Ostjochen folgen im Westen – durch eine kurzfristige Planungsänderung verursacht – zwei auf der Basis eines Stützenwechsels mit Kreuzgraten gewölbte Joche, denen erst in weiterer Folge, um 1120, Bandrippen hinzugefügt wurden. In zweierlei Hinsicht jedoch unterscheidet sich S. Maria di Castello vom Konzept in Rivolta: einmal in den gewaltigen Dimensionen und, was noch wichtiger ist, in der Verwendung der Wulstrippen, ein Motiv, das nach Frankreich weist und der in der Lombardei üblichen, im Querschnitt rechteckigen Rip-

penform widerspricht. Zutreffend hat dabei Wagner-Rieger den Vorschlag Krautheimers aufgegriffen, die Kirche von Tarquinia, neben dem Hinweis auf die lombardische Bautengruppe, mit der damals auch in Italien aufkommenden Zisterzienserarchitektur in Zusammenhang zu bringen. Wenngleich sich S. Maria di Castello mit seiner querhauslosen Anlage entschieden dem Chor-Querhaus-Typus der Zisterzienserkirchen entgegenstellt, ist einem vergleichenden Hinweis auf die *Abteikirche von Chiaravalle della Colomba* (Emilia, 1135 begonnen; Abb. 163) doch eine gewisse Bedeutung beizumessen: Wie die unter den Fenstern des Obergadens abbrechenden Halbsäulen beweisen, war auch hier ursprünglich eine Tonnenhalle geplant, ehe man sich für die über Doppeljochen aufsteigenden Rippengewölbe entschied. Dazu die Autorin: »Die neuerliche Beschäftigung mit der Tonnenwölbung hatte in Chiaravalle della Colomba I sicherlich ihren Grund darin, daß der Zisterzienserorden den von ihm in Burgund geprägten Typus der Tonnenkirche auch bei seinen lombardischen Filiationen durchsetzen wollte. Hierbei stieß er jedoch auf den Widerstand der oberitalienischen Bautradition, die vor allem die gleichförmige Jochfolge ablehnte.«[241] Zieht man die Kuppel von S. Maria di Castello (1819 eingestürzt, später unzulänglich rekonstruiert), die in dieser zentralen Position weder in Oberitalien noch an einer Zisterzienserkirche denkbar ist, in Betracht, so wird evident, daß man hier wie stets auch an den übrigen bedeutenderen Sakralbauten des nördlichen Latium trotz der Dominanz auswärtiger Einflüsse darauf Bedacht genommen hat, ein Kirchengebäude unverwechselbaren Gepräges zu schaffen.

Unteritalien

Historische Voraussetzungen

Schon seit dem 9. Jahrhundert waren die süditalienischen Seestädte ständig dem räuberischen Zugriff der Sarazenen ausgesetzt. Als diese 982 wieder in Kalabrien einfielen, stellte sich ihnen Kaiser Otto II. entgegen. Die Schlacht bei Capo Colonne (südlich von Crotone) endete jedoch mit einer katastrophalen Niederlage des deutschen Heeres, und nur der Tod des Feldherrn Abu al-Qasim verhinderte den weiteren Vormarsch der sarazenischen Truppen. Das militärische Scheitern Ottos II. hatte zur Folge, daß der deutschen Krone fortan bis zur Herrschaft der Staufer (ab 1194) Ansprüche auf Süditalien verwehrt waren. Um die Jahrtausendwende war das Territorium in zahlreiche, stets miteinander rivalisierende Machtblöcke aufgespalten: Während die Araber Sizilien beherrschten und Byzanz über Kalabrien und Apulien gebot, stand der kampanische Raum unter der Herrschaft der langobardischen Fürstentümer Capua, Salerno und Benevent. Einen wichtigen Machtfaktor bildeten auch die zwar nominell Byzanz unterstellten, de facto aber völlig unabhängigen Stadtstaaten Neapel mit Sorrent, Amalfi und Gaeta. Erst mit dem Auftreten normannischer Abenteurer und Seefahrer kam Bewegung in dieses unteritalienische Staatenkonglomerat.

Es war im Jahre 999, als die Besatzung eines normannischen Schiffes, das wahrscheinlich zum Heiligtum des Erzengels Michael auf dem Monte Gargano unterwegs war, der von Sarazenen bedrohten Stadt Salerno zu Hilfe eilte und die Aggressoren zurückschlug. Rasch verbreitete sich im normannischen Mutterland die Nachricht, daß man nur zuzugreifen brauche, um in Süditalien Beute zu machen und vielleicht sogar Landgewinn zu erzielen. Von der Abenteuerlust und dem Tatendrang ihrer wikingischen Vorfahren durchdrungen, stellten sich normannische Söldner den unteritalienischen Machthabern zur Verfügung. Besonders günstig erwies sich dabei die Situation in Apulien, wo die byzantinische Verwaltung auf den Widerstand lokaler Selbständigkeitsbestrebungen stieß. Die durch ungerechte Zollbestimmungen aufgebrachte Opposition formierte sich um Melus von Bari, der sich, unterstützt durch Papst Benedikt VIII., mit Hilfe normannischer Truppen gegen den byzantinischen Katapan Boioannes erhob. Obgleich die Aufständischen bei Cannae (1018) eine vernichtende Niederlage erlitten, kam es in Apulien zu keiner dauerhaften Sicherung der byzantinischen Vormachtstellung. Schon nach dem Tod Boioannes' (1025) war abzusehen, daß Ostrom seinen Anspruch, erste Ordnungsmacht in Süditalien zu bleiben, nicht länger verteidigen konnte. Von den nun einsetzenden Kämpfen der partikularen Gewalten profitierten letzten Endes nur die Normannen, die ihre Söldnerdienste – stets auf den nächstliegenden Vorteil bedacht – sowohl Byzanz als auch den langobardischen Fürstentümern und den tyrrhenischen Seestädten Gaeta, Neapel und Amalfi anboten.

Noch effektiver als in Apulien schalteten sich die Normannen in die um die Vormachtstellung in Kampanien entbrennenden Kämpfe zwischen Capua, Neapel und Salerno ein. Zunächst unterstützten sie unter der Führung von Rainulf Drogonet Herzog Sergius bei der Rückeroberung der Stadt Neapel, worauf Rainulf als Lohn die Herrschaft über Aversa (1030) zugesprochen bekam. Erstmalig verfügten damit die Normannen über ein eigenes Territorium in Unteritalien. Dem Pakt mit Sergius war jedoch keine lange Dauer beschieden. Denn als es das Gebot der politischen Klugheit forderte, stellte sich Rainulf auf die Seite des Fürsten Pandulf IV. von Capua, um nun gemeinsam mit dem neuen Waffengefährten, entgegen der ursprünglichen Bündnisverpflichtung, den Kampf gegen Neapel aufzunehmen; die Stadt wußte sich dieser Aggression jedoch zu erwehren, sie konnte erst 1130 von den Normannen eingenommen werden. Da sich Pandulf bald als indolenter Machthaber erwies, riefen seine eigenen Verwandten und Montecassino Kaiser Konrad II. zu Hilfe, der daraufhin den Neffen des Regenten, Waimar V. von Salerno, mit Capua und Gaeta belehnte. Für Rainulf, der es wieder einmal verstand, sich zur rechten Zeit auf die Seite des Stärkeren zu stellen, brachte auch dieser Wechsel der Machtkonstellation nur Vorteile mit sich. Denn auf dem Hoftag zu Capua (1038) bestätigte Konrad II. die Lehensoberhoheit des Fürsten von Salerno und damit auch die reichsrechtliche Sicherstellung des normannischen Besitztums in Aversa. In diesem Schicksalsjahr erschienen die drei ältesten Söhne des Grafen Tancred von Hauteville (aus der Gegend von Coutance in der Normandie), Wilhelm Eisenarm, Drogo und Humfried, in Unteritalien. Da der Anspruch Rainulfs auf Aversa und die Machtposition der kampanischen Langobarden zunächst als gesichert angesehen werden konnten, zielte das militärische Interesse der normannischen Einwanderer, angeführt von Wilhelm Eisenarm, verstärkt auf den apulischen und kalabrischen Raum ab. In geradezu macchiavellistischer Durchtriebenheit stellten sie sich im Kampf gegen die Araber in Sizilien zuerst in den Dienst der Byzantiner und wechselten dann in das Lager der wie stets gegen Byzanz rebellierenden Apulier, denen letzten Endes nichts anderes beschieden war, als das oströmische mit dem normannischen Joch zu tauschen. Von Anfang an hatte Wilhelm Eisenarm darauf Bedacht genommen, die kampanischen Langobarden in den Kampf um Apulien und Kalabrien einzubeziehen. Als nur nominell übergeordneter Partner stand ihm dabei Waimar von Salerno zur Seite, der den siegreichen Normannen in Melfi (1043) zum Grafen von Apulien ernannte. Dem Langobardenherzog selbst war ein weniger günstiges Schicksal beschieden: Als Pandulf von Capua mit byzantinischer Hilfe erneut seine angestammten Rechte in Kampanien geltend machte und es daraufhin zu kriegerischen Auseinandersetzungen kam, trat die kaiserliche Ordnungsmacht auf den Plan. Auf dem Reichstag zu Capua (1047) verfügte der Salier Heinrich III. die Rückgabe Capuas an Pandulf, während er die Lehenshoheit Waimars über die Normannen für erloschen erklärte. Drogo, der jüngere Bruder des bereits 1045 verstorbenen Wilhelm Eisenarm, wurde mit dem Titel ›Herzog und Heermeister Italiens (d. h. der bislang byzantinischen Gebiete) und Graf der Normannen in ganz Apulien und Kalabrien‹ in den Rang eines Reichsvasallen erhoben.

Unterdessen waren in der nordwesteuropäischen Heimat immer mehr normannische Krieger dem Freiheit und Waffenruhm verheißenden Ruf aus Unteritalien gefolgt. Unter ihnen befand sich auch der aus zweiter Ehe des Tancred von Hauteville stammende Robert, dem man den Beinamen ›der Schlaukopf‹ (Guiscard) gab und den seine Stiefbrüder durch die Belehnung mit einer entlegenen Burg in Kalabrien gleichsam aus der Konkurrenz auszuschalten trachteten. Gleichzeitig wurde ihm der fast aussichtslose Auftrag erteilt, Kalabrien zu erobern, was ihm wider Erwarten auch fast gelungen wäre, hätte ihn nicht der Ruf erreicht, Drogo und Humfried im Kampf gegen die aufständischen Apulier zu unterstützen. Nachdem er in einem zweiten Versuch die Eroberung Kalabriens mit der Einnahme Reggios 1060 vollendet hatte, gelang es ihm auch, in kurzer Zeit ganz Apulien zu unterwerfen. Nach dem Tod seines Stiefbruders Humfried (1057), der die Eroberung Apuliens mit der Annexion der salentinischen Halbinsel in die Wege geleitet hatte, war er anerkannter Herzog aller Normannen in Apulien und Kalabrien; 1066 eroberte er Brindisi und Tarent, und 1071 vertrieb er die Byzantiner aus ihrem letzten Stützpunkt in Bari. Mittlerweile war es auch Leo IX. (1049–1053) klar geworden, welche Gefahr dem Papsttum durch die – spätestens seit dem Auftreten Robert Guiscards – sich bedenklich ausweitende Expansion der Normannen drohte. Sein Appell an Heinrich III. und die Byzantiner, ihn bei der Eindämmung der normannischen Gefahr zu unterstützen, blieb jedoch ungehört, so daß seine militärische Expedition bei Civitate (am Gargano) 1053 mit einer vernichtenden Niederlage endete. Beraten durch seinen Kardinalsubdiakon Hildebrand, den späteren Papst Gregor VII., zog Papst Nikolaus II. die aus dieser Schmach erwachsenden, für ihn einzig richtigen Konsequenzen: Mit der Verleihung des Titels ›Herzog von Apulien und Kalabrien sowie dereinst von Sizilien‹ versuchte er die Normannen, die sich 1057 unter Graf Richard von Aversa (der Erbe Rainulfs II.) mittlerweile das langobardische Fürstentum Capua mit Gaeta einverleibt hatten, vom Umfeld des Kirchenstaates fernzuhalten. Gleichsam mit dem Segen der Kirche ausgestattet, knüpfte sich an diese Belehnung der Auftrag, Sizilien »dereinst« vom Joch der arabischen Besatzung zu befreien. Dies hinderte den ›Schlaukopf‹ aber keineswegs daran, die Okkupation Kampaniens voranzutreiben. Mit der Eroberung Salernos im Jahre 1077 schaltete er das langobardische Herzogtum in Unteritalien aus. Doch das eigentliche Ziel dieses Mannes, über den die byzantinische Prinzessin Anna Komnena bewundernd schrieb, »sein ganzes Streben war darauf gerichtet, es den Mächtigsten dieser Erde gleichzutun«, war der Kaiserthron von Konstantinopel. Auf seinem ersten Eroberungszug ins oströmische Imperium erreichte ihn jedoch der Hilferuf Papst Gregors VII., der sich von den herannahenden Truppen Kaiser Heinrichs IV. bedroht sah. Robert Guiscard befreite seinen obersten Lehensherrn aus der belagerten Engelsburg und zwang das kaiserliche Heer zum Rückzug. Opfer dieser ›Befreiungsaktion‹ (1084) war die Ewige Stadt, die vom normannischen Aufgebot dermaßen ausgeplündert und teilweise zerstört wurde, daß sich Gregor vor dem Zorn der zurecht aufgebrachten Römer ins normannische Exil nach Salerno zurückziehen mußte, wo er schon ein Jahr später starb. Der Normannenherzog überlebte den Papst nur um wenige Wochen; auf seinem zweiten Kriegszug gegen Byzanz erlag er auf der Insel Korfu einer Seuche.

Von Robert Guiscard übernahm dessen Sohn Roger Borsa die Herzogswürde in Apulien, beneidet von seinem Halbbruder Bohemund, der bei der Erbteilung benachteiligt worden war. Ehrgeiz und Tatendrang veranlaßten diesen deshalb, sein Glück außerhalb Apuliens zu suchen. Ihm und nicht Gottfried von Bouillon sind die großen militärischen Leistungen auf dem 1. Kreuzzug (1095) zuzuschreiben, wo er sich zum Fürsten des Kreuzfahrerstaates Antiochien erhob. An den »edelmütigen Prinzen aus Syrien«, der den Wikingergeist seines Vaters geerbt und wie dieser den Sturz des oströmischen Kaisers im Auge hatte, erinnert noch heute das für ihn am Dom von Canosa errichtete Mausoleum (1111).

Mittlerweile hatte auch die Karriere Rogers I. (1061–1101) feste Konturen angenommen. Im Auftrag seines Bruders Robert Guiscard und des Papstes setzte er 1061, unterstützt von der pisanischen Flotte, von Kalabrien nach Sizilien über. Erleichtert wurde ihm dieser Schritt durch die Zwistigkeiten der islamischen Machthaber, die sich in drei Fraktionen aufgespalten hatten. Es folgte ein dreißigjähriger Feldzug, der nach der Eroberung von Palermo (1072) und Syrakus (1088) – um nur die beiden wichtigsten Stationen auf dem Weg zum Erfolg zu nennen – im Jahre 1091 mit der vollständigen Unterwerfung der Insel seinen Abschluß fand. Angesichts dieses grandiosen Siegs Rogers I. über die Araber konnte Roger Borsa, in der Herzogswürde der Nachfolger Robert Guiscards, seine nur theoretisch bestehenden Rechte in Sizilien nicht wahrnehmen, weshalb Papst Urban II. gar keine andere Möglichkeit blieb, als den Status quo zu bestätigen und Roger I. zum Sachwalter der Kurie über die Monarchia Sicula zu bestellen. So erfolgreich Roger als Feldherr war, so begabt erwies er sich auch im Umgang mit verwaltungstechnischen und innenpolitischen Problemen. Vom Wunsch getragen, die wohlorganisierte Infrastruktur des Landes nicht zu gefährden, wirkte er den Feudalisierungsabsichten seines Gefolges zu Gunsten einer Integrationspolitik entgegen, indem er es verstand, die drei verschiedenen Glaubens- und Volksgemeinschaften Siziliens – die griechisch-orthodoxe Substratbevölkerung, die islamischen Einwanderer aus Nordafrika und die für das Finanzwesen unentbehrlichen Juden – in seinen Dienst zu stellen. Diese von staatswirtschaftlicher Vernunft geleitete Toleranz war auch das hervorstechendste Charakterikum der Politik seines Nachfolgers Rogers II. (1101–1154), der als »kühler Rechner und verschlagener Diplomat« bald zu den reichsten und mächtigsten Fürsten des Abendlandes zählte.[242]

Währenddessen drohte das festländische Normannenreich unter Roger Borsa und Wilhelm völlig aus den Fugen zu geraten. Besonders prekär erwies sich die Situation in Kampanien, wo sich Amalfi von der seit Robert Guiscard bestehenden normannischen Schutzherrschaft zu befreien vermochte, Capua wieder eine selbständige Haltung einnahm und Neapel noch immer nicht unterworfen war. Als Roger II. nach dem Tod Wilhelms dessen Herzogstitel erbte, war es sein erklärtes Ziel, nicht nur als Ordnungsmacht gegenüber den rebellierenden Vasallen aufzutreten, sondern sich ganz Süditalien zu unterwerfen. Einer seiner Gegner war Papst Honorius II., der jedoch von den untereinander zerstrittenen Baronen im Stich gelassen wurde und schließlich im Vertrag von Benevent (1128) die Investitur Rogers notgedrungen bestätigen mußte. Eine völlig neue, unvorhergesehene Situation ergab sich im Jahre 1130, als das Kardinalskollegium nach dem Tod Honorius II. sich auf keinen gemeinsamen Nachfolgekandidaten einigen konnte. Eine Doppelwahl war unvermeidlich: Während die französische und englische Kirche zusammen mit dem deutschen König Lothar von Supplinburg auf Betreiben des Zisterziensers Bernhard von Clairvaux Innozenz II. unterstützte, trat Roger mit dem süditalienischen Episkopat auf die Seite Anaklets II. Für diese Parteinahme wurde der Normanne vom Papst im wahrsten Sinne des Wortes ›königlich‹ honoriert. Als er sich 1130 in Palermo mit einem zeremoniellen Aufwand, der selbst orientalische Vorstellungen übertraf, zum König krönen ließ, ging ihm ein langersehnter Wunsch in Erfüllung. Denn als Herzog hatte er den normannischen Baronen lediglich als Primus inter pares gegolten; nunmehr war seine Suprematie zumindest de jure außer Streit gestellt. Auch die militärische Revanche des Kaisers, der Rainulf von Avellino als Gegenherzog in Apulien einsetzte, änderte an diesem Erfolg wenig. Zwar stieß Lothar von Supplinburg mit zwei starken Heeresgruppen nach Süditalien vor, angesichts der geschickten Ausweichtaktik Rogers war das ganze Unternehmen aber nicht viel mehr als ein Stoß ins Leere. Nach Abzug des kaiserlichen Heeres war es dem Normannenkönig ein Leichtes, das Land rasch zurückzugewinnen. Nochmals schien die Lage prekär zu werden, als Papst Anaklet II. verstarb und Innozenz II., der die Legalität des normannischen Königtums naturgemäß bestritt, gemeinsam mit Rainulf von Avellino nach Süden vorrückte. Der plötzliche Tod des Gegenherzogs beraubte jedoch den Papst seines wichtigsten Waffengefährten, so daß es Roger mühelos gelang, das geschwächte Heer des Pontifex 1139 bei Mignano (südöstlich von Montecassino) zu schlagen; Innozenz II. geriet in normannische Gefangenschaft. Da Roger ihm mit diplomatischem Geschick in demutsvoller Haltung gegenübertrat und um den Erlaß der drohenden Kirchenstrafen bat, blieb dem unterlegenen Papst gar nichts anderes übrig, als dem Normannen die sizilische Krone als päpstliches Lehen zu übertragen.

Damals stand Roger II. auf dem Höhepunkt seiner Macht. Mit der Herausgabe eines für die gesamte Monarchie gültigen Gesetzbuches und einem Fehdeverbot wies er am Hoftag zu Ariano (1140) den in seinem Land immer noch grassierenden Partikularismus in die Schranken. Zur See erneuerte er mit dem Ausbau seiner Flotte die alte Frontstellung gegen Byzanz. Die venezianischen Handelsinteressen unterstützend, beherrschte er den Schiffsverkehr zwischem dem östlichen und westlichen Mittelmeer uneingeschränkt, weshalb der Insel Sizilien als Nachschubbasis für den 2. Kreuzzug (1147–1149) eine Schlüsselstellung zukam. Das bedeutete nun aber keineswegs, daß der König irgendeine Neigung verspürte, sich selbst als Kreuzfahrer ins Heilige Land in Szene zu setzen; das verbot ihm schon allein die Toleranz gegenüber seinen islamischen Untertanen. Für ihn war das Ganze nicht viel mehr als ein gewinnbringendes Unternehmen. Kein Wunder, daß diese ›unchristliche‹ Haltung den Zorn des Papstes nach sich zog. Im Konstanzer Vertrag von 1153 wurde zwischen der Kurie und dem Staufer Friedrich Barbarossa die Vereinbarung getroffen, zum gegebenen Zeitpunkt eine Strafexpedition in den Süden zu entsenden. Als es dann 1155 – nach der Krönung Barbarossas zum Kaiser – zur Erfüllung des Vertrags kommen sollte, verweigerten die deutschen Fürsten ihrem Kriegsherrn die Gefolgschaft.

Für die Kurie war dieser Vertragsbruch Anlaß, das Bündnis mit dem Kaiser aufzulösen und sich auf die Seite der Normannen zu stellen. Unterdessen hatte Wilhelm I. die Nachfolge Rogers II. angetreten. Den Beinamen ›der Böse‹ hat er wohl nicht zuletzt einer adels-freundlichen Geschichtsschreibung zu verdanken, denn in der Tat setzte er alles daran, um den feudalen Bestrebungen der normannischen Barone entgegenzuwirken und die sich abzeichnende Lockerung der Reichseinheit einzudämmen. Als die Apulier einen deutlichen Machtverlust des Königs registrierten – unterdessen hatte dieser den Verlust seiner Besitzun-gen in Nordafrika zu beklagen –, regten sich in ihnen erneut die alten Autonomiebestrebun-gen. Ein Strafgericht brach über sie herein, das die Zerstörung Baris (1156) als warnendes Expempel nach sich zog. Dieses strenge Regiment ging zu Ende, als Wilhelm II. (1166–1189) noch als Minderjähriger den Thron bestieg. Das darauf folgende Interregnum der Königin-witwe Margarethe von Navarra, die für den Thronfolger die Vormundschaft übernommen hatte, wußten die intrigierenden Adelsparteien für sich auszunutzen. Die zentrifugalen Kräfte im Reich nahmen überhand, der Feudalismus siegte fast auf der ganzen Linie. Kon-senspolitik lautete die Devise des großjährig gewordenen Königs, der – obgleich ohne jeden greifbaren Erfolg – meistens diplomatische Lösungen militärischen Aktionen vorzog, eine gänzlich unnormannische Auffassung des Herrschens, die Wilhelm II. das Etikett ›der Gute‹ einbrachte. Pläne, mit dem oströmischen Kaiser Manuel ein Bündnis einzugehen, zerschlu-gen sich, was eine zwangsläufige Annäherung des Königs an das Papsttum und den Kaiser verursachte. Als folgenschwer erwies sich Wilhelms Zustimmung zum Ehevertrag (1186) zwischen seiner Tante Konstanze und dem staufischen Thronfolger Heinrich VI. Denn als er schon drei Jahre später völlig unerwartet starb, hinterließ er keinen Erben, was augenblick-lich den Anspruch des Staufers auf den normannischen Thron zur Folge hatte. Nur kurze Zeit dauerte die Regentschaft des illegitimen Enkels Rogers II., Tancreds von Lecce, den eine Nationalpartei am Hof von Palermo zum König ausgerufen hatte. Vier Jahre vermochte er sich siegreich zu behaupten, doch dann zog sein Tod einen Schlußstrich unter die Ära der Hauteville. Von nun an bestimmten für mehr als ein halbes Jahrhundert die Staufer die Geschichte Unteritaliens.

Apulien

Erst mit der Vollendung der normannischen Landnahme gelangte auch in Apulien die hochmittelalterliche Sakralarchitektur abendländischer Prägung zur Entfaltung. Bestimmend dafür war die endgültige Ver-treibung der letzten byzantinischen Besat-zung aus Bari und Brindisi durch Robert Guiscard im Jahre 1071 und die darauf fol-gende, von Montecassino ausgehende Reor-ganisation der Kirche nach lateinischem Ritus. Dabei bestanden für das auf breiter Basis einsetzende Baugeschehen nur äußerst geringe Voraussetzungen, die ein Anknüpfen an lokale Traditionen ermöglicht hätten. Einerseits waren die aus älteren Epochen stammenden Kirchen, wie das im Grundriß an S. Vitale in Ravenna erinnernde Baptisterium von S. Giovanni und die deutlich mit S. Lorenzo Maggiore in Mailand in Zusammenhang stehende Basilica di S. Leucio in Canosa di Púglia (beide 5./6. Jahrhundert) längst den sarazenischen Raubzügen zum Opfer gefallen (Canosa 872 zerstört), andererseits waren die architektonisch primitiv anmutenden Höhlenkirchen der zahlreichen basilianischen Klostergemeinschaften kaum dazu geeignet, einer nach Repräsentation strebenden Monumentalarchitektur Anregungen zu vermitteln. Die nach dem Kirchenvater Basilius aus Cäsarea in Kappadokien benannten Basilianermönche, deren Klöster seit dem Wirken des hl. Nilus von Rossano (906–1004) nicht nur in Kalabrien, sondern in ganz Süditalien einen enormen Aufschwung erlebten, hatten anderes im Sinn, als aufwendige Gotteshäuser zu errichten. Wie etwa die bei Massafra in Südapulien befindliche, von zahllosen Höhlen übersäte Schlucht beweist, entsprach es ihrer asketischen Grundhaltung, sich mit solchen von der Natur gleichsam bereitgehaltenen Behausungen zu begnügen. Auch bedurfte es keines besonderen architektonischen Aufwands, diese Höhlen als Kultstätten zu adaptieren. Obgleich solche äußerst bescheiden ausgestalteten Sakralräume naturgemäß keine unmittelbaren Auswirkungen auf die neu belebte Sakralarchitektur Apuliens zeitigen konnten, blieb das basilianische, der byzantinischen Orthodoxie verbundene Mönchtum weiterhin ein wichtiger Faktor der apulischen Kultur. Dafür sorgte schon die in Glaubensangelegenhei-

ten stets tolerante Haltung der Normannenherrscher, gegen die auch die lateinische Kirche – angeführt vom Benediktinerorden – nichts auszurichten vermochte. Es hat den Anschein, daß es in erster Linie dem Fortbestand der Basilianerklöster zuzuschreiben ist, daß Byzanz, wenn schon nicht in politischer, so doch in künstlerischer Hinsicht in Apulien präsent blieb. Nichts beweist dies anschaulicher als die Baukunst: Unter den stilistisch gegensätzlichsten Strömungen begegnet man hier auch einer byzantinischen Komponente, die in den zahlreicher als sonst in Italien errichteten Kuppelkirchen ihren Niederschlag fand. Symbolhaft manifestiert sich darin die Sonderstellung des gesamten süditalienischen Normannenreichs, das – im Gegensatz zu allen übrigen europäischen Ländern – stets auf die Sicherung der kulturellen Koexistenz von Abendland und Orient – einschließlich der islamischen Sphäre – Bedacht nahm.

Bald nach der Neuordnung der Machtverhältnisse in Apulien durch die Normannen setzte hier in den 70er und 80er Jahren des 11. Jahrhunderts mit dem Baubeginn der Kathedralen in Tarent und Ótranto sowie der Basilika von S. Nicola in Bari eine in ihren monumentalen Ansprüchen bislang für die Region ungewohnte Bautätigkeit ein, wobei die letztgenannte Kirche für die Konzeption weiterer Kathedralen in Apulien die größten Folgewirkungen zeitigte. Sah sich Erzbischof Drogo bei der Errichtung der *Kathedrale von Tarent (S. Cataldo)* – seit dem Fund der Reliquien des hl. Cataldus im Jahre 1071 – durch die Existenz eines nach der Zerstörung der Stadt durch die Sarazenen (963) wiederhergestellten Baus präjudiziert, so war bei der Entstehung des Doms von Ótranto auf keinerlei architektonische

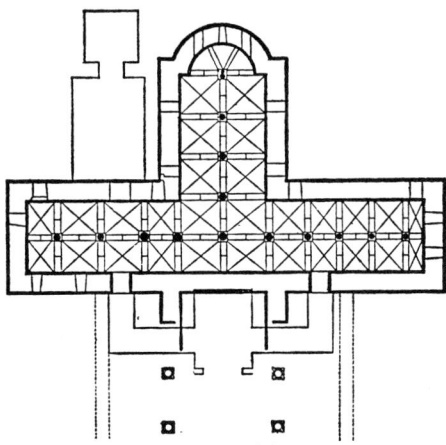

164 Tarent, Dom S. Cataldo, Krypta, Grundriß (nach F. Schettini)

Determinanten Bedacht zu nehmen. Der Vorgängerbau der Tarentiner Kathedrale erhob sich auf T-förmigem Grundriß und war wahrscheinlich mit Tonnen gewölbt und mit einer Kuppel ausgestattet. Dieses Raumgefüge wurde beim Neubau der Kathedrale in eine Krypta umgewandelt, wobei auch für den Oberbau (Chor und Querhaus) die T-Form des Grundrisses verbindlich blieb (Abb. 164). Wahrscheinlich erst nach Fertigstellung des Querhauses erfolgte schließlich der Anbau eines dreischiffig basilikalen, nach Südosten weisenden Langhauses. Ob diese Ausweitung der Anlage, wie Willemsen meint, erst in der zweiten Hälfte des 12. Jahrhunderts erfolgt ist, bleibt ungewiß.[243] Wie jedoch die einfache Lisenenblendarkatur am Außenbau und die nach frühchristlicher Tradition eng gereihten Säulenarkaden des Inneren nahelegen, ist für das Langhaus ein früherer Entstehungszeitraum anzunehmen. Jedenfalls ist Krautheimers Version – auch wenn der Autor auf die Darlegung eines stilistischen Be-

funds verzichtet hat –, den Abschluß der Bauarbeiten in die Zeit um 1107 (Beisetzung der Reliquien des hl. Cataldus zu Füßen des Hochaltars) zu datieren, eher zuzustimmen als Willemsens stilistisch unverständlicher Spätdatierung.[244] In den Problembereich der noch nicht gänzlich geklärten Baugeschichte gehören noch der das Langhaus im Südosten um drei Joche erweiternde Vorbau (nach Willemsen zwischen dem Ende des 16. und Anfang des 18. Jahrhunderts) und die mit kreisrundem Tambour ausgebildete Vierungskuppel, die Krautheimer in das 13. Jahrhundert datiert. Zielführender als diese nur unzureichend gesicherten Überlegungen zur Baugeschichte ist eine Gesamteinschätzung der stilistischen Phänomene des Baukörpers: Wie am Dom von Tróia hatte auch hier die Rücksichtnahme auf den Grundriß eines byzantinischen Baus ein sonst für Apulien unübliches, weit ausladendes Querhaus zur Folge, das im Vergleich zur Breite des Langhausmittelschiffs auffallend schmal proportioniert ist. Wie sehr man hier unter dem Eindruck byzantinischer Vorbilder stand, beweisen die im Gegensatz zum flachgedeckten Langhaus tonnengewölbten Querhausarme und die etwas später aufgesetzte Tambourkuppel. Dabei ist bemerkenswert, daß dieser byzantinischen Komponente mit der Ausbildung eines selbständigen, weit nach Nordwesten vordringenden Chorraums – paradoxerweise durch den byzantinischen Vorgängerbau bedingt – das in Apulien ohnedies nur äußerst selten auftretende Grundrißschema des lateinischen Kreuzes gleichsam als ein Charakteristikum der abendländischen Sakralarchitektur gegenübertritt.

Im Gegensatz zu Tarent entspricht die unter Bohemund seit 1080 errichtete *Kathe-*

drale von Ótranto mit ihrem rechteckig geschlossenen Grundriß der italienischen Bautradition. Das bedeutet, daß die gegenüber
dem Mittelschiff niedrigeren Querhausarme
nicht über die Seitenwände des basilikalen,
von Säulenarkaden durchzogenen Langhauses hinausragen. Vom Tarentiner Langhaus
unterscheidet sich jenes von Ótranto – abgesehen von seinen weniger steilen Proportionen – besonders darin, daß das letzte Mittel-
schiffjoch vor dem Triumphbogen, anstatt
sich mittels einer Arkade zu öffnen, als geschlossener Wandabschnitt in Erscheinung
tritt (Abb. 165). Wie Thümmler überzeugend nachgewiesen hat, handelt es sich dabei
weniger um eine baukünstlerische Eigenheit
als vielmehr um eine technisch notwendige
Maßnahme. Denn wie fast gleichzeitig in

S. Pietro in Tuscania wurden diese Mauerzungen zur statischen Sicherung der
Triumphbogenpfeiler den weitgestreckten
Längsbogen der Vierung als Widerlager ent-
gegengestellt.[245] Darin ist auch das stilistische Hauptproblem des Querhauses von
Ótranto zu sehen: Analog zum latinischen
S. Pietro sind die Längsbogen so tief herabgezogen, daß sich zwischen dem Flachdach
und den Gurten bis zur Apsiswand ein,
wenn auch fensterloser Obergaden erstreckt. Dadurch werden die Querhausarme
deutlich vom Vierungsraum abgegrenzt,
womit – in merklichem Unterschied zu Tarent – zumindest die wichtigsten Voraussetzungen für eine ausgeschiedene Vierung romanischer Prägung vorliegen. Im übrigen
widersprechen diesem Stilprinzip die drei

165   ÓTRANTO, Dom, Innenansicht

166   Ótranto, Dom, Krypta

unmittelbar dem Querhaus entspringenden Apsiden – ein regelrechtes Bekenntnis zur italienischen Tradition.

Nach wie vor aktuell ist die Frage, weshalb die Hauptapsis im Gegensatz zu allen übrigen vergleichbaren Apsiden Apuliens so niedrig und breit strukturiert ist und die zur Stützung der Vierungslängsbogen sowohl an den Triumphbogen als auch an die Apsisflanken herantretenden Halbsäulen geradezu in den Boden zu versinken drohen. Mit dem Hinweis, daß diese an den Wänden der Krypta, vom Gewölbe überschnitten, ihre Fortsetzung finden, hat Krautheimer die von Thümmler nur wenig überzeugend abgelehnte These vertreten, im Paviment der Krypta den ursprünglich für die Oberkirche vorgesehenen Boden anzunehmen.[246] Demnach wäre die geringe Höhe der Apsiden erst durch die nachträglich eingesetzte Krypta (Abb. 166) verursacht worden, womit das Querhaus von Ótranto – abgesehen von den Vierungslängsbogen – weitgehend jenen der S. Nicola in Bari folgenden Bautengruppe entsprochen hätte; offen bleibt dabei die Frage, ob dieser tiefgreifende Umbau im Jahre 1088, dem überlieferten Weihedatum, bereits abgeschlossen war. Nur in einem Punkt ist hier Krautheimers These zu präzisieren: Da das Terrain von der Westfassade nach Osten zu steil abfällt, war zur Fortführung des Bauvorgangs – d. h. zur

268

Angleichung an das neu gewonnene Querhauspaviment – wenn überhaupt, dann nur im Bereich der östlichen Joche des Langhauses eine Anhebung des Bodenniveaus notwendig. Hätte man jedoch am ursprünglich vorgesehenen, nachmaligen Kryptenboden im Ostteil der Kathedrale festgehalten, dann wären im Langhausbereich Erdabtragungen unvorstellbaren Ausmaßes erforderlich gewesen. Die dann tiefer als heute situierte Westfassade mit dem Hauptportal wäre schließlich vom beträchtlich höher gelegenen Vorplatzniveau nur über eine steil hinabführende Treppe zu erreichen gewesen. So gesehen manifestiert sich in der Anhebung des Querhausbodens und der damit reduzierten Apsishöhe eher eine terrainbedingte technische Notwendigkeit als ein Ausdruck spezifischen Formengefühls. Am Bau der Kathedrale von Ótranto war man bis weit in das 12. Jahrhundert hinein beschäftigt, genauer, bis zu dem Zeitpunkt, als die Arbeiten am einzigartigen, wie ein Teppich über den gesamten Kirchenboden ausgebreiteten Mosaik (1163–1166) einsetzten.

Die dominierende Stellung von S. Nicola in Bari

Die Grundlagen für die apulische Romanik wurden jedoch weder in Ótranto noch in Tarent geschaffen – allzusehr stand man hier noch unter dem Eindruck traditioneller Vorstellungen. Erst der Bau der Basilika von *S. Nicola in Bari* ermöglichte Apulien den Eintritt in den Kreis der an romanischen Stilprinzipien orientierten europäischen Kunstlandschaften, denen es wie etwa die Lombardei als gleichberechtigter Partner zur Seite trat. Das Ganze begann mit einer

räuberischen Aktion: Nachdem es einer Schar Bareser Kaufleute und Seefahrer im Jahre 1087 gelungen war, in Myra (Lykien, Kleinasien) die sterblichen Überreste des hl. Nikolaus den Türken zu entreißen und nach Bari zu entführen, war es ihr ausdrücklicher Wunsch, den Heiligen in einer neu zu errichtenden Kirche beizusetzen. Unterstützt wurden sie dabei vom Benediktinerabt Elias, der es verstand, sich einerseits dem Widerstand des Bischofs Ursus entgegenzustellen – dieser reklamierte die Reliquien für seine Kathedrale – und andererseits den Normannenherzog Roger Borsa zu bewegen, das Areal des zerstörten byzantinischen Katapanspalastes für den Kirchenbau zur Verfügung zu stellen. Anfangs schritten die Bauarbeiten noch zügig voran: Schon 1089 konnte die Translatio der Reliquien in die mittlerweile fertiggestellte Krypta erfolgen. Und auch während des ersten Viertels des 12. Jahrhunderts, nachdem Eustasius die Nachfolge Elias angetreten hatte, gab es keine Verzögerung des Baugeschehens. Erst in der Folge gerieten die Arbeiten ins Stokken, ehe die Weihe des Heiligtums im Jahre 1197 in Anwesenheit des päpstlichen Legaten und Stadthalters Heinrichs VI. für Sizilien, Bischof Konrad von Hildesheim, vollzogen werden konnte.[247] S. Nicola hatte demnach erst nach mehreren Bauetappen das Aussehen seiner romanischen Endfassung angenommen. Diese komplizierte Baugeschichte erstmalig aufgeschlüsselt zu haben, ist das Verdienst Krautheimers, dessen nun schon mehr als ein halbes Jahrhundert zurückliegenden Ergebnisse sich in nur wenigen Details als korrekturbedürftig erweisen.

Die neunschiffige, vierjochig organisierte und mit 28 Säulen ausgestattete Krypta wurde schon 1089, zwei Jahre nach Baubeginn, von Papst Urban II. eingeweiht. Fast gleichzeitig wie jene in Ótranto errichtet und die gesamte Breite des Querhauses einnehmend, ist auch für diese die Unterteilung in gleich breite Schiffe charakteristisch (Abb. 167). »Ergab sich dadurch schon in Ótranto die unschöne Lösung, daß eine Stützenreihe genau in die Achse der Nebenapsiden zu liegen kam, so ist die Aufeinanderbezogenheit von Nebenapsiden und Stützen in S. Nicola noch geringer. Die Öffnung der Nebenapsis wird hier seitlich von einer Säule verstellt [...]. Dieser Mangel an räumlicher Organisation der Krypta ist für die apulische Architektur (z. B. Kathedrale in Bitonto) charakteristisch geworden.«[248] Im übrigen folgt die Krypta von S. Nicola ihrem salentinischen Pendant darin, daß sich ein Großteil der Säulenschäfte und Kapitelle aus Spolien zusammensetzt. Ein weiteres, beiden Krypten gemeinsames Phänomen zeigt sich in den auffallend großen, teilweise wulstartig ausgebildeten Kämpferplatten, die für zahlreiche apulische Krypten, unter anderem in Trani und Bitonto, stilprägend geworden sind.

Die Bedeutung Baris spiegelt sich nicht zuletzt darin, daß Papst Urban II. 1098, neun Jahre nach der Weihe der Krypta von S. Nicola, die Gnadenstätte des hl. Nikolaus als Tagungsort für das auf die Wiedervereinigung mit der Ostkirche hinzielende Konzil wählte. Von grundlegender Wichtigkeit für die Klärung der Baugeschichte, genauer, der ersten Bauphase von S. Nicola ist eine päpstliche Bulle des Jahres 1106, in der Papst Paschalis II. das Gotteshaus direkt dem Heiligen Stuhl unterstellt und in der ausdrücklich von einer »basilica aedificanda«, also von einem noch fertigzustellenden

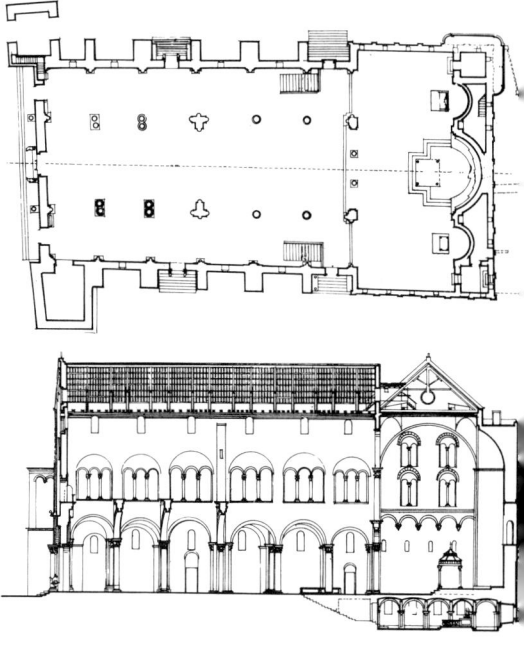

167 BARI, S. Nicola, Grundriß und Längsschnitt (nach V. Fortunati)

Bauwerk die Rede ist. Erst in der Amtszeit von Abt Eustasio (1105–1123) – auch als Bauherr Nachfolger des zuvor zum Erzbischof von Bari ernannten Elias – fällt die Errichtung des Hochaltars, an dessen dritter Stufe er und sein Vorgänger inschriftlich genannt sind. Daraus läßt sich folgern, daß damals zumindest das Querhaus dem kirchlichen Kult bereits zur Verfügung stand. Nur ist festzuhalten, daß jene Anlage mit der Erscheinungsform der heutigen Kirche zunächst noch wenig gemeinsam hatte. Über der Krypta erhob sich ein vierungsloses Querhaus mit drei freistehenden Apsiden, eine Konzeption, die an der Kathedrale von Trani leicht nachvollzogen werden kann. Ob auch das Grundkonzept des Langhauses in seiner heutigen Form damals bereits festgelegt war, ist fraglich. Wie noch nachzuweisen sein wird, dürfte, entgegen der Auffassung Krautheimers, anstatt des später konzipierten Stützenwechsels (a-a-b-a-a-) zunächst das konservative Schema einer Säulenbasilika geplant gewesen sein. Unverständlich ist Krautheimers Darlegung der ersten Bauphase insofern, als nicht einzusehen ist, weshalb die Errichtung des Nordwestturms dem südwestlichen Pendant vor-

angegangen sein soll,[249] ist doch klar ersichtlich, daß sich der rechte Turm auf den wuchtigen Bossen eines mit großer Wahrscheinlichkeit den Verteidigungsanlagen des alten Katapanspalastes angehörenden Vorgängers erhebt; möglicherweise wurde schon frühzeitig das Doppelturmkonzept festgelegt. Erschwerend für die Erörterung der langwierigen und komplizierten Baugeschichte ist der Mangel an historischen Urkunden. Immerhin ist einem Schriftstück Rogers II.

168   BARI, S. Nicola, Westfassade

169   BARI, S. Nicola, Außenansicht, Querhaus
      und Chor

aus dem Jahre 1132 soviel zu entnehmen,
daß die Vertreter des Königs dem Bareser
Bauherrn schwören mußten, sich dem Fortgang der Bauarbeiten nicht zu widersetzen.[250] Das wirft nicht nur ein bezeichnendes Licht auf den zwischen den Machthabern und den bürgerlichen Parteien Baris
bestehenden Dissens, sondern läßt auch die
Schlußfolgerung zu, daß die Bautätigkeit an
S. Nicola keinesfalls reibungslos verlief.

In diese Zeit der Spannungen, die in der
totalen Zerstörung Baris durch Wilhelm den
Bösen kulminierten – nur S. Nicola blieb
damals verschont –, dürfte die zweite Bauphase des Heiligtums zu datieren sein. Damals wurde das Langhaus im Inneren mit
Emporen und außen mit bis zur Wandflucht
des Querhauses vortretenden Pfeilerblendarkaden ausgestattet. Dahinter stand offenbar die Absicht, die T-Form des Grund-

risses am Äußeren des Gebäudes zugunsten
eines einheitlichen Baukörpers, aus dem nur
noch die beiden Westtürme risalitartig aus-
scheren, optisch preiszugeben. Strittig erscheint, ob, wie Krautheimer meint, zwischen den Türmen eine Vorhalle geplant war
(Abb. 168). Zur Verifizierung seiner These
führt der Autor die beiden frei vor die Fassade tretenden Vollsäulen ins Treffen.[251] Nur
übersieht er dabei, daß bei der Konzeption
von Vorhallen Stützen dieser Art stets in den
Mauerverband der Fassade integriert sind
und sich deshalb für diesen Zweck lediglich
Wandpfeiler oder Halbsäulen eignen. Eines
schließt jedoch das Projekt einer Vorhalle
schon a priori aus, die Tatsache nämlich,
daß der Südwestturm ungleich weniger weit
vor die Fassade tritt als sein nordwestliches
Pendant. Vorausgesetzt, daß eine Vorhalle
überhaupt geplant war, dann dürfte ihre
Ausführung in erster Linie an dieser asym-
metrischen Position der Türme gescheitert
sein. Ungeachtet der Theorie Krautheimers
ist den beiden Säulen in der Organisation
der Fassade offenbar doch eine gewisse Bedeutung beigemessen worden: Einerseits
stellen sie eine plastische Auflockerung der
riesenhaften, in weiten Bereichen flächenhaft geschlossenen Wand dar, andererseits
dienen sie den die Fassade im basilikalen
Querschnitt in drei Teile gliedernden Lisenen als, zugegeben, ungewöhnliche Basis.
Dabei erscheint als gesichert, daß sie bereits
existierten, ehe man in der dritten Bauphase
– also in der zweiten Hälfte des 12. Jahrhunderts – das baldachinförmige Hauptportal in
die Westfassade einsetzte. Diese ist in vier
Geschosse aufgeteilt, wobei kein einziges
Gesims die Dominanz der Vertikalen in Frage stellt. Über der von Blendbogen abgeschlossenen Portalzone öffnen sich im er-

sten Obergeschoß drei einfache Rundbogenfenster, denen im zweiten und dritten Biforen folgen. Rundbogenfriese schmükken die steil anlaufenden Dachschrägen, ein unter den keilförmigen Abschluß der Mittelachse eingefügtes Rundfenster bildet ist krönender Höhepunkt.

Ebenfalls erst in der dritten Bauphase wurde dem Querhaus im Osten ein kastenähnlich geschlossener, nunmehr die drei Apsiden verhüllender Trakt angefügt (Abb. 169). Dieses Ostwerk sollte seitlich von zwei Türmen überhöht werden, die, noch im Bau befindlich, wahrscheinlich einem Erdbeben zum Opfer gefallen sind. Durch das Fehlen der Türme erscheint jedoch die nahtlose Einheit von Querhaus und Ergänzungsbau in noch höherem Maß gewährleistet. Für Kontinuität bürgt auch die auf das Ostwerk übergreifende Fassadengestaltung der Querhauswände: Während das Erdgeschoß vollständig in Pilasterblendarkaden aufgelöst ist – jeweils zwei Blendarkaden werden von einem übergreifenden Bogen zusammengefaßt –, öffnen sich in den beiden Obergeschossen Biforen, die von einem Bogen umspannt sind. Dieses Schema wurde an der Ostansicht insofern modifiziert, als hier die Fenster des ersten Obergeschosses, in Analogie zu den ansteigenden Treppen der projektierten Türme, abgestuft eingesetzt sind. Dazu kommt als Akzentuierung der Mittelachse ein in die Zone der Blendarkatur einsinkendes Fenster, das besonders reich ausgestaltet ist: Auf Elefanten ruhende, schlanke Säulen stützen eine die dreifach abgetreppte Fensterleibung rahmende Archivolte. Wie ein Vergleich mit dem Hauptportal der Westfassade nahelegt – dort lasten die flankierenden Säulen auf einem Ochsenpaar –, erinnert das Prunkfenster an ein in die Höhe transponiertes Portal, ein Motiv, das in Apulien, zusammen mit dem Ostwerk, an zahlreichen Kirchenbauten nachgeahmt wurde. Da die Chorseite von S. Nicola in der Tat eher an einen Palast als an eine Kirche denken läßt, hat Willemsen – darin Schettini folgend – in ihr die Rückseite des ehemaligen Katapanspalastes vermutet.[252] In seinem fünf Jahre später erschienenen Kunst-Reiseführer läßt der Autor jedoch diese Theorie wieder fallen. Aufrecht erhält er aber weiterhin die These vom Fortbestand der Substruktionen der Katapansfestung in den Langhausaußenarkaden und den beiden Westtürmen.[253] Zur Ablehnung dieser Theorie sind Krautheimers Forschungen nach wie vor als zweckdienliche Grundlage anzusehen. Als Beweis für den späteren Zubau des Ostwerks nennt dieser die an der inneren Ostwand des Querhauses sich öffnenden Fenster, die ins Innere des hinzugefügten Gebäudeteils führen und dort von den Treppen der Türme überschnitten werden.[254]

Doch folgen wir den weiteren Ausführungen Krautheimers zur dritten Bauphase von S. Nicola. Damals wurden – etwa ab der Mitte des 12. Jahrhunderts – die Querhausarme durch Längsbogen optisch vom Zentrum losgelöst. Den Prinzipien der romanischen Architektur folgend, ergab sich daraus eine ausgeschiedene Vierung, der, wie die in den Gewölbezwickeln befindlichen Trompen beweisen, die Errichtung einer Kuppel hätte folgen sollen. Der Durchführung dieses Kuppelprojekts standen jedoch offensichtlich statische Probleme im Weg: Um dem Druck der Kuppel standzuhalten, hätten die Vierungspfeiler – abgesehen von den notwendigen baulichen Konsequenzen im Kryptenbereich – beträchtlich verstärkt

170   BARI, S. Nicola, Nordansicht

werden müssen. Mit den über die tiefen Ni-schenreihen hochgeführten Zwerchgalerien wurde schließlich auch die Außenansicht des Langhauses tiefgreifend verändert (Abb. 170). Daß diese Zwerchgalerien erst nach der Errichtung der Nischenreihen konzi-piert wurden, beweist eine zwischen den beiden Bauelementen deutlich verlaufende Horizontalfuge. Wie man sich das noch aus der zweiten Baustufe stammende Erschei-nungsbild des Langhauses von S. Nicola vorzustellen hat, lehrt ein Blick auf die Ka-thedrale von Trani, wo auf den Einsatz von Zwerchgalerien überhaupt verzichtet wur-de. In der ersten Hälfte des 15. Jahrhunderts wurde die Einheitlichkeit des Mittelschiff-ambientes im westlichen Abschnitt durch den Einbau von drei Querbogen empfind-lich beeinträchtigt. Mit diesen bis zur Em-porensohlbank reichenden Querbogen, die eine Verstärkung des mittleren Pfeilerpaars und die Verdoppelung der westlich an-schließenden Säulen erforderlich machten, sollte die durch vorangegangene Erdbeben gefährdete Stabilität des Bauwerks gesichert werden. Eine weitere Einbuße erlitt S. Ni-cola im 17. Jahrhundert, als das ursprüngli-che Sparrendach in den Querhausarmen, im Kuppelbereich und im Mittelschiff durch eine mit Malereien und geschnitzten Orna-mentrahmen ausgestaltete Flachdecke er-setzt wurde.

Zu den vielfältigen Fragen der stilisti-schen Herkunft von S. Nicola hat Krauthei-

274

mer sehr gründlich Stellung genommen. Er gelangte dabei zu Ergebnissen, die bis heute nichts an Gültigkeit eingebüßt haben. Einleitend bemerkt er zu dieser Problematik: »Daß es sich um einen Typus der Basilika handelt, der aus der stadtrömisch-altchristlichen Basilika hervorgegangen ist, liegt auf der Hand. Aber die [S. Nicola folgende] apulische Gruppe des späten 11. Jahrhunderts verändert den alten Typ doch sehr bestimmt. Das Mittelschiff wird schmal und hoch [...], die Längsrichtung wird energisch betont; der Raum flutet nicht mehr weit hin, wie in der römisch-altchristlichen Basilika, die Seitenschiffe [...] sind nicht mehr bloß begleitende Korridore wie dort, sondern selbständige Räume [...]. Es handelt sich in gewissem Sinne um eine ›Roma-

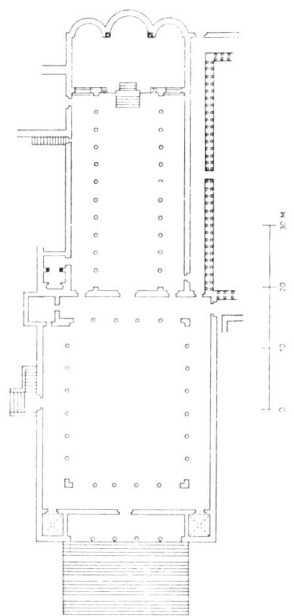

171 MONTECASSINO, Desideriusbau, Grundrißzeichnung nach A. da Sangallo

nisierung der altchristlichen Basilika‹.«[255] Ausgangspunkt für diese ›Romanisierung‹ war ohne Zweifel der kampanische Raum, von wo aus auch die Eroberung Apuliens durch die Normannen ihren Ausgang genommen hatte. Den Prototypus der kampanischen Bauten (Kathedralen von Amalfi, Capua, Ravello und Salerno) sieht Krautheimer im Desiderius-Bau von Montecassino (1066–1090; Abb. 171), an dessen Weihe bezeichnenderweise auch die Bischöfe von Ótranto und Trani teilgenommen hatten. Montecassino war als Zentrum der cluniazensischen Reform in Italien an der Renovatio des römisch-konstantinischen Geistes und der Stärkung des Papsttums in höchstem Maße interessiert. Da diese Entwicklung von Frankreich ausgegangen war, überrascht es nicht weiter, daß sich dabei auch in baulicher Hinsicht ein analoger Ideentransfer vollzog. Rom ist ohne Zweifel der ideelle Hintergrund, vor dem der Bau der Abteikirche in Montecassino in Szene geht, »aber es scheint, als wirke es nicht unmittelbar, sondern auf dem Umweg über Cluny II. Die modernere, straffere Lösung, die Maiolus auf Grund römischer und frühabendländischer Tradition in Cluny geschaffen hatte, scheint hinter dem Bau des Desiderius (der übrigens mit Papst Gregor VII. eng befreundet war) zu stehen.«[256] Montecassino ist somit konstantinisch in ›modernerem Gewand‹.

Seinen deutlichsten Widerhall fand der Desiderius-Bau in der Konzeption des *Doms von Salerno* (1080 begonnen), einer Säulenbasilika mit vierungslosem Querhaus und drei eng aneinandergereihten Apsiden. Nur hinsichtlich der Querhausanlage wurde das Vorbild abgewandelt: Im Gegensatz zur Abteikirche ragt das Querhaus am Dom ein wenig über die Außenwände des Langhauses hinaus. Somit scheint von Salerno ein direkter Weg nach Apulien, zur ersten Planung von S. Nicola in Bari zu führen. An historischer Aktualität gewinnt diese Richtungskomponente durch den Hinweis, daß Robert Guiscard an der Weihe des Doms von Salerno im Jahre 1084 persönlich teilgenommen hat und Abt Elias, der unter der Protektion des Normannenherzogs Roger Borsa für das Baugeschehen in Bari verantwortlich war, aus dem Kloster La Cava bei Salerno hervorgegangen ist. Dennoch sei betont, daß die kampanische Architektur, allem voran die Abteikirche von Montecassino und der Dom von Salerno, S. Nicola lediglich prototypische Anregungen geliefert hat. Denn schon in der ersten Planung des Bareser Heiligtums begannen sich romanische Elemente abzuzeichnen. Am deutlichsten tritt diese Abkehr von der frühchristlich-montecassinischen Tradition an der Organisation des Langhauses zutage, wo für die stilistische Einschätzung des Gebäudes – mehr als in der bisherigen Forschung – ein Element besondere Beachtung

172   BARI, S. Nicola, Innenansicht

verdient: Im Gegensatz zu den folgenden Arkaden ist die östliche, unmittelbar an den Triumphbogen anschließende durch ein relativ schmales Interkolumnium und einen niedrigeren Bogenschlag gekennzeichnet (Abb. 172). Hätte man diesen Arkadenmodus im weiteren Verlauf der Bauarbeiten beibehalten, dann hätte das Langhaus nicht über die heutigen sechs, sondern über sieben Joche verfügt; eine eher an die frühchristliche Tradition anschließende, raschere Stützenfolge wäre das Ergebnis gewesen. In der korrigierten Schlußfassung mit ihren gestreckten und erhöhten Arkaden konnte das Vierungsquadrat – in Montecassino bei-

spielsweise noch in längsrechteckiger Form festgelegt – als maßgebende Ausgangsposition dienen: Abgesehen vom Ungenauigkeitsfaktor des östlichen Joches ist es dreifach, in den Eckpunkten mit jedem zweiten Stützenpaar übereinstimmend, in das Mittelschiff einschreibbar. Anklänge an das Prinzip des gebundenen Systems sind die Folge dieser Neuorganisation. Dem romanischen Grundsatz der Raumaufteilung entspricht auch der Stützenwechsel: Gleichsam als Symmetrieachse wurde die Kontinuität der insgesamt vier Säulenpaare durch ein Pfeilerpaar unterbrochen. Stellt man dazu noch die über den Pfeilern bis zum Dachansatz hochführenden Lisenen, die an die ur-sprüngliche Planung eines Querbogens denken lassen, in Rechnung, dann ergibt dies eine deutliche Zweiteilung des Mittelschiffs, das sich durch eine dreifache Bogenstellung zusätzlich noch vom Querhaus abhebt.

Wie weitgehend man während der gesamten Bauzeit die Annäherung an romanisch-abendländische Stilprinzipien im Auge hatte, beweisen schließlich der Einsatz von Emporen in der zweiten, und die Akzentuierung der Vierungsgrenzen in der dritten Bauphase. Fraglich ist nur, ob die Emporen (jeweils drei Arkaden unter übergreifendem Bogen) direkt aus der Heimat der normannischen Eroberer oder auf dem Umweg über die Lombardei nach Bari gekommen sind. Vergleicht man in diesem Zusammenhang etwa die Kirchen von Jumièges und Mont-Saint-Michel mit S. Lorenzo in Verona (zeitlich und formal unter den oberitalienischen Beispielen S. Nicola am nächsten stehend), dann wird man dazu neigen, der normannischen Wurzel den Vorrang einzuräumen. Denn während sich S. Lorenzo als Emporenhalle vom basilikalen Schema S. Nicolas deutlich unterscheidet, stimmt der Wandaufriß von Jumièges – abgesehen vom Stützenwechsel (a-b-a-b) – in nahezu allen Details mit jenem der Bareser Kirche überein.

Gelegentlich wurde auch in der Frage der Doppelturmfassade ein normannischer Einfluß vermutet. Da jedoch die Türme in der Normandie – etwa jene von St-Etienne und St-Trinité in Caen – voll in die Fassadenwand integriert sind, in Bari hingegen als selbständige Elemente an den Baukörper herantreten, ist hier ein deutlicher Bezug zur oberitalienischen Tradition zu bemerken. Vorstellungen dieser Art haben sich an

S. Ambrogio in Mailand, aber vor allem am Doppelturmprojekt der Kathedrale in Parma niedergeschlagen. Oberitalienischen Ursprungs sind auch die an den Flanken von S. Nicola entlangführenden Zwerchgalerien, die jedoch – etwa im Unterschied zu jenen am Dom von Ferrara –, in Hexaforen (sechs Säulenarkaden) gruppiert, durch mächtige Pfeiler rhythmisiert sind. Eine apulische Sonderlösung manifestiert sich auch in der Krückenform der Kapitelle.

Nicht völlig geklärt ist die Herkunft der Querhaus und Westtürme verbindenden Nischenreihen, deren Ursprung Krautheimer – offenbar motiviert durch ihr auffallend fortifikatorisches Aussehen – mit dem byzantinischen Festungsbau in Verbindung gebracht hat. In der Tat wurden in Byzanz Nischenreihen zur Innenverstrebung der Mauern seit jeher und bis ins 14. Jahrhundert verwendet, und keinesfalls ausgeschlossen ist es, daß die Befestigungen des Bareser Katapanspalastes über ähnliche Mauerkonstruktionen verfügten. An S. Nicola »jedenfalls bekommt das Motiv neuen Sinn, es tritt aus dem Bereich des bloß Nützlichen ins Künstlerische«.[257] Mehr als marginale Bedeutung hat auch die These von Franz, wonach nicht nur die seitlichen Nischenreihen, sondern auch die an die Westfassade herantretenden Türme von S. Nicola auf armenische Quellen zurückzuführen sind. Im Vordergrund des Interesses steht dabei eine der Kirche von Ererouk (5./6. Jahrhundert) angeschlossene Bautengruppe, deren Längsvorhallen und seitlich ausspringende Türme die Konzeption von Bari vorwegzunehmen scheinen.[258] Angesichts eines weitreichenden Seehandels war die für die Rezeption solcher architektonischer Ideen notwendige Überwindung großer, bis nach Kleinasien reichender Entfernungen für Bari ebensowenig wie etwa für Pisa ein unlösbares Problem.

Mit welchem Nachdruck sich S. Nicola in den Kreis der bedeutendsten romanischen Kunstlandschaften des Abendlandes eingereiht hat, beweist seine polarisierende Gruppenbildung, die, wäre sie vollständig zur Ausführung gelangt, in den beiden Osttürmen und dem Vierungsturm ihre überragende Akzentuierung erfahren hätte. Wie Krautheimer betont, kann Apulien Impulse dieser Art nur von der das ottonische Erbe verwaltenden Architektur des Mittelrheins aufgenommen haben. Als Vermittler dieses künstlerischen Gedankenguts mag dabei die Lombardei gedient haben, die ihrerseits mannigfache Beziehungen zum Rheinland unterhielt; auf dem Bausektor war etwa die Übernahme des gebundenen Systems eines der Ergebnisse dieser transalpinen Kontakte. Dazu abschließend die Ausführungen Krautheimers: »In dieser Bewegung aber, die vom Norden nach dem Süden führt, könnte auch der Gedanke der Gruppenbildung vom Rhein nach Oberitalien gekommen sein, ohne daß er dort freilich ausgenützt worden wäre. Und weiter wäre es durchaus möglich, daß er dann, zusammen mit dem Motiv der Zwerchgalerie aus der Lombardei in die Bauhütte von S. Nicola übertragen worden wäre [...]. Jedenfalls gibt es zu denken, daß nur am Rhein und in Apulien der ungewöhnliche Gedanke der Gruppenbildung die Baukunst des 12. Jahrhunderts bestimmt hat.«[259]

Schon 1097, zehn Jahre nach dem Baubeginn von S. Nicola, versuchte die Stadt *Trani* durch den Neubau ihres Doms mit den Baresern in Konkurrenz zu treten.[260] Den unmittelbaren Anlaß dafür bot die im Jahr zuvor durch Papst Urban II. erfolgte Heiligsprechung des Pilgers Nikolaus, der, aus Griechenland stammend, 1094 auf den Stufen des Vorgängerbaus (S. Maria della Scala) verstorben war. Obgleich nun auch die Tranenser über einen eigenen Stadtheiligen verfügten, stand doch außer Zweifel, daß dieser nicht über den Rang seines Bareser Namensvetters verfügte. Kein Opfer war ihnen deshalb zu hoch, um diesen ›Makel‹ mit der Errichtung einer konkurrenzfähigen *Kathedrale (S. Nicola Pellegrino)* auszulöschen und S. Nicola in Bari womöglich sogar noch zu übertreffen. Wenn es auch schwerfällt, in diesem Wettstreit Partei zu ergreifen, so ist doch nicht zu leugnen, daß S. Nicola Pellegrino wenigstens im Hinblick auf seine einzigartige Seelage keinen Vergleich zu scheuen braucht. Denn, wie Willemsen es poetisch ausgedrückt hat, thront in der Tat keine der apulischen Kirchen »so unmittelbar über dem blauseidenen Spiegel der Adria«.[261]

Unbestritten stand die Tranenser Bauhütte, zumindest was das Grundkonzept der Anlage betrifft, unter dem Einfluß von S. Nicola in Bari. Dennoch gibt es an der Kathedrale genügend Elemente, die offenkundig machen, wie sehr man darauf Be-

173 TRANI, Dom, Längsschnitt

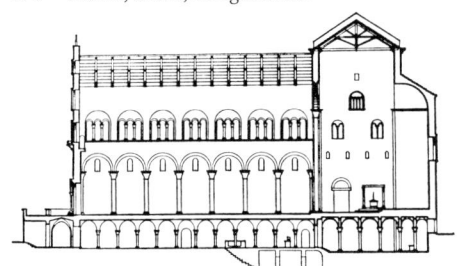

174 TRANI, Dom, Außenansicht von Südosten

auch noch so geringe Andeutung einer ausgeschiedenen Vierung, und die drei Apsiden – gleichfalls viel schlanker ausgebildet als jene in Bari – treten frei, das heißt, ohne die Apsisverschalung der dritten Planungsstufe von S. Nicola, vor die Ostwand. Dort verraten Mauerreste, die vom Apsisdach bis an das Kranzgesims des Querhauses reichen, daß die Hauptapsis ursprünglich sogar noch höher geplant war. Analog zu S. Nicola wurden das Untergeschoß wie das erste ·Obergeschoß der südlichen Querhauswand gegliedert. Vom Bareser Vorbild weicht die Kathedrale in diesem Bereich nur insofern ab, als die paarweise von übergreifenden Bogen zusammengefaßten Blendarkaden – bedingt durch die zur Hälfte über dem Erdbodenniveau befindliche Krypta – deutlich höher dimensioniert sind. Wörtlich mit S. Nicola übereinstimmend erscheint dann das Fensterpaar des ersten Obergeschosses, über dem, anstelle der Fenster von S. Nicola, eine gewaltige Fensterrose die Wand durchbricht. Da diese nicht nur im Ausmaß, sondern auch durch ihre fein strukturierte Füllung von den kleinen, auffallend bescheiden ausgebildeten Rundfenstern in Bari abweicht, ist sie gewiß einer deutlich späteren Bauzeit zuzurechnen. Bestärkt sieht man sich in dieser Spätdatierung, wenn man die Fensterrose mit jener erst vom Beginn des 13. Jahrhunderts stammenden am Dom von Tróia vergleicht. Wie dort ist der konzentrisch eingesetzte Innenkreis durch eine spitzentuchähnlich reich gemusterte Durchbrechung gekennzeichnet. Vom Bareser Querhaus unterscheidet sich jenes in Trani schließlich nicht zuletzt darin, daß es zur Gänze von einem reich dekorierten Kranzgesims (Volutenkonsolen, Zahnschnitt usw.) umgürtet wird.

dacht nahm, ein Gebäude unverwechselbaren Gepräges zu schaffen. Das zeigt schon allein die Existenz einer eigenen dreischiffigen Unterkirche, in die Teile des Vorgängerbaus inkorporiert wurden und die zusammen mit der anschließenden Krypta der Länge des Oberbaus entspricht (Abb. 173); so gesehen besitzt Trani die größte Unterkirche Italiens. Die aus vier mal neun Jochen bestehende Krypta folgt zwar im Grundsätzlichen jener von S. Nicola, im Detail unterscheidet sie sich jedoch durch klarere Organisation und durch ihre auffallend schlanken, hohen Säulen deutlich vom Bareser Vorbild. Das nur wenig über die Langhausflanken hinausragende Querhaus, dessen Ausdehnung mit der Wandbegrenzung der Krypta exakt übereinstimmt, reproduziert den ersten Plan von S. Nicola (Abb. 174). Das bedeutet im einzelnen: Es fehlt jede

175   Trani, Dom,
      Innenansicht

Folgt man den Ausführungen Krautheimers, dann waren Krypta und Querhaus am
Ende der mit 1143 limitierten ersten Bauphase bereits größtenteils vollendet;[262] in
diesem Jahr erfolgte die Translatio der sterblichen Überreste des hl. Nicola Pellegrino.
Was aber zunächst noch fehlte, waren mit
Sicherheit die rein dekorativen Elemente,
wie Fensterrose und Kranzgesims. In einem
Punkt jedoch sollten Krautheimers Thesen
zur Baugeschichte auf Kritik stoßen. Denn
fragwürdig ist es, ob er die Errichtung des
Langhauses zu Recht erst der zweiten Bauphase zugeordnet hat (Abb. 175). Dagegen
ist anzunehmen, daß das Langhaus schon in
der ersten Hälfte des 12. Jahrhunderts in der
Grundkonzeption festgelegt war, jedenfalls
im Bereich der Arkadenzone schon seiner
Fertigstellung entgegensah. Für letzteres
spricht ein Vergleich mit dem Langhaus-
schema von S. Nicola: Wie schon erörtert,
befindet sich hier im östlichen Joch – gleich
im Anschluß an den Triumphbogen – eine
Arkade, die sich von den folgenden durch
niedrigere Bogenhöhe und ein weniger brei-
tes Interkolumnium unterscheidet. Wäre
man in Bari bei diesem im Anfangsstadium
der zweiten Bauphase gesetzten Maßstab
der östlichen Bogenstellung geblieben, dann
hätte das Langhaus in seiner Endfassung
nicht über sechs, sondern über sieben Joche
verfügt; möglicherweise hätte man dann

176 TRANI, Dom,
Westfassade

auch vom Stützenwechsel Abstand genommen. In der Tat ist das Langhaus von Trani ausschließlich durch Säulen in sieben Joche unterteilt, was deutlich macht, wie weitgehend man sich hier an der Erstfassung des Bareser Langhauses orientiert hat. Keinesfalls also kann das Tranenser Langhausprojekt im Bereich der Arkadenzone erst der zweiten Bauphase zugerechnet werden. Diese fällt überwiegend in die Regierungszeit des Bischofs Bertrando II. (1159–1186), der, wiewohl er den Fortgang der Bauarbeiten tatkräftig förderte, die Vollendung der Kathedrale nicht mehr erlebte. Mehr als 100 Jahre mußten verstreichen, ehe der südlich unmittelbar an die Fassade gerückte Campa-

nile seine stattliche Höhe erreichte. Gewiß aber wurde der Bau des Langhauses noch unter Bertrando II. abgeschlossen. Das beweist allein schon der Umstand, daß die Kathedrale nicht das geringste Anzeichen einer Auseinandersetzung mit der dritten Baustufe des Bareser Heiligtums (unter anderem Ostwerk und Zwerchgalerien) erkennen läßt. Übernommen wurden demnach nur die Emporen, der Fenstergaden, das Sparrendach des Mittelschiffs und die an den Außenwänden bis an die Querhausenden vorgezogenen Nischenreihen. Daß diese die Nischen von S. Nicola an Höhe beträchtlich übertreffen, hängt damit zusammen, daß sich das Gebäude auf dem Sockel der Unterkirche erhebt und somit erheblich steiler als jenes in Bari proportioniert ist.

Im Inneren überraschen die arkadenbegrenzenden Doppelsäulen, ein Motiv, das als ureigenste Invention der Tranenser Bauhütte angesprochen werden darf. In Beantwortung der Frage, ob sich dahinter ein spezifischer Formenwille oder eine technische Notwendigkeit verbirgt, spricht für die zweite Version immerhin die Tatsache, daß die äußeren, den Seitenschiffen zugewandten Säulenschäfte deutlich schlanker ausgebildet sind als die inneren. Vielleicht war ihr Einsatz erst während der Bauarbeiten – und nicht nur in der Funktion als zusätzliche Widerlager für die Kreuzgratgewölbe der Seitenschiffe, sondern auch zur ergänzenden statischen Sicherung der Emporen- und Mittelschiffwände – erforderlich geworden. Neben dieser merkwürdigen Stützenlösung besitzt auch die Fassade der Kathedrale Gestaltungselemente, die sich nachhaltig vom Bareser Fassadenkonzept unterscheiden (Abb. 176). Das zeigt sich schon in der unteren Zone, wo ein der Unterkirche vorgesetzter Altan den Zugang zur Oberkirche ermöglicht. Auf diesem erhob sich ursprünglich eine Vorhalle, deren im Jahre 1719 erfolgter Abbruch den Blick auf die insgesamt acht Säulenblendarkaden der ehemaligen Vorhallenrückwand freigibt. In der Mitte dieser Blendarkatur öffnet sich das Hauptportal mit seinen berühmten, vom Meister Barisanus aus Trani geschaffenen Bronzetürflügeln (gegossen 1175/1180). Im Verzicht auf Architrav und Tympanon ist es dem Apsisfenster des Bareser Doms sehr nahe verwandt.[263] Übrigens kommt dieser tympanonlose Portaltypus in Apulien relativ selten vor; häufiger tritt er in Umbrien in Erscheinung (z. B. Dom von Foligno). Zwi-schen der Portalzone unter dem Fenstergeschoß erstreckt sich eine große, ungestaltete Mauerfläche, ein formaler Mangel, der auf den Abbruch der ursprünglich das Hauptportal gewiß um einiges überragenden Vorhalle zurückzuführen ist. Das mittlere Fenster, über dem sich eine Fensterrose befindet, zeigt wie sein Gegenstück an der Hauptapsis die für viele apulische Portalfenster chrakteristische Skulpturenbegrenzung.

Zusammenfassend gilt für die Gesamtanlage der Tranenser Kathedrale, daß sie trotz ihrer zahlreichen individuellen Formenelemente überwiegend den beiden ersten Bauphasen von S. Nicola entspricht. Mit anderen Worten: Die am Bareser Vorbild erst im letzten Planungsstadium erfolgten Korrekturen und Ergänzungen – kulminierend in einer an transalpinen Vorstellungen orientierten Gruppenbildung – fehlen in Trani fast gänzlich. Dazu Krautheimers Resümee: »Hier liegt die Bedeutung der Nachfolgebauten von S. Nicola, daß sie erkennen lassen, wie langsam und schwierig die Eroberung des Landes durch die Romanik vor sich geht.«[264]

Wie schon erwähnt, hatte der Erzbischof von *Bari*, Ursus, vergeblich danach getrachtet, S. Nicola den Besitz der Reliquien des großen Taumaturgen streitig zu machen. Fortan war es das Schicksal der *Kathedrale S. Sabino*, im Schatten der berühmten Wallfahrtsstätte zu stehen, zumal diese auf päpstlichen Beschluß der erzdiözesanen Jurisdiktion entzogen worden war. Als sich die Bareser 1156 der normannischen Hegemonie widersetzten, fiel ihre Stadt mitsamt der Kathedrale der Strafexpedition Wilhelms des Bösen zum Opfer. Erst mit der Inthronisation Wilhelms des Guten

(1166–1189) brachen für Bari bessere Zeiten an. Nun bot sich auch dem bislang ungestillten Repräsentationsbedürfnis der Erzdiözese die Gelegenheit, auf den Trümmern der alten, noch aus der byzantinischen Besatzungszeit stammenden Kathedrale einen Neubau zu errichten, in der Hoffnung, damit den architektonischen Führungsanspruch S. Nicolas zu egalisieren. Der Zeitpunkt des Baubeginns ist nicht genau bekannt. Man weiß jedoch, daß Erzbischof Rainald zwischen 1171 und 1180 bestrebt war, die Bauarbeiten an der Kathedrale mit Nachdruck voranzutreiben. Möglicherweise konnte der Chor schon 1205 seiner Bestimmung übergeben werden, obgleich die Schlußweihe erst 1292 erfolgte. Mosaikfunde lassen darauf schließen, daß wenigstens Teile des Vorgängerdoms – aus drei Armen eines griechischen Kreuzes bestehend und von einem runden Baptisterium begleitet – im Querhausbereich der neuen Anlage inkorporiert wurden.

177   BARI, Dom S. Sabino, Innenansicht

Was in S. Nicola erst im Verlauf dreier Bauphasen entwickelt und nur zum Teil ausgeführt wurde, konnte an S. Sabino in einem Zuge verwirklicht werden: so die palastähnliche Verschalung der Apsiden in Form eines Ostwerks, die beiden Osttürme und die oktogonale Tombourkuppel über ausgeschiedener Vierung. Wird heute kaum noch jemand Zweifel am geistigen und stilistischen Führungsanspruch S. Nicolas erheben, so war für den Menschen des Mittelalters die Frage der Originalität gewiß von untergeordneter Bedeutung. Wichtiger und dem erzbischöflichen Repräsentationsbedürfnis förderlicher erschien wohl die Absicht, das an S. Nicola im Projektstadium steckengebliebene Ostturmpaar und die Vierungskuppel am Bau der Kathedrale zu realisieren. Da jedoch der Südturm 1613 einem Erdbeben zum Opfer fiel, war fortan der erneuerte Nordturm, der wie eine Lanzenspitze in den Himmel stößt, das die Silhouette Baris bestimmende Gebäude. Obgleich alle wichtigen Elemente der Außengestaltung von S. Nicola am Bau von S. Sabino übernommen wurden, ist doch nicht zu übersehen, wie sehr man hier darauf Bedacht genommen hat, das Vorbild zumindest in Dekorationsfragen nachhaltig zu übertreffen. Hervorzuheben sind dabei unter anderem die prachtvoll ornamentierten Kranzgesimse von Kuppel und Langhaus, die Fensterrosen des Querhauses und das zur Hauptapsis vermittelnde Prunkfenster des Ostwerks. Dieses wird von schlanken Säulen flankiert, die auf Elefanten ruhen und auf deren Kapitellen Sphingen Wache halten.

Wie in Trani wurde auch im dreischiffig basilikalen Langhaus von S. Sabino dem Versuch von S. Nicola, mit dem Einsatz des Stützenwechsels romanische Intentionen zu verfolgen, eine Absage erteilt (Abb. 177). In Rückbesinnung auf die vorromanische Basilika unterteilen acht enggereihte Säulen das Langhaus in neun Joche, das sich somit »wieder zum einheitlich fließenden Raumgebilde« zurückgebildet hat.[265]

Weiter wurden die Matroneen von S. Nicola und Trani in Scheinemporen verwandelt, deren Funktion darin besteht, einerseits die Geschlossenheit der Mittelschiffwände aufzulösen und andererseits die dahinter aufsteigenden flachgedeckten Seitenschiffe zusätzlich mit Licht zu versorgen. Was sich gegenüber S. Nicola und Trani vollständig verändert hat, ist das Zahlenverhältnis zwischen den Arkaden des Erdgeschosses und den Emporenöffnungen: Neun Bogenstellungen stehen hier viereinhalb Drillingsarkaden gegenüber; im Unterschied dazu sind in den beiden älteren Kirchen die Emporen streng axial auf jeweils eine Arkade ausgerichtet. Da in der Bareser Kathedrale hingegen die Absicht bestand, jeweils eine Scheinempore auf zwei Arkaden zu beziehen, mußten die Emporenbogenstellungen dermaßen gestreckt werden, daß zwischen den Triforen – vor allem im Gegensatz zu S. Nicola – nur schmale Pfeiler Platz hatten. Die Konsequenz war, daß die hier ansetzenden übergreifenden Bogen – ein weiteres Charakteristikum der Kathedrale – flächenüberbrückend bis an den Fenstergaden herangeführt wurden.

Das in der italienischen Baukunst äußerst selten auftretende Motiv der Scheinempore verdient besonderes Interesse, nicht nur weil es den Reiz des überraschenden Durchblicks bietet, sondern auch weil es die Tendenz in sich birgt, die Raumgrenzen zu verwischen.[266] Das Motiv könnte in seiner prototypischen Ausformung aus Frankreich (Pfarrkirche von Vignory, erste Hälfte des 11. Jahrhunderts) stammen. Von dort dürfte es nach Oberitalien gelangt sein und in der Bauhütte von Modena Eingang gefunden haben, wo es allerdings kleiner dimensioniert als in der apulischen Kathedrale in Erscheinung tritt. Hinsichtlich der Emporenkonzeption ist jedoch auch die Kathedrale von Pisa als Ideenvermittler für S. Sabino in Betracht zu ziehen: Wie erwähnt, ist dort den in ähnlichem Umfang wie in Bari eingesetzten Scheinemporen die Aufgabe zugedacht, die Querhausarme – gleichsam in Brückenform – vom Mittelschiff optisch abzutrennen.

Während sich in S. Nicola der Gruppenbau rheinischer Herkunft durchsetzte, konzentrierten sich an der Kathedrale die gestalterischen Kräfte – angesichts eines fehlenden Westturmpaares – ausschließlich auf den Ostteil. Zusammen mit den enggereihten, durch keinen Pfeilerakzent unterbrochenen Säulenarkaden des Langhauses entfernte man sich hier von dem Weg, den man an S. Nicola in Richtung einer Rezeption abendländisch romanischer Stilgesetzmäßigkeit eingeschlagen hatte.

In S. *Valentino*, der *Kathedrale von Bitonto*, hat S. Nicola seinen treuesten Nachfolger gefunden (Abb. 178).[267] Abgesehen vom Verzicht auf ein Turmpaar an der Eingangsfront, hat das größtenteils in der Zeit von 1175 bis 1200 errichtete Gebäude in der Tat alle wichtigen Elemente des Bareser Heiligtums aufzuweisen. Das gilt vor allem

178 BITONTO, Dom, Außenansicht

für den Wandaufriß des basilikalen, flachgedeckten Langhauses. Wie in Bari unter-
bricht ein Pfeilerpaar die Säulenstellungen
(a-a-b-a-a), und in ähnlicher Absicht sind
die Emporenöffnungen axial auf die sieben
Arkaden des Ergeschosses ausgerichtet; dazu kommen Nischenreihen und Zwerchgalerien an den Außenwänden des Langhauses. Fast wörtlich folgte man dem Vorbild
auch in der Gestaltung des Querhauses, dessen drei Apsiden ebenfalls von einem Ostwerk verschalt sind. Im Gegensatz zu S. Nicola, wo auf die Verwirklichung des östlichen Turmpaarprojekts überhaupt verzichtet werden mußte, beschloß man im 13.
Jahrhundert in Bitonto, wenigstens einen
Turm zu errichten. Kehren wir ins Innere
des Querhauses zurück, so wird klar, daß
Krautheimers Auffassung, S. Valentino sei
eine »getreue Kopie« von S. Nicola in seiner

dritten Planphase, einer Korrektur bedarf.[268] Wie das Fehlen eines Kuppelansat-
zes und einer ausgeschiedenen Vierung beweist, scheint hier eher eine Anregung aus
Trani maßgebend gewesen zu sein. Weitgehend unabhängig von S. Nicola erfolgte
auch die Gestaltung der Hauptfassade: Wie
Gewölbeansätze und Blendbogen über den
drei Portalen nahelegen, war hier tatsächlich
eine Vorhalle geplant. Weiter stellt sich –
ganz im Gegensatz zum extremen Vertikalismus in Bari – dem Höhenzug ein unter
den beiden Biforen der Mittelachse durch-
gezogenes Sohlenbankgesims als ausglei-
chender Faktor entgegen. Die Schauwand
findet ihren krönenden Abschluß in einem
großen Radfenster, das von einem mit
Skulpturen besetzten Säulenpaar begrenzt
und von einer reich ornamentierten Archivolte zur Hälfte umschrieben wird. Eine Be-

285

diglich vier Jochen, ehe sie nach Abbruch der drei Apsiden ab 1307 im Osten um weitere vier Joche mit abschließendem Chorumgang – nunmehr in gotischer Formensprache – verlängert wurde. Mit seinen Säulenarkaden, den Emporen, dem Fenstergaden und dem Sparrendach entspricht der erste Bau dem Wandaufrißschema von S. Nicola. Da 1153 die letzte Säulenstiftung erfolgte, muß er in relativ kurzer Zeit vollendet gewesen sein, wodurch auch S. Nicolas zweite Bauphase zeitlich näher bestimmbar wird. In einem Punkt aber weicht die Kathedrale von Barletta deutlich von ihrem Vorbild ab. Anstelle von echten Matroneen durchbrechen hier Scheinemporen die Wand, ein Motiv, das später in der Kathedrale von Bari Eingang gefunden hat.

In die Reihe der Nachfolgebauten von S. Nicola tritt auch die dreischiffig basilikale, mit einem vierjochigen Langhaus und einem Pseudoquerhaus ausgestattete *Kathedrale von Bisceglie*. Obgleich die Grundsteinlegung schon 1073 erfolgt war, konnte das Gebäude erst 1295 vollendet werden. Am deutlichsten zeigt sich der Zusammenhang mit Bari an der flach schließenden Ostwand des Querhauses, das von zwei Turmstümpfen überhöht wird. Im Gegensatz zu S. Nicola und den vergleichbaren Bauten sind hier die paarweise gruppierten Blendbogen jedoch so weit in die Höhe gezogen, daß die für das palastähnliche Aussehen des Bareser Vorbilds entscheidenden Fenstergeschosse keinen Platz mehr finden. Um so eindrucksvoller ist das allerdings nur als Fragment erhalten gebliebene Apsisfenster mit seinen zahlreichen Tierskulpturen, unter denen vor allem das die heute nicht mehr vorhandenen Säulen stützende Ochsenpaar – ein Zitat vom Hauptportal des Bareser

179 BITONTO, Dom, Zwerchgalerie an der Südseite (Detail)

schreibung der Kathedrale von Bitonto wäre ohne einen Hinweis auf deren enormen Reichtum an Bauplastik unvollständig. Das beginnt am vielfältig ornamentierten und von den üblichen Tierskulpturen akzentuierten Hauptportal – vielleicht das schönste seiner Art in Apulien –, findet in den phantasievoll gemeißelten Krückenkapitellen (Abb. 179) der ähnlich wie in Bari durch Hexaforen rhythmisierten Zwerchgalerien seine Fortsetzung und endet am Apsisfenster, das in seiner Gliederung deutlich an jenes der Bareser Kathedrale erinnert.

Gleichsam als Kurzfassung von S. Nicola und im Anschluß an dessen zweite Planphase wurde um 1140 mit dem Bau der *Kathedrale von Barletta, S. Maria Maggiore*, begonnen. Diese bestand ursprünglich aus le-

Heiligtums – hervorsticht. Darüber hinaus war die Bauhütte von Bisceglie bestrebt – jedenfalls in höherem Maße als jene der Kathedralen von Bari und Bitonto –, dem Gebäude Akzente zu verleihen, mit denen es sich deutlich vom Bareser Schema unterscheidet. Das zeigt sich einmal an den Langhausarkaden, wo an die Stelle der sonst obligaten Säulenstützen Pfeilergebilde (Rechteckpfeiler mit Halbsäulen) treten, dann im Verzicht auf Nischenreihen an den Flanken des Langhauses, die mit den Begrenzungswänden des Querhauses übereinstimmen.

Auch die erst am Ende des 12. Jahrhunderts begonnene und 1283 konsekrierte *Kathedrale von Giovinazzo* (Abb. 180) folgt

180   GIOVINAZZO, Dom, Außenansicht von Südosten

mit ihrem Querhaus und dem doppeltürmigen Ostwerk dem Vorbild von S. Nicola, wobei vor allem in der Gestaltung der unteren Zone ein einschneidender Motivwandel eingetreten ist: Hier wurden die von übergreifenden Bogen paarweise gruppierten Blendarkaden vom islamisch-normannischen Motiv der verschränkten Blendbogen abgelöst.

Eine ähnliche Bogenlösung findet sich auch an der *Kathedrale von Molfetta (S. Corrado),* mit deren Errichtung nach 1150 begonnen wurde. Stehen die meisten Kathedralen der Terra di Bari – trotz gelegentlicher Variationsversuche – überwiegend im Einflußbereich S. Nicolas, so gerät dessen künstlerische Vormachtstellung in Molfetta, wo es gelingt die byzantinische Kuppelarchitektur in den Kontext der abendländischen Baukunst zu integrieren, deutlich ins Wanken. Während sich am Außenbau der Kathedrale das Ostwerk mit dem mächtigen Turmpaar noch relativ wirksam gegen die drei Kuppeln durchzusetzen vermag, gibt es im Inneren des Gebäudes nicht die geringsten Parallelen zu S. Nicola. Wie die Kathedralen von Trani und Giovinazzo ist auch jene von Molfetta fast unmittelbar an das Ufer der Adria gerückt (Farbabb. 13). Nicht zuletzt diese Seelage dürfte den Wunsch hervorgerufen haben, dem Ostturmpaar, in Analogie zu S. Nicola, ein westliches Pendant entgegenzustellen. Obgleich dieses Projekt nur in Ansätzen verwirklicht werden konnte, ist doch leicht vorstellbar, worauf die Bestrebungen der Bauhütte hinzielten: ein auf polarisierende Gruppenbildung angelegtes, kubisch fest geschlossenes Gebäude zu schaffen, das keine Konkurrenz mit romanischen, etwa mittelrheinischen Beispielen zu scheuen braucht. Weitere Akzente setzen die drei, auf dem Mittelschiff des Langhauses errichteten Kuppeln, die als byzantinisches Element in die abendländische Baukunst einzudringen scheinen. Einer variantenreichen Kollektion von Vierungstürmen vergleichbar, sind sie unterschiedlich hoch und von Pyramidendächern abgeschlossen. Während die mittlere und westliche Kuppel oktogonal ummantelt sind, ist die östliche, die unter dem lastenden Druck des Turmpaares gleichsam in das Gebäude zu sinken droht, quadratisch verschalt. Das alles sichert der Kathedrale eine ungemein lebhafte Silhouettenwirkung.

Auch die Gestaltung des Innenraums (Abb. 181, 182) steht im Zeichen dynamischer Gegensätze: Im Unterschied zur lastenden Hängekuppel im Osten, vermitteln die beiden auf Trompen gesetzten Kuppeln einen schwerelosen Eindruck, wobei die

182 MOLFETTA, Dom, Innenansicht

181 MOLFETTA, Dom, Grundriß

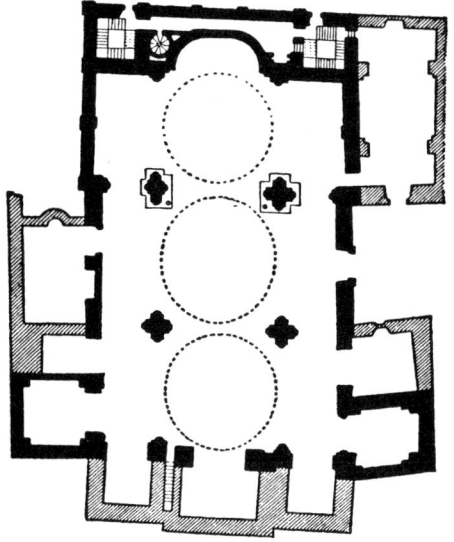

mittlere mit ihrer längsovalen Form eine zusätzliche Dynamisierung der Raumstruktur bewirkt. Vier mächtige Kreuzpfeiler mit jeweils vier angeschlossenen Halbsäulen gewährleisten die Stabilität des Gebäudes. Auf den Halbsäulen lagern Gurtbogen, die eine dreifache Funktion erfüllen: einerseits die enggereihten Kuppeln klar voneinander zu trennen und andererseits das Langhaus von den Seitenschiffen abzugrenzen. Diese sind durch tief herabreichende und in kleinen Querbogen endende Mauerelemente in drei Joche gegliedert und mit Halbtonnen gewölbt, die den enormen Seitenschub der Kuppeln in die Außenwände ableiten. Wenngleich das innere Erscheinungsbild der Kathedrale überwiegend vom Kuppelbau orientalischen Ursprungs bestimmt wird, so ist doch auch nicht zu übersehen, daß dieser eine Synthese mit westlichen Bauströmungen eingegangen ist. Denn abendländisches Gut sind die Dreischiffigkeit, die Pfeilerbildung und schließlich die Halbtonnenwölbung der Seitenschiffe, die, abgesehen von potentiellen Anregungen aus Westfrankreich, einer bodenständigen Tradition folgt. In der Tat hat es den Anschein, daß es das Bestreben der Bauhütte von Molfetta war, das Raumschema der Kirchen etwa von Valenzano und Conversano in einen größeren Maßstab zu übertragen. Was die Genese der Halbtonne betrifft, ist ein Einfluß Umbriens auf Apulien schon aus chronologischen Gründen auszuschließen, da beide apulischen Kirchen mit Sicherheit schon in der ersten Hälfte des 12. Jahrhunderts vollendet waren.

Aus der radikalen Abkehr Molfettas von der Raumkonzeption S. Nicolas und seiner Nachfolgebauten wird ersichtlich, daß »die Periode der lebendigen Bindung an die Bewegungen abendländischer Baukunst für Apulien mit dem späten 12. Jahrhundert zu Ende gegangen ist. Wieder taucht der Orient auf – wieder sucht das Land Anschluß an sein früheres Kulturzentrum.«[269]

Der Kuppelbau

Wie schon eingangs erwähnt, ist von der byzantinischen Architektur in Apulien aus der Zeit vor der normannischen Okkupation nur wenig erhalten geblieben. Abgesehen von den zahlreichen, zum Teil tonnengewölbten Höhlenkirchen der Basilianer, deren Zusammenhänge mit Kappadokien Bertaux erkannt hat, ist aus dieser Epoche lediglich S. Pietro in Ótranto als Zeugnis einer von naturbedingten Prämissen unabhängigen Baukunst anzuführen.[270] Das wahrscheinlich noch aus dem 10. Jahrhundert stammende, im Umriß quadratische Gebäude folgt dem Typus der byzantinischen Kreuzkuppelkirche, genauer gesagt, der Theotokoskirche von Hosios Lukas (Griechenland, Mitte des 10. Jahrhunderts). Der Baukörper wird von den tonnengewölbten Armen eines griechischen Kreuzes durchdrungen und von einer Vierungskuppel überhöht, die sich auf vier niedrige, kämpferlose Rundpfeiler stützt (Abb. 183). Diese unterscheiden sich von den schlank proportionierten und mit Kapitellen ausgestatteten Säulen der Theotokoskirche dermaßen, daß sie zusammen mit den ebenfalls gedrungen

183   ÓTRANTO, S. Pietro, Innenansicht

wirkenden, an den Ecken des Quadrats postierten Jochen an eine vereinfachte Version des griechischen Vorbilds denken lassen. Noch nachhaltiger als im Inneren, das ursprünglich gänzlich mit Fresken ausgeschmückt war, findet sich dieser Eindruck an der Außenansicht bestätigt, deren karge Dekoration sich auf den Einsatz von Blendbogen an den Flankenwänden beschränkt; völlig schmucklos sind die drei Apsiden und der runde Kuppeltambour. Um so wirksamer erhebt sich hier die Stimme der reinen Architektur, die in einem dreifach abgestuften, kubisch zusammengesetzten Gebäude ihren Niederschlag gefunden hat.

Dem Typus der Kreuzkuppelkirche folgt auch die um 1100 entstandene Kirche S. Andrea in Trani, deren äußeres Erscheinungsbild – im Gegensatz zu S. Pietro – allerdings durch blockhafte Geschlossenheit bestimmt wird. Selbst die Kuppel, die, quadratisch ummantelt und von einem Pyramidendach abgeschlossen, nur wenig den Baukörper überragt, vermag sich optisch aus dieser stringenten Umklammerung kaum zu lösen.

Noch älter als S. Pietro in Ótranto ist die Kirche SS. Crisante e Daria in Ória. Lange Zeit wurde diese auf das 9. Jahrhundert zurückgehende Anlage fälschlich als Grottenkirche bezeichnet, ehe neue Bauuntersuchungen ergaben, daß lediglich der Chorteil dem Fels abgerungen worden war. Alle übrigen Bauelemente, wie die Kreuzpfeiler, Bogen, Tonnengewölbe und Kuppeln, bestehen dagegen aus behauenen Sandsteinblöcken, die nirgends eine Verschmelzung mit dem umgebenden Gestein erkennen lassen. Diese basilica aperta – übrigens die einzige in Apulien – hatte erst ihre grottenförmige Erscheinung angenommen, als ihr in der Normannenzeit nach einer Anhebung des umliegenden Terrains eine Oberkirche (Mauerreste davon sind noch vorhanden) aufgesetzt wurde. Vollends unter die Erde geriet SS. Crisante e Daria mit der Errichtung des Stauferkastells (Friedrich II.), was weitere Aufschüttungen und den Abbruch der Oberkirche nach sich zog. Mit ihren fünf kreuzförmig angelegten Kuppeln reproduziert die ›Grottenkirche‹ in winzigem Maßstab die Apostelkirche in Konstantinopel. Daraus geht hervor, wie weitgehend die apulische Baukunst der vornormannischen Zeit das Repertoire der byzantinischen Sakralarchitektur kannte.

Auch in der normannischen Ära erfolgte eine Auseinandersetzung mit dem Typus der byzantinischen Fünfkuppel-Kreuzkirche: Wie die ab etwa 1080 neu errichtete Kathedrale von Canosa (Weihe 1101) jedoch beweist, wurde dieser Typus hier beträchtlich abgewandelt. Anstatt auf dem Grundriß des griechischen Kreuzes sind die Kuppeln – darin den italienischen Gepflogenheiten folgend – in ein T-förmiges, dem Longitudinalbau entsprechendes Grundrißschema integriert. Das bewirkte eine von byzantinischen Vorstellungen abweichende Kuppelverteilung: Den beiden Kuppeln im Mittelschiff des Langhauses (die Seitenschiffe sind mit Tonnen gewölbt) stehen drei im Querhaus gegenüber. Neben dieser sowohl für die westliche als auch östliche Architektur beispiellosen Konzeption fällt ins Gewicht, daß sich die Kuppeln auf Vollsäulen erheben, eine Stützenkonstruktion, die der byzantinischen Baukunst völlig fremd ist und Erinnerungen etwa an die Thermensäle und die Maxentius-Basilika in Rom wachruft. Diesem stilistischen Rückgriff auf die Antike widerspricht jedoch der im Osten gebräuchliche Typus der Hängekuppel, dem man in der mittelalterlichen Architektur Italiens nur sehr selten begegnet (z. B. S. Sofia in Benevent, zweite Hälfte des 8. Jahrhunderts; Vorhallenjoche von S. Marco in Venedig). Es ist nicht leicht, dieses aus westlichen und östlichen Strömungen beeinflußte Gebäude stilistisch einzustufen oder gar in wertender Absicht zu beurteilen. Offen bleibt deshalb die Frage, ob die antagonistischen Elemente der Anlage es gestatten, von einer geglückten, die Auflagen einer Neuschöpfung erfüllenden Synthese zu sprechen. Erschwert wird die Einschätzung dieser Problematik noch durch das nach dem Erdbeben des Jahres 1689 vor allem am Außenbau stark veränderte Aussehen der Kathedrale, deren Langhaus damals überdies um drei Joche nach Westen verlängert wurde; die Folge davon war eine den ursprünglichen Charakter der Anlage verfälschende Intensivierung der Longitudinaltendenz.

An den südlichen Querhausarm der in ihrem äußeren Erscheinungsbild unansehnlichen Kathedrale lehnt das kleine, aber um so kostbarer ausgestattete *Mausoleum Bohemunds,* ein Denkmal normannischer Familiengeschichte. Ungewiß bleibt, was den Sohn Robert Guiscards (aus erster Ehe) dazu bewogen hat, sich in heimatlicher Erde beisetzen zu lassen, zumal er hier seinerzeit mit einem äußerst bescheidenen Erbteil bedacht worden war; so gesehen kann den erfolgreichen Kreuzfahrer und Fürsten von Antiochien nur wenig mit seiner alten Heimat verbunden haben. Begibt man sich hingegen in das Reich der Legende, so mag seine Verbundenheit mit dem Titelheiligen der Kathedrale, Sabinus, in ihm durchaus den Wunsch wachgerufen haben, in Canosa bestattet zu werden. Immerhin, so wird berichtet, hatte er dem Heiligen seine Befreiung aus türkischer Gefangenschaft zu verdanken; darüber hinaus soll er mit Hilfe des Schutzpatrons dem Giftattentat seiner Stiefmutter Sigilgaita entgangen sein. Wahrscheinlich ist die Errichtung des Mausoleums (1111) auf die Initiative Alberadas, der von Robert Guiscard verstoßenen Mutter Bohemunds, und Constanzes, der Gemahlin des ›edelmütigen‹ Prinzen aus Syrien, zurückzuführen.

Nach Krautheimer erinnert das quadratische Grabmal an den »frühen Kreuzkuppeltyp der Fehjié Djami in Konstantinopel (1067)«, den es mit seinen umlaufenden, sich in den Ecken verschneidenden Tonnen »verstümmelt« wiedergibt (Abb. 184).[271] Während der würfelförmige, von drei Pultdächern abgeschlossene Unterbau mit seiner Blendpilasterarkatur dem Fassadenschema der Kathedralen von Pisa und Tróia folgt, entspricht der oktogonale Tambouraufsatz mit frei sichtbarer, halbkugeliger Kuppelkrönung deutlich dem Typus einer arabischen Türbe (Grabbau); nichts ist somit naheliegender, als hier ein bewußt gewähltes Bauzitat aus dem orientalischen Wirkungskreis Bohemunds zu vermuten. Dafür spricht auch, daß über die beiden vielgerühmten Bronze-Türflügel des Eingangs Rosetten verteilt sind, deren arabeskenhafte, an kufische Schriftzeichen erinnernde Ornamentik mit Sicherheit auf islamische Vorbilder (z. B. die große Metallscheibe am Portal der Olgay-al-Yussuf-Moschee in Kairo) zurückgeht.[272]

Zu den größten Kuppelbauten Italiens zählt ohne Zweifel die Kathedrale von Molfetta, deren von zwei Türmen überhöhtes Ostwerk, wie schon erwähnt, deutlich unter dem Einfluß von S. Nicola in Bari steht; völlig anders gestaltet ist der Innenraum mit den drei Kuppeln über dem Mittelschiff und den Halbtonnengewölben in den Seitenschiffen. Vorstufen einer lokalen Tradition haben hier ihre monumentale Ausformung und entwicklungsgeschichtliche Endfassung gefunden. Als Prototypus dieser Raumkonzeption ist die weit in die vornormannische Ära zurückführende und vielleicht noch vor der Jahrtausendwende errichtete Kirche *Seppaníbale bei Fasano* anzusehen (Abb. 185). Das in bescheidensten Dimensionen (etwa 6 × 6 m) angelegte Bauwerk setzt sich aus zwei Jochen und drei Schiffen zusammen. Während sich über dem Mittelschiff zwei Kuppeln erheben, wölben sich über den Seitenschiffen Halbtonnen, die Willemsen von den basilianischen Grottenkirchen ableitet.[273] Ob auch die beiden konisch ausgebildeten Kuppeln allein im Hinweis auf die apulischen Trulli-Bauten als Elemente einer bodenständigen Tradition interpretiert werden können, ist fraglich. Denn der Umstand, daß die am Außenbau die quadratische Verschalung durchstoßenden Kuppelrundungen sichtbar hervortreten, läßt durchaus – wie schon am Mausoleum Bohemunds aufgezeigt – an eine vom arabisch besetzten Sizilien herrührende Einflußkomponente denken. Daß es sich bei diesem Bauwerk um das einzige bisher bekanntgewordene Beispiel einer Zweikuppelkirche handle, ist eine irrtümliche Feststellung Willemsens.[274] Die gleiche Konzeption findet sich auch in den ebenfalls kleindimensionierten Kirchen von S. Valentino in Bitonto und S. Rocco in Turi (beide erst im 12. Jahrhundert errichtet). Im Unterschied allerdings zum quadratischen und dreischiffigen Seppaníbale lassen die beiden Gebäude Seitenschiffe vermissen, so daß sich die Kuppeln hier auf rechteckigem

184 CANOSA DI PÚGLIA, Mausoleum des Bohemund, Außenansicht

Grundriß und Wandpfeilern erheben; darüber hinaus sind sie außen durch Zeltdächer bekrönt.

Beim Bau der ehemaligen Benediktinerinnen-*Abteikirche in Conversano* (1108 geweiht) wurde der Doppelkuppel-Typus von Seppaníbale erstmals, und nunmehr in weit größerem Maßstab, auf das Schema einer Dreikuppelanlage übertragen. Da das Gebäude im Barock durchgreifend verändert wurde, erweist sich zur Vergegenwärtigung seines ursprünglichen Aussehens ein Blick

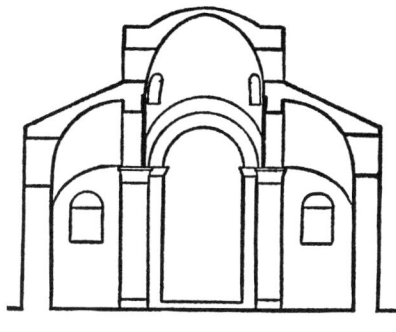

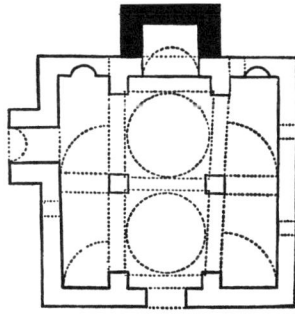

185 FASANO, Seppaníbale, Querschnitt und
Grundriß (nach G. Simonici)

als nur äußerst sparsam dekorierter Quader (Zahnschnittfries unter der Dachtraufe), dessen goldocker getöntes und exakt gefugtes Mauerwerk eine reizvolle Wirkung erzielt (Abb. 187). Die kubische Geschlossenheit des Gebäudes findet in den drei gleich hohen, quaderförmig ummantelten und zeltdachbekrönten Kuppelaufsätzen ihre adäquate Fortsetzung. Von der ebenfalls in blockhafter Schwere an das Bauwerk herantretenden Vorhalle ist lediglich das rechte Joch übriggeblieben, dessen wuchtige Pfeilerarkaden einen strengen, fast schon abweisenden Eindruck vermitteln; ursprünglich waren alle drei Joche mit Längstonnen gewölbt. Heute fällt der Blick ungehindert auf das linke und mittlere Rundbogenportal, an denen der Verzicht auf ein Tympanon als typisches Kennzeichen apulischer Architektur ins Gewicht fällt. Bemerkenswert ist auch die sparsame Dekoration der nur we-

186 VALENZANO, Ognissanti, Innenansicht

auf die nur wenig jüngere, aber dem gleichen Bautypus folgende Kirche *Ognissanti bei Valenzano* als äußerst hilfreich. Das apulische Denkmalamt hat das Bauwerk 1960 so gründlich und sachkundig restauriert, daß es heute, nach Willemsen, »als das edelste, ja vollkommenste Beispiel unter allen apulischen Dreikuppelkirchen« angesehen werden kann.[275] Ognissanti wurde um 1080 als benediktinische Abteikirche von Eustasius, dem späteren Abt von S. Nicola in Bari, gegründet. Die Außenansicht präsentiert sich

293

187 VALENZANO, Ognissanti, Außenansicht von Süden

nig raumgreifenden Mittelportalleibung, an der das normannische Motiv des Kugelfrieses hervorsticht. Während das Äußere von Ognissanti gleichsam durch die statische Behäbigkeit seiner stereometrischen Formen beherrscht wird, überrascht im Inneren, bedingt durch die Kurvatur der Halbtonnen und Kuppeln, ein auf Expansion hinzielendes Raumvolumen (Abb. 186). »Es herrscht eine Transparenz des architektonischen Gefüges wie sie nicht weiter gesteigert werden kann.«[276] Trotzdem – und das ist das Entscheidende in Ognissanti – bürgt die strenge Ausgeglichenheit der horizontalen Komponenten für eine Harmonisierung der dynamischen Momente. Nichts beweist dies deutlicher als ein Vergleich mit der Kathedrale von Molfetta, deren Innenkonzeption, trotz einer erheblichen Ausweitung des Raumvolumens, ohne das Vorbild von Valenzano nicht denkbar ist. Aber die Affinität zu Valenzano bleibt auf motivlich Grundsätzliches beschränkt, auf die drei Kuppeln im Langhaus und die Halbtonnen in den Seitenschiffen. In der Detailausführung hingegen sind tiefgreifende Unterschiede zu bemerken: Während in Ognissanti drei gleich hohe Pendentifkuppeln und einfache, ausgewogen proportionierte Kreuzpfeiler kristalline Klarheit signalisieren, herrscht in der Kathedrale von Molfetta – ganz im Sinne einer stilistischen Spätphase – ein extremer Vertikalismus und, wie schon erwähnt, eine variantenreiche Kuppelgestaltung vor. Im übrigen manifestiert sich im lebhaften Auf und Nieder der Kuppelfolge eine gesteigerte Dynamik, die das Gebäude geradezu in ›barocke‹ Spannung versetzt.

188 TRANI, S. Francesco, Außenansicht

In die Bauzeit der Kathedrale von Molfetta fällt auch die von Benediktinern ab 1176 errichtete Kirche *S. Francesco in Trani* (als SS. Trinità 1184 geweiht), die im 16. Jahrhundert in den Besitz der Franziskaner gelangte (Abb. 188). Trotz späterer Veränderungen (rechteckiger Chor und neue Dekoration) ist ersichtlich, daß der Kuppelbau mit seinen Halbtonnen in den Seitenschiffen den viel älteren Benediktinergründungen von Conversano und Valenzano verpflichtet ist, Kirchen, mit denen S. Francesco auch in seinen Dimensionen und Proportionen weitgehend übereinstimmt. Was das Gebäude hingegen mit Molfetta verbindet, ist die außen oktogonal ummantelte Mittelkuppel, welche die beiden benachbarten, in den Baukörper einsinkenden merklich überragt. Letztlich signalisiert diese abgestufte

Kuppelfolge, daß der Tranenser Bau bereits einer stilistischen Spätphase angehört.

Man kann festhalten, daß der Orden der Benediktiner, ausgehend von S. Nicola in Bari, einerseits für den Anschluß der apulischen Architektur an die bedeutenden, der Romanik verpflichteten Kunstlandschaften des Abendlandes Sorge getragen hat, andererseits, ohne seine innovationsfreudige Einstellung deshalb in Frage zu stellen, mit der Inauguration des spezifischen Dreikuppel-Kirchentypus durchaus auch bestrebt war, eine der byzantinischen Vergangenheit des Landes entsprechende Stilkomponente aufzugreifen. In dieselbe Richtung zielt auch die vom Orden der Augustinerchorherren errichtete Kirche von *S. Leonardo di Siponto* (ab 1127), die – an der zum Michaelsheiligtum auf dem Gargano führenden

189 S. Leonardo
di Siponto,
Nordportal

Pilgerstraße gelegen – schon vom Staufer-
kaiser Heinrich VI. dem Deutschen Ritter-
orden übertragen wurde. Mit seinen drei
Kuppeln und den Halbtonnen in den Seitenschiffen stellt S. Leonardo eine jüngere Version der Kirchen von Conversano und Valenzano dar; später wurden die mittlere
Kuppel und das Gewölbe des rechten Seitenschiffs abgetragen. In mehrfacher Hinsicht wurde hier die prototypische Fassung
der Vorbilder einer stilistischen Veränderung unterzogen. Im Gegensatz etwa zu den
völlig identisch gestalteten, quaderförmigen
Kuppelaufsätzen von Valenzano zeigen die
beiden erhalten gebliebenen Kuppeln von
S. Leonardo – die rechte mit Blendbogen,
die linke lediglich mit einem Zahnfries ausgestattet – eine oktogonale Verschalung; anzunehmen ist auch, daß die ursprüngliche
Mittelkuppel die beiden äußeren an Höhe
übertroffen hat. Weiter ist zu bemerken,
daß die einfachen Kreuzpfeiler von Valenza-

no durch vielfach abgestufte Bündelpfeiler ersetzt wurden. Was schließlich besonders ins Gewicht fällt, ist die der Straße zugekehrte und demnach als Schaufassade ausgebildete Nordwand, die sich mit ihrem auf Pilaster gesetzten Rundbogenfries und Konsolenkranzgesims deutlich von der geradezu dekorationsfeindlichen, blockhaft geschlossenen Außenansicht der Ognissanti-Kirche in Valenzano unterscheidet. Dazu kommt das im Hinblick auf die geringe Höhe der Wand viel zu mächtige, den Rundbogenfries nahezu gewaltsam durchbrechende Prunkportal, das wahrscheinlich erst zu Beginn des 13. Jahrhunderts eingesetzt wurde (Abb. 189). Mit seinen Säulen und Pfosten in der Leibung und den überaus reich dekorierten Archivolten zählt es zum Typus des Stufenportals. Es wird von einem wenig tiefen Baldachinbogen überhöht und seitlich durch Säulen begrenzt, die, von Greifen auf den Kämpferplatten akzentuiert, auf einem Löwenpaar lagern. Ohne ein Vergleichsbeispiel zu nennen, hat Willemsen die Anlage mit »Kunstwerken der Abruzzen« in Zusammenhang gebracht.[277] Ist eine gewisse Analogie zur abruzzischen Bauplastik in Einzelaspekten der Ornamentik zwar gewiß nicht zu leugnen, so ist doch auch nicht zu

übersehen, daß man mit der Wahl der das Portal flankierenden und mit den üblichen Tierskulpturen besetzten Säulen vor allem aus dem apulischen Formenrepertoire schöpfte.

Wie schon am Mausoleum Bohemunds in Canosa und an S. Pietro in Ótranto aufgezeigt, verfügt Apulien über eine Reihe von Kuppelzentralbauten, die stilistisch weit voneinander abweichen. Besonders eindrucksvoll ist die kleine Kirche *S. Catarina in Conversano* (um 1100), die sich auf vierpaßförmigem Grundriß erhebt, von einem oktogonalen Tambour überhöht und von einem quadratischen Glockentürmchen abgeschlossen wird. Da auf eine ornamentale Ausschmückung gänzlich verzichtet wurde, ist das Aussehen des Gebäudes ausschließlich durch das lebhafte Wechselspiel geometrisch unterschiedlicher Formen wie Halbkreis, Quadrat, Oktogon und Halbkugel bestimmt. Wenngleich Willemsen zur Klärung der Genese nicht zu Unrecht an syrische Vorbilder erinnert, muß man doch auch verwandte Beispiele im oberitalienischen Raum hervorheben.[278] Denn wie etwa die Baptisterien von Galliano, Biella und Mariano Commense beweisen, begegnet man hier dem vierpaßförmigen, von einem

190 Brindisi, S. Giovanni al Sepolcro, Grundriß und Querschnitt (nach F. Schettini)

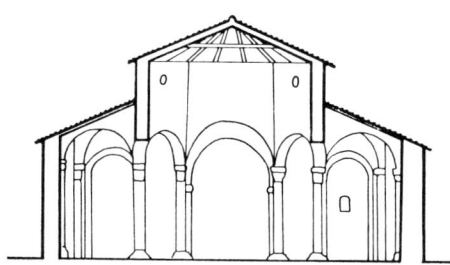
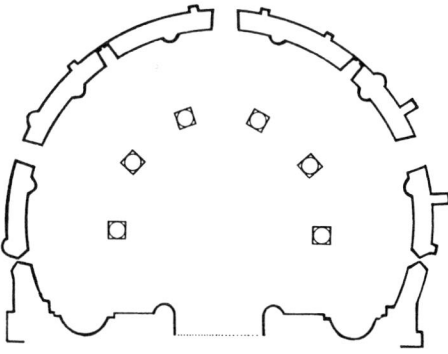

oktogonalen Tambour akzentuierten Bautypus sogar relativ häufig. Vollends findet sich diese Analogie zu Oberitalien im Hinweis auf den ebenfalls dreigeschossig errichteten Rundbau von S. Tomaso in Limine (Almenno S. Bartolomeo) bestätigt.

Eine in Italien völlig vereinzelte Zentralbaulösung zeigt *S. Giovanni al Sepolcro in Brindisi.* Das noch im 11. Jahrhundert errichtete Gebäude erhebt sich auf dem Grundriß eines Dreiviertelkreises, in den sechs Säulen konzentrisch eingesetzt sind; dadurch wird ein Umgang von einem überhöhten Kernraum abgegrenzt (Abb. 190). Da das Bauwerk wegen seines abbruchreifen Zustands erst vor wenigen Jahren in den oberen Bereichen rekonstruiert werden mußte, ist nicht mehr eindeutig zu entscheiden, ob anstelle der heutigen Holzdachkonzeption ursprünglich eine Wölbung bzw. ein Kuppelabschluß existierte. Nur schwer zu erklären ist schließlich, weshalb das letzte Kreisviertel durch eine gerade Wand ersetzt wurde, in die seitlich zwei kleine Apsiden eingelassen sind. Dazwischen öffnet sich unter einem hohen Bogen eine rechteckige Nische, an deren Stelle doch eher eine Hauptapsis zu erwarten wäre. Nicht auszuschließen ist, daß hier einst ein Portal zu einem Narthex vermittelte, der einem später unmittelbar an das Gebäude herangeführten Häuserblock weichen mußte.[279] Möglicherweise war der Abbruch dieser Vorhalle schon früh, vielleicht schon etwa 100 Jahre nach Baubeginn erfolgt. Wie sonst sollte der erst um 1200 errichtete Bau des heutigen Hauptportals – angesichts seines unaxialen Bezugs zur Chornische – erklärt werden? Dieses besteht aus einer rechteckigen, mit antikisierendem Sturz ausgestatteten Pforte, über der sich ein spitzgiebeliger, von Säulen

gestützter Baldachinbogen erhebt, eine Portalrahmung, die zusammen mit den Löwenbasen deutlich an jene vor S. Leonardo di Siponto erinnert. Gewiß handelt es sich hier um eine Neukonzeption; dafür spricht die im Verhältnis zu den bescheidenen Ausmaßen der nur durch Lisenen gegliederten Anlage geradezu erdrückende Massigkeit des reich ornamentierten Portalkörpers, dessen Giebelspitze die Dachtraufe durchstößt.

Da S. Giovanni al Sepolcro trotz seiner Dreiviertelkreiskonzeption deutlich der Jerusalemer Grabrotunde verpflichtet ist, überrascht es nicht, daß man im Templerorden den Bauherrn dieser Anlage vermutet hat, eine These, der Willemsen mit dem Hinweis auf das für den Baubeginn der Kirche zu späte Gründungsdatum der Kongretation (1119) nachdrücklich widerspricht.[280] Bekannt ist lediglich, daß dieses in der Architektur Apuliens so singuläre Bauwerk während der ersten Hälfte des 13. Jahrhunderts den Rittern vom Heiligen Grab übertragen wurde. Vielleicht hatte der zur Errichtung von klösterlichen Gebäuden beschränkt verfügbare Baugrund es schon damals erforderlich gemacht, den Narthex zu beseitigen. Der Wegfall des ursprünglich an dieser Stelle befindlichen Hauptportals mag dann den Orden dazu bewogen haben, mit der Konzeption des heutigen Prunkportals eine entsprechende Ersatzlösung zu finden. Nicht auszuschließen ist, daß man auf das Vorbild der dem Portal von S. Leonardo di Siponto vorgesetzten Baldachinkonstruktion zurückgegriffen hat; immerhin stellte dieser Ort mit seinem Pilgerhospital die letzte Station auf dem Weg zum Michaelsheiligtum auf dem Gargano dar.

Unter den apulischen Zentralbauten ist die *Tomba di Rotari in Monte S. Angelo* in

191 MONTE S. ANGELO, Tomba di Rotari, Innenansicht

der Frage ihrer Zweckbestimmung am meisten umstritten. Während die These, in diesem Gebäude das Grabmal des Langobardenkönigs Rotari (636–656) zu vermuten, längst widerlegt ist, konnte immer noch nicht entschieden werden, ob die Anlage als Glockenturm, Baptisterium oder Mausoleum zu deuten ist (Abb. 191). Gegenwärtig jedenfalls wird die Version, daß es sich um ein erst später in der heutigen Form aufgestocktes Baptisterium handelt, am meisten favorisiert.[281] In der Tat verliert die Bezeichnung Tomba viel vom Charakter ihrer nur scheinbar zweckgebundenen Aussage, wenn man daran erinnert, daß dieser Begriff einst Grabmäler genauso wie Gewölbe bezeichnen konnte. Neben den Kirchen von S. Pietro (davon nur die Apsis erhalten) und S. Maria Maggiore erhebt sich die außen nur spärlich gegliederte Tomba di Rotari als

turmähnliches Bauwerk über quadratischem Grundriß. Im Inneren ist deutlich zu erkennen, daß die Säulenpaare und Wandpfeiler erst später (letztes Viertel des 12. Jahrhunderts) in die Ecken der älteren Umfassungsmauern plaziert wurden, nachträglich konzipiert ist auch die Apsis. Auf diesem Stützensystem erheben sich mehrfach abgestufte Spitzbogen, die unmittelbar an das den quadratischen Unterbau abschließende Konsolengesims heranführen. Darauf folgt über Trompen eine in den Ecken abgerundete Zone, deren Wände durch zwei übereinandergestellte Fensterreihen weitgehend aufgelöst sind. Eine konisch emporsteigende und von zwei Gesimsen gegliederte Kuppel bildet den Abschluß. Ob Deckers Versuch, diesen Kuppeltypus von mykenischen Gräbern abzuleiten, sinnvoll ist, sei dahingestellt.[282] Dagegen erscheint es

299

weit naheliegender, mit Bertaux auf die autochthone Form der Trulli Apuliens hinzuweisen. Daß dieser Typus gelegentlich auch
auf die Sakralarchitektur übergegriffen hat,
konnte bereits an Seppaníbale dargelegt
werden. Noch eindeutiger tritt diese hoch-
elliptische, auf den Trullo rekurrierende
Kuppellösung am Glockenturm der Abtei
von S. Benedetto in Conversano zutage.

Die Kathedrale von Tróia

Wie Grabungen und Restaurierungen in den
50er Jahren ergeben haben, sind wesentliche
Teile einer ebenfalls der Maria geweihten
Vorgängerkirche in den 1093 errichteten
Neubau der *Kathedrale von Tróia* inkorporiert worden. Während man das einschiffige, nach Osten ausgerichtete Langhaus des

192 TRÓIA, Dom, Grundriß (nach F. Schettini)

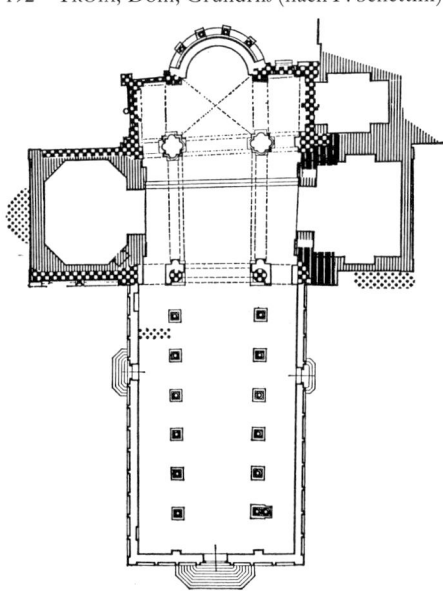

wahrscheinlich bald nach 1000 erbauten
Vorläufers zum Querhaus der neuen Anlage
umwandelte (im 17./18. Jahrhundert neu
gestaltet), wurde dessen dreischiffiges
Querhaus – nach Norden verlängert und im
Süden mit einer Apsis versehen – in ein holz-
gedecktes Langhaus mit basilikalem Querschnitt umfunktioniert (Abb. 192). Da die
von Oderisius von Benevent geschaffene
Bronzetür des Hauptportals mit 1119 datiert ist, kann angenommen werden, daß damals der Bau der Kathedrale schon weit
fortgeschritten, ja vielleicht – mit Ausnahme
des Obergeschosses der Nordfassade – bereits vollendet war. Während von einer genaueren Beschreibung des Langhausinneren
mit seinen der frühchristlichen Tradition
folgenden Säulenreihen abgesehen werden
kann, verdient die reich dekorierte Außenansicht um so mehr Aufmerksamkeit. Wie
am Dom von Pisa ist das gesamte Untergeschoß des Langhauses in Pilasterblendarkaden aufgelöst, wobei nach wie vor strittig
ist, ob sich daraus ein von Pisa ausgehendes
Abhängigkeitsverhältnis folgern läßt. Da
die These der italienischen Lokalforschung,
solche Gliederungsformen seien schon früher als in Pisa an älteren apulischen Kirchenbauten nachzuweisen, am heutigen Denkmälerbestand nicht verifizierbar ist, sollte
am stilistischen Führungsanspruch der
norditalienischen Stadt kein Zweifel erhoben werden. Dafür spricht die Tatsache, daß
Buscheto mit dem Pisaner Dombau schon
mehr als 30 Jahre vor der Neukonzeption
der Kathedrale von Tróia begonnen hatte.
Mögen sich gegen die ausschließliche Betonung dieses chronologischen Aspekts zurecht kritische Stimmen erheben, so lassen
sich für einen stilistischen, auf Pisa hinweisenden Ableitungsversuch durchaus weitere

193 TRÓIA, Dom, Fassade

Beobachtungen als Beweis anführen: Vorausgesetzt, man betrachtet es nicht als ein Spiel des Zufalls, so fällt schon als erstes ins Gewicht, daß die elf Blendbogen der Längswand in Tróia mit der Bogenanzahl des Buscheto-Langhauses übereinstimmen. Dazu kommt, daß die Wand des westlichen Obergadengeschosses wie in Pisa durch Säulenblendarkaden gegliedert ist und sich im übrigen das gleiche Ornamentrepertoire, wie Medaillons und vertiefte Rhomben, allerdings variantenreicher ausgebildet, wiederfindet. Da jedoch schon für die Fassadenbildung des Buscheto-Baus, angesichts des zweifellosen Vorbildcharakters armenischer und islamischer Architektur, eine bodenständige toskanische Komponente nicht zu entdecken war, ist nicht völlig auszuschließen, daß, wie Franz betont, »für beide Bauten eher auf gemeinsame Vorbilder als auf

301

eine Abhängigkeit untereinander geschlossen werden muß«.[283]

Die Blendarkatur und Ornamentik der Längswände sind auch für das Untergeschoß der Frontfassade bestimmend; in signifikantem Gegensatz zu Pisa wird diese untere Zone von einem reich dekorierten Konsolengesims abgeschlossen (Abb. 193). Möglicherweise hat ein um 1200 im Zusammenhang mit dem Bau des Aufsatzgeschosses erfolgter Planwechsel die Applikation dieses auffallend weitausladenden Gesimses nach sich gezogen. In der Tat verhindert dieses jeglichen Bezug zwischen der unteren Zone und dem Aufsatzgeschoß, das in einem vom übrigen Bau merklich unterschiedlich getönten Material errichtet wurde und in dem sich die vielleicht schönste Fensterrose Apuliens öffnet. Sie bildet das Zentrum einer auf zwei Doppelsäulen ruhenden, baldachinähnlichen Arkatur, die seitlich von zwei als Scheinwände aufsteigenden Strebebogen gestützt wird. Den Speichen eines Rades vergleichbar, entspringen zehn Säulen dem Mittelpunkt des Fensters, um schließlich in einen Kranz verschränkter Bogen zu münden. Dazwischen spannt sich ein dekoratives, islamische Motive variierendes Flächenmuster, das zusammen mit den ineinanderfließenden Bogen, den Rhomben und Medaillons deutlich macht, wie weitgehend sich das apulische Bauwerk – noch evidenter als der Pisaner Dom – im Ausstrahlungsbereich der orientalischen Architektur befindet. Das zeigt sich auch an der Apsis, die durch Vollsäulen in zwei Zonen aufgeteilt ist und eines geschoßtrennenden Kordongesimses entbehrt; die Folge davon ist eine stark ausgeprägte Vertikaltendenz (Farbabb. 18). Im Zusammenhang damit sei daran erinnert, daß Guyer die Säulengliederung der Pisaner Apsiden aus dem Bereich der frühchristlichen Baukunst Syriens (Qalaat Seman) abgeleitet hat. Weit konsequenter jedoch als an den Querhausapsiden des Pisaner Doms, wo eine breite, mit Rhomben dekorierte Zwischenzone die beiden Säulenarkadengeschosse voneinander trennt, wurde in Tróia syrischen Vorbildern Rechnung getragen. Das beweist die leicht rekonstruierbare Apsis der Basilika von Qalb Lhose (6. Jahrhundert), deren aufeinandergeschichtete und durch kein Gesims getrennte Säulen die Apsislösung von Tróia vorwegzunehmen scheinen.[284]

Das Blendarkaden-Fassadenschema von Tróia war in der Folge nicht nur für die Gestaltung des äußeren Erscheinungsbildes mehrerer Kirchen in der Capitanata bestimmend, es hat vereinzelt auch auf die Nachbarregion Molise übergegriffen und selbst noch im südapulischen Brindisi seinen Niederschlag gefunden. Der Neubau der *Kathedrale von Fóggia* (ab 1172), *S. Maria Icona Vetere*, ist eine Stiftung König Wilhelms II. Da der Bau – vor allem im Inneren – am Ende des 17. Jahrhunderts durchgreifend verändert wurde, läßt sich sein ursprüngliches Aussehen nur noch an Teilen der Außenansicht ablesen. Hier beweist vor allem das Untergeschoß der Westfassade, wie nachhaltig die Bauhütte von Fóggia unter dem Einfluß der damals mit Ausnahme des Fensterrosengeschosses bereits fertiggestellten Kathedrale von Tróia stand. In geradezu verblüffender Analogie ist die untere Zone von einem reich dekorierten, stark schattenden Gesims abgeschlossen. Zwei mal zwei Pilasterblendarkaden flankieren einen höheren Bogen, der das ebenfalls im Anschluß an Tróia konzipierte Portal umfängt. Deutlich dem Vorbild folgend, sind in den Bogen-

194 TÉRMOLI, Dom, Fassade (Detail)

schlägen der äußeren Blendarkaden kleine medaillonartige Rundfenster eingelassen. Worin sich jedoch das Fassadenschema in Fóggia merklich von jenem in Tróia unterscheidet, zeigen die inneren Bogenstellungen, in deren oberem Abschnitt auf der Basis eines Sohlbankgesimses Blendbiforen unter doppelt umgreifenden Bogen eingesetzt sind. Es hat den Anschein, daß diese interessante Sonderlösung auf die *Kathedrale von Térmoli* (S. Basso; Molise) zurückgeht, deren Westfassade Alfano von Térmoli nach dem Muster von Tróia um 1153 mit einem Gerüst von sieben Blendbogen ausgestaltet hat (Abb. 194). Während der mittlere Bogen sich über dem Portal erhebt, sind die übrigen mit Blendbiforen besetzt, die, von einem scheinbar hinter den Pilastern durchlaufenden Sohlbankgesims nach unten begrenzt, an eine Triforiengalerie erinnern. Gleichsam als Reaktion auf die islamische Architektur sind die mittleren der sich zu zwei Dreiergruppen zusammenschließen-den Biforen von hufeisenförmig übergreifenden Bogen akzentuiert. Dieselbe Bogenform charakterisiert auch das Portal, dem in stark vereinfachter Form auch jenes von Fóggia entspricht.

Wie die von der Apsis der benachbarten Kirche S. Pietro zum Teil verdeckte Fassade von *S. Maria Maggiore in Monte S. Angelo* (erste Hälfte des 12. Jahrhunderts) beweist, hat das in die Blendarkatur der Fassade von Tróia eingesetzte Rhombenmotiv auch hier Nachahmung gefunden (Farbabb. 17). Nur wurde es anstatt ins Bogenfeld in die untere Hälfte der Blendarkatur plaziert. Weiter fällt auf, daß es im Gegensatz zu Tróia flach eingesetzt und vielfältig dekoriert ist. Völlig anders hingegen als in Tróia ist das erst in den letzten Jahren des 12. Jahrhunderts eingesetzte Portal konstruiert. Plastisch abgestuft und von einem baldachinähnlichen Giebel erhöht, zeigt es mit dem Nordportal von S. Leonardo di Siponto eine so große Verwandtschaft, daß beide Schöpfungen als Leistung ein und derselben Werkstatt zu bezeichnen sind.

Wahrscheinlich nach dem Vorbild von S. Maria Maggiore wurden auch in *S. Maria di Siponto,* dem einzigen noch bestehenden Zeugnis der im Altertum so bedeutenden Hafenstadt Sipontum, Rhomben in den unteren Abschnitt der West- und Südfassade eingelassen (Abb. 195). Dabei ist zu erwähnen, daß diese flach eingesetzten und reich ornamentierten Dekorationselemente zusammen mit den Säulenbogenstellungen und dem Portal aus dem letzten Viertel des 12. Jahrhunderts einem bereits bestehenden, von Papst Urban II. 1117 geweihten Gebäude vorgeblendet wurden; möglicherweise war dessen Fassade wie jene in Tróia zunächst durch Pilaster oder Lisenen geglie-

195   S. Maria di Siponto, Westfassade

dert. Und nicht auszuschließen ist , daß die in den Bogenfeldern der beiden inneren Blendarkaden befindlichen Rhomben, die im Vergleich zu den unteren merklich eingetieft sind, noch als Bestandteile der Vorgängerfassade zu gelten haben. Zu stützen ist diese These mit dem Hinweis auf die Rhomben, die von der Achse der Bogenstellung merklich abweichen und unmittelbar an die dem Portal zugekehrten Kapitelle herantreten. So gesehen ist für das ursprüngliche Bauwerk eine am Fassadenkonzept von

196   S. Maria di Siponto, Grundriß und Querschnitt (nach F. Schettini)

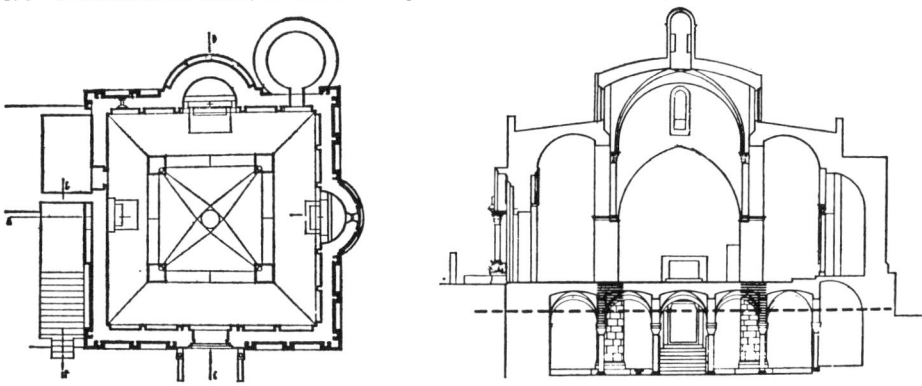

Tróia orientierte Außenansicht zu vermuten. Erwähnt sei noch, daß beim Bau von S. Maria di Siponto (in seiner aus dem ersten Viertel des 12. Jahrhunderts stammenden Fassung) Elemente einer schon am Anfang des 11. Jahrhunderts erwähnten Vorgängerkirche inkorporiert wurden. Den Ausführungen Willemsens zufolge dürfte deren unterer Teil in die Krypta des Neubaus umgewandelt worden sein (Abb. 196).[285] Dafür sprechen die vier mächtigen, unvermittelt in die Kryptendecke einschneidenden Rundpfeiler, auf denen sich in exakter Übereinstimmung die vier Pfeiler der später erbauten Oberkirche erheben. An das von den Pfeilern markierte quadratische Zentrum schließt ein Umgang, dessen in Säulenblendarkaden aufgelöste Wände sich im Osten und Süden in Apsiden öffnen. Die gegenwärtige Wölbung – Halbtonnen im Umgang und eine auf Spitzbogen gestellte Kuppel – stammt erst aus dem 13. Jahrhundert; ein Erdbeben (zwischen 1233 und 1236) hatte die Neuwölbung erforderlich gemacht.

Mit ihren neun Pilasterblendarkaden entspricht auch die Südseite der ehemaligen Benediktinerinnenkirche *S. Benedetto in Brindisi* dem Vorbild der pisanisch-tróianischen Bautengruppe (Abb. 197). Das Innere der dreischiffigen, streng rechteckig geschlossenen Hallenkirche überrascht vor allem durch seine vielfältigen Wölbungsformen (Abb. 198). Während sich im Mittelschiff auf hohen Säulen Band- und Wulstrippen erheben, sind die durch übermauerte Schwibbogen unterteilten Seitenschiffe mit Halbtonnen abgeschlossen. Das Zusammenspiel solcher Gewölbetypen ist in Apu-

198 Brindisi, S. Benedetto, Innenansicht

ken Säulen unmöglich dem Druck schwer lastender Kuppeln hätten standhalten können. Im Gegensatz zu den meisten Kirchen der Region »herrscht eine klare und leichte Weite in dem kleinen Raum, der in der Bestimmtheit seiner Formen zwischen Strenge und Leichtigkeit eine schöne Mitte hält«.[287] Zu Fragen der stilistischen Genese und Datierung hat schon Krönig sehr aufschlußreich Stellung genommen. Im Kontext mit umbrischen Hallenkirchen verweist er auf die Herkunft der Halbtonne aus dem südfranzösischen Raum, während er im Kreuzrippengewölbe eine aus Südwestfrankreich über die Lombardei nach Apulien importierte Komponente annimmt. Dabei ist in Erwägung zu ziehen, ob man die französischen Wurzeln – im Hinblick auf das Kreuzrippengewölbe – nicht doch als quantité négligeable ansehen sollte. Denn wie S. Benedetto verfügen auch etliche oberitalienische Baubeispiele über Band- und Wulstrippen, die im Gegensatz zu Frankreich eine halbkreisförmige Struktur besitzen. Daraus resultiert eine domikale, also kuppelige Wölbungsform, wie sie unter anderem für S. Ambrogio in Mailand und S. Sigismondo in Rivolta d'Adda charakteristisch ist. Daß die Lombardei in der Tat einen wichtigen Anhaltspunkt für die Klärung der stilistischen Zuordnung S. Benedettos bietet, zeigt auch dessen Portal, das, von einem Flechtbandornament gerahmt, einen deutlichen Zusammenhang mit der oberitalienischlangobardischen Tradition verrät. Zur Erörterung der Datierungsfrage ist jedoch in erster Linie der Aspekt der Mittelschiffwölbung zu berücksichtigen. Mit Recht hat Krönig die Auffassung zurückgewiesen, das Wölbungssystem von S. Benedetto – und das gilt selbstverständlich auch für die von

lien durchaus ungebräuchlich, wo halbtonnengewölbte Seitenschiffe – wie z. B. in Valenzano – in der Regel ein kuppelüberhöhtes Mittelschiff begrenzen. Davon ausgehend, hat Willemsen auch für S. Benedetto in dessen Erstfassung eine Dreikuppellösung angenommen, die angeblich erst im 15. Jahrhundert der Kreuzrippenwölbung weichen mußte.[286] Dieser Auffassung widersprechen jedoch mehrere Faktoren: Einerseits ist nicht einzusehen, wie sich drei Kuppeln mit vier Jochen vereinbaren lassen, andererseits ist völlig auszuschließen, daß man noch im 15. Jahrhundert auf die stilistisch altertümliche Form des Band- und Wulstrippengewölbes zurückgegriffen hat. Zuletzt ist als wichtigstes Gegenargument auf die Tatsache hinzuweisen, daß die auffallend schlan-

Tróia ableitbare Fassadengestaltung – mit dessen überliefertem Gründungsdatum von 1080 in Verbindung zu bringen. Denn gegen eine solche Frühdatierung spricht schon allein die Tatsache, daß selbst die im Bereich der Kreuzwölbungstechnik in Italien führende Lombardei frühestens zu Beginn des 12. Jahrhunderts eine Auseinandersetzung mit dieser architektonischen Thematik, für die sich die Baukunst der süditalienischen Regionen nur selten aufgeschlossen zeigte, erkennen läßt. Wie schon erwähnt, gibt es auch in Latium ein mit der oberitalienischen Architektur korrespondierendes Bauwerk mit Kreuzgurtwölbung: S. Maria di Castello in Tarquinia. Für die zeitliche Einordnung von S. Benedetto ist diese Kirche – was Krönig entgangen zu sein scheint – deshalb von größter Bedeutung, da auch sie im Mittelschiff über eine rhythmisch wechselnde Kreuzband- und Kreuzwulstrippenwölbung verfügt. Da diese in S. Maria di Castello erst um 1160/1170 eingesetzt wurde, sollte auch gegen eine Datierung der Kirche in Brindisi innerhalb desselben Zeitraums kein Zweifel erhoben werden. Bestärkt sieht man sich in dieser Spätdatierung auch dadurch, daß die von den Blendarkaden der Fassade flankierten, in der Leibung vierfach profilierten Fenster eine Größenordnung besitzen, wie sie Fenstern aus der ersten Hälfte des 12. Jahrhunderts völlig fremd ist.

S. Benedetto kann also als ein Sammelbecken unterschiedlicher Stilströmungen betrachtet werden: Von Tróia stammt die Blendarkatur der Außenansicht, die apulische Kuppelbautradition erklärt den Einsatz der Halbtonnen und auf lombardischen Ursprung – vermittelt durch S. Maria di Castello in Tarquinia – ist die domikale Bandrippenwölbung zurückzuführen.

Anklänge frühgotischer Baukunst

Es ist nicht zu leugnen, daß für die meisten Werke der apulischen Baukunst des 12. Jahrhunderts – und das gilt auch häufig für Gebäude, deren Baugeschichte bis weit in das folgende Jahrhundert hineinreicht – in stilistischer und entwicklungsgeschichtlicher Hinsicht ein auffallender Konservativismus charakteristisch ist. Nur selten lassen sich für die zweite Hälfte des 12. Jahrhunderts Strömungen ausmachen, die als Vorboten einer gotischen Architektur zu interpretieren sind. Wie die gelegentliche Aufnahme des Spitzbogens, der gleichwohl auch auf islamische Anregungen zurückgeführt werden kann, und die Auseinandersetzung mit dem Problem der Mittelschiffwölbung beweisen, erschöpfte sich dieser Reflexionsprozeß meistens in einer Beschäftigung mit Detailaspekten. Nur ein einziges Mal, am Bau von *S. Sepolcro in Barletta*, kam es in dieser Zeit zu einer umfassenderen Begegnung mit der Wölbungsproblematik transalpin-gotischer Prägung. Wie so oft bei stilistisch einschneidenden Innovationen spielte auch hier der Bauherr, der Orden der Kanoniker am Hl. Grab in Jerusalem, eine entscheidende Rolle. Nicht zuletzt seine Herkunft aus dem Kreuzfahrergebiet läßt vermuten, daß die bislang in Apulien ungebräuchlichen transalpinen Elemente auf dem Umweg über den lateinischen Osten – also unabhängig vom Orden der für die Verbreitung gotischer Bauformen so bedeutenden Zisterzienser – nach Barletta gelangten. Wann genau es zur Errichtung der Kirche kam, die einem seit 1063 bekannten, außerhalb der ursprünglichen Festungsmauern befindlichen Vorgängerbau folgte, ist nicht mit Sicherheit festzustellen. Während Willemsen den Neubau im Zusammenhang mit der Ausweitung der Verteidigungsanlagen von Barletta der Zeit nach 1162 zuordnet, plädiert Wagner-Rieger – und darin Enlart und Bertaux folgend – aus stilistischen Erwägungen überzeugender für das letzte Viertel des 12. Jahrhunderts.[288]

Nur noch Reste geben Zeugnis davon, daß der Kirche im Westen ursprünglich eine offene Eingangshalle vorgelagert war. Durch diese gelangte man in eine innere, das Langhaus begrenzende Vorhalle, über der sich eine dreijochige, durch fünf Arkaden zum Mittelschiff geöffnete Kapelle befindet, die ehemals mit einem Hospiz verbunden war. In die Nordwestecke der Vorhalle ist ein unvollendet gebliebener Turm eingesetzt, der auf eine ursprünglich projektierte Doppelturmanlage schließen läßt. Allein schon diese Absicht zeigt, wie weitgehend die im Dienst der Kanoniker stehende Bauhütte unter dem Eindruck transalpiner Westwerkanlagen stand. Das dreischiffig basilikale Langhaus setzt sich aus sechs Jochen zusammen. Während sich über den quadratischen Jochen der Seitenschiffe Kreuzgratgewölbe erheben, sind die rechteckigen des Mittelschiffs mit vierteiligen Kreuzrippen abgeschlossen. Dem Langhaus folgt ein nur wenig über dessen Seitenwände vortretendes Querhaus mit drei freistehenden Apsiden, Rippengewölben in den quadratischen Seitenjochen und einer oktogonalen Kuppel über querrechteckigem Mitteljoch. Der Wandaufriß des Langhauses ist zweizonig: Ein in Höhe des Gewölbekämpfers durchlaufendes Gesims trennt die spitzbogige Pfeilerarkatur des Erdgeschosses vom Fenstergaden. Das stilistische Hauptmerkmal des Mittelschiffs ist die durchlaufende Travée (eine Folge von querrechteckigen Jochen) mit Kreuzrippengewölben, wofür als Ausgangspunkt, nach Wagner-Rieger, »zweifellos ein Bau burgundischen Charakters« anzunehmen ist, »der ähnlich wie Pontigny bereits aus einer Auseinandersetzung mit dem gotischen Wölbesystem hervorgegangen war«. Wie die Autorin weiter bemerkt, ist »als Zwischenstufe dieser architektonischen Übertragung transalpiner Formen etwa auf die Johanneskirche in Beirut, die Liebfrauenkirche von Tortosa oder besonders auf die Annenkirche in Jerusalem hinzuweisen«.[289] Trotzdem ist es bisher nicht gelungen, für S. Sepolcro ein unmittelbares Vorbild zu finden. Bestrebungen dieser Art wird auch weiterhin kein Erfolg beschieden sein, da in das transalpine Wölbungssystem der Kirche genügend Eigenheiten der lokalen apulischen Baukunst eingeflossen sind, die es verbieten, S. Sepolcro als reine Übertragung eines außeritalienischen Typus zu betrachten. So steht neben dem spezifischen Querhaustypus auch die Pfeilerform der Bogenstellungen – quadratische Pfeiler mit Halbsäulen in der Arkadenleibung und Pilastervorlagen an der Mittelschiffwand – in heimischer Tradition (z. B. S. Nicola in Bari und S. Maria di Amalfitana in Monópoli), die ihrerseits auf französisch-normannische Wurzeln (z. B. Bernay) zurückgeht. Schließlich sind die an der nördlichen Außenwand eingelassenen Pfeilerblendarkaden als rein autochthones Motiv anzusehen, das von der mit S. Nicola in Bari zusammenhängenden Bautengruppe seinen Ausgang genommen und hier in Barletta eine spitzbogige Mutation erfahren hat (Abb. 199).

Nur ein einziges Mal, beim Bau des *Doms von Ruvo* (um 1200 begonnen), wurde versucht, das System von S. Sepolcro in Barlet-

199 Barletta, S. Sepolcro, Außenansicht von Südosten

ta mit dem der apulischen Kathedralen in eine Synthese zu bringen. Das zeigt sich vor allem an den aus der ersten Bauphase stammenden, auf Wölbung angelegten Pfeilern, deren Pilastervorlagen fast bis zur Decke führen. Letztlich sollten jedoch auch hier der apulische Kathedraltypus über die nur zögernd eindringende gotische Formenwelt den Sieg davontragen.[290] Der ›romanische‹ Rundbogen blieb weiterhin in Geltung und anstelle der geplanten Wölbung erfolgte die Rückkehr zum offenen Dachstuhl. Vollends suchte man mit dem Bau des Querhauses, das mit seinen drei freistehenden Apsiden und dem außen herumführenden Konsolengesims weitgehend jenem des Doms von Trani entspricht, den Anschluß an die apulische Tradition.

Deutlicher als in Ruvo manifestiert sich die frühgotische Formensprache in *Lecce,* und zwar an der von Tancred von Lecce 1180 errichteten Kirche *S. Nicolo e Cataldo,* ohne freilich – trotz der Dominanz des Spitzbogens – alleinigen Geltungsanspruch zu erheben. Die dreischiffige Hallenkirche besteht aus fünf Jochen, wobei sich das mittlere – von einer querovalen Tambourkuppel bekrönt – zu einem Querhaus weitet, das nicht über die Flankenwände des Langhauses hinaustritt (Abb. 200). Es hat den Anschein, daß sich in dieser bemerkenswerten Verknüpfung von Longitudinal- und Zentralbaugedanken auch der Wille des Bauherrn manifestiert, die Verbindung von Abendland und Orient wenigstens in architektonischer Hinsicht Wirklichkeit werden

309

zu lassen. Was den abendländischen Anteil betrifft, so dominiert eindeutig der französische Einfluß, der sich aus einer burgundischen und einer poitivinischen Komponente zusammensetzt. Während die Spitztonnen des Mittelschiffs und Querhauses auf Cluny III und spätere Zisterzienserbauten (z. B. Fontenay) zurückgehen, weisen »die vierpaßförmigen Pfeiler in Verbindung mit Tonnenwölbung im Mittelschiff und Gratgewölben in den Seitenschiffen auf die Baukunst des Poitou« (z. B. St-Pierre d'Aulnay).[291] Das alles ist in steile Proportionen von bereits gotischem Zuschnitt übertragen und gipfelt in einer Kuppel, die den byzantinischen Zentralbaueffekt nachhaltig verstärkt. Besonders eindrucksvoll ist ihre Außenansicht, in der sich buchstäblich die Biographie des Bauherrn widerzuspiegeln scheint. Tancred von Lecce, Enkel Rogers II., war von König Wilhelm II. mit hohen militärischen Kommandostellen betraut worden. Unter anderem kämpfte er gegen den Sultan von Ägypten, und als Oberbefehlshaber der normannischen Flotte wäre ihm beinahe die Eroberung der oströmischen Kaiserstadt gelungen. Während nun der oktogonale Tambour von S. Nicolo e Cataldo mit seinen Ecksäulen und dünn profilierten Blendbogen an byzantinischen Vorbildern orientiert ist, erinnert der bienenkorbähnliche Kuppelabschluß – mit jenem des um fast hundert Jahre älteren Bohemund-Mausoleums in Canosa vergleichbar – deutlich an islamische Kuppellösungen. Mit Tancreds Niederlage gegen den

200   LECCE, SS. Nicolo e Cataldo, Innenansicht

Staufer Heinrich VI. ging auch die Normannenherrschaft über Süditalien zu Ende. Ein letztes Mal, so hat es den Anschein, fand der alte normannische Traum, Orient und Okzident wenn schon nicht zu vereinen, so doch einander näher zu bringen, mit dem Bau von S. Nicolo e Cataldo im apulischen Lecce seinen symbolischen Niederschlag.

Kampanien

Im Zuge der normannischen Eroberung Kampaniens, die mit der Gründung der Grafschaft Aversa (1030) durch Rainulf Drogonet begonnen und mit der Besetzung Salernos (1077) durch Robert Guiscard ihren Abschluß gefunden hatte, setzte – ausgehend vom Mutterkloster der Benediktiner in Montecassino – auch eine durchgreifende Erneuerung des kirchlichen Lebens ein. Dies hatte zur Folge, daß man sich bei der Errichtung der Kathedralen während des 11. und teilweise auch des 12. Jahrhunderts überwiegend am Desiderius-Bau von Montecassino orientierte. Da auch zahlreiche kleinere Kirchen, wie etwa S. Angelo in Formis, mehr oder minder dem benediktinischen Vorbild verpflichtet sind, ist es durchaus legitim, von einer gelegentlich auch über die Grenzen Kampaniens hinausreichenden montecassinischen Bauschule zu sprechen. Die baukünstlerische Vormachtstellung des Klosters war so stark, daß sich daneben nur selten andere stilistische Strömungen durchzusetzen vermochten. Im Gegensatz dazu sei an die Situation in Apulien erinnert, wo neben der von S. Nicola in Bari (in seiner ersten Fassung deutlich von Montecassino beeinflußt) abhängigen Bautengruppe das Thema des byzantinischen Kuppelbaus eine nahezu gleichrangige Stellung einnahm. Dabei hätte die historische Ausgangsposition Kampaniens eine durchaus ähnlich ambivalente Architektur nach sich ziehen können. Denn auch hier existierte neben den langobardischen Fürstentümern im Bereich der Seestädte Gaeta, Neapel und Sorrent eine nicht unbedeutende byzantinische Enklave. In der Tat ist der unter dem Langobardenherzog Arechis 762 errichtete Zentralbau von S. Sofia in Benevent mit seinem doppelten Stützenkranz nicht anders als mit der Beschäftigung byzantinischer Bauleute zu erklären. Bedenkt man in diesem Zusammenhang, daß es neben diesem einzigen aus der Langobardenzeit erhalten gebliebenen Sakralbau der Region mit Sicherheit noch weitere Kirchengebäude aus der Zeit vor der normannischen Okkupation gegeben hat – darunter gewiß einige mit Merkmalen byzantinischer Herkunft –, so ist erstaunlich, daß die kirchliche Baukunst Kampaniens in der Ära der Normannen von Konzepten dieser Provenienz nahezu gänzlich unberührt geblieben ist. Kennzeichnend ist, daß es aus dieser Epoche keinen einzigen nennenswerten Zentralkuppelbau gibt.

Da die Klosterkirche von Montecassino im 17. Jahrhundert radikal erneuert wurde, sind wir zur Erörterung der ursprünglichen Anlage (1066–1071) auf die wahrscheinlich 1531 entstandenen Grundrißzeichnungen des Antonio da Sangallo angewiesen (Abb. 171). Wie schon erwähnt, handelte es sich um eine dreischiffige Säulenbasilika mit westlich vorgelagertem Atrium. Vom Langhaus vermittelte ein auf freistehenden Säulen ruhender Triumphbogen zu einem tiefen, vierungslos durchgehenden Querhaus mit drei unmittelbar anschließenden Apsiden. Abgesehen von den drei liturgisch erforderlichen Apsiden erinnert die Kirche deutlich an den Typus der frühchristlichen, stadtrömischen Basilika, deren Teilrezeption hier als Ausdruck eines persönlichen Formenwillens des Bauherrn Desiderius aufzufassen ist. Dahinter stand die Sehnsucht nach einer Renovatio der konstantinischen Ära, die der Abt als begeisterter Vertreter der cluniazensischen Reform nicht zuletzt mit dem Mittel des stilistischen Rückgriffs zu versinnbildlichen trachtete. Dabei wäre es nach Thümmler nicht überraschend, wenn sich »in der Baukunst Kampaniens die Einfachheit einer dreischiffigen Säulenbasilika von den ersten christlichen Kirchen in dieser Gegend bis zum 11. Jahrhundert konstant erhalten hätte und demnach der Neubau des Desiderius zwar ein sehr umfangreiches Gebäude geworden sei, aber in seiner Raumform ein altes, bewährtes Schema weiterführe«.[292] Daß diese Annahme unzutreffend ist, fand der Autor in einer Stelle der Chronica monasterii Cassinensis (11. Jahrhundert) bestätigt. Daraus geht hervor, daß der aus der Karolingerzeit stammende Vorgängerbau unter den Äbten Atenulf (1011–1022) und Theobald (1022–1035) mit mehreren Türmen und einem Westwerk ausgestattet worden war. Diese nur etwa 50 Jahre vor dem Desiderius-Bau angebahnte Beziehung zur transalpinen Baukunst, die auch als Zeichen symbolischer Anerkennung kaiserlicher Suprematie in Italien gedeutet werden kann, wurde dann jäh unterbrochen, um der Wiederaufnahme heimischer Traditionen zu weichen. Nicht auszuschließen ist in diesem Zusammenhang, daß die kampanische Sakralarchitektur mit der Beibehaltung des nordischen Westwerks in Montecassino ohne das Dazwischentreten der cluniazensischen Reform eine andere Entwicklung ge-

nommen hätte. Vorstufen dafür gab es in Italien ja bereits im 9. Jahrhundert, als etwa die Benediktiner von Farfa (Latium) ihrer Abteikirche ein monumentales Westwerk voranstellten. Daneben hatten zwei so wichtige Klöster wie die von S. Salvatore am Monte Amiata und S. Marino bei Farfa ebenfalls den Typus der nordischen Doppelturmfassade übernommen.

Wie schon im Kapitel über die apulische Architektur aufgezeigt, ist der Desiderius-Bau nicht allein aus der Rückbesinnung auf die konstantinischen Basiliken Roms zu erklären, da er sich von diesen durch seine viel steileren, wahrscheinlich aus Burgund angeregten Proportionen deutlich unterscheidet. Darüber hinaus ist zu bemerken, daß Montecassino in zwei Detailaspekten sowohl der kampanischen als auch der sizilischen Architektur erhebliche Impulse gegeben hat: einmal mit dem Motiv der in die Mauerzungen der Hauptapsis eingesetzten Vollsäulen, dann – wie alten Beschreibungen zu entnehmen ist – mit der Verwendung spitzbogiger Formen (»fornices spiculos«). Obgleich mit der Erwähnung von »fornices spiculos« noch keineswegs erwiesen sein muß, daß die zwei mal elf Langhausarkaden spitzbogig gestaltet waren, kann man nicht ausschließen, daß die Spitzbogen von Cluny III auf eine Anregung Montecassinos zurückzuführen sind. Im übrigen stellen beide Motive gar kein so überraschendes Moment dar, wie es zunächst den Anschein hat. Denn überliefert ist, daß Desiderius zum Bau seiner Kirche auch sarazenische Bauleute hinzugezogen hat, denen Elemente dieser Art aus ihrer sizilischen oder ägyptisch-fatimidischen Heimat wohlvertraut waren.

Um sich vom Neubau des Desiderius eine räumliche Vorstellung zu verschaffen, ge-

201 SALERNO, Dom, Hauptportal

präsentationsbewußtsein des Herrschers, den zeitlichen Abschluß der Eroberung Unteritaliens – nur Neapel konnte sich bis 1130 halten – mit einem Bauwerk zu markieren, dessen Dimensionen (Länge: fast 80 m) jene der Abteikirche von Montecassino (Länge: 48,40 m) fast um das Doppelte übertreffen. Gleichwohl zögerte man nicht, die Raumdisposition des Desiderius-Baus als vorbildlich anzuerkennen. So hat es für das partnerschaftliche Verhältnis der Normannen zu den Benediktinern nahezu symbolische Bedeutung, daß das Querhaus in Anlehnung an frühchristliche Kirchen »als gewaltiger Hohlkörper ohne jede Bogenverspannung vor dem Langhaus liegt«.[293] In einem Punkt jedoch fand man zu einer vom montecassinischen Vorbild abweichenden Lösung: Im Gegensatz zu den beim Desiderius-Bau mit den Langhauswänden gleichfluchtenden Querhauswänden springt hier das Querhaus ein wenig über die Seitenschiffe vor, womit sich wenigstens in der Tendenz ein T-förmiger Grundriß ergibt – eine für eine ganze Reihe apulischer Kathedralen richtungweisende Komponente.

Besondere Beachtung verdient das Hauptportal mit seinen 1099 in Byzanz gegossenen Türflügeln (Abb. 201). In ihm manifestiert sich ein merkliches Interesse der Salernitaner Bauhütte am klassischen Formenrepertoire: Während man die flachen Gewändepfeiler mit Blattwerkranken schmückte, fand ein antikes Gebälkstück als Türsturz Verwendung. Neben Salerno lassen sich in Kampanien noch weitere antikisierende Portalbeispiele – unter anderem S. Angelo in Formis – anführen, was Thümmler zum Anlaß genommen hat, von einer »renaissancehaften Strömung der kampanischen Architektur« zu sprechen.

nügt ein Blick in den *Dom von Salerno*, der, obgleich im Langhaus während der ersten Hälfte des 18. Jahrhunderts umfassend verändert, vor allem im Bereich des Querhauses mit seinen drei Apsiden einen weitgehend authentischen Eindruck vom ursprünglichen Raumvolumen vermittelt. Schon bald nach der Eroberung der Stadt (1077) durch Robert Guiscard wurde mit den Bauarbeiten begonnen, und bereits 1084 (1085?) konnte das Gebäude in Anwesenheit des Normannenherzogs von Papst Gregor VII., der sich vor den herannahenden Truppen Kaiser Heinrichs IV. nach Salerno in Sicherheit gebracht hatte, geweiht werden. Es entsprach dem Machtwillen und Re-

202 RAVELLO, Dom, Innenansicht, Blick zum
Chor

sucht der Betrachter sich einen authentischen Eindruck vom ursprünglichen Erscheinungsbild kampanischer Kirchen des
Hohen Mittelalters zu verschaffen, so stößt
er auf große Schwierigkeiten, da die meisten
Bauten der Region in der Barockzeit beträchtlich verändert wurden. Das gilt auch
für den *Dom von Ravello,* der darüber hinaus, wie fast alle Gebäude an der amalfitanischen Küste, durch Raubzüge pisanischer
Truppen in den Jahren 1135 und 1137 erheblich gelitten hat. Trotzdem bietet der heutige Baubestand begnügend Anhaltspunkte,
um dessen stilistische Nähe zur montecassinischen Bauschule bestätigt zu sehen. Das
beginnt im dreischiffig basilikalen, flachgedeckten Langhaus mit seinen zwei mal neun
Säulenarkaden und endet am durchlaufenden Querhaus, dessen Seitenwände nicht
über die Seitenschiffe hinaustreten (Abb.
202). Ob die heutigen, merklich von der
Hauptapsis abgesetzten Seitenapsiden dem
ursprünglichen Zustand des Gebäudes entsprechen, ist allerdings fraglich. Eher hat es
den Anschein, daß die Barockisierung des
Querhauses im 18. Jahrhundert diese Apsidenlösung nach sich gezogen hat. Wie die
eng zusammentretenden Apsiden von Salerno beweisen – wie in Ravello öffnen sich
auch dort über den Seitenapsiden Rundfenster – kann man auch hier ursprünglich eine
ähnlich geschlossene Chorkonzeption vermuten. Deutlicher als das Querhaus vermittelt das von Barockisierungsmaßnahmen
unbeeinträchtigte Langhaus den Eindruck
einer auf frühchristliche Quellen rekurrie-
renden Anlage. Das zeigt sich vor allem am
raschen Rhythmus der enggestellten Säulenarkaden, über denen sich in beträchtlicher
Höhe der Fenstergaden öffnet. Lediglich in
dieser Vertikalisierung der Proportionen –

Darin offenbare sich, bemerkt er weiter,
»ein Äquivalent zu der antikischen Gesin-
nung der Florentiner Bauwerke aus der
zweiten Hälfte des 11. Jahrhunderts«.[294] In
diesem Zusammenhang ist auch an die im
Zeichen einer spezifischen Antikenrezeption stehenden Portallösungen der umbrischen Baukunst des 12. Jahrhunderts zu
erinnern (z. B. Hauptportal des Doms von
Spoleto).

Im Einflußbereich der montecassinischen
Bauschule stehen auch zahlreiche andere
Kirchen Kampaniens, wie etwa die Dome
von Ravello (nach 1086) und Scala aus dem
11. Jahrhundert oder die aus dem 12. Jahrhundert stammende Kirche S. Maria del
Granato in Capaccio (bei Paestum). Ver-

und das gilt auch für Salerno und Montecassino – macht sich ein Wesenszug bemerkbar, der die montecassinische Bautengruppe an die romanische Baukunst des Nordens (ausgehend wahrscheinlich von Cluny II) bindet.

In nächster Nähe von Ravello, auf einem steilen Berghang gelegen, befindet sich die Ortschaft *Scala*, ehemals als amalfitanische Kommune eine bedeutende Rivalin Ravellos. Von ihrer einstigen Größe legt nur noch der am Ende des 11. Jahrhunderts begonnene, in erstaunlichen Dimensionen errichtete *Dom* Zeugnis ab.[295] Während das Langhaus in der Barockzeit fast bis zur Unkenntlichkeit entstellt worden ist, hat die Querhausaußenansicht ihr ursprüngliches Erscheinungsbild bewahrt, wobei nicht zuletzt das abschüssige Gelände die auffallend steil proportionierte Form der Apsiden verursacht hat. Bisher war es der Forschung entgangen, daß die extrem vertikalisierte Apsidenkonzeption des Doms von Trani – breite Hauptapsis und sehr schlanke Seitenapsiden – in jener von Scala ihr einziges Pendant auf italienischem Boden besitzt. Wie das über die Langhauswände vortretende Querhaus von S. Nicola in Bari in seiner ersten Fassung nachweislich im Einflußbereich Salernos gestanden hatte, so könnte die Tranenser Bauhütte auch für ihre außergewöhnliche Apsislösung vom kampanischen Scala anregende Impulse empfangen haben.

Während des 9. und 10. Jahrhunderts hatte die Republik Amalfi angesichts ihrer florierenden, bis in den Vorderen Orient reichenden Handelsbeziehungen an der Costa Amalfitana die unumschränkte Führungsposition inne. Ihre Vormachtstellung büßte sie erst 1039 ein, als sie vom Langobardenherzog Waimar IV. von Salerno erobert

wurde. Mit der Einnahme der Stadt im Jahre 1073 durch Robert Guiscard vollzog sich dann abermals ein Machtwechsel, der aber keineswegs eine endgültige Konsolidierung der normannischen Oberhoheit bewirkte. Nachdem schon Roger I. den Freiheitsdrang Amalfis zu spüren bekommen hatte, gelang es König Roger II. erst im Jahre 1131 den Widerstandswillen der Stadt zu brechen und sie definitiv in den normannischen Herrschaftsbereich einzugliedern.

Zur Baugeschichte des *Doms von Amalfi*, dessen erste Gründung auf das 9. Jahrhundert zurückgeht, liegen nur wenig gesicherte Daten vor. Um sich von der ursprünglichen, in der zweiten Hälfte des 11. Jahrhunderts weitgehend erneuerten Anlage eine Vorstellung zu verschaffen, hat sich die Forschung vor allem mit der *Cappella del Crocefisso* auseinanderzusetzen, der später im Süden der heutige Dom hinzugefügt wurde. Erschwert wird eine Besprechung des Gesamtkomplexes insofern, als dieser schon seit dem 16. Jahrhundert und dann in geradezu radikaler Form am Beginn des 18. Jahrhunderts umgestaltet wurde. Dazu kommt, daß man Fassade und Vorhalle im letzten Viertel des 19. Jahrhunderts nach einem Erdbeben, den Gesichtspunkten des Historismus entsprechend, in Formen des 13. Jahrhunderts rekonstruiert hat. Schon seit mehr als 50 Jahren ist man bestrebt, das ursprüngliche Erscheinungsbild der Cappella del Crocefisso wiederherzustellen. Obgleich diese Rückführung auch gegenwärtig noch andauert, sind die Restaurierungen doch bereits so weit gediehen, daß eine stilistische Einschätzung der ursprünglichen Anlage möglich ist. Danach handelt es sich um ein dreischiffig basilikales, querhausloses Gebäude (das linke Seitenschiff mußte 1266

203   S. Angelo in Formis, Innenansicht

dem Zubau des Chiostro del Paradiso weichen), dessen flachgedecktes Mittelschiff
sich trapezoid zur mächtigen Apsis weitet.
Der dreigeschossige Wandaufriß setzt sich
aus enggereihten Säulenarkaden mit gestelzten Spitzbogen, einer kleinen, triforienarti-
gen Emporenzone und dem Fenstergaden
zusammen. Die Emporenzone besteht aus
gekuppelten, auf einem in die Tiefe gestaffelten Säulenpaar lagernden Spitzbogenstellungen ohne übergreifenden Bogen, die zusammen mit zwei spitzbogigen Fenstern des
Obergadens axial auf jeweils eine Arkade
des Erdgeschosses ausgerichtet sind. Dieses
komplizierte Wandsystem mit der italienischen Forschung in das Ende des 10. Jahrhunderts zu datieren, erscheint völlig ausge-

schlossen, da zu diesem Zeitpunkt die Existenz von Emporen in Longitudinalbauten
weder in Kampanien noch sonst irgendwo
in Italien überliefert ist.[296] Zumindest in Erwägung zu ziehen ist der Datierungsvorschlag Krautheimers, der in den 1066 für
den Dom in Byzanz gegossenen Bronzetüren einen terminus ante quem sieht.[297] Unseres Erachtens ist jedoch auch dieser Zeitraum zu früh gewählt, da das Konzept nur
mit der normannischen Baukunst in Verbindung gebracht werden kann. Zur Stützung
dieser Hypothese eignet sich ein Vergleich
mit den riesigen Emporenöffnungen apulischer Bauten freilich wenig. Weit zielführender ist ein Hinweis auf die Architektur
des normannischen Mutterlandes in Nord-

204 S. Angelo in Formis, Fassade

westfrankreich: Wie die Cappella del Crocefisso verfügte auch das Langhaus der Kirche von Mont-Saint-Michel – wahrscheinlich schon in der zweiten Bauphase (um
1030/1040) – über triforienähnlich kleine, in
Doppelarkaden gruppierte Emporen.[298]
Demnach ist das Amalfitaner Wandkonzept
vermutlich erst im zeitlichen Kontext mit
dem Auftreten Robert Guiscards (1073)
projektiert worden. Was den Wandaufbau
der Cappella del Crocefisso jedoch von allen
normannischen Vergleichsbeispielen unterscheidet, ist der durchgehende Einsatz des
Spitzbogens, was keineswegs überrascht, da
diese Bogenform bereits in Montecassino
bekannt war und, davon abgesehen, Amalfi
stets Kontakte mit den Sarazenen unterhielt.

Im übrigen scheint sich in dieser – zur montecassinischen Bauschule in extremem Gegensatz befindlichen – Wandstruktur der
Autonomiewille der Stadt zu bekunden, deren Entscheidungsfreiheit in inneren Ange-
legenheiten auch von Robert Guiscard nicht
angetastet wurde.

Nimmt die Cappella del Crocefisso in der
kampanischen Baukunst weitgehend eine
Sonderstellung ein, so folgen, wie schon erwähnt, neben den übrigen Kathedralbauten
auch die kleineren Kirchen der Region überwiegend dem montecassinischen Bauideal.
Besonders anschaulich manifestiert sich diese Strömung an der Basilika von *S. Angelo in
Formis,* deren Erstgründung in den Anfang
des 10. Jahrhunderts zurückreicht. 1072

wurde dieser Vorgängerbau vom Grafen Richard von Aversa (daneben auch Fürst von Capua) dem Abt von Montecassino, Desiderius, übergeben, der gleich im folgenden Jahr den Neubau der Anlage veranlaßte. Das Ergebnis war eine durch den Verzicht auf ein Querhaus gekennzeichnete ›Kurzfassung‹ der montecassinischen Abteikirche. Das dreischiffig basilikale, flachgedeckte und mit drei Apsiden versehene Gebäude atmet mit seinen enggereihten Säulenarkaden deutlich den Geist der frühchristlichen Architektur (Abb. 203). Neben dem berühmten, von byzantinisch geschulten Malern stammenden Freskenzyklus gebührt auch den architektonischen Details Beachtung. Wie im Dom von Ravello lagern hier die Rundbogen nicht auf Kämpferplatten, sondern unmittelbar auf den korinthischen Kapitellen. Besonders eindrucksvoll sind das in antiker Manier rechteckig gerahmte Portal und der dem Gebäude vorgelagerte Portikus mit seinen fünf Säulenarkaden (Abb. 204). Der mittlere, extrem gestelzte Bogen erhebt sich über zwei mächtigen Granitsäulen, deren korinthische Kapitelle vom antiken, der Diana geweihten Vorgängerbau stammen. Von diesem leicht zugespitzten Bogen, der das Pultdach des Portikus anschneidet und die seitlich anschließenden Arkaden beträchtlich überragt, führt ein Tonnengewölbe zum Portal der Fassade. Zu den erwähnten Granitsäulen gesellen sich schlanke Marmorsäulen, auf denen jeweils zwei gestelzte Spitzbogen ruhen. Von dieser Bogenform ausgehend, kann auch für S. Angelo in Formis eine Beteiligung sarazenischer Architekten angenommen werden.

Unter den zahlreichen kleineren Kirchen Kampaniens, die sich in ihrer stilistischen Erscheinungsform der frühchristlich-konstantinischen Geisteshaltung Montecassinos verpflichtet zeigen, sei nur noch *S. Menna in S. Agata dei Goti* genannt. Vom Normannengrafen Robert von Capua auf den Fundamenten eines Vorgängerbaus gegründet, wurde das Gebäude von Papst Paschalis II. 1114 geweiht. Abgesehen von den gedrungenen Proportionen im Mittelschiff und den drei in das Mauerwerk eingebetteten, also außen nicht sichtbaren Apsiden, entspricht die Kirche mit ihrem fehlenden Querhaus weitgehend dem Schema von S. Angelo in Formis, wobei vor allem der rasche Säulenrhythmus und der Verzicht auf Kämpferplatten zwischen den Rundbogenschlägen und den Kapitellen als weitere Analogiefaktoren zu nennen sind. Steht die Innenansicht von S. Angelo in Formis ganz im Zeichen des weltberühmten Freskenzyklus, so beeindruckt S. Menna mit seinen teilweise erhalten gebliebenen Chorschranken und dem prächtig intarsierten Paviment. Diese pittoresken Akzente werden noch durch die stets wechselnden Kapitellformen, die teils auf originäre Schöpfungen, teils auf den Einsatz von Spolien zurückzuführen sind, verstärkt. Dagegen herrscht in S. Angelo in Formis mit der durchgehenden Verwendung von korinthischen Kapitellen der harmonische Gleichklang klassischer Regelmäßigkeit.

Gänzlich im Zeichen der islamischen Form des gestelzten Spitzbogens stehen die Arkaden der erst im 12. Jahrhundert errichteten Kirche *S. Giovanni del Toro in Ravello* – für den amalfitanischen Küstenbereich ein keineswegs mehr überraschendes Bauelement, seit diese Bogenform in der Cappella del Crocefisso Eingang gefunden hatte (Abb. 205). Lange Zeit war es in der

205 RAVELLO, S. Giovanni del Toro,
Innenansicht

Forschung üblich, den Spitzbogen grundsätzlich mit dem gotischen Stilprinzip in
Verbindung zu bringen. Davon ausgehend,
hat auch der große Italienkenner Bertaux
den Bau von S. Giovanni del Toro in das
13. Jahrhundert, also in die Epoche der Anjou eingeordnet, eine Datierung, die dann
Toesca auf stilkritischer Ebene in das 12.
Jahrhundert korrigierte.[299] Die dreischiffige
Basilika verfügt über ein kuppelüberhöhtes
Querhaus mit drei Apsiden, deren mittlere
von kleinen eingestellten Säulen flankiert
wird, ein Motiv, das – der islamischen Baukunst entlehnt – uns schon von Montecassino her vertraut ist. Ein spitzer, stark einge-
zogener Triumphbogen trennt das Querhaus vom Langhaus, dessen Mittelschiff von

einem Sparrendach abgeschlossen wird,
während die Seitenschiffe gewölbt sind,
nach früheren Versuchen im Portikus von
S. Angelo in Formis die erste Auseinandersetzung mit der Wölbungsproblematik in
einer kampanischen Kirche. In der Tat standen der Lösung des Problems große Schwierigkeiten entgegen, galt es doch mit der
komplizierten Form des gestelzten Spitzbogens fertig zu werden, und dafür eignete sich
das andernorts vielerprobte Kreuzgratgewölbe wenig. Man entschied sich deshalb in
den Seitenschiffen zugunsten einer von
Stichkappen angeschnittenen Spitztonne,
wobei die Stichkappen bis zum Scheitel der
Tonne führen, so daß sich der Eindruck einer
in der Jochfolge von Kreuzgraten durchdrungenen Spitztonne ergibt. Da man diesem Wölbungsschema in der kirchlichen
Baukunst Süditaliens nur selten begegnet,
bietet auch dieser Aspekt keine ausreichende
Grundlage, die von der Forschung unver-
bindlich vorgeschlagene Datierung des Bauwerks in das 12. Jahrhundert zu präzisieren.
Mit mehr Erfolg läßt sich die Frage nach der
zeitlichen Einordnung der Apsisaußengestaltung beantworten. Über alle drei Apsiden, die wie jene von Scala – bedingt durch
das abschüssige Terrain – ein enormes Höhenausmaß besitzen, erstreckt sich das Motiv der verschränkten Blendarkaden, das in
seiner zweifarbig intarsierten Erscheinungsform an siculo-arabische Vorbilder denken
läßt; dazu kommen drei horizontale Orna-
mentbänder mit ockrigen Rauten vor dun-
kelgrauem Grund. Wegweisend für dieses
Dekorationsschema mögen etwa der Dom
von Monreale (gegründet 1174) mit seinen
geradezu luxuriös ausgeschmückten Apsiden oder die Kirche S. Spirito in Palermo
(gegründet ca. 1173) mit ihrer sparsamer ge-

206 SALERNO, Dom, Atrium und Campanile

gliederten Außenansicht gewesen sein. Auf dieser Vergleichsbasis ist eine Datierung der Apsidendekoration von S. Giovanni del Toro um 1200 in Betracht zu ziehen.

Eine intensivere Auseinandersetzung mit der islamischen Baukunst setzte in Kampanien – vor allem im Küstengebiet – offenbar schon bald nach der Inthronisation Rogers II. (1130) ein. Roger nannte sich, wie alle nachfolgenden Normannenherrscher, auch »König von Afrika«, ein Titel, der nicht nur nominellen Charakter hatte, sondern an den sich auch beachtliche materielle Vorteile knüpften, denn von Marokko bis Tripolis hatten alle muslimischen Fürsten Tributzahlungen an ihn zu leisten.[300] Das führte auch zu einer verstärkten künstleri-

schen Begegnung mit dem Islam, wovon das Atrium des *Doms von Salerno* beredtes Zeugnis gibt (Abb. 206). Nach M. d'Onofrio soll die Anlage noch vor der Errichtung des Campanile (1137–1145) entstanden sein.[301] Drei Seiten des quadratischen Atriums sind zweigeschossig konzipiert: Auf den Säulenarkaden des Erdgeschosses erhebt sich eine emporenähnliche Zone, die sich in Gruppen von je fünf Bogenstellungen öffnet. Dabei bezeugen drei Faktoren die Affinität zur islamischen Baukunst: einmal die polychrome Behandlung des Mauerwerks, dann die über den Bogenzwickeln des Erdgeschosses intarsierten Medaillons und schließlich die gestelzte Form des Bogens (Farbabb. 4). In diese Richtung zielen auch Deckers Ergebnisse, der sich bei Betrachtung des Salernitaner Atriums an »Vorhöfe nordafrikanischer Moscheen (wie Kairuan)« erinnert fühlt.[302] Noch zutreffender jedoch als die Nennung der Großen Moschee von Kairuan ist der Hinweis auf die wie in Salerno zweigeschossigen Trakte des Hofs der Großen Moschee in Damaskus (um 715). Höfe dieser Art sind nun freilich keine Erfindung des Islam. Vielmehr handelt es sich dabei um das Fortwirken der von der Antike ausgehenden und von der frühchristlichen Architektur wieder aufgenommenen Hofkonzeption des Peristyls. Der Campanile des Salernitaner Doms, einer der höchsten Kampaniens, befindet sich an der Südseite des Atriums. Drei mit großen Biforen besetzte Geschosse folgen dem quadratischen Grundriß des Turms. Auf diesen erhebt sich ein zylindrisches Aufsatzgeschoß, dessen Wand durch verschränkte, auf weißen Marmorsäulen postierte Blendarkaden gegliedert ist. Alle Bogenschläge – einschließlich der rundbogigen Fensteröffnungen – sind in farbigem Schichtwechsel (schwarz und rostrot) gemauert, eine Dekorationsweise, die genauso wie der mit sechszackigen Sternen (weiß auf schwarzem Grund) besetzte Abschlußfries aus dem Repertoire der islamischen Ornamentik stammt. Darüber hinaus zeigt der Campanile auch vom rein Architektonischen her gesehen Anklänge an die islamische Baukunst. Denn in der Tat erinnert er angesichts seines zylindrischen Aufsatzgeschosses an manche Minarette des Orients. Neuerlich ist dabei auf die Große Moschee von Damaskus zu verweisen, deren östliches Minarett – quaderförmiger Unterbau mit sehr schlanken zylindrischen Aufsatzgeschossen – als prototypische Ausgangsposition für die in den Proportionen freilich stark abgewandelte Campanile-Konzeption von Salerno anzusehen ist. Als Anleihe aus der abbassidisch-ägyptischen Architektur (Ibn-Tulun-Moschee in Kairo, 9. Jahrhundert) sind auch die im Erdgeschoß eingesetzten Säulen zu betrachten, ein Motiv, dem man an zahlreichen Glockentürmen der Dome Kampaniens (z. B. Capua, Amalfi, Aversa) begegnet.

Auf einem hohen Bergrücken erhebt sich die kleine, wahrscheinlich schon im 8. Jahrhundert von den Langobarden gegründete Ortschaft *Caserta Vecchia*. Überhöht wird ihre Silhouette vom Campanile und Vierungsturm des *Doms*, dessen erstaunliche Größe nur im historischen Rückblick auf die strategische Bedeutung der Siedlung – sie beherrschte einst den heutigen Bereich der Provinz Caserta – verständlich wird. Unter den Kirchen des binnenländischen Kampaniens nimmt der Dom ohne Zweifel eine führende Stellung ein, und zwar nicht allein bezüglich seiner monumentalen Erschei-

207 Caserta Vecchia, Dom, Fassade und Campanile

nungsform, sondern vor allem im Hinblick auf die hier in unvergleichlicher Vielfalt integrierten Stilströmungen. Von den nur spärlich überlieferten Daten des unter Bischof Rainulf (1113–1128) begonnenen Gebäudes ist in erster Linie die am mittleren Westportal inschriftlich festgehaltene Jahreszahl 1153 zu nennen. Ihr kommt besondere Bedeutung zu, da sie, wie noch näher zu erläutern sein wird, wahrscheinlich das Ende der ersten Bauphase anzeigt. Die abgestufte Fassade entspricht exakt dem basilikalen Querschnitt des dreischiffigen Innenbaus (Abb. 207). An ihrer rechten Flanke erhebt sich der erst 1234 errichtete Campanile, dessen Abschlußgeschoß durch vier zylindrische Türmchen in den Diagonalachsen bereichert ist und somit einen verspäteten Reflex auf die Turmlösung von S. Maria dell'Ammiraglio (›La Martorana‹) in Palermo erkennen läßt. An der durch keinerlei vertikale Gliederungsformen akzentuierten Fassade fallen vor allem die von weißem Marmor gerahmten Portale und Fenster ins Gewicht. Mit ihren flachen Gewändepfeilern, dem waagerechten Sturz und dem rundbogig schließenden Tympanon folgen die Pforten dem schon zuvor als klassisch bezeichneten Portaltypus von S. Angelo in Formis. Hinzu tritt jedoch ein das Tympanon umgreifender, reich ornamentierter Bogen, der auf mit Löwen besetzten Konsolen ruht und von einer Ochsenskulptur gekrönt wird, eine Konzeption, die an apulische Portallösungen erinnert. Verstärkt tritt dieser Einfluß am Fenster der Mittelachse in Erscheinung, wo das flache Marmorgewände von Säulen flankiert wird, die auf Tierplastiken ruhen. Den Abschluß bildet ein Dreieckgiebel, dessen Basis von einem Rundbogenfries besetzt und dessen Tympanon von verschränkten Blendbogen durchdrungen wird.

Das Innere des Langhauses kennzeichnet – fast erwartungsgemäß, wenn man an die überall in Kampanien präsente montecassinische Bauschule denkt – das dichte Stützensystem einer zehnjochigen Säulenbasilika mit offenem Dachstuhl. Durch einen spitzen Triumphbogen vom Langhaus deutlich abgesondert, folgt ein über die Seitenschiffwände des Langhauses vortretendes Querhaus mit drei unmittelbar anschließenden und – wieder nach dem Muster des montecassinischen Typus – eng aneinander gebundenen Apsiden. Während sich über den Spitzbogen der ausgeschiedenen Vierung eine Tambourkuppel erhebt, sind die

Querhausarme von vierteiligen Kreuzrippen überwölbt. Diese ruhen auf polygonalen Vorlagen und setzen sich aus jeweils drei abgekanteten Stäben zusammen. Einen hohen Grad an gestalterischem Reichtum zeigt die Tambourkuppel, die sich, zunächst oktogonal ausgebildet und von einer Blendarkadengalerie besetzt, dann in ein Sechzehneck verwandelt, um schließlich in die Form einer byzantinisch angeregten, 32teiligen Schirmwölbung überzugehen.[303] Angesichts solcher byzantinischer und französisch-zisterziensischer Bauvorstellungen hat dieses Querhaus nur noch wenig mit dem montecassinischen Schema gemeinsam. Seit Toesca sieht die italienische Forschung in dieser Querhaus-Kuppellösung das Ergebnis eines kontinuierlichen Bauvorgangs, der unter Bischof Stabile (1207–1216) in seine entscheidende Endphase getreten war.[304] Dieser Auffassung ist Wagner-Rieger überzeugend entgegengetreten. Demnach muß es am Dom von Caserta Vecchia schon in der ersten Bauphase – durch den Hinweis auf das Datum 1153 (Hauptportal) zeitlich begrenzbar – zur Verwirklichung eines überwiegend an Montecassino orientierten Querhauskonzeptes gekommen sein. Zur Stützung ihrer These stehen der Autorin im wesentlichen zwei Argumente zur Verfügung: einmal die Tatsache, daß »beim Zusammentreffen der offenbar älteren Mittelapsis mit den Vorlagen der Kuppelwölbung struktive Unklarheiten« zutage treten, dann der Umstand, daß die östlichen und westlichen Erdgeschoßfenster der Querhausarme von den Vorlagen der Rippenwölbung angeschnitten werden. Beide Faktoren berechtigen in der Tat zur Annahme, daß die Anlage des Querhauses älter ist als die Wölbung mitsamt der Kuppel, es sich »also durchaus

208 CASERTA VECCHIA, Dom, Außenansicht
der Kuppel

nicht um einen einheitlichen gotischen Neubau handelt«.[305] Unverständlich ist allerdings der Vorschlag, die Interpolation von
Kuppel und Wölbungssystem in das dritte
Viertel des 13. Jahrhunderts zu datieren, bemerkt sie doch selbst an anderer Stelle zutreffend, daß die Rippengewölbe von S. Sepolcro in Barletta aus dem Beginn des
13. Jahrhunderts stammen. Da nun das Profil dieser Rippen stilistisch durchaus mit jenem in Caserta Vecchia korrespondiert, ist
die von Wagner-Rieger zu spät angesetzte
Datierung des modifizierten Domquerhau-
ses im Sinne der Regierungszeit von Bischof
Stabile richtigzustellen. Von dieser Korrektur in den Anfang des 13. Jahrhunderts ausgehend, besteht freilich noch keinerlei

Anlaß, der italienischen Version eines kontinuierlichen, nahtlos vom Langhaus ins
Querhaus übergreifenden Bauvorgangs zuzustimmen. Zwischen der ersten, noch
weitgehend dem montecassinischen Schema
folgenden Bauphase und den späteren Veränderungen des Querhauses erstreckt sich
immerhin eine Zeitspanne von mindestens
einem halben Jahrhundert.

Analog zur Wölbung der Querhausarme
ist auch eine Datierung der Vierungskuppel
in das dritte Viertel des 13. Jahrhunderts
auszuschließen. Bei Betrachtung der unvergleichlich reich ausgeschmückten Tambour-
außenansicht erscheint eine Korrektur in
den Anfang des 13. Jahrhunderts geradezu
zwingend (Abb. 208). An diesem vielleicht
schönsten Tambour in der hochmittelalterlichen Architektur Italiens verbinden sich
normannische und siculo-arabische Orna-
mentkunst zu einer einmaligen Synthese:
Normannisch sind die in zwei Zonen über-
einandergestellten verschränkten Säulenblendarkaden, islamisch die zweifarbig
(braun und gelbocker) intarsierten Friese
und Medaillons. Ohne Zweifel hat diese aus
zwei Kultursphären genährte Ornament-
kunst ihren Weg über Sizilien nach Kampanien gefunden. Dabei hat es den Anschein –
und das gilt sowohl in qualitativer als auch
stilistischer Hinsicht –, daß das unüberbiet-
bar vielfältige Dekorationssystem der Apsiden am Dom von Monreale die ornamentale
Ausgestaltung des Tambours unmittelbar
beeinflußt hat. Da die Durchführung des
Apsidenkonzepts von Monreale bis in die
ersten Jahrzehnte des 13. Jahrhunderts
reicht, ist auch für die Kuppel von Caserta
Vecchia kein späterer Entstehungszeitraum
anzunehmen, zumal hier die verschränkten
Blendarkaden im Gegensatz zu den in Mon-

reale bereits spitzbogig gestalteten eine stilistisch retardierende Rundbogenform aufweisen.

Daß sich der Dom von Caserta Vecchia geradezu als ein Konglomerat unterschiedlichster stilistischer Strömungen präsentiert, hat schon M. d'Onofrio hervorgehoben.[306] Während der das gesamte Gebäude umgürtende Rundbogenfries lombardischen Ursprungs ist, sind die in die Querhauswände eingelassenen Fenster mit ihrem sichelbogigen Abschluß als Zitat aus der islamischen Architektur anzusehen. Ein weiteres Anzeichen für diesen Eklektizismus bietet die Gliederung der die nördlichen und südlichen Querhauswände überragenden Giebelaufsätze. Die hier im Giebelfeld gegen die Mitte zu ansteigenden Säulenarkaden sind jedoch keinesfalls, wie Wagner-Rieger meint, als Zwerchgalerien lombardischen Charakters zu interpretieren, sondern eindeutig als pisanisch geprägtes Importgut aufzufassen.[307]

Die Querhauswölbung im Dom von Caserta Vecchia stellt nicht das einzige Beispiel einer Begegnung Kampaniens mit der französischen Baukunst dar. Denn schon mehr als ein Jahrhundert zuvor hatte man in *Aversa*, dem ältesten Lehensbesitz der Normannen in Italien, den Ostteil des *Doms* nach französischem Muster mit einem mit Radialkapellen versehenen Chorumgang abgeschlossen (Abb. 209); das Langhausinnere erfuhr zu Beginn des 18. Jahrhunderts eine radikale Umgestaltung. Das vom Grafen Richard I. 1053 gegründete Bauwerk war, laut italienischer Forschung, einschließlich des Chorumgangs gegen Ende des 11. Jahrhunderts weitgehend fertiggestellt.[308] Mag diese Datierung zwar für das Grundkonzept des Chors zutreffen, für dessen Kreuzbandrippengewölbe wird sie wohl kaum aufrecht zu erhalten sein. Denn ausgehend von der Tatsache, daß die Lombardei auf dem Wölbungssektor in Italien eine führende Stellung einnimmt, kann das Bandrippensystem in Aversa keinesfalls vor dem zweiten Viertel des 12. Jahrhunderts entstanden sein, zumal die lombardischen Beispiele auch nicht viel früher zu datieren sind (z. B. S. Sigismondo in Rivolta d'Adda). Einen Anhaltspunkt für die Datierung könnte etwa die Brandkatastrophe von 1134 liefern, die möglicherweise eine Erneuerung des Chorumgangsgewölbes nach sich gezogen hatte.

Zwei der insgesamt fünf, nach französischem Vorbild mit Chorumgang und Radialkapellen versehenen Kirchen Italiens befinden sich in der Basilicata, der Nachbarregion Kampaniens: der *Dom von Acerenza* und die Fragment gebliebene *Neue Abteikirche von Venosa*. Wie man sich die erste Chorfassung in Aversa annähernd vorzustellen hat, zeigt der Chorumgang in Acerenza, dessen kreuzgratgewölbte Joche von Gurten begrenzt sind, ein Wölbungskonzept, das mit ungleich größerer Berechtigung als jenes in Aversa in die Zeit um oder

209 AVERSA, Dom, Chorgrundriß (nach d'Onofrio/Pace)

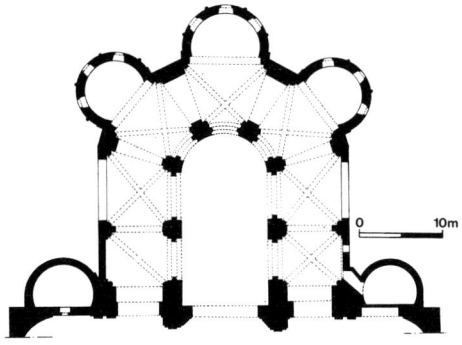

210 Acerenza, Dom, Blick in den Chorumgang

knapp vor 1100 datiert werden kann (Abb. 210). Als Robert Guiscard den Plan faßte, die Abbazia della Trinità in Venosa in ein Mausoleum der Hauteville umzuwandeln, veranlaßte er – im Anschluß an die für dieses Vorhaben viel zu bescheidene Alte Abteikirche (Weihe 1059) – die Errichtung eines umfangreichen Neubaus. Wie Willemsen bemerkt, war ein »Pantheon der Hauteville« vorgesehen, das der Nachwelt immerwährendes Zeugnis von den Heldentaten des großen Normannenherzogs geben sollte.[309] Wie schon erwähnt, blieb diese noch zu Lebzeiten des Herzogs begonnene Kirche schon in einer frühen Bauphase stecken, da die Nachfolger Robert Guiscards an der Fertigstellung des Projekts jedes Interesse

verloren hatten; Venosa lag damals bereits an der Peripherie der in Sizilien zentrierten Machtsphäre der normannischen Herrscher. Dennoch sind auch die Fragmente des Gebäudes immer noch eindrucksvoll genug, um dem Betrachter eine lebendige Vorstellung von den ursprünglichen Bauabsichten zu verschaffen. Demnach war als Langhaus eine dreischiffige Säulenbasilika und ein markant hervortretendes Querhaus mit in Chorrichtung weisenden Apsiden geplant. Daran schloß der Chor, der mit seinem Umgang und den drei Radialkapellen, wie die vorhandenen Fragmente nahelegen, wahrscheinlich dem Erscheinungsbild der Choranlage des Doms von Acerenza entsprochen hätte.

Kalabrien

Als Robert Guiscard um 1064 in Apulien eintraf, zeigten seine Stiefbrüder, Drogo, Graf von Apulien, und Humfried, wenig Bereitschaft, auch nur einen geringen Anteil ihrer Machtbefugnisse an den ungebetenen Eindringling abzutreten. Nicht zuletzt um den tatkräftigen Abenteurer aus ihrer Domäne zu verdrängen, erteilten sie ihm den Auftrag, die byzantinische Vormachtstellung in Kalabrien auszuschalten. Wider Erwarten wäre ihm dies beinahe schon in der ersten Phase des Feldzugs, für den militärische und wirtschaftliche Ressourcen kaum zur Verfügung standen, geglückt. Unterbrochen wurde der siegreiche Vormarsch durch einen Hilferuf seiner Brüder, die sich allein nicht mehr imstande sahen, den von Papst Leo IX. unterstützten Aufstand der apulischen Bevölkerung gegen die normannische Vorherrschaft einzudämmen (1050). Ihrem Solidaritätsappell folgend, eilte Robert Guiscard nach Apulien, um sich an die Spitze des Normannenheeres zu stellen. In der Schlacht bei Civitate (am Monte Gargano, 1052) kam es zur vernichtenden Niederlage der Aufständischen; selbst der Papst geriet in Gefangenschaft. Mit diesem für den Fortbestand der Hauteville in Süditalien entscheidenden Sieg war auch die Operationsbasis für das neuerliche Vordringen Roberts in Kalabrien sichergestellt. Gemeinsam mit seinem jüngeren Bruder Roger, der künftig die Hauptlast der kalabrischen und sizilischen Landnahme zu tragen hatte, eroberte Robert 1060 die Stadt Reg-

gio, womit die Okkupation Kalabriens, von wenigen Orten wie etwa Gerace, Rossano, Stilo und Cosenza abgesehen, im wesentlichen als abgeschlossen gelten konnte. Diesem militärischen Erfolg war 1059 in Melfi eine wichtige politische Entscheidung vorangegangen: ein Bündnis mit Papst Nikolaus II., der Robert Guiscard nicht nur mit Apulien und Kalabrien belehnte, sondern ihn bereits auch als Herzog von Sizilien bezeichnete. Der Pakt war für beide Parteien vorteilhaft, zumal sich der Papst angesichts des sich bereits anbahnenden Konflikts mit dem Kaisertum durch die Normannen eine wirksame Unterstützung erhoffen durfte. Dazu kam das 1054 zwischen der Ost- und Westkirche vollzogene Schisma, aufgrund dessen der normannische Bündnispartner dazu verpflichtet wurde, sich für die Rekatholisierung Kalabriens einzusetzen. Obwohl lateinische Bistümer gegründet und Benediktinermönche ins Land gerufen wurden, konnte dieser Prozeß nicht überall – vor allem an der ionischen Küste, wo die griechische Bevölkerung das beherrschende Element bildete – mit gleicher Intensität vorangetrieben werden. Politische Klugheit und wohl auch Bereitschaft zu religiöser Toleranz brachten es mit sich, daß sich die normannischen Machthaber häufig mit einer Loyalitätserklärung des griechischen Episkopats gegenüber der Jurisdiktions- und Weihegewalt des Papstes zufrieden gaben; ein bezeichnendes Beispiel dafür ist das Bistum Gerace, das bis 1497 mit griechischen

Bischöfen besetzt war. Dazu der treffende Kommentar Willemsens: »Schließlich konnte diese religiöse Koexistenz im ganzen so reibungslos verlaufen, weil die konfessionellen Gegensätze wenig scharf und von Fanatismus frei waren. Das Schisma hatte 1054 gleichsam unter Ausschluß der Öffentlichkeit stattgefunden, im Abendland war es, sofern überhaupt, kommentarlos vermerkt worden. Nachdem die griechischen Bischöfe in Kalabrien und Sizilien die Autorität des Papstes anerkannt hatten [und] sich von lateinischen Metropoliten weihen ließen [...], trennten beide im wesentlichen nur mehr der verschiedensprachige Ritus [...] und die organisatorischen Unterschiede, die zwischen dem lateinischen und basilianischen Mönchstum bestanden.«[310]

Daß Robert Guiscard und Roger I. das gemeinsam Eroberte auch gemeinsam zu verwalten wußten, ist als Zeichen großer politischer Reife anzusehen. Im Wissen um die numerische Unterlegenheit ihres normannischen Gefolges gegenüber der erdrückenden Mehrheit der Substratbevölkerung stellten sie gelegentlich auftretende egoistische Machtansprüche stets den Anforderungen der Staatsräson hintan – in der Geschichte des Mittelalters ein eher seltenes Phänomen. Jede Stadt und jedes Kastell wurden gleichsam paritätisch in Anspruch genommen. Nur Milet (Mileto Vecchio) blieb der ausschließlichen Verfügungsgewalt Rogers überlassen. Bis zu seinem Tod (1101) diente die Stadt dem Normannen als Residenz, die – ihrem Rang gemäß – bald mit hervorragenden Bauten wie dem Palast, dem Dom und dem Benediktinerkloster S. Angelo (die Bezeichnung SS. Trinità stammt erst aus dem 12. Jahrhundert) ausgestattet wurde, wovon freilich fast nichts das

Erdbeben von 1783 überdauert hat. Wie Roger trachtete auch Robert Guiscard danach, dem päpstlichen Auftrag zur Rekatholisierung mit Klostergründungen wenigstens zum Teil gerecht zu werden. Vor allem nahm er sich der ab 1062 auf den Ruinen eines von den Sarazenen zerstörten Basilianerklosters errichteten Abtei von S. Eufemia (Provinz Catanzaro) an, die Benediktinern aus der Abtei St-Evroult-en-Ouche in der Normandie übertragen wurde. Robert stattete die Abtei mit reichem Grundbesitz aus und bewies ihr nicht zuletzt mit der Beisetzung seiner Mutter Fredesinde in der Klosterkirche seine besondere Wertschätzung. Daß dieses benediktinische Zentrum auch in der Folgezeit nichts von seiner Bedeutung verlor, zeigt schon allein die Tatsache, daß Roger I. nach der Eroberung Siziliens auf fünf der ersten Bischofssitze der Insel Mönche aus S. Eufemia berief.

Diesem vor allem von der katholischen Erneuerung des kirchlichen Lebens gekennzeichneten Aufschwung Kalabriens war indessen keine lange Lebensdauer beschieden. Im Grunde genommen bestand von Anfang an kein Zweifel darüber, daß die normannischen Eroberer dem langgestreckten und unwirtlichen Schlußstück der Apenninen-Halbinsel ausschließlich eine Brückenfunktion nach dem ersehnten Sizilien beimessen würden. Auch später noch, unter den Staufern und Anjous und letzten Endes bis in die Gegenwart herauf, sollte sich an der peripheren Stellung dieses Landstriches wenig ändern. Nichts verdeutlicht dies anschaulicher als die hier noch bis in den Anfang des 12. Jahrhunderts in Blüte stehende Baukunst, an deren weiterer Pflege künftige Machthaber jegliches Interesse verloren. Auch bestand in den folgenden Jahrhunderten keinerlei Motivation, die vom Verfall bedrohten Kirchen zu schützen. Denn nur so ist es zu erklären, daß lediglich ein Bruchteil der ohnedies häufig von Erdbeben heimgesuchten Monumentalbauten der Normannenzeit unversehrt erhalten geblieben ist. Zieht man diesen bescheidenen Denkmälerbestand in Betracht, so ist es durchaus verständlich, daß man bei der Beantwortung der Frage, ob es wie in Apulien oder anderen Regionen Italiens auch in Kalabrien eine eigenständige Baukunst des Hohen Mittelalters gibt, auf erhebliche Schwierigkeiten stößt. In diesem Zusammenhang ist auf die Forschungen von H. M. Schwarz hinzuweisen, deren Ergebnisse selbst nach mehr als 40 Jahren nichts an Aktualität eingebüßt haben.[311]

Wie schon erwähnt, fand das benediktinische Mönchtum zur Durchführung der Kirchenreform in Kalabrien in der ihm von Robert Guiscard zugewiesenen Abtei S. Eufemia seinen ersten Stützpunkt. Die Leitung des Klosters wurde dem aus der Normandie gebürtigen Abt Robert von Grantmesnil übertragen, der dann auch dafür Sorge trug, daß Ordensbrüder aus dem französischen Mutterkloster in den ihm zunächst unterstellten Abteien von Venosa und Milet als Äbte eingesetzt wurden. Der Verlust der Abteikirche von S. Eufemia, die zusammen mit den Klosterbauten Opfer der Erdbebenkatastrophen von 1638 und 1783 wurde, ist für die Kunstgeschichte besonders schmerzlich, da in ihr der früheste sakrale Monumentalbau Kalabriens vermutet werden kann. Nichts außer einer geringen Anzahl antiker Kapitelle, Gebälk- und Säulenfragmente ist auch vom zweiten westkalabrischen Benediktinerkloster, der von Roger I. 1061 gegründeten *Abtei S. Angelo in Milet*

übriggeblieben. Glücklicherweise gibt es aber historische Quellen, wie alte Ansichten der Stadt Milet und die von Calcagni nach dem Erdbeben von 1659 abgefaßte Beschreibung des Klosters, die zumindest eine Teilrekonstruktion der Abteikirche ermöglichen.[312] Danach handelte es sich um eine flachgedeckte, dreischiffige Säulenbasilika auf dem Grundriß eines lateinischen Kreuzes. Gänzlich außerhalb der italienischen Bautradition des 11. Jahrhunderts stand das kurze Langhaus mit weitausladendem Querhaus. Nicht eindeutig zu entscheiden ist, ob sich über der Vierung eine Kuppel oder ein den Baugewohnheiten der Normandie entsprechender Vierungsturm erhob, weiters, ob die Querhausarme – etwa nach dem Muster des späteren S. Giovanni Vecchio in Stilo – mit Kreuzgratgewölben versehen waren. Den östlichen Abschluß des insgesamt 76,32 m langen Gebäudes bildete ein cluniazensisch geprägter Parallelchor. Schließlich ist der Beschreibung Calcagnis noch zu entnehmen, daß das Breitenmaß der Seitenschiffe und des Hauptschiffs – bei ungewöhnlicher Raumhöhe – im Verhältnis von 1:2 konzipiert war. Nicht zuletzt darin manifestiert sich eine deutlich romanische Baugesinnung, die außerhalb der Einflußsphäre Montecassinos stand. Dazu die näheren Erläuterungen von Schwarz: »Das gedrungene Langhaus von S. Angelo, sowie das kurze, ausladende Querschiff mit einer Kuppel (oder einem Vierungsturm) über ausgeschiedener Vierung, haben mit den kampanischen Langhäusern von neun bis elf Säulenintervallen, sowie vierungslosen schmalen Transepten nichts gemein.«[313] Die Schlußfolgerung daraus kann nur lauten, daß die Anlage von S. Angelo – vor allem im Querhaus- und Chorbereich – im

Kontext mit Bauten der Normandie stand, wo das Schema von Cluny II weiterentwickelt worden war. Als geographisch vermittelnde Schaltstelle mag dabei der oberitalienische Raum eine gewisse Rolle gespielt haben. Hier ist vor allem der mit S. Angelo in Milet durchaus vergleichbare Dom von Acqui (geweiht 1067) zu nennen, auf dessen historische und stilistische Querverbindungen zur französisch-normannischen Abteikirche von Bernay (erste Bauphase ab ca. 1015) Thümmler erstmalig verwiesen hat.[314]

Soweit unsere Kenntnisse reichen, blieb die Bautätigkeit des 11. Jahrhunderts an der tyrrhenischen Küste Kalabriens im wesentlichen auf S. Eufemia und Milet beschränkt; der heutige Dom von Tropea wurde erst um 1200 errichtet. Dagegen zeigt die ionische Küste, wo sich die Zentren der basilianischen Mönchsgemeinden befanden, einen deutlich größeren Denkmälerbestand. Wie im Westen des Landes wird auch hier die kunstgeschichtlich-stilistische Beurteilung der Sakralarchitektur durch den häufig fragmentarischen Erhaltungszustand der Gebäude beträchtlich erschwert. Zur Beantwortung der Frage, ob es hier vor dem Eintreffen der Normannen bereits eine lokale Bautradition oder gar eine spezifisch basilianische Architektur gegeben hat, stehen nur wenige Anhaltspunkte zur Verfügung, es sei denn, man wollte die eindeutig byzantinisch geprägten Zentralbauten von S. Marco in Rossano und der Cattolica von Stilo noch in die Zeit vor der normannischen Okkupation datieren. Sollte diese Frühdatierung zutreffen, dann sind die beiden Kirchen als Ausnahmeerscheinung im Kontext der an aufwendigen Bauten desinteressierten Einstellung der Basilianer zu sehen. Denn wie etwa in der Terra d'Ótranto be-

gnügten sich auch hier die griechischen Mönche zur Beschaffung von Wohn- und Kultstätten überwiegend mit der Adaptierung von oft schwer zugänglichen Höhlenanlagen. Das entsprach ihrem erklärten Anachoretentum und gewährleistete ihnen größere Sicherheit vor den sarazenischen Räuberhorden. Nachdem diese Gefahr durch Robert Guiscard und Roger I. endgültig ausgeschaltet worden war und die beiden Regenten – trotz der vertraglichen Vereinbarung mit dem Hl. Stuhl, die Rekatholisierung Kalabriens tatkräftig voranzutreiben – den zahlreichen basilianischen Mönchsgemeinden mit Privilegien und Verleihung von Grundbesitz religiöse Duldsamkeit bewiesen hatten, bot sich diesen nunmehr die Gelegenheit – vielleicht nicht zuletzt in Konkurrenz zur lateinischen Kirche –, mit einer für sie bis dahin ungewohnt intensiven Bautätigkeit hervorzutreten. Wie Schwarz bemerkt, »beweist ihr Mischstil zur Genüge das Fehlen eines einheitlichen Bauschaffens in den vorausgegangenen Jahrhunderten. Man scheint Anregungen von überallher aufgenommen zu haben, verband Erinnerungen an das östliche Mutterland mit andersartigen Vorstellungen, die in der Architektur des Islam oder der ihr nachfolgenden nordeuropäischen Erobererschicht ihre Wurzeln hatten.«[315]

Am eindrucksvollsten manifestiert sich diese eklektizistische Bauweise an der Kirchenruine von *S. Maria la Roccella* (bei Catanzaro Marina; als ›Roccelletta‹ bezeichnet) – nach ihren Ausmaßen (Gesamtlänge: 69 m) und ihrer baulichen Gestaltung gewiß das monumentalste Gebäude Kalabriens. Die früheste urkundliche Nachricht der wahrscheinlich von Roger I. gestifteten und Basilianermönchen übertragenen Abtei stammt aus dem Gründungsakt des Bistums Squillace (1096), was allein noch keine genauere Aussage zum Gründungsdatum der Roccelletta ermöglicht. Von der Klosterkirche sind die gewaltigen Mauern des Langhauses sowie die Haupt- und Nordapsis mit der allerdings bis heute noch nicht freigelegten Krypta erhalten geblieben, wobei ungewiß ist, ob die Anlage überhaupt jemals fertiggestellt worden ist. Denn gegen eine Vollendung der größtenteils aus Backstein errichteten Kirche spricht das Fehlen jeglichen Wandverputzes im Langhaus und nicht zuletzt der Umstand, daß die Gerüstlöcher im Langhausinneren unvermauert blieben. Zur Frage, weshalb dieses Projekt zum Scheitern verurteilt war, können nur Vermutungen angestellt werden. Möglicherweise wurden die Bauarbeiten in dem Moment abgebrochen, als sich unvorhergesehene Probleme mit der Querhaus- und Chorwölbung einstellten; vielleicht war es sogar schon damals – nach Schwarz dürften die Basilianermönche die Abtei bald nach 1100 verlassen haben – zum Einsturz bereits bestehender Wölbungsabschnitte gekommen.[316]

Trotz des fragmentarischen Erhaltungszustandes der Roccelletta ergeben sich beim Versuch, deren ursprüngliches Erscheinungsbild oder besser, deren unvollständig zur Durchführung gelangtes Baukonzept zu rekonstruieren, keine nennenswerten Probleme. Dem einschiffigen Langhaus (Länge: 40 m, Breite: 19 m) folgt der durch eine Krypta angehobene Ostteil, der sich aus einem weitausladenden Querhaus und einem cluniazensisch-normannischen Staffelchor zusammensetzt (Abb. 211). Dabei ist bemerkenswert, daß die Westmauern des Querhauses nicht an den Langhausseiten-

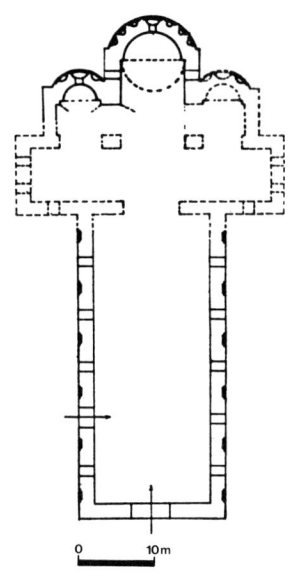

211 S. Maria la Roccella, ehem. Abteikirche, Rekonstruktion des Grundrisses (nach H. M. Schwarz)

wänden endeten, sondern bis weit in dessen Inneres reichten. Daraus ergibt sich eine scharfe Trennung zwischen Langhaus und Ostabschnitt, die somit als voneinander unabhängige Raumteile anzusehen sind. Mit dieser Grundrißdisposition, die in der abendländisch-romanischen Architektur eine Sonderstellung einnimmt, scheint man auf eine räumliche Verschmelzung des Ganzen bewußt verzichtet zu haben. Nach Schwarz bedeutet dieses Konzept die erste Äußerung einer spezifisch kalabrischen Auffassung baulichen Gestaltens, die sich, auf eine prinzipielle Aussage konzentriert, als spannungsvolle Kontroverse zwischen der einschiffigen, kleinasiatischen Langschiffkirche und der benediktinischen Chorform definieren läßt.[317]

Die Chorlösung der Roccelletta kann als gekürzte Fassung des cluniazensisch-normannischen Chorschemas betrachtet werden. Denn im Unterschied etwa zu Bernay und den davon abhängigen Bauten Oberitaliens (z. B. Dom von Acqui, S. Lorenzo und S. Fermo Maggiore in Verona) zeigt die kalabrische Kirche eine Verringerung der Apsiden auf die in Italien überwiegend gebräuchliche Dreizahl, das heißt, daß der Einsatz von Apsiden am Querhaus unterblieb. Weiters ist zu bemerken, daß den Seitenapsiden der Roccelletta lediglich je ein quadratisches Joch vorgelagert ist – im Gegensatz zur doppelten Jochversion in Chorseitenschiffen rein benediktinisch-nordischer Provenienz. Was den Bau jedoch eng an transalpine Vorbilder, wie etwa Notre-Dame in Bernay, bindet, ist die durchgehende Einwölbung der gesamten Chorpartie, wobei die Mauerreste immer noch genügend Anhaltspunkte dafür bieten, daß das mit der Hauptapsis nach Osten vortretende Chorjoch mit einer Tonne versehen war, während in den seitlichen Apsisvorjochen nicht mehr eindeutig entschieden werden kann, ob hier bereits ein Kreuzgratgewölbe oder ein aus einer Folge sich durchschneidender Tonnen gebildetes Gewölbesystem Verwendung gefunden hat.[318]

Mit keinem anderen Bauwerk Kalabriens hat sich die Forschung seit nunmehr fast schon einem Jahrhundert so eingehend beschäftigt wie mit der Roccelletta, wobei vor allem die Frage nach der zeitlichen Einordnung des Gebäudes die unterschiedlichsten Ergebnisse zeitigte. Als Strzygowski zu Beginn unseres Jahrhunderts als Hauptsprecher der mehrheitlich für eine Frühdatierung (5. bis 8. Jahrhundert) plädierenden Gelehrtengruppe hervortrat, fand sich mit Gröschel fast gleichzeitig eine Gegenstimme, die – freilich zunächst noch aus einseitig französischer Sicht der Stilkritik – für eine Datierung des Bauwerks in die letzten Jahrzehnte des 11. Jahrhunderts eintrat. 40 Jahre später fand diese These mit den stilanalytischen Ausführungen von Schwarz ihre solide, bis in die Gegenwart unwidersprochene Basis.[319] Mangelnde Kenntnisse über die Geschichte und den Denkmälerbestand Kalabriens könnten die Ursache aller – bis in die altchristliche Ära zurückführenden – Frühdatierungen gewesen sein. So ist es allein schon unwahrscheinlich, daß ein in Küstennähe befindliches, also dermaßen exponiertes Bauwerk die Zerstörungswut der sarazenischen Seeräuber heil überstanden hätte. In der Tat bedurfte es erst der konsolidierenden Maßnahmen der normannischen Eroberer, ehe an die Entwicklung einer Monumentalarchitektur in Kalabrien zu denken war. Das kunstgeschichtlich Entscheidendere aber ist, daß die Chorlösung der Roccelletta ohne ihre genannten transalpinen Wurzeln und ohne das Bindeglied der Ordensbauten Westkalabriens, vor allem der Abteikirche von S. Angelo in Milet, kaum vorstellbar ist. Wie Schwarz dazu wiederholt betont, war »Milet als Residenz Rogers zugleich auch das geistige Zentrum der Latinisierung des griechischen Südens«.[320] Aus kirchenpolitischer Perspektive ist für den Baubeginn das Gründungsdatum der Abtei von Milet, 1061, als terminus post quem anzuführen. Diese Korrektur einer langlebigen Fehldatierung hätte jedoch keinesfalls dazu führen dürfen, daß die Forschung – zuerst Schwarz und dann Willemsen – den in mancherlei Hinsicht erhellenden Bemerkungen Strzygowskis zur Roccelletta weiters keine Beachtung mehr geschenkt hat. Immerhin wäre noch zu fragen, welche Argumente dem berühmten Gelehrten zur Verfügung standen, um der Datierungsversion Caviglias (550–600) zuzustimmen.[321] Vor allem ist sein Hinweis auf die Apsisdekoration beachtenswert, die in der Tat signifikante Parallelen zur Außengliederung der ebenfalls gänzlich aus Backstein errichteten Doppelkirche von Ütschajak (4.–6. Jahrhundert; Galatien, Türkei) aufzuweisen hat.[322] Konkret handelt es sich bei der Roccelletta um die sechs, das Fenster der Hauptapsis flankierenden Nischen, die zweifache Randfassungen sowie eine tangentiale Bogenrahmung besitzen (Farbabb. 14). Die Tatsache, daß dieses Motiv die gesamte Außenansicht der Kirchenruine von Ütschajak beherrscht, klärt zwar dessen Herkunft aus dem kleinasiatisch-byzantinischen Raum, darf aber keinesfalls zum Anlaß genommen werden, die Entstehungszeit der kalabrischen Kirche mit jener von Ütschajak gleichzusetzen. Viel näher liegt die Annahme, daß dieses orientalische Motiv der mehrfach abgestuften Nischenrahmung, das gelegentlich ja auch in Oberitalien auftritt (z. B. S. Sofia in Padua und S. Marco in Venedig), über Vermittlung durch die makedonische und komnenische Architektur des 11. Jahrhunderts in Griechenland – und mit Sicherheit erst nach der normannischen Okkupation – nach Kalabrien gelangt ist.[323]

Dem Prinzip der »gegenseitigen Absetzung zweier Raumorganismen« – von Schwarz als stilistische Besonderheit der frühesten kalabrischen Basilianerbauten bezeichnet – folgt auch die Abteikirche S. Giovanni Vecchio (Bivongi bei Stilo).[324] Das in tiefster Abgeschiedenheit gelegene Gebäude – wie die Roccelletta erstmals in der Gründungsurkunde des Bistums Squillace erwähnt (1096) – ist dem Basilianerheiligen Johannes Theristes geweiht, wobei als Zeitraum für den Baubeginn – von Schwarz stilkritisch begründet – das letzte Jahrzehnt des 11. Jahrhunderts in Erwägung zu ziehen ist; soviel scheint jedenfalls gesichert, daß die fast doppelt so große Roccelletta um einige Jahre früher als S. Giovanni Vecchio errichtet worden ist.[325]

Zur stilistischen Einschätzung des Bauwerks ist in erster Linie der Grundriß in Betracht zu ziehen (Abb. 212). Dem einschiffigen, ehemals von einem Sparrendach abgeschlossenen Langhaus, von dem nur die Südwand erhalten geblieben ist, folgt ein ausladendes Querhaus, das sich aus einer kuppelbekrönten Vierung und mit Apsiden besetzten Seitenarmen zusammensetzt; die-

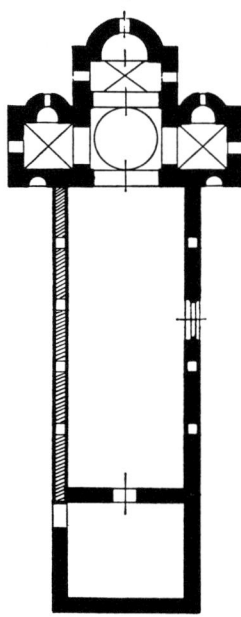

212 STILO, S. Giovanni Vecchio, ehem. Abteikirche, Grundriß (nach H. M. Schwarz)

se hatten ursprünglich eine Kreuzgratwölbung. Bemerkenswert ist, daß die Vierung nicht unbeträchtlich in das von der Hauptapsis abgeschlossene Chorjoch vorstößt, ein Phänomen, das, nach Schwarz, deutlich »den Importcharakter des gesamten Chorsystems zeigt, seine Handhabung in den Händen eines mit ihm nicht vertrauten Baumeisters«.[326] In der Tat erweckt diese ›Notlösung‹ den Eindruck, als hätte der Architekt zunächst die Umrisse der Anlage fixiert, um dann verspätet feststellen zu müssen, daß sich das rechteckige Joch des Vierungsbereichs wegen der geringen Querhaustiefe nur wenig als Fundament eines Kuppelaufsatzes eignet. Schon Thümmler hat auf die zwischen S. Giovanni Vecchio und der älteren umbrischen Benediktinerab-

213   STILO, S. Giovanni Vecchio, ehem. Abteikirche, Außenansicht

tei S. Pietro in Valle bestehende Affinität der Grundrißdisposition verwiesen.[327] Wie das kalabrische Gebäude besitzt auch S. Pietro ein einschiffiges Langhaus, an das ein ähnlich dreiapsidial gestaffelter Ostbau schließt. Da auch andere Klosterkirchen Mittelitaliens (z. B. S. Salvatore am Monte Amiata) über ein einschiffiges Langhaus verfügen, erscheint die Frage berechtigt, ob die auch von Schwarz vertretene These, für die saalähnlichen Langhäuser von S. Giovanni Vecchio und der Roccelletta eine direkte Abhängigkeit von kleinasiatischen Vorbildern anzunehmen, in dieser Ausschließlichkeit beanspruchenden Form länger unwidersprochen bleiben darf. In einem wesentlichen Punkt ist jedoch auch dem Grundrißvergleich Thümmlers ein nur begrenzter Aussagewert beizumessen: Während nämlich in S. Pietro in Valle – und das gilt in noch höherem Maße für S. Salvatore am Monte Amiata – der Blick vom Langhaus trotz des begrenzenden Triumphbogens ungehindert in den Chor zu dringen vermag, demnach also die Korrespondenz der beiden Bauteile durchaus gewährleistet erscheint, ist in S. Giovanni Vecchio der Ostbau durch die Westwände des Querhauses vom Langhaus so weitgehend abgeriegelt, daß die gesamte Querhaus-Choranlage schon beinahe an einen vom Langhaus unabhängigen Zentralbau erinnert. Verstärkt wird dieser Eindruck nicht zuletzt dadurch, daß die Querhausarme und das Chorjoch sich beträchtlich enger an den Vierungsraum schließen als in der Roccelletta, wo die eingestellten Chorvorjoche eine stärkere Beziehung zum Idealtypus des normannisch-cluniazensischen Staffelchors erkennen lassen.

Der zentralisierende Eindruck des Chors von S. Giovanni Vecchio – gewiß ein Reflex der östlichen Heimat der Basilianer – wird durch die in der Höhe doppelt abgestufte Form der Vierungskuppel erheblich intensiviert (Abb. 213). Anstatt sich unmittelbar über der Vierung zu erheben, ruht der Tambour der Kuppel auf einem quaderförmigen Unterbau, der Vorjoch und Querhausarme deutlich überragt. Wie unbefangen die Basilianer einer eklektizistischen, an keinerlei autochthone Traditionen gebundenen Bauweise huldigten, beweist die Außenansicht des Tambours, dessen Säulenblendarkatur schon Orsi auf armenische Vorbilder zurückgeführt hat.[328] Nach dem gleichen Schema, nur ein wenig steiler proportioniert, erfolgte die Dekoration des Kuppeltambours der Doppelkirche S. *Filomena in Santa Severina,* wofür Willemsen neben armenischen auch georgische Einflüsse genannt hat.[329] Wenden wir uns zuletzt der Außengestaltung der Querhausarme und des Chors von S. Giovanni Vecchio zu, so ist hier die aus reinem Backstein bestehende Blendbogenreihe (alles übrige ist im pittoresken Wechsel von Bruchstein- und Backsteinlagen gemauert) zu nennen, deren kontinuierlicher Verlauf an der Hauptapsis durch das Motiv der verschränkten Blendarkaden unterbrochen wird.

Eine lediglich prinzipielle Affinität zu S. Giovanni Vecchio zeigt die ebenfalls turmähnlich überhöhte Kuppellösung der Kirchenruine S. *Maria de Tridetti* (Ende des 11. Jahrhunderts; zwischen Brancaleone und Staiti). Eine Rekonstruktion der Anlage (Abb. 214) ergibt einen in mehreren Details vom Vorbild nicht unbeträchtlich abweichenden Befund: Arabischen Modellen folgend, erhebt sich hier das Kuppelrund frei sichtbar über zwei quaderförmigen Geschossen, von denen das untere ein isla-

214 S. Maria de Tridetti, ehem. Abteikirche, Querschnitt (nach Orsi)

misch-fatimidisch geprägtes Trompensystem birgt. Darüber hinaus wird die Hauptapsis von Säulen flankiert, die in islamischer Manier frei in den Mauerverband eingesetzt sind, ein Motiv, dem man häufig auch in Sizilien und Kampanien begegnet.

Am Rande des waldreichen Sila-Gebiets, in einsamer Berglage, befindet sich das ehemalige Basilianerkloster S. *Maria del Patir* (genannt ›Patirion‹; bei Rossano), das seine Gründung (um 1100) dem in den 50er Jahren des 11. Jahrhunderts geborenen hl. Bartholomaios von Simeri verdankt. Der Bau des Klosters wurde vor allem durch den am normannischen Hof hochangesehenen Admiral Christodulos gefördert und später von der Witwe Rogers I., Adelasia (gest. 1118), und Roger II. großzügig mit Schenkungen bedacht. Mit Hilfe seiner Beziehungen zum normannischen Herrscherhaus gelang es Bartholomaios, die Abtei im Jahre 1105 dem Hl. Stuhl zu unterstellen und damit der Jurisdiktion des griechischen Erzbischofs von Rossano zu entziehen.

Im Gegensatz zu den auf dem Grundriß eines lateinischen Kreuzes errichteten Kirchen der Roccelletta und von S. Giovanni Vecchio, erhebt sich die dreischiffig basilikale Kirche des Patirion auf rechteckigem, durch drei fast gleichfluchtende Apsiden abgeschlossenem Grundriß. Im übrigen zeigt das Gebäude auch nicht den geringsten Anklang abendländisch-transalpiner Stileigenschaften, die für die erste Phase der kalabrischen Sakralbaukunst noch durchaus tonangebend gewesen waren. So ist für die Spitzbogenstellungen des vierjochigen, flachgedeckten Langhauses charakteristisch, daß sie unvermittelt auf kapitellosen Säulenschäften ansetzen, ein in der Architektur Kalabriens solitärer Arkadentypus, der später gelegentlich auch auf Sizilien (z. B. S. Spirito in Palermo) übergegriffen hat. Als völlig abweichend von der romanischen Bauvorstellung erweist sich der dem basilikalen Querschnitt des Langhauses exakt angepaßte und von Willemsen nicht ganz zutreffend als Querschiff bezeichnete Chor.[330] Dieser durch Schwibbogen und einen zugespitzten Triumphbogen vom Langhaus abgetrennte Abschnitt setzt sich aus längsoblongen Jochen in den Seitenschiffen und aus einem vor der Mittelapsis befindlichen, querrechteckigen Joch zusammen. Alle drei sind von Flachkuppeln abgeschlossen, deren spätere Applikation schon Orsi erkannt hat.[331] Nicht ganz auszuschließen ist, daß die Seitenschiffjoche ursprünglich kreuzgratgewölbt waren und anstelle der heutigen Mittelkuppel ein etwa an S. Giovanni Vecchio oder S. Maria de Tridetti erinnernder, vierungsturmähnlich überhöhter Kuppelbau den für den Umriß

der Klosterkirche entscheidenden Akzent gebildet hat. Wie schon an S. Maria de Tridetti wurde möglicherweise auch hier die queroblonge Vierung als Basis für die Errichtung eines steilen Kuppelbaus – in völliger Unkenntnis oder Mißachtung romanischer Stilprinzipien – als wenig hinderlicher Faktor angesehen; analog zum genannten Vergleichsbeispiel ist schließlich auch das islamische Motiv der in die Mauerecken der Hauptapsis eingestellten Säulen.

Von Anfang an war die Choraußenansicht des Patirion die Funktion einer repräsentativen Schauseite zugedacht gewesen (Abb. 215). In stilistischer Nähe zur Nordapsis des Doms von Gerace spannt sich ein Netz von Lisenenblendarkaden über alle drei Apsiden. Im Gegensatz zu Gerace fällt hier allerdings ein ehemals noch viel stärker ausgeprägter Dekorationsreichtum ins Gewicht. Das beginnt bei den polychrom behandelten Lisenen (Wechsel von Haustein und Backstein) und findet in den zahlreichen Medaillons sowie der freilich nur noch bruchstückhaft erhalten gebliebenen Rautenbänderung seine Fortsetzung. Besondere Beachtung gebührt dabei den farbig ausgestatteten (ocker vor schwarzem Lavagrund) und mit variationsreichen Sterngebilden besetzten Medaillonfüllungen, denen wir bereits in ähnlicher Form im Atrium des Doms von Salerno begegnet sind, einmal mehr ein Zeichen für den lebhaften Zustrom islamischer Ornamentformen in die mannigfachen Einflüssen offenstehende Baukunst Süditaliens. Daß am Patirion mit einer bis in die Mitte des 12. Jahrhunderts führenden Bauzeit zu rechnen ist, beweist nicht zuletzt das Fragment des Fußbodenmosaiks im Langhaus, dessen künstlerische Ausformung deutlich an jene des Paviments im Dom von

215 Rossano, S. Maria del Patir, Ansicht von Südosten

Ótranto erinnert (1163–1166); gewiß ist damit auch für die Fertigstellung der kalabrischen Abteikirche ein terminus ante quem
gewonnen.

Ebenso wie auf dem Sektor der Klosterbau-
kunst Kalabriens nur wenige Beispiele – und
die in mehr oder minder fragmentarischem
Zustand – erhalten geblieben sind, so hat
auch unter den zahlreichen Bischofskirchen
des Landes, wie etwa jenen von Reggio, Bo-
va, Catanzaro, Squillace, Nicastro und Milet, nur der *Dom von Gerace* die Erdbeben
des 17. und 18. Jahrhunderts überdauert.
Da zur näheren Bestimmung seines Grün-
dungsdatums keine dokumentarischen
Quellen vorliegen, muß für die Grundsteinlegung des Gebäudes die Eroberung der

Stadt durch Robert Guiscard im Jahre 1061
als terminus post quem betrachtet werden.
Daß der Normannenherzog die Rekatholisierung Kalabriens recht halbherzig voran-
trieb, beweist die Tatsache, daß Gerace weiterhin Sitz eines griechischen Bischofs blieb.
Das überrascht um so mehr, als zur Errichtung des Doms, wie dessen stilistischer Befund deutlich macht, Baumeister nördlicher
Herkunft berufen worden sind. Dieses
weiträumigste Kirchenmonument Kalabriens (Gesamtlänge: ca. 75 m) erhebt sich auf
dem Grundriß eines lateinischen Kreuzes.
An ein flachgedecktes, dreischiffig basikia-
les Langhaus schließt ein ausladendes Querschiff, das sich aus einer ausgeschiedenen,
kuppelüberhöhten Vierung und zwei mit
Apsiden besetzten, annähernd quadrati-

schen Seitenarmen zusammensetzt; es folgt ein quadratisches Chorjoch mit abschließender Hauptapsis. Das ergibt ein transalpin geprägtes Schema, wie es in seiner konsequenten Handhabung selbst in Oberitalien (z. B. S. Michele in Pavia und Dom von Parma) erst später in Erscheinung tritt. Da das Gelände steil nach Osten abfällt, befindet sich die zehnschiffige, mit 22 Säulenschäften aus dem antiken Locri versehene Krypta zum Großteil oberhalb des Erdbodenniveaus, wodurch es schon a priori erforderlich wurde, deren Begrenzungswände mit den Umfassungsmauern des Oberbaues exakt in Übereinstimmung zu bringen (Abb. 216). Unter der Voraussetzung, daß mit der Errichtung des Doms tatsächlich in unmittelbarem Anschluß an die Eroberung der Stadt durch Robert Guiscard begonnen worden ist, sind in Italien nur wenige vergleichbare Großkrypten (z. B. S. Salvatore am Monte Amiata und Dom von Acqui) zu nennen, die früher als diese entstanden sind.

Mit Recht wird von der Forschung darauf hingewiesen, daß zwischen dem quadratischen System des von einem Vierungsturm überhöhten Ostbaus (vgl. Stiftskirche von Limburg a. H.; begonnen 1025) und dem Langhaus eine erhebliche stilistische Diskrepanz besteht (Abb. 217). Das ist auch Bottari nicht entgangen, der die »altertümlich« enge Reihung der zwei mal zwölf Arkaden, die ausgesprochen gedrungene Proportionierung der Anlage (Breite : Höhe des Mittelschiffs = 1 : 1,5) und die extrem breiten Seitenschiffe zum Anlaß genommen hat, die Fertigstellung des Langhauses jener des Ostbaus zeitlich voranzustellen; als Argumentationshilfe dient ihm dabei eine im 16. Jahrhundert genannte, mittlerweile aber verschollene Weiheinschrift mit der Jahreszahl 1045.[332] Gegen diesen Datierungsvorschlag spricht allein schon die gegenüber Monumentalbauten abgeneigte Haltung der griechisch-süditalienischen Kirche in vornormannischer Zeit. Auch der zwischen Ostbau und Langhaus bestehende stilistische Gegensatz, der schon an der Roccelletta und an S. Giovanni Vecchio als spezifisch basilianische Eigenart erkannt wurde, läßt sich nicht im Sinne einer Frühdatierung des Langhauses interpretieren. Daß die Vollendung des Langhauses wahrscheinlich sogar erst im ersten Viertel des 12. Jahrhunderts erfolgte, beweist das mit dreifacher Rahmung abgestufte Rundbogenportal (ohne

216 GERACE, Dom, Längsschnitt (nach Martelli)

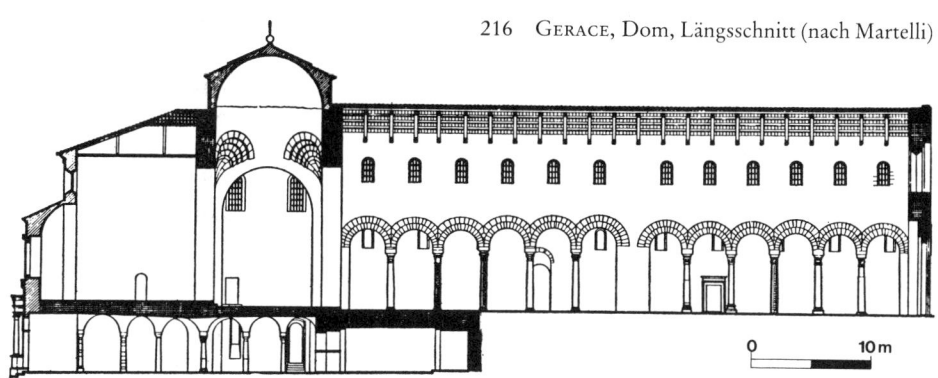

0   10 m

217 GERACE, Dom, Innenansicht, Langhaus

Kämpfer und Tympanon) der Westfassade, ein vor allem in Umbrien gebräuchlicher Portaltypus, dem man in Italien frühestens zu Beginn des 12. Jahrhunderts begegnet.[333]

Beachtet man die Details des Langhauses, so wird dessen eingangs behauptete Altertümlichkeit nicht mehr im gleichen Umfang aufrecht zu erhalten sein. Dagegen ist einzuwenden, daß das wie in der frühchristlichen Architektur enggeführte Säulenkontinuum etwa in der Mitte des Langhauses durch ein Paar mächtiger Pfeiler unterbrochen wird. Nach Thümmler ist diese raumgliedernde Pfeilerzäsur schon sehr früh in der römischen Kirche SS. Quattro Coronati (zweite Hälfte des 9. Jahrhunderts) eingesetzt worden. Zutreffend erläutert der Autor weiter, daß sich »darin weit vorwegnehmend zum ersten Male der Rhythmisierungsgedanke [bekundet], der ein so wesentliches Problem der gesamten mittelalterlichen Baukunst

des Abendlandes werden sollte«.[334] Für Schwarz stellt sich dieser »Rhythmisierungsversuch [...] seltsam zwiespältig« dar. Dazu der Autor näher: »Da die Pfeilerinnenseiten mit der Arkadenwand in gleicher Ebene liegen, bleibt [der Rhythmisierungsversuch] für den Mittelschiffraum ohne eigentliche Folge. Man könnte ihn lediglich als einen die Raummitte akzentuierenden Stützenwechsel bezeichnen.«[335] Die Frage nach der Herkunft dieses Stützenwechsels ist bisher unbefriedigend beantwortet worden. Während Schwarz – undifferenziert und offenbar lediglich von der geographischen Nähe beeindruckt – auf S. Nicola in Bari verweist, plädiert Kubach für eine Querverbindung zu Ste-Gertrude in Nivelles.[336] Auch dieser den Gesamtraum des Doms viel zu wenig beachtende Rekurs auf die brabantische Kirche vermag nicht zu überzeugen, da es sich dort, im Gegensatz zu den Säulenreihen von Gerace, um eine durchlaufende Pfeilerarkatur handelt, deren Kontinuität von der komplizierteren Form eines ursprünglich auch als Schwibbogenwiderlager dienenden Kreuzpfeilerpaars unterbrochen wird. Zielführender als diese Ableitungsversuche ist ein Hinweis auf S. Piero a Grado (erste Hälfte des 11. Jahrhunderts). In der Tat entspricht die Raumanlage dieser toskanischen Kirche in fast allen Belangen – abgesehen von den Apsiden – dem Langhauskonzept von Gerace. Beide Bauten verbindet ein ähnlich rascher Säulenarkadenrhythmus, in den sich in analog raumteilender Absicht ein Pfeilerpaar mengt. Dazu kommt, daß die eine Hälfte der Arkadenreihe im Vergleich zur anderen schmalere Interkolumnien und niedrigere Bogenschläge besitzt. Schließlich erscheinen auch die enorme Breite der Seitenschiffe sowie deren von den Pfeilern ausgehende Querbogen durch S. Piero a Grado präjudiziert. Auf welchem Wege ein baukünstlerischer Impuls von der auf pisanischem Territorium befindlichen Kirche Kalabrien erreichen konnte, ist leicht erklärbar: Daß die Normannen relativ rasch in den Besitz Siziliens gelangten, hatten sie nicht zuletzt der pisanischen Seerepublik zu verdanken, deren handelspolitische Interessen dahin zielten, die arabische Präsenz im westlichen Mittelmeerraum zu zerschlagen. Im Jahre 1063 kam es sogar zu einer unmittelbaren Interessengemeinschaft der beiden Mächte. Damals gelang es den Pisanern, die sarazenische Flotte vor Palermo zu vernichten, ein Ereignis, das den Erfolg der normannischen Landoperationen wesentlich beschleunigte.

Abschließend noch ein Hinweis auf die Außengestaltung des Ostbaus von Gerace, von dem nur die Nordapsis ihr ursprüngliches Aussehen bewahrt hat: Wie später auch an den Apsiden von S. Maria del Patir ist hier die Wand in schlanke Lisenenblendbogen aufgelöst, ein Motiv, das weniger auf die Architektur des Rhein-Maas-Gebietes – wofür Schwarz eintritt[337] – als vielmehr auf östliche Anregungen (vgl. S. Donat in Zadar; 9. Jahrhundert) zurückzuführen ist, ein weiteres Kennzeichen also für die eklektizistische Grundhaltung der Dombauhütte von Gerace.

Obgleich die *Kathedrale von Milet* wie die in unmittelbarer Nähe befindliche Klosterkirche dem Erdbeben von 1783 zum Opfer gefallen sind und nachfolgende Generationen dem endgültigen Verfall der Gebäude tatenlos zusahen, konnte der Grundriß der Kathedrale anhand alter Pläne und literarischer Nachrichten genau rekonstruiert werden. Auch in der Frage der Bauzeit besteht in der Forschung allgemeiner Konsens, wonach als terminus post quem die mit 1073 angenommene Bistumsgründung und als terminus ante quem der Tod Rogers I. (1101) angesehen wird; bekanntlich war es in der Folge unter Roger II. zu einer Verlegung des Regierungssitzes von Milet nach Palermo gekommen, was den gänzlichen Bedeutungsverlust der kalabrischen Stadt nach sich zog. Wie die meisten kalabrischen Kirchen erhebt sich die Kathedrale von Milet auf dem Grundriß eines lateinischen Kreuzes. Dem mit einer narthexähnlichen Vorhalle (vgl. S. Giovanni Vecchio) ausgestatteten, dreischiffig basilikalen Langhaus folgt ein gleich langes, weitausladendes Transept, das sich aus quadratischen Seitenarmen und einer ausgeschiedenen Vierung zusammensetzt; darüber erhob sich wie in der Mileter Klosterkirche S. Angelo eine Kuppel oder ein Vierungsturm. Da sich die

Quadrate der drei Querhausjoche exakt in das Langhausmittelschiff einfügen lassen, könnte fast schon von einer Übernahme des gebundenen Systems aus der transalpinen Romanik gesprochen werden. Dieses quadratische Schema wurde im Chor allerdings insofern nicht zu Ende gedacht, als hier – und im Gegensatz zum quadratischen Chorjoch von Gerace – nur ein stark verkürztes, querrechteckiges Joch vor die Hauptapsis tritt. Erwähnenswert sind auch die in den Mauerverband eingebetteten Seitenapsiden, die erst einen Meter über dem Fußboden ansetzen. Diese spezifische, gelegentlich an einschiffigen Bauten Kalabriens (z. B. S. Filomena in S. Severina) auftretende Apsidenform hat Schwarz mit kleinasiatischen, dem östlichen Erfahrungsschatz der Basilianer entsprechenden Vorbildern in Zusammenhang gebracht.[338] Eine gestalterische Sonderlösung zeigt auch das Langhaus mit seinen zwei mal vier Doppelsäulen, ein Stützensystem, das seine einzige Parallele im Dom von Trani findet. Was bereits für das apulische Bauwerk in Erwägung gezogen wurde, gilt laut Schwarz hier in noch höherem Maße. Danach dürfte diese Doppelsäulenstellung »wohl kaum künstlerischen Absichten entsprechen, bei der überlieferten Verwertung antiker Spolien findet [sie ihre] nächstliegende Erklärung in dem Fehlen ausreichend starker Einzelschäfte, das zu einem Zusammenfassen von je zwei schwächeren Fundstücken zwang.«[339]

Mit *S. Marco in Rossano* und der *Cattolica in Stilo* verfügt Kalabrien über zwei Zentralbauten, die von der Forschung, angesichts fehlender Dokumente, äußerst unterschiedlich datiert werden.[340] Den Verfechtern einer erst in der Normannenzeit ansetzenden Spätdatierung sei vorweg entgegenge-

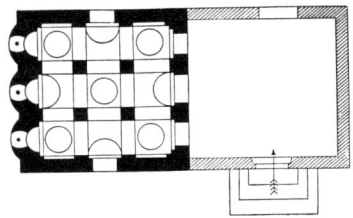

218 ROSSANO, S. Marco, Grundriß (nach Lojacono)

halten, daß die beiden Kuppelkirchen keinerlei Parallelen zur lateinisch-abendländischen Architektur besitzen und sich ausschließlich im Bannkreis byzantinischer Bauvorstellungen bewegen. Dazu kommt, daß Rossano und Stilo Zentren des basilianischen Mönchtums waren und sich in ihrer exponierten Berglage dem Zugriff sarazenischer Plünderer offenbar stets mit Erfolg zu widersetzen wußten.

Das geistig-religiöse Leben Rossanos stand vor allem in der byzantinischen Ära in großer Blüte und auch als Geburtsstätte des hl. Nilus genoß die Stadt hohes Ansehen. Nach der Eroberung durch die Normannen hielt sie – angeblich sogar bis ins 15. Jahrhundert – am griechischen Ritus fest, was nichts anschaulicher dokumentiert als der erfolglose Versuch des Herzogs Roger Borsa, im Jahre 1094 den griechischen Erzbischof gegen den hartnäckigen Widerstand der Bevölkerung durch einen römisch-katholischen Prälaten zu ersetzen.

In den quadratischen Umriß von S. Marco ist ein griechisches Kreuz mit tonnengewölbten Armen eingestellt (Abb. 218). Im Zentrum erhebt sich auf vier quadratischen Pfeilern die Hauptkuppel, die von vier niedrigeren in den Eckjochen flankiert wird. Die Pfeiler sind dermaßen breit dimensioniert, daß der Betrachter das ungewöhnlich beengt

wirkende Raumgefüge nur schwer zu überblicken vermag. Da alle Bauelemente gleichmäßig verputzt sind und ornamentale
Akzente gänzlich fehlen, vermittelt das Ambiente einen sehr einförmigen, ja geradezu
abweisenden Eindruck. Das gilt auch für die
Außenansicht des Bauwerks, dessen drei
gleich hohe Apsiden aus dem Fels emporzuwachsen scheinen. Auch an den fünf Tambourkuppeln wurde auf jeglichen Dekor
verzichtet. Um so überzeugender ist die rein
geometrische Aussage des Gebäudes, das
sich im Wechselspiel kubischer und sphärischer Elemente trotz seines bescheidenen
Umfangs zu fast schon monumentaler Erscheinungsform steigert.

Auch Stilo war ein Zentrum der Basilianer
und ein strategisch wichtiger Vorposten der
byzantinischen Macht. Gegen die normannischen Eroberer leistete die Stadt erbitter-
ten Widerstand, der erst 1071 endgültig ge-
brochen werden konnte, zu einem Zeitpunkt also, als Reggio den Normannen bereits zehn Jahre als Brückenkopf nach Sizilien diente. Mit der Cattolica verfügt Stilo
über eines der schönsten Kunstdenkmäler
Kalabriens. Einem »Adlerhorst« vergleichbar, wie Willemsen poetisch bemerkt,
schmiegt sich das Kirchlein (9 × 9 m) an die
steile Felswand des Monte Consolino.[341]
Mit seinen fünf Kuppeln und drei Apsiden
sowie seiner Grund- und Aufrißdisposition
folgt es zumindest grundsätzlich dem Beispiel von S. Marco in Rossano. Von dieser
prinzipiellen Affinität abgesehen, zeigt die
ebenfalls wahrscheinlich schon in vornormannischer Zeit errichtete Cattolica mehrere deutlich von ihrem Pendant abweichende
Eigenschaften. Besonders fällt dabei die ausschließliche Verwendung von Backsteinmaterial ins Gewicht, das an der Außenansicht

der Kuppeln – nach dem Muster des antiken
opus reticulatum gefügt – sogar eine bemerkenswerte ornamentale Ausformung erfahren hat (Farbabb. 16). Hinzu kommt, daß
im Inneren vier mit paleobyzantinischen
Kissenkapitellen besetzte Säulen (Spolien)
die Zentralkuppel stützen; im Unterschied
zu den sichtverstellenden Pfeilern in Rossano ermöglichen die ausnehmend schlanken
Säulenschäfte eine klare Überschaubarkeit
des Raumgefüges.

Daß die beiden kalabrischen Bauten – und
das gilt auch für S. Pietro in Ótranto – der
byzantinischen Architektur verpflichtet
sind, wurde bereits erwähnt. Wie das im
Anschluß an Teodoru von Willemsen getroffene Resümee bestätigt, handelt es sich
dabei jedoch keineswegs um eine wörtliche
Übertragung östlicher Bauvorstellungen.
Vielmehr sind S. Marco und die Cattolica als
Sonderfälle der byzantinischen Baukunst zu
betrachten, »weil bei ihnen mit äußerster
Konsequenz das Prinzip der Gleichheit der
einzelnen Bauteile und -elemente angewandt worden ist«.[342] Das bezieht sich sowohl auf die neun gleich großen Quadrate
des Grundrisses als auch auf die drei völlig
gleich dimensionierten Apsiden. Dasselbe
gilt im Prinzip auch für die fünf Kuppeln,
denn selbst der Umstand, daß die Zentralkuppel die Eckkuppeln überragt, ändert
nichts an der fast schon gleichförmigen Geschlossenheit des Ensembles. Nicht zuletzt
in dieser Hinsicht unterscheiden sich die
beiden Zentralbauten von vergleichbaren
Anlagen der östlichen Hemisphäre, wo sich
Nebenkuppeln stets einer weiträumigeren
Hauptkuppel unterordnen.

Auch Krautheimer hat sich mit den
Kreuzkuppelkirchen von Rossano und Stilo
als Außenposten der byzantinischen Bau-

SIZILIEN: VORAUSSETZUNGEN

kunst befaßt. In der Frage ihrer stilistischen Herkunft, deren Datierung in die vornormannische Zeit er durchaus für möglich hält, verweist er auf Kappadokien. Wenngleich diese These aufgrund mangelnder Vergleichsbeispiele nur unzureichend belegbar ist, hat sie immerhin den Vorteil, die latente Erinnerung der kalabrischen Basilianer an ihre alte Heimat – unter anderem an die zahlreichen dortigen Höhlenkirchen – als zusätzliches Argument für die schon vor der Normanneninvasion wenigstens in kleinem Maßstab in Kalabrien bestehende Baupräsenz des Ostens einzubringen.[343]

Sizilien

Die kirchliche Baukunst in der Ära der normannischen Grafschaft

Im Jahre 1060 setzten die Normannen von Reggio nach Messina über. In einem mehr als 30 Jahre dauernden Krieg bezwangen sie die arabischen Machthaber, die 1091 mit Noto ihren letzten Stützpunkt auf sizilischem Boden verloren. Da Robert Guiscard fortwährend für die Aufrechterhaltung des normannischen Führungsanspruchs in Süditalien Sorge zu tragen hatte und sich überdies mit hochfliegenden Plänen – wie der Eroberung von Byzanz – trug, ruhte die Hauptlast des sizilischen Feldzugs auf den Schultern seines jüngeren Bruders Roger, dem er auch die Hegemonialgewalt über die Insel einräumte; nur in Palermo und im Gebiet zwischen Ätna und Messina sicherte er sich eine eigene Einflußsphäre. Über allem stand die segnende Hand von Papst Alexander II., der Roger 1063 ein geweihtes Banner überreichte und ihn damit in den Rang eines missionarischen Gottesstreiters erhob. Auch Urban II. unterstützte den Grafen nach Kräften und gab ihm zur Neuordnung der kirchlichen Verhältnisse Generalvollmachten, die er gerade damals allen anderen Herrschern ausdrücklich streitig machte.[344] Wie zuvor schon in Kalabrien gründete Roger auch in Sizilien eine Reihe von Bistümern, ohne allerdings auch nur im geringsten an eine Zwangsmissionierung der zu einem Drittel aus Byzantinern und zu zwei Drittel aus Sarazenen bestehenden Bevölkerung zu denken. Er ging sogar so weit, bestehende byzantinische Klöster mit Privilegien auszustatten und darüber hinaus auch neue zu gründen. Sich mit Toleranz in Glaubensfragen die Solidarität der Bevölkerung zu erkaufen, war ein Gebot staatspolitischer Klugheit, galt es doch unter anderem auch den Weiterbestand der vorbildlichen Finanzverwaltung sicherzustellen, die ausschließlich in Händen von Sarazenen lag. Entgegen den Feudalisierungswünschen des normannischen Adels beteiligte der Herrscher sämtliche Bevölkerungsgruppen der Insel an der Administration; so wurde beispielsweise schon 1080 ein Sarazene an die Spitze der Stadtverwaltung von Catania berufen.

Will man der vom Ibn Hawqal im 10. Jahrhundert verfaßten Reisebeschreibung, in der von 300 Moscheen in Palermo die Rede ist, Glauben schenken, und zieht man dazu eine Urkunde Rogers I. aus dem Jahre 1091 in Betracht, in der von erheblichen Resten islamischer Sakral- und Profanarchitektur berichtet wird, so muß zur Zeit der normannischen Landnahme in Sizilien eine hochrangige Baukunst existiert haben, die der in den arabischen Ländern um nichts nachstand.[345] Der Umstand, daß davon nur geringe Spuren erhalten geblieben sind, läßt sich lediglich so erklären, daß die Religionstoleranz der Normannen, wenn es um den Weiterbestand nichtchristlicher Kultstätten ging, eben doch ihre Grenzen hatte. Um sich von der siculo-arabischen Baukunst wenigstens annähernd eine Vorstellung zu verschaffen, ist ein Hinweis auf die vor allem unter den Königen Roger II. und Wilhelm II. in Blüte stehende Architektur erforderlich, in der nordischer Gestaltungswille mit islamischen Dekorationselementen eine unvergleichliche Synthese eingegangen ist. Das gilt in äußerst eingeschränktem Maß auch für das Bauschaffen unter Graf Roger, dessen Domgründungen wie zuvor schon jene in Kalabrien dem reformatorischen Geist der lateinisch-abendländischen Architektur verpflichtet waren.

In Troina, dem Hauptsitz Rogers in Sizilien, kam es zwischen 1078 und 1080 zur ersten Grundsteinlegung einer sizilischen Bischofskirche, die 1643 einem Erdbeben zum Opfer fiel und in der Folge so durchgreifend umgestaltet wurde, daß einem kunstgeschichtlichen Rekonstruktionsversuch nur wenig Aussicht auf Authentizität zugebilligt werden kann; nach Canale ist ursprünglich mit einem nur gering ausladenden Querhaus und mit einem etwa an den Dom von Catania erinnernden Staffelchor zu rechnen.[346] Als nächstes gründete Roger wahrscheinlich noch vor 1093 die Bistümer von Agrigent und Mazara del Vallo an der Südwestküste Siziliens. Während vom Dom in Agrigent nichts erhalten geblieben ist, das eine Schilderung auch nur des Grundrisses erlauben würde, ist es Schwarz gelungen – basierend auf früheren Beschreibungen und einer alten Stadtansicht (16. Jahrhundert) –, für den ursprünglichen Zustand der *Kathedrale von Mazara del Vallo* (weitgehende Erneuerung in der zweiten Hälfte des 17. Jahrhunderts) einen Rekonstruktionsvorschlag (Abb. 219) auszuarbeiten, der noch heute von der Forschung anerkannt wird.[347] Danach befand sich vor der Westfassade eine von zwei Türmen flankierte Vorhalle. Dem relativ kurzen, dreischiffig basilikalen Langhaus folgt ein weitausladendes Querhaus, dessen Umfassungsmauern noch vorhanden sind. Daran schließt ein dreiapsidialer Staffelchor, dessen normannisch-cluniazensische Herkunft aus Kalabrien unbestritten ist. Dieser Ideentransfer ist leicht nachzuvollziehen, da sämtliche Bischöfe der frühen Bistumsgründungen in Sizilien aus dem kalabrischen Benediktinerkloster S. Eufemia stammten; von dort wurde auch Stephan von Rouen, ein Verwandter Rogers, auf den Bischofssitz von Mazara del Vallo berufen. Daß das Chorkonzept aber keinesfalls eine wörtliche Wiederholung kalabrischer Modelle darstellt, beweist ein Blick auf die gewiß von den Abteikirchen S. Eufemia und S. Angelo in Milet abhängige Chorlösung der Roccelletta: Im Vergleich zur basilianischen Klosterkirche sind die Apsiden der sizilischen Kathedrale weniger deutlich voneinander abgesetzt und wegen des Fehlens abgrenzender Vorjoche näher an das Querhaus herangeführt. Trotzdem ist der Bau mit seinem gewölbten Ostbau, dem verhältnismäßig kurzen Langhaus, den breiten Säulenarkaden und der Doppelturmanlage unter den uns überlieferten sizilischen Sakralbauten des 11. Jahrhunderts »als einziger in allen entscheidenden Plangedanken der transalpinen romanischen Architektur verhaftet«.[348] Besonders beachtenswert sind die beiden über die Seitenwände des Langhauses hinausragenden Westtürme, eine Disposition, die in anglonormannischen Bauten (z. B. Durham) ihre Parallele findet. Von Sizilien mag der entscheidende Impuls zur Zweiturmfassade von S. Nicola in Bari ausgegangen sein, und sieht man von bescheidenen Anfangsversuchen an S. Salvatore am Monte Amiata und S. Martino in Farfa ab, so dürfte es, wie Schwarz ausführt, in Mazara zur frühesten monumentalen Verwirklichung eines doppeltürmigen Westabschlusses innerhalb Italiens gekommen sein.[349]

Unter den sechs lateinischen Klostergründungen Rogers in Sizilien, von denen nur bescheidene Reste die Jahrhunderte überdauert haben, ist vor allem die Benediktinerabtei S. Agata in Catania hervorzuheben. Die älteste Nachricht über das Kloster stammt aus dem Jahre 1091.[350] Damals bestätigte Roger die Wahl des aus S. Eufemia berufenen Abtes Anser (»natione britonem«), dem der Mönch Gaufredus Malaterra folgte, um in den Mauern des Klosters die Biographie Robert Guiscards und Rogers zu verfassen. Schon ein Jahr später wurde das Kloster von Papst Urban II. zum Bistum

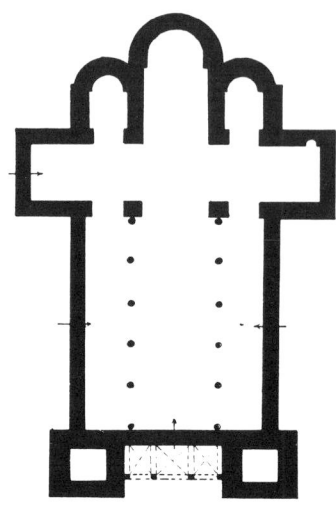

219 MAZARA DEL VALLO, Kathedrale, Rekonstruktion des Grundrisses (nach H. M. Schwarz)

erhoben, die Abteikirche übernahm die Funktion einer Kathedrale. Ähnlich wie im Fall der Kathedrale von Mazara ist auch das ursprüngliche Aussehen des *Doms von Catania* – wiederum auf der Grundlage literarischer und bildlicher Quellen – nur auf rekonstruktivem Weg zu ermitteln (Abb. 220). Erleichtert wird dies dadurch, daß wenigstens die Apsiden und das Querhaus das schwere Erdbeben des Jahres 1693 überstanden haben; das Langhaus wurde dann im 18. Jahrhundert unter Berücksichtigung der alten Außenfundamente völlig neu errichtet. Hatte sich schon zuvor in Mazara eine Reduktion des cluniazensischen Parallelchors im Sinne einer sizilischen Variante herauskristallisiert, so vollzog sich am Dombau von Catania ein entwicklungsgeschichtlich weiterführender Prozeß in Richtung einer »Latinisierung des französisch-benediktinischen Chorschemas«. Das manifestiert sich vor allem an den drei Apsiden, die nur noch

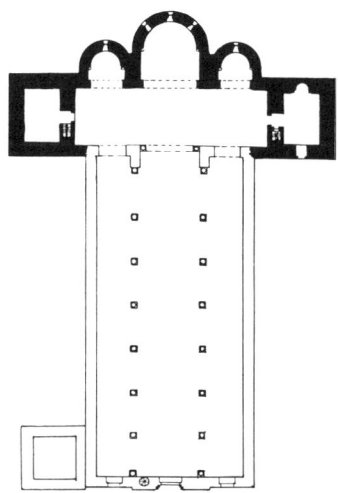

220 CANTANIA, Dom, Grundriß (Langhaus rekonstruiert; nach H. M. Schwarz)

durch kleine Vorjoche vom Querhaus getrennt sind und die sich dadurch bereits der vereinfachten Form eines dreiapsidialen Chors nähern. Mit Recht ergibt sich daraus für Schwarz die Frage: »Trifft sich hier nicht die sizilisch-normannische Romanik mit den Besonderheiten der im Anschluß an Montecassino errichteten kampanischen Bauten?«[351] In der Tat verstärkt sich dieser Eindruck, wenn man das ähnlich wie am Dom von Salerno und im Gegensatz zu Mazara nur noch wenig über die Langhausseitenwände vorspringende Querhaus in Betracht zieht. Im Anschluß an die montecassinische Bautengruppe verfügt das siebenjochige Langhaus des Doms von Catania einerseits über eine Längenerstreckung, die jene von Mazara bereits merklich übertrifft, andererseits sind die Säulenabstände so groß, daß sich daraus ein Rekurs auf Mazara ablesen läßt; im Gegensatz dazu stehen die der frühchristlichen Tradition folgenden

enggestellten Säulen der kampanischen Kirchen.

In entwicklungsgeschichtlich überzeugender Konsequenz treten am *Dom von Messina* Beziehungen zu Kampanien noch stärker als in Catania zutage. Die heutige Anlage, ein durch das Erdbeben von 1908 bedingter Neubau, vermittelt im wesentlichen noch den räumlichen Eindruck des erst aus der Regierungszeit Rogers II. stammenden Dombaus (begonnen um 1130).[352] In Übereinstimmung mit dem Dom von Salerno wird hier das auffallend langgestreckte, dreischiffig basilikale Langhaus von zwei mal zwölf dichtgereihten Säulenarkaden durchzogen. Analog dazu ist auch das Querhaus gebildet, an das der dreiapsidiale Chor ohne Vorjochbegrenzung schließt. Da jedoch die Apsiden im Vergleich zu Salerno weiter nach Osten ausschwingen, ist in ihnen immer noch ein Reflex auf den von Mazara ausgehenden Staffelchor zu entdecken. In vollem Umfang tritt dieses Schema dann wieder am gleichzeitig mit dem Bau von Messina errichteten Dom von Cefalù, von dem noch ausführlich die Rede sein wird, in Erscheinung, woraus klar zu ersehen ist, daß die sizilische Variante der reduzierten Staffelchorlösung nicht im Rahmen eines einbahnigen Entwicklungsprozesses verlief.

Wie schon erwähnt, zeigte Graf Roger keinerlei Neigung, den päpstlichen Auftrag, Kalabrien und Sizilien der lateinischen Kirche zurückzugewinnen, allzu wörtlich zu erfüllen. Nach der Niederwerfung der Araber unterstützte er tatkräftig die Neuorganisation des basilianischen Mönchtums in Ostsizilien, wo im Val Demone auch noch nach der islamischen Eroberung eine byzantinische Enklave weiterbestanden hatte. Oft trat der Normanne, wie etwa in Mili, Itála

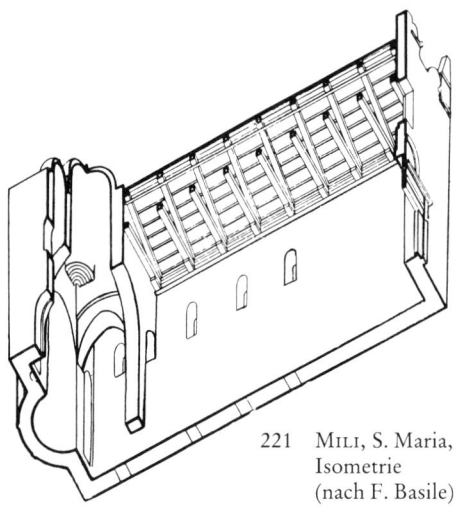

221 MILI, S. Maria,
Isometrie
(nach F. Basile)

islamisch-fatimidische Motiv der gestelzten Trompenkuppel mit nach außen hin frei sichtbarem Kuppelrund in einen christlichen Sakralbau Eingang, eine Initiallösung, die in der Architektur der Normannenkönige noch reiche Nachfolge finden sollte. An der Südflanke des Gebäudes überrascht das in der christlichen Baukunst Siziliens ebenfalls erstmalig auftretende Motiv der in Backstein ausgeführten verschränkten Blendarkaden, das wahrscheinlich schon früher an der Hauptapsis des kalabrischen S. Giovanni Vecchio angewandt worden war. Nicht leicht zu beantworten ist die Frage, ob es sich dabei um normannisches Importgut oder um ein von den Sarazenen tradiertes Detail der maurischen Architektur Spaniens handelt. Für die zweite Version spricht immerhin die Tatsache, daß es in Spanien viel früher (10. Jahrhundert) eingesetzt wurde als im normannischen England. Zwar tritt es dort zumeist, wie etwa an der Großen Moschee von Córdoba (961–966),

und Frazzano sogar als Stifter neuer basilianischer Klosterkirchen in Erscheinung. Für seine interkonfessionelle Einstellung spricht unter anderem die Tatsache, daß er seinen Sohn Jordanus 1092 in Mili beisetzen ließ.

Wie in S. Giovanni Vecchio besteht das Langhaus von *S. Maria in Mili* (1091 begonnen) aus einem einschiffigen Saalbau mit Sparrendachabschluß.[353] Der abweichend vom kalabrischen Bauwerk dreigeteilte Chor öffnet sich in einem spitzen Triumphbogen und zwei schmalen Rundbogen zum Langhaus (Abb. 221). Mit Ausnahme der ausschwingenden Hauptapsis bildet der Grundriß des Gebäudes einschließlich der schlanken, nicht ganz bis zum Boden herabgeführten apsidiolenähnlichen Nischen ein geschlossenes Rechteck. Über der ausgeschiedenen Vierung erhebt sich eine alles überragende Kuppel, die von zwei kleineren über den längsoblongen Seitenjochen flankiert wird. Erstmals in der Ära der normannischen Grafschaft in Sizilien fand hier das

222 ITÁLA, S. Pietro, Außenansicht des nördlichen Seitenschiffs

223 SCIFI (nördlich von Taormina), SS. Pietro e Paolo, Außenansicht

in der Form des ungemein reich ornamentierten Hufeisenbogens in Erscheinung,
aber gelegentlich gibt es auch verschränkte
Blendarkaden mit halbkreisförmigen Bogenschlägen (z. B. Toledo, Bab Mardum-
Moschee, 999 vollendet). Da das Motiv in
Mili wahrscheinlich schon vor 1100 aufscheint und sich in der anglo-normanni-
schen Baukunst erst ab etwa 1110, dann
allerdings in reichem Maße, auszubreiten
beginnt, muß es also primär mit maurischen
Einflüssen in Zusammenhang gebracht werden. Daß in der Folgezeit die aus dem anglonormannischen Raum nach Sizilien berufenen Mönche für seine weitere Verbreitung
in Süditalien sorgten, ist unbestritten.

Schon etwa zwei Jahre nach S. Maria in
Mili wurde die Basilianerkirche von *S. Pie-*

tro in Itála (begonnen um 1093) errichtet
(Abb. 222).[354] Hier sind die verschränkten
Blendlisenenarkaden das beherrschende
Dekorationsmotiv der südlichen Längs-
außenwand, wobei die zur Rahmung der
Fenster erforderliche Breite der Bogenstellungen eine fast schon dreipaßförmige Abstufung der Bogenschläge nach sich zog. An
der Westfassade hingegen befinden sich seitlich des Portals schlanke, doppelt abgestufte
Blendbogennischen, die auch am Querhaus
des kalabrischen S. Giovanni Vecchio aufscheinen. Wie in Mili erhebt sich über dem
Mittelabschnitt des dreiteiligen Chors eine
fatimidische Trompenkuppel.

Unter den zwischen Ätna und Messina
gelegenen Kultstätten der Basilianer ist der
ehemaligen Klosterkirche von *SS. Pietro e*

347

Paolo (Scifi) in baulicher Hinsicht gewiß eine führende Stellung beizumessen. Einem Dokument von 1116 zufolge soll das schon mehr an eine Burg als an eine Kirche erinnernde Bauwerk noch unter Graf Roger gegründet worden sein.[355] Wie jedoch der stilistische Befund nahelegt, muß mit einem späteren Neubau oder zumindest mit einem durchgreifenden Umbau der Anlage gerechnet werden. Dafür spricht eine griechische Inschrift über dem Westportal, die davon berichtet, daß Meister Gerhard der Franke 1172 das Gebäude errichtet hat; möglicherweise zeigt das Datum das Ende der Bauarbeiten an. Nach Schwarz handelt es sich hier um einen Baumeister normannischer Abstammung. »An die Kunst seiner Heimat erinnert noch das fragmentarisch erhaltene Turmpaar an der Westseite sowie die außerordentliche Höhe des Raumes, die auch am Außenbau an dem turmartigen Aufragen der Hauptapsis zu erkennen ist. In allem anderen ist der Bau Ausdruck der aus zahlreichen Quellen gespeisten sizilischen Baukultur der zweiten Jahrhunderthälfte.«[356] Kein anderes Bauwerk in Süditalien steht so sehr wie SS. Pietro e Paolo im Zeichen der verschränkten Blendarkaden (Abb. 223). Das Motiv greift hier an der Südseite auch auf das Obergeschoß über, das zusammen mit seiner Zinnenbekrönung fast so hoch ist wie das Erdgeschoß. Da dieses über den Seitenschiffen einen flachen Dachabschluß besitzt, scheint die Blendarkatur des nur geringfügig zurückgestuften Obergeschosses unvermittelt aus dem Unterbau emporzuwachsen. Durch diese optische Gefährdung der basilikalen Struktur erinnert die Südansicht der Kirche fast schon an einen palastähnlich geschlossenen Baublock. Unterliegen die verschränkten Blendarkaden von

Mili und Itála noch gänzlich der eintönigen Backsteinmonochromie, so präsentieren sie sich an SS. Pietro e Paolo bereits in einer ungemein pittoresken Erscheinungsform. Vor der roten Folie des Backsteingrundes sind Lisenen und Bogenschläge in dreifarbigem Schichtwechsel (Backstein, schwarzes Lavagestein, weißer Marmor) gemauert. In dieser Polychromie manifestiert sich nicht nur ein verstärkter Einfluß der islamischen Baukunst, in ihr findet sich vielmehr auch eine gegenüber Mili und Itála spätere Bauzeit bestätigt. Das Raumgefüge der Kirche besticht durch die Steilheit seiner Proportionen (Abb. 224, 225). Das mittlere der drei Joche des dreischiffig basilikalen Langhauses wird von vier Säulen begrenzt und durch zwei Schwibbogen von den angrenzenden, flachgedeckten Travéen abgesondert. Dar-

224 SCIFI (nördlich von Taormina), SS. Pietro e Paolo, Isometrie (nach F. Basile)

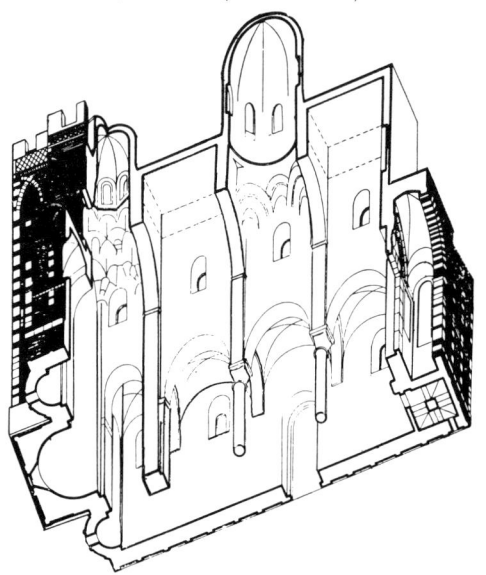

225 SCIFI (nördlich von Taormina), SS. Pietro e Paolo, Innenansicht

Die kirchliche Baukunst unter König Roger II.

Nach Jahren der Vormundschaft durch seine Mutter Adelasia – damals wurde Palermo Hauptstadt des Landes – trat Roger II. (1101–1154) an die Spitze der sizilischen Grafschaft. Die Rolle eines Grafen, die ihm vor allem unter den festländischen Normannenführern lediglich die Stellung eines primus inter pares einräumte, widersprach von Anfang an seinem gesteigerten Selbstgefühl, das auch dann noch nicht befriedigt war, als er den herzoglichen Zweig des Hauses Hauteville 1127 nach dem Tod Wilhelms, des Sohns von Roger Borsa, beerbte. Sein Sinn strebte nach Höherem: der Königskrone, die weder vom deutschen noch vom oströmischen Kaiser zu erlangen war. Zur Realisierung dieses Vorhabens bot die politische Konstellation des Jahres 1130 günstige Voraussetzungen. Damals kam es in Rom nach dem Tod von Honorius II. zu einer Doppelpapstwahl. Auf der einen Seite setzte sich die englische und französische Kirche, unterstützt vom deutschen König Lothar von Supplinburg, für Innozenz ein, auf der Gegenseite stand der süditalienische Episkopat, der Anaklet II. auf dem Hl. Stuhl sehen wollte; dank normannischer Hilfe vermochte sich Anaklet durchzusetzen. Der Preis dafür war die Verleihung der Königswürde an Roger II. Schon kurz nach dem Tod Anaklets wurde die Legalität des normannischen Throns vom ehemaligen Gegenpapst Innozenz angefochten. Erst der erfolgreiche Waffengang bei Mignano im Jahre 1139 brachte Roger II. die endgültige Sicherung seiner königlichen Stellung. In rascher Folge gelang es nun, den zuvor stets gefährdeten festländischen Normannenstaat mit seinem

über erhebt sich eine Trompenkuppel mit einer byzantinischen Melonenwölbung. Für das Langhaus ergibt sich dadurch ein zentralisierender Akzent, der sich mit einer nordisch geprägten Vertikalisierung verbindet. Der dreiteilige, ebenfalls von einer Kuppel überhöhte Chor wird durch ein Pfeilerpaar und einen zugespitzten Triumphbogen vom Langhaus getrennt. Während den Seitenschiffen frei sichtbare Apsiden entspringen, ist die Hauptapsis in einen rechteckig schließenden Mauermantel eingebettet. Zusammenfassend kann SS. Pietro e Paolo als ein Konglomerat byzantinischer, abendländisch-nordischer und islamischer Stilkomponenten charakterisiert werden.

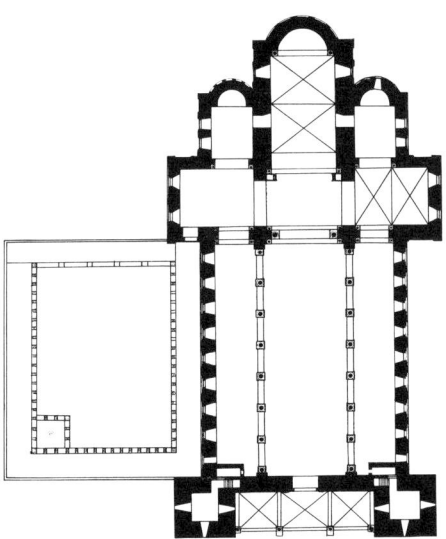

226 CEFALÙ, Dom, Grundriß

Rogers neuerworbene Königswürde fand in der Baukunst Siziliens umgehend ihren repräsentativen Niederschlag. Vom *Dom von Cefalù* heißt es, daß dessen Gründung auf ein Gelübde des aus Seenot geretteten Normannenkönigs zurückgeht. In der Tat spiegelt sich in diesem nordisch geprägten Bauwerk ein ganz persönliches Bekenntnis des Herrschers zur alten Heimat seiner Vorfahren. In ihm wünschte er einst beigesetzt zu werden, eine Absicht, die von seinem Nachfolger Wilhelm I., der an einer dem ursprünglichen Plan entsprechenden Weiterführung des Baus jegliches Interesse verlor und Palermo als würdigerer Ruhestätte der normannischen Dynastie den Vorrang einräumte, vereitelt wurde. Im Gründungs-

väterlichen Erbe Sizilien zu vereinigen. Die Persönlichkeit Rogers II. hat Goez mit wenigen Worten sehr anschaulich charakterisiert: »Er war ein kühler Rechner und verschlagener Diplomat, kein Heerführer [...]. Er besaß einen wachen Sinn für die politische Einsatzfähigkeit von Geld, darin war er zweifellos ›moderner‹ als sämtliche anderen Laienfürsten seiner Zeit [...]. Seine politischen Ziele waren hochgesteckt [...]. Unter ihm wurde das Normannenreich zu einem Machtfaktor, mit welchem man in ganz Europa zu rechnen hatte.«[357] Nichts verdeutlicht sein ökonomisches Kalkül treffender als der 2. Kreuzzug, an dem er sich persönlich gar nicht beteiligte, aus dem er aber enormen wirtschaftlichen Nutzen zog. Verständlicherweise trug ihm dies herbe Kritik in Rom ein, wo man Rogers militärische Abstinenz im Heiligen Land zutreffend als Ausdruck der Toleranz gegenüber seinen islamischen Untertanen auslegte.

227 CEFALÙ, Dom, südlicher Chorraum

jahr 1131 wurde der Grundriß des Doms in seiner Gesamtheit festgelegt und von Osten her mit der Errichtung des Bauwerks begonnen (Abb. 226). Wie das Turmpaar im Westen und der normannisch-cluniazensische Ostbau beweisen, stand die Bauhütte von Cefalù bei der Festlegung des Grundrißkonzepts deutlich unter dem Einfluß der um ungefähr 40 Jahre älteren Kathedrale von Mazara del Vallo. Man begnügte sich jedoch keineswegs mit einer wörtlichen Übertragung des Vorbilds. Die eigene Intention manifestiert sich vor allem in einer Ausweitung des benediktinischen Staffelchorschemas. Danach dringt der Hauptchor viel weiter über die Nebenchöre nach Osten vor; darüber hinaus ist er durch schmale Durchlässe mit diesem verbunden. Die kunstgeschichtlich primäre Frage bezieht sich auf die Wulstrippenwölbung der beiden Hauptchorjoche. Mit Sicherheit ist dieses Gewölbesystem das Ergebnis einer Planänderung, zu der es, nach Schwarz, erst um 1140 kam, als die Hochführung der flankierenden Chorwände bereits abgeschlossen und möglicherweise zunächst eine Tonne als Dekkenlösung vorgesehen war.[358] Den Projektwechsel bezeugen die seitlichen Fenster, die zu diesem Zeitpunkt schon bestanden haben müssen, da man sie nicht mehr in die Mittelachse der neuorganisierten Joche einbeziehen konnte. Die von der normannischen Baukunst beeinflußte Wulstrippenwölbung (vgl. Ostteile von Lessay, um 1100) muß schon einige Jahre vor 1148 vollendet gewesen sein, da die Apsis, deren Mosaizierung zu diesem Zeitpunkt (laut Inschrift) bereits abgeschlossen war, deutlich auf das Gewölbe Bezug nimmt, durch dieses in ihrem Höhenausmaß gleichsam bedingt ist. Über allem herrscht der islamische Spitzbogen,

dem, wie Schwarz zutreffend bemerkt, in der sizilischen Architektur für die Technik des Wölbens »eine wirklich konstruktive Bedeutung« stets versagt geblieben ist.[359] Nichts beweist dies anschaulicher als der erst in jüngerer Vergangenheit von allem späteren Dekor befreite Südchorarm, dessen unbeholfene Wölbungslösung aus der Durchdringung zweier Spitztonnen zu erklären ist (Abb. 227).

Neben dem byzantinisch-komnenischen Apsismosaik beeindrucken vor allem die ungewöhnlich steilen Proportionen des Hauptchors. Ein geradezu protogotischer Vertikalismus macht sich bemerkbar, der im Querhaus noch eine zusätzliche Steigerung (1 : 3, 2) erfährt. Unter dem Dach der Seitenarme (der südliche wurde 1240 mit einem doppeljochigen Bandrippengewölbe versehen) des in den 60er Jahren fertiggestellten Querhauses erstreckt sich ein durch Säulenarkaden begrenzter Laufgang, dessen stilistischen Ursprung Schwarz in England lokalisiert hat (Kathedrale von Chester, 1093 begonnen) und dem wir im nur wenig später errichteten Dom von Palermo (Baubeginn nach 1170) erneut begegnen.[360] Da dieses triforienähnliche Motiv nirgendwo sonst in Italien im Inneren eines Querhauses aufscheint, ist dem Hinweis auf Palermo besondere Beachtung zu schenken. In der Tat müssen die Beziehungen zwischen König Wilhelm II. und England sehr intensiv gewesen sein. Immerhin hatte der damalige Erzbischof von Palermo, Walter of the Mill, zuvor bei Heinrich II. von England die Stellung eines Hofkaplans eingenommen. Darüber hinaus hatte die Ermordung des Erzbischofs von Canterbury, Thomas Becket, im Jahre 1170 die Flucht eines großen Teils seiner Anhängerschaft nach Sizilien zur Folge.

In die Form einer verschränkten Blendarkatur umgewandelt, findet das Motiv des
Querhauslaufgangs an der Außenansicht
des Ostbaus seine Entsprechung (Farbabb.
15). Abgesehen davon, daß die an den Querhausarmen und den Chorlängswänden ent-
langgeführten Blendbogen die Position
einer Zwerchgalerie einnehmen, verrät sich
auch in den mit Zackenornamenten besetzten Bogenschlägen der nunmehr eindeutig
anglo-normannische Ursprung des Motivs.
Das den Ostbau beherrschende und von
wandpfeilerähnlichen, über die gesamte
Höhe der Wand führenden Lisenen skandierte Kontinuum der überkreuzten Bogen
wird an der Hauptapsis unterbrochen, um
hier einem einfachen Rundbogenfries zu
weichen. Die Ursache für die inhomogene
Erscheinungsform der Apsisgliederung hat
Schwarz mit einem Planwechsel zu erklären
versucht und als ästhetisch bedingt gedeutet. Danach »empfand man rechtzeitig das
Störende einer für Langwände und Apsis-
rund gleichartigen Flächengliederung, die
eine Monotonie des Ostganzen zur Folge

gehabt hätte«.[361] Eine auf hohen Sockel gestellte Lisenenreihe gliedert das untere Drittel der Apsis. Dann springt die Mauer zurück, um schlanken Doppelrundstäben
Platz zu schaffen. Diese enden in Kapitellen
und stark vorspringenden Kämpferplatten,
die zum flach abschließenden Rundbogenfries in eine eher trennende als verbindende
Beziehung treten. Generell fällt auf, daß der
gesamte Ostbau in seiner oberen Begrenzung an eine nicht zu Ende gedachte, vielleicht durch den verspäteten Wölbungsplan
verursachte Notlösung denken läßt. Das
zeigt sich sowohl an der unvermittelt vor
dem zurückweichenden Dachansatz abbrechenden Blendgalerie als auch am rudimen-
tär erscheinenden Scheitel der Apsis.

Schon unter König Wilhelm I. (1154 bis
1166) dürfte der Dombau ins Stocken geraten sein. Entgegen dem ausdrücklichen
Wunsch seines Vaters ließ er dessen sterbli-
che Überreste in Palermo beisetzen. Die
Herausgabe des Leichnams an das Domkapitel von Cefalù machte er von der Schlußweihe des Bauwerks abhängig, ein zu die-

228 CEFALÙ, Dom, Längsschnitt (nach H. M. Schwarz)

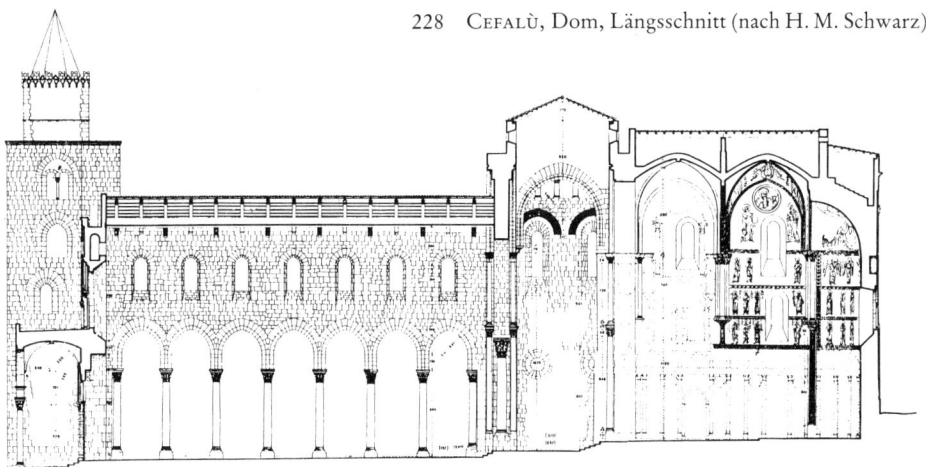

sem Zeitpunkt völlig unrealistisches Ansinnen. Negativ war auch der Bescheid seines Nachfolgers Wilhelms II. (1166–1189), der wahrscheinlich auch keinerlei Neigung mehr verspürte, das Grabkirchenprojekt seines Großvaters weiter zu finanzieren. Allzusehr war er mit der Realisierung seiner eigenen Dombauvorhaben in Palermo und Monreale beschäftigt. So gesehen blieb dem Domkapitel keine andere Wahl, als auf eigene, freilich weniger ergiebige Finanzquellen zurückzugreifen, um im Anschluß an den schon vor 1170 fertiggestellten Osttrakt den erst wenig fortgeschrittenen Bau des Langhauses zu vollenden. An eine Verwirklichung des ursprünglichen Großprojekts war selbstverständlich nicht mehr zu denken. Da nach Schwarz zu diesem Zeitpunkt die Außenmauern des Langhauses – einschließlich der unteren Zone der Westtürme – bereits in ihrem gesamten heutigen Umfang standen und die Querhauswand für einen Anschluß vorbereitet war, konnte nur mehr eine das Höhenausmaß des Gebäudes betreffende Reduzierung des Erstentwurfs in Frage kommen (Abb. 228). Wie Schwarz nachgewiesen hat, hätten die Seitenschiffe ursprünglich um ca. 2,5 m und das Mittelschiff um ca. 7 m höher sein sollen.[362] Das Ergebnis wäre – etwa mit den Mittelschiffproportionen von S. Abbondio in Como vergleichbar – eine extrem vertikalisierte Basilika gewesen. Dazu die treffende Charakterisierung von Schwarz: »Wenn von der sizilischen Kultur der Epoche Rogers II. ein Rückschluß auf seine Persönlichkeit erlaubt ist, so bedeutet der Dom von Cefalù wohl seine persönlichste Schöpfung. Dort, wo er als König repräsentieren wollte, umgab er sich mit dem Glanz der orientalischen Welt, ließ seine Schlösser nach ägyptischen Vor-

bildern errichten, seine Hauskapelle, die Cappella Palatina, in der beispiellosen Vielheit abend- und morgenländischer Formen. In seiner Grabstätte jedoch beschwor der auf seinem Thron zeitlebens einsame Mensch ein Stück des Nordens zu künstlerischer Wirklichkeit.«[363] Wäre das ursprüngliche Plankonzept des Langhauses, für das mit Sicherheit ein von den heutigen Säulenreihen abweichendes Stützensystem vorgesehen war, zur Durchführung gelangt, hätte der Dom in seiner Gesamterscheinung gewiß den »logischen Abschluß der in ihren Anfängen von dem benediktinischen Mönchtum getragenen, nordwärts orientierten Baugesinnung« gebildet. Das einzige, was in der Schlußfassung des Langhauses noch an diese ›romanische‹ Strömung erinnert, ist das freilich schon vor dem Planwechsel festgelegte Breitenverhältnis von Mittelschiff und Seitenschiffen (2:1). Im übrigen steht das heutige Wandsystem des Mittelschiffs mit seinen enggereihten Säulen und islamisch gestelzten Spitzbogen deutlich im Kontext mit jenen des Doms von Monreale (1174 gegründet), der mit seinen viel schmaleren Seitenschiffen (Mittelschiff : Seitenschiff = 3:1) einen noch spürbareren Traditionsrückgriff auf die frühchristliche Baukunst erkennen läßt. Von Monreale ausgehend, ist als Bauzeit für das Langhaus von Cefalù das letzte Viertel des 12. Jahrhunderts anzunehmen. Mit Recht hat Schwarz davor gewarnt, »das im Vergleich zu dem ersten Entwurf geringe Langhausvolumen nur aus einem Fehlen ausreichender Baumittel erklären zu wollen«.[364] In der Tat läßt sich das verspätet realisierte Langhaus durchaus auch im Sinne einer stilistischen Emanation deuten. Auf der anderen Seite steht das aus der Fluchtlinie der Seitenschif-

229 CEFALÙ, Dom, Westfassade

fe heraustretende Westturmpaar von Monreale eindeutig im Einflußbereich Cefalùs, wo eine Turmakzentuierung von Anfang an festgelegt war. Etwa in Übereinstimmung mit den Langhausaußenmauern waren die Türme am Ende der ersten Bauphase im unteren Drittel bereits fertiggestellt (Abb. 229). Daß nach der Grundsteinlegung des Doms die Bauarbeiten gleichzeitig von Westen und von Osten eingesetzt haben, beweist der Umstand, daß das Bruchsteinmauerwerk des Chors und der Langhauswände auch an den unteren Turmdritteln Verwendung gefunden hat; nach dem Planwechsel wurde an den Türmen mit Hausteinmaterial weitergebaut. Obgleich die dreibogige, zwischen die Türme gestellte Vorhalle erst aus den 70er Jahren des 15. Jahrhunderts stammt, kann doch eine ähnliche Vorhallenkonzeption bereits im 12. Jahrhundert angenommen werden. Auf der Vorhalle befindet sich eine altarähnliche Plattform, hinter der die obere Hälfte der Langhausfassade mit ihrer Blendarkadendekoration hochragt. Inschriftlich scheinen hier die Jahreszahl 1240 und der Name Giovanni Panittera auf, was di Stefano zum Anlaß genommen hat, die Fassadenausschmückung mit diesem Künstler in Zusammenhang zu bringen.[365] Der stilistische Befund widerspricht aber dieser auf das 13. Jahrhundert fixierten These. Während sich in der oberen Zone der Wand eine von normannischen Zackenornamenten besetzte Blendarkatur befindet, deren künstlerische Wurzeln Schwarz an der englischen Kathedrale von Ouistreham lokalisiert, flankieren in der unteren auf Säulen gestellte, verschränkte Blendspitzbogen ein hohes, stark profiliertes Spitzbogenfenster.[366] Mit dem ausschließlichen

Hinweis auf die auch das Langhausinnere gänzlich beherrschende Spitzbogenform, die in Sizilien – da islamisch bedingt – keinesfalls mit gotischen Stilprinzipien gleichgesetzt werden darf, ist die von di Stefano vorgeschlagene Spätdatierung des Fassadendekors jedenfalls nicht ausreichend zu stützen. Wie das Langhaus sollte auch dieses so eindeutig normannisch geprägte Fassadenschema – angesichts seiner bauimmanenten Voraussetzungen – in das letzte Viertel des 12. Jahrhunderts datiert werden.

Wie der Dom von Cefalù wurde auch die *Cappella Palatina* schon ein Jahr nach der Krönung Rogers, also 1131, gegründet. Während sich vor allem an der ursprünglichen Fassung des Doms ein nordisch geprägtes, gleichsam persönliches Bekenntnis des Monarchen abzeichnet, tritt in der Palastkapelle durch die Verbindung von Stilfaktoren unterschiedlichster Herkunft eine höfisch-offizielle Haltung deutlich zutage. Besten Anschauungsunterricht über das eminente Sendungsbewußtsein Rogers II. bietet die am Kuppeltambour der 1140 geweihten Kapelle entlangführende, griechisch verfaßte Widmungsinschrift, in der es unter anderem heißt: »Ich, Roger, der allmächtige König [widme diesen Bau] dem ersten Jünger des Herrn, dem Erzhirten [...] Petrus, dem Christus seine Kirche besiegelte.« Welch überragenden Stellenwert das Bauwerk schon zum Zeitpunkt seiner Weihe besaß – noch bevor der großartige Mosaikschmuck vollendet war –, beweist ein panegyrischer Ausspruch von Bischof Theophanes Cerameus, wonach hier »ein wahrhaft großer und königlicher Sinn ein ewiges Denkmal errichtet« habe. An dieser Wertschätzung änderte sich auch in den folgenden Jahrhunderten nichts. So stimmte

am Ende des 19. Jahrhunderts auch Guy de Maupassant in den Chor der Bewunderer ein und rühmte das Bauwerk als »das Wunder aller Wunder [...], das überraschendste religiöse Schmuckstück, welches der menschliche Verstand sich je erträumen kann«.[367] Weniger emphatisch, aber um so erhellender dazu der Kommentar von Norwich: »In diesem Gebäude offenbart sich mehr als in jedem anderen Gebäude Siziliens das politische sizilianisch-normannische Wunder, übersetzt in sichtbaren Ausdruck: die Verschmelzung von all dem, was es an glänzendsten lateinischen, byzantinischen und islamischen Traditionen gab, zu einem einzigen harmonischen Meisterwerk.«[368]

Das Langhaus der in der Mitte des Normannenpalastes befindlichen, 18,60 m lan-

230 PALERMO, Cappella Palatina, Grundriß (nach di Stefano)

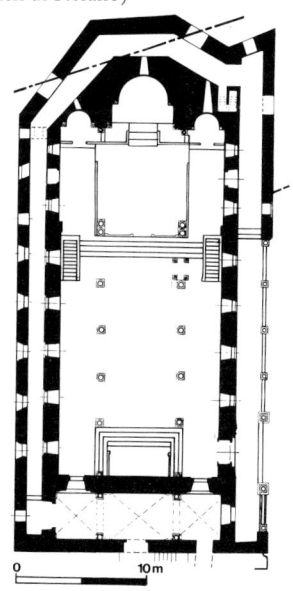

231   PALERMO, Cappella Palatina, Innenansicht

gen Cappella Palatina erreicht man durch einen dreijochigen Narthex. Die dreischiffig basilikale Anlage wird von zwei mal vier, aus ägyptischem Marmor bestehenden Säulen durchmessen, auf denen sich wie in Cefalù stark gestelzte Spitzbogen erheben (Abb. 230, 231). Über dem Mittelschiff lagert ein aus bemalten Stalaktiten und fächerförmigen Feldern gebildetes Flachdach, das zusammen mit den kufischen Schriftzeichen vor allem anderen den orientalischen Charakter der Kapelle bestimmt. Im übrigen folgen die rein architektonischen Elemente, abgesehen von der islamischen Bogenform, ausschließlich der lateinischen Tradition. Das Langhaus wird von einem spitzen Triumphbogen abgeschlossen, dessen längsgestellte Doppelsäulenpaare in den über mehrere Stufen erreichbaren Chorbezirk überleiten. Zunächst ergibt sich hier der Eindruck eines Pseudoquerhauses mit ausgeschiedener Vierung und sehr schmalen längsoblongen, tonnengewölbten Seitenjochen, die sich jedoch so sehr dem von einer islamischen Trompenkuppel überhöhten Vierungsraum unterordnen, daß man die voreilig getroffene Konstatierung eines Querhauses rasch zugunsten eines byzantinischen Zentralbaus fallenläßt. Nicht zuletzt diese schwankende Haltung des Betrachters beweist, daß sich in der Cappella Palatina lateinische und byzantinische Grundrißvorstellungen – Longitudinalbau und Zentralraum – unter Vermeidung scharfer Begrenzungen zu einem neuartigen Ganzen verbunden haben. Wie nachhaltig diese Synthese auch von arabischen Bauzitaten durchdrungen wird, beweisen unter anderem die in die Mauerecken des kurzen Chorjochs und der anschließenden Hauptapsis eingestellten Porphyrsäulen.

Im Jahre 1143, also zum Zeitpunkt der baulichen Fertigstellung der Cappella Palatina, folgte auch Admiral Georgios Antiochenos dem Beispiel seines Königs mit der Gründung eines Gotteshauses. Die der Madonna geweihte und nach ihrem Stifter benannte Kirche S. *Maria dell' Ammiraglio*, die seit 1434 nach dem Namen einer Palermitaner Adelsfamilie die Bezeichnung ›La Martorana‹ trägt, überließ er, seiner östlichen Herkunft gemäß, dem griechischen Kult. So überrascht es nicht, daß sie mit ihrem Zentralbaukonzept – etwa nach dem Muster der Hagia Theotokos oder der Pantokrator-Kirche in Konstantinopel – eindeutiger als der Chor der Palastkapelle dem Typus der griechischen Kreuzkuppelkirchen verpflichtet ist (Farbabb. 19). Wie die etwa um ein Jahrhundert älteren Basilianerkirchen in Kalabrien (Stilo und Rossano) – nur in größerem Maßstab und von prachtvollen Mosaiken geschmückt – erhebt sich die Martorana auf einem quadratischen, von den tonnengewölbten Armen eines griechischen Kreuzes durchdrungenen Grundriß. Daran schließen im Osten drei Apsiden, von denen nur die seitlichen ihren ursprünglichen Zustand bewahrt haben, während die mittlere in der Barockzeit zugunsten eines rechteckigen Chors abgebrochen wurde. Über der von Säulen und gestelzten Spitzbogen begrenzten Vierung ragt eine mit fatimidischen Trompen versehene Kuppel empor. Dem Zentralbau war ehemals ein Atrium vorgelagert, das am Ende des 16. Jahrhunderts einem die alte Kirche erweiternden Umbau weichen mußte. Verschont blieb von dieser Neukonzeption der ab 1185 errichtete Campanile, von dem allerdings nur die beiden unteren Geschosse ihr ursprüngliches Aussehen bewahrt haben

232 PALERMO, S. Maria
dell' Ammiraglio
(›La Martorana‹),
Campanile

(Abb. 232). Bemerkenswert sind hier die im zweiten Geschoß eingelassenen Doppelfenster, die von einem mit polsterähnlicher Rustika begrenzten Spitzbogen zusammengefaßt sind. Dieses Rustikamotiv ist ein typisches Ergebnis der palermitanischen Baukunst aus dem letzten Viertel des 12. Jahrhunderts. Es tritt unter anderem an den Apsisfenstern von S. Spirito, an den Portalen der SS. Trinità (Magione) und am kleinen, rein islamisch geprägten Pavillon der Cubula in Erscheinung. Wie ein Vergleich mit den Glockentürmen von S. Giovanni dei Lebbrosi und S. Giovanni degli Eremiti nahelegt, dürfte sich über dem zweiten Campa-nilegeschoß der Martorana eine frei sichtbare Kuppel gewölbt haben, die man, wahrscheinlich erst unter Karl von Anjou (nach 1263), durch zwei weitere Geschosse nach dem Vorbild der Querhaustürme der Kathedrale von Laon in Frankreich ersetzte. Die Motivkonstellation des bereits gotisch bestimmten, von schlanken Türmchen flankierten Turmaufsatzes hat dann vom Campanile der Martorana auch auf die Türme des Palermitaner Doms übergegriffen.

Bemerkenswert ist auch die Außenansicht der Martorana, über deren Zentralanlage sich sichtbar die oktogonale Tambourkuppelwölbung erhebt. Beachtung verdient hier

das Motiv der dreifach abgestuften Blendbogen, die sich fast über die gesamte Wand-
höhe erstrecken, ein islamisches Fassadenelement, das nach Schwarz in der norman-
nisch-sizilischen Baukunst erstmals an der
Kathedrale von Mazara del Vallo Verwendung gefunden hat.[369] Da in Sizilien der Islam hier erstmals Fuß gefaßt hatte und der
Ort überdies Sitz eines unabhängigen Emirs
war, sind unmittelbare Kontakte der normannischen Eroberer mit sarazenischen
Baukünstlern durchaus in Erwägung zu ziehen. Diese Blendbogenform dürfte dann
über das Mazara benachbarte Castelvetrano
(SS. Trinità di Délia) nach Palermo gelangt
sein, um hier nicht nur in der sakralen, sondern auch in der profanen Baukunst der wil-

helminischen Ära (an den Palästen Cuba
und Zisa) breiten Zugang zu finden.

Vollends fühlt man sich in die islamische
Welt versetzt, wenn man die fünf rotbemal-
ten, bienenkorbähnlich aufgesetzten Kuppeln von *S. Giovanni degli Eremiti (Palermo)* betrachtet (Abb. 233). Die Gründung
der Kirche (zwischen 1142 und 1148) geht
auf eine Schenkung Rogers II. an den Benediktinerabt Wilhelm von Apulien zurück,
dessen Bemühen hier offensichtlich dahin
zielte, apulische Baugedanken – man denke
nur an die fünf ebenfalls über einem T-förmigen Grundriß errichteten Kuppeln des
Doms von Canosa – mit islamischen Archi-
tekturmerkmalen zu verknüpfen. Die beiden fatimidischen Kuppeln des einschiffigen

233   PALERMO, S. Giovanni degli Eremiti, Außenansicht

234 PALERMO, S. Giovanni degli Eremiti, Blick
in die Vierungskuppel

Langhauses sind durch einen stark eingezogenen niedrigen Spitzbogen optisch dermaßen voneinander getrennt – und darin
fühlbar von allen apulischen Kuppelfolgen
entfernt –, daß man nahezu von zwei selbständigen Zentralbauten sprechen könnte.
Weitgehend verstellt wird der Blick auch in
das Querhaus, über dem, nahezu zellenför-
mig isoliert, drei kleinere Kuppeln aneinandergereiht sind, wobei sich über derjenigen
des nördlichen Querhausarmes die Campanile in seiner uns schon von S. Giovanni dei
Lebbrosi her vertrauten sizilisch-islami-
schen Mischform erhebt. Ist für das innere
Erscheinungsbild der Martorana der orientalische Prunk byzantinischer Mosaiken
tonangebend, so überrascht an S. Giovanni
degli Eremiti der radikale Verzicht auf jeden
bildlichen und ornamentalen Schmuck
(Abb. 234). Man könnte sagen, ein mönchi-
scher Wille habe sich hier einer ausschließlich architektonischen Sprache bedient. Wie
Schwarz treffend bemerkt hat, ist die Eigenart dieses Bauwerks wie auch jene anderer

Palermitaner Kirchen kaum mehr mit gewohnten Stilbezeichnungen zu fassen. »Sie
sind weder eindeutig byzantinisch, noch islamisch, noch etwa normannisch, sie sind
ein Konglomerat aller im Brennpunkt Palermos sich treffender Welten und damit
schlechthin palermitanisch.«[370]

Die kirchliche Baukunst unter den Königen Wilhelm I. und Wilhelm II.

Unter Wilhelm I. (1154–1166) war das normannische Königtum zunehmend großen
Belastungsproben ausgesetzt. So führte etwa das spürbare Aufkommen feudaler Kräfte zu einer empfindlichen Beeinträchtigung
der von Roger II. mühsam errungenen
Reichseinheit. Diese innere Schwächung
mußte auch den Rückgang der äußeren
Macht nach sich ziehen, was sich etwa im
Verlust der nordafrikanischen Besitzungen
manifestierte. Darüber hinaus stellte man in
Byzanz bereits Überlegungen zur Rückeroberung Apuliens an. Diese Gunst des Au-
genblicks versuchten die apulischen Städte
unter der Führung Baris zu nutzen. Ziel ihrer Rebellion gegen die normannische Ob-
rigkeit war die Erlangung kommunaler Autonomie, ein Vorhaben, das von Wilhelm I.
mit der totalen Zerstörung Baris (1156) allerdings gründlich durchkreuzt wurde. Im
gleichen Jahr kam es zum Abschluß des Vertrags von Benevent, der die bisherige Bünd-
niskonstellation des Papsttums mit dem
Kaiser ins Gegenteil verwandelte: Der
Apostolische Stuhl brach die Beziehungen
zu Friedrich Barbarossa ab und verbündete
sich mit den Normannen. Wenngleich Wilhelm I. nicht über das staatsmännische Ge-

schick seines Vaters Roger II. verfügte, vermochte er schließlich doch die wichtigsten Probleme des Landes zu meistern. Statt eine adelsfreundliche Politik zu betreiben – was ihm völlig unberechtigt den Beinamen ›der Böse‹ eintrug – setzte er auf das Talent seines Admirals und Reichskanzlers Malo (Maione), der aus einem Bareser Kaufmannsgeschlecht stammte und 1160 einer Adelsverschwörung zum Opfer fiel. Da der König mit der Beilegung äußerer und innerer Konflikte über Gebühr belastet war, fand er kaum Gelegenheit, als Baumäzen in Erscheinung zu treten. Im Grunde genommen wurde während seiner Regierungszeit als einziges Bauwerk von Bedeutung die Kirche

von *S. Cataldo in Palermo* errichtet. Und selbst dieses Gebäude bedurfte der finanziellen Förderung durch Admiral Malo von Bari.[371]

In unmittelbarer Nachbarschaft zur Martorana erhebt sich der kubisch geschlossene Baublock von S. Cataldo auf einer hohen Terrasse (Abb. 235). Wie schon im Fall der Martorana ist auch hier das Motiv der abgestuften Blendbogen das schlechthin entscheidende Merkmal der Fassadengestaltung. Abgeschlossen wird der Quader durch einen nach arabischen Mustern filigranartig durchbrochenen Zinnenkranz, hinter dem drei rotgefärbte, gestelzte Freikuppeln emporragen. Im Inneren der drei-

235 PALERMO, S. Cataldo, Außenansicht

schiffigen Kirche überzeugt die auf sechs Säulen gestellte Kuppelfolge – merklich von jener in S. Giovanni degli Eremiti abweichend – durch ihre klare Überschaubarkeit (Abb. 236). Wie sehr hier Reminiszenzen des Bauherrn an seine apulische Heimat mitbestimmend waren, beweist die Tatsache, daß das kuppelüberhöhte Hauptschiff von Seitenschiffen – etwa nach dem Vorbild der Kirchen von Valenzano und Conversano – begleitet wird, es somit auch hier zu einer Verbindung westeuropäischer mit byzantinischen Baugedanken gekommen ist. Daß damit die architektonische Eigenart des Bauwerks aber keinesfalls schon ausreichend gewürdigt ist, zeigt sich an verschiedenen, gänzlich von apulischen Vergleichsbeispielen abweichenden Details: einmal in der Ablehnung von Pfeilerbildungen zugunsten antikisierender Säulenstellungen, dann in den fatimidischen Trompenlösungen der Kuppeln und schließlich – im Unterschied zu den Halbtonnen Apuliens – in den kreuzgratgewölbten Seitenschiffen. Hinzu kommt, daß man die Seitenapsiden unter Berücksichtigung östlicher Bautraditionen in den geschlossenen Mauerverband eingesetzt hat. So gesehen offenbart sich an S. Cataldo einmal mehr, nur unter anderen Voraussetzungen als etwa in S. Giovanni degli Eremiti, ein typisch palermitanisches Baukonglomerat, das stilistische Anregungen aus mehreren Kulturbereichen – kulminierend in der Synthese des apulischen Schemas und der byzantinischen Kreuzkuppelkirche – in sich vereint.

Im Gegensatz zu seinem Vater ließ Wilhelm II. (1166–1189) der Aristokratie bei der Durchsetzung ihrer Interessen fast völlig freie Hand; folgerichtig nannte man ihn ›den Guten‹. Auch die Kirche hatte unter

236 PALERMO, S. Cataldo, Blick in die Kuppeln

der Patronanz des aus England gebürtigen Erzbischofs von Palermo, Walter of the Mill, einen enormen Machtzuwachs zu verzeichnen, was eine spürbare Benachteiligung der nichtkatholischen Bevölkerungsteile zur Folge hatte. Nicht zuletzt dieser Allianz zwischen Hof, Kirche und Adel dürfte es zuzuschreiben sein, daß in der letzten Phase der Normannenherrschaft in Sizilien eine ungemein reiche Bautätigkeit zu verzeichnen ist. Die Probleme Wilhelms II. waren rein außenpolitischer Art – sie gipfelten im erfolglosen Versuch, die byzantinische Macht auszuschalten. Dagegen war es der Kurie 1184 gelungen, eine Annäherung zwischen dem deutschen Kaiser und den Normannen zu bewirken, was seinen spektakulären Ausdruck in der Verlobung von Barbarossas Sohn Heinrich VI. mit Konstanze, der Tochter Rogers II., fand. Für die Geschichte Süditaliens hatte diese Heiratspolitik einen tiefgreifenden Einschnitt zur Folge. Denn als Wilhelm II. schon im Alter von 36 Jahren starb ohne einen Erben zu hinterlassen, übernahmen die Staufer das königliche Erbe der Hauteville.

Neben den Parkschlössern Zisa und Cuba in Palermo kann der 1174 gegründete *Dom von Monreale* (bei Palermo) als das baukünstlerische Vermächtnis Wilhelms II. angesehen werden. Noch einmal, wie schon zuvor in Cefalù, gelangte die Idee der normannischen Doppelturmfassade zur Verwirklichung. Wenn Schwarz das Dominnere im Sinne der »Verschmelzung eines byzantinischen Zentralraumes mit einem frühchristlich basilikalen Langhaus« definiert, scheint er den baulichen Sachverhalt zumindest im Bereich des Chors nicht in sei-

ner ganzen Tragweite zu ermessen.[372] Bedenkt man nämlich, daß Wilhelm II. im Jahre 1176 Benediktinermönche aus dem kampanischen La Cava nach Monreale geholt hat, demnach der Dom auch die Funktion einer Klosterkirche erfüllte, dann überrascht es nicht weiter, daß Apsiden und Chorjoche – wenn auch im Vergleich zu Cefalù in deutlich reduziertem Umfang – Anklänge an das benediktinische Staffelschema zeigen (Abb. 237). Obgleich der gesamte Ostbau merklich über die Langhauswände hinaustritt, kann hier – und darin ist Schwarz zuzustimmen – keineswegs mehr von der Existenz eines Querhauses die Rede sein. In der Tat ist die längsoblonge Struktur der durch Spitzbogen ausgeschiedenen Vierung sowie ihrer Seitenjoche – in abgeschwächter Form der Cappella Palatina folgend – durchaus im Sinne eines zentralen Raumgebildes zu interpretieren. Noch nachhaltiger als das Langhaus von Cefalù

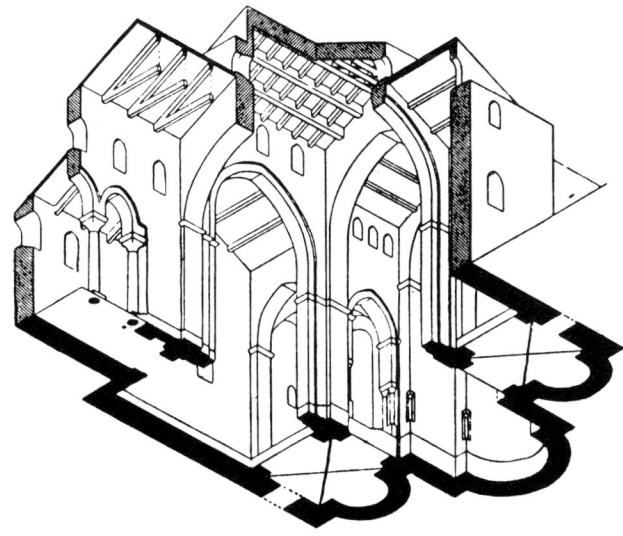

237 Monreale, Dom,
Isometrie des Ostteils
(nach A. Choisy)

238 Monreale, Dom,
Innenansicht nach
Osten

vermittelt jenes in Monreale mit seinen schmalen Seitenschiffen, dem raschen Rhythmus von zwei mal neun Säulen und den ravennatisch geprägten Kämpferplatten das Raumbild einer frühchristlichen Basilika; es enthält den größten Mosaikenzyklus der gesamten mittelalterlichen Kunst (Abb. 238). Generell ist festzustellen, daß eine geradezu dithyrambische Dekorationslust über die rein architektonische Struktur der Anlage dominiert. Das gilt auch für den aus 216 Säulen bestehenden Kreuzgang, wo glatte Marmorschäfte mit musivisch behandelten wechseln, und vor allem für die ornamental überfrachtete Außenansicht der Apsiden (Abb. 239). Eine genaue Beschreibung dieses Dekorationssystems würde ein eigenes Kapitel beanspruchen, weshalb nur auf die wichtigsten Elemente hingewiesen sei: Beherrschend ist das bei den Normannen so

beliebte und an der Hauptapsis in drei Geschossen übereinandergeschichtete Motiv der verschränkten Blendarkatur, das wie an der Westfassade des Doms von Cefalù in die Spitzbogenform übertragen wurde. Der vertikalen Tendenz dieses Motivs begegnet eine Reihe horizontal geführter Friesbänder, die ebenso wie die zahlreichen Medaillons und Bogenschläge mit islamischen Ornamenten besetzt sind. All das steht im Zeichen einer über die ästhetischen Grenzen architektonischer Gesetzlichkeit hinausgehenden Polychromie, die sich im Dreiklang von hellem Ocker, weißem Marmor und schwarzgrauer Lava äußert. Ohne Zweifel hat sich hier ein höfisch verfeinerter Geist mit einer ornamentalen, sich über tektonische Regeln hinwegsetzenden Hypertrophie Ausdruck verschafft, wie sie, stilistisch gesehen, auch für die Spätphase anderer kunstgeschichtlicher Epochen charakteristisch ist; man denke nur an die Architektur der rheinischen Stauferromanik. Mit den Bauarbeiten dürfte man sehr rasch vorangekommen sein. Schon 1183 erfolgte die Beisetzung der Mutter Wilhelms II., und bereits 1186 konnten die Bronzetüren des Bonannus, von dem auch das Bronzeportal des Doms in Pisa (1180) stammt, an der westlichen Pforte des Doms eingesetzt werden.

Zum annähernd gleichen Zeitpunkt wie der Dom von Monreale wurde auch der *Dom von Palermo* (1185 geweiht) gegründet. Mit seinen Turmpaaren an der Ost- und Westseite, mit denen wie an den meisten Ka-

thedralen Apuliens ein signifikantes Charakteristikum transalpiner Romanik anklingt, stellt er neben dem Dom von Cefalù das monumentalste Sakralbauwerk Siziliens dar. Da ein Großteil des Außenbaus bereits im 14. und 15. Jahrhundert tiefgreifenden Veränderungen unterzogen wurde und es in der Barockzeit zu einer radikalen Umgestaltung des Innenraums kam, ist im Hinblick auf den Zeitrahmen des vorliegenden Themas lediglich die Ostansicht des Doms näher in Betracht zu ziehen (Abb. 240). Überhöht von den beiden Türmen, tritt das mächtige Rund der Hauptapsis vor die mit einem islamischen Zinnenkranz abgeschlossene und durch abgestufte Blendbogen ge-

239 MONREALE, Dom, Außenansicht der Apsiden

gliederte Querhausostwand. Ohne Zweifel stand die Palermitaner Dombauhütte bei der Fassadierung der Apsiden mit verschränkten Blendarkaden, Medaillons und anderen Dekorationsformen unter dem Eindruck des Apsidenkonzepts in Monreale, von dessen ausuferndem Ornamentreichtum man allerdings zugunsten einer reduzierten Fassung Abstand nahm. Nach Schwarz ist der Dom von Palermo »das eigentlich palermitanische Denkmal unter den Bauten dieser Stadt. In ihm ist das Normannische des Doms von Cefalù, das Byzantinische der Martorana oder das Islamische der Königsschlösser überwunden, aber auch gleichzeitig alles wieder verschmolzen zu einem Neuen, das nur von der eigensizilischen Bauentwicklung her verstanden und gewertet werden kann.«[373]

Wie der Dom ist auch die heutige Friedhofskirche von *Palermo, S. Spirito* (begonnen um 1173 oder 1177/1178), eine Gründung des Erzbischofs Walter of the Mill.[374] Die Kirche (im Volksmund ›del Vespro‹ ge-

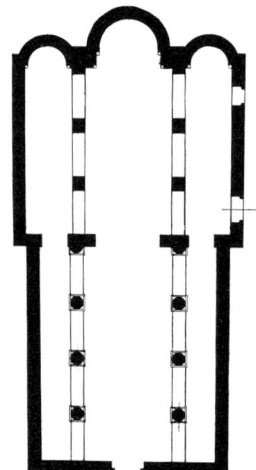

241 PALERMO, S. Spirito, Grundriß (nach di Stefano)

240 PALERMO, Dom, Ostansicht

nannt) spielte ein Jahrhundert später eine geschichtlich höchst bedeutsame Rolle, da von hier am 31. März 1282 die Sizilianische Vesper ihren Ausgang nahm, in deren Folge das verhaßte Regime der Anjou aus Sizilien vertrieben wurde. S. Spirito war ursprünglich die Abteikirche von Zisterziensermönchen, die gemäß ihrer Ordensregel für eine ausnehmend strenge Erscheinungsform des Kircheninneren Sorge trugen. Zieht man die schweren zylindrischen Säulen des dreischiffig basilikalen Langhauses in Betracht, so ist man versucht, darin eine Erinnerung an bauliche Gewohnheiten Westenglands, der Heimat des Kirchengründers, zu entdecken (Abb. 241, 242). In der Tat bilden die zugespitzten Bogenstellungen das einzige Element, das an eine Lokalisierung des Gotteshauses in Sizilien denken läßt. Dem von einem stark eingezogenen Triumphbogen begrenzten Langhaus folgt ein von drei nur wenig voneinander abgestuften Apsiden abgeschlossenes Sanktuarium, dessen Wän-

242 PALERMO, S. Spirito, Innenansicht

überragen, ein weiteres Indiz für die selbständige Position des Chorabschnitts, was prinzipiell mit dem Dom von Monreale übereinstimmt. Im übrigen unterscheidet sich der dreischiffige und aus drei Jochen bestehende Ostteil mit seiner erklärten Longitudinaltendenz von allen vergleichbaren sizilischen Bauten (z. B. SS. Trinità in Palermo), die im Chorbereich stets ein zentralisierendes Konzept erkennen lassen.[375]

Fühlt man sich im Inneren von S. Spirito an die strengen, jeglicher Ornamentik abgeneigten Bauregeln der Zisterzienser erinnert, so stellt man am Außenbau, vor allem an den Apsiden, fest, daß sich der Orden durchaus auch zu Zugeständnissen an die traditionelle Ornamentfreudigkeit der Insel bereit fand (Abb. 243). Diese Kompromißbereitschaft hatte freilich ihre klar bestimmten Grenzen. Keinesfalls bestand die Absicht, mit der opulenten Dekoration an den Domen von Monreale und Palermo zu konkurrieren. Folgerichtig transponierte man

de deutlich über jene des Langhauses hinaustreten. Anstelle der Rundpfeiler im Langhaus befinden sich hier quadratische, kämpferlose Pfeiler, denen Spitzbogen entspringen, die jene des Langhauses merklich

243 PALERMO,
S. Spirito,
Außenansicht
der Apsiden

244 MESSINA, SS. Annunziata dei Catalani, Ostansicht

die verschränkten Blendbogen der Apsiden in ein streng lineares Schema, dessen einziger ornamentaler Aspekt darin besteht, daß sich die aus schwarzgrauer Lava bestehende Bogenfolge scharf vom grauockrigen Mauergrund abhebt. Ein weiteres Zitat aus der Palermitaner Bauszene tritt an den Apsidenfenstern zutage, die durch polsterähnliche Rustikablöcke gerahmt und mit islamisch-ornamental durchbrochenen Stuckplatten gefüllt sind. Der siculo-arabischen Tradition folgend, ist in der oberen Zone der Apsiden eine Reihe von sternförmig ornamentierten Medaillons eingesetzt, ein Motiv, das sich wie ein roter Faden durch die Regionen Süditaliens zieht und mitunter auch in Mittelitalien, z. B. in der pisanischen Architektur, seinen Niederschlag gefunden hat. Wie schon erwähnt, existierten zwischen der Seerepublik Pisa und dem Normannenreich stets lebhaft florierende Beziehungen. In der Tat ist es auch in Sizilien gelegentlich zur Rezeption pisanischer Baugewohnheiten gekommen. Nichts beweist dies deutlicher als die prächtig intarsierte Ostfassade der *SS. Annunziata dei Catalani in Messina* (zweite Hälfte des 12. Jahrhunderts), in deren zwerchgalerieähnlicher Säulenarkatur Medaillons an die etwa 250jährige Präsenz des Islam in Sizilien erinnern (Abb. 244).

Schlußwort

F. Heer bezeichnet in seiner europäischen Kulturgeschichte des Mittelalters das 12. Jahrhundert als »offenes« Zeitalter und sieht darin das Ergebnis der von dogmatischen Gleichschaltungsversuchen unbelasteten Strukturen in Politik, Wirtschaft, Gesellschaft und Religion.[376] Diese Feststellung muß in besonderem Maße für die italienische Sakralbaukunst des 11. und 12. Jahrhunderts gelten. Auch sie ist in dieser Epoche – gleichsam als Brückenschlag zwischen Orient und Okzident – nach allen Seiten offen. Läßt sich das bauliche Schaffen etwa in Frankreich und Deutschland durchaus mit dem Stilbegriff Romanik, der unter dem Vorzeichen abendländisch-nordischer Immanenz für einen gewissen Gleichklang der künstlerischen Zielsetzungen (Wölbungsprobleme, gebundenes System usw.) bürgt, umreißen, so sind in der kirchlichen Baukunst Italiens einer solchen Etikettierung deutliche Grenzen gesetzt. Zwar kam es auch hier zu einer Auseinandersetzung mit der transalpinen Architektur – vor allem in Oberitalien und in Apulien –, in gleichem Maße und im selben Zeitraum zeigte man sich aber auch an einer Rezeption antiker und frühchristlicher Stilströmungen interessiert. Wie sehr die mittelalterliche Architektur Italiens – weitgehender als jede andere Kunstlandschaft des Abendlandes – im Zeichen eines fast unbegrenzten Stilpluralismus steht, verdeutlicht ein paradigmatischer Hinweis auf zwei Kirchenbauten der zweiten Hälfte des 11. Jahrhunderts, die sich, obgleich annähernd demselben Zeitraum angehörend, dennoch beträchtlich voneinander unterscheiden: S. Abbondio in Como und S. Marco in Venedig. Ein extremer stilistischer Antagonismus macht sich hier bemerkbar, der nicht zuletzt aus der spezifischen geographischen Lage der beiden Städte resultiert. Während sich im oberrheinisch determinierten Ostturmpaar und in der burgundisch bestimmten Rundpfeilerform von S. Abbondio die Nähe Comos zum transalpinen Raum manifestiert, spiegelt sich am Bau von S. Marco, dem die Apostelkirche in Byzanz (6. Jahrhundert) als unmittelbares Vorbild gedient hat, die Bedeutung der dem Orient zugewandten Hafenstadt Venedig wider. Bei fast identischer Bauzeit weisen die beiden Kirchen in stilistisch unterschiedliche Richtungen: S. Abbondio auf die zukunftsträchtige Romanik, S. Marco im Traditionsrückgriff auf die altbyzantinische Architektur. Nichts paraphrasiert diese stilistisch disjunktiven Positionen anschaulicher als der aphoristische Satz W. Pinders von der »Ungleichzeitigkeit des Gleichzeitigen«.[377]

Schon bedeutend früher als in S. Abbondio war es im Zuge der cluniazensischen Reform am Dom von Acqui (erste Hälfte des 11. Jahrhunderts) zu einer Begegnung mit der transalpinen Baukunst gekommen. Ihren Ausdruck fand diese Rezeption in der Übernahme des normannisch geprägten, benediktinischen Chorschemas, das dem Dom – im Gegensatz zu den in diesem Zeitabschnitt noch überwiegend der frühchristlichen Tradition verpflichteten Kirchen Oberitaliens – einen deutlich frühromanischen Akzent verleiht.

In zeitlicher Übereinstimmung mit S. Abbondio und S. Marco begann Buscheto mit dem Bau des Doms von Pisa, der für die stilistische Vielfalt der hochmittelalterlichen Architektur Italiens geradezu symbolhaften Charakter besitzt. Daß sich der romanische Stilbegriff für eine Interpretation des Gebäudes so wenig eignet, hat seine Ursache nicht zuletzt in der orientalischen Herkunft des Architekten, der es verstand, den Typus der syrisch-frühchristlichen Kreuzkirche in den Kontext römisch-frühchristlicher Basiliken (fünfschiffiges Langhaus) zu stellen. Dazu kommt eine Gestaltung der Außenansicht, in der sich armenische, byzantinische, islamische und römisch-antike Dekorationselemente zu vollendeter Synthese vereinigen. In Fragen der Bauornamentik nahm der Dom von Pisa in der toskanischen Architektur zweifellos eine führende Stellung ein, sein Einfluß reichte gelegentlich sogar bis nach Unteritalien (z. B. Dom von Tróia). In Opposition dazu steht die quantitativ weniger relevante Florentiner Baukunst, deren klassisches Formenrepertoire J. Burckhardt zutreffend mit dem Stilbegriff Protorenaissance umrissen hat. Deutlicher als jedes andere mittelalterliche Bauwerk Italiens steht das Baptisterium von Florenz im Zeichen einer Auseinandersetzung mit der römisch-antiken Tradition. Das zeigt sich sowohl am Problem der Kuppelwölbung als auch in der Berücksichtigung des klassischen Proportionskanons und in der Verwendung eines Inkrustationsschemas, dessen streng geometrische Erscheinungsform sich von der malerisch betonten Fassadengliederung pisanisch beeinflußter Kirchen extrem unterscheidet.

Ebenso weit entfernt von romanischen Zielvorstellungen ist die Sakralarchitektur der Marken, deren zentralisierende Anlagen durch byzantinische und armenische Anregungen gekennzeichnet sind, allen voran die Kirche von S. Maria di Portonovo (Mitte des 11. Jahrhunderts), deren Tonnengewölbe weniger auf französisch-romanische als vielmehr auf östliche Quellen zurückzuführen ist. Von den Marken ausgehend, trat das Problem der Tonnenwölbung in Umbrien, wo es schon im 11. Jahrhundert im Chorbereich der Benediktiner-Abteikirche von S. Pietro in Valle seinen ersten experimentellen Niederschlag fand, in den Mittelpunkt der baulichen Anstrengungen. Dabei ist zu beachten, daß der durchaus schon mit dem romanischen Stilbegriff definierbare Chor-Querhaustrakt von S. Pietro zu dessen einschiffig flachgedecktem Langhaus deutlich kontrastiert. Darin manifestiert sich eine retardierende Note, die sich vom Aula-Typus der römisch-antiken Basilika herleitet.

In seiner vielschichtigsten Form begegnet man dem Stilpluralismus in Unteritalien, wo sich mindestens vier architektonische Hauptströmungen herauskristallisieren. Zunächst ist als stilistisch wichtigstes »Eckphänomen«[378] die montecassinische Bauschule hervorzuheben, die nach einer Renovatio des römisch-konstantinischen Basilikentypus strebte und sich vor allem in Kampanien (Dom von Salerno) verbreitete. In Apulien dagegen wurde der Typus von Montecassino, etwa am Bau von S. Nicola in Bari, von Formenelementen normannischer Provenienz überlagert. Das Resultat ist eine Baukunst, die sich gleichberechtigt unter die großen europäischen Kunstlandschaften der Romanik reiht. Daneben sind aber auch die zahlreichen Kuppelbauten der Region in Betracht zu ziehen, die zusammen mit den beiden Kreuzkuppelkirchen Kalabriens (in Stilo und Rossano) als Ausdruck ehemaliger byzantinischer Präsenz aufzufassen sind. Im Kontext mit der benediktinisch geprägten Latinisierung Kalabriens ist eine normannisch-romanische Strömung – gleichsam als drittes stilistisches Eckphänomen – zu erwähnen, die geradezu beispielhaft im Chor-Querhausbereich der Roccelletta in Erscheinung tritt und sich auch im quadratischen Chorschema des Doms von Gerace niederschlägt. Den drei stilistischen Hauptfaktoren der unteritalienischen Sakralarchitektur läßt sich als viertes eine islamische Komponente hinzufügen, die sich sowohl im Bereich der Bauornamentik (vor allem in Kampanien und Sizilien) als auch in der häufigen Verwendung des Spitzbogens offenbart.

Stand die sizilische Architektur im ausgehenden 11. Jahrhundert zunächst noch überwiegend im Zeichen einer Dominanz abendländischer, vor allem aus Kalabrien eingeführter Bauformen, so trat in der Ära der Normannenkönige ein Stilpluralismus zutage, der lateinische, byzantinische und islamische Elemente gleichermaßen in sich vereinte. Diese aus unterschiedlichen Stilströmungen genährte Symbiose, in der sich auch die mediterrane Schlüsselposition Siziliens – gleichsam als Schaltstelle zwischen Okzident und Orient – symbolisch äußert, offenbart sich in einem Bauschaffen unverwechselbarer und eigenständiger Prägung. Zur stilistischen Charakterisierung der architektonischen Schöpfungen Siziliens eignet sich der Begriff Romanik noch weniger als für das Bauschaffen im übrigen Unteritalien. Und selbst die Bezeichnungen siculo-arabisch, siculo-normannisch oder palermitanisch vermögen dem hier besonders reich verzweigten Pluralismus in einer nur behelfsmäßigen Form gerecht zu werden.

Anmerkungen

1 P. Frankl, *Baukunst des Mittelalters. Die frühmittelalterliche und romanische Baukunst* (Handbuch der Kunstwissenschaft), Wildpark – Potsdam 1926.

2 W. Goez, *Grundzüge der Geschichte Italiens in Mittelalter und Renaissance*, Darmstadt 1984, S. 12.

3 R. W. Schultz, *Die Kirchenbauten auf der Insel Torcello*, Berlin 1927, S. 5 ff.; C. Delogu, *Italienische Baukunst*, Zürich 1946, S. 33 ff.

4 Ch. Töwe, *Die Formen der entwickelnden Kunstgeschichtsschreibung. Zugleich ein Beitrag zur Deutung des Entwicklungsbegriffes*, Berlin 1939, S. 19–24.

5 E. Hubala, *Venedig* (Reclams Kunstführer Italien, Band II, 1), Stuttgart ²1974, S. 447.

6 C. Ricci, *Romanische Baukunst in Italien*, Stuttgart 1925, S. XX–XXII.

7 H. Thümmler, Die Baukunst des 11. Jahrhunderts in Italien, in: *Römisches Jahrbuch für Kunstgeschichte*, 3, Wien 1939, S. 175.

8 H. E. Kubach, *Architektur der Romanik* (Weltgeschichte der Architektur), Stuttgart 1974, S. 63.

9 S. Chierici, *Romanische Lombardei*, Würzburg 1978, S. 13.

10 Thümmler (Anm. 7), S. 145.

11 L. Tettamanzi, *Romanico in Lombardia*, Como 1981, S. 11.

12 R. Oursel, *Romanik* (Architektur der Welt), Fribourg 1966, S. 133 ff.

13 J. Puig i Cadafalch, *La géographie et les origines du premier art roman*, Paris 1935; R. Wagner-Rieger, Premier art roman, in: *Aachener Kunstblätter*, 71, 1971, S. 27.

14 V. Mesturino, *La basilica latina di S. Pietro in Acqui*, Turin o. J.

15 Thümmler (Anm. 7), S. 156.

16 A. Kingsley-Porter, *Lombard Architecture*, Vol. II, New Haven 1916, S. 500 ff.; Thümmler (Anm. 7), S. 161; Frankl (Anm. 1), S. 199.

17 Thümmler (Anm. 7), S. 158.

18 Vgl. auch C. Pfitzner, *Studien zur Verwendung des Schwibbogens in frühmittelalterlicher u. romanischer Kunst*, Diss. Bonn 1932.

19 Kubach (Anm. 8), S. 89.

20 Chierici (Anm. 9), S. 291.

21 F. de Dartein, *L'étude sur l'architecture lombarde et sur les origines de l'architecture romano-byzantine*, Paris 1865, S. 82; Thümmler (Anm. 7), S. 171.

22 Chierici (Anm. 9), S. 192.

23 Ebd., S. 273.

24 Ebd., S. 18.

25 Thümmler (Anm. 7), S. 164.

26 Kubach (Anm. 8), S. 89.

27 Thümmler (Anm. 7), S. 163.

28 G. B. Biancolini, *Notizie storiche delle Chiese di Verona*, I, Verona 1749–1771, S. 333; W. Arslan, *L'architettura romanica veronese*, Verona 1939, S. 5 ff.

29 Frankl (Anm. 1), S. 213.

30 Arslan (Anm. 28), S. 19; dazu Rezension von E. Kluckhohn, in: *Zeitschrift für Kunstgeschichte*, 9, 1940, S. 113.

31 Arslan (Anm. 28), S. 21 ff.

32 G. Panazza, *L'arte mediovale nel territorio brescinao*, Bergamo 1942. Unter den romanischen Kirchen der Lombardei nimmt die Basilika von S. Maria Maggiore in Bergamo (ab 1137), deren Inneres im Frühbarock gänzlich umgestaltet wurde, mit ihrem benediktinischen Querhaus-Chor-Schema eine besondere Stellung ein.

33 Es ist ein Charakteristikum der oberitalienischen Baukunst, daß sich die Kirchen solitärer Erscheinungsform quantitativ mit
jenen die Waage halten, die sich zu entwicklungsgeschichtlich bedingten Gruppen zusammenschließen lassen.

34 M. Magni, *Architettura romanica comasca,*
Mailand 1960, S. 77 ff.

35 Thümmler (Anm. 7), S. 169.

36 E. Adam, *Vorromanik und Romanik* (Epochen der Architektur), Frankfurt a. M.
1968, S. 96.

37 K. J. Conant, *Carolingian and Romanes-
que Architecture. 800 to 1200* (Pelican
History of Art), Harmondsworth 1959,
S. 239.

38 Kubach (Anm. 8), S. 181.

39 Chierici (Anm. 9), S. 118.

40 Conant (Anm. 37), S. 239.

41 Chierici (Anm. 9), S. 124. Magni (Anm.
34), S. 101 ff., datiert S. Fedele in den Beginn des 12. Jahrhunderts und bringt die
Konchenproblematik mit östlichen Vorbildern (z. B. Perustica, Rote Kirche, drittes
Viertel des 5. Jahrhunderts) in Zusammenhang. Zur Problematik des Trikonchos hat
auch Rocchi Stellung genommen. Wie Magni verweist auch er auf griechisch-byzanti-
nische Quellen, u. a. auf die Apostelkirche
in Athen (um 1020) und die Große Lavra
(11. Jahrhundert) auf dem Berg Athos. Da
jedoch die aufgezeigten Parallelen zu S. Fedele in Como nur prinzipiell zutreffen,
kommt diesen Hinweisen lediglich marginale Bedeutung zu. In der dadurch evozier-
ten Vernachlässigung des weit gravierende-
ren Quellenwerts von S. Lorenzo Maggiore
in Mailand können solche wenig differenzierten Ableitungsversuche durchaus auch
einen dem Erkenntnisziel abträglichen Effekt hervorrufen. G. Rocchi, *Como e la Basilica di S. Fedele nella storia del Medio Evo,*
Mailand 1973, S. 69, 259.

42 F. Reggiori, *La Basilica di Sant'Ambrogio a
Milano,* Florenz 1945.

43 Frankl (Anm. 1), S. 209.

44 O. Stiehl, *Der Backsteinbau in romanischer
Zeit, besonders in Oberitalien und Nord-
deutschland,* Leipzig 1898, S. 48 ff.

45 R. Krautheimer, Lombardische Hallenkirchen, in: *Jahrbuch für Kunstwissenschaft,* 6,
1928, S. 189.

46 H. Fillitz, *Das Mittelalter I* (Propyläen
Kunstgeschichte, Bd. 5), Frankfurt a. M. –
Berlin 1969, S. 116.

47 Kubach (Anm. 8), S. 166.

48 Krautheimer (Anm. 45), S. 182.

49 Chierici (Anm. 9), S. 86.

50 R. Salvini, *La basilica die San Savino e le
origini del romanico a Piacenza,* Modena
1978, S. 167.

51 Krautheimer (Anm. 45), S. 180; A. Peroni,
San Michele di Pavia, Mailand 1967.

52 A. C. Quintavalle, *La cattedrale di Parma e
il romanico europeo,* Parma 1974; R. Tassi,
Il duomo di Parma, Parma 1966.

53 S. Stocchi, *Romanische Emilia-Romagna,*
Würzburg 1986, S. 208.

54 R. Wagner-Rieger, Architektur, in: *Das
Mittelalter I* (Propyläen Kunstgeschichte,
Bd. 5), Frankfurt a. M. – Berlin 1969, S.
215; Stocchi (Anm. 53), S. 205 ff.

55 Conant (Anm. 37), S. 245.

56 Frankl (Anm. 1), S. 211.

57 Der Parmeser Emporentypus steht in deutlichem Kontext mit apulisch-normanni-
schen Emporenlösungen, die von S. Nicola
in Bari ihren Ausgang genommen haben.

58 A. M. Romanini, Die Kathedrale von Piacenza, in: *Zeitschrift für Kunstgeschichte,* 17,
1954, S. 129 ff.; Stocchi (Anm. 53), S. 19 ff.

59 G. T. Rivoira, *Le origini della architettura
Lombarda e delle sue principali derivazioni
nei paesi d'olte alpe,* 2. Bd., Rom 1907,
S. 397.

60 Romanini (Anm. 58), S. 141.

61 Kubach (Anm. 8), S. 290.

62 Fillitz (Anm. 44), S. 116; A. C. Quintavalle, *La Cattedrale di Modena. Problemi di
romanico emiliano,* 2 Bde., Modena 1964.

63 E. Kluckhohn, Oberitalien, 12. Jahrhundert (Forschungsberichte; mittelalterliche Baukunst), in: *Zeitschrift für Kunstgeschichte*,9, 1940, S. 109.

64 Stocchi (Anm. 53), S. 287.

65 Fillitz (Anm. 46), S. 116.

66 Conant (Anm. 37), S. 248.

67 Ebd.

68 Frankl (Anm. 1), S. 207.

69 Arslan (Anm. 28), S. 183 ff.

70 Kluckhohn (Anm. 63), S. 114.

71 Arslan (Anm. 28), S. 81 ff.

72 Frankl (Anm. 1), S. 202.

73 W. Arslan, Appunti sulla chiesa di S. Sofia in Padova, *Padova*, I, fasc. I/II; Thümmler (Anm. 7), S. 182.

74 Rivoira bestätigt S. Fosca eine stilistisch zwischen S. Marco in Venedig und SS. Maria e Donato vermittelnde Position; Rivoira (Anm. 59), S. 595. – Wie ein auf Ravenna verweisender Stiftungsbrief des Jahres 1011 verrät – hier hatte die hl. Fosca den Märtyrertod erlitten –, ist der Zentralbau von S. Fosca nicht als Baptisterium, sondern als Martyrion zu verstehen. Da der Außenbau nachträglich (im Verlauf des 12. Jahrhunderts) mit einer fünfseitigen Vorhalle versehen wurde, ergibt sich zunächst der irrige Eindruck eines Oktogons. Eine genauere Klärung des baulichen Sachverhalts ermöglicht erst ein Blick auf den oberen Abschnitt des Gebäudes, wo sich ein Tambour auf einem Quader erhebt, dem an drei Seiten, von Satteldächern abgeschlossen, Risalite entspringen; im Osten mündet ein dreischiffiger Chor in Apsiden. Mit dieser Ermittlung des äußeren Baubefunds verknüpft sich jedoch noch keineswegs eine erschöpfende Aussage zur Raumstruktur der Anlage. Denn im Inneren zeigt sich deutlich, daß die drei dem inneren Quadrat des Kuppelraums (anstelle des ursprünglich projektierten Kuppelrunds blieb es bei der Applikation eines Sparrendachs) angefügten, tonnengewölbten Arme eines griechi-schen Kreuzes in den annähernd quadratischen Umriß der Umfassungsmauern integriert sind. Daraus resultieren in den Diagonalachsen befindliche, kreuzgratgewölbte Eckzellen, die sich – jeweils von einer Säule begrenzt – sowohl zum Kuppelraum als auch zu den Kreuzarmen mit Bogenstellungen öffnen. Im Zusammenhang mit dem beträchtlich nach Osten ausladenden Chor wird damit – im Sinne einer Abbreviatur – ein deutlicher Bezug zum Raumschema des zentralen Kuppelabschnitts von S. Marco in Venedig spürbar, nach Hubala eine »baukünstlerisch intelligente Paraphrase von S. Marco«. Hubala (Anm. 5), S. 442.

75 Thümmler (Anm. 7), S. 181.

76 F. Forlati, Lavori a San Marco, in: *Arte Veneta*, IX, 1955, S. 241.

77 Die im Grundriß kreuzförmig ausgehöhlten Pfeiler entsprechen einem im byzantinischen Bereich häufig auftretenden Typus. Abgesehen von der 1453 zerstörten Apostelkirche in Byzanz, begegnet man ihm u. a. auch an der Hagia Sophia in Thessaloniki (um 550) und der Hagia Eirene in Byzanz (um 550). Vgl. S. Bettini, *L'architettura di San Marco*, Padua 1946.

78 Hubala (Anm. 5), S. 89.

79 O. Demus, *The Church of San Marco in Venice. History, architecture, sculpture*, Washington, D.C., 1960, S. 101; V. Herzner, Die Baugeschichte von San Marco und der Aufstieg Venedigs zur Großmacht, in: *Wiener Jahrbuch für Kunstgeschichte*, Bd. XXXVIII, Wien – Köln – Graz 1985, S. 1 ff.

80 H. Honour, *Venedig*, München ³1977, S. 32.

81 Chierici (Anm. 9), S. 18.

82 Ebd., S. 288.

83 Unabhängig von der These, daß am Baptisterium von Lomello ravennatische Vorbilder, wie das Mausoleum der Galla Placidia und das Baptisterium der Orthodoxen, gleichsam eine Synthese eingehen, ist hier doch auch mit kleinasiatischen Anregungen

zu rechnen. Konkretisieren läßt sich diese Quelle mit einem Hinweis auf das im Planungsstadium steckengebliebene Martyrion von Nyssa in Kappadokien. Über das geplante Aussehen der oktogonalen Zentralanlage unterrichtet uns ein Brief des Gregorios von Nyssa aus dem Jahre 380 an Amphilochios, den Bischof von Ikonion. Aus diesem Schreiben, in dem Gregorios seinen Oberhirten gleichsam um die Baubewilligung ersucht, geht hervor, daß für den Grundriß des Martyrions ein griechisches Kreuz mit Apsiden in den Kreuzarmzwickeln vorgesehen war. Sieht man von dem im Inneren an den Wänden aufgestellten Säulenkranz ab, dann könnte hier in der Tat von einer Vorwegnahme des Grundrißkonzepts von Lomello gesprochen werden. Den unmittelbarsten Reflex auf des Martyrion von Nyssa zeigt allerdings das einst S. Eufemia, dem Vorgängerbau von S. Fedele, vorgelagerte und heute nur noch rekonstruierbare Baptisterium S. Giovanni in Atrio in Como, denn im Gegensatz zu Lomello ist hier auch der innere Säulenkranz des Martyrions anzutreffen. Möglicherweise ist das wahrscheinlich unter Bischof Agrippino und der Königin Theolinda errichtete Baptisterium Comos (7. Jahrhundert) dem Bau von Lomello zeitlich unmittelbar vorangegangen. Rocchi (Anm. 41), S. 49 ff.; J. Strzygowski, *Kleinasien. Ein Neuland der Kunstgeschichte*, Leipzig 1903, S. 74 ff.; C. Mango, *Byzantinische Architektur* (Weltgeschichte der Architektur), Stuttgart 1975, S. 26.

84 Kingsley-Porter (Anm. 16), S. 30, 31.

85 P. v. Naredi-Rainer, *Architektur und Harmonie. Zahl, Maß und Proportion in der abendländischen Baukunst*, Köln 1982, S. 40 ff.

86 Ebd., S. 56.

87 Ähnlich wie für Lomello können auch für das Baptisterium von Galliano Anregungen aus Kleinasien angenommen werden. Das

zeigt sich zunächst in den nischenähnlichen Entlastungsbogen, die, von Strzygowski als »Dreieckschlitze« bezeichnet, in der Baukunst Armeniens häufig in Erscheinung treten (z. B. Horomoskloster in Choschawank: Minaskirche, vor 986). Dazu kommt der vierpaßförmige Grundriß, dem man auch in Armenien begegnet (z. B. Kirchen von Savindsch und Agrak, beide vor 1000), der aber noch deutlicher durch die Cappella di S. Satiro in Mailand (nach 868) determiniert erscheint. Grundsätzlich analog zu S. Satiro sind in Galliano den in den Diagonalachsen des Vierpasses konkav ausgerundeten Ecken des einschreibbaren Quadrats Stützen vorgesetzt, die hier allerdings näher als in S. Satiro an die Wand gerückt sind. Es bleiben somit hinter den Stützen nur rudimentäre Raumzwickel bestehen, während das Mailänder Vorbild an diesen Stellen über quadratische, klarer abgegrenzte Raumelemente verfügt, somit im Vergleich zu Gallianos ondulierendem Raummantel ein geometrisch deutlicher abgezirkeltes Konzept zeigt. Rocchi (Anm. 41), S. 69, 247; J. Strzygowski, *Die Baukunst der Armenier und Europa*, Bd. I, Wien 1918, S. 99 ff., 195.

88 Tettamanzi (Anm. 11), Nr. 45.

89 Chierici (Anm. 9), S. 321.

90 Naredi-Rainer (Anm. 85), S. 80.

91 O. Wulff, *Altchristliche und byzantinische Kunst*, Bd. 1 (Handbuch der Kunstwissenschaft), Berlin – Neubabelsberg 1914, S. 248.

92 Strzygowski (Anm. 87), S. 108 ff.

93 Kingsley-Porter (Anm. 16), S. 154 ff.

94 Stocchi (Anm. 53), S. 371, 372.

95 Erinnert sei an die ursprüngliche Funktion von S. Sepolcro in Bologna als Baptisterium (ab 590), das bauikonologisch folgerichtig mit acht Säulen ausgestattet war. – Der Rundbau an der Nordseite der ehemaligen Benediktinerstiftskirche von Vigolo Marchese (ca. 25 km südöstlich von Piacenza; Abb. 63) wird von der italienischen For-

schung in seiner ursprünglichen Funktion unzutreffend als Baptisterium bezeichnet. Schon Kingsley-Porter hat berechtigte Zweifel an dieser Bestimmung der Rotunde erhoben. In der Tat sind zwei Argumente gegen eine solche Funktion des vom Beginn des 11. Jahrhunderts stammenden Bauwerks ins Feld zu führen: einmal der Umstand, daß sich die Rotunde in einer Klosteranlage erhebt, was allein schon eine Baptisteriumsfunktion äußerst unwahrscheinlich macht, dann die dem Bauwerk inhärente Zahlensymbolik, die der an Taufkirchen üblichen widerspricht. Möglicherweise wurde das von Berzolla angeführte Taufbecken erst in die Rotunde eingesetzt, nachdem man das Benediktinerkloster in eine Propstei mit einem Kanonikerstift umgewandelt hatte. Über dem unteren Rundbau, dem drei Apsiden entspringen und dessen Wand zwölf gedrungene, Blendarkaden bildende Halbsäulen vorgelegt sind, erhebt sich ein ebenfalls zylindrischer, durch sehr eng stehende Lisenenblendbogen gegliederter Tambour. Im Inneren stützt ein Kranz von sechs mächtigen Rundpfeilern sowohl die Kuppel als auch das Tonnengewölbe des Umgangs. Nicht zuletzt diese technisch einfachste Form des Gewölbes macht deutlich, daß die Forschung das Jahr 1008 zu Recht als Gründungsdatum annimmt, womit sich die Rotunde von Vigolo Marchese als älteste bekannte Rundkirche Oberitaliens ausweist. Zieht man schließlich die Zahlenreihe: 3, 6, 12 in Betracht, so wird evident, daß das Bauwerk mit seiner an den Hl. Grab-Topos erinnernden Zahlensymbolik wie S. Sepolcro in Bologna ursprünglich wohl eher die Funktion eines Oratoriums (vgl. S. Benedetto bei S. Pietro in Civate) als die eines Baptisteriums zu erfüllen hatte. Stocchi (Anm. 53), S. 53 ff.; P. Berzolla und A. Siboni, *Guida dell' architettura romanica nel Piacentino*, Piacenza 1966.

96 Frankl (Anm. 1), S. 200.

97 Chierici (Anm. 9), S. 201.

98 Tettamanzi (Anm. 11), Nr. 62 ff.

99 Ricci (Anm. 6), S. XVIII. – Noch naheliegender ist der Vergleich mit S. Vittore delle Chiuse (Marken).

100 M. Salmi, *Romanische Kirchen in der Toskana*, Nürnberg 1961, S. 24.

101 J. Moretti und R. Stopani, *Romanische Toskana*, Würzburg 1983, S. 30.

102 Goez (Anm. 2), S. 163.

103 Moretti / Stopani (Anm. 101), S. 84; P. Sanpaolesi, Alcuni edifici romanici in cotto in Toscana, in: *Atti del II Convegno Nazionale di storia dell'architettura*, Assisi 1937.

104 R. Delogu, *L'architettura del medioevo in Sardegna*, Rom 1953, S. 85 ff.

105 Für die zum Teil noch im Zeichen frühchristlicher Tradition stehende städtisch-pisanische Architektur ist neben S. Sisto auch das Innere der ab 1072 errichteten Kirche S. Pierino zu erwähnen.

106 Kubach (Anm. 8), S. 185.

107 Der von Thümmler und Guyer vertretenen Auffassung, bei Buscheto handle es sich um einen Architekten italienischer Herkunft, wird von der neueren Forschung überwiegend widersprochen. S. Guyer, Der Dom von Pisa und das Rätsel seiner Entstehung, in: *Münchner Jahrbuch der bildenden Kunst*, N.F. IX, München 1932, S. 357.

108 Moretti / Stopani (Anm. 101), S. 41.

109 J. Burckhardt, *Der Cicerone. Eine Anleitung zum Genuß der Kunstwerke Italiens*, Wien – Leipzig 1983 (Neudruck der Urausgabe 1855), S. 88.

110 H. G. Franz, Das Medaillon als architektonisches Schmuckmotiv in der italienischen Romanik. Zum Problem des islamischen Einflusses auf die abendländische Baukunst, in: *Forschungen und Fortschritte*, 31, Berlin 1957, S. 118.

111 Moretti / Stopani (Anm. 101), S. 41.

112 R. Salvini, *Toskana. Unbekannte romanische Kirchen*, München 1973, S. 8.

113 Frankl (Anm. 1), S. 125 ff.
114 Thümmler (Anm. 7), S. 185.
115 Ebd., S. 187.
116 Guyer (Anm. 107), S. 358.
117 G. Dehio und V. Bezold, *Die kirchliche Baukunst des Abendlandes*, Stuttgart 1892, S. 233.
118 Vgl. Anm. 83. – Guyer (Anm. 107), S. 360 ff.
119 Salmi (Anm. 100), S. 15.
120 Thümmler (Anm. 7), S. 188.
121 Moretti / Stopani (Anm. 101), S. 41.
122 Ebd., S. 43.
123 Strzygowski (Anm. 87); Frankl (Anm. 1), S. 133; Guyer (Anm. 107), S. 371.
124 Franz (Anm. 110), S. 118 ff.
125 M. Salmi, *L'architettura romanica in Toscana*, Mailand 1926, S. 39.
126 Guyer (Anm. 107), S. 370.
127 Salmi (Anm. 100), S. 14.
128 Guyer (Anm. 107), S. 359.
129 Thümmler (Anm. 7), S. 188.
130 Moretti / Stopani (Anm. 101), S. 76.
131 Salmi (Anm. 100), S. 16.
132 D. Negri, *Chiese romaniche in Toscana*, Pistoia 1978, S. 41.
133 Salvini (Anm. 112), S. 30.
134 Negri (Anm. 132), S. 107.
135 Salmi (Anm. 100), S. 22.
136 G. Kaufmann, *Toskana* (Reclams Kunstführer Italien, Bd. III, 2), Stuttgart 1984, S. 184.
137 Moretti / Stopani (Anm. 101), S. 211.
138 Salvini (Anm. 112), S. 13.
139 Zit. bei Moretti / Stopani (Anm. 101), S. 265.
140 Negri (Anm. 132), S. 181.
141 Salmi (Anm. 100), S. 30.
142 Moretti / Stopani (Anm. 101), S. 132.
143 W. Horn, Das Florentiner Baptisterium, in: *Mitteilungen des Kunsthistorischen Instituts in Florenz*, 5, 1938, S. 99–151.
144 Moretti / Stopani (Anm. 101), S. 133.
145 Thümmler (Anm. 7), S. 193.
146 Frankl (Anm. 1), S. 224.
147 Salvini (Anm. 112), S. 7.
148 Zit. bei Moretti / Stopani (Anm. 101), S. 132.
149 Ebd., S. 138.
150 W. Horn, Romanesque churches in Florence. A study of their chronology and stilistic development, in: *The Art Bulletin*, 25, New York 1943, S. 112 ff.; W. und E. Paatz, *Die Kirchen von Florenz*, Bd. 4, Frankfurt a. M. 1952, S. 211 ff.
151 Zit. bei Moretti / Stopani (Anm. 101), S. 145.
152 Wagner-Rieger (Anm. 54), S. 217.
153 Thümmler (Anm. 7), S. 192.
154 Salmi (Anm. 100), S. 30.
155 F. Niccolai, *Empoli, una città nella storia*, Florenz 1978.
156 Salvini (Anm. 112), S. 9.
157 Frankl (Anm. 1), S. 260.
158 Moretti / Stopani (Anm. 101), S. 15.
159 Ebd., S. 13.
160 C. Enlart, L'architettura cluniacense alla badia di Sant'Antimo, in: *Atti del X. Congresso internazionale di storia dell'arte. L'Italia e l'arte straniera*, Rom 1922.
161 Von der Emporenzone der nördlichen Wand weicht jene der südlichen beträchtlich ab. Das hat seine Ursache darin, daß in der zweiten Hälfte des 15. Jahrhunderts dem Bischof von Montalcino hier eine Wohnung eingerichtet wurde, die verschiedene bauliche Veränderungen verursachte. Das zeigt sich auch an der Außenwand, wo Halbsäulenvorlagen unterhalb des Emporengeschosses abgekappt werden mußten.
162 W. Krönig, Hallenkirchen in Mittelitalien, in: *Kunstgeschichtliches Jahrbuch der Biblioteca Hertziana*, 2, Leipzig 1938, S. 27; Salvini (Anm. 112), S. 19.
163 Salvini (Anm. 112), S. 18.
164 Ebd., S. 19.
165 Ebd., S. 20.
166 Salmi (Anm. 100), S. 12.
167 Negri (Anm. 132), S. 385.
168 Thümmler (Anm. 7), S. 198.

169 Ebd., S. 200, 201.

170 Salvini (Anm. 112), S. 9, 15, 16.

171 Negri (Anm. 132), S. 205, 206.

172 Salvini (Anm. 112), S. 22.

173 Salmi (Anm. 100), S. 23.

174 Salvini (Anm. 112), S. 28.

175 Moretti / Stopani (Anm. 101), S. 300; A. Scarini, *Pievi romaniche del Valdarno supe-riore*, Cortona 1985, S. 15 ff.

176 Salvini (Anm. 112), S. 31.

177 Ebd., S. 11.

178 Moretti / Stopani (Anm. 101), S. 205.

179 Zit. bei Salvini (Anm. 112), S. 36.

180 Ebd., S. 36; Salmi (Anm. 100), S. 23.

181 Krönig (Anm. 162), S. 28; G. M. Claudi, *Santa Maria di Portonovo*, Rom ²1978, S. 25.

182 Claudi (Anm. 181), S. 33, 34.

183 Frankl (Anm. 1), S. 111.

184 Weiters sind in Analogie zu S. Maria di Por-tonovo zu beachten: Frontanyà S. Jaume (1074 begonnen) und Corbera, Sant Ponç (Ende des 11. Jahrhunderts). E. Junyent, *Catalogne romane* (La nuit des temps, 12), Paris ²1968.

185 Strzygowski (Anm. 87), S. 137.

186 Ebd., S. 167.

187 Zu erwähnen sind u. a. auch die Johannes-kirche von Mastara (Mitte des 7. Jahrhun-derts) und die Kathedrale zur Artika (7. Jahrhundert), Bauwerke, die allerdings ein inneres Stützensystem vermissen lassen. Strzygowski (Anm. 87), S. 74, 76, 95; B. Brentjes, *Drei Jahrtausende Armenien*, Wien – München 1974, S. 106.

188 Krönig (Anm. 162), S. 28.

189 Ebd., S. 27.

190 L. Serra, *L'arte nelle Marche. Dalle origini christiane alla fine del gotico*, Bd. I, Pesaro 1929, S. 109 ff.

191 Krönig (Anm. 162), S. 27.

192 *Abruzzo Molise* (Guida d'Italia del Touring Club Italiano), Mailand ⁴1979, S. 187.

193 M. Marinelli, *L'architettura romanica in Ancona*, Ancona ²1961.

194 Zum Typus der syrischen Kreuzkirche – obgleich von einem quadratischen Mauer-mantel umschlossen – zählt auch die Kirche der Propheten, Apostel und Märtyrer in Gerasa (ab 464/465 errichtet; heute: Jerash, Jordanien), nach deren Vorbild wahr-scheinlich die Bischofskirche von Salona et-wa ein Jahrhundert später errichtet wurde. Mango (Anm. 83), S. 35.

195 Zit. bei V. Fortunati, *Ancona/San Ciriaco*, Bologna o. J., S. 4.

196 O. Lehmann-Brockhaus, *Abruzzen und Molise. Kunst und Geschichte*, München 1983.

197 H. Decker, *Italia romanica. Die hohe Kunst der romanischen Epoche in Italien*, Wien – München 1958, S. 40.

198 J. C. Gavini, *Storia dell'architettura in Ab-ruzzo*, Bd. I, Mailand – Rom o. J., S. 27 ff.

199 E. Bertaux, *L'art dans l'Italie méridionale*, Paris 1904, S. 581 f.

200 Gavini (Anm. 198), S. 97 ff.

201 R. Wagner-Rieger, *Die italienische Bau-kunst zu Beginn der Gotik. II. Teil: Süd- und Mittelitalien*, Graz – Köln 1957, S. 87 ff.

202 Gavini (Anm. 198), S. 213.

203 Wagner-Rieger (Anm. 201), S. 102 ff.

204 A. Venturi, *Storia dell'arte italiana*, Bd. III, Mailand 1904, S. 524.

205 Gavini (Anm. 198), S. 221.

206 A. Prandi, *Romanisches Umbrien*, Würz-burg 1981, S. 13, 21; K. Noehles, Die Fas-sade von S. Pietro in Tuscania. Ein Beitrag zur Frage der Antikenrezeption im 12. und 13. Jahrhundert in Mittelitalien, in: *Römi-sches Jahrbuch für Kunstgeschichte*, 9/10, Wien – München 1961/62, S. 30, 38.

207 Prandi (Anm. 206), S. 134.

208 G. Tamanti, Ferentillo – San Pietro in Valle, in: *Romanisches Umbrien*, Würzburg 1981, S. 102.

209 Thümmler (Anm. 7), S. 204.

210 Tamanti (Anm. 208), S. 103, 125.

211 Thümmler (Anm. 7), S. 203, 204.

212 Krönig (Anm. 162), S. 9.

213 Thümmler (Anm. 7), S. 204.
214 Prandi (Anm. 206), S. 19.
215 Ebd., S. 21.
216 S. Chierici, Bevagna – San Michele und San Silvestro, in: *Romanisches Umbrien*, Würzburg 1981, S. 226; Krönig (Anm. 162), S. 16.
217 G. Martelli, L'abbaziale di S. Felice di Giano e un gruppo di chiese romaniche intorno a Spoleto, in: *Palladio*, Rom 1957, S. 74.
218 Krönig (Anm. 162), S. 18.
219 Ebd., S. 19.
220 Prandi (Anm. 206), S. 21.
221 Ebd., S. 22.
222 Ebd., S. 232.
223 Noehles (Anm. 206), S. 26.
224 Prandi (Anm. 206), S. 19.
225 Ebd., S. 16, 17.
226 G. Tamanti, Spoleto – S. Eufemia, in: *Romanisches Umbrien*, Würzburg 1981, S. 138.
227 M. Salmi, S. Eufemia di Spoleto, in: *Spoletium*, Spoleto 1954, S. 3–11.
228 J. Sydow, Sul problema di S. Eufemia, in: *Spoletium*, Spoleto 1957, S. 9–11.
229 Krönig (Anm. 162), S. 26.
230 Thümmler (Anm. 7), S. 207.
231 Zit. bei Decker (Anm. 197), S. 27.
232 Rivoira (Anm. 54), S. 143.
233 M. Moretti, *Kirchen von Tuscania*, Novara 1984, S. 8.
234 H. Thümmler, Die Kirche S. Pietro in Tuscania, in: *Kunstgeschichtliches Jahrbuch der Bibliotheca Hertziana*, 2. Bd., Leipzig 1938, S. 279.
235 Ebd., S. 285.
236 Moretti (Anm. 233), S. 11.
237 V. Ceniti, La chiesa di Santa Maria Nuova a Viterbo, in: *Rivista trimestrale dell' ept di Viterbo*, VI, 1979.
238 Krönig (Anm. 162), S. 20.
239 Wagner-Rieger (Anm. 201), S. 215.
240 Krautheimer (Anm. 45), S. 185 ff.
241 R. Wagner-Rieger, *Die italienische Baukunst zu Beginn der Gotik, I. Teil: Oberitalien*, Graz – Köln 1956, S. 51, 52.
242 Goez (Anm. 2), S. 108.
243 C. A. Willemsen, *Apulien, Kathedralen und Kastelle. Ein Kunstführer durch das normannisch-staufische Apulien* (DuMont Dokumente), Köln ²1973, S. 219.
244 R. Krautheimer, San Nicola in Bari und die apulische Architektur des 12. Jahrhunderts, in: *Wiener Jahrbuch für Kunstgeschichte, IX (XXIII)*, Baden b. Wien 1934, S. 14.
245 Thümmler (Anm. 7), S. 217 ff.
246 Krautheimer (Anm. 244), S. 13; Thümmler (zit. Anm. 7), S. 219.
247 F. Schettini, *La Basilica di S. Nicola*, Bari 1967.
248 Thümmler (Anm. 7), S. 220, 221.
249 Krautheimer (Anm. 244), S. 9.
250 V. Fortunati, *Bari San Nicola*, Bologna o. J., S. 7.
251 Krautheimer (Anm. 244), S. 10.
252 C. A. Willemsen, *Apulien. Land der Normannen, Land der Staufer*, Köln ²1966, S. 29, 30.
253 Willemsen (Anm. 243), S. 29.
254 Krautheimer (Anm. 244), S. 36.
255 Ebd., S. 15.
256 Ebd., S. 19.
257 Ebd., S. 29.
258 Franz (Anm. 110), S. 20.
259 Krautheimer (Anm. 244), S. 40.
260 B. Ronchi, *La Cattedrale di Trani*, Fasano 1985.
261 Willemsen (Anm. 243), S. 97.
262 Krautheimer (Anm. 244), S. 35.
263 Willemsen (Anm. 243), S. 102.
264 Krautheimer (Anm. 244), S. 35.
265 Ebd., S. 31.
266 Ebd.
267 G. Mongiello, *Bitonto nella storia e nell'arte*, Bari 1970.
268 Krautheimer (Anm. 244), S. 41.
269 Ebd., S. 42.
270 Bertaux (Anm. 199).
271 Krautheimer (Anm. 244), S. 10.
272 Willemsen (Anm. 243), S. 76.
273 Ebd., S. 172.

274 Ebd.

275 Ebd., S. 154.

276 Ebd.

277 Ebd., S. 53.

278 Ebd., S. 157.

279 Ebd., S. 186.

280 Ebd., S. 185.

281 Ebd., S. 62.

282 Decker (Anm. 197), S. 324.

283 Franz (Anm. 110), S. 119.

284 Wulff (Anm. 91), S. 213.

285 Willemsen (Anm. 243), S. 54.

286 Ebd., S. 87.

287 Krönig (Anm. 162), S. 32.

288 Willemsen (Anm. 243), S. 91; Wagner-Rieger (Anm. 201), S. 134; Bertaux (Anm. 199), S. 691 ff.; C. Enlart, *Origines françaises de l'architecture gothique en Italie*, Paris 1894, S. 165 ff.

289 Wagner-Rieger (Anm. 201), S. 136.

290 Ebd., S. 140.

291 Ebd., S. 122; Krönig (Anm. 162), S. 33.

292 Thümmler (Anm. 7), S. 211.

293 Ebd., S. 213.

294 Ebd., S. 216.

295 M. d'Onofrio und V. Pace, *La Campania* (Italia romanica, Bd. 4), Mailand 1981, S. 354.

296 Ebd., S. 275.

297 Krautheimer (Anm. 244), S. 16.

298 Die romanische Kirchenbaukunst der Normandie. Ein entwicklungsgeschichtlicher Versuch, in: *Berichte und Forschungen zur Kunstgeschichte* (hrsg. v. H. Wischermann), 6, Freiburg i. Br. 1982, S. 10, 11.

299 Zit. bei d'Onofrio / Pace (Anm. 295), S. 301.

300 E. Kantorowicz, *Kaiser Friedrich II.*, Berlin 1931, S. 14.

301 D'Onofrio / Pace (Anm. 295), S. 42.

302 Decker (Anm. 197), S. 31.

303 Dem in der italienischen Baukunst des Hohen Mittelalters äußerst selten auftretenden Schirmgewölbe begegnet man auch in der Kuppel des Baptisteriums von S. Severina in Kalabrien (um 1000 errichtet).

304 P. Toesca, *Il Medioevo*, Turin 1927, S. 595, 596, 669.

305 Wagner-Rieger (Anm. 201), S. 114.

306 D'Onofrio / Pace (Anm. 295), S. 182.

307 Wagner-Rieger (Anm. 201), S. 115.

308 D'Onofrio / Pace (Anm. 295), S. 212.

309 Willemsen (Anm. 243), S. 82.

310 C. A. Willemsen und S. Odenthal, *Kalabrien. Schicksal einer Landbrücke*, Köln 1966, S. XXXIX.

311 H. M. Schwarz, Die Baukunst Kalabriens und Siziliens im Zeitalter der Normannen. I. Teil: Die lateinischen Kirchengründungen des 11. Jahrhunderts und der Dom in Cefalù, in: *Römisches Jahrbuch für Kunstgeschichte*, 6, Wien 1942/1944, S. 13 ff.

312 Ebd., S. 7 ff.

313 Ebd., S. 9.

314 Thümmler (Anm. 7), S. 163 ff.; Wischermann (Anm. 298), S. 6 ff.

315 Schwarz (Anm. 311), S. 13.

316 Ebd., S. 18.

317 Ebd., S. 15.

318 Ebd., S. 17.

319 Ebd., S. 13, 18; Strzygowski (Anm. 83), S. 220 ff.; J. Gröschel, S. Maria della Roccella, in: *Rassegna d'arte*, 3, 1903, S. 105.

320 Schwarz (Anm. 311), S. 17.

321 E. Caviglia, La Roccella del vescovo di Squillace, in: *Rassegna d'arte*, 3, 1903, S. 51–57.

322 Strzygowski (Anm. 83), S. 32 ff., 175, 220 ff.

323 Mit der byzantinisch-komnenischen Komponente hat sich Rotili auseinandergesetzt und in bezug auf die Nischengliederung der Roccelletta-Apsis auf Bauten in Konstantinopel hingewiesen. Hervorzuheben sind hier die wahrscheinlich noch aus dem 11. Jahrhundert stammenden Apsiden der Kariye Camii, deren Nischenkonzept im folgenden Jahrhundert auch jenes der Gül Camii und Zeyrek Camii bestimmt hat. M. Rotili, *Arte bizantina in Calabria e in Basilicata*, Cava dei Tirreni 1980, S. 124, 125.

324 Schwarz (Anm. 311), S. 21.

325 Rotili (Anm. 323), S. 126.
326 Ebd., S. 20.
327 Thümmler (Anm. 7), S. 205.
328 B. Orsi, *Le chiese basiliane della Calabria*, Florenz 1929.
329 Willemsen / Odenthal (Anm. 310), S. 47.
330 Ebd., S. 105.
331 Orsi (Anm. 328), S. 113–151.
332 S. Bottari, *Le chiese basiliane della Sicilia e della Calabria*, Messina 1939.
333 Schwarz (Anm. 311), S. 39.
334 Thümmler (Anm. 7), S. 149.
335 Schwarz (Anm. 311), S. 35.
336 Ebd., S. 36; Kubach (Anm. 8), S. 75, 89.
337 Schwarz (Anm. 311), S. 36.
338 Ebd., S. 30.
339 Ebd., S. 29.
340 Willemsen / Odenthal (Anm. 310), S. 95 ff. Nach eingehender Darstellung des Forschungsstands schlägt Rotili für die Cattolica in Stilo als Entstehungszeitraum die letzte Phase der byzantinischen Herrschaft in Kalabrien vor. Dagegen scheint ihm für S. Marco in Rossano eine Datierung an den Beginn der normannischen Epoche zutreffend. Rotili (Anm. 323), S. 114.
341 Willemsen / Odenthal (Anm. 310), S. 81 ff.
342 Ebd., S. 83; H. Teodoru, Les églises à cinq coupoles en Calabre: S. Marco de Rossano et la Cattolica de Stilo, in: *Ephemeris Dacoromana*, IV, 1930, S. 149–180.
343 R. Krautheimer, *Early Christian and Byzantine Architecture* (The Pelican History of Art), Harmondsworth 1965, S. 284, 285.
344 Goez (Anm. 2), S. 104.
345 A. F. von Schack, *Poesie und Kunst der Araber*, Bd. II, Berlin 1865, S. 253.
346 G. di Stefano, *Monumenti della Sicilia normanna*, Palermo o. J., S. 3 ff.; G. C. Canale, *La Cattedrale di Troina*, Palermo 1951.
347 Di Stefano (Anm. 346), S. 8; Schwarz (Anm. 311), S. 43–47.
348 Schwarz (Anm. 311), S. 45.
349 Ebd., S. 47.
350 di Stefano (Anm. 346), S. 5–7.
351 Schwarz (Anm. 311), S. 52.
352 St. Bottari, *Il Duomo di Messina*, Messina 1929.
353 Di Stefano (Anm. 346), S. 10, 11.
354 Ebd., S. 11.
355 Ebd., S. 15.
356 H. M. Schwarz, *Sizilien. Kunst, Kultur, Landschaft*, Wien 1945, S. 55.
357 Goez (Anm. 2), S. 108.
358 Schwarz (Anm. 311), S. 88.
359 Ebd., S. 80.
360 Ebd., S. 83, 84. Da das Innere des Doms von Palermo im 18. Jahrhundert völlig umgestaltet wurde, ist der Querhauslaufgang nur noch im Dachstuhl sichtbar.
361 Schwarz (Anm. 311), S. 63.
362 Ebd., S. 89 ff.
363 Ebd., S. 94.
364 Ebd., S. 95.
365 Di Stefano (Anm. 365), S. 39.
366 Schwarz (Anm. 311), S. 104.
367 G. de Maupassant, *La vie errante*, Paris 1890.
368 J. J. Norwich, *Il Regno del Sole*, Mailand 1972.
369 Schwarz (Anm. 311), S. 47.
370 Ebd., S. 95, 96.
371 Di Stefano (Anm. 346), S. 44.
372 Schwarz (Anm. 356), S. 33.
373 Ebd., S. 25.
374 Di Stefano (Anm. 346), S. 60.
375 Wagner-Rieger beschreibt den Chor von S. Spirito in Palermo unzutreffend als Zentralraumanlage. Wagner-Rieger (Anm. 201), S. 172.
376 F. Heer, *Mittelalter. Vom Jahr 1000 bis 1350, Teil I* (Kindlers Kulturgeschichte Europas, Bd. 9), München 1983, S. 181 ff.
377 W. Pinder, *Das Problem der Generation*, Leipzig ²1928.
378 J. A. Schmoll gen. Eisenwerth, Stilpluralismus statt Einheitszwang. Zur Kritik der Stilepochen-Kunstgeschichte, in: *Argo. Festschrift für Kurt Badt*, Berlin 1961, S. 90; G. Brucher, *Zum Problem des Stilpluralismus. Ein Beitrag zur kunstgeschichtlichen Methodik*, Wien – Graz – Köln 1985.

Glossar

Verzeichnis historischer und kunsthistorischer Fachbegriffe

Abseite Seitenschiff

Ädikula Nische von geringer Tiefe, die von Säulen, Pfeilern oder → Pilastern gerahmt, von → Gebälk und Giebel bekrönt wird

à jour künstlerische Bearbeitung einer Oberfläche, bei der die herausgearbeiteten Formen und Ornamente völlig vom Untergrund gelöst werden und frei gegen den Raum stehen

Akanthus mittelmeerische Distel mit großen, gezackten, an den Rändern leicht eingerollten Blättern; in stilisierter Form verbreitetes Dekorationselement in der Baukunst

Apsidiole kleine, nebengeordnete Apsis

Apsis, apsidial halbrunder, rechteckiger oder vieleckiger Nebenraum, als steigernder Abschluß einem übergeordneten Hauptraum angebaut, zu dem er sich meist in voller Breite öffnet; in der christlichen Baukunst östlicher Abschluß einer Kirche

Architrav den Oberbau tragender Hauptbalken über Säulen und Pfeilern

Archivolte Stirn und Leibung eines Rundbogens

Arianismus nach Arius von Alexandria (gest. 336) benannte, von den offiziellen Dogmen abweichende christliche Sekte, die bis ins 7. Jahrhundert vor allem unter den christianisierten Germanen zahlreiche Anhänger fand

Arkade Bogenstellung über Säulen oder Pfeilern, meist in fortlaufender Reihung

Atrium in der christlichen Baukunst der von Säulenhallen umgebene westliche Vorhof einer Kirche

Attika niedriges Geschoß oder freistehende Aufmauerung über dem abschließenden Gesims eines Gebäudes

attische Basis schlichte Form der Säulenbasis, bestehend aus einer Hohlkehle zwischen zwei Wülsten, von denen der obere etwas niedriger und weniger ausladend ist als der untere

ausgeschiedene Vierung → Vierung, die durch vier von den Vierungspfeilern ausgehende Bögen deutlich von den übrigen Teilen des Kirchenraumes abgegrenzt ist

Bandrippe gewölbeverstärkendes Steinband mit meist rechteckigem Profil

Baptisterium kirchliches Bauwerk neben einer Hauptkirche zum Vollzug des Taufaktes

Basilianer nach der Ordensregel des hl. Basilius (gest. 379) lebende christliche Mönchsgruppe, vor allem im Orient weit verbreitet

Basilika, basilikal längsgerichtetes, drei- und mehrschiffiges Bauwerk, dessen höheres und breiteres Mittelschiff durch Fenster in den von Säulen oder Pfeilern getragenen oberen Mauerstreifen eigene Beleuchtung erhält

Biforen paarweise rhythmisierte Arkadenfolge

Blende der Mauerfläche aufgelegtes architektonisches Motiv (Bogen, Arkade usw.)

Contado ländlicher Macht- und Einflußbereich einer Stadt

cosmatisch nach einer vom 12. bis 14. Jahrhundert in Rom tätigen Künstlergruppe benannte Art der Einlegearbeit aus buntem Marmor

382

Dienst Säulchen oder Halbsäulchen, das Gurte oder Rippen des Gewölbes oder die Profile der Arkadenbogen aufnimmt

Domikalgewölbe kuppelartig überhöhte Gewölbeform mit Diagonal- und Scheitelrippen

Eingezogene Apsis → Apsis, die weniger breit ist als das ihr vorgelagerte Kirchenschiff

Emporenstufenhalle Kirche mit → basilikalem Querschnitt, deren Mittelschiff jedoch keine eigenen Fenster besitzt und deren Seitenschiffe mit Emporen ausgestattet sind

Entasis leichte Schwellung des Säulenschaftes

Fensterrose kreisrundes, mit radialen Verstrebungen gefülltes Fenster, meist über dem Mittelportal der Westfassaden gotischer Kathedralen

Fiale gotische Architekturzier in Form einer schlanken, spitzen Pyramide

Fries meist waagerechter, ornamentierter Streifen zur Gliederung oder am oberen Rand einer Wandfläche

Gebälk oberer Teil einer Säulenordnung, bestehend aus → Architrav, → Fries und → Kranzgesims

gebundenes System verbreitetes Grundrißschema der romanischen → Basilika, bei dem einem Gewölbequadrat im Mittelschiff in den Seitenschiffen je zwei Quadrate von halber Seitenlänge zugeordnet sind

gestelzt Bogen oder Gewölbe, dessen Krümmung erst oberhalb einer vom → Kämpfergesims ausgehenden Vertikalen ansetzt

Gewände schräg geführte Mauerfläche seitlich eines Fensters oder Portals

Ghibellinen nach der schwäbischen Stadt Waiblingen benannte Parteigänger des Kaisers in Italien

Guelfen nach dem deutschen Adelsgeschlecht der Welfen benannte Anhänger des Papstes und Verfechter der Städtefreiheit in Italien

Gurt Abgrenzung einer Gewölbeeinheit

Hängekuppel Kuppel, bei der das Grundquadrat in den Fußkreis eingeschrieben ist

Hallenkirche Kirche, deren → Schiffe von gleicher oder annähernd gleicher Höhe sind, so daß die Belichtung einzig durch die Seitenschiffe erfolgt

Inkrustation Verkleidung von Wänden und Fassaden mit verschiedenfarbigen Blendsteinen in geometrisch-ornamentalem Dekor

intarsiert Bezeichnung für ornamentale Einlegearbeiten aus verschiedenen Materialien

Interkolumnium Abstand von Säulenachse zu Säulenachse

Joch Gewölbefeld eines Bauwerks, das in Richtung der Längsachse gezählt wird

Kämpfer horizontale Zone der Wand, an der die Krümmung eines Bogens oder Gewölbes ansetzt

Kamaldulenser nach dem 1012 gegründeten Kloster Camaldoli in der Toscana benannter reformatorischer Zweig des Benediktinerordens

Kanneluren, kanneliert Säulen-, Pfeiler- und → Pilasterschäfte mit durchgehenden senkrechten, konkaven Rillen

Kielbogen Bogen, der konkav angesetzt nach oben konvex fortgesetzt wird

Klostergewölbe Gewölbeform über polygonalen Baukörpern, die im Gegensatz zur Kuppel eine gebrochene Leibung hat

Kolonnade Säulenfolge mit geradem → Gebälk

Konche halbrunde Nische mit Halbkuppel

Korbbogen   ellipsenähnliche Bogenform, die aus Kreisbogensegmenten zusammengesetzt ist

Kordongesims   geschoßteilendes architektonisches Gliederungselement

Kragstein   aus der Wandfläche vortretender Stein, der eine Last aufnehmen kann

Kranzgesims   stark ausladende Sonderform des oberen Abschlußgesimses einer Wand

Kreuzgewölbe   Gewölbeform, die aus der Durchdringung zweier gleich hoher → Tonnengewölbe entsteht, wobei sich einander überkreuzende Grate bilden

Kreuzrippe   Gewölberippe an einem Diagonalbogen

Laterne   lichteinlassender Aufsatz über dem Scheitel einer Kuppel

Leibung   schräg verlaufende Begrenzung einer Maueröffnung bei Bogen, Fenstern usw. im Innern eines Gebäudes

Lettner   meist reich verzierte Trennmauer zwischen Chor und Gemeinderaum einer Kirche

Lisene   schwach vortretende, rechteckige, vertikale Mauerverstärkung ohne Basis und Kapitell zur Gliederung von Fassaden

Loggia   offene Säulenhalle

Lunette   Bogenfeld über Türen bzw. Fenstern

Narthex   Westliche Vorhalle der altchristlichen → Basilika

Obergaden   über die Seitenschiffdächer erhöhter Teil der Mittelschiffwand, der meist von Fenstern durchbrochen wird

Opäum   kreisrunde Lichtöffnung im Scheitel einer Kuppel

opus sectile   Art der Wandverkleidung mit Platten

opus spicatum   Mauerwerk, dessen Steine ährenförmig oder im Fischgrätmuster zusammengesetzt sind

opus tesselatum   Fußbodenmosaik aus würfelförmigen kleinen Steinen in verschiedenen Farben

Paviment   Fußbodenbelag aus bunten Platten

Pendentif   Wandfläche in sphärischer Dreiecksform zur Überleitung von einem quadratischen Grundriß zum Fußkreis einer Kuppel

Pilaster   flache, pfeilerartige Wandvorlage mit Basis und Kapitell

Portikus   von Säulen getragener Vorbau vor der Hauptfront eines Gebäudes

Presbyterium   Chor

Risalit   vor die Flucht des Hauptbaukörpers vorspringender Bauteil

Rustika   Mauerwerk aus Buckelsteinen

Saalkirche   Kirche, deren Innenraum nicht durch Stützen unterteilt ist

Säulenportal   Portal, in dessen abgetreppte Leibung Säulen eingesetzt sind

Scheitel   höchster Punkt eines Bogens oder Gewölbes

Schildbogen   Bogen an der Wand bzw. an der Fensterseite eines Gebäudes

Schiff   Innenraum von Langbauten, vor allem Kirchen; bei mehrschiffigen Anlagen sind Mittelschiff und Seitenschiffe durch Säulen und/oder Pfeiler voneinander getrennt

Schirmwölbung   Gewölbe mit segelförmig nach außen geblähten Kappen zwischen Graten oder Rippen

Schwibbogen   waagerecht gespannter Bogen zwischen zwei Wänden zur Übertragung des Horizontalschubs

Simonie   Erwerb eines geistlichen Gutes oder Amtes für Geld

Sohlbank unterer, nach vorn geneigter Abschluß eines Fensters

Spolie wiederverwendetes Werkstück aus älteren Bauten

Sterngewölbe Gewölbe, das sich aus Dreistrahlgewölben und Rauten zusammensetzt, die zentral um einen Schlußstein gruppiert sind

Stichkappe Gewölbe, das quer zur Achse des Hauptgewölbes verläuft und in dieses einschneidet

Strebebogen schräg ansteigender Bogen zur Ableitung des Gewölbeschubs

Suffragan einem Metropoliten unterstellter Diözesanbischof

Tambour zylinderförmiger Unterbau einer Kuppel mit Fenstern zur Belichtung des Kuppelraums

Tondo Bild oder Relief von kreisrunder Form

Tonnengewölbe Gewölbe mit längs einer Achse gleichbleibendem Querschnitt

Triforium horizontales Gliederungselement der Hochschiffwand in Höhe der Seitenschiffdächer

Trikonchos Baukörper mit drei kleeblattförmig angeordneten → Konchen

Triumphbogen Bogen, der das Mittelschiff vom Chor einer Kirche trennt

Trompe Trichternische in Form eines halben Hohlkegels mit nach unten gekehrter Öffnung, häufig zur Überleitung eines quadratischen Grundrisses in eine Kuppel benutzt

Trulli spitzkuppelförmige Wohnbauten mit unechten Gewölben in Süditalien

Tympanon Fläche über einem Portal innerhalb des Bogenfeldes

Vallombrosaner von Johannes Gualbertus um 1036 gegründete selbständige Benediktinerkongregation

verkröpft bezeichnet das Vorziehen eines → Gebälks samt → Fries und Gesims über einem vorstehenden Wandteil wie Wandpfeiler, → Pilaster usw.

Vierung Raumteil einer Kirche, der aus der Durchdringung von Langhaus und Querhaus entsteht

Volute spiraliges oder schneckenförmiges Bauornament

Vorlage Gliederung oder Verstärkung einer Mauer oder eines Pfeilers durch → Pilaster, → Dienste, → Lisenen usw.

Westwerk architektonisch und liturgisch selbständiger Bauteil, der dem eigentlichen Kirchenraum im Westen vorgelagert ist

Wimperg giebelartige Bekrönung gotischer Portale und Fenster

Zahnfries aus hochkant übereckgestellten Steinen bestehender → Fries

Zahnschnitt → Fries aus vor- und zurücktretenden längsrechteckigen Feldern

Ziborium auf Säulen ruhender Aufbau über einem Altar

Zwerchgalerie von kleinen Säulen gegliederter Laufgang unter dem Dachgesims einer Kirche, vorwiegend an der → Apsis

Zwickel Teilgewölbe, das zu einer Kuppel überleitet

Abbildungsnachweis

Alinari, Florenz   Frontispiz, 2, 5, 33, 38, 40, 42, 44, 46, 51, 55, 58, 60, 64, 67, 73, 74, 76, 78, 79, 80, 81, 82, 83, 89, 92, 96, 99, 100, 111, 116, 124, 143, 147, 156, 157, 159, 166, 193, 201, 203, 204, 231, 232, 233, 235, 238, 239, 242, 243

Bildarchiv Foto Marburg   3, 17, 27, 30, 34, 35, 39, 43, 49, 93, 149, 163, 165, 191, 240

Klaus Gallas, München   244

Werner Goez, Erlangen   104

Soprintendenza ai Monumenti ed alla Gallerie della Puglia, Bari   173

Werner Stuhler, Hergensweiler   134, 170, 234

Hans Weber, Lenzburg   169, 174, 176, 178, 189, 195, Farbt. 13

Klaus Zimmermanns, Pullach   70, 87, 97, 141, 152

Zodiaque, St. Léger Vauban   1, 6, 7, 8, 9, 10, 13, 14, 15, 18, 19, 20, 21, 23, 24, 25, 26, 28, 29, 36, 37, 52, 54, 59, 61, 65, 66, 68, 69, 71, 72, 77, 85, 86, 91, 94, 95, 98, 101, 102, 107, 108, 110, 112, 135, 137, 138, 139, 142, 145, 146, 150, 151, 153, 154, 209

DuMont Buchverlag, Köln   75, 164, 172, 173, 175, 184, 185, 186, 187, 190, 192, 196, 214, 215, 216, 217, 218

Daneben wurden aus folgenden Publikationen Vorlagen entnommen:

G. M. Claudi, Santa Maria di Portonovo, Sassoferrato 1979   114, 117

H. Decker, Italia Romanica, Wien – München 1959   32, 53, 84, 119, 144, 155, 160, 179

V. Fortunati, Bari, San Nicola, Bologna o. J.   167

H. E. Kubach, Architektur der Romanik (Weltgeschichte der Architektur), Stuttgart 1974   41, 57

Reclams Kunstführer Italien, I, 1, Stuttgart 1981   31

Reclams Kunstführer Italien, II, 2, Stuttgart 1981   16

H. M. Schwarz, Die Baukunst Kalabriens und Siziliens im Zeitalter der Normannen, in: Röm. Jb. f. Kunstgeschichte, 6, 1942/44   211, 212, 219, 220, 226, 228

TCI Puglia, Milano 1978   181

H. Thümmler, Die Kirche S. Pietro in Tuscania, in: Kunstg. Jb. d. Biblioteca Hertziana, 2, 1938   158

Alle übrigen Aufnahmen stammen, sofern in den Bildunterschriften nicht anders nachgewiesen, vom Verfasser selbst.

Personenregister

Ortsregister

(Die Zahlen in Klammern verweisen auf die vordere und hintere Umschlagklappenkarte.)

DuMont Dokumente: Gesamtübersicht

DuMont Dokumente: Gesamtübersicht

Liste der behandelten Orte und vereinzelten Kirchen

(Legende zu den Umschlagklappenkarten)